Journalistische Praxis

Reihe herausgegeben von

Gabriele Hooffacker, Leipzig, Deutschland

Reihe gegründet von

Walther von La Roche, München, Deutschland

Der Name ist Programm: Die Reihe Journalistische Praxis bietet ausschließlich praxisorientierte Lehrbücher für Berufe rund um Journalismus und Medien. Praktiker aus Redaktionen und aus der Journalistenausbildung zeigen, wie's geht, geben Tipps und Ratschläge. Alle Bände sind Leitfäden für die Praxis - keine Bücher über ein Medium, sondern für die Arbeit in und mit einem Medium. Walther von La Roche begründete die Reihe 1975 mit der „Einführung in den praktischen Journalismus" (heute: „La Roches Einführung in den praktischen Journalismus"). Seit 2013 erscheinen die Bücher bei SpringerVS.

Die gelben Bücher mit ihren Webauftritten geben allen, die journalistisch tätig sind oder sein wollen, ein realistisches Bild von den Anforderungen redaktionellen Arbeitens und zeigen, wie man sie bewältigt. Lehrbücher wie „Recherchieren", „Informantenschutz", „Frei sprechen" oder „Interviews führen" konzentrieren sich auf Tätigkeiten, die in mehreren journalistischen Berufsfeldern gefordert sind. Andere Bände führen in das professionelle Arbeiten bei einem Medium ein (die Klassiker zu Radio-, Fernseh- oder Online-Journalismus). Es gibt Bücher zu journalistischen Techniken („VR-Journalismus", „Mobiler Journalismus" oder „Social Media für Journalisten"), und zu Berufsfeldern wie Pressearbeit und Corporate Media („Pressearbeit praktisch") oder redaktionellem Arbeiten für Unternehmen oder Institutionen („Gebrauchstexte schreiben").

Jeden Band zeichnet ein gründliches Lektorat und sorgfältige Überprüfung der Inhalte, Themen und Ratschläge aus. Sie werden regelmäßig überarbeitet und aktualisiert, oft in weiten Teilen neu geschrieben, um der rasanten Entwicklung in Journalismus und Medien Rechnung zu tragen. Viele Bände liegen inzwischen in der dritten, vierten, achten oder noch höheren Auflagen vor wie La Roches „Einführung" selbst. Allen Bänden gemeinsam ist der gelbe Einband. Deshalb ist die Reihe unter Lehrenden, Studierenden und angehenden Journalistinnen und Journalisten auch als „Gelbe Reihe" bekannt.

Weitere Bände in der Reihe https://link.springer.com/bookseries/11722

Peter Overbeck
(Hrsg.)

Musikjournalismus

Radio – Fernsehen – Print – Online

 Springer VS

Hrsg.
Peter Overbeck
Institut für Musikjournalismus
Hochschule für Musik Karlsruhe
Karlsruhe, Baden-Württemberg,
Deutschland

ISSN 2524-3128   ISSN 2524-3136   (electronic)
Journalistische Praxis
ISBN 978-3-658-32475-9   ISBN 978-3-658-32476-6   (eBook)
https://doi.org/10.1007/978-3-658-32476-6

Die Deutsche Nationalbibliothek verzeichnet diese Publikation in der Deutschen Nationalbibliografie; detaillierte bibliografische Daten sind im Internet über http://dnb.d-nb.de abrufbar.

Planung/Lektorat: Barbara Emig-Roller
Springer VS ist ein Imprint der eingetragenen Gesellschaft Springer Fachmedien Wiesbaden GmbH und ist ein Teil von Springer Nature.
Die Anschrift der Gesellschaft ist: Abraham-Lincoln-Str. 46, 65189 Wiesbaden, Germany

Vorwort

Musik unterschiedlicher Genres spielt eine zentrale Rolle im Medienkonsum und in der journalistischen Berichterstattung in den Bereichen Kultur und Medienwelt.

Dieser Band versammelt die Grundlagen musikjournalistischer Tätigkeit beim Rundfunk, bei Print- und Onlinemedien in den Musiksparten Klassik, Pop und Jazz, und er soll Musikjournalistinnen und Musikjournalisten aller Genres bei ihrer Arbeit unterstützen, Studierenden und Berufsanfängern das notwendige Know-how vermitteln, Berufsfelder aufzeigen, ihnen, aber auch erfahrenen Journalisten, Tipps und Denkanstöße für ihre Arbeit geben.

Die Autorinnen und Autoren, viele von ihnen Dozierende und Absolventinnen und Absolventen des „Instituts für Musikjournalismus" der Hochschule für Musik Karlsruhe, vermitteln ihr Wissen als Praktiker mit Berufs- und Unterrichtserfahrung. Sie analysieren die Funktion und den Einsatz von Musik und erläutern sprachliche, dramaturgische und gestalterische Mittel für Sendungen, Beiträge und Texte, häufig mit Beispielen veranschaulicht.

Wie schon der Vorgängerband „Musikjournalismus" desselben Herausgebers (Konstanz: UVK 2005), damals erschienen in der Reihe „Praktischer Journalismus", ist dieser ebenfalls und weiterhin das einzige praxisorientierte Handbuch zum Musikjournalismus. Einige Beiträge wurden überarbeitet und aktualisiert übernommen. Komplett neu sind die Kapitel zum Fernsehen, zu Online-Angeboten und zur Musikvermittlung. Auch wenn aus Platzgründen nicht jede Musiksparte und Erscheinungsform Berücksichtigung finden konnte, so lassen sich die Fragestellungen und Vorgehensweisen auf andere Musikstile übertragen.

Der Herausgeber hat vereinheitlicht und, wo sinnvoll, Querverweise eingebaut. Zusammenfassungen erleichtern die Orientierung, Literatur- und Linklisten die Vertiefung. Die Vielfalt der Vorgehensweisen und Strukturen wurde beibehalten, wodurch manche Aspekte (z.B. Musikkritik, Moderation und Schreiben fürs Hören) aus verschiedenen Blickwinkeln beleuchtet werden. Rundfunkanstalten, Printmedien und Onlineangebote werden mit den gebräuchlichen Kürzeln bezeichnet. Hervorhebungen sind durch kursive Schrift, Zitate durch Anführungszeichen kenntlich gemacht. Am Ende der Kapitel finden sich ausgewählte Veröffentlichungen und Links zu den Themenfeldern. Zentrale Fachbegriffe zu „Musik und Journalismus" sind im Anhang zu finden. Wer wissen möchte, wo bestimmte Begriffe im Buch auftauchen, dem wird (im Falle der epub- und pdf-Version) die Suchfunktion empfohlen; wegen dieser Möglichkeit und aus Platzgründen wird ein Personen- und Sachverzeichnis nur auf http://www.musik-journalismus.de bereitgestellt.

Zur besseren Lesbarkeit wird, soweit keine geschlechtsneutrale Formulierung geeignet war, überwiegend das generische Maskulinum verwendet, doch schließt dies selbstverständlich Musikjournalistinnen, Redakteurinnen, Moderatorinnen und Hörerinnen mit ein.

Eine ausführliche Literaturliste sowie aktuelle Informationen und Hinweise zum Thema „Musikjournalismus" finden Sie ebenfalls auf der Seite http://www.musik-journalismus.de.

Der Fokus dieses Buches ist der Musikjournalismus. Die Einzelbände der Reihen „Journalistische Praxis" (Wiesbaden: Springer VS) und „Praktischer Journalismus" (Köln: Halem-Verlag, früher Konstanz: UVK) zum Journalismus allgemein, zu einzelnen Medienformen, Darstellungsformen und zu speziellen Aspekten eignen sich zur jeweiligen Vertiefung.

Es ist zu wünschen, dass der „Musikjournalismus" vielen den Weg durchs Studium und in den Beruf erleichtert.

An dieser Stelle gilt es zu danken:

- den Mitautoren für ihre mit Herzblut geschriebenen Artikel und für ihre Anregungen in den konstruktiven Diskussionen, die z. T. in die Struktur des Buches eingeflossen sind. Obwohl die Covid-19-Pandemie ihren Arbeitsalltag auf unterschiedliche Weise belastet und beeinflusst hat, konnte der Zeitplan eingehalten werden. Auch dafür ein besonderer Dank! Die Gedanken gehen an dieser Stelle auch an Syrthos J. Dreher, der die Veröffentlichung seines umfassenden Artikels leider nicht mehr erleben konnte.
- dem Rektorat der Hochschule für Musik Karlsruhe, das den innovativen Studiengang „Musikjournalismus für Rundfunk und Multimedia" vor nunmehr 25 Jahren eingerichtet hat und seither engagiert unterstützt. Viele Absolventen

sind inzwischen an Schlüsselpositionen in Radio, TV, Online und Medienindustrie. Acht von ihnen wurden durch aktuelle Studierende zu ihrer Sicht auf die Zukunft des Musikjournalismus befragt. Diese Statements sind in den Band ebenso aufgenommen (drei von ihnen zusätzlich im Videointerview) wie auch die Videobeiträge von Studierenden für das Symposium „Die Zukunft des Musikjournalismus. Über Qualität, Kunst und künstliche Intelligenz" vom 4. Februar 2021 aus Anlaß des 25. Geburtstags des „Instituts für Musikjournalismus".

- der Herausgeberin der Reihe, Prof. Dr. Gabriele Hooffacker (HTWK Leipzig) und Barbara Emig-Roller, Cheflektorin Medien bei Springer VS, für die Aufnahme in die renommierte Reihe der „Journalistischen Praxis" sowie ihnen, Katharina Gonsor und Omika Mohan, Projektmanagement, für die angenehme und konstruktive Zusammenarbeit.
- Michaela und Lea Despina, die mich in der Zeit der Erstellung des Bandes häufig entbehren mussten.

Anregungen, Fragen und Kritik sind jederzeit willkommen unter info@musikjournalismus.de.

Karlsruhe	Peter Overbeck
im Januar 2021	

Inhaltsverzeichnis

Herausgeber- und Autorenverzeichnis

Über den Herausgeber

Prof. Dr. phil. Peter Overbeck geb. 1963 in Kiel, ist seit 2012 Professor für Trimediale Produktion beim Institut für Musikjournalismus der Hochschule für Musik (HfM) Karlsruhe. Davor Musikstudium in Detmold (Diplom-Tonmeister 1990) sowie Musikwissenschafts- und Romanistik-Studium in Basel, Heidelberg und Paderborn (1998 Promotion zum Dr. phil.). Nach Praxiserfahrungen u. a. bei Philips, Deutsche Grammophon und UNITEL (u. a. bei Projekten mit Leonard Bernstein) und beim Lemim Musiikpäivät (Finnland) mehrjährige Tätigkeit als Musikregisseur und Programm-Mitarbeiter bei Radio DRS-2 (Studio Basel), anschließend freiberuflicher Musikjournalist und musikalischer Aufnahmeleiter für Radio und Fernsehen (u. a. SWR, BR, SR, DLF), Tonträger-Industrie und Printmedien (u. a. Das Orchester, Concerto, Rondo). 1998 bis 2011 beim Institut für Musikjournalismus Redaktionsleiter und stv. Institutsleiter. Veröffentlichungen zur Musik des 18. Jahrhunderts, zur Tonträgergeschichte, zur musikalischen Interpretation, zur Oper, zum Musik-, Kultur- und Radiojournalismus. Seit 2007 Vorsitzender der Händel-Gesellschaft Karlsruhe e. V. und Juryvorsitzender des Händel-Jugendwettbewerbs.

Autoren

Benjamin Alber hat für BR-Klassik die Neuausrichtung des Webangebots unter br-klassik.de begleitet und betreut als CvD die Social-Media-Kanäle des Klassikprogramms des Bayerischen Rundfunks. Als Mitglied der Redaktion „Planung und Entwicklung Klassik" unterstützt er das Programm bei der Erweiterung des digitalen Angebots. Als Dozent ist Benjamin Alber regelmäßig zu Gast

an der Kölner Journalistenschule für Politik und Wirtschaft, der Katholischen
Universität Eichstätt-Ingolstadt und der Kronberg Academy. Daneben arbeitet
er als Hörfunkautor und Moderator. 2003 bis 2005 Aufbaustudiengang
„Rundfunkmusikjournalismus" an der HfM Karlsruhe.

Dr. phil. Elena Alessandri ist ausgebildete Pianistin, promovierte Musikforscherin und Leiterin des Kompetenzzentrums Music Performance Research an der
Hochschule Luzern – Musik. Ihre Forschungsinteressen liegen in den Bereichen der Psychologie und Soziologie des Musikkonsums sowie der Gesundheit
professioneller Musikerinnen und Musikern.

Prof. Dr. phil. Antonio Baldassarre ist Professor, Vizedirektor und Leiter Forschung und Entwicklung an der Hochschule Luzern – Musik. Er studierte
Musikwissenschaft, Deutsche Literatur- und Sprachwissenschaft und Politische
Wissenschaften (Promotion 2013) und forscht und publiziert zu Themen der
Musikgeschichte des 18. Jahrhunderts bis zur Gegenwart, der musikalischen
Kultur- und Sozialgeschichte, der Musikikonographie sowie der Aufführungs-
und Interpretationsgeschichte.

Prof. Jürgen Christ geb. 1958 in München. Leiter des „Landeszentrums für
Musikjournalismus und Musikinformatik" der HfM Karlsruhe. Musikstudium an
der HfM Karlsruhe; 1983 Musikredakteur bei SWF1 Baden-Baden; 1986 bis
1990 Musikredakteur, ab 1988 leitender Kulturredakteur bei „Radio Hamburg";
1990 bis 1993 Musikchef und Programmdirektor Musik beim KlassikRadio;
1993 bis 1994 Director TV-Marketing bei der „Ufa Film- und Fernsehgesellschaft" Hamburg; 1994 Gründung der Agentur „Musik Medien Management"
mit den Schwerpunkten Medien- und Kulturberatung (u. a. für die „Staatsoper
Unter den Linden", „Montblanc Int.", „Relais & Châteaux"), mehrere Interview-
Sendereihen in der ARD. Seit 2002 Professor für Medienmanagement an der
HfM Karlsruhe. Seit 2016 außerdem Prorektor.

Syrthos J. Dreher (1955–2019), Autor, Regisseur, Redakteur, Dozent. Aus musikalischem Elternhaus, vielfältige musikalische Ausbildung. Diplom-Journalist
(Deutsche Journalistenschule, München, 17. Jg.), Studium an der LMU München (Kommunikationswissenschaft, Politologie, Soziologie, Musikwissenschaft).
Diplom-Arbeit zum Musikjournalismus. Ab 1983 Arbeit für Kultur-Redaktionen
in Radio und TV (SDR und SWF (bzw. SWR), ARTE). 2001-2017 Redaktion für
den ARD-Tigerenten-Club (mehrfach preisgekrönt, u. a. 2006 „Bayerischer Fernsehpreis für die beste redaktionelle Gesamtleistung"), außerdem freier (Musik-)

Autor für Zeitschriften. Features und Dokumentationen zu Musikthemen (Autor, Regie, Redaktion), u. a.: „Die unerbittliche Kunst. Elisabeth Schwarzkopf" (90 Min., 1988), „Donaueschinger Musiktage" (45–60 Min., SWF 1990, 1992, 1993, 1994), „Musikalische Wunderkinder" (60 Min., ARTE/SWF, nominiert für „Classique en image", Louvre/Paris), „Schön war die Zeit" (13-teilig, je 30 Min., 1996–1998, SDR, nominiert für Grimme-Preis), „Der wohltemperierte Computer" (60 Min., für ARTE/SWR). Gastdozent Filmakademie Ludwigsburg und PH Heidelberg; ab 2010 Lehrauftrag am Institut für Musikjournalismus an der HfM Karlsruhe (dort Erstellung eines Konzepts für Fernseh-Musikfeature zur Neugestaltung des B.A.- und M.A.-Studiengangs).

Katharina Eickhoff geb. im Odenwald, landete nach ein paar Runden Philosophie und Anglistik in Heidelberg als Gesangsstudentin an der Staatlichen HfM und Darstellende Kunst Stuttgart. Ausbildung bei Sylvia Geszty, Julia Hamari und Carl Davis. War schon in dieser Zeit auf journalistischen Seitenpfaden unterwegs. Der Sprung in die Radio-Welt folgte 1997 mit einem Musikjournalismus-Studium an der HfM Karlsruhe. Seitdem ist sie als Autorin, Moderatorin und Programm-Macherin für SWR und WDR tätig, konzipiert und moderiert Sendungen, Konzerte und Diskussionen mit Ausflügen in alle Disziplinen: Literatur, Philosophie, Zeitgeschichte etc. und unterhält eine Künstlergesprächsreihe beim „Rheingau Musik Festival". Glaubt in Sachen Musik an die Kraft des Erzählens, frei nach Ciceros Rhetorik: Informieren, unterhalten, rühren.

Peter Fohrwikl gründete nach seinem Studium ein Online-Radioprogramm als Start-Up in Kooperation mit der Deutschen Bahn. Beim Bayerischen Rundfunk arbeitete er zunächst für das Jugendprogramm „ON3". Heute leitet er die Redaktion „Planung und Entwicklung Klassik" und betreut als interner Berater Innovationsfelder wie autonomes Fahren oder Next Generation Audio/Video. Für BR-Klassik verantwortet er den Ausbau strategischer Partnerschaften und das Erschließen neuer Verbreitungswege.

Johannes Forster geb. 1982, ist Ingenieur für Medientechnik und Journalist. Vor und während seines Medientechnik-Studiums arbeitete er als Moderator, Produzent, Reporter und Redakteur für verschiedene private Radiosender. Danach war er beim SWR sowohl in Technik und Sendebetrieb als auch als freier Mitarbeiter für verschiedene Redaktionen aktiv. Im Anschluss absolvierte er den Studiengang „Musikjournalismus für Rundfunk und Multimedia" (M. A.) an der HfM Karlsruhe und veröffentlichte parallel dazu Features beim SWR und beim BR.

Seit 2012 ist er stv. Institutsleiter am Institut für Musikjournalismus der HfM Karlsruhe.

Barbara Gysi geb. 1963, ist Bereichsleiterin Radios & Audio in der multimedialen Abteilung Kultur von Schweizer Radio und Fernsehen und verantwortlich für die Radioprogramme Radio SRF 2 Kultur, Radio Swiss Classic, Radio Swiss Jazz, Radio Swiss Pop, die Musikplattform neo.mx3.ch für zeitgenössisches Musikschaffen und außerdem für die Musikproduktion Klassik und Jazz. Sie ist seit mehreren Jahren in verschiedenen Funktionen bei SRF tätig, u. a. als Gesamtleiterin von Digitalisierungsprojekten und Leiterin des produktionstechnischen Teams der News-Abteilung Radio. Während neun Jahren präsidierte sie den Jazzclub „Moods" in Zürich. Barbara Gysi ist Musikwissenschaftlerin Lic. Phil. I (Universität Zürich).

Katharina Herkommer ist Musikjournalistin und Filmemacherin. Mit ihrer Firma „Die Bildmischer Medienproduktion" und deren Label nmzMedia, das eng mit der „neuen musikzeitung" verknüpft ist, realisiert sie verschiedenste Filmprojekte z.b. für die Chöre und Orchester des SWR, für Musikverbände und Hochschulen, Festivals und Konzerthäuser. Konzeption, Regie, Kamera, Schnitt, Vertonung, Animation – sie arbeitet in allen Bereichen der Produktion und Postproduktion. 2019/20 war sie im BR-Studio Fichtelgebirge als Regionalkorrespondentin für den BR im tagesaktuellen Journalismus tätig (Fernsehen, Hörfunk und Online). Außerdem war und ist sie deutschlandweit in verschiedenen Multimedia-Studiengängen und Weiterbildungskursen als Dozentin für Videojournalismus beschäftigt. Sie hat Literatur-, Kunst- und Medienwissenschaft in Konstanz und Dublin sowie „Musikjournalismus für Rundfunk und Multimedia" an der HfM Karlsruhe studiert.

Dr. phil. Martin Hufner geb. 1964. Studium der Musikwissenschaft, Philosophie und Psychologie in Gießen; Promotion 1994 mit einer Arbeit zu Adornos kompositorischer und theoretischer Auseinandersetzung mit der Zwölftontechnik. Seit 1996 freischaffender Lektor und Journalist. Er betreut seit 1997 die Internetredaktion der „neuen musikzeitung". Kontakt: martin@hufner.de. E-Mail: martin@hufner.de

Andreas Kolb geb. 1959 in Stuttgart. Studium der Musikerziehung, Sonderpädagogik und Journalistik in Reutlingen, Tübingen und Stuttgart. Ab 1988 Sonderschullehrer, 1992–93 Pressesprecher bei ECM Records München, dann Autor sowie Redakteur bei diversen Musikfachzeitschriften. Heute Chefredakteur der „neuen musikzeitung", Chefredakteur von „Jazzeitung.de". Außerdem

Redaktionsmitglied von „Oper & Tanz" sowie „Politik und Kultur" (alle ConBrio Verlagsgesellschaft mbH, Regensburg).

Reinhard Krol geb. 1950. Studium der Theaterwissenschaft, Germanistik und Kunstgeschichte in München, von 1971 bis 2003 Autor, Moderator und freier Korrespondent für alle ARD-Anstalten; Training und Ausbildung von Journalisten, u. a. bei der ZFP/ARD-ZDF-Medienakademie; Lehrauftrag am Institut LernRadio der HfM Karlsruhe. Heute als Trainer, Coach, Berater und Supervisor für die Medien tätig.

Jörg Lange geb. 1957 in Kassel. Lehramtsstudium Musik und Sport. 1978–1984, GH-Kassel; 1983–1987 freiberufliche Arbeit als Schlagzeuger in verschiedenen Bands sowie am Staatstheater Kassel. 1984 bis 1987 freie Mitarbeit bei verschiedenen Zeitschriften. ab April 1987 beim SWR3: zunächst als Programmgestalter, 1988 Volontariat, ab 1989 Musikredakteur für verschiedene Sendungen, 2004 bis 2010 SWR1-Musikchef in Baden-Baden, seit 2010 SWR3 Musikredakteur. 1997 bis 2001 Lehrauftrag am Institut LernRadio der HfM Karlsruhe; seit 2003 SWR-Dozent für Popmusikgeschichte an der Popakademie Mannheim, 2019 nominiert für „Deutscher Radiopreis 2019" in der Sparte „Bester Podcast" mit der Reihe „SWR3 – Die größten Hits und ihre Geschichte".

Martin Laurentius studierte Musikwissenschaft, Germanistik und Soziologie in Bonn. Während seines Volontariats war er Jazzkritiker bei der „Bonner und Kölnischen Rundschau". Bis 1995 Leitung der Presseabteilung der Plattenfirma „Alex Merck Music". Seit 1995 Redakteur und Autor beim Magazin „Jazz thing". Seit 2005 Autor und Moderator für die Jazzredaktion des WDR. Gelegentlich schreibt er für „Die Zeit", zwischen 2006 und 2011 verantwortlicher Redakteur und Autor für das „moers festival" Magazin, außerdem ab 2013 redaktionelle Betreuung der Publikationen für das „WDR 3 Jazzfest". 2017 auf der Bremer Fachmesse "jazzahead!" ausgezeichnet mit dem „Deutschen Jazzjournalisten-Preis".

Jörg Lengersdorf arbeitet als Rundfunkautor und Redakteur bei verschiedenen ARD-Anstalten. Er studierte in Köln, Utrecht und Prag Violine, später Rechtswissenschaften in Düsseldorf. Seit seinem Konzertexamen und anschließender Konzerttätigkeit in ganz Europa konzipiert er neue Konzertformate für Festivals und Philharmonien in Deutschland, schreibt Singspiele, Musicals und Kinderkonzerte und moderiert mit WDR3 Klassik Forum, SWR2 Treffpunkt Klassik und verschiedenen Kritikerrunden profilierteste Musikformate. Er ist künstlerischer Leiter eines Vokalfestivals und Kurator mehrerer Kammermusikreihen in der ARD. Begonnen hat er seine Radiolaufbahn als Kammermusiker bei Konzertaufzeichnungen. Er wechselte die Seiten und verfasst nun Beiträge mit und über Musik und berät als Redakteur Autorinnen und Autoren im täglichen Kulturprogramm. Er ist Dozent für Moderations- und Beitragsästhetik am Institut für Musikjournalismus der HfM Karlsruhe.

Wolf Loeckle geb. 1943 in Berlin. Geprägt vom Leben in Wien, Frankfurt am Main, Köln, München und früh fasziniert vom Detektor-Radio. Ausbildung zum Musikalienhändler in Frankfurt a. M., Studium der Musikwissenschaft, Theatergeschichte, Phonetik und Kunstgeschichte an der LMU München, diverse journalistische Experimente, seit 1972 freie Mitarbeit beim BR, ab 1980 Aufbau und Leitung der Musikfeature-Redaktion. Dort bis zum Ruhestand 2008 außerdem verantwortlicher Redakteur für öffentliche Veranstaltungen (Thema Musik live; taktlos – Das Musikmagazin des BR und der nmz (); ++contrapunkt++ europäischer dialog, in Kooperation von BR, Goethe-Institut, mdr, Schauspielhaus Salzburg und nmz. 1998-2018 Lehrauftrag am Institut für Musikjournalismus der HfM Karlsruhe. Freie musikjournalistische Tätigkeit.

Jörg Lohner ist Filmemacher und Redakteur. Er ist Mitbegründer des Filmlabels „nmzMedia" für die „neue musikzeitung" (2006) und seit 2014 geschäftsführender Gesellschafter der Produktionsfirma „Die Bildmischer Medienproduktion GmbH". Er ist maßgeblich beteiligt an über 200 Produktionen, darüber hinaus tätig als Kameramann und Cutter u. a. für SWR und BR. Zahlreiche berufliche Einsätze führten ihn nicht nur in den deutschsprachigen Raum, sondern auch nach Großbritannien, Italien, Türkei, Israel, Dubai und Südafrika. Seit 2016 ist er wissenschaftlicher Mitarbeiter an der HfMDK Mannheim im Bereich „Medienpraxis/audiovisuelle Gestaltung". Darüber hinaus war er Dozent für Videojournalismus u. a. an der HfM Karlsruhe und der Bayerischen Musikakademie Alteglofsheim. Nach dem Abitur absolvierte er eine Ausbildung zum „Staatlich anerkannten Leiter für Popularmusik (Schlagzeug)" und ein Auslandsstudium in New York City sowie das Studium der Musikwissenschaft, Betriebswirtschaft und Anglistik (M.A.) in Regensburg und Eichstätt mit dem Schwerpunkt „Musik und Medien".

Prof. Dr. phil. Wilhelm Matejka geb. 1949 in Wien. Studium der Musikwissenschaft und Philosophie in Wien (Dissertation: „Das Scheitern der Musikwissenschaft an ihren abstrakten Methoden", 1974), 1974 bis 1979 Leiter der Info-Abt. des Musikverlages Doblinger in Wien; 1979 bis 1987 WDR: Referent des Musikchefs, ab 1982 Leiter der Abt. Kammermusik. Redaktion und Moderation

„Haydn-Tag"/1982, „Brahms-Tag" und „Webern-Tag"/1983, „Berg-Tag"/1985 auf WDR3. Qualifizierung von Musikfachleuten zu live-sicheren Musikerzählern. 1987 Konzeption und Gründung der live-moderierten Vormittagsstrecke „Klassik-Forum" auf WDR3. 1987–2002 SFB bzw. RBB: Von 1992 bis zur Pensionierung Programmchef des klassikgeprägten Kulturradios für Berlin. 2003: Fusion von SFB und ORB zum RBB; Neugründung eines Kulturradios für Berlin und Brandenburg: vier live-moderierte Tagesbegleitstrecken mit festen Kulturrubriken. Markenkerne: Klassik und regionale Kultur. Seit den frühen 1980er-Jahren: viele live-moderierte Sendungen und Sendereihen sowie zahlreiche Auftritte als Konzertmoderator. Seit 1996 Lehrauftrag am Institut für Musikjournalismus der HfM Karlsruhe.

Gerd Pappenberger ist Volljurist und hat seine juristische Ausbildung (1. und 2. Staatsexamen) an der Julius-Maximilians-Universität in Würzburg absolviert. Nach seiner Wahlstation am Gericht in Newark/USA und einer Mitarbeit im Medienreferat der Sächsischen Staatskanzlei in Dresden ist er seit 1993 in der Medienanstalt Rheinland-Pfalz als juristischer Referent tätig. Dort war er zunächst bis Ende 1997 im Programmbereich für Jugendschutz, Werbung und Kanalbelegung zuständig. Seit 1998 betreut er u. a. die Offenen Kanäle in allen rechtlichen Fragen und führt Rechtsseminare im Bereich der Bürgermedien schwerpunktmäßig in Rheinland-Pfalz, Hessen und Baden-Württemberg durch.

Arnd Richter geb. 1959. Studium Schulmusik Sekundarstufe II und Musikwissenschaft an der Musikhochschule und der Universität Köln. 1978 bis 1990 freier Hörfunk und Printjournalist. 1990/91 Volontariat beim WDR. Seitdem WDR-Redakteur. Bis 2019 verantwortete er die Nachmittagssendung „WDR3 TonArt", an deren Entwicklung er maßgeblich beteiligt war. Seit 2019 Manager der WDR-Bigband. Autor einer Monographie über Felix Mendelssohn-Bartholdy (2. Aufl. 2000) und Initiator und Mitherausgeber eines Buches zur Zukunft des Kulturradios (Blaes/Richter/Schmidt (Hg.) (2002): Zukunftsmusik für Kulturwellen). 1997–2017 Lehrauftrag am Institut für Musikjournalismus der HfM Karlsruhe.

Prof. Maximilian Richter geb. 1982 in Dresden, studierte an der HS Mannheim Kommunikationsdesign. Mit der Faszination für Bewegtbild spezialisierte Richter sich im Master of Arts an der HdM Stuttgart im Bereich Film. Bereits während seines Bachelorstudiums machte er sich mit einer Videoproduktionsfirma selbstständig. Neben namhaften Unternehmen (DHU, Daimler AG, Siemens AG) produzierte er Musikfilme, zum Beispiel für Wolfgang Haffner. Bei diversen

Werbe-, Fernseh- und Spielfilmproduktionen war er im Bereich Kamera, Kamerabühne, Grip und Licht tätig. Seit 2012 lehrt Richter an der PH Karlsruhe sowie der HfM Karlsruhe. 2017 wurde er auf die Professur für Videoproduktion berufen, betreut den Videobereich und beschäftigt sich mit neuen Technologien im Musikjournalismus.

Rolf Rische ist Leiter der HA Kultur und Leben und Channel Manager des deutschen TV-Programms der Deutschen Welle. Rische wurde 1962 in Stuttgart geboren. Schon als Schüler schrieb er für die „Vaihinger Kreiszeitung" (VKZ). Es folgten Praktika, Wehrdienst, Volontariat bei der VKZ und Ausbildung an der Deutschen Journalistenschule München. 1986 die erste Redakteursstelle bei den „Stuttgarter Nachrichten". 1987 Wechsel zum SWF-Fernsehen, Baden-Baden. Dort arbeitete er auch als Studioregisseur und Autor von Filmen wie „2000 Träume – der steinige Weg zum Rockstar" (1989) oder „Tamara Danz, Rocksängerin aus Ostberlin" (1990). 1992 wurde er Leiter der Jugendredaktion bei DW-TV Berlin, später Programmbereichsleiter Gesellschaft und Kultur, dann Leiter der HA Gesellschaft und Dokumentationen. Er entwickelte TV-Formate wie das Lebensart-Magazin „euromaxx" (2003) und Musiksendungen wie „German Beats" (2010), „Europe in Concert" (2014) oder „Privatkonzert" (2017). In seiner Redaktion entstanden preisgekrönte Dokumentarfilme wie „Forever and A Day" (2015) mit den „Scorpions" und „Beethovens Neunte – Symphonie für die Welt." (2019). Zunehmend befasst er sich mit plattformübergreifender Programmentwicklung. So brachte er 2019 u. a. die YouTube-Kanäle „DW euromaxx" und „DW classical music" auf den Weg. Darüber hinaus betätigt sich Rische auch als Autor und Musiker.

Stefanie Schäfer geb. 1980 in Neuenburg. Studium der Sozialwissenschaften (Soziologie, Politik- und Medienwissenschaften) an der Universität Düsseldorf, danach Volontariat an der Hörfunkakademie in Dortmund. Während Studium und Volontariat verschiedene Tätigkeiten für den WDR und das ZDF. Seit 2004 Musikredakteurin. Zunächst für DASDING (SWR, Baden-Baden), Fritz (RBB, Potsdam) und 1LIVE (WDR, Köln). 2009 Rückkehr zu DASDING, hier Musikredakteurin sowie Chefin vom Dienst. Seit 2012 Leitung der Musikredaktion von DASDING.

Prof. Dr. phil. Michael Schmidt widmet sich der multimedialen Musikvermittlung als Koordinator im Programmbereich BR-Klassik des BR, in seiner Lehrtätigkeit an der HFMT München, an der „European Graduate School" sowie in seinen Veröffentlichungen (u. a. Herausgeber von „polyphonie.vernetzt" und

„Philosophy of Media Sounds"). Er studierte Klavier, Musikwissenschaft, Philosophie und Geschichte in Köln und Freiburg und absolvierte nach Diplom sowie Promotion ein Volontariat beim DLF und ZDF. Außerdem war er Lehrbeauftragter am Institut LernRadio der HfM Karlsruhe sowie Berater beim Aufbau des katholischen Klassiksenders „Radio Stephansdom" (Wien). Er ist Mitglied im Auswahlausschuss der Friedrich-Ebert-Stiftung sowie Kuratoriumsvorsitzenden der Georg-von-Vollmar-Akademie.

Mareike Schmidts geb. 1969. Studium der Sprecherziehung an der Musikhochschule Stuttgart. Nach Abschluss unterschiedliche redaktionelle Tätigkeiten beim Stadtradio Stuttgart, bigFM und Radio Regenbogen; zuletzt Volontariat bei Radio Regenbogen und landespolitische Korrespondentin für Radio Regenbogen. Seit 1999 sprecherzieherisch tätig u. a. für die PH Ludwigsburg, in der Volontärsausbildung des SWR Stuttgart, für das Institut LernRadio der HfM Karlsruhe sowie für verschiedene Regionalsender im Raum Stuttgart. Sprecherjobs und Synchronisation u. a. beim SWR, der lit.cologne, dem Internationalen Trickfilmfestival für Stuttgart, den Stuttgarter Kinderfilmtagen und den Stuttgarter Kinder- und Jugendbuchwochen.

Dr. phil. Reinhard Schulz (1950–2009). Studium der Musikwissenschaft (Hauptfach), Philosophie, Theaterwissenschaft, Soziologie und Psychologie (Dissertation 1982: Über das Verhältnis von Konstruktion und Ausdruck in den Werken Anton Weberns). Seitdem freischaffender Journalist und Kritiker für diverse ARD-Anstalten und überregionale Zeitungen. Mehrere wissenschaftliche Veröffentlichungen im Bereich der Neuen Musik. Ab 1980 Lehrauftrag für „Musik und Musikästhetik des 20. Jahrhunderts" an der LMU München. Ab 1986 leitender Redakteur bei der „neuen musikzeitung". 1993 Kritikerpreis der Stadt Graz. Häufige Jury-Tätigkeiten, ab 1994 Juror beim „Preis der Deutschen Schallplattenkritik". Der „Reinhard-Schulz-Kritikerpreis" erinnert an ihn und ist seit 2014 beim Internationalen Musikinstitut Darmstadt (IMD) und dessen Förderverein beheimatet. Siehe dazu Kapitel 45 „Wettbewerbe".

Dr. phil. Kerstin Unseld ist Musikredakteurin bei SWR2, dort u. a. tätig als Redakteurin für Musikfeature und Musikproduktion. 1997–2005 war sie Redakteurin bei BR-Klassik und Bayern 2-Radio, entwickelte neue Sendeformate für junges Publikum und neue Profile für erfolgreiche bestehende Formate. Sie schrieb als Feature- und Hörspielautorin für diverse ARD-Sender, ebenso als Journalistin in Printmedien. 2016 erschien ihr Kinderbuch „Man sieht auch mit den Ohren gut: eine kleine Reise in die Musik" (Reihe Hanser, München: dtv, auch als Hörbuch). Kerstin Unseld lehrte u. a. am „Institut für Musikvermittlung und Musikmanagement" der HfM Detmold und übernahm 2012–2015 als Vertretungs-Professorin die Institutsleitung. Sie war Mitglied im Fachbeirat des „Netzwerk Junge Ohren" und im Internationalen Netzwerk „Forum Musikvermittlung an Hochschulen und Universitäten".

Daniel Wolff geb. 1978 in Zeitz. 1998–2000 Studium im Institut LernRadio der HfM Karlsruhe (Diplom-Rundfunk-Musikjournalismus). 2000–2002 Moderator beim Regionalsender „Die Welle" in Karlsruhe. 2002–2006 Moderator und Produzent bei Radio Bremen Vier und der Firma RadioHouse. Anschließend Moderator und Redakteur bei der Ostseewelle. Von 2008–2012 CvD bei ENERGY Bremen. Ab 2012 Programmdirektor unter anderem bei „die neue welle" in Karlsruhe und Antenne MV Mecklenburg-Vorpommern. Seit Dezember 2020 Stabsstelle Protokoll, Presse und ÖA in der Landesvertretung Bremen in Berlin beim Bevollmächtigten Staatsrat für Bundesangelegenheiten. Seit 2005 Dozent am Institut für Musikjournalismus der HfM Karlsruhe.

Stefanie Wördemann geb. 1974 bei Hamburg, studierte Kommunikationswissenschaft, Musikwissenschaft und Germanistik an der Technischen Universität und der Humboldt-Universität in Berlin und war Gründungsmitglied der Akademie Musiktheater heute (Berlin/Salzburg) und des „labors für musik:theater Berlin". Regieassistenzen u. a. für Peter Konwitschny an der Deutschen Oper Berlin. 2001 Musiktheaterdramaturgin am Theater Osnabrück, 2002–2006 Dramaturgin und Redakteurin der Berliner Philharmoniker. Seit 2007 freischaffende Librettistin, Dramaturgin, Regisseurin und Produzentin im Bereich Musiktheater, szenisches Konzert und Hörspiel. Jüngstes Projekt gemeinsam mit dem Komponisten Helmut Oehring: das TanzMusikDrama „BEETHOVEN? Der erlösende Fehler (...wo bin ich nicht verwundet, zerschnitten?!) „für die gehörlose Tänzerin Kassandra Wedel und die Musikfabrik Köln als Auftragswerk von BTHVN2020 (UA Mai 2021 Kunsthalle Bonn).

Luise Wunderlich geb. 1967. Studium der Sprecherziehung und anschließendes künstlerisches Aufbaustudium an der Musikhochschule Stuttgart. Luise Wunderlich ist Sprecherin für den SWR. Dort moderiert Sie auch Klassiksendungen für SWR2. Sie war zehn Jahre lang Dozentin am Institut LernRadio der HfM Karlsruhe. Heute unterrichtet sie u. a. an der Musikhochschule Stuttgart und den Hochschulen für Kirchenmusik in Rottenburg und Tübingen. Sie steht mit Lesungen, kabarettistischen Chansonprogrammen („Ich bin frei und mir ist schlecht", „Die Kuh in mir" etc.) und Moderationen auf der Bühne. Mehrere von ihr gesprochene Hörbücher waren auf der Hörbuchbestenliste.

Einführung

Peter Overbeck

Zusammenfassung

Zunächst werden die Veränderungen der Medienbranche und das verändertes Nutzerverhalten dargestellt. Es werden Methoden erläutert, mit denen man Nutzerinteressen erforscht und es folgt ein Überblick über die Inhalte des Handbuchs. Schließlich werden Berufsfelder vorgestellt.

Schlüsselwörter

Nutzerverhalten · Medienangebote in Corona-Zeiten · Neue Angebotsformen · MedienNutzerTypologie · JIM-Studien · ARD-ZDF-OnlineStudie · Sinus-Milieus · Inhaltsübersicht · Beruf Musikjournalist · Anforderungen

1.1 Musikjournalismus heute

Musikjournalist wird man nicht „einfach so". Ausgangspunkt ist die Freude am eigenen Musizieren, am Erleben von Musik, am Vergleichen von Interpretationen oder schlicht Neugierde an unbekannter Musik. Es ist ein Glück, wenn man seine Leidenschaft für die Musik zum herausfordernden, aber auch sehr erfüllenden Beruf machen kann. Musikjournalisten zeigen, dass Musik eine Bereicherung, ein Quell für schöne Erlebnisse, Entdeckungen und auch für Muße und

P. Overbeck (✉)
Institut für Musikjournalismus, Hochschule für Musik Karlsruhe, Karlsruhe, Deutschland
E-Mail: info@musik-journalismus.de

© Springer Fachmedien Wiesbaden GmbH, ein Teil von Springer Nature 2022
P. Overbeck (Hrsg.), *Musikjournalismus,* Journalistische Praxis,
https://doi.org/10.1007/978-3-658-32476-6_1

Kontemplation sein kann – dass es hierfür einen Bedarf gibt, zeigt die gegenwärtige Renaissance des Auditiven, die wachsende Nachfrage nach Podcasts und Hörbüchern in unserer von Bildern überfluteten Welt.

Musikjournalisten sind Fachjournalisten mit Spezialwissen im Bereich „Musik". Kreativität und Originalität sind für das Verfassen von Kritiken, die Gestaltung von Sendungen, Programmen und Beiträgen, auch zu noch nicht vertrauten Themen, Musikrichtungen, Künstlern und Werken erforderlich. Die Kenntnis journalistischer Grundsätze, Kompetenzen in den Bereichen Recherche, Produktionstechnik sowie Vielseitigkeit, Hartnäckigkeit und Qualitätsanspruch in verschiedenen Medien sind ebenfalls erforderlich.

„Talking about music is like dancing about architecture", lautet ein (etwas holpriger) anonym überlieferter Vergleich zur Beschreibung des komplexen Medienwechsels von Musik in Sprache, oder wie es Franz Grillparzer ausdrückt, „Beschriebene Musik ist halt wie ein erzähltes Mittagessen." Der Spagat muss gelingen, Hörer und Zuschauer an die Musik heranführen, Leser für Konzerte, Ton- und Bildträger begeistern, einerseits Fachwissen allgemein verständlich zu vermitteln, andererseits auch Fachleute mit Neuem und Interessantem anzusprechen; auch viele Nutzer sehen sich als solche für ihren Lieblingskünstler oder ihr Lieblingsrepertoire.

Crossmedialität und Online-Angebote: Seit 2005, dem Veröffentlichungsjahr des Vorgängerbandes, haben sich der Alltag von Musikjournalisten und die Medienlandschaft gravierend verändert. Die Rahmenbedingungen für den öffentlich-rechtlichen Rundfunk haben sich verbessert, was die Möglichkeit von Online-Angeboten neben dem linearen Programm in Radio und TV angeht. Öffentlich-rechtliche Sender sind trimedial aufgestellt, Volontariate trimedial, eine Tätigkeit in verschiedenen Medien selbstverständlich.

Die Medien Radio, Fernsehen, Print und Internet wirken und wachsen zusammen, inhaltlich und technologisch. Kein Medienanbieter kommt heute ohne ein Online-Angebot auf der Homepage oder eine Mediathek aus. Das hat Konsequenzen für die Programmplanung. Erst der Inhalt, dann das Medium: Programmmacher stehen vor der Herausforderung, nicht nur in Formaten und Sendezeiten und Sendeplänen zu denken, sondern Inhalte und Themen im Medienmix aus Programm, Plattform und Social Media in dazu geeigneten Formaten und Ausspielwegen unterzubringen. Einblicke in diese neuen Anforderungen werden in „Best Practice"-Kapiteln für Radio am Beispiel von „Radio SRF 2 Kultur DRS" und für TV am Beispiel der „Deutschen Welle" gegeben (Kap. 16 bzw. 35).

Kontinuität und Veröffentlichungstermine: Für Zeitungen gibt es zwar nach wie vor einen Redaktionsschluss und im Rundfunk fixe Sendetermine im Linearprogramm, hinzukommen aber kontinuierliche Veröffentlichungen und

Aktualisierungen auf der Homepage, in den Mediatheken oder bei Social Media sowie eine Aufbereitung in unterschiedlichen Formaten.

Vielfalt des Medienangebots und Flexibilität: Die Konkurrenz um die Medienaufmerksamkeit hat zugenommen. Der Markt für Musikzeitschriften hat gravierende Veränderungen erlebt. Die Printausgabe der traditionsreichen Musikzeitschrift „Spex" wurde 2018 eingestellt, 2020 auch die Online-Ausgabe. Andere Zeitschriften sind ins Netz gewandert und sollen sich über Paywalls monetarisieren (in Kap. 42 wird das thematisiert).

Online-Medienangebote in Mediatheken und Audiotheken, Apps und auf Homepages können zeitsouverän, selbstbestimmt und interaktiv genutzt werden. Dadurch stehen Radio und TV z. B. im linearen Programm nicht nur in Konkurrenz innerhalb des Dualen Systems mit anderen linearen Programmen und anderen Audio- und Mediatheken, sondern auch mit reinen Ton- und Bildstreaming-Angeboten wie Spotify und Netflix.

1.2   Corona und Post Corona

„**Corona, oder Coronata,** also wird von den Italienern diese Zeichen FERMATE genennet, welches, wenn es über gewissen Noten in allen Stimmen zugleich vorkommt, ein allgemeines Stillschweigen, oder eine Pausam generalem bedeutet;", heißt es im „Musicalisches Lexicon Oder Musicalische Bibliothec" von Johann Gottfried Walther aus dem Jahre 1732 (siehe Abb. 1.1).

Dass „Corona" über die musikalische Bedeutung als „Fermate" hinaus noch eine weitere Bedeutung bekommen sollte, war zu Beginn des Buchprojekts nicht abzusehen. Die Corona-Pandemie hat den Alltag aller Mitautoren beeinflusst

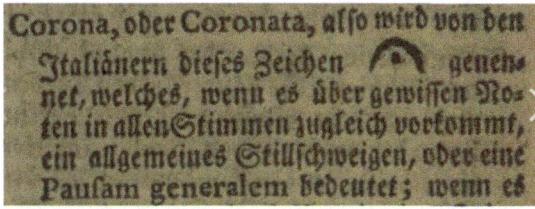

Abb. 1.1 Johann Gottfried Walther, „„Musicalisches Lexicon Oder Musicalische Bibliothec", gedruckt Leipzig 1732), S. 187 (passim, z. B. in der Digitalen Bibliothek der Bayerischen Staatsbibliothek München)

und eingeschränkt, die Telefonate und Mails im Zusammenhang mit der Entstehung des Buches geprägt – und vielleicht auch ganz im Sinne des musikalischen Begriffs der Fermate Anlass gegeben zum Innehalten, zum Nachdenken über die Bedeutung und Notwendigkeit der Kultur und den Wert der Musik für unsere Gesellschaft und darüber, was es für Musikjournalisten zu berichten gibt, wenn sich das Musik- und Kulturleben im *Lockdown* befinden.

Die Mediennutzung insgesamt hat zugenommen, auch die Online-Nutzung ist nun auch für eine Generation, die nicht zu den „Digital Natives" gehört, selbstverständlicher. Auch die Medienkompetenz und die Offenheit für neue Plattformen und digitale Angebote ingesamt hat einen Schub bekommen, zwangsläufig musste sich jeder, ob als Arbeitnehmer oder Elternteil, mit den neuen Medien auseinandersetzen und zum Spezialisten für Videokonferenzen werden.

Die bereits vorhandenen kulturellen Online-Angebote in den Mediatheken zusätzlich zum linearen Programm bekamen plötzlich eine besondere Aufmerksamkeit und Bedeutung, wurden zeitweise zum Substitut. Auch neue Formate entstanden wie „Hope at home"; es war außerdem die Stunde des öffentlich-rechtlichen Rundfunks, der mit seiner ausgewogenen Berichterstattung Orientierung gab (was sich in gestiegenen Einschaltquoten niederschlug).

Musikjournalisten haben noch stärker als bisher neue Aufgaben und Verantwortungen bekommen als Vermittler zwischen Künstlern und Öffentlichkeit. Ihre Kreativität ist gefragt, Themen plattform- und zielgruppengerecht aufzubereiten und neue Angebote und Formate für die Berichterstattung und Präsentation von kulturellen Themen mitzuentwickeln. Man wird sehen, wie sich die Kultur und die Mediennutzung insgesamt in der Post-Corona-Zeit verändern werden.

1.3   Wer sind die Nutzer?

Bei der Konzeption von neuen Medienangeboten ist es wichtig, die Zielgruppe zu definieren, ihre Präferenz im Bereich Musik und ihr Nutzungsverhalten zu kennen, um sie mit den richtigen Formaten und Ausspielwegen ansprechen zu können. Grundlage für die Programmplanung sind einschlägige regelmäßig erhobene Studien zum Nutzungsverhalten und zu den Präferenzen. Die wichtigsten werden kurz vorgestellt; an einigen Stellen im Buch wird darauf Bezug genommen. Hinzu kommen individuelle Erhebungen für einzelne Sendeplätze, Programme oder Publikationen.

Media Analyse (MA): Als unmittelbare Rückmeldung auf die tatsächliche Mediennutzung steht das Instrument der Media Analyse (ma) zur Verfügung.

Die Arbeitsgemeinschaft Media-Analyse e. V. (agma) führt Standarduntersuchungen zur Nutzung verschiedener Medien durch. Die Forschungsmethoden unterscheiden sich. So gibt es u. a. eine ma Audio (konvergente Nutzung der Radio-/Webradio-Angebote; seit 2018 geht die ma Radio in der ma Audio auf) sowie eine Fernsehzuschauerforschung mit Daten der AGF/GfK.[1]

MedienNutzerTypologie (MNT, MNT 2, MNT 2015): Eine Klassifizierung von Hörern bezüglich Alter, Geschlecht, Bildungsstand, Berufstätigkeit und Wohnort und deren Zuordnung zu bestimmten Wellen ist nicht aussagekräftig genug. Seit 1999 wird in Deutschland für Radio, TV und Internet die von ARD und ZDF entwickelte „MedienNutzerTypologie" (MNT) eingesetzt. Nutzer werden in homogene Gruppen lebensweltlicher Milieus mit jeweils ähnlichen Musik- und Wort-Präferenzen eingeteilt. Die einzelnen MedienNutzerTypen unterscheiden sich hinsichtlich ihrer Programm- und Genreinteressen sowie in der Nutzungsintensität innerhalb des Medienportfolios. Die MNT-Einteilung hat sich eingebürgert und hilft bei der Planung von Programmangeboten. Die erste MNT-Version (von 1998) wurde 2007 zu MNT 2.0 weiterentwickelt; aktuell gilt MNT 2015.

Die aktuelle MNT 2015 unterscheidet 10 verschiedene Typen (Anteil an der Bevölkerung ab 14 Jahre / Altersdurchschnitt in Jahren), geordnet nach Altersdurchschnitt): Spaßorientierte (10 %, ø 25), Zielstrebige (10 %, ø 30), Moderne Etablierte (10 %, ø 37), Familienorientierte (15 %, ø 44), Eskapisten (13 %, ø 47), Engagierte (9 %, ø 56), Häusliche (8 %, ø 61), Hochkulturorientierte (8 %, ø 62), Zurückgezogene (6 %, ø 63), Traditionelle (11 %. ø 71) (Quelle: https://ard-zdf-mnt.de/wp-content/uploads/2017/07/MNT-Basispraesentation.pdf). Dem Musikgeschmack kommt bei der MNT eine besondere Bedeutung zu. Ihn bei den einzelnen Nutzertypen zu kennen, erleichtert programmliche Grundsatzentscheidungen. Neu in der MNT 2015 sind emotionale und motivationale Aspekte; die Musikeinspielungen wurden neu konzipiert und die Liste der Musikgenres aktualisiert. Der Musikgeschmack wird über eingespielte Musikcollagen und über die verbale Abfrage von 15 Genrebezeichnungen erhoben und dann miteinander verglichen.

Die Musikgenres sind zu vier Faktoren zusammengefasst:

- „kulturorientiert" (Genrebezeichnungen „Klassik", „Oper", „Chanson", „Jazz", „Operette" und „Blues")
- „Rock & Pop" („Rock", „Hard Rock", „Blues" und „Pop")

---

[1] Ausführliche Darstellung der Media-Analysen und ihrer Forschungsmethoden unter: https://www.agma-mmc.de.

- „Schlager und Volksmusik" („Schlager", „Volksmusik" und „Country")
- „Aktuelle Trends" („HipHop", „Neueste Hits", „Pop" und „Techno")[2]

JIM-, KIM-Studien etc.: Ein Instrument, das spezifische Medienverhalten von Kindern, Jugendlichen und Familien zu erfassen, bieten seit 1998 die repräsentativen Studien zum Medienverhalten des Medienpädagogischen Forschungsverbunds Südwest (mpfs). Die populärsten sind die Studien zu JIM (abgekürzt für Jugend Information Medien, Medienumgang 12- bis 19-Jähriger), außerdem gibt es KIM (6- bis 13-Jähriger), miniKIM (2- bis 5-Jähriger) und FIM (Familien). Die Studien sind alle abrufbar unter: https://www.mpfs.de.

JIM-Studie 2019 (veröffentlicht am 31.03.2020): Sie wurde noch vor „Corona" erhoben und ist daher eher an der Normalität orientiert. Das Ergebnis: Das Medienrepertoire von Jugendlichen erweitert sich stetig. Musik-Streaming-Dienste sind in zwei von drei Familien vorhanden, Abonnements für Video-Streaming in drei von vier Familien. Beim Musikhören steht die Nutzung über Musik-Streaming-Dienste wie z. B. Spotify an erster Stelle (Zwei Drittel hören mindestens mehrmals pro Woche). Jeweils etwa jeder Zweite nutzt zum Musik-hören YouTube oder das Liveprogramm bei Radiosendern. Unabhängig von der Musiknutzung hören zwei von drei Jugendlichen regelmäßig Radio. Beliebtestes Online-Angebot ist YouTube (knapp zwei Drittel). WhatsApp ist der bevorzugte Kommunikationskanal (93 % mehrmals pro Woche), gefolgt von Instagram (64 %), Snapchat (46 %), Facebook (15 %) und TikTok (14 %).[3] Zu JIM 2019 siehe auch Art. 44.1.

Die ARD/ZDF-Onlinestudie liefert seit 1997 jährlich Zahlen zur Internetnutzung ab 14 Jahren in Deutschland (Allgemein, TV und Audio). Die Studie 2020 zeigt, dass das Internet täglich ca. 3 ½ h (204 Min.) genutzt wird, davon 2 h für Medienangebote (also z. B. Audio und Videostreams). Bei den 14- bis 29-Jährigen sind es insgesamt bereits 388 Min., davon über vier Stunden für Medienangebote (257 Min.). Die Mediatheken von ARD und ZDF werden von knapp der Hälfte der Bevölkerung mindestens einmal pro Monat (46 %) genutzt, Streamingdienste in ähnlichem Umfang (44 %). Im Bereich Online-Audio steht die Musik im Vordergrund als Musikstreaming, Liveradio im Internet und Audio-on-Demand/Podcast. Das gesprochene Wort online gewinnt zunehmend an Bedeutung: Hörbücher werden inzwischen von 7 Mio. und Podcasts von 19 Mio. Menschen in Deutschland zumindest selten genutzt. Im Bereich „Social Media" löst Instagram Facebook als

---

[2] Detaillierte Darstellung der MNT und ausführliche Studien unter https://ard-zdf-mnt.de.

[3] Pressemeldung vom 31.03.2020 zur JIM-Studie 2019, https://www.mpfs.de/studien/jim-studie/2019 (Abruf 20.11.2020).

beliebtestes Netzwerk ab. Weitere Erkenntnisse der ARD/ZDF-Onlinestudie 2020 werden in Abschn. 23.2 (Popmusik im Radio heute) erläutert[4].

Die ARD/ZDF-Langzeitstudie „Massenkommunikation 1964–2020" liefert Ergebnisse zur Mediennutzung im Langzeitvergleich. Ihre Erkenntnisse werden, wie auch die der anderen im Auftrag von ARD und ZDF erstellten Studien veröffentlicht in der Fachzeitschrift „Media Perspektiven".[5]

Sinus-Milieus: Für das Nutzerverhalten von Fernsehen sind die Gesellschafts- und Zielgruppen-Typologie des Heidelberger Markt- und Sozialforschungsunternehmen SINUS-Institut von Relevanz. Sinus-Milieus gruppieren Menschen, die sich in ihrer Lebensauffassung und Lebensweise ähneln. Die Milieu-Einteilung erfolgt entlang der Dimensionen „Soziale Lage" (Unter-, Mittel- und Oberschicht) und „Grundorientierung" („Tradition", „Modernisierung/Individualisierung" und „Neuorientierung"). Das aktuelle Sinus-Milieumodell für Deutschland besteht aus zehn Gruppen (Stand: 2019), siehe dazu Kap. 35.

1.4   Zum Inhalt

Der Band behandelt in 47 Kapiteln unterschiedliche Bereiche und Formate musikjournalistischer Tätigkeit. Zunächst werden medienübergreifende Aspekte behandelt, dann die spezifischen Anforderungen einzelner Medien, differenziert nach Kulturradio, Popradio, Fernsehen, Print und Online. Organisatorische, finanzielle und technische Fragen des Berufsalltags eines Musikjournalisten werden ebenfalls berücksichtigt. Aspekte zum Berufsbild und zur Aus- und Fortbildung runden den Band ab.

Auf diese Einführung folgt ein allgemeiner Artikel zur Musikkritik (Kap. 2). Hier schließt die Vorstellung einer aktuellen Studie aus der Schweiz und England zur „Musikkritik in Zeiten der Digitalisierung" an. Auf sie wird an verschiedenen Stellen im Buch Bezug genommen (Kap. 3).

Die Musiksparten Jazz und Neue Musik werden medienübergreifend in Kap. 4 bis 6 behandelt. Genereller Natur sind die Artikel zur Musikvermittlung (Kap. 7)

---

[4] Detaillierte Darstellung und ausführliche Studien unter http://www.ard-zdf-onlinestudie.de.

[5] Christian Breunig, Marlene Handel und Bernhard Kessler: Ergebnisse der ARD/ZDF Langzeitstudie „Massenkommunikation 1964–2020": Mediennutzung im Langzeitvergleich", in „Media Perspektiven" 7–8-2020, S. 410–432. PDF abzurufen unter: https://www.ard-werbung.de/media-perspektiven/fachzeitschrift/artikel/detailseite-2020/massenkommunikation-1964-2020-mediennutzung-im-langzeitvergleich/.

und zur Bühnenpräsentation (Kap. 8). Die Kenntnis rechtlicher Aspekte ist wichtig, damit man Bescheid weiß, was erlaubt ist, aber auch, welche zusätzlichen Erwerbsquellen es für Musikjournalisten als Autoren gibt (Kap. 9 und 10).

Spezifika des Radios sind Themen der Kapitel „Musikjournalisten am Mikrofon" und „Interviews und Gespräche mit Musikern" (Kap. 11 und 12) sowie „Produktion und Sendung im Hörfunk" und „Computergestützte Musikplanung" (Kap. 13 und 14).

Im Block zum Kulturradio wird im Anschluss an einen Überblick über die Entwicklung der Kulturradios (Kap. 15) am Beispiel des schweizerischen „Radio SRF 2 Kultur" exemplarisch dargestellt, welche Herausforderungen sich für ein klassisches Kulturradioangebot in der heutigen Zeit stellen (Kap. 16). Die Kap. 17 bis 22 behandeln die verschiedenen Darstellungsformen im Kulturradio vom Beitrag über die Autorensendung bis zum Musikfeature sowie Aspekte der Musikmoderation und Musikdramaturgie.

Der Bereich des Popradios wird zunächst abgedeckt durch Grundsätzliches zur Entwicklung öffentlich-rechtlicher Popradios, dann folgen Kapitel zu Vermittlungsformen wie Moderation, Musikdramaturgie, Musikkritik, Beitragsgestaltung für Radio und Internet ebenso zu Fragen der Programmdramaturgie (Kap. 23 bis 27). Am Beispiel von DASDING werden die besonderen Anforderungen an Junge Wellen erörtert (Kap. 28). Bereits 2000 gab es in den USA mit dem Music Genome Project und Pandora.com eine Plattform, die Vorschläge für Musiktitel auf Basis bereits ausgewählter Titel über einen Algorithmus generierte, ein Vorläufer heutiger Musikstreaming-Dienste. Neue Entwicklungen internetgestützter, personalisierter Radioprogramme sind vor allem für die mittlerweile seit 25 Jahren bestehenden werbefinanzierten Privatradios von Interesse (Kap. 29).

Klassisch für Zeitung und Zeitschrift entstehen weiterhin journalistische Texte – ob in Print oder in Onlineform. Grundsätzliches zu Printtexten, zu Bericht, Kommentar, Kritik, Print-Interview und Porträt werden an Beispielen der „neuen musikzeitung" dargestellt (Kap. 30–32). Ein weiteres Tätigkeitsfeld für Musikjournalisten ist das Verfassen von Servicetexten (Kap. 33). Einige Best-Practice-Beispiele für neue Möglichkeiten einer Online-Aufbereitung von Texten und sonstigen Dokumenten werden ebenfalls erläutert (Kap. 34).

Im Bereich Fernsehen stellen sich durch die Vielfalt an Angeboten neue Herausforderungen. Die Grenze zwischen Mediatheken, Online-Plattformen und Apps ist sowohl bei den „klassischen" Fernsehanbietern wie auch beim Musikfilm nicht mehr trennscharf zu ziehen. Am Beispiel der „Deutschen Welle" wird dargestellt, was heutzutage für das Konzipieren von Programmangeboten für Musik im linearen und nicht-linearen Fernsehen zu berücksichtigen ist (Kap. 35). Grundsätzliche Überlegungen zum Musikfilm und zur Musik im Fernsehen am

Beispiel klassischer Langformate folgen (Kap. 36). Bewegtbild-Formate fürs Internet sowie Spezifika zur Oper im Fernsehen sind Themen der Kap. 37 und 38. Softwarebasierte Möglichkeiten der Visualisierung musikjournalistische Inhalte werden in Kap. 39 erläutert, ebenso neue Möglichkeiten einer Multimedialen Musikvermittlung in der Digitalkultur (Kap. 40).

> „Der Rundfunk wäre der denkbar großartigste Kommunikationsapparat des öffentlichen Lebens (…), wenn er es verstünde, nicht nur auszusenden, sondern auch zu empfangen, also den Zuhörer nicht nur hören, sondern auch sprechen zu machen und ihn nicht zu isolieren, sondern ihn in Beziehung zu setzen."[6]

So formulierte Bertolt Brecht in den 1930er-Jahren in der „Radiotheorie" seine Vision eines Radios mit Rückkopplungsmöglichkeit. Sie ist durch die Sozialen Medien längst Realität geworden. Am Beispiel von BR-Klassik wird dargestellt, wie Social Media in einem Kulturprogramm eingesetzt werden kann (Kap. 41). Kap. 42 möchte anregen, grundsätzlich über aktuelle Entwicklungen des Musikjournalismus nachzudenken – jenseits aktueller technischer Innovationen.

Kapitel zum Beruf des Musikjournalisten über praktischen Anregungen zum Berufsalltag bis hin zu Aus- und Fortbildung (Kap. 43–47) runden den Band ab.

Wie ein roter Faden zieht sich der Jubilar des Jahres 2020, Ludwig van Beethoven, durch die Beiträge im Bereich Kulturradio und Fernsehen.

1.5 Tätigkeitsfelder von Musikjournalisten

Die Arbeit in einer Redaktion, ob Rundfunk, Zeitung oder Online, ist arbeitsteilig. Oft werden mehrere Tätigkeiten ausgeübt, im Turnus oder, z. B. bei Privatsendern, in Mischfunktion.

Redaktionsleiter tragen die Verantwortung für das Gesamtprodukt, i. d. R. im Turnus, z. B. als RvD oder CvD (also Redakteur bzw. Chef vom Dienst).

Redakteure sind vor allem mit Planungsaufgaben befasst. Sie entscheiden über Inhalte, planen Sendungsformate, Sendungen und Beiträge. Sie verpflichten Autoren, redigieren Manuskripte und nehmen fertige Sendungen und Beiträge ab. Sie haben üblicherweise ein Spezialgebiet oder einen besonderen Verantwortungsbereich, sollten jedoch auch über den Tellerrand hinausschauen.

---

[6] Bertolt Brecht: Der Rundfunk als Kommunikationsapparat. Rede über die Funktion des Rundfunks. In: Brecht, Bertolt 1992: Schriften, S. 554.

Moderatoren „verkaufen" ein Programm vor dem Bildschirm oder im Radio on air. Sie sind stimmlich geschult, journalistisch kompetent und können Interviews führen – und beherrschen, v. a. im Radio, die Studiotechnik.

Sprecher gibt es noch im Bereich Nachrichten oder auch im „künstlerischen Wort". Autorensendungen und Begleitprogramme werden i. d. R. von den Autoren oder Moderatoren präsentiert.

Reporter recherchieren Informationen vor Ort und gestalten Beiträge.

Autoren erstellen Beiträge oder Sendungen, vom einfachen Bericht mit Einblendungen bis zum umfangreichen Radiofeature; sie sind häufig freiberuflich tätig.

Social Media Manager pflegen die Accounts eines Senders, Print- oder Online-Mediums, überwachen und beantworten die Einträge von Nutzern und erstellen Einträge.

Producer oder *Layouter* gibt es z. B. im Bereich der Popradios. Sie sorgen für eine einheitliche Anmutung des Programms und überwachen den Ablauf bzw. greifen ein, wo es notwendig ist, um auf äußere Ereignisse zu reagieren.

Grafiker bzw. Mitarbeiter im Layout sorgen für eine ansprechende Außendarstellung und Einheitlichkeit einer Veröffentlichung bzw. des Online-Auftritts.

Weitere Personen sind mit der Technik, mit der Planung des Programms und mit dem Marketing eines Senders beschäftigt. Die Weiterentwicklung der Medien kreiert immer wieder neue Berufsbilder. Geeignet dafür sind Musikjournalisten, die sowohl journalistisch als auch inhaltlich kompetent sind, mediengerecht umsetzen können.

Eine Bestandsaufnahme des Berufsbilds und seiner Herausforderungen bot das Online-Symposium „Die Zukunft des Musikjournalismus – Über Qualität, Kunst und künstliche Intelligenz" am 4. Februar 2021 aus Anlaß des 25. Geburtstags des „Instituts für Musikjournalismus" der Hochschule für Musik Karlsruhe mit über 200 virtuellen Teilnehmern. Das gesamte Symposium incl. der Keynote von Prof. Dr. Kai Gniffke, Intendant SWR, zum „Qualitätsjournalismus in der digitalen Transformation" und ein Roundtable können unter der Adresse https://youtu.be/9_LGD2-_6hY nachgehört und nachgeschaut werden. Die von den Studierenden hierfür erstellten Beiträge sind separat abrufbar, als Links in den Band eingestreut und über MoreMedia verlinkt; die aus diesem Anlass veröffentlichte Präsentation des Instituts, seine Studiengänge und seine Geschichte mittels „Matterport" kann abgerufen werden unter: http://virtual.mediamonkeys.de/show/?m=p9CPAbNKt8K&mpu=881 (siehe dazu auch Abb. 39.3 und Kap. 39).

1.6 Die Zukunft der kulturellen Bildung

Bei allen neuen medialen Kompetenzen jüngerer Nutzer: Von einer musischen Bildung und Auseinandersetzung mit Musik unterschiedlicher Stile oder gar einem gemeinsamen Kanon an kultureller Grundbildung kann nicht mehr ausgegangen werden: Schulischer und außerschulischer Musikunterricht sind nicht mehr selbstverständlich. Umso wichtiger ist es, die Jugend von heute – die Nutzer von heute und morgen – in Radio, Online und TV mitzunehmen. Musikjournalisten kommt dabei eine wichtige Aufgabe zu, Bezüge herzustellen, Berührungsängste gegenüber dem klassischen Konzertbetrieb abzubauen und Verständnis für musikalische Basics zu wecken. Auch Orchester leisten mit ihren Aktivitäten ihren Beitrag dazu.

So zieht sich das Thema „Musikvermittlung" wie ein weiterer roter Faden durch das Handbuch. Der Begriff wird zwar unterschiedlich konnotiert im Sinne von „Musikvermittlung", „Multimedialer Musikvermittlung" oder „Musikverbreitung". Das Ziel ist dasselbe: Musikalische Inhalte zielgruppengerecht aufzubereiten, ob nun mit musikpädagogischem Hintergrund oder in Kenntnis und unter Einsatz neuer technischer Möglichkeiten und individualisierten oder interaktiven Nutzungsformen.

Leonard Bernstein, der den Herausgeber durch persönliche Begegnungen und durch seine Veröffentlichungen geprägt hat, ist einer der Vorreiter, unterschiedliche Generationen und Zielgruppen für die „Vielfalt der Musik" (so einer seiner Buchtitel) zu begeistern. Es bleibt zu hoffen, dass es Musikjournalisten gelingt, die eigene Begeisterung ähnlich einem Feuer weiterzugeben. An Möglichkeiten mangelt es jedenfalls nicht.

Weiterführende Literatur

Hooffacker, Gabriele/Klaus Meier, La Roches Einführung in den praktischen Journalismus: Mit genauer Beschreibung aller Ausbildungswege Deutschland Österreich Schweiz (Journalistische Praxis, Wiesbaden: Springer VS, 20., neu bearbeitete Aufl. 2017).
Mast, Claudia (Hg.), ABC des Journalismus. Ein Handbuch (Köln: Halem, 13. Aufl. 2018) (Praktischer Journalismus 1).
Heß, Dieter (Hg.), Kulturjournalismus. Ein Handbuch für Ausbildung und Praxis (München: List, 2. Aufl. 1997).
Lamprecht, Wolfgang (Hg.), Weißbuch Kulturjournalismus (Wien: Löcker 2012).
Hettinger, Holger, Kultur. Basiswissen für die Medienpraxis (Köln: Halem 2013).
Overbeck, Peter (Hg.), Musik und Kultur im Rundfunk (Münster: Lit-Verlag 2007) (Mediendialoge 1).

Schramm, Holger (Hg.), Handbuch Musik und Medien. Interdisziplinärer Überblick über die
    Mediengeschichte der Musik (Wiesbaden: Springer VS 2019) auch als Springer Reference
    Live.

Weiterführende Links

Media Perspektiven, Basisdaten. Daten zur Mediensituation in Deutschland 2019, Frankfurt
    a. M. 2020 (pdf-Download unter: https://www.ard-werbung.de/media-perspektiven/bas
    isdaten.
Media Perspektiven (im Internet ab Heft 1/1997 online verfügbar mit Kurztext, seit 11/1999
    mit Volltext-Download als pdf unter https://www.ard-werbung.de/media-perspektiven.

Teil I
Musik und Journalismus

Musikkritik

Arnd Richter

Zusammenfassung

Zunächst wird ein historischer Rückblick zur Musikkritik gegeben. Anschließend werden die Rahmenbedingungen und Kriterien einer Musikkritik in den verschiedenen Medien dargestellt.

Schlüsselwörter

Musikkritik • Rezension • Feuilleton • Werkkritik • Aufführungskritik

2.1 Zur Einstimmung

Als im Jahr 2005 der Vorgänger des vorliegenden Buches auf den Markt kam, begann mein Beitrag zum Thema „Musikkritik" mit einem Chansontext und ein paar launigen Gedanken. Das erscheint heute dem Status quo des Gegenstands nicht mehr angemessen. Damals lebte ein Joachim Kaiser noch, jener *Großkritiker,* der sich wenig später in seinem autobiographischen Buch als „Der letzte Mohikaner" feiern sollte. Auch der legendäre Wolf-Eberhard von Lewinski war kurz zuvor erst verstorben. Mit anderen Worten: Die Aura der *feuilletonistischen Edelfedern* und Leitfiguren der bildungsbürgerlichen Musikkultur war noch omnipräsent, und beinahe jede Tageszeitung verfügte über einen nennenswerten Kulturteil, in dem sich Lightversionen der Kaisers und Lewinskis tummelten.

A. Richter (✉)
WDR Big Band, Köln, Deutschland
E-Mail: info@musik-journalismus.de

© Springer Fachmedien Wiesbaden GmbH, ein Teil von Springer Nature 2022
P. Overbeck (Hrsg.), *Musikjournalismus,* Journalistische Praxis,
https://doi.org/10.1007/978-3-658-32476-6_2

Ungefähr die Jahrtausendwende markierte im Rückblick eine Zäsur. Den Printmedien, insbesondere den Tageszeitungen, ging es mehr und mehr an den Kragen, und das Erste, was den neuen wirtschaftlichen Entwicklungen zum Opfer fiel, war vielerorts das Feuilleton, der Kulturteil, und mit ihm die Musikkritik. Julia Spinola hat die Situation schon 2013 auf den Punkt gebracht:

> „Die Musikkritik war früher Teil einer gesamtgesellschaftlichen Wahrnehmung zwischen Politik, Wirtschaft, Sport und Boulevard, da die traditionelle Abonnementzeitung ein Querfinanzierungsmodell ist. Wer Sportfan oder Politikleser ist, bezahlt die Musikkritik mit und nimmt sie mehr oder weniger mit zur Kenntnis. Nun gestehen die Zeitungsmacher ihr eine zunehmend geringere gesellschaftliche Bedeutung zu."[1]

Schrumpfungsprozesse im Bereich lokaler und regionaler Kulturberichterstattung werden mit vermeintlichen, empirisch erhobenen Leserpräferenzen begründet und legitimiert. Peter Korfmacher, Ressortchef Kultur der „Leipziger Volkszeitung", ergänzt 2017 auf die Frage nach der Zukunft des Musikjournalismus:

> „Der Beruf des Journalisten hat eine rosige Zukunft. Aber in welcher Art und Weise und in welchem Medium sich dieser Beruf Bahn bricht, wird sich zeigen. Print wird es mit Sicherheit nicht sein."[2]

Eine Handvoll für überregionale Blätter tätiger Musikkritiker prägt auch heute noch den öffentlichen ästhetischen Diskurs, aber es sind eben wenige, die sich regelmäßig bei den kulturellen Top-Events treffen, dort auf den besonders begehrten Plätzen in Theatern und Konzerthäusern Platz nehmen und nicht selten nach den Vorstellungen gemeinsam einen trinken gehen. In die Diskussionen am Restaurant- oder Kneipentisch mischen sich in den letzten Jahren immer mehr auch Lamenti in finsterstem Moll, Klagegesänge über die Zukunft der eigenen Zunft. Diese Diskussionen bleiben nicht dem *inner circle* vorbehalten, sie werden zunehmend auch in die Öffentlichkeit getragen – zum Beispiel in Büchern und bei Podiumsdiskussionen.

Die Zukunft der Musikkritik stellt einstweilen niemand in Abrede, im Gegenteil. Vielmehr geht es um Wandel und um die Frage, welche Aufgaben

---

[1] Julia Spinola, „Schafft sich die Musikkritik ab?"; in: Musik & Ästhetik 02/2013, S. 103.

[2] Peter Korfmacher, „Journalismus muss Spaß machen"; in: Gunter Reus/Ruth Müller-Lindenberg (Hg.), Die Notengeber – Gespräche mit Journalisten über die Zukunft der Musikkritik (Wiesbaden: Springer VS 2017), S. 106.

dem Musikjournalisten künftig zufallen und wo er sich angemessen artikulieren kann. Selbst „alte Hasen" wie Rainer Wagner, langjähriger *Kulturpapst* der „Hannoverschen Allgemeinen Zeitung", geben sich vorsichtig optimistisch:

> „Er [der Musikjournalismus] hat auf jeden Fall eine Zukunft. Er hat eine Zukunft als Berufung, vielleicht als Beruf. Im Moment bin ich zwar skeptisch, ob er einer nennenswerten Zahl von Bewerbern eine Lebensgrundlage bieten kann, aber vielleicht entwickeln sich ja neue Geschäftsmodelle und Wege."[3]

Junge Menschen zu kompetenten Musikjournalisten auszubilden, dafür wird inzwischen viel getan. Die Professionalisierung des Nachwuchses ist mannigfaltig institutionalisiert und wird hinsichtlich der medialen Ausrichtung zunehmend breiter angelegt. Da zurzeit niemand verbindlich sagen kann, wohin im Endeffekt die Reise geht, scheint das zumindest ein vielversprechender Schritt in die richtige Richtung zu sein, denn die althergebrachten Möglichkeiten eines Quereinstiegs im *learning by doing* über die Feuilletonseiten der Lokalpresse schwinden zusehends.

2.2   Historie – von der Werkkritik zur Aufführungskritik zur Medienkritik

Die institutionalisierte Musikkritik erlebte nach zögerlichen Anfängen in den 1720er-Jahren bei Johann Mattheson (u.a Zeitschrift für Musikästhetik und Musikkritik, „Critica musica", von 1722–1725) eine frühe Blüte in der ersten Hälfte des 19. Jahrhunderts, als Persönlichkeiten wie E. T. A. Hoffmann, Robert Schumann, Ludwig Rellstab oder Adolf Bernhard Marx sich mit den musikalischen Erscheinungen ihrer Zeit befassten. Die Texte dieser Autoren hatten häufig eine eigene literarische Qualität, und i. d. R. nur eines zum Gegenstand: die jeweils neue Komposition.

    Am Anfang der Musikkritik stand die Werkkritik, während heutzutage die Aufführungskritik überwiegt, mittlerweile allerdings von der Medienkritik, sprich der Tonträger-Rezension in den Schatten gestellt wird. Dadurch hat sich auch das Berufsbild des Musikkritikers gewandelt, denn auch Werkkritik steht heute im unmittelbaren Zusammenhang mit der Aufführung. Der Kritiker beugt sich in den seltensten Fällen über die Partitur, um über die Lektüre des Notentextes das Werk zu beurteilen, sondern er schreibt über die Uraufführung in Graz, in Donaueschingen oder in Witten. Nicht nur die Vielzahl von Stücken, die während solch großer internationaler Festivals für zeitgenössische Musik aus der Taufe

---

[3] Rainer Wagner, „Das Publikum will sich wiedererkennen", ebenda, S. 208.

gehoben werden, sondern auch die Infrastruktur professionell organisierter Pressearbeit, die Legionen von Berichterstattern zu bedienen hat, machen normalerweise
den Vorabversand von Partituren zu einem Ding der Unmöglichkeit. Der Kritiker
muss sich folglich im Moment der Aufführung (vielleicht zusätzlich noch bei
einer Probe) auf seine Ohren und auf seinen Erfahrungshorizont verlassen. Die
aktuelle Musikproduktion, also das neu entstandene Werk, findet somit zu gleichen Bedingungen ihren Niederschlag in den entsprechenden Zeitungsressorts und
Hörfunksendungen wie das historische Repertoire.

Der Musikkritiker ist demnach ein privilegierter Zuhörer, der, im Gegensatz zum *normalen* Hörer, seine Meinung zum Konzert, zur Opernaufführung oder
zur CD öffentlich machen darf. Das bringt ihn in Bedrängnis, denn dieses Privileg gilt es immer aufs Neue zu legitimieren. Musikkritik ist, aller landläufigen
Meinung zum Trotze, eine höchst subjektive und damit der journalistischen Form
des Kommentars zuzuordnende Angelegenheit. Da der Tonträgermarkt heute fast
jede Repertoirenische ausgeleuchtet und den Kernbestand des Repertoires in
einer teilweise ans Inflationäre grenzenden Fülle unterschiedlicher Interpretationen anzubieten hat, sind der Ausprägung individuellster, partiell sozialisations-
und damit auch generationsbedingter Geschmacksnuancen keine Grenzen gesetzt.
Da Musikkritik demnach so gut wie nie etwas anderes ist als ein in wohlge-
setzte Worte gegossenes Geschmacksurteil[4], tritt sie naturgemäß in Konkurrenz
zu demjenigen ihres Rezipienten. Was Musikkritik leisten kann und soll, hat Julia
Spinola 2013 wunderbar auf den Punkt gebracht:

> „Vom Kritiker wird zu Recht erwartet, dass seine Rezension [...] einen Deutungs-
> anstoß, einen Interpretationsvorschlag bietet. Dies nicht primär im Sinne einer
> bevormundenden Autorität, die dem Leser vorschriebe, wie er zu hören habe, sondern
> über die gelungene Versprachlichung eines nonverbalen, flüchtigen Ausdrucksgesche-
> hens. Voraussetzung dafür sind herausgehobene rezeptive und expressive Fähigkeiten,
> über die der Kritiker verfügen muss, d. h. 1. ein Vermögen, zugleich überdurchschnitt-
> lich empfindsam, struktur- und sinnerfassend zu hören und 2. die Begabung, das sich
> nur in Tönen vollziehende Ausdrucksleben eines Werkes auf eine zugleich empathische
> und argumentative Weise sprachlich zu umkreisen. Durch diese Verbalisierung nicht-
> sprachlicher Ausdrucksbewegungen wird im Idealfall der Konzertgänger und Leser
> in die Lage versetzt, seine eigene Wahrnehmung der Musik, die Erinnerung an das
> Gehörte, den flüchtigen Eindruck einer Aufführung und das sprachlose Beeindruckt-
> oder Affiziertsein im Nachhinein festzuhalten, zu überprüfen und ebenfalls zu artiku-
> lieren: Er muss dabei keineswegs dem Kritiker in seinem Urteil folgen – ob er das

---

[4] „Niemand, der Musikkritik betreibt, kann die Kategorie des Geschmacks ignorieren.". Heinz
Becker, Musik-Kritik; in: Fischer (Hg.) (1983): Kritik in Massenmedien, S. 112.

tut oder nicht, ist sogar relativ gleichgültig –, entscheidend ist, dass er sich an ihm abarbeiten kann."[5]

Die erwähnte Verbindung von Interpretationskritik und Geschmacksurteil birgt eine große Gefahr für das Genre Musikkritik insgesamt. Claudia Leyendecker zitiert in ihrer bemerkenswerten Dissertation zur Musikkritik in überregionalen Tageszeitungen (Fachbereich Kommunikationswissenschaft und Publizistik, Universität Bochum) Gerhard Rohde, den langjährigen Mitarbeiter des FAZ-Feuilletons:

> „Der Hauptteil des Musikbetriebs ist heute die Reproduktion alter Stücke, die bereits x-mal kritisiert und analysiert sind. Musikkritik ist in diesem Fall Interpretationskritik und wird damit sehr stark auf die Geschmacksebene geschoben. Das heißt, bis zu einem gewissen Grad wird die Musikkritik beliebig. Sie verliert an intellektueller Stringenz. Dies scheinen mir die Hauptgründe zu sein, dass Musikkritik heute vergleichsweise als Gegenstand unwichtig geworden ist."[6]

Das hohe Maß an Subjektivität, das der Musikkritik naturgemäß innewohnt, kann unter Umständen zu erheblichen Spannungen führen, mit durchaus ernsten presserechtlichen Konsequenzen. So sah sich beispielsweise der „Schweizer Presserat" im Herbst 2001 mit der Eingabe einer Sängerin konfrontiert, die sich durch eine Rezension in der „Basler Zeitung" diskreditiert fühlte. Der Presserat hat die Beschwerde letztlich abgewiesen so begründet:

> „Der Kulturberichterstattung und Kulturkritik ist berufsethisch ein grosser Spielraum zu gewähren. Auch eine sehr harsche, einseitige Kritik von künstlerischen Leistungen ist mit der 'Erklärung der Pflichten und Rechte der Journalistinnen und Journalisten' zu vereinbaren, sofern diese für das Publikum als Werturteil der Kritikerin, des Kritikers erkennbar ist, nicht wichtige Elemente von Informationen unterschlägt oder die Person der Künstlerin, des Künstlers in unfairer Weise herabsetzt. Die Konzertkritik in der 'Basler Zeitung' hat diesen Rahmen nicht verlassen, und hat deshalb weder das Fairnessprinzip noch die Ziffern 3 und 7 der 'Erklärung der Pflichten und Rechte der Journalistinnen und Journalisten' verletzt."[7]

---

[5] Julia Spinola, „Schafft sich die Musikkritik ab?"; in: Musik & Ästhetik 02/2013, S. 98.

[6] Rohde, Raulf u. a., 2001, Künstler und Kritiker. Podiumsdiskussion, S. 55. Hinweis v. Leyendecker, 2003, Musikkritik, S. 37 f.

[7] Stellungnahme Nr. 44/2001 des Schweizerischen Presserats „Angemessenheit einer Konzertkritik (H.c. ,Basler Zeitung')" vom 26. Oktober 2001; Feststellungen, Satz 2, zitiert nach: https://presserat.ch/complaints/angemessenheit-einer-konzertkritik.

Auch wenn an dieser wichtigen Stelle dem Kritiker Recht gegeben wurde, so macht dieses Beispiel eindrucksvoll deutlich, welche Konsequenzen ausübende Künstler von einer bestimmten Bedeutung der Zeitung an für den Fortgang ihrer Karriere befürchten. Wer Macht hat, muss sich dieser Macht bewusst sein und gründlich auf die entstehende Verantwortung hinarbeiten, zumal sich die bundesdeutsche Zeitungslandschaft in der jüngeren Vergangenheit durch erhebliche Konzentration und damit verbundene Monopolstellung einzelner Großverlage auszeichnet. Nicht selten hat man in einer mittleren Großstadt nur noch eine einzige Zeitung, und wer da schreibt, dessen Meinung bekommt einmal mehr besonderes Gewicht, da keine Gegenposition, keine andere Wahrnehmung vergleichbar umfassend in die Öffentlichkeit gelangt.

Dass Liebhaber klassischer Musik trotz zurückgehendem Platz in den traditionellen Medien gerne professionelle Musikkritiken nutzen, um sich zu informieren, zeigen die Erkenntnisse des Forschungsprojekts „Between Producers and Consumers: Music Critics' Role in the Classical Music Market" der HS Luzern (Schweiz) und der Universität Sheffield (Großbritannien). Weitere Infos und zwei Grafiken dazu in Kap. 3.

2.3   Musikkritik in den einzelnen Medien

Fünf Typen musikjournalistischer Formate, die zumeist als Mischformate auftreten, hat Claudia Leyendecker, fußend auf einer Studie von Corbinian Lachner aus dem Jahr 1954, herausgearbeitet (siehe Tab. 2.1).

Tab. 2.1   Fünf Typen musikjournalistischer Formate[8]

Vorstufen zur eigentlichen Musikkritik: (für Berufsanfänger empfohlen)	Musiknachricht Musikreportage
Hauptstufen der Musikkritik:	Referat Rezension Wertung

[8] Claudia Leyendecker, Aspekte der Musikkritik in überregionalen Tageszeitungen: Analyse von FAZ und SZ (Frankfurt am Main etc.: Lang 2003), S. 46.

2.3.1 Lokal- und Regionalpresse

Die Musikkritik auf den lokalen Kulturseiten der Tageszeitung ist des Rezensenten gefährlichstes Terrain. Dennoch fanden hier bis vor wenigen Jahren die bei Weitem meisten Kulturjournalisten-Karrieren ihren Anfang, was durchaus positive Aspekte hatte. Wer durch diese Schule gegangen ist, dem kann im späteren Journalistenleben nicht mehr viel passieren. Zwar idealisiert Georg Kreislers berühmtes Chanson „Der Musikkritiker" die auflagensteigernde Wirkung von Musikkritik (die tatsächliche Nutzung des Feuilletonteils lag an einem Stichtag des Jahres 1995 unter 10 %[9], aber der dort beschriebene Rezensent – er ist Pharmazeut von Beruf und hasst Musik – findet sein real existierendes Vorbild in den einschlägigen Ressorts der Lokalpresse. Hier tummeln sich zum Teil auch heute noch Kulturbeflissene aller möglichen Berufsgruppen – von der Hausfrau, die sich nach ein paar Jahren Klavierunterricht ein qualifiziertes Urteil zutraut, über den gescheiterten Musiker bis hin zum ambitionierten Schüler oder Studenten, der tatsächlich darauf aus ist, im weiten Feld des Kulturjournalismus Fuß zu fassen. Für die meisten ist das Schreiben von Musikkritiken nur ein Zubrot, denn die Lokalpresse zahlt miserabel. Leben kann man davon nicht, gleichgültig, ob die Redaktion nach Zeilen oder pauschal abrechnet. Diese ökonomischen Rahmenbedingungen sind Teil eines Dilemmas, in dem sich die Lokalredaktionen befinden: Nur in großen Städten mit reichhaltigem Kulturangebot sind wirkliche Könner bei der Stange zu halten, sprachgewandte, fachkundige Musikjournalisten, die ihre Brötchen anderweitig verdienen. Angesichts freien Eintritts in die hochkarätigsten Konzerte und Opernpremieren lassen sie sich mit vergleichsweise lächerlichen Zeitungshonoraren abspeisen.

Wer als Neuling seine journalistische Laufbahn bei einer Tageszeitung beginnt, wird i. d. R. nicht mit musikalischen Ereignissen konfrontiert, die nach einer fachlichen Auseinandersetzung schreien: Berichterstattung über Kirchen- und Schulkonzerte, Klassenvorspiele der Städtischen Musikschule, die Frühlings-, Herbst- und Weihnachtskonzerte der örtlichen Männer- und Frauenchöre, das Jahreskonzert des Laien-Sinfonieorchesters und das Gastkonzert des Landesjugendzupforchesters. All das ist allerdings – anders als noch vor zwanzig Jahren – heute immer seltener Gegenstand der wenigen Kulturspalten in der Lokalzeitung. Wenn solche illustren Veranstaltungen überhaupt noch journalistische Aufbereitung erfahren, dann bestenfalls in den inzwischen sehr verbreiteten Stadtteilausgaben, mit denen die Zeitungsverlage näher „vor die

---

[9] Gunter Reus, Ressort: Feuilleton. Kulturjournalismus für Massenmedien (Konstanz: UVK; 2. Aufl. 1999) (Praktischer Journalismus 22), S. 67.

Haustür" ihrer Leserschaft kommen wollen. Wird man als Berufseinsteiger zu einem solchen *Event* entsandt, findet sich dort auch ohne allzu geschultes Gehör immer etwas, über das sich unter Aufbietung musikalischer Fachtermini trefflich richten ließe. Aber wem nützt es, wenn Tage nach dem jeweiligen Konzert in der Zeitung steht, dass der Chor Intonationsprobleme und das Schüler-Streichquartett Schwierigkeiten mit dem Zusammenspiel hatte, dass die 14-jährige „Jugend musiziert"-Regionalpreisträgerin das Cantabile im langsamen Satz ihrer Beethoven-Klaviersonate nicht nach den Vorstellungen des Rezensenten realisiert hatte, und dass die Musikstudentin, die im Kirchenkonzert das Sopransolo in Mozarts „Krönungsmesse" übernommen hat, in der Höhe eine leichte Indisposition zeigte? Es nützt nur dem Schreibenden, der damit aller örtlich begrenzten Welt dokumentiert, dass er im Konzert nicht auf seinen Ohren gesessen, im Musikunterricht immer fein aufgepasst und das einschlägige Vokabular so eifrig gelernt hat, dass er es unter Vermeidung allzu großer Peinlichkeiten zur Anwendung bringen kann. In der Stadtteil-Ausgabe aber werden Fachtermini gleich welcher Couleur ohnehin herausredigiert, also kann man sich deren inflationäre Verwendung besser gleich sparen.

Potenzielle Zielgruppen lokaler und regionaler Musikberichterstattung sind:
Der unbeteiligte Zeitungsleser: Er wird die Rezension des Kirchenkonzertes nicht über die Headline und ihre Unterzeile hinaus zur Kenntnis nehmen. Zu unbedeutend ist das Ereignis im gesamtkulturellen Kontext, als dass man sich darüber informieren müsste, um mitreden zu können.

Die Mitwirkenden: Sie wissen selbst am besten, in welchem Verhältnis die Qualität der Aufführung zu den eigenen Fähigkeiten gestanden hat. Wer als Berufstätiger Woche für Woche zwei bis drei Stunden seiner Freizeit für Chorproben opfert, wer zudem vor dem großen Ereignis wochenends zu Sonderproben erschienen ist, der ist zu Recht stolz auf die eigene Leistung, gleichgültig, wie diese nach objektiveren Maßstäben ausgefallen sein mag, und er wird sich über ein kleinkariert-beckmesserndes Kritikerurteil sicher nicht freuen. Auch haben weder Kirchenchorsänger noch Kantoren, weder Männerchorleiter noch Provinz-Carusos sich jemals durch Negativpresse vom Fortsetzen ihrer künstlerischen Mission abhalten lassen. Wer also glaubt, die kunstliebende Menschheit durch einen Verriss in der Lokalzeitung von der Geißel musikalischer Mittelmäßigkeit befreien zu können, der ist auf dem Holzweg.

Das Konzertpublikum: Es besteht bei Ereignissen, von denen hier die Rede ist, zu 90 bis 100 % aus Menschen, die in engen sozialen Beziehungen zu den Mitwirkenden stehen. In die oft genug mit naiver, von jeglichem Sachverstand unbelasteter Unschuld aufgenommenen Eindrücke des Konzerts mischen sich

Stolz und Bewunderung, wenn die Tochter, der Ehemann, die beste Freundin oder der Enkel mit auf dem Podium war. Liegt der Rezensent mit seiner veröffentlichten Einschätzung des künstlerischen Werts solcher Veranstaltungen quer zu derart intensiven Gefühlswallungen, so ist die Leserbriefkampagne vorprogrammiert.

Nun soll es, auch im Lokaljournalismus, Musikkritiker geben, die sich durch derartige Umstände nicht anfechten lassen. Als einsame Rufer in der Wüste fühlen sie sich über jeden Zweifel, insbesondere jeden Selbstzweifel erhaben. Alle Übrigen, die sich in diesem Metier tummeln, sollten Wege beschreiten, die insbesondere die Leistungen musikalischer Laien angemessen würdigen. Die Qualitäten von Schülern, Studenten und Amateurmusikern im Interesse einer Verbesserung zu kritisieren, steht anderen Autoritäten zu als dem *local hero* der Kulturpresse. Instrumentallehrer, Hochschuldozenten und Chor- oder Orchesterleiter sind im Zweifelsfall die berufeneren Instanzen, um das Entwicklungspotenzial ihrer Schützlinge zu erkennen und diese dementsprechend zu fördern. Einen solchen langfristig angelegten Prozess werden sie kaum von einem Zeitungsartikel in die eine oder andere Richtung beeinflussen lassen. Je nach Umfang und Buntheit des Programms birgt eine auf Einzelleistungen und musikalische Detailfragen zielende Kritik außerdem die Gefahr der Ungerechtigkeit: Den holpernden Bassoktaven der Klavierschülerin wird ein Absatz gewidmet, während der junge Trompeter, der sich durch den ersten Satz des Haydn-Konzerts kiekst, unerwähnt bleibt, nur weil die 80 Zeilen voll sind. Menschen, die einen Teil ihrer Freizeit musikalischen Aktivitäten widmen, sind selbstverständlich besonders versessen darauf, die Früchte ihrer Bemühungen in der Zeitung gespiegelt zu sehen.

▸ Wer sich zu Beginn seiner Kritikertätigkeit vorzugsweise in der Laienmusikszene zu bewegen hat, ist gut beraten, einen neuen Zugang zum Gegenstand seiner Betrachtungen zu entwickeln. Ein wohlwollender Bericht, der das Ereignis selbst und nicht die in diesem Zusammenhang erbrachten künstlerischen Leistungen in den Mittelpunkt stellt, ist dafür der Königsweg. Jedes Konzert auf dem weiten Feld der Laienmusik setzt seine eigenen Maßstäbe und entzieht sich damit weitgehend irgendwelcher Vergleiche oder gar scheinbar objektiver Beurteilungskriterien.

Ein typisches Beispiel für die spezifischen Probleme in der Laienmusikkultur: Einen Knabenchor wird man i. d. R. nicht einmal an sich selbst messen können (die Internatschöre einmal ausgenommen), denn die mitunter heftige stimmbruchbedingte Fluktuation und die wechselnde Qualität des Nachwuchses lassen dem Chorleiter für die Ausformung eines konstant homogenen Chorklangs kaum eine Chance. Diese Hintergründe muss man kennen, um das möglicherweise schwankende Niveau eines solchen Chores angemessen beurteilen zu können. Eine Musikkritik, die diese Hintergründe nicht kennt oder, schlimmer noch, sie ignoriert, wird ihrer Aufgabe nicht gerecht. Da sich der Berufsanfänger bei der Tageszeitung aber genau mit dieser Materie so gut wie ausschließlich zu beschäftigen hat, ist eine genaue Kenntnis der Voraussetzungen, unter denen Schüler, Studenten und erwachsene Laien Musik machen, wichtiger als intimste musikalische Detailkenntnisse. Insofern hat derjenige die besten Voraussetzungen für den Einstieg in eine musikjournalistische Laufbahn, der selbst musikpraktische Erfahrungen hat und auf der Grundlage eigenen Erlebens über die Konzertereignisse berichtet. Eine Verfeinerung des musikjournalistischen Vokabulars stellt sich im Laufe der Zeit ebenso ein wie die breitere Hörerfahrung, die den Einsteiger letztlich für höhere Aufgaben qualifiziert.

Der mit den künstlerischen Leistungen musikalischer Laien konfrontierte Berufsanfänger ist bestens beraten, sich auf die Vorstufen Nachricht oder Reportage zu konzentrieren, auch wenn es noch so reizvoll erscheinen mag, das Schul- oder Kirchenkonzert als Folie für den Versuch zu benutzen, in die *heiligen Sphären der hohen Formen* vorzudringen. Wer sich dergestalt beschränkt, trägt nicht nur dem Ereignis selbst in gebührender Weise Rechnung, sondern übt sich darüber hinaus im Umgang mit journalistischen Formaten, die zu beherrschen später auch in anderem Kontext von Nutzen sein kann. Die Praxis lehrt nämlich, dass der klassische Kulturjournalist, der sich zeitlebens in den feuilletonistischen Textstrukturen und -inhalten bewegt hat, kaum Chancen bekommt, in anderen Bereichen eingesetzt zu werden.

Vielseitigkeit, Kreativität und Flexibilität sind weit mehr gefragt auf einem erheblich enger werdenden Medienmarkt als souveräner, aber eindimensionaler Umgang mit musikologischem oder musikjournalistischem Fachvokabular und das ausschließliche Bedienen der entsprechenden Texttypen. Anders gesagt: Wer von einem Schulkonzert so berichten kann, dass er gleichzeitig die erbrachten Leistungen richtig einordnen und seine Leserschaft unterhalten kann, dem wird es auch gelingen, für die Verbandstagung der viel zitierten Karnickelzüchter, den regionalen Parteitag oder die Pressekonferenz des Verkehrsverbundes zur Neuordnung des Tarifgefüges die passenden Worte zu finden. Damit tritt man automatisch heraus aus dem Kreis der schwer vermittelbaren Kulturschreiber.

Selbstverständlich haben die Mitwirkenden das Recht, vom Kritiker ernst genommen zu werden, auch von Amateur- und Schülerkonzerten. Kein Text, der sich mit solchen Veranstaltungen befasst, darf *Larifari* enthalten, das sich auch dem weniger eingeweihten Leser sofort als Verlegenheitslösung eines Kritikers entlarvt, der sich mit gönnerhafter Sprachgeste vor der angemessenen Beurteilung des Gehörten drückt. Es ist ratsam, von der Wahrnehmung derartiger Termine Abstand zu nehmen, wenn man sich nicht in der Lage fühlt, etwa die im Rahmen eines Schulkonzertes erbrachten Leistungen im größeren Kontext des allgemeinen Niveaus der schulmusikalischen Praxis vor Ort zu bewerten, die Frische und unverkrampfte Lebendigkeit einer Mozart-Messe im Kirchenkonzert zu würdigen oder festzustellen, dass der Bundesbahn-Männerchor trotz einer bekanntermaßen schwierigen Nachwuchssituation immer noch im Stande ist, eine gediegene A-cappella-Kultur an den Tag zu legen. Ganz dramatisch wird es, wenn zwischen den Zeilen der Kritik Dünkel aufscheinen, wenn Vorurteile transportiert und persönliche Aversionen erkennbar werden.

Wer sich im Segment eines regionalen oder lokalen Kulturlebens bewährt hat, wird über kurz oder lang die Chance bekommen, auch denjenigen Teil des Konzertlebens zu beackern, der erste Gelegenheit bietet, in die Sphären der eigentlichen Rezension vorzudringen. Terminkumulationen, urlaubs- oder krankheitsbedingte Engpässe – irgendwann schlägt für den Nachwuchsjournalisten die Stunde der publizistischen Wahrheit. Dann heißt es plötzlich, sich mit dem künstlerischen Ergebnis im Konzert des Städtischen Orchesters professionell beschäftigen zu müssen. Wer diese Chance als weitere Sprosse der Karriereleiter nutzen will, sollte sich frühzeitig und damit langfristig auf diesen Moment vorbereitet haben. Möglichst breite Repertoirekenntnisse sind ebenso unerlässlich wie das Wissen um aktuelle Interpretationsrichtungen. Beides erlangt man übers Hören. Radio, CDs und Live-Konzerte, aber auch Angebote in Mediatheken sind die geeigneten Mittel für eine Bewusstseinserweiterung, als deren Folge ein kompetentes und glaubwürdiges Urteil in der Bewertung künstlerischer Leistungen entsteht. Indem man nach und nach in den Bereich der „großen" Konzerte einsteigt, kommt langsam aber sicher der *point of no return,* von dem aus die Kulturjournalisten-Karriere unaufhaltsam ihren Lauf nimmt.

2.3.2 Überregionale Tageszeitungen, Fachzeitschriften

Wer von den Lokalseiten in das („Mantel-Feuilleton"), den überregionalen Teil der Zeitung, aufstiegen ist, der hat sich schon bewährt. Allerdings gelten hier andere Spielregeln. Das beginnt schon bei der Themenauswahl. Die Feuilletons der überregionalen Zeitungen drucken nur Rezensionen von bundesweit relevanten Veranstaltungen. Dazu zählen neben Tournee-Auftaktkonzerten bedeutender Ensembles und Orchester auch singuläre Ereignisse wie etwa das einzige Konzert der New Yorker Philharmoniker in Deutschland, Premieren an den großen

Opernhäusern des In- und Auslandes sowie Festivalberichte. Diese haben im Allgemeinen einen hohen Informationswert für diejenigen Leser, die aus professionellem oder privatem Interesse einen Überblick über das Kulturleben einer Region oder des ganzen Landes gewinnen wollen. Allerdings muss auch hier festgehalten werden, dass weit weniger von Interesse ist, wie es passiert ist, sondern was passiert ist. Ein von vornherein auf Polarisierung angelegtes Projekt wie Frank Castorfs Inszenierung des „Rings des Nibelungen" bei den Bayreuther Festspielen (2013–2017) wird man kaum allein durch die Brille nur eines Rezensenten betrachtet sehen wollen. Wer am öffentlichen Kulturdiskurs qualifiziert teilhaben möchte, sollte angesichts eines solchen Ereignisses, wenn er denn nicht selbst dabei sein konnte, mindestens die beiden großen Nachrichtenmagazine und zwei, drei der bedeutendsten überregionalen Feuilletons gelesen haben. Für den weniger Kulturbeflissenen, allerdings durchaus Interessierten wird die Beschreibung von Regie und Ausstattung im Zweifelsfall eher von Belang sein als die Frage, wie es der Rezensent gefunden hat, wie er es rezeptionsgeschichtlich einordnet, welche Vergleiche er bemüht. Kulturberichte dieser Art sind nicht nur für die einschlägigen Stabsstellen der Veranstalter und deren Pressespiegel bedeutsam.

Rezensionen von Kulturereignissen mit hohem überregionalem oder gar internationalem Stellenwert sind oft genug auch für die Marketingabteilungen maßgeblich. Eine wohlwollende Besprechung ist immer auch exzellente Reklame. Deshalb spielen sich häufig im Hintergrund subtile Dinge ab, die, da sie sich zumeist im Rahmen der Legalität bewegen, nur aus der Ferne und bei ausdrücklich unterdrücktem Wohlwollen nach Bestechung riechen können.

2.3.3 Zur Bedeutung und Funktion von Musikkritik in Zeitungen

Gedanken um die Bedeutung seiner Zunft hat sich während der Musikmesse Frankfurt 2001 der bereits zitierte Gerhard Rohde anlässlich einer Podiumsdiskussion gemacht:

> „Im Hinblick auf die neue Musik hat die Musikkritik eine vermittelnde Funktion. Sie will schwierige Gegenstände dem interessierten Bürger näherbringen. Sie kann das leisten, was im Grunde genommen auch eine gute Einführung bewirken würde. Da hat die Musikkritik durchaus noch ihre Funktion. Die Frage ist nur – da sind wir bei den Medien –, wo kann diese Musikkritik noch erscheinen? Ich kenne Dutzende von Zeitungen, wenn da ein Musikredakteur mit seinem Festivalbericht aus Donaueschingen ankommt und sagt, es sind leider 300 Zeilen geworden, das wird gleich rausgeschmissen oder es wird um die Hälfte gekürzt und man hat diese additiven, kursorischen

Berichte, in denen eigentlich auch nichts steht. Es ist nur eine Werbung für die Veranstaltung, mit der der Veranstalter dann zu einem Intendanten oder dieser zu einem Sponsor gehen kann und sagen kann, wir haben Presse".[10]

Der Wert, auch der Marktwert eines Festivals, die Bedeutung eines Opernhauses oder die Größe einer Künstlerpersönlichkeit wird natürlich vor allem aufgrund des Presseechos bewertet. Wer nicht regelmäßig für positive Schlagzeilen sorgt, hat langfristig wenig Chancen, und die Aussagefähigkeit solcher Referenzen steigt mit dem publizistischen Gewicht des Mediums, in dem die Besprechung erscheint. Insofern ist es richtig, was Gerhard Rohde konstatiert, und auch die Beschwerde der Sängerin beim „Schweizer Presserat" ist vor diesem Hintergrund zu sehen. Premierenfeiern und Empfänge, Gelegenheiten also, bei denen Künstler und Kritiker in „privater" Atmosphäre zusammentreffen, bieten allerdings Gelegenheit, Qualität und Quantität Karriere fördernder Schlagzeilen zu beeinflussen. Aber hat nicht schon ein Robert Schumann den jungen Johannes Brahms mit hymnischen Worten in die damalige High Society der musikalischen Welt geschrieben, nachdem er diesen persönlich kennengelernt hatte?

Der vom Schweizer Presserat eingeräumte „große Spielraum" für die Kulturkritik birgt demnach auch die Gefahr manipulatorischen Einwirkens durch Vertreter ganz unterschiedlicher Interessen. Nicht selten treffen solche Bestrebungen auf ausgeprägte Eitelkeiten, die das Spiel umso leichter machen. Wenn Artikel entstehen, in denen, wie Gerhard Rohde feststellt, „nichts steht", zumindest nichts musikalisch Substanzielles, und die Musikkritik in ihrer eigentlichen Funktion in der *normalen* Presse schwere Bedeutungsverluste hinnehmen muss, dann ist die naheliegende Konsequenz, Inhalte zu vermitteln, die in anderen als den rein fachlichen Belangen von Gewicht sind. Auch wenn solche Erscheinungen eher die Ausnahme als die Regel sind, so empfiehlt sich gerade für nachwachsende Musikjournalistengenerationen eine gewisse Sensibilität in solchen Fragen. Letzten Endes führt sich nämlich ein Musikjournalismus, der sich mehr um die Reputation auf dem gesellschaftlichen Parkett als um seine Inhalte kümmert, mittelfristig selbst ad absurdum. Es sind gerade die älteren und erfahrenen Kollegen, die ein Abdriften der Zunft in die Gewässer des Marketings registrieren und kritisch beäugen. Der langjährige ZEIT-Redakteur Claus Spahn zum Beispiel:

> „Aber ich will auch nicht verhehlen, dass ich mein Themenfeld, den Musikjournalismus, in einer krisenhaften Situation wahrgenommen habe. Ich verbinde momentan ein großes Fragezeichen mit dem Kulturjournalismus insgesamt, wie er heute betrieben

---

[10] Rohde, Raulf u. a., 2001: Künstler und Kritiker. Podiumsdiskussion, S. 55. Hinweis von Leyendecker, 2003: Musikkritik, S. 37 f.

wird. Wahrscheinlich bin ich zu alt, das Ethos, mit dem ich ursprünglich Musikjournalismus betrieben habe, über Bord zu werfen. Ich könnte keine Artikel schreiben, die
einen werblichen Charakter haben und nah am Marketing sind. Das gehört aber heute
vielerorts zum Job – selbstverständlich nicht im Feuilleton der ZEIT."[11]

Fachliche Qualifikation, gute Schreibe und ein ausgeprägtes Berufsethos reichen allerdings oft nicht aus, um im *Olymp des überregionalen Musikjournalismus*
Fuß zu fassen. Die meisten Blätter vom Kaliber der FAZ, der ZEIT, der „Süddeutschen Zeitung" oder der „Welt", die Printmedien also, bei denen man, nebenbei
bemerkt, auch noch richtig was verdienen kann, verfügen meist auch im Kulturbereich über ein großes Korrespondentennetz. Wer Chancen haben möchte, hier
etwas zu verkaufen, braucht neben guten Referenzen auch ein Körbchen voller
interessanter Themen, bei denen davon auszugehen ist, dass sie von den Stars der
Zunft nicht in gleichem Maße zur Kenntnis genommen und vorher abgegriffen
werden. Im Übrigen ist in einem frühen Stadium der Karriere ein Praktikum bei
einem der renommierten Blätter eher zu empfehlen als eine Initiativbewerbung
um freie Mitarbeit beim Ressortchef Kultur.

Ein Text für das Feuilleton einer überregionalen Tageszeitung darf auf einer
anderen Sprachebene ansetzen als der Beitrag in der Lokalpresse. Heinz Becker
führt zum Beginn seines Aufsatzes zur Musikkritik an:

> „Musikkritik ist keine primär-aktive Tätigkeit, sondern eine reagierende. Musikkritik
> ist nur dort denkbar, wo es lebendige Musik gibt. Diese Feststellung ist eine Banalität
> – zugegeben –, aber sie verdeutlicht, dass Musikkritik keine kulturführende, sondern
> eine kulturbegleitende Aufgabe erfüllt, mithin stets im Schlepptau des schöpferischen
> Musikers sich vollzieht und von dessen Richtungssetzung abhängt. Unter Musikkri-
> tik verstehen wir die Tätigkeit des Berichtens, des Analysierens, des Beschreibens,
> Interpretierens und Bewertens."[12]

Kritik hat auch sprachlich eine primär dienende Funktion, denkt man diesen
Gedanken zu Ende, und darf sich nicht selbst als literarisches Pseudokunstwerk
gerieren. Dennoch werden auch Texte wie dieser immer mal wieder gedruckt
(Überschrift: „Schlingpflanzen, traumverloren"):

---

[11] Claus Spahn, „Ein großes Problem ist die zunehmende Ökonomisierung"; in: Gunter Reus,
Ruth Müller-Lindenberg (Hg.): Die Notengeber – Gespräche mit Journalisten über die Zukunft
der Musikkritik (Wiesbaden: Springer 2017). S. 106.

[12] Heinz Becker, Musik-Kritik, in: Fischer, Heinz-Dietrich (Hg.), Kritik in Massenmedien.
Objektive Kriterien oder subjektive Wertung? (Köln: Dt. Ärzte-Verlag 1983), S. 111–133,
dort S. 111.

„Mit einem unerhörten Bläsersextett malt er die Farbe Grün. Ozeanische Gewächse wiegen sich in leichter Strömung, und in dieser kleinen Ewigkeit, ehe noch die verzehrende Chromatik der Streicher ins Bild fließt, ahnt man, welche Gnade ein geschlossener Vorhang während der Ouvertüre bedeutet. Aus dem Fluidum über dem Graben schnellt das Venusbergmotiv in physischer Präsenz empor, als lebendiges Fanggarn, das, einmal ausgeworfen, sich gleißend verästelt. Von nun an und für immer ist alles Gestalt und Gedanke bis zur kleinsten Nebenstimme, zum lustvoll zuckenden Paukenwirbel, zur tückischen Sechzehntelbegleitung der Violinen, die mit dem großen choralen E-Dur-Thema zurückkehrt, jetzt insistierend, störrisch beinah."

Dass es sich hier um den Anfang einer Rezension zu einer Aufführung von Richard Wagners „Tannhäuser" handelt, erschließt sich dem Kundigen allein aus dem Begriff „Venusbergmotiv".

Journalistische Texte sind immer dann ein Problem, wenn sie zur Ausgrenzung neigen, wenn sie sich in Insiderjargons vergraben oder den Dünkel auf dem sprachlichen Silbertablett weithin sichtbar vor sich hertragen. Gunter Reus schreibt:

„Wer aber vor dem Thron seiner Kompetenz den Vorhang nicht aufziehen will, wer sich in papieren Urkunden am liebsten täglich selbst sein Präzeptorenamt bestätigt, [...] wer seine Perlen erst dann vor (nun ja) das Publikum wirft, wenn es mindestens um den 'Diskurs' und um 'ästhetische Prinzipien' geht, der darf sich freilich nicht wundern, wenn die einen ihn nicht verstehen und die anderen es nicht mehr hören können."[13]

Autoren, die ihren Schreibstil selbstverliebt drechseln, bis vom eigentlichen Auftrag nichts Erkennbares mehr übrigbleibt, findet man tatsächlich bisweilen in den höheren Kreisen des Kulturjournalismus, sieht man von den weniger sprachpotenten Epigonen in der Tagespresse ab. Ist man bereit, eine solche Haltung überhaupt zu akzeptieren, so sei angemerkt, dass es auch auf musikalischem Gebiet Fachzeitschriften für bestimmte Zielgruppen gibt, in denen man eine Sprache pflegen kann, die außerhalb des hermetischen Kreises Eingeweihter kaum jemand versteht. Es ist nicht zu leugnen, dass es spezifische Codes bestimmter Interessengruppen gibt, die da zum Einsatz kommen können, wo Sender und Empfänger innerhalb eines Kommunikationsprozesses die gleichen Voraussetzungen haben. Musical- oder Opernzeitschriften, Jazz-Magazine und Periodika für Neue oder Alte Musik haben ihr besonderes Publikum, und meist kommen die Mitarbeiter aus den jeweiligen Zielgruppen. Auch hier gilt nämlich das Prinzip

---

[13] Gunter Reus, Ressort: Feuilleton. Kulturjournalismus für Massenmedien (Konstanz: UVK, 2. Aufl. 1999), S. 13 f.

des Enthusiasmus. Wer hier nicht mit Leib und Seele für den Gegenstand ent-
brannt ist, sondern aus Gründen der wirtschaftlichen Überlebenssicherung für ein
solches Blatt schreiben möchte, wird mit Sicherheit enttäuscht, denn auch in diesem Metier wird normalerweise wenig oder gar nichts bezahlt. Dennoch: Wer für
die Ehre Beiträge an ein einschlägiges Fachorgan liefert, hat besonders in der
Frühphase der Karriere eine enorme Chance, den eigenen Horizont zu erweitern.
Auch wenn die CD-Rezension oder die Premierenkritik nicht bezahlt wird, so
kann man doch auf dem Ticket einer solchen Zeitschrift zu bedeutenden Ereignissen fahren, und die neueste Opern-Gesamtaufnahme im eigenen CD-Regal ist
vor dem Hintergrund wachsender Repertoirekenntnisse nicht zu verachten.

2.3.4   Radio und Fernsehen

**Musikkritik im Fernsehen findet so gut wie gar nicht statt. Die Themenauswahl
im Radio** unterliegt ähnlichen Kriterien wie in den Feuilletons der überregionalen Presse. Auch hier kommen Ereignisse ins Programm, die mindestens für das
gesamte Sendegebiet relevant sind. Sehr bedeutend ist im Angebot des Kulturradios die CD-Besprechung. Nun ist bereits mehrfach auf die Subjektivität und
die Geschmacksabhängigkeit von Musikkritik verwiesen worden. Im Falle der
CD-Besprechung lauern hier Fallstricke. Der unbedarftere Hörer einer solchen
Rezension wird kaum in der Lage sein, die persönlichen Vorlieben des Autors zu
erkennen. Insofern kann er auch nicht beurteilen, ob sie sich mit seiner Auffassung decken. Was zu generations- und sozialisationsbedingten Präferenzen oder
Aversionen bereits gesagt wurde, bekommt natürlich in dem Moment besonderes Gewicht, in dem eine Kaufentscheidung vom Urteil eines Kritikers abhängig
gemacht wird. Im Extremfall kann das hundertprozentig schief gehen.

   **Im Radio gibt es die Möglichkeit, CD-Besprechungen mit Tonausschnit-
ten** aus der betreffenden Produktion zu illustrieren. So kann der Hörer das Urteil
des Rezensenten am klingenden Beispiel überprüfen. Lässt die Sendezeit es zu,
können sogar Vergleichsaufnahmen zitiert werden, um ein möglichst plastisches
Bild von den Qualitäten der Neuerscheinung entstehen zu lassen. Insofern ist die
CD-Besprechung eine journalistische Form, für die das Radio das angemessenste
Medium ist. Allerdings gilt es auch hier, eine Sprache zu finden, die dieser Situation gerecht wird. Wie in allen anderen Bereichen des Radios, so gilt auch hier
das Gebot einer mediengerechten Sprache. Eine vorgelesene Zeitungsbesprechung
gehört nicht in den Rundfunk!

Neben den Fachzeitschriften ist es vor allem das Radio, in dem die traditionellen Formen der Musikkritik ihre Zukunft haben. Das sehen selbst gestandene Zeitungsjournalisten wie Rainer Wagner so:

> „Der Hörfunk ist, zumindest in seiner öffentlich-rechtlichen Form, eine sichere Bank. Das ist, glaube ich, auch wichtig und richtig. Er hat allein deswegen schon die größte Überlebenschance, weil Radio das genuine Medium für Musik ist. Sie können ihren Hörern sofort Beispiele bringen für das, was sie meinen."[14]

In den Musikmagazinen der großen Kulturradios wird seit einigen Jahren eine Form der Musikkritik kultiviert, die authentisch und lebendig ist. Statt in Form eines Kritikermonologs werden beispielsweise Opernpremieren dialogisch abgehandelt. Der Rezensent stellt sich im Studio den Fragen des Moderators. Er hat im Idealfall O-Töne aus der Produktion dabei, die inzwischen von der Pressestelle eines jeden größeren Theaters zur Verfügung gestellt werden. Diese moderne Form der Musikkritik überzeugt durch große Lebendigkeit und Hörernähe, bedarf allerdings absoluter Live-Fähigkeit des Rezensenten ebenso wie sorgfältiger Absprache zwischen diesem und dem Moderator.

2.4 Neue Medien und Ausblick

Die Musikkritik befindet sich in einer Phase des Umbruchs – da sind sich die meisten Fachleute einig. Die existentielle Krise des Zeitungsmarktes macht gerade vor den Kulturteilen der Blätter nicht halt. Nachwuchsautoren haben kaum noch eine Chance, auf ehemals bewährten Pfaden ihr ersten Schritte in Richtung professionellen Kultur- und / oder Musikjournalismus zu tun, da die Biotope, in denen sie sich ausprobieren konnten, die lokalen oder regionalen Feuilletons mit breitem Raum auch für Laienmusik, weitgehend ausgetrocknet sind.

Dennoch glauben viele etablierte Musikjournalisten an eine Zukunft ihres Metiers. Stellvertretend sei nochmals der Aufsatz von Julia Spinola zitiert, die unter der Fragestellung „Schafft sich die Musikkritik ab?" die Krise des Musikjournalismus in den Printmedien diskutiert. In ihrem Fazit schreibt sie:

> „Die Musikkritik wird sich eine neue Nische in der medialen Gesellschaft suchen müssen. Aber wir wissen, solange Menschen diesen ästhetischen Diskurs suchen, wird

---

[14] Rainer Wagner, „Das Publikum will sich wiedererkennen"; in: Gunter Reus, Ruth Müller-Lindenberg (Hg.), Die Notengeber – Gespräche mit Journalisten über die Zukunft der Musikkritik (Wiesbaden: Springer VS 2017), S. 212 f.

es den Musikbetrieb und die Reflexion darüber geben. Die im Titel benannte Krise der Musikkritik in den Printmedien ist daher kein Weltuntergang. Sie gehört in die Umbruchszeit medialer Aufbereitung."[15]

Im Internet und in den Sozialen Medien wird auch in Fachkreisen die Zukunft gesehen. Allerdings bergen diese Verbreitungswege auch Gefahren. Qualifikation der Schreibenden und Anspruch der Nutzer sind u. U. hochgradig anders als in den traditionellen Medien. Die Frage der Zukunft wird sein: Welche Bedeutung misst der anspruchsvollere (Musik-)Konsument den Bewertungssternen bei Amazon und den zugehörigen Ausführungen eines Users bei, der durchaus auch mal „Rezession" schreibt, wenn er „Rezension" meint? Welche Chance habe die Elaborate professioneller Musikjournalisten gegen die zahllosen Meinungsäußerungen von Amateuren und Dilettanten? Derzeit stellt sich diese Frage noch kaum, da es wenige Profis der Zunft exklusiv ins Netz zieht. Was einstweilen weitgehend fehlt, sind Plattformen, die ausgewiesen sind als Stätten ernstzunehmender, seriöser Musikkritik. Schuld ist vor allem der wirtschaftliche Aspekt, meint Peter Korfmacher:

> „Dieses ganze Gegeiere auf die Online-Medien ist auch nur Folklore, solange es kein funktionierendes Geschäftsmodell gibt. Natürlich kann der Journalismus wie jeder andere Berufsstand auch nur dann eine Zukunft haben, wenn sich damit ein Lebensunterhalt bestreiten lässt."[16]

Aber es ist Bewegung in der Sache. Die Ausbildungsstätten für Musikjournalisten setzen mehr und mehr auf die Qualifikation ihrer Absolventen auch in puncto digitale Medien, und es passiert hin und wieder, dass sich akademisch derart Ausgebildete eigene Online-Plattformen schaffen (z. B. www.terzwerk.de). Andere professionelle Angebote finden sich auf www.klassik.com, www.musik-heute.de, www.klassikinfo.de oder www.niusic.de, der Online-Plattform des Musikmagazins „Rondo" (www.rondomagazin.de). Seit 2015 gibt es unter der Leitung der Musikjournalistin Eleonore Büning eine Akademie des Festivals „Heidelberger Frühling", bei der die dort weitergebildeten Nachwuchs-Musikkritiker in Form eines angeschlossenen Blogs gleich in die weite Welt des Online-Journalismus gestoßen werden. Nicht zuletzt sind es die Streamingsdienste wie „Idagio" (www. idagio.com), „Qobuz" (www.qobuz.com) oder „Primephonic" (www.primephonic.

---

[15] Julia Spinola, „Schafft sich die Musikkritik ab?"; in: Musik & Ästhetik 02/2013, S. 103 f.

[16] Peter Korfmacher, „Journalismus muss Spaß machen"; in: Gunter Reus, Ruth Müller-Lindenberg (Hg.): Die Notengeber – Gespräche mit Journalisten über die Zukunft der Musikkritik (Wiesbaden: Springer VS 2017), S. 106.

com, ab September 2021 Teil von Apple Music) die ihre Klassikangebote durch qualifizierte Musikredakteure aufarbeiten lassen.

Weiterführende Literatur

Reus, Gunter, Ressort: Feuilleton. Kulturjournalismus für Massenmedien (Konstanz: UVK, 2. Aufl. 1999) (Praktischer Journalismus 22).

Reus, Gunter/Ruth Müller-Lindenberg (Hg.), Die Notengeber – Gespräche mit Journalisten über die Zukunft der Musikkritik (Wiesbaden: Springer VS 2017).

Schalkowski, Edmund, Kommentar, Glosse, Kritik (Konstanz: UVK 2011) (Praktischer Journalismus 85).

Musikkritik in Zeiten der Digitalisierung

3

Antonio Baldassarre und Elena Alessandri

Zusammenfassung

Die Autoren stellen die Forschungsergebnisse des Projekts „Die Rolle der Musikkritik im Klassik-Musikmarkt" vor. Es wurden Online-Umfragen zur Bedeutung der professionellen Musikkritik im Klassikbereich unter Musikkritikern und Konsumenten in Deutschland, Großbritannien und der Schweiz durchgeführt.

Schlüsselwörter

Musikkritik • Musikkritiker • Rezension • Konsumenten • Musikhörer

Die Musikkritik gehört seit dem 18. Jahrhundert zu den gängigen Formen der Reflexion über Musik und war zunächst Gegenstand wissenschaftlicher Betrachtungen in der Kunstkritik als Teildisziplin der philosophischen Ästhetik sowie in der historischen Musikwissenschaft. Die empirische und durch methodische Grundsätze der Sozialwissenschaft beeinflusste Auseinandersetzung mit Aspekten der Musikkritik findet erst seit jüngster Zeit statt.

Elektronisches Zusatzmaterial Die Online-Version dieses Artikels (https://doi.org/10. 1007/978-3-658-32476-6_3) enthält zusätzliches Material, das für autorisierte Benutzer zugänglich ist. Diese Videos können mit dem SN More angesehen werden. Medien-App. Öffnen Sie die App, scannen Sie das Foto mit Ihrem Mobiltelefon mit dem "Play"-Symbol, und das Video wird abgespielt. wird das Video automatisch abgespielt.

A. Baldassarre (✉) · E. Alessandri
Hochschule Luzern – Musik, CC Music Performance Research, Luzern-Kriens, Schweiz
E-Mail: info@musik-journalismus.de

Ein Beispiel für eine solche empirische Fokussierung bieten die Forschungsaktivitäten im Kompetenzzentrum „Music Performance Research" der Hochschule Luzern – Musik. Das jüngste, auf einer breiten Datensammlung basierende und vom Schweizerischen Nationalfonds geförderte Forschungsprojekt „Between Producers and Consumers: Music Critics' Role in the Classical Music Market" untersucht die Rolle der professionellen Musikkritik von Tonaufnahmen im aktuellen Musikmarkt sowie den Einfluss des Konsumverhaltens auf die Musikkritik. Das Projekt besteht aus drei Teilprojekten.

Erstens wurden fast 900 Musikrezensionen von Tonaufnahmen inhaltlich analysiert, um ein Verständnis dafür zu gewinnen, worüber Kritiker schreiben und welche Kriterien sie bei der Beurteilung von Musikaufnahmen anwenden (Alessandri et al. 2014, 2015). Aus dieser Analyse haben sich sieben Hauptkriterien herauskristallisiert, welche in den Rezensionen während der letzten 90 Jahre verwendet wurden (1920 bis 2010). Diese Kriterien schließen ästhetische Aspekte (Klarheit, Intensität usw.) sowie Parameter des künstlerischen Profils (Risikobereitschaft, Sorgfalt usw.) und des inneren und äußeren Kontexts (Stimmigkeit, Originalität, Innovationspotential usw.) ein (Alessandri et al. 2016).

Zweitens führten wir Interviews mit 14 professionellen Musikkritikern aus Deutschland, Großbritannien und der Schweiz durch, um ein Bild davon zu gewinnen, wie die professionellen Kritiker die Natur und Funktion ihrer Tätigkeit einschätzen (Alessandri, Baldassarre, Williamson, i.V.): Die Kritikerinnen sehen sich als Vermittler und Schnittstellen zwischen den Akteuren des Musikmarkts. Alle Kritiker äußerten sich über ihre professionellen Standards und ihren Schreibprozess sowie über die Schwierigkeit und Herausforderungen, die aus kommerziellen Zwängen und aus dem digitalen Wandel resultieren. Diese Situation lässt Kritiker an der Bedeutung ihrer Tätigkeit im heutigen „Klassik-Musikmarkt" zweifeln.

Drittens haben wir, um diesen Zweifel genauer zu verstehen, eine deutsch- und englischsprachige Onlineumfrage unter Konsumenten klassischer Musik durchgeführt, an welcher 1.200 Personen aus 62 Ländern teilnahmen (siehe Infografik Abb. 3.1 sowie Alessandri et al. 2020). Die Teilnehmenden wurden zu ihrem Hörverhalten und zu ihren Erwartungen an die Musikkritiken befragt. Es zeigte sich, dass die Teilnehmenden ganz unterschiedliche traditionelle und digitale Medien für den Konsum von Musik sowie für die Information über Musik verwenden. Die professionelle Kritik wurde dabei als das zweckdienlichste Format beurteilt, und zwei Drittel der Teilnehmenden gaben an, dass sie professionelle Musikkritiken hörend oder lesend konsumieren.

Mittels einer Regressionsanalyse haben wir das Profil der Konsumenten der professionellen Musikkritik ermittelt. Die Resultate deuten darauf

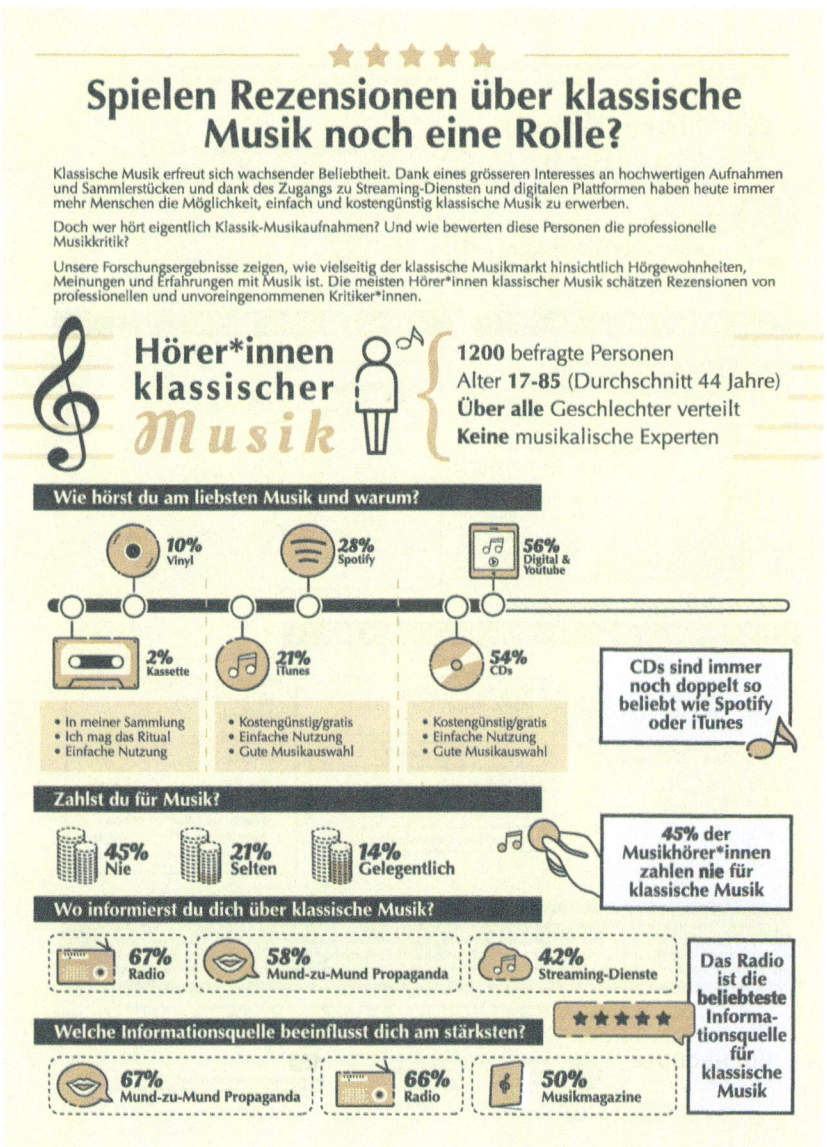

Abb. 3.1 (2 Seiten): Spielen Rezensionen über klassische Musik noch eine Rolle? / Hörer*innen klassischer Musik, die Musikkritiken lesen. (© Hochschule Luzern / U. of Sheffield, Nov. 2018)

62% der Hörer*innen klassischer Musik lesen bzw. hören professionelle Musikkritiken über Klassik-Musikaufnahmen. Diese Personen haben bestimmte Erwartungen an Rezensionen und Kritiker*innen.

Hörer*innen klassischer *Musik,* die Musikkritiken lesen

741 befragte Personen
Alter **17-85** (Durchschnitt 46 Jahre)
Über alle Geschlechter verteilt
Hohes musikalisches Engagement und Ausbildungsniveau

Gute Kritiker*innen sind…

79% hingebungsvolle Schiedsrichter*innen (konstruktiv, respektvoll, aufgeschlossen, gut informiert, unparteiisch, leidenschaftlich)

50% Unterhalter*innen (geistreich, inspirierend)

49% erfahrene Experten*innen (mehr als 10 Jahre Erfahrung, kompetent)

16% Musiker*innen (Intepret*in, Komponist*in)

Eine gute Rezension enthält?

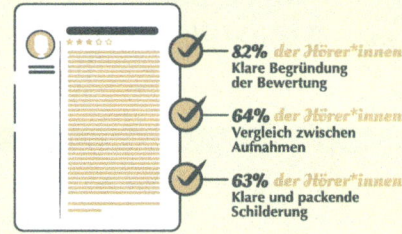

82% *der Hörer*innen*
Klare Begründung der Bewertung

64% *der Hörer*innen*
Vergleich zwischen Aufnahmen

63% *der Hörer*innen*
Klare und packende Schilderung

Hörer*innen glauben, eine gute Rezension spricht über…

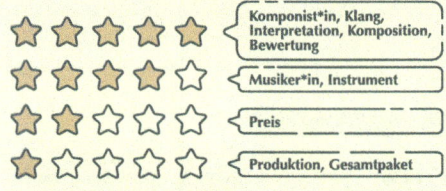

Komponist*in, Klang, Interpretation, Komposition, Bewertung

Musiker*in, Instrument

Preis

Produktion, Gesamtpaket

Mehr als **80%** der Hörer*innen glauben, Rezensionen sollen

1. Ein informiertes Urteil bieten
2. Einen Leitfaden für das Hören und Kaufen geben
3. Konsumenten*innen helfen, die Aufnahme zu schätzen

Die professionelle Musikkritik spielt eine wichtige Rolle und beeinflusst die Konsumenten*innen direkt bei ihren Kaufentscheidungen. Trotz der gesteigerten Technologisierung und der Vorliebe für digitale Formate sind Hörer*innen klassischer Musik immer noch auf der Suche nach unterhaltenden, informationsreichen und gut begründeten Rezensionen. Sie schätzen unvoreingenommene, leidenschaftliche und erfahrene Experten*innen, die das Hören anleiten und einen wirkungsvollen Einfluss auf die Musikindustrie ausüben.

Für mehr Informationen zur Umfrage und zu Publikationen besuchen Sie www.hslu.ch/reviewimpact. Das Forschungsprojekt wird finanziert vom Schweizerischen Nationalfonds (Förderung 100016M_162819) und der Hochschule Luzern – Musik. Diese Infografik basiert auf Daten aus einem gemeinsamen Forschungsprojekt zwischen der Hochschule Luzern – Musik und der Universität Sheffield und auf dem Poster "How do you listen? Classical music listeners' habits and purchasing strategies" von E. Alessandri, A. Baldassarre, und V. J. Williamson. ICMPC/ESCOM, Graz, Österreich, Juli 2018.

HOCHSCHULE LUZERN
 MUSIC AND WELLBEING
The University Of Sheffield.
 SCHWEIZERISCHER NATIONALFONDS ZUR FÖRDERUNG DER WISSENSCHAFTLICHEN FORSCHUNG

Diese Infografik wurde redigiert und gestaltet von Research Retold. Für weitere Informationen kontaktieren Sie uns via E-Mail (contact@researchretold.com). Veröffentlicht im November 2018.

Research Retold

Abb. 3.1 (Fortsetzung)

hin, dass typische Konsumenten von Musikkritiken älter sind als der Durchschnitt der Hörenden klassischer Musik, dass sie ein höheres musikalisches Engagement aufweisen und eine höhere Ausbildung genossen haben. Zudem sind typische Musikkritik-Konsumenten eher bereit, für den Musikkonsum zu bezahlen, und sie streamen Musik selten. Schließlich bevorzugen sie traditionelle Musikkritikinformationsquellen, z. B. Printmedien gegenüber Onlineangeboten.

Die Onlineumfrage zeigte zudem, dass die Teilnehmenden erwarten, dass die Musikkritik eine Vielfalt von Themen abdeckt und ganz besonders eine nachvollziehbare und begründete Beurteilung liefert. Es wird erwartet, dass die Kritiker konstruktiv, unvoreingenommen, respektvoll und gut informiert sind. Interessanterweise wurde der professionelle Hintergrund von den Teilnehmenden der Umfrage als eher marginal eingestuft. Die Konsumenten suchen gemäß der Umfrage nicht vornehmlich eine Kaufempfehlung, sondern vielmehr eine Anleitung für das Verständnis und die Wertschätzung von Musik.

Zusammenfassend lassen die Studienresultate den Schluss zu, dass einerseits die professionelle Musikkritik im Klassikbereich weiterhin eine wichtige und weitum geschätzte Informationsquelle darstellt. Andererseits haben sich die Erwartungen der Konsumenten an die Kritik durch den Einfluss der digitalen Musik- und Informationsquellen verändert. Dies fordert von der professionellen Musikkritik, dass sie sich zum einen inhaltlich neu orientiert und zum anderen neue Kommunikationskanäle und -formate erschließt, um insbesondere die neue Generation von Musikhörenden zu gewinnen. Die zentralen Ergebnisse sind in Abb. 3.1 dargestellt.

Der Videobeitrag „Musikkritik in Zeiten von Multimedia" von Janina Heinle (Abb. 3.2) befasst sich ebenfalls mit der Bedeutung von Musikkritik.

Abb. 3.2 „Musikkritik in Zeiten von Multimedia" (6:47) – Im Interview: Prof. Dr. Stephan Mösch, Musikjournalist und Professor an der Hochschule für Musik Karlsruhe Isabel Steppeler, Kulturredakteurin bei den Badischen Neuesten Nachrichten Karlsruhe (Ein Beitrag von Janina Heinle im Rahmen des Online-Symposiums „Die Zukunft des Musikjournalismus. Über Qualität, Kunst und künstliche Intelligenz" des Instituts für Musikjournalismus der Hochschule für Musik Karlsruhe am 4. Februar 2021) (https://doi.org/10.1007/000-2we) (https://youtu.be/Hr1CGgss9nE)

Weiterführende Literatur

Alessandri, E., Baldassarre, A., Williamson, V. J. (in Vorbereitung). The critic's voice: On the role and function of music criticism.

Alessandri, E., Rose, D., Senn, O., Szamatulski, K., Baldassarre, A., Williamson, V. J. (2020). Consumers on critique: A survey of classical music listeners' engagement with professional reviews. *Music & Science, 3*, 1–19. doi: https://doi.org/10.1177/205920432093 1337.

Alessandri, E., Williamson, V. J., Eiholzer, H., Williamon, A. (2016). A critical ear: Analysis of value judgements in reviews of Beethoven's piano sonata recordings. *Frontiers in Psychology*, 7:391. doi: https://doi.org/10.3389/fpsyg.2016.00391.

Alessandri, E., Williamson, V. J., Eiholzer, H., Williamon, A. (2015). Beethoven recordings reviewed: a systematic method for mapping the content of music performance criticism. *Frontiers in Psychology*, 6:57. doi: https://doi.org/10.3389/fpsyg.2015.00057.

Alessandri, E., Eiholzer, H., Williamon, A. (2014). Reviewing critical practice: An analysis of Gramophone's reviews of Beethoven's piano sonatas, 1923–2010. *Musicae Scientiae, 18*, 131–149. doi: https://doi.org/10.1177/1029864913519466.

Weiterführende Links

Veröffentlichungen zum Projekt „Die Rolle der Musikkritik im Klassik-Musikmarkt" an der Hochschule Luzern – Musik unter: www.hslu.ch/reviewimpact.

Musikjournalismus und Jazz

4

Martin Laurentius

Zusammenfassung

Dargestellt wird die Geschichte und die Gegenwart der klassischen Bericht-erstattung über Jazz in den Feuilletons, in Fachzeitschriften und in den Hörfunkwellen der ARD, außerdem Messen und Preise im Bereich Jazz. Schließlich wird ein Blick in die Zukunft gewagt.

Schlüsselwörter

Jazz · Jazzjournalismus · Kulturradio · Fachzeitschrift · Musikkritik

4.1 Allgemeines

Der Boden für Jazz und improvisierte Musik in Deutschland ist gut bereitet. Viele städtische und private Musikschulen haben Jazz im Angebot und sorgen für einen fundierten Unterricht der Laienmusiker hierzulande. An 18 Musikhochschulen Deutschlands können sich mittlerweile junge Jazztalente zu professionellen Instrumentalisten ausbilden lassen. Auf Länderebene gibt es Interessenvertretungen, die sich für die Belange der regionalen Jazzszenen in Deutschland stark machen – wie zum Beispiel die „IG Jazz Berlin" oder das „Jazzbüro" in Hamburg. „Die Deutsche Jazzunion", 1972 unter dem Namen „Union Deutscher Jazzmusiker" als Musikergewerkschaft in Marburg gegründet, ist seit 2010 erfolgreich zum kulturpolitischen Sprachrohr für die Szene insgesamt geworden, flankiert durch

M. Laurentius (✉)
Neuss, Deutschland
E-Mail: info@musik-journalismus.de

© Springer Fachmedien Wiesbaden GmbH, ein Teil von Springer Nature 2022   43
P. Overbeck (Hrsg.), *Musikjournalismus,* Journalistische Praxis,
https://doi.org/10.1007/978-3-658-32476-6_4

die intensive kulturpolitische Lobbyarbeit der „Bundeskonferenz Jazz", einem Zusammenschluss verschiedener Akteuren und Institutionen in Deutschland – wie z. B. das „Jazzinstitut Darmstadt" oder der „Bayerische Jazzverband" (https://www.bayerischer-jazzverband.de).

Mit der jährlich im Frühjahr stattfindenden „jazzahead!" in Bremen hat sich seit 2006 eine mehrtägige Fachmesse inklusive einem Showcase-Festival für improvisierte Musik mit internationaler Strahlkraft etabliert. Alle zwei Jahre wird dort auch der „Deutsche Jazzjournalisten-Preis" verliehen; bisherige Preisträger sind Hans-Jürgen Linke, Ralf Dombrowski, Wolf Kampmann, der Autor und Stefan Hentz.

Seit einigen Jahren findet diese kulturpolitische Lobbyarbeit der deutschen Jazzszene Gehör bei der Politik in Berlin ebenso wie in den Bundesländern. Seit 2013 wird zum Beispiel durch die „Initiative Musik", dem deutschen Förder- und Exportbüro des Bundes für Musiker und Musikunternehmen, jährlich (außer 2020 coronabedingt) der „APPLAUS" als ein mit zuletzt 1,8 Mio. Euro in drei Kategorien dotierter Spielstättenpreis für besondere Livemusik-Programme verliehen.

Auch auf der Ebene der Länder und Kommunen hat sich kulturpolitisch in den vergangenen Jahren einiges getan, was neue Spielstätten angeht. So wird es zum Beispiel in der Berliner „Alten Münze" ab 2026 ein „Zentrum für Jazz und improvisierte Musik" geben. In Köln wird die renommierte Jazzspielstätte „Stadtgarten" in ein „Europäisches Zentrum für Jazz und aktuelle Musik" umgewandelt. Eine der herausragenden Fähigkeiten des Jazz und der improvisierten Musik ist es, musikalische Elemente aus anderen Stilen, Genres und Kulturen in sich aufzunehmen und zu etwas Neuem zu verwandeln", so der künstlerische Leiter des Stadtgartens, Reiner Michalke, im Konzept für dieses neue europäische Jazz-Zentrum:

> „Diese radikale Offenheit gegenüber der eigenen wie auch fremden Musikkulturen hat in den vergangenen Jahrzehnten zu Musikformen geführt, die sich einer eindeutigen Kategorisierung entziehen. Und die Tendenz zur Überschreitung der Grenzen zwischen U- und E-Musik, zwischen Jazz, Klassik, Rock und Pop, hält unvermindert an."[1]

---

[1] Reiner Michalke, Vorbemerkung, in: „Ausbau des Stadtgarten Köln zu einem Zentrum für Jazz und aktuelle Musik", Hg.: Initiative Kölner Jazz Haus 2016, S. 2, https://www.stadtgarten.de/content/7-presse/zukunft_konzept_europaeisches_zentrum_fuer_jazz_und_aktuelle_musik_stadtgartenkoeln.pdf.

Einer Rezeption der deutschen Jazzmedienszene kann, wenn auch nur bei oberflächlicher Betrachtung im Jahr 2020 als vorsichtig optimistisch bezeichnet werden. Drei regelmäßig erscheinende Fachpublikationen gibt es auf dem deutschen Zeitschriftenmarkt: „Jazzpodium" (seit 1952), „Jazzthetik" (seit 1987) und „Jazz thing" (seit 1993). Sämtliche ARD-Hörfunkwellen plus DLF und DLR Kultur haben eigene Jazzredaktionen, die, mit Ausnahme des DLF und DLR alle den ARD-Kulturwellen angegliedert sind. Neue digitale Formate wie Blogs, Podcasts etc. werden im Folgenden nicht tiefergehend behandelt, weil diese zurzeit im Jazz nur selten zu finden sind und an anderer Stelle erörtert werden.

4.2   Jazz in den Tageszeitungen: Haken schlagen

Zwar findet in den Feuilletons der überregionalen Tages- und Wochenzeitungen eine Jazzberichterstattung ebenso statt wie auf den Kulturseiten vieler lokaler Tageszeitungen wie zum Beispiel in der SZ, im „Spiegel", in der ZEIT oder der FAZ, aber auch im „Mannheimer Morgen", in der „Rheinischen Post" oder im „Kölner Stadtanzeiger". Dennoch steht es um den deutschen Jazzjournalismus nicht zum Besten, wie der Kulturredakteur des Berliner „Tagesspiegel", Gregor Dotzauer, in seinem Artikel „Jazzmagazine: Wildheit und Wildwuchs" hervorhebt:

> „In den großen Feuilletons versuchen einige Unermüdliche, die Begeisterung für eine Musik wachzuhalten, die zwischen den Routinen des Klassikbetriebs und den Codes des Pop eigenwilligere Haken schlägt als je zuvor. Doch weil an einen festen Jazzredakteur nirgends zu denken ist, werden ihre Kräfte von Großereignissen aller Art aufgezehrt."[2]

Die Medienkrise, die den klassischen Qualitätsjournalismus per se seit Anfang der 2000er-Jahre fest im Griff hat und die spätestens mit Beginn der 2010er-Jahre durch die digitale Revolution und ihren verschiedenen Social-Media-Phänomenen noch an Tempo zugelegt hat, ist für den Musikjournalisten Hans-Jürgen Linke, bis 2012 Musikredakteur der FR und Spezialist für Jazz und improvisierte Musik, nicht der einzige Grund, mit dem der schlechte Stand der Jazzkritik in den Verlagshäusern erklärt werden kann:

---

[2] Gregor Dotzauer, „Jazzmagazine: Wildheit und Wildwuchs", in: Der Tagesspiegel Berlin, 12.8.2019, https://www.tagesspiegel.de/kultur/jazzmagazine-wildheit-und-wildwuchs/24845194.html.

„Der Popdiskurs befreite sich [in den 1990er-Jahren] aus dem Fanzine- und Spex-Ghetto und zog in die Tageszeitungsredaktionen ein. Pop als Kritik-Gegenstand leuchtete allgemein ein: Pop ging schließlich irgendwie jeden an und interessierte vor allem den jüngeren Leser, der als ein neues Projektionsgebilde die Welt der Redaktionen geentert hatte. Es waren nun nicht mehr die Jazzkritiker, die Pop-Events nebenher mit behandelten."[3]

Mit dem Ergebnis, dass der Jazz und seine Kritikerzunft „zunehmend mit dem Image einer respektablen, aber doch irgendwie langsam etwas abgehangenen, Alte-Herren-Musik belegt" worden sind.

Neun Jazzjournalisten hat Aylin Öz 2018 im Rahmen Ihrer Masterarbeit über den Jazzjournalismus in Deutschland interviewt, acht schreiben für regionale und überregionale Tages- und Wochenzeitungen, einer ist festangestellter Jazzredakteur im ARD-Hörfunk: Andrian Kreye (Feuilleton „Süddeutsche Zeitung"), Oliver Hochkeppel (Lokale Kultur „Süddeutsche Zeitung"), Wolfgang Sandner („FAZ"), Ulrich Stock („Die ZEIT"), Bernd Schwope („Hannoversche Allgemeine Zeitung"), Markus Schneider („Berliner Zeitung"), Jochen Siemens/Tobias Schmitz („Stern") und Stefan Gerdes (NDR.Info) – und der Eindruck des Images „Alte Herren-Musik" scheint sich auch bei Öz zu bestätigen, dass die Jazzkritik, wie die Musikerszene, von Männern vor allem älteren Jahrgangs dominiert wird: Das Durchschnittsalter der von Öz Interviewten liegt bei 58 Jahren.

Die Ergebnisse von Öz' Analyse sind für den deutschsprachigen Jazzjournalismus ernüchternd. Zum einen hebt Öz hervor, dass der Jazz eine gesellschaftliche und kulturelle Nische darstelle und daher auch in der Berichterstattung eine Randkategorie sei: „[Hans-Jürgen] Linke erläutert in seinem wissenschaftlichen Beitrag, dass der Auftritt von Jazz in den deutschen Medien nicht lediglich mangelhaft sei, sondern überdies immer weiter abnehme. Auch aktuelle Jazzjournalisten berichten von einer solchen Entwicklung der nachlassenden Quantität des Jazz (Schwope, 2018; Stock, 2018)."[4]

Zum anderen unterstreicht Öz, dass, weil Jazz eher einen niedrigen Nachrichtenwert hat, dieses Musikgenre einen Platz am Rande der allgemeinen

---

[3] Hans-Jürgen Linke, „Alltagsraunen – Über inhaltliche Fragen, Jazz in der Tagespresse, Feuilleton-Betrieb und andere langsam veraltende Probleme", in: „Darmstädter Beiträge zur Jazzforschung Band 12 – Jazz. Schule. Medien.", Hg.: Knauer, Wolfram (Jazzinstitut Darmstadt: Wolke Verlag 2012), S. 182.

[4] Aylin Öz, „Jazzjournalismus in Deutschland – Ein aktueller Zustandsbericht der Journalisten, Jazzberichterstattung und äußeren Einflussfaktoren", Masterarbeit, Institut für Journalistik und Kommunikationsforschung, Hochschule für Musik, Theater und Medien Hannover 2019, S. 76.

Berichterstattung einnimmt. Es gebe „eine Tendenz hin zu einer Mainstreamisierung der Medien, sodass Nischen wie Jazz es schwerer haben", so Öz. „Die Wirtschaft hat einen immensen Einfluss auf den Journalismus, sodass sich Medien stärker auf eine Gewinnmaximierung konzentrierten als auf die Beachtung von Nischen. Auch eine Bewegung hin zu einer Boulevardisierung vieler Medien ist eine Ursache für den aktuellen Zustand des Jazz."[5]

4.3   Jazz in der ARD: Historie

Über Jahrzehnte waren die Jazzredaktionen der ARD eine sichere Bank für eine fundierte Berichterstattung und Kritik über improvisierte Musik. Schon gleich nach Ende des Zweiten Weltkriegs wurden in den nach dem Vorbild der britischen BBC gegründeten, öffentlich-rechtlichen Sendern Deutschlands (vor allem in den drei westlichen Besatzungszonen) Jazzredaktionen eingerichtet; wie zum Beispiel im NWDR in Köln (später WDR in Köln und NDR in Hamburg) oder im SWF in Baden-Baden. So ging zum Beispiel Dietrich Schulz-Köhn („Dr. Jazz") ab 1948 beim NWDR in Köln mit seiner Reihe „Jazz-Almanach" auf Sendung, der später viele weitere Sendeformate für den WDR folgen sollten. Im SWF (später SWR) war Joachim-Ernst Berendt zwischen 1947 und 1987 Leiter der Jazzredaktion. Berendts Betätigungsfeld als Jazzredakteur gestaltete sich schon in den frühen Jahren multifunktional und wurde zur *Blaupause* für viele Jazzkritiker, gleichgültig, ob festangestellt oder freiberuflich. Neben seiner Tätigkeit als verantwortlicher Redakteur und Jazzmoderator im SWF-Hörfunk initiierte er bereits ab 1947 die Konzertreihe „Jazztime Baden-Baden", aus der in den 1950er-Jahren die ARD-Fernsehreihe „Jazz – gehört und gesehen" hervorging. Als ARD-Festival gründete er 1964 die „Berliner Jazztage" (heute „Jazzfest Berlin"), deren künstlerischer Leiter er bis 1972 war, und arbeitete als Plattenproduzent, unter anderem für das unabhängige Jazzlabel „Musik Produktion Schwarzwald" (MPS). Berendts „Jazzbuch", das 1953 in erster Auflage erschien, wurde zum internationalen Bestseller und ist bis heute für Jazzfans und -fachleute ein Standardwerk für die ursprünglich swingende Musik der Afroamerikaner aus dem Süden der USA. Dazu Günther Huesmann, heute SWR-Jazzredakteur, in seinem Vorwort zu 7. Auflage 2005 von „Das Jazzbuch", dessen Fortschreibung er nach Berendts Tod 2000 übernommen hat.

---

[5] Dito S. 69.

„Seine größten Erfolge erzielte Joachim-Ernst Berendt dort, wo er vermittelte; wo er
Brücken baute zwischen Musikern und Hörern",

meint Günther Huesmann, heute SWR-Jazzredakteur, in seinem Vorwort zur sieb-
ten Auflage 2005 von „Das Jazzbuch", dessen Fortschreibung er nach Berendts
Tod 2000 übernommen hat.

„Er hatte keine Angst leidenschaftlich zu sein. Seine Sprache war rhythmisch knapp,
gelegentlich aufrüttelnd emotional und polarisierend. Die Intensität, von der im Jazz
immer wieder die Rede ist, diese Intensität hat Joachim-Ernst Berendt in das Wort
getragen. Und damit zumindest ansatzweise die Lücke geschlossen, die sich zwischen
dem Wort und der Welt der Musik auftut."[6]

Bis heute ist Jazzvermittlung durch die Hörfunk-Sendungen einer der Grund-
pfeiler für die ARD-Jazzredaktionen. Darüber hinaus hat man seit jeher den
Kulturbildungsauftrag des öffentlich-rechtlichen Rundfunks ernst genommen.
Schon frühzeitig traten Jazzredakteure als Koproduzenten für Plattenproduktio-
nen mit regionalen, nationalen und internationalen Musikern in Erscheinung, viele
der zumeist unabhängigen Jazzlabels hätten ohne die finanzielle Unterstützung der
öffentlich-rechtlichen Jazzradios nur unter großen Mühen Alben veröffentlichen
können. Zudem werden bis heute nicht nur zahlreiche Jazzfestivals und -konzerte
aufgenommen, um diese entweder live oder zu einem späteren Zeitpunkt als Mitschnitte in einer der Sendestrecken auszustrahlen, sondern man tritt auch selbst
als Veranstalter in Erscheinung – so teilt sich zum Beispiel hr2 die Verantwortung
für das „Deutsche Jazzfestival Frankfurt" mit der Stadt Frankfurt.

Einige ARD-Anstalten haben auch Jazzpreise initiiert. Der älteste ist der
„SWF Jazzpreis" (heute „SWR Jazzpreis"), den Berendt 1981 auf den Weg
gebracht hatte. Der seit 2004 verliehene „WDR Jazzpreis" verdeutlicht zudem,
dass damit auch kulturpolitisch in die Jazzszene hineingewirkt wird. Einige der
ARD-Jazzradios nehmen außerdem ihre Verantwortung als Landesrundfunkanstalten wahr und berichten in ihren Programmen über Entwicklungen und Tendenzen
in den regionalen Jazzszenen – wie zum Beispiel SWR2 mit „Homezone – Jazz
aus Südwest" oder bis April 2019 WDR 3, mit der „Szene NRW".

---

[6] Günther Huesmann, Vorwort, in: Das Jazzbuch – Von New Orleans bis ins 21. Jahrhundert
(Frankfurt a. M.: S. Fischer, 7. Aufl. 2005), S. IXf.

4.4 Jazz in der ARD: Die Zukunft

Die einstmals sichere Bank für den Jazz und die improvisierte Musik bröckelt. So wurde beispielsweise Ende 2019 bekannt, dass hr2 in eine Klassikwelle umgewandelt werden soll.

> „Es geht darum, bei hr2 Produktions- und Personalkosten massiv einzusparen", so Jochen Hieber in „Der nächste Zug entscheidet" in der FAZ, „indem das Musikprogramm weitgehend auf Klassikkonserven reduziert und die überaus substantielle Kulturberichterstattung aus Hessen und darüber hinaus zumal in den beiden sechs von 18 Sendestunden umfassenden Magazinen ‚Kulturfrühstück' und ‚Kulturcafé' bis fast zum Totalverzicht skelettiert werden soll."[7]

Zwar werden Jazz und improvisierte Musik, die bislang abends in hr2 zu hören waren, nicht explizit genannt. Doch zu befürchten ist, dass Jazz zukünftig keinen eigenen Platz mehr im Programm von hr2 haben und nur als Musikfarbe in den verschiedenen Hörfunkwellen des hr sein Dasein fristen wird.

WDR3 hat den bislang radikalsten Schnitt gemacht. Mit der Verrentung des Jazzredakteurs Bernd Hoffmann Ende 2018 hat man die Autoren-Sendungen, mit denen bis dato das WDR 3-Jazzprogramm zwischen 22 und 24 Uhr bestritten wurde, gestrichen und durch von „Kuratoren" zusammengestellte Musiklisten ersetzt.

> „Die Entwicklung deutete sich im vergangenen August [2018] an, als [Karl] Lippegaus [seit 1972 freier Jazz- und Musikjournalist im WDR] vom WDR ein Schreiben erhielt, in dem Veränderungen angekündigt wurden",

so Hans Hoff in „Genug improvisiert" in der SZ über die „Reform" der Sendestrecke „Jazz & World" in WDR 3.

> „‚Wir brauchen Sie', stand dort zwar, aber was Lippegaus dann lesen musste, sprach dem Lippenbekenntnis des WDR Hohn. Aus den 19 Moderatoren, die bislang jede der ‚Jazz & World'-Sendungen zu einem individuellen Erlebnis machten, sollen zum 1. April [2019] vier Moderatoren werden, die jeweils eine Woche lang abspulen, was ein Redaktionsteam in so genannten Spiellisten zusammengestellt hat."[8]

---

[7] Jochen Hieber, „Der nächste Zug entscheidet", in: FAZ, 12.12.2019, https://www.faz.net/aktuell/feuilleton/medien/zur-zukunft-des-senders-hr2-kultur-16530632.html.

[8] Hans Hoff, „Genug improvisiert", in: SZ, 24.3.2019, https://www.sueddeutsche.de/medien/ende-von-jazz-world-genug-improvisiert-1.4381342.

Nach einer Übergangsphase im zweiten Halbjahr 2021 wird ab dem 3. Januar 2022 die Jazzstrecke in WDR 3 noch einmal neu aufgesetzt. Jazz, Musikkulturen und avancierte Popmusik sollen dann gleichberechtigt in den wochentäglichen 2 h ab 22:05 Uhr zu hören sein, allerdings themenorientiert und wieder durch freie Autoren präsentiert. Dennoch verfolgt Roland Spiegel, Jazzredakteur bei BR-Klassik, diese Entwicklung mit Sorge:

> „Das Problem ist, wenn man nur noch auf Durchhörbarkeit achtet", so Spiegel. „Das führt dazu, dass man nicht mehr Radio zum Einschalten macht, sondern nur noch Radio zum ‚Nicht ausschalten'. Für mich ist das der falsche Weg. Es ist doch toll, wenn man weiß, dass es bestimmte Stunden im Hörfunk gibt, in denen sich jemand mit einem musikalischen Thema auseinandersetzt – egal, ob aus einem ganz weiten Blickwinkel oder ob CD-Neuerscheinungen vorgestellt werden." (Telefoninterview mit dem Autor am 1.9.2020).

4.5   Die Jazzmagazine. Sich zu weiten, tut gut

Lange Zeit war das „Jazzpodium" in Deutschland die einzige Fachpublikation in Sachen Jazz (www.jazzpodium.de). Vom Jazzjournalisten und -veranstalter Dieter Zimmerle gegründet, erschien die erste Ausgabe im September 1952, damals noch mit dem Untertitel „Das internationale Podium mit den offiziellen Mitteilungen der Deutschen Jazz-Föderation (einem Zusammenschluss verschiedener Jazzveranstalter, die Zimmerle 1950 mitgegründet hatte)" und es ist in Europa das älteste, noch erscheinende Jazz-Fachmagazin. Über viele Jahrzehnte gab es neben Artikeln und Porträts über nationale und internationale Jazzmusiker eben auch Service-Rubriken wie „On The Road" oder „Jazz Education" zu lesen. Ein sich stetig vergrößernder Stamm an freien Mitarbeitern schrieb in der Regel die langen Texte ebenso wie die Konzert- und Plattenrezensionen – über viele Jahrzehnte ehrenamtlich und ohne Honorar. Auch wenn im „Jazzpodium" öfters Debatten geführt wurden, so blieb es für viele die etwas *spießige* Hauspostille der deutschen Jazzszene – selbst nach Zimmerles Tod 1989, als die langjährige Mitarbeiterin Gudrun Endress die Chefredaktion übernahm.

> „Auch unsere einzige Fachzeitschrift, das Gemeindeblatt ‚Jazzpodium', gibt wenig Anlass zur Freude",

meinte 1986 noch der Gitarrist Volker Kriegel, der auch als spitzzüngiger Autor und -fedriger Zeichner einen Namen hatte.

„Mit beachtlicher Treuherzigkeit redet das ‚Jazzpodium' seit 30 Jahren allmonatlich einer altbackenen, ebenso moralisierenden wie elitären Auffassung von Jazz das Wort. Nach wie vor wird hier die abgestandene Ideologie verkündet, der Jazz sei quasi naturhaft automatisch wertvoller als die bloß kommerzielle, niedere Rock- und Popmusik. Daran ändert auch die Tatsache nichts, dass das Four-letter-word Jazz kaum noch zusammenhalten kann, was allerorten aus den Nähten platzt."[9]

Anfang 2019 hat das „Jazzpodium" neue Besitzer bekommen und ist von Stuttgart nach Bernried am Starnberger See umgezogen. Seitdem versuchen Adam Olschewski als Chefredakteur und seine Ehefrau Anja Freckmann, dieses alte Schlachtschiff der Jazzpublizistik rundzuerneuern und zu professionalisieren. Das Design des zehn Mal im Jahr erscheinenden Heftes wurde aufgefrischt, von einem Teil des einstigen Autoren-Stamms hat man sich getrennt. Das Ziel Olschewskis ist es, im „Jazzpodium" nicht mehr nur ausschließlich über Jazz und improvisierte Musik zu berichten, sondern auch Verbindungen zu anderen Künsten ebenso herzustellen wie zu gesellschaftlich relevanten Themen.

„Sich zu weiten, tut gut. Von einer anderen Warte aus sehen Dinge ungewohnt oder gar neu aus", schreibt Olschewski im Editorial zur Sommer-Doppelausgabe 2020, auf deren Cover der Schlachtruf „We shall overcome" zu lesen ist und die mit einer Titelgeschichte über James Baldwin aufmacht. „Deshalb James Baldwin. Deshalb ein Schriftsteller, der Musikbezug zwar hatte, doch dessen Instrument das Wort war. Enger mit Malcolm X und befreundet mit Martin Luther King, stritt er intelligent und wortgewandt für die Rechte der Afroamerikaner."[10] (www.jazzzeitung.de).

Langes Intermezzo: Zwischendrin gab es die „Jazzzeitung". 1976 von Sepp Dachsel als „Jazz-Nachrichten" gegründet, übernahm Hans Ruland 1982 die Herausgeberschaft und machte aus der ursprünglich in München und Bayern erscheinenden „Jazzzeitung" eine bundesweite Publikation für Jazz und improvisierte Musik. Zusammen mit dem von Ruland 1986 auf den Weg gebrachten, privaten Radiosender „Jazz Welle Plus" war die „Jazzzeitung" bis 1997 für eine ganze Jazzjournalisten-Generation die erste Stufe auf der Karriereleiter in die Funkhäuser. Ende 1997 übernahm der Regensburger ConBrio-Verlag die „Jazzzeitung" zunächst als Monatszeitschrift. Von 2002 an brachte der ConBrio Verlag diese zusätzlich als Supplement der „neuen musikzeitung" heraus. Seit 2015 gibt es diese Jazz-Fachzeitung nur noch online.

---

[9] Volker Kriegel, „Unser Jazz und unsere Kritiker", in: Kriegel, Volker „Manchmal ist es besser, man sagt gar nix" (Zürich: Haffmans Verlag 1998), S. 188.
[10] Adam Olschewski, „Play!", „Jazzpodium" 7–8/2020 (Bernried: Jazzpodium-Verlags-GmbH), S. 3.

1987 ging die „Jazzthetik" aus Münster an den Start www.jazzthetik.de. In den ersten, fast anderthalb Jahrzehnten stand inhaltlich vor allem die jazzmusikalische Avantgarde im Mittelpunkt. Auch um sich vom Mitbewerber „Jazzpodium" abzusetzen, kamen anfangs keine Musiker-Fotos auf das Cover, sondern abstrakte Gemälde – unter anderem auch, um dem Untertitel „Magazin für Jazz & anderes" gerecht zu werden. Seit geraumer Zeit gibt es Fotos auf den Titeln der „Jazzthetik" zu sehen, auch inhaltlich hat man die reine Lehre der Avantgarde hinter sich gelassen und bietet in den Artikeln und Porträts, in Interviews, Kolumnen und Rezensionen ein breites Spektrum an verschiedenen jazzmusikalischen Themen.

> „Ich kenne meine Leserschaft insofern und weiß, dass sie über ihre Helden lesen wollen", sagt die Herausgeberin Christine Stephan. „Ein guter jazzjournalistischer Text vermittelt mir beides. Er zeigt mir einerseits, wo es bunt und neu klingt, und andererseits, wo die Musik ihren Ursprung hat. Und wenn der Text auch noch so geschrieben ist, dass er sich unterhaltsam liest und mich fesselt, dann habe ich am Ende den Eindruck, auch etwas gelernt zu haben. Das gilt nicht nur für Texte, sondern auch für Fotos. Es gibt Fotos, die schaut man an – und hört sofort die Musik." (Telefoninterview mit dem Autor am 22.8.2020).

Bislang jüngstes Jazzmagazin in Deutschland ist „Jazz thing" www.jazzthing.de oder wie es mit vollständigem Titel heißt: „Jazz thing & Blue Rhythm", das der Musikjournalist Axel Stinshoff 1993 in Köln gestartet hat. Da der Autor dieses Artikels verantwortlich für den Online-Auftritt und die „News" ist, wird die Entwicklung dieses Magazins etwas ausführlicher dargestellt. Das Anliegen des „Jazz thing"-Gründers Stinhoff war es schon damals, der Gattung Jazz mit einem für ein Musikmagazin auffälligen Design einen entsprechend zeitgemäßen Look zu geben. Orientierte er sich gestalterisch anfangs an den beiden britischen Zeitschriften „Straight No Chaser" und „The Wire", so hat sich seine Perspektive nunmehr geweitet.

„Ich orientiere mich heute weniger an internationalen Jazzzeitschriften, wie ich es anfangs noch getan habe", erzählt Stinshoff. „Grafisch interessiere ich mich mehr für gut gemachte Kunstmagazine, aber auch klassischen Magazinjournalismus amerikanischer Prägung der 1960er- und '70er-Jahre."

Waren in den ersten Jahren vor allem CD-Neuveröffentlichungen Impulse für Artikel und Rezensionen, so hat Stinshoff längst auch dieses Konzept geöffnet.

> „Ich begreife „Jazz thing" als ‚Lean back'-Medium",

so der Chefredakteur und Herausgeber.

„Ich habe einiges daran gesetzt, „Jazz thing" noch "magaziniger' zu machen – also längere Textstrecken, mehr Fotos, eigene Themensetzung, eigene Artikelserien, eben eine eigene, von der Aktualität losgelöste Berichterstattung. All das, was sich im Print weitaus besser darstellen lässt als online, weil es Muße von der Leserin und vom Leser abverlangt, um es richtig wertschätzen zu können."

Einige Beiboote sind in den vergangenen Jahren hinzugekommen – allen voran die beiden als Coffee-Table-Books produzierten und herausgegebenen Bände „American Jazz Heroes" des Autors und Fotografen Arne Reimer, die im Verlag Axel Stinshoff erschienen sind. Außerdem gibt es zum Beispiel im Internetradio „ByteFM" einmal im Monat das „Jazz thing-Mixtape" zu hören, „Jazz thing.TV" (https://www.jazzthing.de/jazzthing-tv) zeigt auf dem eigenen YouTube-Channel Video-Clips verschiedener Musiker, zudem ist „Jazz thing" Medienpartner vieler nationaler und internationaler Konzerttourneen und Festivals. Zuletzt ist man eine Partnerschaft mit der britischen App „jazzed" eingegangen, über die via Smartphone in Deutschland Jazz gehört werden und man sich via Text, Bild und Video informieren lassen kann.

Anders als die beiden Mitbewerber betrachtet Stinshoff den Online-Auftritt von „Jazz thing" nicht nur als Präsentationsplattform für die Printausgabe. Schon im Februar 1996 ging man mit einer eigenen Website ins Netz. Um den Aktualitätsverlust durch die fünfmalige Erscheinungsweise der Printausgabe aufzufangen, wurden beispielsweise auf der Website „jazzthing.de" die „Jazz-thing-News" eingerichtet. Seitdem informieren diese News wöchentlich über Wissenswertes aus der Jazz- und Musikszene und von Anfang an wurden diese Meldungen auch als E-Mail-Newsletter verschickt. Seit Frühjahr 2020 hat man den Veröffentlichungsturnus der „Jazz-thing-News" verdoppelt und sendet den Newsletter zwei Mal wöchentlich an mittlerweile 4.200 Abonnenten.

Außerdem gab und gibt es auf jazzthing.de Platz für rein digitale Formate wie etwa der frühe Podcast „Community Talk" oder Blogs wie zuletzt „viral/postviral", in dem sich vier Jazz-thing-Autoren und der in New York lebende, deutsche Saxofonist Tobias Meinhart in einer Art digitalem Dossier mit den Folgen der weltweiten Corona-Krise auf die Jazz- und Musikszene auseinandergesetzt haben.

4.6 Jazzjournalismus in der Praxis

2012 wurde der „Deutsche Jazzjournalisten-Preis" von der Hamburger „Dr. E. A. Langner-Stiftung" zusammen mit der „jazzahead!" in Bremen zum ersten Mal ausgeschrieben und vergeben. „Mit diesem Preis soll die Stilrichtung Jazz als solche gestärkt und auch die Sichtbarkeit der Jazzszene in den Medien erhöht werden. Der Preis richtet sich an Journalisten, die sich besonders um den Jazz verdient gemacht haben", nennt die Langner-Stiftung einen Grund für die Ausschreibung. Bis man als Jazzjournalist von der Jury überhaupt in die Auswahl genommen wird, ist es ein ziemlich langer und oftmals steiniger Weg. Denn wer damit ausgezeichnet werden will, muss sowohl im Hörfunk als auch in Print und online zu hören und zu lesen sein, zudem soll er bundesweit wahrgenommen werden.

Ausbildungs- und Einstiegsmöglichkeiten: Doch wie findet man einen Einstieg in den Beruf des Musikjournalisten bzw. des Jazzkritikers? Es gibt Musikjournalisten im Bereich Jazz, die auf einen journalistischen Lebenslauf mit Studium und Volontariat oder gar ein Musikjournalismus-Studium zurückblicken können. Viele sind aber entweder Jazzjournalisten geworden, weil sie ihre musikalische Leidenschaft zum Beruf gemacht haben, oder haben als Quereinsteiger begonnen zu schreiben. Weitere Infos zu den Ausbildungsmöglichkeiten siehe Kap. 45.

Im Jazz ist der Quereinsteiger die Regel, der nach einem oftmals geisteswissenschaftlichen Studium Musikjournalist wird – Interesse für Kultur und Leidenschaft für Musik und Jazz vorausgesetzt. Das bedeutet aber auch, dass man sein Arbeitsleben als selbstständiger Freiberufler gestalten wird. Dabei ist die wirtschaftliche Absicherung gering und man muss sich auf ein Auf und Ab einstellen, was die Auftragslage betrifft. Sobald man seine ersten Texte veröffentlicht hat, sollte man als Jazzjournalist versuchen, in die Künstlersozialkasse zu kommen, um kranken- und rentenversichert zu sein. Zudem sollte man entscheiden, ob man Mitglied in einer der Journalisten- bzw. Mediengewerkschaften werden will. Wenn man das nicht möchte, muss man zum Beispiel jedes Jahr seinen Presseausweis mit den entsprechenden Nachweisen neu beantragen.

Vor allem muss man sich das musikjournalistische Handwerk selbst beibringen. Man muss die verschiedenen Formate lernen wie beispielsweise Rezension und Porträt, Feature, Interview oder Reportage, und man muss wissen, wie verschieden diese musikjournalistischen Formate in Print, online und Hörfunk (das sind in der Regel die Betätigungsfelder für freie Jazzjournalisten) verwendet werden. Über das Handwerkliche entdeckt man später vielleicht die Vielfalt und Diversität des musikjournalistischen Berufs und kommt über sein schreiberisches Talent irgendwann in die Rolle des Vermittlers zwischen Musiker und Publikum.

Wichtig, um als Jazzjournalist arbeiten und Geld verdienen zu können, ist die Bereitschaft und Fähigkeit zum „Netzwerken". Weil man normalerweise als

Freiberufler nicht automatisch über Entwicklungen und Tendenzen in der Jazz-Community informiert wird, muss man selbst den Kontakt suchen (und besonders wichtig: den Kontakt halten): zu Plattenfirmen und Veranstaltern, zu Promotion- und Konzertagenturen, aber auch zu Musikerinitiativen und natürlich zu den Protagonisten selbst. Wichtig ist natürlich ein regelmäßiger Austausch mit seinen Auftraggebern. Heutzutage sind die verschiedenen Social-Media-Plattformen wie Facebook, Twitter oder Instagram als Recherchetools von großer Bedeutung, weil sich dort stets auch Themen für die eigene, jazzjournalistische Arbeit finden lassen.

Zuverlässigkeit ist eine weitere, notwendige Eigenschaft für den freien Jazzjournalisten; d. h., darauf zu achten, die von der Redaktion vorgegebenen Textlängen oder Zeiten für Hörfunksendungen zu beachten – und natürlich die vereinbarten Abgabetermine einzuhalten. Gleichfalls wichtig: Im Bereich Jazz ist man als soloselbstständiger Kleinstunternehmer rechtlich zu 100 % verantwortlich für sein Tun – und demnach auch haftbar.

Flexibilität, Neugier und Offenheit sind für einen frei arbeitenden Jazzjournalisten gleichfalls wichtige Eigenschaften. Auch im Kulturbereich ist Jazz eine Nische, diese Musikgattung hat in Deutschland einen Marktanteil von rund zwei Prozent verkaufter physikalischer und digitaler Tonträger, nur unwesentlich mehr Menschen besuchen Jazzkonzerte und -festivals. Für einen Jazzjournalisten bedeutet das, stets nach Verbindungen hinein in andere Gattungen und Genres Ausschau zu halten – in die komponierte Neue Musik beispielsweise, oder auch in die Popmusik. Zugleich muss man nach Kontexten suchen, die für Jazz und improvisierte Musik ebenfalls von Bedeutung sein können, wie etwa kultur- und gesellschaftspolitische Aspekte, die Rezeption von Jazz international oder die ästhetische Wahrnehmung von Jazz durch andere Musikgattungen. Besonders wichtig: mit seinen Ideen und Vorschlägen selbst an die Redaktionen herantreten und sich gegebenenfalls für eine Veröffentlichung stark machen.

Die Zielgruppe im Jazz ist älter als 50 und deshalb skeptisch bis kritisch gegenüber technischen Neuerungen wie Musik-Streamingdiensten oder digitalen Publikationsformen eingestellt. Davon sollte sich ein freier Jazzjournalist aber nicht abschrecken lassen und offen gegenüber technischen und publizistischen Innovationen sein – selbst wenn diese im Jazz noch nicht weit verbreitet sind. Es ist heute technisch und inhaltlich kein großer Aufwand mehr, selbst regelmäßig einen Blog zu schreiben oder einen Podcast zu produzieren – kräftezehrend ist es aber, hinterher die Werbetrommel zu rühren und Leser und Hörer für den Blog oder Podcast zu bekommen.

4.7   Die Zukunft des Jazzjournalismus: Weg vom Kleinklein

Wie ist es aber um die Zukunft des Jazzjournalismus bestellt, vor dem Hintergrund dieser Gemengelage? Auch und gerade jetzt, nachdem der Druck durch die Corona-Pandemie und den gut zweimonatigen Lockdown im und ab Frühjahr 2020 auf die Medienlandschaft noch verstärkt worden ist? „Indem wir uns als Journalisten begreifen und nicht nur als Jazzjournalisten", so der freie Musikjournalist und Buchautor Wolf Kampmann, der einen Lehrauftrag für Popgeschichte und Journalismus an der Hochschule der populären Künste Berlin hat.

> „Dann fangen wir nämlich an, nicht mehr nur auf die nächste Platte von zum Beispiel Bill Frisell zu warten und irgendwie zu begründen, warum die doch so toll ist, sondern wir schauen, was in der Welt noch alles passiert und wie das in der Musik abgebildet wird. Auf diese Art und Weise bekommen wir ganz andere und neue Geschichten, die es zu erzählen gilt." (Zoom-Interview mit dem Autor am 28.8.2020).

Eine ähnliche Antwort gibt Axel Stinshoff: „Die Zukunft des Musik- und Jazzjournalismus liegt in der Qualität – gleichgültig, ob online oder offline. Für den ‚Day to day'-Musikjournalismus wird es immer weniger Nachfrage geben, das alltägliche Kleinklein von hier eine kurze Rezension und dort eine Konzertankündigung wird an Bedeutung verlieren. Die echten Geschichten hinter den Musikerinnen und Musikern: Die gilt es zu finden und zu erzählen – und so aufzubereiten, dass sie lesenswert sind. Die Zukunft des Musikjournalismus sehe ich in langen Geschichten, langen Interviews und in umfangreichen Dossiers über spezifische Themen." (Telefoninterview mit dem Autor am 22.8.2020).

„Ich wünsche mir, dass Musikjournalismus mehr im öffentlichen Diskurs stattfindet. (Abb. 4.1)"
Statement zur Zukunft des Musikjournalismus: Julia Neupert, Redakteurin SWR2 (Redaktion Neue Musik/Jazz)

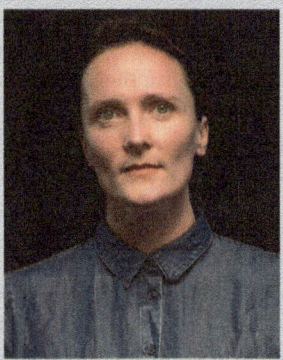

Abb. 4.1   Julia Neupert, Studium der Musikwissenschaft und Germanistik an der Universität Leipzig sowie "Rundfunk-Musikjournalismus" an der Hochschule für Musik Karlsruhe (Diplom 2005). Danach tätig als Moderatorin und Autorin für verschiedene Kulturwellen der ARD. Seit 2012 Redakteurin bei SWR2 mit einem inhaltlichen Schwerpunkt auf Jazz und improvisierter Musik. Lehrbeauftragte an der Hochschule der Künste Bern. (Foto: SWR/Oliver Reuther).

Welche neuen Medien werden für die Arbeit der Musikjournalisten unabdingbar sein? Wird es künftig noch Print, Radio und Fernsehen geben?
Mit kritischer Distanz Entwicklungen einordnen: Das ist eine grundsätzliche Aufgabe von Musikjournalismus. Und sie wird es bleiben, auch wenn sich die Ausspielwege ändern. Neben den jahrzehntelang dominierenden analogen Medien haben sich längst digitale Kanäle etabliert und natürlich Nutzungskonkurrenz hergestellt. Ob die dazu führt, dass manche Medien vielleicht bald ganz verschwinden? Kann sein – aber egal, wo Musikjournalismus in Zukunft stattfindet: Vermittelt wird Inhalt sicher weiter über verschiedene Text-, Audio-, und Bildformate. Mit denen sollte versiert umgehen können, wer gelesen, gehört, gesehen werden will.

Wie wird sich die Qualität vom Journalismus verändern?

Mit Sorge beobachte ich eher eine qualitative Entwicklung im Kulturjournalismus der vergangenen Jahre: Es gibt dort immer weniger kritische Auseinandersetzung und immer mehr wohlwollende Berichterstattung. Rezensionen, die keine Lobeshymnen, sondern Verrisse sind? Selten! Interviews mit Gesprächspartnerinnen, die nicht gerade ein neues Album herausbringen, irgendwo Premiere feiern oder eine Konzerttour starten? Superselten! Unabhängigkeit und Distanz sind Kriterien, die hoffentlich wieder stärker in den Fokus rücken. Und ich denke, dass die interessierten Mediennutzerinnen von morgen dafür auch bereits sind, zu zahlen. Mit Rundfunkbeiträgen, mit Zeitungsabos oder Paid-Content-Modellen.

Musikjournalisten als „Allrounder" hinsichtlich der Medien und Themenfelder – ein austauschbarer Job?
Wer vorhat, als Musikjournalistin zu arbeiten, sollte für ein breites Spektrum von Musik Interesse haben – und sich Spezialgebiete suchen: Hiphop-Expertin, Operetten-Nerd oder Fachfrau für elektroakustische Musik werden. Fundiertes Wissen über bestimmte Szenen wird wichtiger, weil sich die Zielgruppen weiter zuspitzen werden. Andererseits halte ich es für unentbehrlich, auch den „Blick aufs Ganze" nicht zu verlieren und immer den gesellschaftlichen Kontext von Kultur mitzudenken. Ich wünsche mir, dass Musikjournalismus mehr im öffentlichen Diskurs stattfindet. Aktuelle gesellschaftliche Themen wie Transkulturalität, Feminismus, Postkolonialismus werden von vielen Künstlerinnen auf so kluge Weise verhandelt, das sollte unbedingt auch außerhalb der manchmal recht engen Fan-Zirkel gehört werden!
(Interview: Joshua Bayless, Student „Musikjournalismus für Rundfunk und Multimedia" (M.A.), HfM Karlsruhe)

Weiterführende Literatur

Knauer, Wolfram/Jazzinstitut Darmstadt (Hrsg): Jazz. Schule. Medien (Hofheim: Wolke 2012) (Darmstädter Beiträge zur Jazzforschung, Bd. 12).
Knauer, Wolfram: Play yourself, man! Die Geschichte des Jazz in Deutschland (Stuttgart: Reclam Verlag 2019).
Öz, Aylin, „Jazzjournalismus in Deutschland – Ein aktueller Zustandsbericht der Journalisten, Jazzberichterstattung und äußeren Einflussfaktoren" (Masterarbeit, Institut für Journalistik

und Kommunikationsforschung, Hochschule für Musik, Theater und Medien Hannover 2019).

Berendt, Joachim-Ernst/Huesmann, Günther: Das Jazzbuch: von New Orleans bis ins 21. Jahrhundert, (Frankfurt: S. Fischer, 7. Aufl. 2005, auch als E-Book 2007).

Berendt, Joachim-Ernst: Ein Fenster aus Jazz – Essays, Portraits, Reflexionen (Frankfurt: Fischer Taschenbuch Verlag 1978).

Kerschbauer, Franz/Krieger, Franz, Institut für Jazzforschung an der Universität für Musik und darstellende Kunst Graz (Hrsg), Jazzforschung/Jazz research 40 (2008): Aktuelle Tendenzen im Jazz. Graz: Adeva Musik. Akademische Druck- und Verlagsanstalt 2009) (auch online: https://jazzresearch.org/jazz-research/jazzforschung-40-2008).

Neue Musik und Journalismus 5

Peter Overbeck

Zusammenfassung

Es werden zunächst die Besonderheiten der Neuen Musik und dann Möglichkeiten einer Berichterstattung über Neue Musik in den verschiedenen Medien dargestellt.

Schlüsselwörter

Neue Musik • Zeitgenössische Musik • Musikvermittlung • Berichterstattung • Radio • TV • Internet

Neue Musik (auch als „Zeitgenössischen Musik" oder „Musik unserer Zeit" bezeichnet) ist seit Beginn des 20. Jahrhunderts eine Musiksparte, die nicht zum Kernrepertoire gehört und eher eine kleinere Zielgruppe anspricht, auch wenn manche Werke aus dem Anfang des 20. Jahrhunderts wie z. B. jene der Zweiten Wiener Schule (Arnold Schönberg, Alban Berg, Anton von Webern) längst schon als Klassiker anerkannt sein sollten. Im Live-Erlebnis, bei Konzerten und Festivals erfreut sich die Neue Musik eines wachsenden Interesses, wenn sie adäquat präsentiert wird wie z. B. beim jährlich Mitte Oktober durchgeführten Festival „Donaueschinger Musiktage". In der medialen Verbreitung bedarf sie mehr als bei Aufführungen einer Erläuterung und ggf. Hörhilfe durch Musikjournalisten.

P. Overbeck (✉)
Institut für Musikjournalismus, Hochschule für Musik Karlsruhe, Karlsruhe, Deutschland
E-Mail: info@musik-journalismus.de

© Springer Fachmedien Wiesbaden GmbH, ein Teil von Springer Nature 2022   61
P. Overbeck (Hrsg.), *Musikjournalismus,* Journalistische Praxis,
https://doi.org/10.1007/978-3-658-32476-6_5

Gestaltungsformen: Für Neue Musik gilt im Prinzip das, was später an anderen Stellen zu Darstellungsformen wie Interview, Beitrag und Moderation gesagt wird.

Im Unterschied zur Musik vergangener Zeiten hat man häufig die Möglichkeit, die Urheber, also die Komponistinnen und Komponisten oder auch Uraufführungsinterpreten einzubeziehen, mit Ihnen in Dialog zu treten bei Interviews, Porträts und Ihnen die Möglichkeit zu geben – so sie es möchten – authentisch über Ihre Musik zu sprechen. O-Töne des Komponisten oder der/des Interpreten zu den speziellen Anforderungen eines Werks können das Hören erleichtern. Grundsätzlich sind unterschiedliche Fragestellungen möglich:

• Berichterstattung über Komponisten, Festivals, Werke, Tendenzen in der Komposition/Stile
• Musikkritik (hierauf wird speziell in Kap. 6 eingegangen)
• Kommentierung von Werken oder Werkbereichen
• Ausstrahlung in Ton und/oder Bild von Aufführungen und Produktionen.

Ein Musterbeispiel für (inzwischen klassische) Musik des 20. Jahrhunderts, die sich nicht nur für den Konzertbetrieb, sondern auch für den Radiobetrieb eignet und einen leichten Zugang zu zeitgenössischer Musik ermöglicht, sind die Orchesterwerke der insgesamt fünf Neujahrskonzerte, die der Dirigent Ingo Metzmacher Anfang des neuen Jahrtausends unter dem Motto „Who Is Afraid Of 20th Century Music?" veranstaltet und auf Tonträger aufgenommen hat (Philharmonisches Staatsorchester Hamburg, Leitung: Ingo Metzmacher, bei EMI veröffentlicht, mit Applaus). Metzmacher hat seine Gedanken dazu hat er auch in dem lesenswerten Buch „Keine Angst vor neuen Tönen. Eine Reise in die Welt der Musik" (Berlin: Rowohlt, 4. Aufl. 2005) festgehalten.

In den linearen Radio- und Fernsehprogrammen werden der Neuen Musik häufig Sendeplätze in Randzeiten zugeteilt. Ein Einsatz im Tagesbegleitprogramm ist, wenn nicht gar durch Vorgaben für die Sendeplätze ausgeschlossen, eher selten. Der bisherige Nachteil des „Nicht-Zurückspulen-Könnens" und der Verweis auf die Wiederholungssendung entfällt, da Audiotheken und Mediatheken es ermöglichen, Sendungen zeitversetzt und zeitsouverän beliebig oft nachzuhören.

Im Radio fehlt der visuelle Eindruck. Man sollte das für das Verständnis einer Werkkonzepts Nicht-Sichtbare plastisch beschreiben (besondere Behandlung eines Instruments/spezieller Bühnenaufbau/szenische Elemente). Auch geeignet ist der im englisch- und französischsprachigen Raum gebräuchliche „Running Comment", also die Over-voice-Kommentierung der erklingenden Musik, z. B.: „Achtung, jetzt der Rhythmus im Schlagwerk, gleich erklingt in den Holzbläsern das Thema erneut etc." Hilfreich ist es auch, moderativ die Texte und Gedanken des Komponisten, die im Falle eines Konzerts im Programmheft nachzulesen wären, aufzugreifen, vielleicht auch Bezüge zu anderen Künsten.

TV und Bewegtbild: Die visuelle Komponente einer Aufführung und Vorgänge der Klangerzeugung, szenische Aktivitäten, Zusammenwirken mit anderen Kunstsparten und Film können in Detailaufnahmen oder auch spannenden und ungewöhnlichen Perspektiven dargestellt werden. Hier sind der Fantasie keine Grenzen gesetzt. Beispiele für Möglichkeiten einer Fernseh- und Filmproduktion mit Neuer Musik nennt Syrthos J. Dreher in Abschn. 36.5. Die Mediatheken bieten auch hier die Möglichkeit, die Aufführung oder den Bericht zeitsouverän und zeitversetzt nochmals anzuschauen und -hören.

Online gibt es die Möglichkeit, Beiträge und Sendungen in unterschiedlichen Längen zu verbreiten – in Kurzform im Programm – Hintergrundinfos/Begleittexte, ganze Konzert und oder lange Sendungen im Internet in Mediatheken von Sendern oder auf eigenen Plattformen. Das Interview mit einem Künstler kann man z. B. als kurzen Zusammenschnitt on air verbreiten, das vollständiges Interview als Audiodatei Nutzern mit vertieftem Interesse zusammen mit Hintergrundinformationen auf der Homepage zur Verfügung stellen. Die technischen Möglichkeiten einer Aufbereitung für verschiedene Medienformen (Audio, Video, Text, Slideshows) sind vielfältig. Es bietet sich an zu prüfen, welche Medienform für eine Berichterstattung Sinn macht.

Print und Online: Die Herausforderungen des Umgangs mit Texten zu zeitgenössischen Kompositionen und zu Werktexten werden in Kap. 33 (Servicetexte für den Konzertgebrauch) behandelt; in den Kapiteln zum Printjournalismus (Kap. 30–32) wird auch der Bereich Zeitgenössischer Musik angesprochen.

Die Neuen Medien bieten zahlreiche Möglichkeiten, strukturelle Vorgänge oder auch klangliche Besonderheiten mit gestalterischen Mitteln verständlich zu machen. Hierfür sollen zwei Beispiele genannt werden:

Beispiel 1: Online-Angebot "Explore the Score". "Explore the Score" ist ein großangelegtes Musikvermittlungsprojekt des Klavier-Festivals Ruhr. Seit 2015 können Interessierte auf der Website Klavierwerke des 20. Jahrhunderts von Bartók, Ligeti, Boulez und Strawinsky erkunden, erläutert von berühmten Interpreten: https://explorethescore.org.

Beispiel 2: „Zerstörung und Wiedergeburt. Piano Concerto". Die Entstehung und Aufführung von Simon Steen-Andersens „Piano Concerto" im Rahmen der „Donaueschinger Musiktage 2014" wurde visuell und akustisch mit einer aufwendigen Multimedia-Reportage von SWR2 und SWR.Online in Form eines Pageflow dokumentiert: https://multimedia.swr.de/steen-andersen-piano-concerto#345 (zu Pageflow siehe Kap. 39).

Für Journalisten, die sich mit zeitgenössischer Musik beschäftigen, wird eine Kenntnis der aktuellen Strömungen anderer Kunstsparten, in der bildenden Kunst, im Film, in der Medienkunst, im Theater besonders wichtig. Viele Projekte bewegen sich im Grenzbereich. Neue Musik benötigt eventuell eine gründlichere Vorbereitung und Recherche als ein Werk des klassisch-romantischen Repertoires. **Zur Vorbereitung gibt es einige Recherchinstrumente,** auch über die in Kap. 43 genannten hinaus. Zu den allgemeinen Fachlexika wie MGG und NG kommt das in „Munzinger Online" integrierte Lexikon „Komponisten der Gegenwart" (kurz KdG, Edition text + kritik, München) hinzu. Es ist dies eine Datenbank, die verlässliche und fortgeschriebene Biographien und Werkverzeichnisse bereitstellt (siehe Abschn. 43.1). Die bekanntesten Fachzeitschriften für Neue Musik sind die „Neue Zeitschrift für Musik" (Schott Music, Mainz), 1834 von Robert Schumann gegründet, und „Musik & Ästhetik", gegründet 1997 (Verlag Klett-Cotta, Stuttgart).

Im Themenportal „Neue Musik" des Deutschen Musikinformationszentrums (www.miz.org) können Fakten zum Musikleben, Kontakte, Termine und Statistiken recherchiert werden. Dort findet sich auch ein informativer Einführungstext und Statements zur Neuen Musik.

Primärquellen können in verschiedenen Archiven recherchiert werden. Die Bibliothek des „Internationalen Musikinstituts Darmstadt (IMD)", dem Veranstalter der seit 1946 alle zwei Jahre durchgeführten „Darmstädter Ferienkurse", ist öffentlich zugänglich. Sie verfügt über Partituren zeitgenössischer Musik (ca. 35.000) sowie Fachbücher (ca. 6500), Lexika, Musikzeitschriften, Programmhefte, Schallplatten und CDs sowie Materialien zu Komponisten und Interpreten der Neuen Musik. Rechercheanfragen können per E-Mail gestellt werden unter: imd@darmstadt.de. Zudem ist eine Online-Recherche möglich unter: https://www.imd-archiv.de/search. Kontakt: Internationales Musikinstitut Darmstadt (IMD), Nieder-Ramstädter Str. 190, 64285 Darmstadt.

Der öffentlich-rechtliche Rundfunk ist mit seinen Eigenproduktionen ein wichtiger Auftraggeber für zeitgenössische Musik in Form von Auftragswerken und Aufführungen z. B. im Rahmen von Festivals. Entsprechend sind die Archive der jeweiligen Rundfunkanstalten und das DRA eine weitere Recherchequelle.

Auch die beiden von Armin Köhler vom SWR produzierten Sendereihen „"Erlebte Geschichte: Aufbrüche, Rückblicke, Zeitläufe" (2009) und „Vom Innen und Außen der Klänge: die Hörgeschichte der Musik des 20. Jahrhunderts" (2004) sind eine Fundgrube. Die genauen Angaben sind im Literaturverzeichnis zu Kap. 6 zu finden.

Die Schwierigkeiten von Musikkritik im Bereich der „Neuen Musik" stellt Reinhard Schulz in Kap. 6 dar. Dieser Text aus der Auflage von 2005 ist weiterhin aktuell.

Literaturangaben und Links siehe Kap. 6.

Musikkritik und Neue Musik

6

Reinhard Schulz

Zusammenfassung

Der Autor stellt die Besonderheiten der Musikkritik im Bereich Neuer Musik dar und erörtert das Dilemma zwischen Aufführungs- und Werkkritik.

Schlüsselwörter

Musikkritik • Neue Musik • Werkkritik • Aufführungskritik

Die Berichterstattung über zeitgenössische Musik hat in den letzten Jahren sowohl in den Print- als auch in den Funkmedien einiges an Boden verloren.[1] Zugleich zeigte sich eine Abnahme der kritischen Qualität. Beides ging, so darf behauptet werden, Hand in Hand. Oder genauer: Die Absenkung des kritischen Niveaus ist Resultat des geringeren Spielraums, der geringeren Entfaltungsmöglichkeiten, die einer Debatte um Neue Musik zugestanden wurden. Insgesamt hat der Musik-kritiker seine Dominanz in den Feuilletons, die er 200 Jahre innehatte, mit der Jahrtausendwende abgegeben. Andere ästhetische Fragestellungen, nicht zuletzt die Ästhetisierung von politischen und gesellschaftlichen Belangen, ließen das musikkritische Wirken immer mehr in konservativem Lichte erscheinen. Musik-kritik, so hört man immer wieder, ist *out*. Das hat sowohl interne als auch externe

---

[1] Dieser Text ist bereits im Vorgängerband „Musikjournalismus" von 2005 erschienen unter dem Titel „Neue Musik und Journalismus". Da er nichts an Aktualität eingebüßt hat, wurde er bis auf wenige redaktionelle Anpassungen unverändert übernommen.

R. Schulz (✉)
Zorneding, Deutschland
E-Mail: info@musik-journalismus.de

© Springer Fachmedien Wiesbaden GmbH, ein Teil von Springer Nature 2022   65
P. Overbeck (Hrsg.), *Musikjournalismus,* Journalistische Praxis,
https://doi.org/10.1007/978-3-658-32476-6_6

Gründe. Sie sollen zunächst im Hinblick auf die Printmedien, also in Bezug auf Tageszeitungen und Fachjournale, in Umrissen benannt werden.

Verlagerung auf den Interpreten: Parallel zum öffentlichen Musikleben verlagerte sich auch die Musikkritik im 20. Jahrhundert weg von der Werkkritik und hin auf die Kritik von Interpretationen. Es war im 19. Jahrhundert noch selbstverständlich, dass in den meisten Konzerten ein neues Stück gespielt wurde (das waren nicht zwangsläufig Uraufführungen, Interpreten, insbesondere Instrumentalvirtuosen bereisten die musikalischen Zentren, wo sie ihre neuen Kompositionen – oder die von anderen Komponisten – mehrfach vorstellten). Zwar war der Kult um den Interpreten auch zu dieser Zeit stark ausgeprägt, er wurde aber vor allem getragen von den neuen Stücken, die man von ihm erwartete. In der Kritik standen diese neuen Stücke naturgemäß an vorderster Stelle, kompositorische Eigenarten wurden befragt und debattiert, die Kritik ging mit einer Werkanalyse einher. Diese Verhältnisse wurden im 20. Jahrhundert, und gerade auch durch Verbreitung der Musik über das Medium Schallplatte oder Funk, radikal gekippt. Plötzlich existierte Beethovens „Eroica" Dutzende Male, der Musikkritiker behandelte das Werk als nur noch wenig debattierbare Basisschablone, auf der sich die Besonderheiten und Eigenarten des jeweiligen Interpreten eingruben. Selbstverständlich wurden neue Kompositionen weiterhin noch nachdrücklich diskutiert, aber die bürgerliche Öffentlichkeit begann, solche Arbeiten mehr und mehr als Störfaktor zu betrachten, was letztlich zu den Enklaven der zeitgenössischen Musik führte: Zu verweisen wäre auf Arnold Schönbergs „Verein für musikalische Privataufführungen", wo Kritik ausdrücklich unerwünscht und nicht geduldet war(!), aber auch auf die nun entstehenden Festivals Neuer Musik, wo Donaueschingen ab den 20er-Jahren eine Vorreiterrolle spielte. Hier – auch viele Sinfonieorchester boten eigens ausgewiesene „Neue Konzerte", wo vornehmlich Zeitgenössisches gespielt wurde – war ein festes Refugium für Werkdebatte und -kritik, aber es war eben *ein* Phänomen des gesamten Musikbetriebs. Im öffentlichen Bewusstsein war es häufig schon zum Randphänomen verkommen. Nicht die breite Gesellschaft verlangte das Neue, sondern die zeitgenössischen Komponisten suchten Terrains der Darbietung. Mit der Neuen Musik geriet auch die Werkkritik ins Ghetto.

Diese Tendenzen verstärkten sich in der zweiten Hälfte des 20. Jahrhunderts. Und mit dem Regietheater verlagerte sich im Bereich der Oper die Musikkritik noch einmal. Der Musikkritiker wurde hier im Wesentlichen zu einem Beurteiler von Sachverhalten, die der Musik eher peripher sind. Die Schilderung und Bewertung der inszenatorischen Deutung nimmt heute in der Opernkritik die vorderste Stelle ein. Nicht selten werden in erster Linie das Textbuch, also die Anlage der

Charaktere etc., verglichen mit der jeweiligen Sicht des Regisseurs. Die Beurteilung der musikalischen Leistung wirkt in solchen Kritiken oft wie ein verschämter Nachschlag, der klammheimlich angehängt wird, um anzudeuten, was eigentlich Hauptsache ist (und wofür sich der Musikkritiker auch seine wertenden Fähigkeiten erwarb). Dieser Zustand höhlte letztlich die Stellung und Funktion des Musikkritikers aus.

Verlust von Wertehierarchien: Schöpferisches musikalisches Arbeiten und Kritik bewegten sich im 19. und lange Zeit im 20. Jahrhundert auf kommunizierenden Ebenen. Es gab konsistente Wertvorstellungen, und der Kritiker prüfte am Kunstwerk deren Einhaltung bzw. deren stimmiges Durchbrechen. Das hieß freilich keineswegs, dass die Kritik stets Schritt hielt mit den kompositorischen Neuerungen. Was Carl Maria von Weber über Beethovens Sinfonien schrieb, zeugt ebenso vom Unverständnis des Kritikers gegenüber dem Werk, wie das, was Eduard Hanslick über die Werke Bruckners zu verfassen müssen glaubte. Im 20. Jahrhundert ging die Schere naturgemäß (und parallel zu politischen Verschiebungen) noch weiter auseinander. Aber stets noch wurde über die Printmedien die Debatte, die die Komponisten vor allem auf dem Wege ihrer schöpferischen Produkte führten, kritisch verlängert. Man stritt über die neuen Produkte, und im Streit, der, bewusst oder unbewusst, durchaus konstruktive Züge trug, wurden Positionen geklärt. Die Reibung blieb und ihre Wärme belebte die allgemeine Debatte. Diesem Austausch war zumindest in Deutschland mit der Begriffsbildung der „entarteten Musik" ein Ende gesetzt. Aber nicht nur hier. Das Schlagwort „Formalismus" in der sowjetischen Einflusszone hatte nicht minder reglementierende und die kritische Auseinandersetzung beschneidende Züge, und auch der „freie Markt" mit seinem Vorbildland USA begann auf ökonomischem Weg durchaus vergleichbare Abwertungen des neuen künstlerisch-musikalischen Tuns loszutreten.

Nach dem Zweiten Weltkrieg begann sich dann vor allem in Europa, wo man mit der Absicht antrat, von Grund auf die alten Fehler zu vermeiden, neben den radikalen Neuerungen der zeitgenössischen Musik auch wieder ein streitbarer und niveauvoller Journalismus zu etablieren. Einziges, aber im Lauf der Jahre immer schwerer wiegendes Manko war, dass man übersah, wie sehr sich die sachgenaue, kenntnisreiche und diskursive Debatte vom allgemeinen Bewusstsein abhob. Dieses Übersehen wog zunächst nicht schwer, denn die Instanzen, vor allem der Rundfunk, standen fest zum innovatorischen Tun und schufen ihm unberührbaren Freiraum. Es war ein glücklicher, zugleich aber aseptischer Zustand, in dem sich Kunst und Kritik tummelten. Dagegen wehrte sich schließlich das künstlerische Tun. Schon das Wirken von John Cage beließ im Grunde die wertenden Instanzen

nicht in ihren alten (und wieder neu etablierten) Rechten. Verwerfungen zeichne-
ten sich ab, die dann mit den Resultaten der musikalischen Postmoderne (ein in
sich diffundierender Begriff) aber auch mit dem extremen Fortdenken der Avantgarde hin zur Konzeptkunst, Noice-Art, Installationen und vielem anderen nicht
mehr einem kritischen Werteraster anpassbar waren. Welche Stellung sollte ein
Kritiker zu neomodalen Produkten eines Arvo Pärt, zu einem neoromantischen
Trauergestus von Penderecki einnehmen, der tags zuvor noch das farbig-weiße
Rauschen eines Peter Ablinger oder eine Raumklanginstallation von Alvin Lucier
zu bewerten hatte. Mit dem Schlagwort „Anything goes", der Postmoderne zugeordnet, aber im Grunde, überall zu vermerken, ist dem Kritiker ein Stück seines
diskursiven Hebels genommen. Noch hat er es nicht geschafft, diese wertefreie
Zone (die keine ist) neu zu sichten und eine eigene Position dazu zu etablieren. Die Kritik droht zur Beschreibung zu verkümmern, zur Schilderung des
Ambientes, worin sich das eigentlich zu bewertende musikalische Produkt wie
ein Fremdkörper ausnimmt.

Schrumpfung der Sachkompetenz: Hand in Hand damit zeichnet sich mit
dem Generationenwechsel in der Musikkritik eine Minderung der kritischen Qualität ab. Der Musikkritiker, der die Neuerungen nach dem Zweiten Weltkrieg
diskursiv zu begleiten wusste, stirbt aus oder er wirft von selbst das Handtuch
angesichts der neuen künstlerischen Produkte, die sich seinen Kriterien mehr
und mehr sperren. Eine neue Generation von Kritikern übernimmt seine Funktion, ändert aber die Warte. Da, wo es um die Schilderung des Ambientes geht,
um die Beurteilung des Event-Charakters eines neuen musikalisch künstlerischen
Produkts, bedarf es immer weniger der kritischen kompositorischen Einschätzung. Der gut geschriebene (im besten Fall!) Text über das *surrounding,* über den
Effektgehalt des Gebotenen ersetzt die eingehende Auseinandersetzung mit dem
Wollen des Komponisten, mit der Art der schöpferischen Umsetzung. Nicht selten
wird diese Funktion von journalistisch ausgebildeten, musikalischen, aber sich im
Status des informierten Laien befindenden Allround-Kritikern übernommen. Er
geht heute in eine Dichterlesung, morgen in eine Vernissage und tags darauf eben
in ein Konzert mit Neuer Musik oder zur Uraufführung einer Oper. Nun sollte
nicht beckmesserhaft der Standesdünkel des Experten beschworen werden. Fakt
aber ist, dass der Austausch des schöpferischen Musikers mit einer regulierenden
Kritik (die seinem Denken Anregungen und Anstöße gibt) mehr und mehr schwin-
det. Und auch die öffentliche Debatte verbleibt auf diese Weise im Ungefähren:
Wobei freilich nicht verschwiegen werden sollte, dass die Fachkritiken nach 1950
oft von einer elitären Gesinnung des Insiderjargons getragen worden sind, die
solche Öffentlichkeit von vornherein ausgrenzten. Musikkritik führt auf dieser
Basis heute eher ein Randdasein (man suche nur in den Feuilletons und ziehe

Opernkritiken, die primär Regiekritik sind, ab), sie wird in erster Linie aufgrund der mächtigen Tradition am Rande geduldet.

Das Dilemma der Quote: Dieser Punkt betrifft besonders die Kritik in den Funkmedien, greift aber mehr und mehr auch in die Printmedien ein. Die meisten Kulturredaktionen können in den verantwortlichen Instanzen mit zeitgenössischer Musik außerhalb der Pop- oder allenfalls Jazzkultur nur wenig anfangen. Immer wieder stößt man auf die Frage, ob denn von Abnehmerseite genügend Interesse vorhanden sei. Skepsis herrscht, und der Druck von Abnehmerzahlen oder Einschaltquoten tut ein Übriges. Relevante Kritik wird dadurch immer mehr ins Abseits geschoben. So ist man als Journalist wie als Leser auf Fachjournale verwiesen, deren Wirkungsbereich natürlich beschränkt ist. Hier beißt sich die Katze in den Schwanz. Denn die Fachjournale bestätigen ungewollt die Isolierung und treiben zugleich den Insiderjargon noch weiter voran – im Idealfall nämlich wären sie Ergänzung und Vertiefung der öffentlichen Meinung.

Die eigene Schuld: Die ganze Entwicklung ist auch von innen heraus verschuldet. In den 50er- bis zu den 70er-Jahren des 20. Jahrhunderts hatte sich die Musikkritik parallel zu den ästhetischen Denkansätzen der avantgardistischen Musik eines Vokabulars befleißigt, das im Wesentlichen den Gleichgesinnten anzusprechen suchte. Von der Richtigkeit des Weges, auch wenn man sich den Elitarismus eingestand, war man unbedingt überzeugt. Die Auseinandersetzungen wurden in engem Zirkel geführt. Musik wurde strukturell debattiert, weit weniger nach ihrem gesellschaftlichen Standort oder Stellenwert. Die postmoderne Ratlosigkeit ab den 80er-Jahren aber brachte Strukturargumente immer mehr zum Verstummen. Es blieb aufseiten der Kritik ein Vakuum, das zum Verstummen führte. Man hatte sich über die Jahre ein kritisches Rüstzeug erworben, aber diese Waffen waren angesichts der neuen ästhetischen Produkte stumpf geworden. Wenn die Komponisten mit Neoromantizismen, repetitiven Mechanismen oder reduziert kontemplativen Gebilden auf die Orientierungslosigkeit reagierten, dann hatte die vom Avantgardismus geprägte Kritik nur den Vorwurf der strukturellen Verarmung. Der traf zwar partiell durchaus zu, aber der bloße Vorwurf der Verarmung ist im Grunde auch ein Armutszeugnis fürs eigene Tun. Es ist der Kritik nicht gelungen, die neue Situation zu analysieren und die künstlerischen Ansätze auf diese hin zu prüfen; darauf war sie im hermetischen Umfeld des musikalischen Fortschrittsdenkens nicht ausgebildet worden. Ein Prozess des Um-Hörens fand nicht oder allenfalls viel zu zäh statt. „Happy New Ears" hatte Cage einmal allen Hörern gewünscht. Der Satz wurde häufig zitiert, aber weit seltener verinnerlicht. Ein Musikkritiker kann aber sein Leben lang nicht nur mit einem unveränderlichen Paar Ohren herumlaufen. Manchmal sind sie neu zu justieren, manchmal sogar ganz auszuwechseln. Denn die musikalische Entwicklung bleibt nicht stehen, selbst dann nicht, wenn ihre Protagonisten nicht wissen, wohin ihr Weg oder gar *der Weg* geht. **Die Chance, eine musikalische Debatte aus dem Kreis eines erweiterten Fachgremiums** wieder in die gesamtgesellschaftliche Auseinandersetzung einzunisten, wurde bislang vertan. Diese Chance nämlich war es, die sich aus den Unlustbezeugungen der 80er-Jahre auftat. Musikkritik hat sich ins Abseits schieben lassen. Doch das letzte Wort ist noch nicht gesprochen. Die zeitgeistig strukturierten Feuilletons, die auf die Basis des Entertainment setzen, zeigen schon heute Abnutzungserscheinungen. Das Bedürfnis zu tieferer Auseinandersetzung wächst. Und da wäre die Möglichkeit, Musikkritik in neuer Gestalt, mit neuen Ohren aber mit altem Enthusiasmus wieder zu revitalisieren.

Weiterführende Literatur

Fricke, Stefan/Lydia Jeschke: SWR2 Kompass Neue Musik (Pfau-Verlag/SWR 2007).
Hiekel, Jörn Peter/Christian Utz: Lexikon Neue Musik (Stuttgart Metzler,/Kassel: Bärenreiter 2016).

Weiterführende Links

http://www.miz.org/themenportale/neue-musik – Themenportal zur „Neuen Musik" bei Deutschen Musikinformationszentrum Miz.org.

DVDs

Köhler, Armin/SWR: Erlebte Geschichte: Aufbrüche, Rückblicke, Zeitläufe; Sendungen + Texte, 1 DVD-Audio (Mainz: Schott Music 2009) (Edition neue Zeitschrift für Musik).
Köhler, Armin/SWR: Vom Innen und Außen der Klänge: die Hörgeschichte der Musik des 20. Jahrhunderts; die Sendungen, 2 DVDs-ROM 2004/SWR (Mainz: Schott Music 2004) (Musik & Bildung Spezial).

Musikjournalismus und Musikvermittlung

7

Kerstin Unseld

Zusammenfassung

Zunächst werden die verschiedenen Tätigkeitsfelder von Musikvermittlern vor-gestellt. Es folgen Beispiele für Formate der Musikvermittlung in Konzerten und im Rundfunk für Kinder, Jugendliche und Erwachsene.

Schlüsselwörter

Musikvermittlung • Musikvermittler • Konzertformate • Gesprächsformate • Kindersendung • Autorensendung • ARD-Klangkörper

Bei Musikjournalismus und Musikvermittlung handelt es sich auf den ersten Blick um unterschiedliche Fachrichtungen, und doch haben sie eine große Gemeinsamkeit: Ihre Protagonisten sind alle professionelle Pfadfinder auf dem Weg zur Musik, sie laden ihr Publikum und ihre Mitakteure im Idealfall ein, diesen Weg aktiv, genießend, konsumierend oder lernend zu gehen. Worin also liegt der Unterschied zwischen Musikjournalismus und -vermittlung? Wo ihre Gemeinsamkeiten? Die Grenzen sind in vielen Fällen fließend. Wer zieht sie überhaupt? Irena Müller-Brozovic verortet Musikvermittlung im aktuellen Kulturbetrieb daher folgendermaßen:

K. Unseld (✉)
Karlsruhe, Deutschland
E-Mail: info@musik-journalismus.de

© Springer Fachmedien Wiesbaden GmbH, ein Teil von Springer Nature 2022
P. Overbeck (Hrsg.), *Musikjournalismus,* Journalistische Praxis,
https://doi.org/10.1007/978-3-658-32476-6_7

„Die Schnittmengen von Musikvermittlung zu anderen Disziplinen sind als Bereich von Osmose zu verstehen. Offenheit und Durchlässigkeit ermöglichen einen Perspektivenwechsel, Austausch, neue Ansichten und Haltungen."[1]

Musikjournalismus trifft Musikvermittlung: Vielfalt und Kreativität von Musik bildet Musikjournalismus im besten Fall informativ wie kreativ ab und tritt zunächst mit seinem Subjekt – Musik – in einen Kontext bzw. Austausch, in eine Art (fiktiven) Dialog. Dieses Zwiegespräch kann mal kritisch oder reflektierend, fordernd oder verträumt sein. Musikjournalisten schreiben und sprechen mit Musikern, Orchestern, in Konzerthäusern, bei Festivals, mit Wissenschaftlern, Musikmanagern, Orchestermusikern, Komponisten, sie kommunizieren über Musik und deren Wirkung, Umfeld, Markt, Geschichte und vieles mehr. Sie stehen dabei vor allem auch im Gespräch mit ihrem Publikum, seien es die Hörer am Radio, Zuschauer in Konzert oder Fernsehen, Nutzer von Internet oder Leser von Printmedien. Immer sind Musikjournalisten mitten drin, dazwischen, davor und dahinter. Eigentlich genau dort, wo auch die Handlungsfelder von Musikvermittlung liegen. Irena Müller-Brozovic definiert die Handlungsfelder so:

„MusikvermittlerInnen gestalten als DramaturgInnen Programmreihen, Konzertformate, Räume und Atmosphären und verfassen Texte über eine Vielfalt von Musiken und deren Kontext für herkömmliche und neue Medien. MusikvermittlerInnen (und damit sind immer auch MusikerInnen gemeint) arbeiten für ganz unterschiedliche Zielgruppen in interdisziplinären Teams, mitunter auch in einer soziokulturellen Rahmung."[2]

Das Ziel von Musikvermittlung, Bezüge und gemeinsame Handlungsfelder herzustellen, ist fest auch mit Kommunikation und Interaktion verbunden. Beziehungen werden geknüpft, oft um gesellschaftlich relevante Veränderungen und eine zeitgemäße Kontaktaufnahme mit vorhandenem oder zu gewinnendem Publikum für Klassische Musik zu erwirken. Skills einer Musikjournalistin sind denen einer Musikvermittlerin ähnlich, und ein kreativer wie professioneller Umgang mit Erzähltechniken, Moderationskenntnissen, Programmgestaltung und Erfahrung mit Audio- bzw. Video-Techniken ist von Vorteil.

Die Musikvermittlerin Katharina Höhne beschreibt ihre Tätigkeit wie folgt:

---

[1] Irena Müller-Brozovic (2017): Musikvermittlung. In: KULTURELLE BILDUNG ONLINE: https://www.kubi-online.de/index.php/artikel/musikvermittlung (letzter Zugriff am 9.10.2020).

[2] Dito.

„Als Musikjournalistin wurde ich für Rundfunk, Fernsehen und Multimedia ausgebildet. Daraus schöpfe ich als Musikvermittlerin eigentlich immer öfter. Denn auch hier wird zunehmend digitalisiert. Es entstehen Formate für den digitalen Raum, von WebApps über Mini-Serien bis hin zu Konzerten on demand. Das eigene Verständnis über den Umgang mit Medien (und auch die dazugehörige Produktion) hilft mir dabei, diese Formate zielgruppengerecht (mit-)zu entwickeln und Musik damit zu jeder Zeit und überall auch schon für Kinder zugänglich zu machen."[3]

7.1 Fließende Grenzen: Musikvermittlung in Konzert, Hör- und Bildmedien der ARD

Zu unterscheiden sind grundsätzlich zwei Handlungsfelder: Zum einen Musikvermittlung im Kontext öffentlicher Veranstaltungen als Teil des Angebots der ARD-Klangkörper und zum andern Musikvermittlung in diversen Programmangeboten der ARD. Was meist in Konzeption oder personeller Verantwortlichkeit getrennt ist, findet an manchen Stellen – z. B. online oder in Konzertwiedergaben im linearen Programm bzw. in journalistischen Berichten über diverse Musikvermittlungsaktivitäten – wiederum eine Schnittstelle. So sind an manchen Stellen auch dort die Übergänge fließend, wo sie zunächst getrennt geplant und durchgeführt werden. Gelingt die Verbindung zwischen Musikvermittlung und Musikjournalismus im Hörmedium Radio oft mit Hörspieltechniken und Kinderfunk- bzw. Jugendradio-Know-how, so werden im Bereich Fernsehen bzw. Internet die Schnittstellen beider *Welten* gerne über Persönlichkeiten oder TV-Figuren geschaffen, die der Zielgruppe bereits bekannt sind und gewissermaßen eine *Brücke* schlagen.

Das Team der WDR Musikvermittlung nutzt z. B. die bei Vor- und Grundschulkindern bekannte Identifikationsfigur der „Maus" und bietet unter dem Motto „Entdecke mit der Maus die Welt der Musik!" Kinderkonzerte der WDR-Klangkörper an (Siehe Abb. 7.1). So werden musikvermittlerische Inhalte mit denen der bekannten Lach- und Sachgeschichten aus Fernsehen und Internet in

---

[3] Katharina Höhne hat ein Masterstudium „Musikjournalismus" an der HfM Karlsruhe und ein Masterstudium „Musikvermittlung" an der HfM Detmold abgeschlossen. Nach Tätigkeiten als Rundfunkautorin, Onlinerin und Musikvermittlerin in unterschiedlichen Education-Abteilungen von MDR, WDR, DLR sowie der Elbphilharmonie Hamburg, der NDR Radiophilharmonie u. a. arbeitet sie seit 2019 im Team der Tonhalle Düsseldorf. U. a. entwickelte sie den Soundwalk für die Tonhalle Düsseldorf: https://www.tonhalle.de/reihen/reihe/festival/soundwalk (letzter Zugriff am 20.09.2020).

Die Maus im Klassenzimmer

Das Konzert mit der Maus - Ludwig   Das Konzert mit der Maus - Bedřich   Das Konzert mit der Maus - Maurice
van Beethoven | mehr   Smetana | mehr   Ravel | mehr

Abb. 7.1 Konzertangebote mit der „Maus" der WDR-Klangkörper: Das Konzert mit der Maus: Ludwig van Beethoven / Bedřich Smetana / Maurice Ravel, Copyright WDR. (Quelle: https://www1.wdr.de/orchester-und-chor/wdrmusikvermittlung/schule/mau skonzerte-schule/index.html, (Abruf: 9.10.2020).

einen medialen Kontext gestellt sowie die Musik(vermittlungs)angebote aus Konzert und Programm online gezielt mit denen des allgemeinen Kinderprogramms verknüpft.

Ähnliche Transfereffekte nutzen Moderatoren wie Malte Arkona[4] **und Juri Tetzlaff**[5], die längst zu gefragten Konzertmoderatoren für junges Publikum und Familien in der Konzertlandschaft geworden sind. Neben ihrem starken persönlichen Interesse an klassischer Musik stellt ihre Popularität als Fernsehmoderatoren unwillkürlich einen für Kinder hilfreichen Link zu „Tigerenten Club" oder „Baumhaus" her, vor allem dann, wenn Aufzeichnungen der so moderierten Konzerte dann auch in Fernsehen und Internet zu sehen sind.

Nicht-linearen Ausspielwegen kommt generell eine wachsende Bedeutung zu, und Fernsehen spielt sich (auch) im Internet z. B. in Mediatheken, Online First, Streaming, YouTube ab. Das betrifft auch Formate mit Musikvermittlung, zu denen Aufzeichnungen von Kinder- und Jugendkonzerten etc. zählen. Neuland beschreiten SWR und WDR mit einem eigenen Vermittlungsformat: Für die medienpädagogischen Angebote von „Planet Schule" wird ein ambitioniertes Projekt mit dem Titel „Nie wieder keine Ahnung! Klassische Musik" entwickelt.

---

[4] Malte Arkona veröffentlichte u. a. 2020 seine Hörbücher „Malte & Mezzo – Die Klassikentdecker" und bezeichnet sich selbst als „unkonventioneller Musikvermittler".

[5] Juri Tetzlaff konzipiert und moderiert seit 2001 klassische Konzerte für die ganze Familie u. a. am Nationaltheater Mannheim, dem Aalto Theater in Essen, bei den Hamburger Symphonikern, den Berliner Philharmonikern, dem MDR- und SWR-Symphonieorchester und gestaltet Kinderfassungen für Barockopern im Rahmen der Internationalen Händel-Festspiele Göttingen. 2014 wurde er mit dem ECHO „Klassik für Kinder" ausgezeichnet.

Vergleichbar den bereits produzierten Schwerpunkten zur Malerei und Architektur sollen hier musikalische Inhalte und Grundlagen der klassischen Musik in Fernseh- und Onlineformaten umsetzt werden.[6]

Alle ARD-Klangkörper (Orchester, Chöre, Bigbands und sonstige Ensembles) arbeiten inzwischen im Konzert- und Veranstaltungssektor mit Musikvermittlern zusammen, haben mehr oder weniger gut ausgestattete Redaktionen für unterschiedliche Projekte und Formate, die sowohl im Konzert wie letztlich auch ins Radio-, Fernseh- und Online-Programm musikvermittlerische Inhalte einbringen. Ob als Schulkonzerte oder Kooperationsprojekte, moderierte Konzerte, Mitmachaktionen oder Response-Formate sind diese speziell ausgerichteten Angebote inzwischen fester Bestandteil im Konzertkalender und werden teilweise auch medial abgebildet oder begleitet.

2014 bot die ARD mit „Ein ARD-Konzert macht Schule" erstmals bundesweit ein gemeinsames Musikvermittlungsprojekt an, das federführend von einer ARD-Anstalt konzipiert und mit den anderen ARD-Anstalten bzw. deren Klangkörpern koordiniert wurde. Lutz Marmor, damaliger NDR-Intendant und ARD-Vorsitzender, betonte: „Neue Wege der Musikvermittlung zu suchen und spielerisch-erklärend Neugier und Begeisterung für Klassik zu wecken, ist aller Mühen wert. Dieses zu leisten, gehört zum Kern unseres öffentlich-rechtlichen Auftrags."[7] Nach der Premiere 2014 mit dem „Dvořák-Experiment" (NDR federführend) folgte 2015 das „Gershwin-Experiment" (BR federführend), 2016 das „Vivaldi-Experiment" (WDR federführend) und 2019 das „Händel-Experiment" (MDR mit seinem „Jugend-Musik-Netzwerk CLARA" federführend). 2020 wurde zum „Beethoven-Experiment" das Konzept modifiziert. Als „Die ARD-Woche der Musik" entstand eine Plattform für eigene Musikvermittlungs-Aktivitäten der jeweiligen ARD-Anstalten.[8]

---

[6] Nach „Nie wieder keine Ahnung! Malerei" https://www.planet-schule.de/wissenspool/nie-wieder-keine-ahnung-malerei/inhalt.html (2009/2010) und „Nie wieder keine Ahnung! Architektur" https://www.planet-schule.de/wissenspool/nie-wieder-keine-ahnung-architektur (2011) entstehen 3 Folgen à 30 min plus Einzelvideos zum Thema „Nie wieder keine Ahnung! Klassische Musik" (geplant für 2021). Die TV-Reihe wird zusätzlich durch ein SWR.de-Webspecial auf planet-schule.de als Bildungsangebot insbesondere für Schulen angeboten.

[7] https://www.ard.de/home/die-ard/presse/pressearchiv/_Das_Dvorak_Experiment___Ein_ARD_Konzert_macht_Schule_/726162/index.html (letzter Zugriff 20.09.2020).

[8] https://www1.wdr.de/radio/beethoven/ard-woche-der-musik-100.html (letzter Zugriff am 20.09.2020).

7.2   Für wen Musikvermittlung? Publikum und Zielgruppen im Konzert

Wie mittlerweile im Portfolio von klassischen Orchestern und Chören üblich, verfolgt auch die Musikvermittlung der ARD-Klangkörper das Ziel, v. a. klassische Musik im Rahmen von Konzerten oder sonstigen Veranstaltungen näher an neues Publikum zu bringen bzw. traditionellem Publikum neue Formate anzubieten. Was beim Radiosinfonieorchester Berlin „RSB explosiv" heißt, bei der NDR Radiophilharmonie „DISCOVER MUSIC!" oder beim SWR-Symphonieorchester schlicht „SWR Musikvermittlung" sind Programme, in denen Musikervermittler zielgruppenspezifische Angebote zusammenstellen und Kooperationen auswählen. Was in den 1990er-Jahren als Kinder- oder Familienkonzerte zunehmend an Bedeutung gewann, wird längst nicht nur mit Blick auf die Altersstruktur des Publikums konzipiert, sondern auch auf Faktoren wie dessen soziale, kulturelle, zeitliche, familiäre, ökonomische Situation, auf außermusikalische Dinge wie alternative Konzertorte, ungewohnte Kooperationspartner u. a. Diese Diversifizierung spiegelt sich im Idealfall in den fachlichen Anforderungen an die Macher wider. So erinnert sich Katharina Höhne:

> „Als ich anfing, als Musikvermittlerin tätig zu werden, spürte ich, dass mir viele meiner neuen Aufgaben bereits durch meine Arbeit als Musikjournalistin vertraut waren. Auf der Bühne stehen und moderieren? Kein Problem. Die Dramaturgie für ein Konzert festlegen – funktioniert in etwa so, wie das Anlegen einer Playlist fürs Radio. Und auch bei meiner ersten Geschichte für die Bühne, berief ich mich wie in jeder Hörfunkreportage auf das Storytelling. Bis heute greife ich immer wieder auf Skills aus dem Musikjournalismus zurück, sowohl der harten als auch der weichen. Zum Beispiel finde ich ein gutes Gefühl für Sprache essentiell – sowohl vor als auch hinter der Bühne. Wie muss ich mich ausdrücken, damit ich mein Publikum zielgruppengerecht abhole und ins Setting führe? Welche sprachlichen Bilder und Assoziationen brauche ich, um moderativ eine Brücke zur Musik zu bauen? Und backstage: Wie muss ich dem Orchester gegenübertreten, damit es offen und wohlwollend mit mir gemeinsam ein Konzert für Kinder gestaltet?"[9]

Veranstaltungen zu klassischen Konzerten wie Gesprächsformate und Konzerteinführungen, Labs mit Künstlern oder zusätzliche Angebote mit Kulturpartnern etc. auch für das traditionelle Konzertpublikum nehmen generell zu. Sie erfordern musikjournalistische wie musikvermittlerische Kompetenzen in Konzeption und Umsetzung. Ein Beispiel dafür sind die Werkeinführungen durch

---

[9] E-Mail an die Autorin.

Orchestermitglieder im Format „WDR3 Werkbetrachtungen"[10], die zu einem Konzert erstellt werden und danach dauerhaft online verfügbar sind. **Immer diverser und differenzierter werdende Konzertformate** bieten unter dem Aspekt kultureller Diversität zunehmend sich überschneidende Gestaltungsmöglichkeiten für Musikvermittler und Musikjournalisten. Gerade im Bereich klassischer Musik stellt die auf Teilhabegerechtigkeit zielende kulturelle Integration neue Aufgaben und steht vielerorts noch am Anfang.[11] Ein Beispiel für das Zusammenwirken von trimedialer und konzertanter Musikvermittlung in der ARD ist die deutsch-türkische Sendung „Kelebek im Konzert – Kelebek Konserde", die 2014 den „Deutschen Radiopreis" erhielt. Bei diesem medienpädagogischen Projekt aus der Redaktion von Mirjam von Jarzebowski (WDR Musikvermittlung) und Tuba Tunçak (Funkhaus Europa) stand ein Konzert vor 1200 Grundschulkindern mit türkischstämmigen Solisten und dem „WDR Funkhausorchester" im Mittelpunkt.

7.3   Für wen? Publikum und Zielgruppen für Musikvermittlung in Radio und Internet

2003 startete der BR „Do Re Mikro: Klassik für Kinder", der Pionier unter den Klassikradioformaten für Kinder, auf Bayern-Klassik mit einem Team aus Musik- und Kinderfunk-Journalisten bzw. -Moderatoren (siehe Abb. 7.2). Bis heute leistet die Sendung in unterschiedlichen Sendeformaten, Mitmachaktionen, Produktionen, Veranstaltungen oder Online-only-Formaten für Schulkinder einen Beitrag zur Musikvermittlung im Radio.[12] Studioschaf Elvis erteilt Hörtipps, es gibt Rätsel, Musikwünsche oder themenbezogene Beiträge oft im Hörspielformat oder als Geschichte. Auch wirken gelegentlich Co-Moderatoren aus der Zielgruppe mit, die in bester Kinderfunk-Tradition als Schülerreporter oder Schülermoderatoren Fragen oder Themen aus der Zielgruppe stellen.

Ebenfalls 2003 startete der BR mit dem Musikmagazin „19.4", das 2009 trimedial aufgestellt und in „U21 – Wir auf Vier" umbenannt wurde, erstmals mit einem Konzept „Klassische Musik für junge Hörer". Seit 2018 hat die Sendung als „SWEET SPOT – Neugierig auf Musik" auch einen Sendeplatz im BR

---

[10] https://www1.wdr.de/orchester-und-chor/sinfonieorchester/werkeinfuehrungen/index.html (letzter Zugriff am 20.09.2020).

[11] Der Kompetenzverbund „Kulturelle Integration und Wissenstransfer" (KIWit) setzt für eine diversitätsorientierte Öffnung von Kulturbetrieben ein. https://www.kiwit.org/startseite.html.

[12] https://www.br.de/kinder/hoeren/doremiko/index.html.

Abb. 7.2 Internetformate von „Do Re Mikro – Klassik für Kinder" des Bayerischen Rundfunks – https://www.br.de/kinder/hoeren/doremikro/index.html (Abruf: 20.09.2020).

Fernsehen. „Ein pädagogisches Konzept gibt es nicht, dafür Begeisterung und Emotion – ein bis heute einzigartiges Konzept im Radio", sagen die Macher der Sendung. Um Jugendliche und junge Erwachsene zu erreichen, wurden Event-Formate wie Klassikpartys, „Klassik im Club", „Klassik als Lounge", „Klassik in Schulen" sowie multimediale Formate wie den Videopodcast „U21 – Das Verhör" und schließlich mit „SWEET SPOT" eine Radiosendung mit Bild entwickelt.[13] (siehe dazu Kap. 41).

   Zahlreiche *klassische* **Radio-Formate, die als Themensendungen konzipiert sind,** aber nicht direkt unter dem Label „Musikvermittlung" oder „Education" firmieren, vermitteln ebenfalls Musik im besten Sinne. Ein Beispiel ist die „SWR2 Musikstunde", die – auch über das Download-Angebot der Sendemanuskripte zum Nachlesen – von unterschiedlichen Zielgruppen jeden Alters genutzt wird. Konzipiert 1984 in einer Zeit, als „Musikvermittlung" noch kein gängiger

---

[13] https://www.br-klassik.de/themen/sweetspot/sweet-spot-neugierig-auf-musik-100.html.

Begriff war, erfreut sich diese durch Vielfalt geprägte Themen-Sendung unge-brochener Beliebtheit. Im linearen Vormittags-Programm und inzwischen auch non-linear im Internet ist sie als persönlich moderierte *Autorensendung* „eine Stunde für Zuhörer, nicht für Nebenbeihörer. Eine Stunde, in der Zusammen-hänge gezeigt werden, ein Thema ausführlich dargestellt wird. Musiker, Epochen, Länder, Gattungen…"[14]

7.4 Worte zwischen Musik. Was Musikmoderation vermittelt

Die Moderatorin Katharina Eickhoff ersetzt für sich den Begriff der „Vermittlung von Musik" durch den Begriff „Vermittlung von Atmosphäre" und erklärt: „Das Enigma Musik mag in sich unberührbar sein, aber es findet ja zu keinem Zeitpunkt im luftleeren Raum statt. Die Musik ist immer auch ein Spiegel der Zeit, in der sie entstanden ist. Der geistigen Bewegungen und Umbrüche, des Lebensgefühls, der gesellschaftlichen Chiffren, das alles ist eingewoben in die Musik, ob sie nun mit Texten versehen ist oder nicht, und das alles ist nicht unberührbar, im Gegenteil, wir dürfen und sollen es fassbar, greifbar, fühlbar machen."[15]

Sprechen über Musik ist in Musikvermittlung wie -journalismus die große Kunst, der entscheidende Punkt, das Türchen zum Verständnis von Musik, zum Ohren öffnen – wie auch immer man das nennen möchte. Leonard Bernsteins berühmte rhetorische Frage im ersten seiner „Young Peoples Concerts" 1958 steht dafür Patin: „What does music mean?" Bernstein, der Dirigent, Kom-ponist und Entertainer, damals 40 Jahre „jung", hatte zu dieser Zeit bereits Erfahrungen als Musikvermittler vor einer Fernsehkamera in der Kultursendung "Omnibus" gesammelt. In seinem Essay "Speaking of music" formulierte er ein Selbstverständnis, das bis heute Gültigkeit hat:

„Offensichtlich können wir uns nicht bloß der Fachsprache der Musik bedienen, ohne den Interessierten abzuschrecken. (…) Aber wie anspruchsvoll dürfen wir sein, ohne den Kontakt zu verlieren? Irgendwo zwischen dem ‚Musikverständnis-Rummel' und

---

[14] https://www.swr.de/swr2/programm/swr2-musikstunde-sendung-uebersicht-100.html (Letzter Zugriff am 20.09.20).
[15] Katharina Eickhoff, „Gnadenlos subjektiv sein" – Was vermittelt Musikmoderation?, ausführlich in Kap. 21.

der technischen Diskussion liegt eine goldene Mitte, die schwer zu finden ist, aber doch gefunden werden kann."[16]

Bernstein wählte für seine „Konzerte für junge Leute" Programme und Themen, diskutierte seine Moderationen im Team und präsentierte sie schließlich nonchalant wie ein Entertainer, zwischen Dirigentenpult und Klavier wechselnd, vom Teleprompter, unmerklich abgelesen. Bernsteins „Young People's Concerts" mit dem „New York Philharmonic Orchestra", die im Fernsehen übertragen wurden und damit weit mehr Publikum erreichten, als der Konzertsaal fassen konnte, haben – trotz aller Patina – bis heute Referenzcharakter.[17]

„Dass Musik nicht in erster Linie etwas ‚bedeutet' oder außermusikalische Inhalte übermittelt, zählt zu Bernsteins tiefsten Überzeugungen und bildet die Grundlage seines Musikverständnisses, seines Musikerseins und seiner Tätigkeit als Vermittler."[18], schreibt die Musikvermittlerin Hendrije Mautner-Obst. Und auch wenn Bernstein ein Sonderfall unter den Musik vermittelnden Dirigenten oder dirigierenden Musikvermittlern sein mag – Moderieren, Kommunizieren, ja: Vermitteln gehört zunehmend zu den Fähigkeiten, über die Musiker verfügen und mit denen sie ihre Musik selbst vermitteln. Der Kommunikations-Draht zum eigenen Publikum führt über Interviews oder einleitende Worte, über moderierte Konzerte oder auch über Texte, Nachrichten über Soziale Medien, Blogs u. a. Es scheint das Natürlichste der Welt, dass Musikerinnen selbst über Musik sprechen, und doch braucht es manchmal professionelle Anleitung oder Vorbilder. Interviewtrainings und Beratung von Konzertdramaturgen zählen dazu, aber auch die Zusammenarbeit mit Musikvermittlerinnen auf dem Weg, z. B. neue Formate auszuprobieren oder neue Vermittlungswege zu gehen. Ohne den pädagogischen oder musikvermittlerischen Kern von Education-Angeboten zu schmälern: Musikjournalistisches Know-how steckt im Zweifel überall drin.

---

[16] Leonard Bernstein, „Speaking of Music", in: The Atlantic Monthly 200/6 (1957), S. 104–106; in deutscher Übersetzung: Leonard Bernstein, Von der goldenen Mitte, in: ders., Freude an der Musik (München: Schott, 3. Aufl. 1982), S. 14 f.

[17] Wiederveröffentlichung auf DVD: Leonard Bernstein's Young People's Concerts. New York Philharmonic, Vol. 1 bis 3, 4 Blu-ray-Discs oder 7 DVDs. Unitel/C Major (Naxos).

[18] Hendrikje Mautner-Obst, Die Bedeutung liegt in der Musik selbst. Leonard Bernstein als Musikvermittler, in: nmz 7/2018. https://www.nmz.de/artikel/die-bedeutung-liegt-in-der-musik-selbst (Abruf: 11.10.2020).

Abb. 7.3
Facebook-Eintrag der
„Classic Scouts" des
Festivals „Heidelberger
Frühling" vom 28. Juni
2020 unter https://www.fac
ebook.com/ClassicScouts.
(Quelle: Heidelberger
Frühling)

musik? musik? musik? musik? musik?
musik? musik? musik? musik? musik?
musik? musik? musik? musik? musik?
musik? musik? musik? musik? musik?
musik? musik? musik? musik? musik?
musik? musik? musik? musik? musik?
musik? musik? musik? musik? musik?
musik? musik? musik? musik? musik?
musik? musik? musik? musik? musik?
musik? musik? musik? r
musik? musik? musik⎯
musik? musik? musi⏋
musik? musik? mus
musik? musik? musi

heidelberger
frühling

BRAUCHT
KEINER!

EIN PODCAST DER *classic scouts*

7.5 Junger Journalismus: Schülerreporter, Onlinemagazine, Blogs und Podcasts

Über Musik schreiben und sprechen, sich austauschen unter Gleichaltrigen und/oder Gleichgesinnten, gemeinsam mit Publikum und Künstlern Musik auf-führen und erleben – das ist das Konzept, das seit 2007 hinter dem Jugendprojekt „Classic Scouts" beim Festival „Heidelberger Frühling" steht. 14- bis 20-Jährigen wird hier die Möglichkeit geboten, sich inhaltlich im Festival einzubringen, Aufgaben als Musiker, Musikhörer, Dramaturgen, Journalisten, Fotografen oder Moderatoren zu übernehmen. Musikvermittlung passiert hier über Teilhabe, Medien sind Ausspielwege für eigene kreative Ideen. Journalismus ist Ausdrucks-mittel. 2020 starteten die „Classic Scouts", ausgebremst und gleichzeitig motiviert durch die Corona bedingte Absage des Festivals, mit einem eigenen Podcast (siehe dazu Abb. 7.3).

Über den Umgang mit Medien wird der Umgang mit der Musik erfahr-bar. Journalistische Tools bilden quasi den Zugang zum Hörerlebnis der Musik. So finden medienpädagogische Angebote immer wieder in der Musikvermittlung Verwendung, sei es als Schülerreporter, in Blogs, Printmedien oder Podcasts. 2020 lud die NDR-Redakteurin Bettina Pohl 11- bis 16-jährige Schüler ein, als

„Beethoven-Scouts" zu erleben „was zu einem Radiobeitrag dazugehört: Informationen sammeln, Interviews vorbereiten und mit dem Mikrofon umgehen".[19] Über das Erlernen journalistischer Techniken wurden die Jugendlichen an das Thema „Beethoven" herangeführt; es, entstanden Video- und Audio-Beiträge, Konzertmoderationen und ein Response-Projekt. Hier wie andernorts sind gerade für jugendliche Schüler Vermittlungsangebote aus dem Berufsfeld Journalismus besonders attraktiv, die Grenzen zwischen Vermittlung und Journalismus fließend, die Möglichkeiten keineswegs ausgeschöpft.

7.6   Einladung an Kreativität: Das Spiel mit Formen

Die SWR-Programmdirektorin „Kultur" Anke Mai sprach im Mai 2020 – mitten in der Zeit des Corona-Lockdowns – dem Radio als linearem Ausspielmedium eine neu-alte gesellschaftliche Aufgabe im 21. Jahrhundert zu:

> „Wenn es Radio richtig gut macht, dann sind diese Menschen jedenfalls nicht nur in ihrer eigenen Filterblase unterwegs, sondern sie hören auch mal Musik, die nicht in ihrer Playlist läuft, sie hören Dinge, die sie so noch nicht wussten und vielleicht auch gar nicht wissen wollten, sie vernehmen Meinungen, die ihrer eigenen durchaus auch mal widersprechen, sie erfahren Dinge, nach denen sie niemals gesucht hätten, die nichts mit ihrer Kultur zu tun haben, werden informiert über Ereignisse, die sich nicht vorprogrammieren ließen. Sprich, der Algorithmus kommt hier schon lange nicht mehr mit. Demokratie ist dann die Summe aller Filterblasen. Vielfalt der Kulturen, Erfahrungen, Haltungen und Meinungen."[20]

Kreativität ist gefragt. Das Spiel mit Formen und Formaten in den unterschiedlichen Medien, ein begeistert-begeisternder Umgang mit unterschiedlichen Musiken ist das, was Musikvermittlung und Musikjournalismus eigen ist, was auch Aufgabe und Selbstverständnis ist. Neue Medien und neue Bildästhetik gehören ebenso dazu wie niederschwellige Zugänge zu Hochkultur oder hochwertige Angebote im Bereich kultureller Integration.

Das kann auch eine Kommunikation über außermusikalische Themen bedeuten, wie 2013 das Projekt „Wie klingt Geschichte?" des BR zeigt. In eigenen Kompositionen und in Form musikalisch-journalistischer Hörbilder skizzierten Schüler Themen der NS-Geschichte und wurden dabei von Musikern aus Chor

---

[19] https://www.ndr.de/orchester_chor/radiophilharmonie/Wissenswertes-vor-dem-Konzert,konzerteinfuehrung130.html (Abruf: 20.09.2020).

[20] Anke Mai (2020): Radio als Gemeinschaftserlebnis, in: https://dokublog.de/audio/4763 (Abruf: 20.09.2020).

und Symphonieorchester sowie Hörspiel- und Medienmentoren begleitet. Über ihre kreativ-kritische Auseinandersetzung mit der NS-Vergangenheit entwickelten die Jugendlichen dabei eine persönliche und politische Haltung zur Geschichte. Die Hörstücke wurden nicht nur medial, sondern auch live im Rahmen eines Konzerts aufgeführt.[21]

Dem Hörmedium Radio ist die Hörkunst Musik besonders wesensverwandt, und unter Gesichtspunkten auditiver Sensibilisierung und der Zuhör-Förderung ist ein bewussterer, gerne die Erfahrungen und Methoden der Musikvermittlung einbeziehender Umgang mit Musik bzw. Klängen im Radio wünschenswert und ständig im Wandel, in Entwicklung. Neue Formate wie „Lecture Performance" als kreative Verbindung von Wissenschaft und Kunst oder Live-Blogs und Tweet-Ups als Social-Media-Kommunikationsform, vielfältige Spielarten trimedialen Erzählens sowie unbedingt auch die Erfahrungen radiophoner, gerne auch anspruchsvoller radiophoner Kunst stehen zur Verfügung, um nicht nur gemacht, sondern vor allem auch ausprobiert zu werden, mutig und mit der Möglichkeit des Scheiterns. Nicht nur Musikvermittlung im Radio kann sich unter partizipativen Aspekten verändern, sondern möglicherweise auch das klassische Konzertformat, dem für eine künstlerische wie auf Kommunikation ausgelegte Interaktion mit dem Publikum ein Hörmedium Partner sein kann.[22]

Weiterführende Literatur

Unseld, Kerstin, Auf Sendung! Musikvermittlung über das Medium Radio (Mainz; Schott Campus 2016) (online: https://schott-campus.com/auf-sendung-musikvermittlung-ueber-das-medium-radio).

Weiterführende Links

Irena Müller-Brozovic (2017): Musikvermittlung. In: KULTURELLE BILDUNG ONLINE: https://www.kubi-online.de/index.php/artikel/musikvermittlung (letzter Zugriff am 9.10.2020).

---

[21] „Wie klingt Geschichte?" wurde 2013 mit dem „Junge Ohren Preis" und beim „Kinder zum Olymp!-Wettbewerb" der Kulturstiftung der Länder ausgezeichnet. https://www.br.de/medienkompetenzprojekte/inhalt/jugendliche-und-medien/wie-klingt-geschichte-100.html.

[22] Vgl. Kerstin Unseld, Auf Sendung! Musikvermittlung über das Medium Radio (Mainz: Schott Campus 2016) (online: https://schott-campus.com/auf-sendung-musikvermittlung-ueber-das-medium-radio).

Bühnenpräsentation

Wilhelm Matejka

Zusammenfassung

Diese 10 Tipps aus der Praxis für die Praxis vermitteln das Allernötigste beim Schritt vom Mikrofon auf das Podium, wo der Körper zu sprechen lernen muss. Auch beim Moderieren auf der Bühne gilt: Geheime Tricks gibt es nicht, gründliche Vorbereitung dagegen hilft immer. Denn: Nur wer etwas zu sagen hat, kann zu einem Konzertpublikum sprechen.

Schlüsselwörter

Musikmoderation • Moderation • Bühnenpräsentation • Reden in der Öffentlichkeit

Routinierte Radiomoderatorinnen haben gelernt: Am Mikrofon ist die Stimme alles (Deshalb sprechen wir uns ja jeden Tag ein – beim Aufstehen, beim Teekochen, beim Radfahren: „immmmi – ünnnnü", „*ssss*üüß*ßßßssss*aaaaßß*ßß*" (stimmhaftes „*s*"). Zungenbrecher aller Arten, etc. Unser Artikulationsapparat soll bis zur Rente mit 72 elastisch bleiben). Im Studio hat der Körper nichts zu sagen. Auf dem Podium ist alles anders. Sehr verständlich, wenn sich selbst alte Hasen am Mikrofon beim ersten Mal furchtbar schwertun, wenn sie eine Moderation auf dem Podium, eine Conferénce, übernehmen. Wir Menschen sind Augentiere. Musik auf dem Konzertpodium moderieren heißt, mit dem Körper sprechen zu

W. Matejka (✉)
Berlin, Deutschland
E-Mail: info@musik-journalismus.de

© Springer Fachmedien Wiesbaden GmbH, ein Teil von Springer Nature 2022   85
P. Overbeck (Hrsg.), *Musikjournalismus,* Journalistische Praxis,
https://doi.org/10.1007/978-3-658-32476-6_8

lernen. 70 % (oder noch mehr) der Wirkung, der wahrgenommenen Information (mit einem Wort: des Erfolgs und der Effektivität) gehen auf das Konto der Körpersprache, gefolgt von Sinnlichkeit und Sinnigkeit des gesprochenen Worts.

Diese zehn Tipps hat mich die Arbeit mit Studierenden am „Institut für Musikjournalismus" an der Hochschule für Musik Karlsruhe gelehrt:

Tipp 1: Saal. Machen Sie sich mit dem Raum vertraut! Gehen Sie den Saal ab, vergessen Sie nicht den Balkon. Klatschen Sie dabei aus verschiedenen Positionen in die Hände. Sie müssen die Raumakustik kennen lernen, wissen, wie Ihr Publikum das Podium sieht. Schauen Sie, wo die Scheinwerfer stehen: Kommen Sie an; es ist Ihr Arbeitsplatz.

Tipp 2: Podium. Gehen Sie das Podium ab! Wie sieht der Konzertaufbau aus? Legen Sie Ihren Auftrittsweg fest. Wo stellen Sie sich hin? (Das Dirigentenpodium ist tabu.) Von der Position Ihres Sprechplatzes auf dem Podium hängt ab, wie Sie Ihre Körperachse ausrichten (müssen): Es gibt keine richtige Blickachse (Kopfdrehung) aus einer falschen Körperachse (Becken) heraus. Mikrofon links, Spickzettel rechts? Oder umgekehrt? Ausprobieren und festlegen.

Tipp 3: Probe. Nehmen Sie an einer Probe teil! Tragen Sie dabei diejenigen Schuhe, die Sie beim Auftritt tragen werden, das gilt auch für die Herren. Stoppen Sie die Dauer der Umbaupausen. Redeplanung am grünen Tisch funktioniert nicht, stellen Sie sich in den Dienst eines zügigen Konzertablaufs. Bitten Sie das Licht, einmal die Konzertbeleuchtung einzuschalten. Können Sie Ihren Spickzettel noch lesen? Scheinwerfer, die Sie kennen, blenden auch am Abend nicht. Bestehen Sie auf einer Ansprechprobe. Gewöhnen Sie sich an den Klang Ihrer Stimme aus den Lautsprechern. Wie Sie sich dabei finden, ist egal. Finden Sie Ihren Lautstärkekorridor heraus und testen Sie, wie schnell sie maximal sprechen dürfen, um leicht verstanden zu werden. Der Saal ist, wie er ist; aber Sie können auch anders.

Tipp 4: Veranstalter. Fragen Sie den Veranstalter aus, was er mit seinem Konzert erreichen will! Wenn ein Konzert moderiert werden soll, was ja die Ausnahme ist in unserem Musikleben, gibt es meist einen informellen Zweck, der nicht auf dem Plakat („Mostly Mozart") steht. Aha! Es geht um die beiden Pianistinnen. Bläuen Sie sich die richtige Aussprache von Eigennamen ein. Gibt es vielleicht vorab Reden? Rufen Sie an: Sie müssen wissen, was schon gesagt sein wird, bevor Sie den Mund aufmachen.

Tipp 5: Dress-Code. Fragen Sie die Musiker nach deren Konzertkleidung! Faustregel: Sie sind als Conférencier richtig angezogen, wenn Sie in puncto Festlichkeit Ihrer Kleidung eine Stufe unter den Künstlern auftreten. Wenn das Kammerorchester einen Frackdienst hat, können Sie Ihr Kleines Schwarzes, Ihren

Anzug ausführen. Trägt das Klavierduo weißes Hemd zur schwarzen Hose, dann tun Sie sich auch keinen Zwang an. **Tipp 6: Sprechplatz.** Verschanzen Sie sich nicht! Wer auf dem Podium redet, spricht zu mehr als 70 % mit seinem Körper. Verbarrikadieren Sie sich nicht hinter einem Rednerpult, auch wenn dieses liebenswürdig angeboten wird, und schon gar nicht hinter einem Manuskript. Spickzettel ja, Fließtext nein. Ihre Denkarbeit beim Sprechen korrespondiert mit der Denkarbeit Ihres Publikums beim Zuhören: Sprechdenken – Hörverstehen. **Tipp 7: Redeplanung.** Fragen Sie sich, was Sie alles wissen müssen, um fit für Ihren Auftritt zu sein. Und arbeiten Sie es ab. Aber verwechseln Sie Ihre Vorbereitung nicht mit dem, was Sie sagen werden. Fragen Sie sich, was dieses Publikum von Ihnen unmittelbar bevor die Musik erklingt wissen will, um verständnisvoll genießen, genussvoll verstehen zu können. **Tipp 8: Spickzettel.** Schreiben Sie alles auf (mit der Hand, bitte!), was Ihnen in actu nicht einfallen könnte:

- Eigennamen, alle Vornamen (gilt auch für Mozart)
- Jahreszahlen, Opuszahlen
- Werktitel, Satzbezeichnungen
- Kerne der Redeplanung: maximal drei!!!

Auf Ihrem Spickzettel steht nichts, was Ihnen beim Reden in den Rücken fallen könnte:

- Deklinierte Substantive
- Konjugierte Verben
- Syntaktisch formulierte Wortgruppen

Alles was auf Ihren Spickzettel muss, passt pro Take auf eine DIN-A5-Karteikarte. Wenn nicht, sind Sie mit Ihrer Einarbeitung in den Stoff, mit Ihren schriftlichen Vorarbeiten noch nicht fertig. Folgt die mündliche Vorbereitung: Gehen Sie mit Ihrer Karteikarte auf und ab, probieren sie mehrmals aus, ob sie mit Ihren Stichworten durchkommen. Nie abbrechen! Immer weiter – wie dann auf dem Podium. **Tipp 9: Lampenfieber.** Wenn Sie keines haben, gehen Sie zum Arzt. Irgend etwas stimmt dann nicht. Auftrittsangst („Mein Gott, sind da viele Leute") ist normal, verbünden Sie sich mit ihr. Leugnen hilft nicht. Stehen Sie zu Ihrer Nervosität, sie will Ihnen helfen, Ihre Kräfte zu mobilisieren. Stress ist gut. Er macht Sie noch besser als Sie ohnehin sind. Beobachten Sie Ihre Symptome und richten

Sie sich auf sie ein. Wenn Sie anfangen mit dem Arm periodisch zu schwingen, stoppen Sie es. Dann haben Sie eben zwei Minuten einen flauen Magen. Den sieht das Publikum nicht.

Tipp 10: Auftritt. In einer Minute geht es los. Noch einmal schnäuzen. Immer. Einfach so. Spiegel! Und sprechen Sie Ihren ersten Satz mehrmals – und mindestens halblaut – vor sich hin. Ausatmen. Auftritt! Ausatmen.

- Toi toi toi.
- Lächeln. Nein, nicht grinsen. Tür auf.
- Ein Anflug von Lächeln. Raus.
- Die ersten drei Schritte sind endlos.
- Applaus. Na also, ein Anflug von Lächeln. Ausatmen!

Weiterführende Literatur

Rossié, Michael, Frei sprechen: in Radio, Fernsehen und vor Publikum. Ein Training für Moderatoren und Redner (Journalistische Praxis, Wiesbaden: Springer VS, 6. Auflage 2017).

Rossié, Michael, Sprechertraining: Texte präsentieren in Radio, Fernsehen und vor Publikum (Journalistische Praxis, Wiesbaden: Springer VS, 8. Aufl. 2017).

Hermann, Inge/Reinhard Krol/Gabi Bauer, Das Moderationshandbuch: Souverän vor Mikro und Kamera (mit CD), (Tübingen/Basel: Francke 2002).

Musik und Recht

9

Gerd Pappenberger

Zusammenfassung

Geistiges Eigentum, darunter künstlerische Leistungen, sind bereits durch das Grundgesetz geschützt. Das Urheberrecht präzisiert die verschiedenen Aspekte des Schutzes und deren Verwertung und damit die Existenzgrundlage vieler Komponisten, Musiker und Autoren. Es werden die verschiedenen Formen der Urheber- und Verwertungsrechte sowie der Leistungsschutzrechte dargestellt. Für die Musik gelten z. T. besondere Bestimmungen. Die Kenntnis ist für Musikjournalisten sehr notwendig, da eine Missachtung mit hohen Kosten verbunden sein kann.

Schlüsselwörter

Urheberrecht · Verwertungsrecht · Leistungsschutzrecht · Zitatrecht · Schutzfrist · Plagiat · DSGVO · Internetrecht

9.1   Urheberrechte

Allgemein

Weshalb muss sich der Musiker oder der Musikjournalist mit dem Urheberrecht befassen? Die Antwort lautet schlicht: Weil er davon lebt. Das Urheberrecht schützt das geistige Eigentum und damit die Lebensgrundlage geistig schöpferisch tätiger

G. Pappenberger (✉)
Hockenheim, Deutschland
E-Mail: info@musik-journalismus.de

© Springer Fachmedien Wiesbaden GmbH, ein Teil von Springer Nature 2022   89
P. Overbeck (Hrsg.), *Musikjournalismus*, Journalistische Praxis,
https://doi.org/10.1007/978-3-658-32476-6_9

Menschen. Das Grundgesetz (GG) schützt in seinem Artikel 14 nämlich nicht nur das Sacheigentum, sondern auch das geistige Eigentum:

> *„Artikel 14. (1) Das Eigentum und das Erbrecht werden gewährleistet. Inhalt und Schranken werden durch die Gesetze bestimmt. / (2) Eigentum verpflichtet. Sein* Gebrauch soll zugleich dem Wohle der Allgemeinheit dienen."
>
> (Grundgesetz für die BRD vom 23. Mai 1949).

Als Urheber werden gängigerweise all diejenigen bezeichnet, die etwas kreativ erschaffen oder verursacht haben. Der Schutz des Urheberrechts umfasst also die Schöpfer individueller geistiger Leistungen, vorausgesetzt diese haben eine gewisse Gestaltungshöhe. Das Urheberrecht schützt bzw. regelt daher das Recht solcher Berufsgruppen wie der von Schriftstellern, Architekten, Fotografen, Choreographen, Regisseuren, Malern, Komponisten und ausübenden Künstlern.

In Deutschland entstanden einheitliche Urheberrechtsgesetze später als in anderen Industrienationen wie England und Frankreich, nämlich erst nach der Gründung des Deutschen Reiches. Zunächst entstand 1870 das Literatururheberrechtsgesetz für den Schutz von Werken der Literatur und Wissenschaft, das Kunsturheberrechtsgesetz von 1876 für den Schutz von Werken der bildenden Kunst, das Fotografieschutzgesetz von 1876 für den Schutz der Fotografie und das Geschmacksmusterrechtsgesetz von 1876 für den Schutz der Muster und Modelle. Die Urheberrechtsgesetze wurden mehrfach bis heute novelliert, wobei die entscheidende Reform im Jahr 1965 erfolgte. Damals wurde ein einheitliches Urheberrechtsgesetz (UrhG) für sämtliche Werke der Literatur, Wissenschaft und Kunst einschließlich Werken der Fotografie geschaffen (Gesetz über Urheberrecht und verwandte Schutzrechte vom 9. September 1965). Heute nimmt das EU-Recht und die Rechtsprechung des Europäischen Gerichtshofs (EuGH) eine maßgebende Rolle bei der urheberrechtlichen Rechtssetzung und Rechtsfindung ein. So wurde zuletzt im Juni 2021 durch eine Urheberrechtsreform die EU-Richtlinie 2019/790 vom 17. April 2019 über das Urheberrecht und die verwandten Schutzrechte im digitalen Binnenmarkt in nationales Recht umgesetzt, wobei u. a. mit dem neuen „Urheberrechts-Diensteanbieter-Gesetz" (UrhDaG) eine grundsätzliche Verantwortlichkeit für Online-Diensteanbieter wie YouTube, Facebook und Co. hinsichtlich veröffentlichter Inhalte Dritter auf ihren Plattformen vorgesehen ist.

Wirtschaftliche Bedeutung und Funktion des Urheberrechts

Technische Entwicklungen wie die Digitalisierung ermöglichen es, die Werke der Urheber insbesondere im musikalischen Bereich in einem immer größeren Ausmaß ohne viel Aufwand zu verwerten. Nach der Verbreitung von Werken im Rundfunk und auf Schallplatte entwickelte sich die Verbreitungsform über CD, DVD, die verschiedensten Online- und Abrufdienste sowie das Streaming über das Internet. So wie der Anteil der Urheberrechtsindustrien an der Schöpfung des Bruttosozialproduktes ständig gewachsen ist, so hat auch die wirtschaftliche Bedeutung des Urheberrechts laufend zugenommen. Am Beispiel des Internets wird besonders deutlich, dass die Interessen der Beteiligten, auf der einen Seite Nutzer, auf der anderen Seite Verbreiter, unterschiedlich sind. Während die Urheber und die Rechtsinhaber sich vor dem Zugriff anderer auf Ihre Werke schützen wollen, um einen besseren wirtschaftlichen Nutzen aus Ihren Leistungen und Investitionen ziehen zu können, haben andere ein Interesse an einem möglichst ungehinderten und kostenfreien Zugang zu diesen Werken.

Den Schutz gewährt zunächst die Eigentumsgarantie aus Artikel 14 Grundgesetz und des darauf beruhenden Urheberrechts (s. o.). Mit diesem Schutz des geistigen Eigentums korrespondiert wie beim materiellen Eigentum gemäß Artikel 14 Grundgesetz eine Sozialbindung des Eigentums zum Wohl der Allgemeinheit. Da kein schöpferisches Werk völlig isoliert entsteht, sondern auf dem bisher schon geschaffenen aufbaut und insofern immer ein Teil der Kulturgüter insgesamt ist, sind auch dem geistigen Eigentum des Urhebers Grenzen gesetzt, z. B. durch die zeitliche Befristung des Urheberrechtsschutzes, aber auch durch andere sogenannte Schranken des Urheberrechts, wie z. B. durch das Zitatrecht (siehe entsprechender Abschnitt unten).

Was ist urheberrechtlich geschützt?
Ob ein Werk durch das Urheberrecht geschützt ist, hängt nicht von Hinweisen oder Aufdrucken wie z. B. „Copyright" oder „urheberrechtlich geschützt" o. Ä. ab. Der Schutz beginnt automatisch mit Entstehung und Manifestation des entsprechenden Werkes, sofern es sich um eine persönliche geistige Schöpfung handelt (§ 2 Absatz 2 UrhG).

Zu den geschützten Werken der Literatur, Wissenschaft und Kunst zählen gem. § 2 Absatz 1 UrhG insbesondere:

1. Sprachwerke, wie Schriftwerke, Reden und Computerprogramme;
2. Werke der Musik;
3. pantomimische Werke einschließlich der Werke der Tanzkunst;
4. Werke der bildenden Künste einschließlich der Werke der Baukunst und der angewandten Kunst und Entwürfe solcher Werke;
5. Lichtbildwerke einschließlich der Werke, die ähnlich wie Lichtbildwerke geschaffen werden;

6. Filmwerke einschließlich der Werke, die ähnlich wie Filmwerke geschaffen werden;

7. Darstellungen wissenschaftlicher oder technischer Art, wie Zeichnungen, Pläne, Karten, Skizzen, Tabellen und plastische Darstellungen.

Dabei ist die gesetzliche Aufzählung nicht als abschließend zu betrachten.

Soll das Werk urheberrechtlich geschützt sein, muss es wie bereits erwähnt eine „persönliche geistige Schöpfung" darstellen. Nur eine von Menschen geschaffene Schöpfung ist persönlich. Rein maschinell, ohne persönliche Planung oder Mitwirkung bzw. aleatorisch erstellte Musikstücke sind daher nicht schützbar. Eine Werkschöpfung liegt ferner nur dann vor, wenn etwas noch nicht Dagewesenes geschaffen wird. Das Werk muss also individuell sein und sich vom bisher Bekannten und Üblichen abheben. Ferner können nur konkrete Erscheinungsformen eines Werkes geschützt werden, nicht aber Ideen oder bloße Vorstellungen von einem Werk. Wenngleich das Werk nicht körperlich festgelegt sein muss, z. B. in einer Partitur, muss es doch aber dem Hörer oder Betrachter zumindest durch einen Vortrag oder eine Aufführung o. Ä. wahrnehmbar gemacht werden können.

Das Urheberrecht regelt nicht ausdrücklich, ob besonders hohe oder eher niedrigere Anforderungen an die erforderliche Individualität eines Werkes gestellt werden müssen. Der Bundesgerichtshof indessen legt strenge Maßstäbe an, wenn es um die Schutzfähigkeit von wissenschaftlichen Werken geht. Bei Werken der Musik und der Literatur lässt er dagegen etwas geringere Anforderungen genügen. So sind nicht nur Werke der klassischen Musik geschützt, sondern Urheberrechtsschutz können auch computererzeugte Geräusche genießen, wenn sie vom Komponisten bewusst eingesetzt sind.

Wer ist Urheber?
Urheber ist der Schöpfer des Werkes (§ 7 UrhG). Sofern mehrere gemeinsam ein Werk geschaffen haben, ohne dass sich ihre Anteile gesondert verwerten lassen, sind sie Miturheber des Werkes (§ 8 UrhG). Die Miturheberschaft setzt eine einheitliche Schöpfung voraus, die gemeinschaftlich durch gewollte Zusammenarbeit der Miturheber entsteht. Jeder muss einen schöpferischen Beitrag leisten, der sich nicht selbstständig verwerten lässt. Das muss allerdings nicht auf sämtliche Beiträge zutreffen. Kann z. B. die Filmmusik auch außerhalb des Filmes genutzt werden, so ist der Komponist zwar Urheber der Filmmusik, nicht aber Miturheber des Filmwerkes.

Welche Rechte hat der Urheber?
Das Urheberrecht schützt den Urheber in seinen geistigen und persönlichen Beziehungen zum Werk und in der Nutzung des Werkes (§ 11 UrhG). Die Schutzdauer umfasst die Lebenszeit des Urhebers und den Zeitraum von 70 Jahren nach dessen Tod (§ 64 UrhG). Bei Musikkompositionen mit Text endet die Schutzdauer erst 70 Jahre nach dem Tod des Längstlebenden (Komponisten oder Texter), sofern Musik und Text als Einheit geschaffen wurden (§ 65 Absatz 3 UrhG). Nach Ende der Schutzfrist handelt es sich um gemeinfreie Werke, die frei genutzt werden können.

Die dem Urheber zustehenden Rechte werden im Urheberpersönlichkeitsrecht (§§ 12–14 UrhG), in den Verwertungsrechten (§§ 15–24 UrhG) und in den sonstigen Rechten des Urhebers (§§ 25–27 UrhG) umschrieben. Die genannten Rechte beziehen sich sowohl auf die ideellen als auch auf die materiellen Interessen des Urhebers. Eugen Ulmer hat hierfür das Bild eines Baumes benutzt. Die beiden ideellen und materiellen Interessengruppen sind dessen Wurzeln, das einheitliche Urheberrecht bildet den Stamm und die einzelnen Befugnisse des Urhebers lassen sich mit den Ästen und Zweigen vergleichen, die ihre Kraft aus beiden Wurzeln ziehen. Einmal überwiegt ihr ideeller, einmal ihr materieller Gehalt.

Urheberpersönlichkeitsrechte
Das Urheberpersönlichkeitsrecht ist eine Ausprägung des allgemeinen Persönlichkeitsrechts und in den §§ 12–14 UrhG konkretisiert. Das allgemeine Persönlichkeitsrecht wird von der Rechtsprechung aus Artikel 1 und 2 GG, die die Würde des Menschen und sein Recht auf freie Entfaltung der Persönlichkeit verfassungsrechtlich garantieren, abgeleitet. Für den Urheber wird aus dieser verfassungsrechtlichen Garantie ein Recht auf Schaffensfreiheit abgeleitet.

Systematisch wird zwischen einem Urheberpersönlichkeitsrecht im engen und einem Urheberpersönlichkeitsrecht im weiteren Sinne gesprochen.

Urheberpersönlichkeitsrechte im engeren Sinne
Zum Urheberpersönlichkeitsrecht im engeren Sinne zählen das Veröffentlichungsrecht gemäß § 12 UrhG, das Recht auf Anerkennung der Urheberschaft gemäß § 13 UrhG und das Recht gegen Entstellung des Werkes gemäß § 14 UrhG.

a) Veröffentlichungsrecht
    Der Urheber hat das Recht zu bestimmen, ob und wie sein Werk zu veröffentlichen ist (§ 12 UrhG). Dem Urheber alleine bleibt es vorbehalten, ob er sein Werk überhaupt veröffentlichen will (Tagebuch) oder ob er sein Werk z. B. schon für veröffentlichungsreif hält. Ihm soll die Möglichkeit erhalten bleiben, sein Werk so lange zu ändern und zu überarbeiten, bis er meint, diejenige Form gefunden

zu haben, mit der er sein Werk der Öffentlichkeit vorstellen will. Außerdem ist es für den Komponisten z. B. durchaus von großer Bedeutung, wo und von wem sein Werk veröffentlicht bzw. uraufgeführt wird. Das Veröffentlichungsrecht gilt nur für die Erstveröffentlichung, nicht für spätere Verwertungen in anderen Nutzungsarten. Ist also das Musikstück uraufgeführt, gibt es kein besonderes neues Veröffentlichungsrecht für die CD-Ausgabe oder Online-Veröffentlichung. Das heißt allerdings nicht, dass die Vervielfältigungs- und Verbreitungsrechte für die Verwertung auf einer CD oder Online nicht gesondert vom Komponisten erworben werden müssten.

Sobald ein Werk veröffentlicht ist, darf aus ihm zitiert werden (§ 51 UrhG – vgl. „Zitatrecht" unten) und sein Inhalt darf anderen mitgeteilt werden (§ 12 Absatz 2 UrhG). Da sich bestimmte Rechtsfolgen an die Veröffentlichung knüpfen, wird der Urheber regelmäßig daran interessiert sein, die Veröffentlichung nicht zu früh eintreten zu lassen. Ein Werk ist erst veröffentlicht, wenn es einem größeren Personenkreis zugänglich gemacht wurde, z. B. durch ein Konzertauftritt, durch eine Sendung oder durch Online-Veröffentlichung. Der Personenkreis darf nicht individuell abgegrenzt sein; die Aufführung eines Musikstückes im engen Freundeskreis ist noch keine Veröffentlichung. Auch die Aufführung im Rahmen der Lehrveranstaltung einer Hochschule ist nicht öffentlich, es sei denn, die Veranstaltung steht ausdrücklich auch Nichtmitgliedern oder Nichthochschulangehörigen offen. Außerdem muss der Urheber der Veröffentlichung zugestimmt haben, d. h., die Aufführung eines Musikstückes ohne die Zustimmung des Komponisten und ggf. Texters ist nicht wirksam.

b) Anerkennung der Urheberschaft und Urheberbenennungsrecht

Gemäß § 13 UrhG steht dem Urheber das Recht auf Anerkennung seiner Urheberschaft am Werk zu. Gestützt darauf kann er gegen diejenigen vorgehen, die ihm die Urheberschaft streitig machen (z. B. Plagiatoren). Dieses Recht ist unübertragbar und unverzichtbar. Diese Bestimmung gilt sowohl für den Urheber, der sein Werk anonym veröffentlichen will, als auch für den Ghostwriter oder Ghostkomponisten (z. B. bei Karnevalsschlagern), der sein Werk für einen Auftraggeber schafft und im Voraus darin eingewilligt hat, dass es unter dessen Namen veröffentlicht wird.

Wird die richtige Bezeichnung des Urhebers unzulässigerweise unterdrückt, so löst dies einen Schadensersatz grundsätzlich in der Höhe der für die jeweilige Nutzung üblicherweise zu zahlender Lizenzgebühr aus. In vielen Fällen wird außerdem aber ein sogenannter Verletzer-Zuschlag gefordert, der ein Vielfaches der üblicherweise zu zahlenden Lizenzgebühr betragen kann.

c) Entstellung des Werkes

Gemäß § 14 UrhG hat der Urheber das Recht, eine Entstellung oder eine andere Beeinträchtigung seines Werkes zu verbieten. Dieses Recht schützt den Urheber z. B. vor einer unzulässigen Bearbeitung des Werkes, die den Wesensgehalt des Werkes verfremdet und verfälscht. Dazu kann z. B. die Kolorierung eines schwarz-weiß gedrehten Filmes zählen oder die Aufführung eines Musikstückes in einem völlig anderen als vom Komponisten angegebenen Zeitmaß, oder auch die Verwendung in einem Zusammenhang, der vom Komponisten nicht unterstützt wird (z. B. als Hintergrundmusik zu extremen politischen oder gesellschaftlichen Positionen auf Wahlkampfveranstaltungen oder in einem Video).

Urheberpersönlichkeitsrechte im weiteren Sinne

Zum Urheberpersönlichkeitsrecht im weiteren Sinne gehören u. a. der Grundsatz der Unübertragbarkeit des Urheberrechts gemäß § 29 UrhG, das Rückrufsrecht wegen gewandelter Überzeugung gemäß § 42 UrhG sowie einige andere urheberrechtliche Gebote zur Wahrung des persönlichen und geistigen Bandes des Urhebers zu seinem Werk, wie z. B. auch die Pflicht zur Quellenangabe bei zulässigen Nutzungen (§ 63 UrhG).

a) **Rechtsgeschäfte über das Urheberrecht:** Das Urheberrecht ist gemäß § 29 Absatz 1 UrhG grundsätzlich nicht übertragbar, es sei denn, es wird in Erfüllung einer Verfügung von Todes wegen oder einem Miterben im Wege der Erbauseinandersetzung übertragen. Dies bedeutet, dass nach deutschem Recht die Stellung als Urheber zu Lebzeiten nie verloren geht und nach dessen Tod dem Erben/Rechtsnachfolger grundsätzlich alle Rechte zustehen. Zu den Rechten des Urhebers gehören alle Verwertungsrechte, die dann in Form von Nutzungsrechten (einfache oder ausschließliche) als Einnahmequelle Dritten übertragen bzw. eingeräumt werden können. Das Urheberrecht ist also nicht übertragbar, die Nutzungsrechte an den geschützten Werken aber schon. Die (rechtsgeschäftliche) Einräumung von Nutzungsrechten an Dritte kann auch dazu führen, dass der Urheber sein eigenes Werk nicht mehr in der Öffentlichkeit nutzen darf.

b) **Rückruf wegen gewandelter Überzeugung:** Weiterer Bestandteil des Urheberpersönlichkeitsrechtes ist die Bestimmung, dass der Urheber ein Nutzungsrecht gegenüber dem Inhaber zurückrufen kann, wenn das Werk seiner Überzeugung nicht mehr entspricht und ihm deshalb die Verwertung des Werkes nicht mehr zugemutet werden kann. Von diesem Recht wird gelegentlich Gebrauch gemacht, wenn der Urheber Werke aus der Anfangszeit seines schöpferischen Schaffens im Nachhinein für unzulänglich hält und seinen Namen zu einem späteren Zeitpunkt mit diesen Werken nicht mehr in Zusammenhang gebracht sehen möchte. Die Folge ist indessen, dass der Urheber bei Ausübung dieses Rückrufrechtes wegen gewandelter Überzeugung den Inhaber des Nutzungsrechtes angemessen entschädigen muss (§ 42 Absatz 3 UrhG).

c) **Quellenangabe:** Bei den zahlreichen, dem UrhG nach zulässigen Vervielfältigungen oder Verbreitungen muss stets die Quelle deutlich angegeben werden. Bei der Vervielfältigung ganzer Werke der Musik ist neben dem Urheber auch der Verlag anzugeben, in dem das Werk erschienen ist. Ferner muss kenntlich gemacht werden, ob das Werk gekürzt wurde oder sonstige Änderungen vorgenommen wurden (§ 63 UrhG).

9.2   Verwertungsrechte

Zur Sicherung seiner finanziellen Basis hat der Urheber das alleinige Recht darüber zu bestimmen, wie und in welcher Weise er selbst das Werk nutzt oder durch Dritte nutzen lässt. Dieses dem Urheber zustehende Verwertungsrecht umfasst insbesondere:

das Vervielfältigungsrecht (§ 16 UrhG): Der Urheber hat das Recht, sein Werk beliebig oft zu vervielfältigen/zu kopieren. Jede körperliche Festlegung des Werkes, die geeignet ist, dieses dem Menschen wahrnehmbar zu machen, zählt als Vervielfältigung, unabhängig von dem gewählten Herstellungsverfahren. Deshalb dienen Drucke und Noten zur Vervielfältigung einer Komposition, aber auch Schallplatten und sonstige Tonträger zur Vervielfältigung musikalischer Werke. Auch das elektronische Speichern von Musik und jeder „Download" aus dem Internet stellen eine Vervielfältigung dar. Insofern stellt sich immer die Frage, ob das fremde Werk aus dem Internet heruntergeladen werden darf.

das Verbreitungsrecht (§ 17 UrhG): Das Verbreitungsrecht ist das Recht, das Original oder Vervielfältigungsstücke des Werkes der Öffentlichkeit anzubieten oder in Verkehr zu bringen. Regelmäßig wird das Werk zunächst vervielfältigt, um es dann öffentlich verbreiten zu können. Eine Verbreitung im Sinne von § 17 UrhG liegt erst dann vor, wenn sie öffentlich geschieht. Das Verbreitungsrecht kann weltweit, aber auch beschränkt auf einzelne Länder eingeräumt werden. Bei der Einräumung eines beschränkten Verbreitungsrechtes sind indessen z.B. auch die Regelungen des freien Warenverkehrs innerhalb der europäischen Gemeinschaft zu beachten. Der Europäische Gerichtshof hat z.B. im Zusammenhang mit dem Vertrieb von Tonträgern entschieden, dass die Zustimmung zur Verbreitung des Werkes in einem Mitgliedsstaat der Europäischen Union gleichzeitig auch als Zustimmung für die Verbreitung des Werkes in den übrigen Mitgliedsstaaten anzusehen ist.

Außerdem hat der Urheber das ausschließliche Recht sein Werk in unkörperlicher Form öffentlich wiederzugeben. Darunter fallen u. a.

das Vortrags-, Aufführungs- und Vorführungsrecht (§ 19 UrhG): Werke können nicht nur bei der Vervielfältigung und Verbreitung in körperlicher Form, sondern im Rahmen eines Vortrags (z.B. Lesung eines Sprachwerks), einer Aufführung (jede bühnenmäßige Aufführung, z.B. Theater, Konzert) oder Vorführung (z.B. Kino) auch in unkörperlicher Form genutzt werden. Diese Rechte des Urhebers führen dazu, dass Aufnahmen öffentlicher Vorträge, Aufführungen oder Vorführungen nur mit Einwilligung zulässig sind (vgl. § 53 Absatz 7 UrhG).

das Recht der öffentlichen Zugänglichmachung (§ 19a UrhG): Das Recht der öffentlichen Zugänglichmachung ist das Recht, das Werk drahtgebunden oder drahtlos der Öffentlichkeit in einer Weise zugänglich zu machen, dass es Mitgliedern der Öffentlichkeit von Orten und zu Zeiten ihrer Wahl zugänglich ist. Dieses Recht umfasst jede Veröffentlichung im Internet, also jeden „Upload" und steht dem Urheber als eines der in unserer heutigen digitalen Mediengesellschaft wichtigsten Verwertungsrechte zu. Das „Hochladen" eines geschützten Werkes ins Internet, also auch auf „Social-Media-Plattformen" wie Facebook, Instagram oder YouTube, ohne entsprechende Autorisierung oder Rechteinhaberschaft ist unzulässig und kann zu erheblichen Schadensersatzansprüchen führen. Das gilt übrigens auch, wenn der entsprechende Account zwar auf „privat" gesetzt ist, der Account-Inhaber aber eine größere Anzahl von Freunden oder Followern hat (ab ca. 200 gilt der Account dann als öffentlich). Das Setzen eines „Hyperlinks" oder „Deep Links" auf ein geschütztes Werk fällt dagegen nicht unter § 19a UrhG und ist daher zulässig, sofern dadurch nicht technische Schutzmaßnahmen umgangen werden.

das Senderecht (§ 20 UrhG): Ein weiteres nach wie vor wichtiges, finanziell einträgliches Recht ist das Recht des Urhebers, der Verbreitung seines Werkes durch Funk, wie Ton- und Fernsehrundfunk, Satellitenrundfunk, Kabelfunk oder ähnliche technische Mittel, zuzustimmen, d.h. das Senderecht zu vergeben. Unter Funk wird dabei jede Übertragung von Zeichen, Tönen oder Bildern durch elektromagnetische Wellen verstanden, die von einer Sendestelle ausgesandt werden und an anderen Orten von einer beliebigen Zahl von Empfangsanlagen aufgenommen und wieder in Zeichen, Bilder und Töne zurückverwandelt werden können. (§§ 20a und 20b regeln die Verbreitung über Satelliten und jede Weitersendung). Gleichgültig ist, ob die Sendung analog oder digital erfolgt. Rechtlich relevant ist ferner nur die Ausstrahlung, also das Zugänglichmachen für eine breite Öffentlichkeit. Der Empfang der Sendung ist urheberrechtlich frei, doch kann die Empfangbarkeit technisch eingeschränkt sein, (z.B. die Nutzung von Mediatheken aus Österreich und der Schweiz in Deutschland – § 20c soll dem Geoblocking in der EU entgegenwirken).

das Recht der Wiedergabe durch Bild- oder Tonträger (§ 21 UrhG) sowie das Recht der Wiedergabe von Funksendungen und von öffentlicher Zugänglichmachung (§ 22 UrhG): Diese Rechte betreffen die Zweitverwertung von Vorträgen und Aufführungen von Werken mittels Bild- oder Tonträger sowie von Funksendungen und Internetveröffentlichungen.

9.3   Sonstige Verwertungen

Bearbeitungen/Umgestaltungen, Karikatur, Parodie und Pastiche
Bei diesen Sachverhalten handelt es sich nicht um klassische Verwertungsrechte, sondern vielmehr um Abgrenzungen im Hinblick auf den Schutzumfang des Urheberrechts. So fallen Bearbeitungen und Umgestaltungen grundsätzlich unter den Schutzumfang, sofern das neu geschaffene Werk keinen hinreichenden Abstand zum benutzten Werk aufweist. Die Nutzung eines veröffentlichten Werkes zum Zwecke der Karikatur, der Parodie und des Pastiches bedürfen keiner Zustimmung des Urhebers. Für Musik gelten nochmals spezielle Regelungen.

Bearbeitungen und Umgestaltungen (§ 23 UrhG): Der Urheber hat, wie zuvor ausgeführt, das Recht, die Integrität seines Werkes umfassend zu schützen (§ 14 UrhG). Dies spiegelt sich zum Teil in der Regelung wider, dass Bearbeitungen oder andere Umgestaltungen des Werkes nur mit Zustimmung des Urhebers des bearbeiteten oder umgestalteten Werkes veröffentlicht oder verwertet werden dürfen. Während aber Werkoriginale den umfassenden Integritätsschutz des § 14 UrhG genießen und ohne Zustimmung schon gar nicht bearbeitet oder umgestaltet werden dürfen, können Werkexemplare ohne Originalcharakter zwar bearbeitet/umgestaltet werden, aber nicht ohne Zustimmung das Licht der Öffentlichkeit erblicken. Als eine zustimmungspflichtige Bearbeitung bzw. Umgestaltung gilt auch die erstmalige Zusammenführung von Musik mit Bildmaterial. Bei jeder musikalischen Untermalung von Video- oder Filmaufnahmen sind daher die sogenannten Filmherstellungsrechte („Synchronization rights") beim Musikverlag und/oder Urheber des Musikstückes einzuholen.

Keine Bearbeitung oder Umgestaltung liegt vor, wenn das fremde Werk als Anregung, als Auslöser für ein völlig neues, selbständiges Werk dient oder die Züge des fremden benutzen Werkes im Rahmen des neu geschaffenen Werkes verblassen (§ 23 Absatz 1 Satz 2). Hieran werden strenge Anforderungen gestellt, um Plagiate zu verhindern. Im Bereich der Musik gilt ausdrücklich der Melodienschutz. Eine erkennbare Melodie darf einem fremden Musikwerk nur dann entnommen und einem neuen Werk zugrunde gelegt werden, wenn der Urheber des benutzten Werkes dieser Handlung zugestimmt hat (§ 23 Absatz 1 Satz 1).

Es ist offensichtlich, dass gerade im Schlagerbereich der Schutz der Melodie sehr streng gehandhabt werden muss, andererseits werden in der Klassik häufig bekannte Themen variiert bzw. eine Anlehnung an bekannte Werke vorgenommen; letztere sind aber häufig außerhalb der Schutzfrist von 70 Jahren und damit gemeinfrei.

Keiner Zustimmung bedarf dagegen der „Sound" als die Kombination nicht melodientragender Elemente wie Besetzung, Taktart, Klang. Urheberrechtlich erlaubt ist grundsätzlich zudem das „Sampling", also die Übernahme kurzer Tonsequenzen, sofern sie keine schöpferischen Eigentümlichkeiten aufweisen (Siehe dazu Udo Branahl, Medienrecht: Eine Einführung (Wiesbaden: Springer VS 8.

Aufl. 2019), S. 256, 263). Durch das „Sampling" kann aber auch das Recht des Tonträgerherstellers berührt werden. Exemplarisch hierfür steht der seit 1999 andauernde Rechtsstreit durch alle Instanzen um ein zweisekündiges „Sample" aus dem Song „Metall auf Metall" der Elektro-Pop-Band „Kraftwerk". Die Band wirft als Tonträgerhersteller dem Produzenten Moses Pelham vor, diese Rhythmussequenz ohne Zustimmung unzulässigerweise verwendet zu haben. Das Bundesverfassungsgericht hatte im Jahre 2016 der Kunstfreiheit im Rahmen des „Samplings" den Vorrang eingeräumt (BVerfG, Urt. v. 31.5.2016 – 1 BvR 1585/13). Der Europäische Gerichtshof gestattet die Übernahme eines Audiofragments ohne Zustimmung nur, wenn „dieses Fragment in den anderen Tonträger in geänderter und beim Hören nicht wiedererkennbarer Form eingefügt wird" (EuGH, Urt. v. 29.7.2019 – C-476/17).

Karikatur, Parodie und Pastiche (§ 51a UrhG): Neu eingeführt im Rahmen der Urheberrechtsreform 2021 wurde die Regelung, dass die Vervielfältigung, die Verbreitung und die öffentliche Wiedergabe eines veröffentlichten Werkes zum Zweck der Karikatur, der Parodie und des Pastiches ausdrücklich zulässig ist. Diese Vorschrift zielt insbesondere darauf ab, Praktiken wie Remix, Meme, GIF, Mashup, Fan Art, Fan Fiction oder Sampling gerade auch im „Social Web" zu ermöglichen.

Charakteristisch für die Parodie ist, dass sie von Humor oder Verspottung getragen wird. Die humoristische oder verspottende Auseinandersetzung muss sich jedoch nicht auf das ursprüngliche Werk selbst beziehen, sondern kann zum Beispiel auch einer dritten Person, einem anderen Werk oder einem gesellschaftlichen Sachverhalt gelten.

Eine Karikatur beinhaltet meist eine Zeichnung oder andere bildliche Darstellung, die durch satirische Hervorhebung oder überzeichnete Darstellung bestimmter charakteristischer Züge eine Person, eine Sache oder ein Geschehen der Lächerlichkeit preisgibt.

Der Begriff des Pastiche bezeichnet ursprünglich eine stilistische Nachahmung. In der Musik ist der (italienische) Begriff des Pasticcio für anlehnende Nutzungen dieser Art gebräuchlich. Über die Imitation des Stils hinaus erlaubt der Pastiche grundsätzlich auch die urheberrechtlich relevante Übernahme fremder Werke oder Werkteile.

9.4 Schranken des Urheberrechts

Schutzfähig ist ein Werk nur dann, wenn es, wie in Abschn. 9.1 ausgeführt, eine persönliche, geistige Schöpfung darstellt. Dabei ist zu berücksichtigen, dass kein urheberrechtlich schutzfähiges Werk im luftleeren Raum entsteht, sondern immer in Abhängigkeit vom kulturellen Umfeld des Schöpfers, in dem er seine Anregungen, seine Inspiration findet. Ebenso entstehen neue Werke nur dann, wenn die Allgemeinheit einen möglichst ungehinderten Zugang zum gesamten künstlerischen Werk hat. Hieraus folgt, dass der Prüfungsmaßstab für alle verwertungsrechtlichen gesetzlichen Regelungen ein doppelter ist: Zum einen ist es die Eigentumsgarantie aus Artikel 14 Grundgesetz, die dem Urheber den Vermögenswert seiner schöpferischen Leistung sichert. Zum anderen gilt aber auch im Bereich des Urheberrechtes – auch des geistigen Eigentums – der allgemeine verfassungsrechtliche Grundsatz, dass Eigentum verpflichtet. Der Gebrauch des Eigentums soll also zugleich dem Wohle der Allgemeinheit dienen (Artikel 14 Absatz 2 Grundgesetz). Aus diesem Gedanken heraus ist der urheberrechtliche Schutz zeitlich begrenzt.

Zudem kennt das Urheberrecht bestimmte *Schranken,* von denen nachfolgend einige wichtige aufgezeigt werden. Alle Schranken greifen in das dem Urheber grundgesetzlich vorbehaltene Ausschließlichkeitsrecht ein. Es handelt sich deshalb um eng auszulegende Ausnahmevorschriften. Diese enge Auslegung folgt nicht nur aus dem Schutzzweck des Urhebergesetzes, sondern auch aus dem so genannten „Drei-Schritt-Test", wie dieser zunächst – für Ausnahmen vom Vervielfältigungsrecht – in Artikel 9 Absatz 2 RBÜ 1967/71 umschrieben und in der Folge in Artikel 13, Absatz 2 TRIPS-Abkommen, für alle Ausnahmen und Beschränkungen im internationalen Urheberrecht verankert worden ist (TRIPS steht für das "Agreement of Trade-Related Aspects of Intellectual Property Rights, including Trade in Counterfeit Goods" von 1994. Es räumt den Angehörigen anderer Mitgliedsstaaten gleiche Rechte ein wie den eigenen Staatsangehörigen). Diesem „Drei-Schritte-Test" zufolge sind freie Nutzungen auf bestimmte Sonderfälle zu beschränken; sie dürfen weder die normale Werkverwertung beeinträchtigen, noch sonst die berechtigten Interessen des Rechtsinhabers ungebührlich verletzen.

9.4.1 Schranken mit Vergütungsanspruch

So sieht das Urheberrecht beispielsweise vor, dass fremde Werke in Sammlungen für den religiösen Gebrauch (§ 46 UrhG) sowie für Unterricht und Lehre, Wissenschaft und bestimmten Institutionen (§§ 60a ff. UrhG) vervielfältigt, verbreitet und öffentlich zugänglich gemacht werden dürfen. Ferner können Rundfunkkommentare und Zeitungsartikel abgedruckt und unter gewissen Einschränkungen öffentlich wiedergegeben werden (§ 49 UrhG). Auch können bereits veröffentlichte Werke unter bestimmten nichtkommerziellen Voraussetzungen und unter gewissen Beschränkungen öffentlich wiedergegeben werden (§ 52 UrhG). An sich hätte der Urheber in diesen Bereichen die Möglichkeit, eine Nutzung zu untersagen, der Gesetzgeber hat hier aber im Interesse der Allgemeinheit eine andere Wertung getroffen und dieses sogenannte Verbotsrecht in einen bloßen Vergütungsanspruch umgewandelt. D. h., der Rechteinhaber, der Urheber, muss die fremde Nutzung dulden; sie ist ihm indessen zu vergüten. Regelmäßig werden die Vergütungsansprüche aus diesen gesetzlichen Lizenzen durch Verwertungsgesellschaften wie z. B. die GEMA oder die GVL im Bereich der musikalischen Verwertung oder der VG Wort im Bereich der Sprachwerke geltend gemacht.

9.4.2 Schranke für Privatkopien

Nach § 53 UrhG sind einzelne Vervielfältigungen von geschützten Werken durch natürliche Personen zum privaten nichtkommerziellen Gebrauch grundsätzlich zulässig und vergütungsfrei. Einerseits trägt die Vorschrift dem Umstand Rechnung, dass ein Verbot von Vervielfältigungen im privaten Bereich kaum durchsetzbar ist und im Interesse der Allgemeinheit eine unkomplizierte Partizipationsmöglichkeit bestehen sollte. Andererseits hat in unserer Mediengesellschaft die elektronische Vervielfältigung enorm an Bedeutung gewonnen und ein massenhaftes Kopieren ohne jeglichen Qualitätsverlust ist heute unschwer möglich. Daher ist die Vorschrift zur Privatkopiefreiheit eng auszulegen und beinhaltet einige wichtige Beschränkungen.

So ist jede Kopie auch für den rein privaten Gebrauch unzulässig, wenn die Vorlage aus einer *offensichtlich illegalen Quelle* stammt (§ 53 Absatz 1 UrhG). Darunter fallen z. B. erkennbar rechtswidrig hergestellte CDs oder DVDs, aber auch Musik-Tauschbörsen, die grundsätzlich als offensichtlich illegale Quellen eingestuft werden.

Daneben sind private Vervielfältigungen stets unzulässig, wenn sie einen *technischen Kopierschutz umgehen* (§ 95a UrhG). So sind Kopien von kommerziellen Filmen auf DVDs in aller Regel unzulässig hergestellt.

Weitere Kopie-Beschränkungen gelten für private Aufnahmen von öffentlichen Vorträgen (z. B. Lesungen), Aufführungen (z. B. Konzert und Theater) oder Vorführungen (Kinofilm) eines Werkes. Aufnahmen sind hier stets nur mit Einwilligung des Berechtigten zulässig (§ 53 Absatz 7 UrhG). Einer solchen Einwilligung bedarf es auch bei Kopien grafischer Aufzeichnungen von Werken der Musik oder vollständiger Bücher und Zeitschriften, außer die Vervielfältigung erfolgt durch Abschreiben oder das Werk ist seit mindestens zwei Jahren vergriffen (§ 53 Absatz 4 UrhG).

9.4.3 Schranke Zitatrecht

Das Zitatrecht (§ 51 UrhG) gehört zu den wichtigsten Schranken des Urheberrechts. Im Interesse der geistigen Auseinandersetzung erlaubt das Zitatrecht die vergütungsfreie Vervielfältigung, Verbreitung und öffentliche Wiedergabe einzelner Werke oder Werkteile für eigene Zwecke. Die Vorschrift ist als Beschränkung des Urheberrechts grundsätzlich eng auszulegen und bedarf für deren zulässiger Anwendung bestimmter nachfolgender Voraussetzungen:

1. Bei dem zitierenden Werk muss es sich um ein selbstständiges Werk handeln. Dabei hat die Rechtsprechung den Begriff des selbstständigen „Sprachwerkes" im Sinne von § 51 Nr. 2 UrhG entgegen dem Wortlaut umfassend auch auf Film- Rundfunk- Multimediawerke und sonstige Werkarten, bei denen Zitate möglich sind, erweitert. Das zitierende Werk hat auch dann noch als eigenständige Schöpfung bestehen zu bleiben, wenn das Zitat weggedacht wird. Das Zitat soll demgemäß im Verhältnis zum Gesamtwerk grundsätzlich eine völlig untergeordnete Rolle spielen.
2. Das zitierte Werk muss veröffentlicht sein. Ein Werk ist veröffentlicht, wenn es mit Zustimmung des Berechtigten der Öffentlichkeit zugänglich gemacht worden ist (§ 6 Absatz 1 UrhG).
3. Ein Zitatzweck muss vorliegen. Dies bedeutet, dass das zitierte Werk stets nur im Rahmen einer Belegfunktion oder als Erörterungsgrundlage verwendet werden darf. Ein Zitat ist dann gerechtfertigt, wenn es als Beleg, Beweis oder Untermauerung für die eigenen Ausführungen dient. Das zitierte Werk kann auch vorangestellt als Erörterungsgrundlage für dann nachfolgende Ausführungen und Erläuterungen dienen. Dabei muss immer eine innere Verbindung zwischen den zitierten Stellen und den eigenen Ausführungen bestehen. Es reicht also nicht aus, die Zitate in einer zusammenhangslosen Weise einzufügen. Das zitierte Werk darf nicht als bloße Wiedergabe zu Unterhaltungszwecken oder zur Ausschmückung dienen. Ein Zitat ist kein Beleg mehr, wenn es nicht nur eigene, in sich geschlossene Ausführungen untermauert, sondern ein Werk, das sonst ein Torso bliebe, ergänzen oder sonst vervollständigen soll. Kennzeichen für eine unzulässige Entlehnung ist stets das Fehlen des äußeren oder inneren Bezuges zwischen Werk und Zitat.
4. Die Länge des Zitats richtet sich nach dem Zitatzweck. Das Zitat muss gerade in diesem Umfang erforderlich sein, um den mit seiner Ausführung verfolgten Zweck erfüllen zu können. Das Zitat darf also nicht länger sein, als es zum Beleg der Aussage notwendig erscheint. Dabei ist in der Regel von einer gebotenen Kürze auszugehen.

5. Ein zulässiges Zitat kann nur bei unveränderter Übernahme eines Werkes oder von Werkteilen vorliegen. Es ist daher im Rahmen des Zitatrechts unzulässig, einen Filmausschnitt mit einem Kommentar zu „übersprechen". Erlaubt ist hingegen die Einblendung und gleichzeitige Kommentierung einer Photographie.

6. Kein zulässiges Zitat, sondern ein Plagiat liegt vor, wenn entgegen § 63 UrhG keine Quellenangabe erfolgt und das Zitat auch sonst nicht als solches kenntlich gemacht wird. Die Quellenangabe ist jedoch entbehrlich, sofern sie nicht zur Verkehrssitte gehört. Dies ist bei einem Nachruf der Fall.

9.4.4 Weitere relevante Schranken

Die Urheberrechtsbeschränkung nach § 50 UrhG privilegiert die Berichterstattung über Tagesereignisse im Rundfunkbereich, in Online-Medien, in Filmen sowie in Zeitungen, Zeitschriften und in anderen Druckschriften oder sonstigen Datenträgern. Die zulässige und vergütungsfreie Vervielfältigung, Verbreitung und öffentliche Wiedergabe wahrnehmbarer geschützter Werke im Rahmen der Berichterstattung über Tagesereignisse setzt ein *öffentliches Interesse* an der Berichterstattung voraus und fordert deren *Aktualität*. Dabei kann sich die Aktualität an der Erscheinungsweise des Mediums orientieren, sodass ein Bericht über ein Tagesereignis im Radio nur wenige Tage aktuell ist, wogegen das monatliche Kulturmagazin über den vergangenen Monat noch aktuell berichten kann. Jedenfalls ist die Verschiebung eines solchen Berichts in ein Online-Archiv wegen fehlender Aktualität nicht mehr von der Schrankenregelung gedeckt. Ferner sind nur *ausschnittsweise* und *wirklichkeitsgetreue* Wiedergaben von geschützten Werken im Rahmen der privilegierten Berichterstattung möglich. Auch hier besteht schließlich die Pflicht zur Quellenangabe nach § 63 UrhG. Als Beispiele zulässiger Verwendung geschützter Werke im Rahmen der Berichterstattung über Tagesereignisse können so Berichte über Ur- und Erstaufführungen von Bühnenwerken (Opern, Schauspiel etc.) mit kurzen Ausschnitten der Aufführung, aber auch Berichte über Feierstunden oder Preisverleihungen mit Ausschnitten aus der musikalischen Umrahmung angeführt werden. Ein Ausschluss über das Hausrecht kann allerdings einen solchen Bericht beschränken oder verhindern.

Zulässig ist die Vervielfältigung, Verbreitung und öffentliche Wiedergabe von Werken, wenn sie als unwesentliches Beiwerk anzusehen sind (§ 57 UrhG). Unwesentlich ist ein Beiwerk, wenn es weggelassen werden kann, ohne dass sich dies merklich auf das Hauptwerk auswirkt. Es muss für das Hauptwerk ohne jede

Bedeutung sein. Z. B. bei Außenaufnahmen ist Musik aus einem vorbeifahrenden Auto zu hören.

Zu erforderlichen Werbezwecken für öffentliche Ausstellungen und öffentliche Verkäufe dürfen Werke der bildenden Künste sowie Foto- und Filmwerke durch den Veranstalter vervielfältigt, verbreitet und öffentlich zugänglich gemacht werden (§ 58 UrhG).

§ 59 UrhG schränkt die Urheber insoweit ein, dass ihre Werke, die sich bleibend an öffentlichen Plätzen befinden, durch Malerei, Graphik oder Aufnahmen vervielfältigt, verbreitet und öffentlich wiedergegeben werden können. Diese sogenannte „Panoramafreiheit" gestattet es, von öffentlichem Grund und Boden aus ohne Hilfsmittel wie Leiter oder Kamerakran Aufnahmen von Kunstwerken (Statuen, Brunnen, Hundertwasserhaus etc.) zu machen und diese zu veröffentlichen. Gleiches gilt für mobile Kunstwerke auf Schiffen (z. B. AIDA-Kussmund), Omnibussen o. ä. Nicht von der „Panoramafreiheit" erfasst sind dagegen alle Werke, die nur vorübergehend in der Öffentlichkeit stehen (z. B. Verhüllung des Reichstages oder Lichtinstallation „Blue Port" im Hamburger Hafen). Für die Veröffentlichung von Aufnahmen davon sind die entsprechenden Rechte vom Urheber oder Rechteinhaber einzuholen.

9.5   Leistungsschutzrechte

Neben den Urheberrechten gibt es die sogenannten *Leistungsschutzrechte;* sie umfassen den Schutz der künstlerischen, unternehmerischen oder sonstigen Leistung, ohne dass eine persönliche geistige Schöpfung vorliegt. Die Schutzdauer beträgt je nach Leistungsschutzrecht i. d. R. zwischen 15 Jahre und 70 Jahre nach dem Jahr des Erscheinens oder nach dem Veröffentlichungsjahr eines Werkes oder einer Darbietung, hilfsweise nach dem Jahr der Herstellung des Werkes oder dem Jahr der Darbietung, bei fehlendem Erscheinen bzw. Veröffentlichung. Aber Vorsicht, da der Fristbeginn sich hilfsweise immer an das Herstellungs- bzw. Darbietungsjahr orientiert und dann aber vom Erscheinungs- bzw. Veröffentlichungsjahr überlagert wird und nochmals neu startet, können so im Einzelfall Leistungsschutzrechte bis zu 120 Jahre Rechtsschutz in Anspruch nehmen (z. B. erscheint ein Tonträger erst im 50. Jahr nach seiner Herstellung oder wird erlaubterweise veröffentlicht, dann läuft die Schutzfrist erst 120 Jahre nach Herstellung des Tonträgers ab – 50 Jahre nach Herstellung plus 70 Jahre neuer Fristenlauf nach Erscheinen/Veröffentlichung).

Die Leistungsschutzrechte sind in Teil 2 des Urheberrechts (§§ 70 –87h) unter „Verwandte Schutzrechte" geregelt und gliedern sich in sieben Abschnitte.

Ergänzend werden sie aufgeführt in Teil 3 des Urheberrechts (§§ 88–95) unter „Besondere Bestimmungen für Filme".

Die Abschnitte 1 und 2 behandeln den *Schutz bestimmter Ausgaben* (§§ 70–71 UrhG) sowie das *Leistungsschutzrecht an Lichtbildern* (§72 UrhG). Im Einzelnen umfasst:

§ 70 UrhG den Schutz von wissenschaftlichen Ausgaben urheberrechtlich nicht geschützter Werke oder Texte. Die Schutzfrist zugunsten des Verfassers der Ausgabe beträgt 25 Jahre nach Erscheinen bzw. hilfsweise bei fehlendem Erscheinen in der Zeit, nach Herstellung der Ausgabe.

§ 71 UrhG den Schutz nachgelassener Werke. Die Schutzfrist beträgt 25 Jahre nach dem Erscheinen oder nach zuvor erfolgter erster öffentlicher Wiedergabe des Werkes.

§ 72 UrhG den Schutz der Lichtbilder und damit aller nichtschöpferischen Fotografien (im Gegensatz zu den urheberrechtlich geschützten schöpferischen Fotografien) oder fotografieähnlichen Erzeugnissen (z. B. Röntgenbilder). Die Schutzfrist zugunsten des Fotografen erlischt 50 Jahre nach Erscheinen des Lichtbildes bzw. zuvor erfolgter erster erlaubter öffentlicher Wiedergabe oder hilfsweise nach dessen Herstellung bei Nichterscheinen oder fehlender erlaubter öffentlicher Wiedergabe innerhalb der Frist. So kann ein Leistungsschutzrecht an einem Foto bis zu 100 Jahre bestehen (bei Erscheinen oder Veröffentlichung des Fotos im 50. Jahr nach Herstellung). Es gilt die Regel, dass grundsätzlich jedes Foto geschützt ist, entweder urheberrechtlich (nach § 2 Abs. 1 Nr. 5 UrhG) als Lichtbildwerk oder leistungsschutzrechtlich als Lichtbild. Dabei löst bereits ein Mindestmaß an schöpferischer Individualität (z. B. Wahl der Gestaltung, Beleuchtung oder des Bildausschnitts) den Urheberrechtsschutz als Lichtbildwerk aus (sog. „kleine Münze" der Lichtbildwerke).

In Abschnitt 3 ist der *Schutz des ausübenden Künstlers* (§§ 73–84 UrhG) gesetzlich als eigenständiges Leistungsschutzrecht verankert. Daneben genießt der unternehmerische *Veranstalter* (§ 81 UrhG) einer Darbietung des ausübenden Künstlers entsprechende Schutzrechte.

Geschützt wird jede künstlerische und damit auch musikalische Darbietung einer Person (§ 73 UrhG). Der Schutz umfasst die Anerkennung als ausübender Künstler (§ 74 UrhG) sowie jede Beeinträchtigung der Darbietung (§ 75 UrhG). Grundlegend ist das ausschließliche Recht des ausübenden Künstlers, seine Darbietung auf Bild- oder Tonträger aufzunehmen und diese zu vervielfältigen sowie zu verbreiten (§ 77 UrhG). Hinzu kommt das ausschließliche Recht, seine Darbietung öffentlich wiederzugeben (§ 78 UrhG). Die Dauer der Verwertungsrechte beträgt bei einer auf einem Tonträger (z. B. CD) aufgezeichneten Darbietung 70 Jahre nach dessen Erscheinen oder nach der zuvor erfolgten ersten erlaubten öffentlichen Wiedergabe. Wurde nicht auf Tonträger, sondern anderweitig aufgezeichnet (z. B. auf einem Bild/Tonträger wie DVD), so erlöschen die Verwertungsrechte 50 Jahre nach dem Erscheinen der Aufzeichnung bzw. nach zuvor erfolgter erlaubter öffentlicher Wiedergabe. Bei fehlendem Erscheinen oder erlaubter Veröffentlichung eines Tonträgers oder anderweitiger Aufzeichnung gilt hilfsweise eine 50 Jahre-Schutzfrist nach Darbietung, (§ 82 Abs. 1 UrhG). Kumulativ kann somit eine Darbietung auf Tonträger bis zu 120 Jahre geschützt sein. In § 78 Abs. 2 UrhG wird ein angemessener Vergütungsanspruch für die öffentliche Wiedergabe und in § 79a UrhG gegenüber dem Tonträgerhersteller definiert. Relativ neu in das Gesetz aufgenommen ist der Anspruch des ausübenden Künstlers auf eine gesonderte angemessene Vergütung, wenn der Vertragspartner eine neue Art der Nutzung seiner Darbietung aufnimmt, die im Zeitpunkt des Vertragsschlusses vereinbart, aber noch unbekannt war (§ 79b UrhG). Die Schutzfrist für die Verwertungsrechte des Veranstalters (§81 UrhG) erlöscht 25 Jahre nach dem Erscheinen einer Aufzeichnung der Darbietung bzw. nach zuvor erfolgter erlaubter öffentlicher Wiedergabe dieser, hilfsweise 25 Jahre nach der Darbietung selbst bei fehlendem Erscheinen bzw. fehlender erlaubter Veröffentlichung (§ 82 Abs. 2 UrhG).

Die Abschnitte 4 bis 7 behandeln den Schutz des Herstellers von Tonträgern (§ 85–86 UrhG), von Sendeunternehmen (§ 87), von Datenbankherstellern (§§ 87a–87e) und von Presseverlegern (§§ 87f–87k). Hinzu kommt, dass für den Filmhersteller (§ 94 UrhG) und für Laufbilder (§ 95 UrhG) eigenständige Leistungsschutzrechte bestehen. Im Einzelnen umfasst:

§ 85 UrhG den Schutz des Tonträgerherstellers. Dieser Schutz umfasst das ausschließliche Recht, den Tonträger zu vervielfältigen, zu verbreiten und öffentlich zugänglich zu machen (Onlineveröffentlichung). Die Schutzdauer ist gestaffelt und läuft zunächst 50 Jahre nach dem Herstellungsjahr, sofern der Tonträger nicht erschienen ist oder nicht erlaubterweise zur öffentlichen Wiedergabe benutzt wurde. Wurde innerhalb dieser Frist der Tonträger erlaubterweise zur öffentlichen Wiedergabe benutzt, beträgt die Schutzdauer 70 Jahre ab Veröffentlichung. Ist der Tonträger aber innerhalb der 50-Jahresfrist nach Herstellung erschienen, gilt übergeordnet eine Schutzdauer von 70 Jahren nach Erscheinen, unabhängig davon, ob der Tonträger bereits erlaubterweise zur öffentlichen Wiedergabe benutzt wurde oder erst zeitlich später benutzt wird.

§ 87 UrhG den umfassenden Schutz des Sendeunternehmens an den eigenen Funksendungen. Die Schutzdauer beträgt 50 Jahre nach der ersten Funksendung.

§ 87b UrhG den Schutz des Datenbankherstellers an der Vervielfältigung, Verbreitung und öffentlichen Wiedergabe der Datenbank insgesamt oder wesentlicher

Teile davon. Die Schutzdauer beträgt 15 Jahre nach Veröffentlichung, hilfsweise bei fehlender Veröffentlichung 15 Jahre nach Herstellung (§ 87d).

§ 87f UrhG den Schutz des Presseverlegers an der Onlineverwertung seiner Presseerzeugnisse. Diese Vorschrift wurde im Jahr 2013 eingeführt und hatte im Wesentlichen die Zielrichtung, die Rechte der Presseverleger gegen Suchmaschinen wie Google und gleichgelagerte gewerbliche Anbieter zu stärken. Im Jahr 2019 hat der Europäische Gerichtshof das Leistungsschutzrecht für Presseverleger wegen eines Formfehlers im Gesetzesverfahren für nicht anwendbar erklärt. Ein europaweites Leistungsschutzrecht für Presseverleger wurde nun über die EU Richtlinie 2019/790 vom 17. April 2019 auch in deutsches Recht umgesetzt.

§ 94 UrhG den Schutz des Filmherstellers an dem Speichermedium „Filmträger", auf dem ein Filmwerk aufgenommen ist. Das ausschließliche Recht umfasst, den Filmträger zu vervielfältigen, zu verbreiten und zur öffentlichen Vorführung, Funksendung oder öffentlichen Zugänglichmachung zu benutzen. Die Schutzfrist zugunsten des Filmherstellers erlischt 50 Jahre nach Erscheinen des Filmträgers bzw. zuvor erfolgter erster erlaubter Benutzung zur öffentlichen Wiedergabe oder hilfsweise nach dessen Herstellung bei Nichterscheinen oder fehlender erlaubter Benutzung zur öffentlichen Wiedergabe innerhalb der Frist. So kann ein Leistungsschutzrecht an einem Filmträger bis zu 100 Jahre bestehen (bei Erscheinen oder Veröffentlichung des Filmträgers im 50. Jahr nach Herstellung).

§ 95 UrhG den Schutz des Filmherstellers an Laufbildern, d. h. an Filmen, die keinen schöpferischen Werkcharakter aufweisen. Typischerweise zählen dazu filmische Dokumentationen eines vorgegebenen Geschehens ohne filmspezifische Gestaltungsmittel (z. B. Interviewsendungen oder Aufnahmen von reinen Sportveranstaltungen). Schutzumfang und -dauer an Laufbildern gelten entsprechend den Regelungen zum Schutz des Filmherstellers an einem Filmwerk.

9.6 Sonstige Rechtsfragen für Musikjournalisten

Seit Einführung der Datenschutzgrundverordnung (DSGVO) am 25. Mai 2018 unterliegen alle personenbezogenen Daten einem einheitlichen europaweiten Datenschutz. Dieser sieht grundsätzlich umfassende Transparenz- und Informationspflichten für die Verarbeitung personenbezogener Daten vor und eine Stärkung der Rechtsposition von Personen, deren Daten verarbeitet werden. Dementsprechend ist in der Regel auch jederzeit ein Widerruf der zuvor erteilten freiwilligen Einwilligung zur Datenverarbeitung möglich mit der Konsequenz, die Datenverarbeitung zu löschen. Problematisch erscheint dies gerade im Rahmen der Rundfunk- und Pressetätigkeit, wenn beispielsweise aufwendig durchgeführte

Interviews/Aufnahmen von Personen von diesen kurzfristig auf der Grundlage der DSGVO widerrufen werden.

Medienprivileg: Um der grundrechtlich verankerten Rundfunk-, Presse- und Informationsfreiheit gerecht zu werden und Medien- sowie Presseunternehmen Rechtssicherheit zu gewähren, besteht für diese Zielgruppe das sogenannte „Medienprivileg" nach § 85 Abs. 2 DSGVO iVm §§ 12, 23 Medienstaatsvertrag sowie entsprechenden Vorschriften in den Landespressegesetzen. Dieses sieht erhebliche datenschutzrechtliche Erleichterungen für die redaktionelle Tätigkeit vor, sodass u. a. Informationspflichten sowie Widerrufs- und Löschungsansprüche weitestgehend eingeschränkt sind. So kann ein aufgenommenes Interview für einen Radio-/Fernsehbeitrag oder einen Presseartikel aufgrund des Medienprivilegs nicht mehr einfach und grundlos widerrufen werden. Dieses Privileg können allerdings Blogger, Influencer, YouTuber etc. zumindest derzeit noch nicht in Anspruch nehmen. Abzuwarten bleiben klarstellende gesetzliche Erweiterungen oder gerichtliche Entscheidungen in diesem Bereich.

Das Grundrecht der *Kunstfreiheit* kann für kommentierende journalistische Formate (z. B. Glosse), aber auch fiktionale und unterhaltende Formate (z. B. Satire, Karikatur, Parodie) von Relevanz sein. Die Kunstfreiheit wird durch Art. 5 Absatz 3 Grundgesetz gewährleistet:

„(3) Kunst und Wissenschaft, Forschung und Lehre sind frei. Die Freiheit der Lehre entbindet nicht von der Treue zur Verfassung. "

Das Grundrecht schützt die Freiheit der Kunst. Zu beurteilen, ob sich eine künstlerische Äußerung auf Art. 5 Abs. 3 GG berufen kann, ist vom Einzelfall abhängig, da der Kunstbegriff nicht generell definiert werden kann. Es gilt vielmehr ein weiter Kunstbegriff, ohne zwischen „schön" oder „hässlich", „gut" oder „schlecht" oder anderen vergleichbaren Wertungen zu unterscheiden. Wie bereits erwähnt, hat im Jahr 2016 das Bundesverfassungsgericht das „Sampling" als eigenständige Kunstart eingestuft (BVerfG, Urt. v. 31.5.2016 – 1 BvR 1585/13).

Die Kunstfreiheit wird zwar vorbehaltlos, aber nicht schrankenlos gewährleistet. Schranken bilden Grundrechte Dritter und andere mit Verfassungsrang ausgestattete Rechtsgüter. Beispielhaft seien hier das allgemeine Persönlichkeitsrecht (Art. 2 Abs. 1 GG) und der Jugendschutz (Ausfluss aus Art. 6 Abs. 2 GG) genannt, ohne aber einen generellen Vorrang gegenüber der Kunstfreiheit zu genießen. Eine Abwägung im Einzelfall hat im Rahmen der praktischen Konkordanz (schonender Ausgleich der Grundrechtsgüter) zu erfolgen. Einzig ausgenommen davon ist die Verletzung der Menschenwürde (Art 1 Abs. 1 GG), die als absolute Schranke keine Güterabwägung zulässt.

Die „Creative Commons"-Lizenz (abgekürzt „CC") bietet Autoren eine Möglichkeit, für die Verwendung von Inhalten, z. B. Musik für Unterleger, auf Abgaben an die Verwertungsgesellschaften (z. B. GEMA bzw. VG Wort) zu verzichten, in dem deren Nutzungsrechte unter eine solche CC-Lizenz gestellt sind. Hierbei sind jedoch die Lizenz-Bedingungen der sechs verschiedenen Lizenzarten zu beachten, unter denen z. B. ein Musikstück kostenfrei genutzt werden darf, ob z. B. eine kommerzielle Nutzung eingeschränkt ist. Verschiedene Rundfunkanstalten haben inzwischen digitale Archive aufgesetzt mit Dokumenten, die mittels CC-Lizenzen genutzt werden können (siehe „Weiterführende Links").

Weiterführende Literatur

Wandtke, Artur-Axel/Winfried Bullinger (Hg.), Praxiskommentar Urheberrecht: UrhG, VGG, InsO, UKlaG, KUG, EVtr, InfoSoc-RL (München: C.H.Beck 5. Aufl. 2019).
Branahl, Udo, Medienrecht. Eine Einführung (Wiesbaden: Springer VS, 8. Aufl. 2019).
Bühler, Peter/Patrick Schlaich/Dominik Sinner, Medienrecht. Urheberrecht – Markenrecht – Internetrecht (Wiesbaden: Springer VS 2017).
Fricke, Ernst, Recht für Journalisten. Presse – Rundfunk – Neue Medien (Konstanz: UVK 2. Aufl. 2010).

Weiterführende Links

https://www.bpb.de/themen/0GNUL9,0,0,Urheberrecht.html.
Dossier der Bundeszentrale für Politische Bildung zum Urheberrecht.
https://www.gesetze-im-internet.de/urhg – Gesetzestexte in der jeweils aktuellen Version.
https://www.klicksafe.de/themen/rechtsfragen-im-netzurheberrecht.
https://irights.info/ratgeber – Homepage von iRights e. V., Berlin, mit Texten und PDF-Dateien zu „Urheberrecht und kreatives Schaffen in der digitalen Welt".
https://creativecommons.org – Homepage von Creative Commons.

Verwertungsgesellschaften

10

Peter Overbeck

Zusammenfassung

Verwertungsgesellschaften sorgen dafür, dass kreativ Tätige zusätzlich zu ihrem Honorar ihren Anteil an den Zweitnutzungsrechten bekommen. Die Zuständigkeiten und die Rahmenbedingungen in den drei deutschsprachigen Ländern werden erläutert.

Schlüsselwörter

Verwertung • GEMA • VG Wort • Großes Recht • Kleines Recht

10.1 Generelles

Wie in Kap. 9 erläutert, schützt und regelt das Urheberrecht persönliche geistige Schöpfungen (Werke) mit einer bestimmten Gestaltungshöhe; dieses Recht erlischt erst 70 Jahre nach dem Tode des Urhebers. Urheber haben einen Anspruch auf eine Vergütung bei Nutzung ihrer Werke, juristisch als „Verwertung" bezeichnet.

Neben den Schöpfern (Urhebern) bedarf es bei der Musik der Aufführung. Interpreten haben für Ihre Darbietungen Leistungsschutzrechte und Anspruch auf eine Vergütung. Diese Leistungsschutzrechte enden bereits 50 Jahre nach der Darbietung bzw. 70 Jahre nach Erscheinen oder Veröffentlichung auf einem Tonträger (s. o. § 82 UrhG).

P. Overbeck (✉)
Institut für Musikjournalismus, Hochschule für Musik Karlsruhe, Karlsruhe, Deutschland
E-Mail: info@musik-journalismus.de

© Springer Fachmedien Wiesbaden GmbH, ein Teil von Springer Nature 2022   111
P. Overbeck (Hrsg.), *Musikjournalismus,* Journalistische Praxis,
https://doi.org/10.1007/978-3-658-32476-6_10

Die Verwertungsgesellschaften sollen allen kreativ Tätigen zu einem Anteil am Erlös der sogenannten Zweitnutzungen ihrer Werke verhelfen. Im Unterschied zur Erstverwertung, dem Honorar, sind dies z. B. die Übernahme von Texten in Pressespiegel, das Auslegen oder die Ausleihmöglichkeit von Büchern, Zeitschriften oder auch z. B. Tonträgern in Bibliotheken. Diese einzelnen Verwertungsrechte wurden in Abschn. 9.2 erläutert. Die Höhe der daraus resultierenden Vergütung hängt u. a. ab von der Reichweite eines Senders, den Abrufzahlen im Internet oder der Auflage einer Publikation, von der Dauer oder vom Umfang und vom Genre.

Musikjournalisten nutzen einerseits Werke, die durch das Urheberrecht geschützt sind, andererseits sind sie selbst Urheber und ggf. vergütungsberechtigt. Was die Verwertung urheberrechtlich geschützter Werke für Belegzwecke angeht, beispielsweise den Einsatz von kurzen Musikbeispielen im Rundfunk, so ist dies bei Vorliegen der Voraussetzungen durch das Zitatrecht abgedeckt (siehe Abschn. 9.4.3).

Verwertungsgesellschaften wurden gegründet, um Urhebern und Leistungsschutzberechtigten das Eintreiben der Gebühren für die Nutzungen ihrer Kompositionen oder Texte oder ihrer musikalischen Darbietung mit einem Wahrnehmungsvertrag abzunehmen. Verwertungsgesellschaften nehmen kollektiv die Urheberrechte oder verwandten Schutzrechte (Leistungsschutzrechte) wahr, sowohl im Inland als auch über Gegenseitigkeitsverträge mit ausländischen Gesellschaften im Ausland. Die Verwertungsgesellschaften eines Landes vertreten auch die Interessen der Mitglieder von ausländischen Schwestergesellschaften. Umgekehrt vertreten diese die Interessen deutscher Urheber/Leistungsschutzberechtigter im Ausland und treiben deren Tantiemen ein.

Gesetzliche Grundlage für die erlaubnispflichtige Tätigkeit von Verwertungsgesellschaften ist seit dem 1. Juni 2016 das „Gesetz über die Wahrnehmung von Urheberrechten und verwandten Schutzrechten durch Verwertungsgesellschaften" (kurz: Verwertungsgesellschaftengesetz, abgekürzt VGG, in der Fassung vom 7. Juni 2021). Mit der Aktualisierung wurde erstmals die Möglichkeit von Kollektiven Lizenzen mit erweiterter Wirkung, Extended Collective Licences (ECL), eingeführt (§§ 51ff.).

Die wichtigsten und für Musikjournalisten als Nutzer und Schöpfer relevanten Gesellschaften werden nachfolgend erläutert. Die genauen Bestimmungen und Satzungen können bei den einzelnen Gesellschaften erfragt werden.

10.2   Deutsche Verwertungsgesellschaften

Die „Gesellschaft für musikalische Aufführungs- und mechanische Vervielfältigungsrechte" (GEMA, München/Berlin), gegründet 1903 und mitinitiiert
vom Komponisten Richard Strauss, verwaltet in der Rechtsform eines wirtschaftlichen Vereins treuhänderisch die Nutzungsrechte der Musikschaffenden, also von
Komponisten, Textdichtern und Verlegern. Sie hilft, alle Rechte zur Musiknutzung zu erwerben. Anschließend leitet sie die Lizenzbeiträge an die Urheber,
deren Werke aufgeführt, ausgestrahlt oder verbreitet wurden, weiter. Auf der
Homepage der GEMA ist eine Onlinedatenbank zu finden, mit der man Urheber von musikalischen Werken ermitteln kann. Kontakt: www.gema.de, E-Mail:
kontakt@gema.de.

Die „Gesellschaft zur Verwertung von Leistungsschutzrechten mbH" (GVL,
Berlin) mit Sitz in Berlin ist seit 1959 die urheberrechtliche Vertretung der ausübenden Künstler, der Bild- und Tonträgerhersteller und Veranstalter, getragen
von der Deutschen Orchestervereinigung e. V. (DOV) und der Deutschen Landes-
gruppe der Internationalen Vereinigung der Phonographischen Industrie (IFPI) in
Form einer GmbH. Die GVL nimmt die sogenannten Zweitverwertungsrechte für
die ausübenden Künstler (Musiker, Sänger, Tänzer, Schauspieler und alle sonstigen Werkinterpreten) und die Tonträgerhersteller (Schallplatten- bzw. CD-Firmen
und sonstige Tonträger-Produzenten mit eigenem Label) wahr. Sie zieht hierfür
auf der Basis bestimmter Tarife die Vergütungen ein und verteilt sie an ihre
Berechtigten. Vergütungen kommen u. a. von Hörfunk und Fernsehen, Gaststätten,
Tonträger- und Leermedien-Herstellern, Videotheken und Bibliotheken. Kontakt:
www.gvl.de, E-Mail: infomail@gvl.de.

Die Verwertungsgesellschaft Wort (VG Wort, München) vertritt treuhänderisch Autorinnen, Autoren und Verlage im Wortbereich und nimmt die Nutzungsrechte und Vergütungsansprüche von Sprachwerken schöngeistiger, dramatischer,
sachlicher, fachlicher oder wissenschaftlicher Art wahr. Sie leitet die Erträge –
dazu gehören auch Pauschalen von Herstellern von Fotokopierern oder von Bild-
und Tonträgern oder öffentliche Bibliotheken – an die Autoren und Verlage weiter. Musikjournalisten sind für eigene Texte bei der VG Wort empfangsberechtigt,
also z. B. Rundfunkmanuskripte, Bücher, Artikel für Zeitungen, Zeitschriften und
Bücher beim Vorliegen bestimmter Voraussetzungen wie Umfang des Textes oder
der Moderation und Reichweite des Mediums (gratis verteilte Medien natürlich
ausgenommen). Kontakt: www.vgwort.de bzw. E-Mail: vgw@vgwort.de.

Editionen, also Notenausgaben von Musikwerken (VG Musikedition, Kassel): Bei einer Schöpfung, deren Urheber vor mehr als 70 Jahren gestorben ist,
fallen gewöhnlich nur Nutzungsgebühren für die musikalische Interpretation (also

bei der GVL) an, nicht aber für die Nutzung des Notenmaterials. Anders sieht es aus, wenn es sich um wissenschaftliche Editionen und Erstausgaben handelt. Die Verwertungsgesellschaft zur Wahrnehmung von Nutzungsrechten an Editionen (Ausgaben von Musikwerken) (VG Musikedition) nimmt diese wahr im Sinne der §§ 70/71 UrhG. Für Herausgeber von wissenschaftlichen Ausgaben und Erstausgaben („Editio princeps") gilt die urheberrechtliche Schutzfrist von 25 Jahren, egal ob sie noch urheberrechtlichem Schutz unterliegen oder bereits gemeinfrei sind. Kontakt: www.vg-musikedition.de, E-Mail: info@vg-musikedition.de.

10.3 Vergütung des Senderechts, Großes und Kleines Recht

Programmanbieter, öffentlich-rechtliche und privat-kommerzielle, rechnen die Verbreitung direkt mit den Verwertungsgesellschaften ab und haben dazu Rahmenverträge mit GEMA/GVL bzw. VG Wort abgeschlossen. Seit 2016 haben auch YouTube und andere sog. „Gemischte Online Plattformen" (z. B. Facebook und Instagram) Rahmenverträge mit GEMA oder der International Copyright Enterprise (ICE), einem europäischen Joint Venture, an dem die GEMA beteiligt ist, und zahlen an die Verwertungsgesellschaft Vergütungen, wenn Nutzer Musik der von ihr vertretenen Künstler und Musikverlage auf der Plattform verwenden. Dadurch entfallen viele Sperrtafeln bei YouTube-Videos. Man darf aber Musik nicht immer automatisch auch verwenden. Da es Musiker und Verlage gibt, die nicht GEMA-Mitglied sind, müssen weiterhin vorab alle nötigen Rechte geklärt werden, oder die Rechteinhaber müssen die konkrete Verwendung zumindest bewusst tolerieren.

Man unterscheidet das „Kleine Recht" und das „Große Recht".[1]

Das „Großen Recht" umfasst die Rechte zur Nutzung bühnenmäßiger Aufführungen dramatisch-musikalischer Werke, und zwar vollständig, als Querschnitt oder in größeren Teilen. Neben Opern und Musiktheater zählen hierzu auch beispielsweise Tanztheater und Ballette. Die Wahrnehmung der Großen Rechte bleibt den Komponisten, Librettisten und, bei entsprechender Einräumung durch Verlagsverträge, den Verlagen vorbehalten. Große Rechte gehören nicht zum Wahrnehmungsbereich der GEMA bzw. VG Wort. Sie müssen direkt mit den Rechteinhabern (Komponist, Textdichter bzw. den sie vertretenden Verlag) individuell ausgehandelt werden. Da sich die Kosten für das Große Recht nicht

---

[1] Siehe dazu: Artur-Axel Wandtke/Winfried Bullinger (Hg.), Praxiskommentar Urheberrecht: UrhG, VGG, InsO, UKlaG, KUG, EVtr, InfoSoc-RL (München: C.H.Beck 5. Aufl. 2019), UrhG § 20 Rn. 7, 7a.

an festen GEMA-Sätzen orientieren und meistens wesentlich höher sind als für das „Kleine Senderecht", empfiehlt sich vor dem Einsatz im Programm eine Rücksprache mit der Lizenzabteilung. Wenn die Handlung beispielsweise eines Balletts im Rundfunk so ausführlich geschildert wird, dass sich der Hörer ein Bild machen kann, fällt möglicherweise bereits das „Große Recht" an, was im Falle einer bundesweiten Ausstrahlung z. B. im ARD-Nachtkonzert mit hohen Nutzungskosten verbunden sein kann.

Unter das „Kleine Senderecht" fallen alle anderen Musiken und ihre konzertante Verwendung (u. a. nichttheatralische Musikwerke, Konzertfassungen theatralischer Werke, Musikwerke in Kino- und Fernsehfilmen, aber auch Bühnenmusiken, die nicht integraler Bestandteil von Bühnenwerken sind, und kleine Teile musikalisch-dramatischer Werke, z. B. einzelne Lieder hieraus). Das „Kleine Recht" wurde i. d. R. der GEMA übertragen. Es umfasst insbesondere die Aufführungsrechte, die Rechte der Hörfunk- und Fernsehsendung und -wiedergabe, die Rechte zur Aufnahme, Vervielfältigung und Wiedergabe von Bild- und Tonträgern und die Verbreitung über YouTube und anderen sog. Gemischten Online-Plattformen (z. B. Facebook und Instagram). Bei Balletten, szenischen Kantaten etc. hat sich die Unterscheidung zwischen Primär- und Sekundärstatus praktisch verwischt; zwittrig sind z. B. die großen Ballette von Strawinsky oder die Carmina Burana von Carl Orff, weil sie von Anfang an sowohl im Konzert als auch bühnenmäßig aufgeführt wurden.

Die VG Wort besitzt nur das „Kleine Senderecht" zur Verwertung; es umfasst bei Lesungen aus einem Werk im Hörfunk bis zu 15 Min. und im Fernsehen bis zu 10 Min. Für längere Lesungen ist der Verlag/Autor zuständig. Ein wichtiger Unterschied: Die Nutzungsrechte über die VG Wort werden nach einem festen Tarif abgegolten, mit dem Verlag/Autor muss der Betrag ggf. ausgehandelt werden.

Die GEMA hat für die einzelnen Verwendungen verschiedene Tarife aufgestellt, je nach Reichweite, Dauer und technischen Nutzungsmöglichkeiten. Der „GEMA-Tarif Radio" umfasst „alle technischen Sendearten, wie zum Beispiel die terrestrische, kabelgebundene und satellitäre Sendung, die Sendung im Internet oder über Mobilfunk-Datennetze" für die „lineare Sendung und Programm begleitende Onlinenutzungen", freilich ohne die Möglichkeit des Herunterladens. Beim Tarif „Premium Radio" wird neben dem Senderecht auch das Recht der öffentlichen Zugänglichmachung und das Vervielfältigungsrecht eingeräumt und abgegolten, wörtlich: „Das Recht, den Endnutzern im Falle eines Angebots zum Download zu ermöglichen, die Werke des GEMA-Repertoires auf ein Endgerät des Endnutzers herunterzuladen". Der Tarif deckt ferner interaktive Radioangebote ab, bei denen der Hörer keinen vollständigen Einfluss auf die Musikauswahl hat, sondern sich nur im Rahmen des vom Veranstalter ausgestalteten und vorgegebenen Programms bewegen kann (z. B. Radio-Apps mit der Möglichkeit eines Titeltauschs). Bei Online-Plattformen sowie bei Streaming-Diensten wie Spotify oder Apple Music erfolgt eine nutzungsbezogene Verteilung. Ist dies nicht möglich, werden die Beträge über eine sog. Kompensationsverteilung umgelegt. Zur Erfassung der verwertungsrelevanten Daten ist es notwendig, dass die Programmgestalter die notwendigen Informationen in Musiklisten mitliefern – sofern sie nicht über das Redaktionssystem direkt erfasst werden.

10.4   Schweiz, Liechtenstein und Österreich

In der Schweiz und im Fürstentum Liechtenstein nimmt das „Kleine Recht" **für Urheber musikalischer Werke** die 1923 gegründete SUISA in Zürich (eine Abkürzung für „Suisse Auteurs") wahr. Kontakt: www.suisa.ch, E-Mail: suisa@suisa.ch. Die SSA, die „Société Suisse des Auteurs, société coopérative (SSA, Lausanne)", ist zuständig für die Großen Rechte, also für Opern oder Musicals, Kontakt: www.ssa.ch, E-Mail: info@ssa.ch. Die Leistungsschutzrechte, also die Rechte der Interpreten und der Ton- und Bildträgerproduzenten, werden von der Swiss Perform, Zürich, vertreten. Kontakt: www.swissperform.ch, E-Mail: info@swissperform.ch.

In Österreich gibt es mehrere Gesellschaften für die verschiedenen Verwertungsrechte. Die AKM, Wien (Autoren, Komponisten und Musikverleger registrierte Genossenschaft m.b.H.) ist die größte österreichische und befasst sich mit den Verwertungsrechten der Tonkunst. Kontakt: www.akm.at, E-Mail: direktion@akm.at. Die Austro Mechana, Wien (Gesellschaft zur Wahrnehmung mechanisch-musikalischer Urheberrechte m.b.H) nimmt Vervielfältigungs- und Verbreitungsrechte auf Ton- und Bildtonträgern sowie bestimmte Vergütungsansprüche der musikalischen Urheber (Komponisten und Textautoren) und der Musikverleger wahr. Kontakt: www.akm.at, E-Mail: office@aume.at). Die OESTIG, Wien (Österreichische Interpretengesellschaft) vertritt die Leistungsschutzrechte ausübender Künstler. Kontakt: www.oestig.at, E-Mail: e.o@oestig.at. Die Literar Mechana, Wahrnehmungsgesellschaft für Urheberrechte GesmbH, Wien, nimmt die Vergütungsrechte für Autoren und Verleger wahr. Kontakt: www.literar.at, E-Mail: office@literar.at.

Weiterführende Literatur und Links

Siehe Kapitel 43 „Selbstmanagement".

Teil II
Musikjournalismus im Rundfunk

Musikjournalismus am Mikrofon

11

Luise Wunderlich und Mareike Schmidts

Zusammenfassung

Welche Qualität soll das Sprechen in welchem Format haben? Für Redakteure, deren Sprechausbildung oft genug darin besteht, sich zunächst an den Kollegen zu orientieren und sich im Übrigen auf das eigene Talent zu verlassen, werden hier sinnvolle Standards gesetzt, sowohl, was die körperlichen und stimmlichen Voraussetzungen angeht als auch Fragen der Betonung und Gestaltung von Texten. Um einen kompetenten Eindruck beim Hörer zu hinterlassen, sind Kenntnisse der Phonetik unerlässlich. Dem Medium als Hörmedium wird darüber hinaus nur gerecht, wer in der Lage ist, hörend zu schreiben. Schließlich wollen wir ermuntern, Probleme aktiv anzugehen und gegebenenfalls Feedback und Unterricht eines qualifizierten Sprecherziehers für dieses wichtige Thema in Anspruch zu nehmen.

Schlüsselwörter

Sprechen • Moderation • Stimme • ADB

L. Wunderlich (✉)
Baden-Baden, Deutschland
E-Mail: info@musik-journalismus.de

M. Schmidts
Stuttgart, Deutschland
E-Mail: info@musik-journalismus.de

© Springer Fachmedien Wiesbaden GmbH, ein Teil von Springer Nature 2022   121
P. Overbeck (Hrsg.), *Musikjournalismus,* Journalistische Praxis,
https://doi.org/10.1007/978-3-658-32476-6_11

Man schaltet das Radio ein. Und wird selten überrascht. Denn was einem da tagaus, tagein entgegenschallt, ist programmierte gute Laune. Im inhaltlichen und musikalischen Sinne, aber auch in der sprecherischen Präsentation. Musikrotation in der Endlosschleife und dazu die Stimmen verschiedener Moderatoren-„Personalities". Man tut sich allerdings schwer, diese als solche zu identifizieren, denn Stimmen und Sprechweisen sind häufig kaum auseinanderzuhalten. Das sogenannte *Singen* (viele sinnwidrige Betonungen), ein überaus flottes Sprechtempo und betont gut gelauntes Auftreten bekommt man eigentlich überall zu hören. Und das nicht nur bei den Privaten, sondern mehr und mehr auch bei den Öffentlich-Rechtlichen. So entsteht eine uniforme Sprechweise, die weder etwas über die Persönlichkeit des Sprechers verrät noch Inhalte transportiert.

Viele Redakteure bringen sich das Sprechen am Mikrofon im Alltagsgeschäft selber bei. Da hört man sich was ab beim Kollegen oder spricht eben so nach Gefühl. Meistens wird aus der Not eine Tugend, denn da ja alle so ähnlich sprechen, macht man es einfach nach. Oftmals fehlen natürlich auch Zeit und Muße, sich um den eigenen sprecherischen Auftritt am Mikrofon zu kümmern. Denn wer nimmt sich im Alltagsstress noch die Zeit, von erfahrenen Kollegen ein Feedback einzuholen. Ganz abgesehen davon, dass auch diese sich in ihrer Anfangszeit meist selbst helfen mussten und ihre eigenen Sprechmuster haben. Mit Persönlichkeit oder Authentizität haben solche Sprechstile nicht mehr viel zu tun.

Das Radio ist ein Medium, das Nähe vermittelt. Das geschieht am besten, wenn die Persönlichkeit des Moderators/Redakteurs beim Sprechen erkennbar ist. Großspurigkeit und Verkünden ist dem Medium nicht angemessen. Allerdings, wer meint, der Moderator müsse bescheiden hinter seinem Text zurücktreten, wird sich vielleicht sagen lassen müssen, er wirke entrückt und überheblich. – Das passiert, wenn sich der Sprecher mit seiner Persönlichkeit zu wenig mit dem Text verbindet.

Wer spricht was? Allgemein gilt, je mehr sich eine Radiosendung einer künstlerischen Form wie Feature oder Hörspiel nähert, desto eher sollten professionelle Sprecher und Schauspieler ans Mikrofon. Journalisten sollten sich selbstkritisch fragen, wo hier ihre Grenzen sind. Gut, wenn sie die eigenen Fähigkeiten richtig einzuschätzen wissen – auch wenn es „nur" um ein Zitat oder Overvoice geht. Aus dem Satz „Der Autor ist der beste Interpret seines Textes" lässt sich eben nur im Einzelfall ein Gesetz machen. Am besten spricht der, der dem Text im Rahmen der Sendung am meisten gerecht wird. Daher gilt: Der Autor sollte seinen Text sprechend üben. Er weiß zwar, was er geschrieben hat, und hat im Normalfall einen Bezug dazu, doch ist das keine Garantie dafür, dass er das auch sprecherisch umsetzen kann: Er muss dazu die eigenen Gedanken noch einmal neu wortwörtlich, leibhaftig denken und nachvollziehen, in den Mund nehmen und gestalten. Der Autor kann sich also nicht darauf verlassen, dass seine Gedanken sich vom Papier einfach so an den Hörer übertragen. Auch der Sprecher oder Schauspieler kann nicht darauf bauen, dass mit einer routinierten Sprechweise schon alles getan ist: er muss ebenso üben, um sich den Inhalt anzueignen.

11.1 Sprechtechnische Voraussetzungen

Als Journalist in den elektronischen Medien spricht man nicht wie ein Schauspieler, der einen Saal füllen muss. Lautstärke und Tragweite der Stimme sind deshalb keine entscheidenden Parameter. Das Mikrofon hat seine eigenen Gesetze: Es reagiert z. B. empfindlich auf Extreme. Für die Stimme genügt Gesprächston in Zimmerlautstärke.

Die Stimme selbst soll unangestrengt und gelöst klingen und ökonomisch eingesetzt werden. Es gibt auch Leute, die trotz einer unvorteilhaften Stimmgebung Karriere machen, und es geschafft haben, daraus ein Markenzeichen zu machen. Im Musikjournalismus – im Rundfunk, wo sich alles aufs Hören kapriziert, mehr als im Fernsehen – sollte das allerdings eher eine Seltenheit sein. Der Stimmklang darf dem Ohr schmeicheln, soll aber vor allem Inhalt transportieren und nicht etwa von ihm ablenken.

Die Atmung soll unauffällig ablaufen und den Text sinngemäß gliedern. Hier gibt es Marotten, die den Atem hörbar machen und dem Sprecher Sicherheit und dem Hörer Kompetenz vermitteln sollen. Meistens sind sie aber nicht nur unnötig, sondern auch störend. Hören Sie also die eigenen Sendungen mittels Aircheck immer mal wieder auf diese Unregelmäßigkeiten hin ab. Und hinterfragen Sie diese: Vielleicht verbirgt sich hinter dieser Angewohnheit eine Unsicherheit, die Sie mit dem bewusst eingesetzten Atemgeräusch verdecken möchten. Die Atmung darf und soll auch hörbar sein, aber im Regelfall im Dienst einer sinnvollen Gliederung des Gesagten. Leider spielt sich die Atmung auch dann oft störend in den Vordergrund, wenn man sich besonders anstrengt oder aufgeregt ist. Hier suchen Sie am besten Rat beim Profi, also einer Sprecherzieherin für Medien. Allgemein gilt: Unauffällige Atmung ist gute Atmung.

Die Artikulation hat vor allem eine Aufgabe: unauffällig und verständlich zu sein. Dazu gehört allerdings eine große Transparenz in der Aussprache: Jeder Laut muss unaufwendig gebildet werden und dabei trotzdem klar klingen. Die Aussprache folgt der gemäßigten Hochlautung, das heißt z. B., dass unaufwendige, teilweise zusammengezogene Endsilben durchaus erlaubt sind, solange dadurch keine Silbe wegfällt: „machn" ist erlaubt, nicht aber „sing" (singen). Ein dialektaler Einschlag kann je nach Programmfarbe (Volksmusik, Heimatsender) sogar erwünscht sein, im Allgemeinen ist er aber zu vermeiden oder auf einem so geringen Niveau zu halten, dass er die Persönlichkeit des Moderators zur Geltung bringt und nicht beschädigt. Denn Dialektsprecher werden gerne als weniger kompetent eingeschätzt, außerdem genießen die einzelnen Dialekte unterschiedliche Akzeptanz in Bevölkerung und Redaktionen.

Die Transparenz der Artikulation darf bei all dem nicht leiden: Alles, was diesen Eindruck trübt, wie z. B. ein leichtes Näseln oder zu undifferenzierte Zischlaute, sollte mit einem Sprechtrainer bearbeitet werden. Das Mikrofon hat leider eine Vorliebe für die kunstgerechte Übertragung genau dieser Symptome, ein nur fast normgerechtes *s* wird hier zum handfesten Problem. Gerade bei diesem Laut hat die allgemeine Körperspannung einen großen Einfluss auf die Klangqualität. Außerdem nimmt das Mikrofon mit zu viel Spannung gesprochene Laute, v. a. Explosivlaute, mit einem störenden Ploppgeräusch auf. Aber Vorsicht bei der Korrektur: Nicht zu viel Energie in das *Verkleinern* der Laute legen, sonst erreicht man u. U. das Gegenteil.

Neben dem Umgang mit der eigenen Stimme hilft auch ein kundiger Umgang mit dem Mikrofon:

Wenn es trotz Popschutz Plopgeräusche bei Explosivlauten gibt, hilft oft, mit dem Mund leicht unter oder über der Mikrofonkapsel zu sprechen. Dadurch vermindert sich auch die Schärfe so mancher Zischlaute. Nicht zu unterschätzen ist der Abstand zum Mikrofon. Je näher Sie dem Mikrofon kommen, umso mehr wird der Bassbereich angehoben (Nahbesprechungseffekt), was man natürlich auch positiv nützen kann. Bei Großmembranmikrofonen (Standardmikrofone für Sprecher) empfiehlt es sich, im normalen Sprechbetrieb einen Abstand von ca. 25 cm zum Mikrofon einzuhalten, natürlich mit Popschutz.

Konzentration beim Sprechen

Für die gefürchteten Versprecher gibt es zwei Hauptursachen: Unterkonzentration und Überkonzentration. Aufregung kann beides verstärken. Beides führt auch zu einem Mangel an Präsenz.

Unterkonzentration: Das Radio verlangt ein hohes Maß an Konzentration. Das wird uns oft schwer gemacht, weil so vieles gleichzeitig im Auge behalten werden muss. Nicht nur der Text, auch die Technik, auch die Zeit etc. Wer sich schnell mal ablenken lässt, hilft sich mit sauberen, klar gegliederten Manuskripten mit entsprechenden Markierungen. Und dann bei Rotlicht innerlich umschalten, um genau da zu sein, wo man ist und sich in den Text oder die Stichworte neu einzufühlen, auch sinnlich artikulatorisch, also Wort für Wort, Satz für Satz und nicht schon beim nächsten Satz zu sein. Und: Lassen Sie sich nicht vor lauter Coolness, Tempo und Spontaneität die diesbezügliche Disziplin außer Acht. Allzu viele Versprecher wirken unprofessionell. Es sind Mängel, die eigentlich jeder Hörer bemerken und benennen kann.

Überkonzentration entsteht aus dem Wunsch, seine Sache richtig und möglichst perfekt zu machen. Manchmal entsteht ein Druck, der die Zunge lähmt und den Geist zu sehr mit sich selbst und der Angst vor Fehlern beschäftigt. Wer sich zu sehr mit dem Versprecher von eben befasst und sich während des Sprechens darüber ärgert, fällt aus der Konzentration und hat die besten Voraussetzungen, gleich den nächsten Versprecher zu produzieren. Da hilft der freundliche Umgang mit sich selbst. Man kann sich ruhig einmal einen Versprecher erlauben. Schließlich verspricht sich jeder einmal.

Die Körperhaltung und -spannung tragen nicht nur in der Artikulation wesentlich zum Gelingen sprecherischer Aufgaben bei, es ist insgesamt sehr wichtig, sich in der Situation am Mikrofon wohl zu fühlen. Aufregung und Unsicherheit übertragen sich leicht. Wichtig ist eine aufrechte Haltung, die den freien Zugriff auf Notizen und Technik ermöglicht und außerdem die Hände für unterstützende Gestik freihält. Wichtig ist auch trotz geringer Lautstärke und Positionierung vor dem Mikrofon ein Gefühl für den Raum. Sprechen Sie nicht zum Mikrofon, sondern darüber hinaus in einen Raum, in dem Platz für Sie und den oder die unsichtbaren Hörer ist, die sie ansprechen können. Gestalten Sie diesen Raum so, dass Ihre Persönlichkeit zum Tragen kommt. Das verhilft Ihrer Stimme, Atmung und Artikulation zu einer sicheren Ansprechhaltung.

11.2 Schreiben fürs Hören

Gutes Sprechen hat nicht nur mit der richtigen Sprechtechnik zu tun, sondern auch mit dem richtigen Textmaterial. Ein Moderator oder Redakteur kann sich on air noch so sympathisch, persönlich und sprecherisch einwandfrei präsentieren, wenn er seine Inhalte nicht verständlich und nachvollziehbar formuliert, kann keine wirkliche Kommunikation mit den Hörern entstehen.

Dabei geht es insbesondere um die Einfachheit der Formulierung. Der Hörer kann Gesagtes nicht noch einmal hören. Was nicht auf Anhieb verstanden wurde, *versendet* sich. Beim Formulieren der Texte, aber auch beim Freisprechen ist es daher wichtig, bestimmte Regeln für das mündliche Formulieren zu beachten.

Die wichtigsten Regeln für mündliches Formulieren (in Anlehnung an Walther von La Roche)[1]

- Nah am mündlichen Ausdruck bleiben.
- Zentrale Begriffe wiederholen.
- Wenige Synonyme (Bundesrat statt drei verschiedene Begriffe wie Länderkammer, Vertretung der Länder, Ländergremium) verwenden.
- Substantivierungen vermeiden.
- Unmissverständlich zitieren (im Radio gibt es keine Anführungszeichen – man muss verdeutlichen, was Zitat, was Meinung des Moderators/Sprechers ist.
- Kurze Sätze und unkomplizierte Satzkonstruktionen bilden.
- Aktiv statt Passiv („Ich grabe den Garten um" statt „der Garten wird von mir umgegraben") gebrauchen.
- Keine komplizierten und ungewöhnlichen Komposita (Heizholzhäckselanlage).
- Nur gängige Abkürzungen (weniger geläufige wenigstens einmal vollständig aussprechen, im Zweifel kurz erklären).
- Nur gängige Fremdwörter (weniger geläufige kurz erklären).
- Kein Häufen von Informationen in einem Satz.
- Wenige Metaphern benützen (sprachliche Bilder sind stark interpretierbar und können Missverständnisse erzeugen).
- Zahlen runden oder anschaulich machen („in der letzten Maiwoche" statt „in der Woche vom 23. bis 31. Mai").

Schreiben fürs Hören im Klassik-Format

Hier richtet sich die gewählte Sprache oftmals an eine relativ eingeschränkte Zielgruppe, sodass nur ein begrenzter Hörerkreis die verwendeten Fachausdrücke auf die Schnelle nachvollziehen kann. Man orientiert sich oft zu sehr an Texten (CD-Cover, Werkbeschreibungen, etc.), die von vornherein nicht für die mündliche Präsentation gedacht waren und entsprechend kompliziert formuliert sind. Sätze sind häufig überladen mit Informationen. Es müssen die Namen des Werkes, des Komponisten, des Interpreten und des Instruments untergebracht werden. Kommen dann noch zusätzliche Informationen dazu, ist es ist dem Durchschnittshörer kaum

---

[1] Walther von La Roche: Fürs Hören schreiben, in W. von La Roche und A. Buchholz (Hrsg.), Radio-Journalismus (Wiesbaden: Springer VS, 11. Aufl. 2017), S. 9–22.

noch möglich, dem Inhalt zu folgen. Aber selbst der informierte Hörer wird hier Schwierigkeiten haben. So entsteht durch die Sprache ein distanzierter Eindruck. **Ein Musikjournalist im Bereich Klassik** hat deswegen die Aufgabe, die Inhalte zu entzerren und in hörverständliche Form zu bringen. Auch anspruchsvolle Inhalte sollen so formuliert sein, dass sie sprechbar sind. Also keine Bandwurmsätze schreiben, sondern Formulierungen verwenden, die sich nicht allzu weit von der Alltagssprache entfernen. **Starke, bildhafte Verben geben den Sätzen Farbe.** Achten Sie darauf, sich bei der Moderation auf einen inhaltlichen Aspekt zu konzentrieren. Versuchen Sie nicht, mit Ihrem Wissen zu beeindrucken, indem Sie in möglichst kurzer Zeit *alles* abdecken, sondern schärfen Sie den gewählten Aspekt so, dass er stringent auf die Musik zuführt. Das Werk, der Komponist, die Interpreten oder vielleicht auch das Wetter – warum nicht? – halten Geschichten und Wissen bereit, die interessant, originell, humorvoll, tief- oder hintergründig aufs Ziel zuführen können. Auf diese Weise versuchen Klassik-Formate mehr und mehr sich frisch, jung und zugewandt zu präsentieren. Dazu gehört eine Sprache, die auch für Klassik-Einsteiger interessant ist.

Schreiben fürs Hören im Pop-Format
Hier war es immer schon üblich, sich *frisch und jung* zu präsentieren. Die Sprache bedient sich alltagssprachlicher, wenn nicht umgangssprachlicher Formulierungen. Im Satzbau findet man wenig Schachtelsätze, sondern Halbsätze. Zudem gibt es im Popradio, vor allem bei den Jungen Wellen, viele umgangssprachliche Ausdrücke, die u. U. nicht für jeden verständlich sind. Da wird *gechattet, geaddet* und *gechilled*. Eine Sache ist *random, safe* oder *lit*.

Anglizismen wie Band oder Backstage, Insider, Show sind durchaus vertretbar, weil sie sich schon lange im deutschen Sprachgebrauch etabliert haben. Aber insbesondere, wenn es um die Verwendung von Computertermini geht, sollten Redakteur oder Moderator überprüfen, wie weit diese allgemein verständlich sind. Andernfalls bleibt das Programm nur Insidern vorbehalten.

Die verkürzte Sprache in Halbsätzen verringert auf Dauer den eigenen Wortschatz und die Fähigkeit zur freien Rede. Außerdem tragen unvollständige Sätze nicht zur Verständlichkeit bei. Es ist also angebracht, zwischendurch die eigene Sprache zu überprüfen. Als Moderator und Redakteur arbeitet man nun mal in einem Wortmedium und sollte deswegen Wortschatz und Sprachfähigkeit laufend verbessern.

Es ist sinnvoll, im Popradio eine Sprache zu finden, die sich an die Alltagssprache anlehnt. Dabei sollte allerdings vor allem bei den jungen Sendern darauf geachtet werden, nicht zu umgangssprachlich codiert und daher unverständlich zu sprechen.

Außerdem kann eine zu umgangssprachliche Formulierung einige Hörer massiv stören. Auch in einer jüngeren Hörerschaft gibt es schließlich unterschiedliche Auffassungen von einer angemessenen Ausdrucksweise.

Es gilt also, eine zeitgemäße Sprache zu finden, die Inhalte in einer allgemein verständlichen Form präsentiert, ohne dabei zu schnodderig zu sein.

11.3   Sonderthema Phonetik

Über die rein sprechtechnischen und inhaltlichen Fähigkeiten hinaus verlangt die Tätigkeit als Rundfunk-Musikjournalist ein spezielles phonetisches Engagement: Der Musikjournalist hat es mit einer Vielzahl aus- und inländischer Künstlernamen zu tun, über deren Aussprache er eventuell nicht genau Bescheid weiß.

Wenn sich bei Politikernamen eine einheitliche Aussprache manchmal erst nach geraumer Zeit durchgesetzt hat, haben die Hörer das sehr wohl registriert und kritisiert. Ebenso muss der Musikjournalist mit einer wachsamen Hörerschaft rechnen. Er kann davon ausgehen, dass sich unter seinen Hörern gewiegte Spezialisten befinden, die einen Verstoß gegen die ihnen bekannte Aussprache als Affront empfinden. Nun kann man über die Akribie spotten, mit der sich die Deutschen der Aussprache fremder Namen widmen, denn andere Länder sind hierin weitaus großzügiger. Wir halten es, trotz aller sportlichen Aspekte, für einen Ausdruck von Respekt vor anderen Sprachen, Kulturen und Menschen.

Bei allem Ehrgeiz gilt als Richtlinie eine gemäßigte, den deutschen Hör- und Aussprachegewohnheiten leicht angenäherte Aussprache, damit immer gewährleistet bleibt, dass die Aussprache nicht zum Selbstzweck wird. Also kein „Allegro assai" in feuriger italienischer Manier mit inbrünstig gerolltem *Zungen-R*, sondern außerhalb Bayerns, Österreichs und der Schweiz entsprechend den Gepflogenheiten der jeweiligen Sendeanstalt ein Zäpfchen-R, i. d. R. wird auch das *spanisch gelispelte s* (Aussprache von *z* bzw. *c* vor *e* und *i*) zum *stimmlosen s* vereinfacht und Ähnliches mehr. Auch das Englische bekommt einen deutschen Touch, der in etwa dem des Schulenglisch entspricht. Von selbst versteht sich, dass die Ausspracheregeln für die deutsche Sprache bekannt sind und angewendet werden.

Wie geht man nun um mit fremden Namen und Begriffen? Vor allem ist ein gesundes Misstrauen nötig. Weiß ich wirklich, wie ein mir vertraut erscheinender Name zu sprechen ist oder habe ich mir durch mehrmaliges Lesen im Laufe der Zeit eine Sprechweise nur zurechtgelegt aber nicht überprüft? Selbst eingefleischte Profis tappen hin und wieder in solch eine Falle. Ein kleiner Tippfehler auf einem Sendenachweis oder Manuskript machen aus einem Martin eine Martine. Wenn also irgendwo Misstrauen aufsteigt: lieber überprüfen. Oder: um einen Namen herauszugreifen: Neville Marriner. Angenommen, der Name ist unbekannt, halten Sie ihn für französisch? Eine kurze Internetrecherche genügt, um festzustellen, dass es sich hier um einen britischen Dirigenten handelt. Also: englische Aussprache. Beruhigend in einigen Fällen ist immer noch der Aussprache-Duden (aktuell: 7. Aufl. 2015), der viele solcher Namen und ihre Aussprache und Betonung in der phonetischen Schrift des IPA (= Internationales Phonetisches Alphabet) präsentiert. Wer diese Schrift beherrscht, ist nicht nur auf Höreindrücke angewiesen, um sich in der Aussprache zu orientieren. Darüber hinaus listet der Duden auch die Aussprache-Basics für einige Fremdsprachen auf. Viele fremdsprachige Begriffe kann man auch im Internet ausgesprochen anhören. Immer wird man allerdings nicht fündig. Im Bereich der Klassik ist es notwendig, sich über das Englische hinaus mit den Grundlagen der italienischen und französischen Aussprache vertraut zu machen, um z. B. die italienischen Termini Adagio und Scherzo oder französische Komponisten wie Camille Saint-Saëns oder Francis Poulenc korrekt auszusprechen.

Im Bereich Pop kann man sich nicht darauf verlassen, dass die Kollegen in Radio und Fernsehen die Künstlernamen phonetisch korrekt aussprechen. Aus einem Xavier Naidoo wird mal ein spanischer Javier oder sogar ein Xaver, statt dem eigentlich Korrekten mit s am Anfang. Statt sich eine der Varianten auf gut Glück herauszupicken, kann man unkompliziert im Netz nach der korrekten Aussprache zu suchen. Es ist heutzutage überhaupt kein Problem, dies über unterschiedliche Ausspracheplattformen im Internet mit entsprechenden Hörbeispielen in Erfahrung zu bringen. Dabei gilt es, die jeweilige Originalaussprache ans Deutsche anzugleichen. Englische InterpretInnen sollten beispielsweise nicht zu US-amerikanisch oder britisch ausgesprochen werden.

Zugang zur ARD-AusspracheDatenBank (ADB) hat, wer in einer öffentlich-rechtlichen Rundfunkanstalt in Deutschland (ARD und ZDF), der Schweiz (SRF und RTR Chur), Österreich (ORF) sowie bei den Sendern deutscher Sprache in Italien (RAI Sender Bozen) und Luxemburg (Radio 100komma7) arbeitet. Seit 1997 wird die ADB als Gemeinschaftseinrichtung der ARD von einer eigenen Redaktion beim hr betreut. Hier finden sich Eigennamen und Begriffe, von denen oft nicht klar ist, wie sie richtig ausgesprochen werden, darunter fremdsprachige Eigennamen, Bezeichnungen und Begriffe aus den Bereichen Geografie, Kunst, Literatur, Meteorologie, Militär, Musik, Politik, Religion, Sport, Technik, Wirtschaft und Wissenschaft. Sie sind sowohl im internationalen phonetischen Alphabet als auch in einer einfachen, leicht verständlichen Umschrift hinterlegt.

Seit 1999 werden alle Einträge zudem mit Audiofiles im mp3-Format hinterlegt. Die ADB kann online rund um die Uhr von jedem Arbeitsplatz abgerufen werden, und man kann auch Rechercheanfragen stellen. Sie enthält rund 410.000 programmbezogene Einträge (Stand: August 2020). Die Redakteure der ADB sind darauf spezialisiert, Recherchewünsche von Journalisten, Moderatoren und Sprechern der an die ADB angeschlossenen Rundfunkanstalten entgegenzunehmen, auch besonders knifflige Fälle und sie im Regelfall innerhalb weniger Minuten zu klären. Das ADB-Büro beim hr erreicht man telefonisch unter (069) 155 2338, Fax: (069) 155 4518 und via E-Mail: hfadb@hr-online.de. Die Öffnungszeiten des Büros sind Montag bis Freitag von 8 bis 22 Uhr, an Wochenenden sowie an Feiertagen von 8 bis 18 Uhr.

Einige Beispiele aus der AusspracheDatenBank der ARD sind zu finden in Abb. 11.1.

Eine ausführliche Tabelle des phonetischen Alphabets in der internationalen Lautschrift ist zu finden unter: https://www.internationalphoneticassociation.org/content/full-ipa-chart auf der Homepage der „International Phonetic Association". Eine deutsche Übersetzung durch die Universität des Saarlandes mit deutschen Beispielwörtern ist abgedruckt im Duden-Aussprachewörterbuch (7. Aufl. 2015, dort S. 11 f.). Deutsche Beispielwörter und Klangbeispiele aus der ADB gibt es auch unter: https://www.duden.de/hilfe/aussprache

11.4   Sprechen in Pop und Klassik

Sprechen im Klassik-Format: Hier wird ein mittleres Sprechtempo erwartet, eine resonanzreiche Stimme und eine selbstverständliche Beherrschung der gemäßigten Hochlautung. Das Tempo soll den Hörern Raum lassen, Informationen nicht nur zu hören, sondern auch zu verstehen. Die Stimme soll gelöst und variabel sein, denn Klassiksendungen bieten einiges an Gestaltungsmöglichkeiten. Am geringsten ist sie sicher bei den konventionellen An- und Absagen: Ein Musikstück wird ohne inhaltlichen Kommentar mit Interpreten, teilweise auch Satzbezeichnungen an- und nachher wieder abgesagt: Hier kommt es vor allem darauf an, gut zu gliedern, die Absage des ersten Stücks klar von der Ansage des neuen Stücks zu trennen, sodass der Hörer immer orientiert ist.

Jede zusätzliche Information innerhalb einer Sendung vergrößert auch den gestalterischen Spielraum: Hintergrundinformationen zu Interpreten und Komponisten, Zitate und Kommentare ermöglichen, dass der Moderator seine Persönlichkeit im Sprechen mit einfließen lässt, dass er sich hinter seine Aussagen stellt und sie ausfüllt. Dadurch entsteht der Eindruck von Authentizität, aber auch von

Beispiele aus der AusspracheDatenBank der ARD				
Fremdwort	*IPA*	*Beschreibung*	*Gruppe*	*Sound*
Poulenc, Francis	puˈlɛ̃ːk, frãˌsis	Französischer Komponist (1899-1963).	KOMP	🔊
Purcell, Henry	ˈpɜːsəɫ, ˌhɛ nri	Englisch; britischer Komponist (1659-1695); die angegebene Aussprache ist lt. BBC so in der Familie üblich.	KOMP	🔊
Saint-Saëns, Camille	sɛ̃ˈsãːs, kaˌmij	Französischer Komponist (1835-1921).	KOMP	🔊
Villa-Lobos, Heitor	ˌvɪ la ˈloːbʊ s, eiˈtoːɐ̯	Brasilianischer Komponist (1881-1959).	KOMP	🔊
Bezuidenhout, Kristian	bəˈzɛɪdən̩ˌhoʊ̯t, ˌkrɪstjan	Südafrikanischer Pianist (geb. 1979).	MUSI	🔊
Buniatishvili, Khatia	buni̯aˈtɪʃvɪli, ˌkatia̯	Georgische Pianistin (geb. 1987 in Batumi).	MUSI	🔊
Adagio	aˈdaːdʒo	Italienische Tempobezeichnung („Langsam")	SPEZ	🔊
Ni Mhaonaigh, Mairead	nɪ ˈwiːni, məˌreɪ d	Irische Geigerin und Vokalistin (geb. 1959); Sängerin und Geigerin in der Band „Altan".	FOLK	🔊
Cabello, Camilla	kəˈ miːɫə _kəˈ beɪoʊ	Amerikanische Pop-Sängerin (geb. 1997 in Cojímar, Kuba).	POP	🔊
Gallagher, Liam	ˈgæləg ə, ˌliː əm	Englisch; britischer Pop-/Rocksänger (geb. 1972); Mitglied der Band "Oasis".	POP	🔊
Beyoncé	bɪˈjɒnseɪ	Amerikanische R&B-Sängerin (geb. 1981 in Houston, Texas).	POP	🔊
West, Kanye	ˌkɑ ː njeɪ ˈwɛ st	Amerikanischer Rapper und Musikproduzent (geb. 1977 in Atlanta, Georgia)	POP	🔊
Apache 207	aˌpa t͡ʃə tsvaɪ̯nʊl ˈziːbn̩	Deutscher Rapper und Sänger türkischer Abstammung (geb. 1997 in Ludwigshafen); bürgerlich: Volkan Yaman.	POP	🔊
Mtukudzi, Oliver	əmtuˈkʊdzi, ˌɒlɪvɐ	Simbabwischer Liedermacher (1952-2019); Spitzname: Tuku.	WELT	🔊
Boleyn, Anna	ˈbʊlɪn, ˌænə	Königin von England (1507-1536); ab 1533 zweite Gemahlin Heinrichs des VIII.; wegen (unbewiesenen) Ehebruchs enthauptet, Mutter von Elisabeth I. Diese – heute seltene Aussprache – gilt nach Auskunft der BBC nach wie vor für Anna/Anne, ihre Mutter Elizabeth und ihren Vater Thomas. Der Name wurde früher „Bullen" geschrieben und erscheint so mehrfach in William Shakespeares Drama „Henry VIII."	POLI	🔊
Sandé, Emeli	ˈsændɐɪ, ˌɛməli	Englisch; schottische Soulsängerin und Songwriterin (geb. 1987 in Sunderland, Tyne and Wear); vollständig: Adele Emeli Sandé.	POP	🔊

Abb. 11.1 Beispiele aus der AusspracheDatenBank der ARD, Geburtsdaten abgekürzt. Mit Dank an Herrn Roland Heinemann von der ADB für die Zusammenstellung der Beispiele. (Quelle: AusspracheDatenBank der ARD)

Aktualität: wenn der Moderator seine Gedanken, ob sie nun vorformuliert sind oder nicht, so verbalisiert, als würde er sie im Moment für sich und den Zuschauer neu entwickeln, entsteht kommunikative Präsenz. Der Hörer fühlt sich angesprochen. Kompetenz vermittelt sich, weil der Eindruck entsteht, dass jemand weiß, wovon er spricht, das gefürchtete Abspulen des Textes wird so vermieden.

Mit zunehmender Komplexität der Texte wird auch die sprecherische Strukturierung immer wichtiger. Der Hörer darf nie im Unklaren darüber sein, ob er etwa ein Zitat hört oder den dazugehörigen Kommentar. Hier empfiehlt sich beispielsweise eine Unterscheidung durch Tempoänderungen: Die einleitenden Worte schließen im schnellen Tempo, das Zitat selbst beginnt und endet langsam. Durch diesen Kunstgriff hat man die Voraussetzung für den Wechsel geschaffen, überzeugend wirken kann er aber nur dann, wenn der Sprechende nicht nur das Tempo wechselt, sondern auch seine innere Sprechhaltung ändert, gedanklich-emotional die Änderung mitträgt.

Vor allem sollte man nie vergessen, dass in den meisten Sendungen eines Musikjournalisten es nicht nur um Musik geht, sondern sie auch zu hören ist, und dass diese Musik einen guten Teil zur Atmosphäre der Sendung beiträgt. Der Moderator muss hinhören und die Musik bewusst mit einbeziehen, er hat nun die Möglichkeit, die Atmosphäre eines Stückes aufzugreifen, indem er beispielsweise einen Straußwalzer anders ansagt als die Martern-Arie oder aber je nach Intention atmosphärisch einen Kontrast zu setzen, etwa um zum nächsten Stück überzuleiten. In jedem Fall muss der Moderator über die Sprechweise klarmachen, dass er nicht taub vor dem Mikrofon sitzt.

Wenn den Klassikprogrammen nachgesagt wird, schwerfällig, betulich, aufgesetzt, unecht, pseudowissenschaftlich oder schlicht verstaubt zu wirken, liegt das, was den sprecherischen Teil angeht, zum großen Teil daran, dass der Text nicht genügend vom Sprecher ausgefüllt wird. Besser geht das, wenn auch die Texte mehr als lexikalischen Wert zu vermitteln haben, wenn gewertet, wird, Humor einfließt, Stellung bezogen wird, kurz, wenn das Gesagte den Hörer auf mehreren Ebenen anspricht.

Sprechen im Pop-Format: Es gibt eine ganze Reihe unterschiedlicher Populärformate. Das können Spartenprogramme mit eingeschränkter Zielgruppe sein (Rock, Jazz), spezielle *junge Radios* (DASDING, Eins live, „Radio Fritz", „bigFM"), *Hot-AC* (= Adult Contemporary)-Formate („RadioNRJ/Energy", „Hit-Radio Antenne1BW") oder Popformate, die ältere Zielgruppen bedienen (SWR1, WDR2). Je nach älterer oder jüngerer Zielgruppe unterscheidet sich hier natürlich auch die sprecherische Präsentation. Bei Jungen Wellen wie beispielsweise DASDING oder „Radio Fritz" findet man andere Moderatoren und eine andere Sprechweise als bei SWR1 oder WDR2.

Sprechen bei einer Jungen Welle heißt, sich auch *jung und frisch* zu präsentieren. Eine zu alt klingende Stimme ist hier nicht gefragt, Moderatoren und Sprecher in jungen Formaten sind i. d. R. nicht älter als 30 Jahre. Pop-Formate mit älteren Zielgruppen verlangen eine ruhigere Moderation und *erwachsene Stimmen*. Frisch präsentieren bedeutet hohes Sprechtempo, viel Melodie und eine gemäßigte Hochlautung. Bei dieser Form ist es schwierig, einen eigenen sprecherischen Stil zu finden. Man hört häufig die gleichen Sprechmuster und eine uniforme Sprechweise, die sich nicht am Inhalt orientiert. Oft wird Gesprochenes in Pop-Formaten durch das hohe Sprechtempo, sinnwidrige Melodiebetonungen und die nachlässige Phonetik einfach unverständlich. Der Hörer bekommt keine Pausen, um Gesagtes auf sich wirken lassen zu können. Es wirkt manchmal so, als bestritte der Moderator/Sprecher, eine Ein-Mann-Show, ohne dabei wirklich zu kommunizieren. Wichtig ist deshalb, den Moderations- oder Beitragstext sprechdenkend nachzuvollziehen und gleichzeitig den Perspektivenwechsel zum Hörer auszuführen. Dann gelingt eine echte Kommunikation mit dem Hörer, dann hat der Sprecher/Moderator Raum für individuelle Gestaltungsmöglichkeiten.

Bei einer Präsentation im Pop-Format wird vom Moderator oder Redakteur außerdem ein hohes Maß an Kompetenz erwartet. Beim Pop-Format ist derjenige, der im Radio spricht, gewissermaßen Teil der Szene. Das Hörpublikum setzt voraus, dass der Moderator/Sprecher sich in der aktuellen Musiklandschaft auskennt, Konzerte besucht, die präsentierte Musik im besten Falle auch privat hört. Er sollte Backgroundinformationen über Bands und Künstler präsentieren können, sodass wirklich glaubwürdig das Gefühl vermittelt wird, er sei dabei gewesen und könne mit Insiderwissen aufwarten. Als Musikjournalist im Pop-Format tätig zu sein, beinhaltet also mehr als nur den Job vorm Mikro oder die Recherche für Beiträge. Es geht auch um ein gewisses Lebensgefühl, das den Hörern vermittelt werden soll. Das gilt natürlich insbesondere für die Spartenprogramme, denn hier kann man davon ausgehen, dass die Zuhörer selbst einiges an Vorwissen mitbringen. Auch wenn die meisten Popsender die „Hits der 80er und 90er" spielen, sollten Größen wie Led Zeppelin oder Pink Floyd nicht ganz aus dem Fokus rücken. Ein guter Moderator ist auch in der neueren Musikgeschichte firm, damit er bei aktuellen Stücken beispielsweise mögliche Zitate aus einem Originalstück erkennen kann.

Die Musik ist mit einem Programmanteil von etwa drei Vierteln wichtigstes Element im Pop-Format. Deshalb lohnt es sich, darüber nachzudenken, wie man das jeweilige Musikstück durch die eigene sprecherische Präsentation unterstreichen kann. Es geht immer darum, die musikalische Atmosphäre aufzunehmen, beispielsweise den Wechsel zwischen zwei Musikstilen sprecherisch deutlich zu machen. Das kann sowohl stimmlich als auch durch Tempo, Pausensetzung,

Melodieführung und Lautstärke geschehen. Eine Ballade wird langsamer, leiser abmoderiert, um beispielsweise nach einer kleinen Gestaltungspause mit leicht gesteigertem Tempo und mehr Lautstärke auf die folgende Rocknummer hinzuführen. Rhythmus und Stimmung des Titels sollten sprecherisch und stimmlich aufgegriffen werden.

> „[…] Eine aggressive Moderation auf einem soften Ramp wirkt wie die ‚Axt im Walde'.
> Umgekehrt gilt das für eine sanfte Flüsterstimme bei einer harten Rock-Nummer. Die
> Stimmung eines Songs gibt die Intensität einer Moderation vor!"[2]

Der eigene Stil: Sprechen im Takt. Es ist in den Sendern mittlerweile weit verbreitet, den Redakteuren eine gewisse Anzahl an Sprecherziehungsstunden zukommen zu lassen. Das sollte man auf alle Fälle nutzen. Besonders wichtig ist es allerdings, die eigene Sprechweise immer wieder kritisch zu überprüfen, um zu merken, wenn sich bestimmte Muster einschleichen. Dazu gehört auch, bewusst Radio zu hören, auf die dort präsentierte Sprechweise zu achten und diese ggf. für sich zu hinterfragen. Dabei gilt immer: Die Sprechweise im Radio sollte selbstverständlich Sender und Format angepasst sein, die Persönlichkeit des Sprechers/Moderators sollte jedoch zu jeder Zeit erkennbar bleiben. Insbesondere im Falle des Musikjournalisten ist es von Vorteil, die private Begeisterung und persönliche Kompetenz für das Medium Musik durchschimmern zu lassen.

Dabei sollte immer die Brücke zum Hörer geschlagen werden. Sprecher und Moderator sitzen nur scheinbar allein im Studio, tatsächlich stehen sie in permanentem Dialog mit ihrer unsichtbaren Hörerschaft. Wer es schafft, die eigene Begeisterung für das Medium Radio und das Medium Musik sowohl inhaltlich als auch sprecherisch in eine hörverständliche Form zu bringen, dem gelingt es, diese Brücke zu schlagen. Da kann wirkliche Kommunikation im Radio entstehen.

Weiterführende Literatur

Rossié, Michael, Frei sprechen: in Radio, Fernsehen und vor Publikum. Ein Training für
    Moderatoren und Redner (Journalistische Praxis, Wiesbaden: Springer VS, 6. Auflage
    2017).
Rossié, Michael, Sprechertraining: Texte präsentieren in Radio, Fernsehen und vor Publikum
    (Journalistische Praxis, Wiesbaden: Springer VS, 8. Aufl. 2017).
Dudenredaktion, Duden Bd. 6: Das Aussprachewörterbuch, (Mannheim: Bibl. Institut, 7. Aufl.
    2015).

---

[2] Patrick Lynen, Das wundervolle Radiobuch. Moderne Moderation im Radio – Persönlichkeit, Kommunikation, Motivation (Baden-Baden: Nomos, 4. Aufl. 2015), S. 134.

Hermann, Inge/Reinhard Krol/Gabi Bauer, Das Moderationshandbuch: Souverän vor Mikro und Kamera (mit CD), (Tübingen/Basel: Francke 2002).

Lynen, Patrick, Das wundervolle Radiobuch. Moderne Moderation im Radio – Persönlichkeit, Kommunikation, Motivation (Baden-Baden: Nomos, 4. Aufl. 2015).

Ordolff, Martin/Stefan Wachtel, Texten für TV (Konstanz: UVK, 4. Aufl. 2014) (Praktischer Journalismus 74).

Wachtel, Stefan, Sprechen und Moderieren in Hörfunk und Fernsehen. Inklusive CD mit Hörbeispielen (Konstanz: UVK, 6. Aufl. 2009) (Praktischer Journalismus 23).

Wachtel, Stefan, Schreiben fürs Hören. Trainingstexte, Regeln und Methoden (Konstanz: UVK, 5. Aufl., 2013) (Praktischer Journalismus 29).

La Roche, Walter von/A. Buchholz (Hrsg.), Radio-Journalismus (Journalistische Praxis, Wiesbaden: Springer VS, 11. Aufl., 2017).

Interviews und Gespräche mit Musikern 12

Reinhard Krol

Zusammenfassung

Dieses Kapitel beschreibt alle Aspekte, die bei der Planung, Vorbereitung, Durchführung und Veröffentlichung von Interviews zu bedenken sind. Es behandelt die journalistische Ebene, gibt Tipps für das Timing, wann und wo Interviews am besten geführt werden, und schaut nicht zuletzt auf die Beziehungsebene, die bei Interviews – vor allem mit Musikerinnen und Musikern – eine wichtige Rolle spielt. Im Interview soll nicht der Fragesteller mit Klugheit brillieren. Ein gutes Interview zeichnet sich dadurch aus, dass der Interviewpartner durch die kluge und souveräne Vorbereitung des Fragestellers brillieren kann und interessant erscheint.

Schlüsselwörter

Interview • Gespräch • Moderation • Fragetechnik • Fragenkatalog • Geschlossene und offene Fragen • Themenfindung • Interviewstruktur

Elektronisches Zusatzmaterial Die Online-Version dieses Artikels (https://doi.org/10.1007/978-3-658-32476-6_12) enthält zusätzliches Material, das für autorisierte Benutzer zugänglich ist. Diese Videos können mit der SN More Media App angesehen werden. Öffnen Sie Öffnen Sie die App, scannen Sie das entsprechende Foto mit Ihrem Mobiltelefon und klicken Sie auf das Symbol "Abspielen", und das Video wird abgespielt. automatisch abspielen.

R. Krol (✉)
Berlin, Deutschland
E-Mail: info@musik-journalismus.de

12.1 Introduction

Die Callas sollte singen. Der Sprecher im Radio hatte sie fast ehrfurchtsvoll ange-
kündigt. Doch nach ein paar Takten ist klar: Hier singt nicht die Callas. Hier
singt ein ausgewiesener Bass. Man hört eine Blende. Der Sprecher meldet sich
und bittet ob des Fehlers vielmals um Entschuldigung, leider habe man die Bän-
der vertauscht. Aber jetzt komme wirklich die Callas. Die Musik hebt an, sie
ist es mitnichten. Wieder wird ausgeblendet. Der Sprecher äußert sich erneut. Er
bitte vielmals um Entschuldigung ob dieser zweiten Panne. Seine Worte sprechen von höchster Betrübnis. Doch man hört, er kann sich das Lachen kaum
verkneifen. Dann geht noch der dritte Versuch schief. Das Band mit der Callas
steckt wer weiß wo – nur nicht im Bandkarton, auf dem Callas steht. Jetzt gibt
der Sprecher glucksend auf (https://radiopannen.de, Suchbegriff „Callas"). Es ist
eine der komischsten Pannen aus frühen Radio-Tagen. Komisch vor allem wegen
der Diskrepanz zwischen dem damals noch üblichen Pathos der Ansage und der
comedyreifen Szene. Dieses Pathos ist heute verschwunden, dennoch wird Musik
auf manchen sogenannten Kulturwellen nach wie vor zelebriert. Als sei sie der
Heilige Gral, dem man nur mit äußerster Ehrfurcht begegnen dürfe, oder eine
goldene Monstranz. Es steht außer Frage, dass Kultur etwas überaus Kostbares
ist. Gerade deswegen ist es wichtig, sie so vielen Menschen wie möglich nahe
zu bringen. Das gelingt am ehesten, wenn wir ganz normal mit ihr umgehen. Wir
müssen uns für sie nicht in Schale werfen oder eine andere Sprache lernen. Dies
ist die wichtigste Erkenntnis für alle diejenigen, die als Musikjournalisten arbeiten
wollen.

    Stars oder graue Mäuse? Spötter behaupten: Ein Musikjournalist sei einer, bei
dem es zum ausübenden Musiker nicht gereicht habe. Selbst da, wo es vielleicht
stimmt, wertet es weder den Musikjournalismus ab noch die, die ihn betreiben.
Oder würde jemand einen Physiker für gescheitert halten, weil der anstatt in einem
Labor zu arbeiten lieber die Erkenntnisse der Naturwissenschaft im Fernsehen
oder im Radio vermittelt? Wohl kaum. Genauso verhält es sich mit Musikjournalisten. Ihre Aufgabe ist es nicht, Musik zu machen, sondern Musik zu vermitteln.
Die Qualität misst sich einzig und allein daran, wie sie das tun. Geht es ihnen
tatsächlich darum, Verständnis zu wecken, Informationen zu geben, Musiker und
Publikum zusammenzubringen? Oder bedienen sie ihr eigenes Ego – frei nach
dem Motto: „Wie viele Hörer mich verstehen, ist mir gleichgültig, wenn ich nur
die Kollegen beeindrucken kann?"

    Es gibt natürlich auch Situationen im Kulturjournalismus, da werden die
Journalisten zu Stars und die Kultur selbst dient als Transmissionsriemen. „Das

Literarische Quartett" von Starkritiker Marcel Reich-Ranicki war solch eine Veranstaltung. Doch das ist die Ausnahme. Nur ganz wenigen Journalisten ist es gegeben, mit der eigenen Selbstdarstellung der Sache zu dienen. Für die Übrigen gilt: Nicht der Journalist soll glänzen, sondern das Thema. Übertragen auf ein Interview bedeutet das: Die Gesprächspartnerin oder der Gesprächspartner muss gut rauskommen. Der Journalist verliert dabei nichts, unter dem Strich heimst er doch die Meriten ein. Denn man sagt ihm nach, er führe gute Interviews.

12.2   Thema 1 – Selbstverständnis und Rolle

Kein tönendes Musiklexikon: Nichts klingt ärgerlicher als ein Interview, in dem der Journalist anstatt zu fragen ständig damit brilliert, was er alles weiß. Ich habe Interviews gehört, da sprach der Interviewer fast ebenso lange wie sein Gast. Und ich fragte mich dabei ständig: Steckt dahinter Eitelkeit, Unsicherheit oder Strebertum nach dem Motto: „Herr Lehrer, ich weiß aber auch was!"

Eine Unsitte muss an dieser Stelle erwähnt werden, die von den Kollegen der schreibenden Zunft gerne gepflegt und von den Fernseh- und Radiomachern aufgegriffen wird: Der Rückbezug auf Konzerte, Opernaufführungen, Inszenierungen, die vor Jahren einmal viel Aufmerksamkeit erweckt haben, die heute aber nur noch einem kleinen Kreis von Eingeweihten in Erinnerung sind. Vorsicht vor rückbezüglichen Vergleichen. Sie erklären nichts. Im Gegenteil: Sie rufen beim Zuhörer Verwirrung, Verdruss und Unwillen hervor, weiter zuzuhören. Er fühlt sich von den Spezialisten ausgeschlossen. Sie reden klug daher, er kann damit nichts anfangen, weil er nicht dabei war.

Dass wir uns nicht missverstehen: Wer gute Interviews führen will, muss sich gut vorbereiten und sollte über ein großes Vorwissen verfügen. Er muss die Musikszene überblicken. Peinlich wird es, wenn im Gespräch herauskommt, dass der Journalist die Biografie des Gastes nicht kennt und er ihn nicht da abholen kann, wo er zu Hause ist. Zumal sich der Journalist so sehr schnell jede Sympathie des Gegenübers verscherzen kann. Allerdings darf man als Interviewer dieses Wissen nicht heraushängen lassen und wie eine sprechende Enzyklopädie auftreten. Biographisches und Fakten bilden nur die Rampen, von denen die Fragen starten. Z. B. weiß der Journalist, dass der Rapper, den er auf dem Jazzfest interviewt, nicht in der Bronx, sondern in einem gutbürgerlichen Vorort von New York aufgewachsen ist. Ein schlechter Interviewer geht groß auf diese möglichen Unterschiede der Herkunft ein, schildert die sozialen Milieus, verliert sich im Namedropping. Ein Guter spricht die Herkunft seines Gesprächspartners kurz an und knüpft daran Fragen wie: Was ihn von den Kollegen aus der Bronx unterscheidet, ob und mit welchen er zusammenarbeitet, wo er das Lebensgefühl des Rap mitbekommen hat? Was wichtig ist, soll der Journalist nicht selbst erzählen, sondern erfragen.

Künstler sind selbstverständlich Menschen wie du und ich. Und trotzdem unterscheiden sie sich von Interviewpartnern aus anderen Bereichen des Lebens. Sehr viel ausgeprägter als andere pochen sie auf ihre Eigenständigkeit. Sie zeigen eine Unabhängigkeit, ohne die sie ihre Kunst gar nicht ausüben könnten. Sie sind es gewohnt, mit ihren eigenen Maßstäben die Welt zu messen und im Mittelpunkt dieser Welt zu stehen. Es zu akzeptieren heißt, ihnen Respekt zu zeigen. Das bedeutet aber nicht, dass sie aus der Welt wären. Wer häufig mit ausübenden Künstlern Interviews führt, wird sehr schnell feststellen, dass sie direkt, klar und handfest über ihre Kunst und ihre Arbeit sprechen. (Natürlich gibt es auch Ausnahmen.) Sie sind bei allem Selbstbewusstsein Praktiker. Ein Dirigent, der als Chef ein neues Orchester übernimmt, eine Pianistin, die einen Zyklus auf CD einspielt, eine Sängerin, die zum ersten Mal nach Salzburg engagiert wird, ein Veranstalter, der ein Sommerfestival plant, sie alle stehen mitten im Leben und wollen auch so angesprochen werden. Was sie umtreibt, ist auch für die Zuhörer das Spannende und Interessante. Und damit stellt sich die Frage, was ein inhaltlich gutes Interview von einem langweiligen unterscheidet.

12.3   Thema 2 – Inhaltliche Vorbereitung

Außen und innen: Jedes Thema ist aufgebaut wie ein Atom, besteht aus Schale und Kern. Auf der Schale sitzen die Informationen, die wir den Bereichen Organisation, Statistik, Ablauf und Zuständigkeit zurechnen: Wo und wann findet etwas statt? Wie ist es organisiert? Wie lange gibt es das schon? Wer hat welche Zuständigkeit? Wie viel kostet es? Wer macht mit? Was sind die Voraussetzungen? Das können durchaus handfeste Informationen sein, doch sie passen eher in die An- und Abmoderationen als in die Interviews selbst. Im Kern des Themas findet sich das, was in uns beim Zuhören Bilder entstehen lässt: Schilderungen von Ereignissen, Anekdoten, Meinungen, Emotionen, Ideen, persönliche Reaktionen. Der Komponist und Opernchef Rolf Liebermann (1910–1999) reagierte auf die Frage, welche Stücke von Mozart er sich auch im Auto in den CD-Player einlegen würde, damit, dass er den Anfang der kleinen A-Dur-Sinfonie ins Mikrofon sang. Auf diesen Kern zielen Journalisten, wenn sie nach eindrucksvollen Momenten, prekären Situationen oder dem Auslöser von Entscheidungen fragen. Sie wollen

Schilderungen hören – das ist legitim. Dass die Fragen häufig hilflos gestellt werden in der Art wie „Was war der schönste Moment im Leben ihrer 30-jährigen Opernkarriere?", steht auf einem anderen Blatt.

Wer bei den Vorbereitungen eines Interviews das Bild von der *Organisatorischen Schale* und dem *Inhaltlichen Kern* eines Themas vor Augen hat, besitzt einen brauchbaren Wegweiser, um sich künftigen Gesprächspartnern zu nähern.

Recherche: Es gibt Menschen, die schauen bei jeder Recherche als Erstes ins Internet oder laufen in ein Archiv (sofern sie dazu einen Zugang haben) und suchen sich alles Material heraus, das sie über den Gesprächspartner finden können. Ich halte das erst für den dritten Schritt. Der Erste sollte darin bestehen, sich mit Zettel und Stift oder seinem Laptop ruhig in eine Ecke oder an den Schreibtisch zu setzen und zu notieren, was man – ohne nachzulesen – über den Gesprächspartner weiß und was einen an seiner Person und Tätigkeit interessiert. Als Nächstes ist es wichtig, sich in die Musik des Gesprächspartners einzuhören. Welche Empfindungen, Assoziationen und Gedanken löst sie bei einem selbst aus? So findet man einen eigenen Zugang zum Thema – noch unbeeinflusst von den vielen Informationen, die sich bei der Recherche ergeben. Bei dieser sollte man natürlich alles nutzen, was man bekommen kann.

Insbesondere Interviews, die andere schon einmal mit dem Gesprächspartner geführt haben, sind aufschlussreich. Nicht weil man dort Fragen klauen kann, die einem selbst nicht einfallen, sondern weil sie viel über die Reaktionen des Gesprächspartners verraten. Gerade darin liegt ja der Sinn der Archivrecherche. Alle Informationen können einen auf andere, neue und spannendere Fragen bringen. Wer sich jedoch von vornherein nur auf Archivmaterial stützt, läuft leicht Gefahr, immer nur zu reproduzieren, was andere schon vorgekaut haben. Ein eigener origineller Ansatz hat es schwer, sich durchzusetzen.

Beispiel

Als im Mozart-Jahr 1991 der Schriftsteller Wolfgang Hildesheimer (1916–1991), der ein berühmtes Buch über Mozart geschrieben hat („Mozart", 1977), mal wieder eine Anfrage für ein Interview über sein Verhältnis zu Mozart erhielt, lehnte er höflich aber bestimmt mit der Begründung ab, es wären ja doch immer die gleichen Fragen, die ihm die Journalisten stellten.

Durch das unkritische Verwenden von Archivmaterial werden übrigens auch journalistische Falschmeldungen, Gerüchte oder Ungenauigkeiten verbreitet. Einer schreibt es vom anderen ab. Wie zu Beginn der Karriere der weltberühmten Sopranistin Anna Netrebko, von der es immer wieder hieß, sie sei als Putzfrau im St. Petersburger Mariinsky-Theater entdeckt worden, als sie singend die Böden schrubbte. Klingt gut, stimmt nur nicht. Sie war längst am Konservatorium und verdiente sich mit dem Putzjob Geld für ihr Studium.◄

Interviewformen und Zeitbudget
An diesem Punkt der Vorbereitung sollte man sich auch überlegen, um was für eine Form des Interviews es sich handelt.

Soll es ein persönliches Interview werden, das dem Gesprächspartner viel Raum lässt, dann muss man auch bereit sein, das eigene Konzept im Laufe des Interviews zu verlassen und sich von den Antworten zu neuen, nicht voraussehbaren Fragen inspirieren zu lassen. Hier wird aus dem Frage-Antwort-Spiel ein Gespräch. Sind hingegen *klare Informationen* zu einem bestimmten Thema gefragt, dann sollte man die Fragen im Kopf klar haben. Wer unsicher ist, kann sie auch aufschreiben.

Das kontroverse Interview, bei den Meinungen und Handlungen eines Gesprächspartners kritisch hinterfragt werden, kommt im Bereich des Musikjournalismus selten vor. In diesen Fällen gilt es, mit einem ausgetüftelten und stringenten Frage- und Argumentationskonzept in die Runde zu gehen. Zu empfehlen ist es sogar, sich die Formulierungen genau zu überlegen und dieses Konzept während des Interviews strikt durchzuhalten, damit der Gesprächspartner, dem die Fragen wahrscheinlich unangenehm sein werden, nicht rhetorisch ausbüchsen und über etwas völlig anderes reden kann. Eine Haltung wie „Ich weiß ja Bescheid, und die richtigen Fragen, Argumente und Gegenargumente werden mir in der Situation schon einfallen" hat sich häufig genug als selbst gestellte Falle entpuppt.

Planung eines Interviews: Wichtig ist es auch, schon frühzeitig die Länge in Betracht zu ziehen. Anfänger begehen häufig den Fehler, die ihnen zur Verfügung stehende Zeit zu überschätzen. Sie haben Angst, diese Zeit nicht füllen zu können und zum Schluss keine Fragen mehr zu haben. Das Gegenteil ist der Fall, mit dem Effekt, dass im letzten Drittel des Interviews der Journalist panisch wird, weil er merkt, wie ihm die Zeit wegläuft und er erst einen kleinen Teil seiner Fragen losgeworden ist. Das Timing souverän zu beherrschen bedarf einiger Erfahrung. Und ich kann jedem nur raten, sich von vornherein anzugewöhnen, bei Interviews eine Stoppuhr mitlaufen zu lassen.

Fragenkatalog: Die nächste wichtige Überlegung ist die, dass nicht alle Fragen jederzeit gestellt werden können. Gesetzt den Fall, ein Komponist hat für ein renommiertes Musikfestival eine zeitgenössische Oper geschrieben. Das Werk ist schwer zu spielen, alle sind nervös und gereizt und der Tag der Uraufführung rückt in bedrohliche Nähe. Zu diesem Zeitpunkt wird man mit dem Komponisten kein tiefergehendes persönliches Interview führen können. Selbst wenn er zusagte, käme nicht viel dabei heraus. Die Situation ist nicht danach. Oder: Auf einem

Empfang bekommt man einen bekannten Solisten vor das Mikrofon. Ihn jetzt ausführlich nach seiner zukünftigen Lebensplanung befragen zu wollen, wäre vergebliche Liebesmüh. Bei anderer Gelegenheit hingegen bekäme man von der Person höchst interessante und spannende Antworten. So berichtet die Hörfunkmoderatorin Miriam Stumpfe vom „Bayerischen Rundfunk", wie in Interviews mit Leuten aus der Musikszene immer wieder die erstaunlichsten Dinge zutage kommen. Der so gediegen wirkende Sir James Galway z. B. berichtete nicht nur ausführlich über seine Pläne als Flötist und Pädagoge. Er erzählte ihr bei dieser Gelegenheit auch frank und frei über sein Kommuneleben im Berlin der 70er-Jahre. Den Gesprächsgast hinter der bekannten Fassade zu entdecken, das ist die Qualität des guten Interviews.

12.4 Durchführung – Die Interview-Situation

Die Chemie muss zu spüren sein: Man kann noch so gut vorbereitet, noch so schlagfertig sein. Wenn es einem nicht gelingt, in der Interviewsituation ein tragfähiges Gesprächsklima zu schaffen, verpufft die gute Vorbereitung. Da geht es in Interviews nicht anders zu als in der alltäglichen Kommunikation. Jeder kennt das Phänomen. Man trifft einen fremden Menschen, beginnt sich zu unterhalten und später in der Rückschau glaubt man, die Person schon ewig zu kennen. Das Gespräch war anregend, interessant, man hatte den Eindruck, sich nahegekommen zu sein. Schaut man sich die Situation durch die Brille der Kommunikationspsychologie an, bemerkt man, dass hier sehr viel auf der Selbstoffenbarungs- wie der Beziehungsebene passiert ist. Der Gesprächspartner hat viel von sich preisgegeben, sein Bild der Welt, seine Einstellung, die Werte, die ihm wichtig sind, seine Art von Humor und so fort. Je stärker ein Gegenüber Konturen zeigt, desto mehr ist man bereit, es auch selbst zu tun. Damit die letzten Sätze nicht falsch verstanden werden: Gemeint ist hier nicht, dass einer ständig und penetrant nur von sich erzählt. Gemeint ist, dass sich ein Mensch hinters Visier schauen lässt. Das schafft Sicherheit und Berechenbarkeit, die Beziehung untereinander ist klar. Man kann es auf den Nenner bringen: Je deutlicher ich mich zeige, umso mehr wird auch der andere sich öffnen können. Für Interviews ist diese Erkenntnis von großer Wichtigkeit.

Wie weit darf und soll sich der fragende Journalist auch als Person einbringen? Darf er eigene Meinung äußern, Zweifel anmelden, Begeisterung zeigen? Darf er zusammenfassen, kommentieren, seinen Senf dazugeben? Darf er den Gesprächspartner sogar provozieren? Grundsätzlich ja, wenn diese Selbstäußerungen nicht die eigene Eitelkeit bedienen. Ein Journalist ist kein Frageautomat.

Gerade Interviews zur Person – und dabei handelt es sich meistens im Bereich des Musikjournalismus – brauchen die Beziehungsebene. Dazu gehört auch, dass der Interviewer aufgreift, was zwischen den Sätzen mitschwingt. Dazu gehört, dass er wie ein Reporter die Gesprächssituation einbezieht.

Da spricht z. B. ein Pianist darüber, wie er sich neue Kadenzen für Mozart-Konzerte erarbeitet hat. Seine Augen strahlen. Er rutscht auf dem Stuhl nach vorne, gestikuliert mit den Händen. Man merkt ihm an, wie seelenverwandt er sich in diesem Augenblick Mozart fühlt. Das kann man als Interviewer aufgreifen, schildern und nach dieser gespürten Seelenverwandtschaft fragen. Selbst bei Fernsehinterviews funktioniert das verbale Spiegeln einer Situation. Obwohl alle sehen, wie der Pianist leuchtet, rutscht und gestikuliert, erhält es dadurch, dass es erwähnt wird, noch einmal besondere Aufmerksamkeit. Dieses Spiegeln ist im Übrigen auch im Sinne der bereits angesprochenen Journalistenweisheit: Nicht der Frager, sondern der Gesprächspartner muss gut rauskommen. Dann ist es ein gelungenes Interview.

Anschleimen verboten: Natürlich gehört zu diesem Selbstverständnis der eigenen Rolle eine Portion Selbstbewusstsein und Selbstsicherheit. Sonst gerät man sehr schnell in eine temporäre Abhängigkeit vom Gesprächspartner. Eine Beziehungsebene aufzubauen heißt nicht, dem Gesprächspartner nach dem Mund zu reden, vor ihm zu dienern, ihn anzuschleimen. Bemerkungen, wie überaus froh man doch sei, dieses Interview führen zu dürfen und ähnliche Kotaus zeugen nicht von einer guten Gesprächsatmosphäre, sondern eher von der Angst des Interviewers vor dem Star oder der Diva, die ihm gegenübersitzen. Gerade jüngere Kolleginnen und Kollegen müssen häufig schmerzlich erfahren, wie eitel, überheblich und zickenhaft Stars sich aufführen können. In diesen Situationen dem Gesprächspartner gefallen zu wollen, ist nur vordergründig eine nützliche Strategie. Der Star wird das umgehend durchschauen und seine übliche Mikrofonshow abziehen, den Journalisten wie ein Hündchen an der Leine durchs Interview ziehen. Oder er lässt erst recht seine Laune am bedauernswerten Journalisten aus.

Inhaltliche Vorbereitung und gelassene innere Einstellung: Beides ist wichtig. Letztere sagt: In Wirklichkeit bin nicht ich persönlich gemeint, sondern die Journalistin, der Journalist, der hier sitzt. Wäre es ein anderer als ich, würde es den genauso treffen. Es ist schwer, für diese Situationen allgemein gültige Verhaltensweisen aufzustellen. Jeder Mensch ist anders gestrickt, reagiert auf Unfreundlichkeit unterschiedlich. Jeder muss die Strategie entwickeln, die ihm angemessen ist. Sollten die Unfreundlichkeiten eskalieren, empfiehlt es sich, ruhig darauf hinzuweisen, dass der Gesprächspartner dem Interview zugestimmt habe und er sicher auch an einem guten Ergebnis interessiert sei. Meist ist damit der Aggression die Spitze genommen. Sollte es ganz hart auf hart kommen, darf man sich die innere Freiheit nehmen, das Interview abzubrechen. Niemand ist gezwungen, sich als Fußabtreter missbrauchen zu lassen. Und wenn ein Interview mal nicht gesendet wird, geht die Welt auch nicht unter. Doch so weit kommt es so gut wie nie.

Die Perspektive der interviewten Künstler: Betrachten wir die Situation aus seiner Sicht. Da steckt einer mitten in einer anstrengenden Tournee; jeden Tag in einer anderen Stadt, in einem anderen Hotel, Termindruck, Probenstress, ständig neue Gesichter, unerwartete Auftrittsbedingungen – und bei den Pressekonferenzen und Interviewterminen stellen die Journalisten immer wieder die gleichen abgenutzten Fragen. Wer da fortwährend ausgeglichen und zuvorkommend reagieren könnte, müsste schon über die Gelassenheit des heiligen Franz von Assisi verfügen. Schon aus reinem Selbstschutz werden die Künstler versuchen, sich die Journalisten so weit wie möglich auf Abstand zu halten. Niemand langweilt sich gerne, auch Künstler nicht. Was für jeden Interviewer bedeutet, sich gerade ganz besonders um einen originellen Ansatz und treffende Fragen bemühen zu müssen – als Herausforderung und positive Überraschung für den Gesprächspartner.

12.5 Variationen – Der Ablauf und sieben Grundregeln

Jeder, der schon einmal ein Interview geführt hat, kennt den Moment. Während einer Antwort überlegt man fieberhaft, welche Frage die nächste sein könnte. Man kramt in allen Winkeln seines Gehirns – und hört nicht mehr zu. Wenn es ganz dumm läuft, fragt man dann genau das, was der Gesprächspartner gerade beantwortet hat. Peinlich! Zuhören und gleichzeitig planen, wie es weitergehen soll, ist eine große Kunst. Manche haben die Fähigkeit in die Wiege gelegt bekommen. Die weniger Glücklichen müssen aber nicht verzweifeln. Es gibt Techniken, die einem helfen, auf der Höhe des Gespräches zu bleiben und weder die Spontaneität noch die Richtung des Interviews zu verlieren.

Sieben Grundregeln für ein Musikinterview
Grundregel 1: Strukturiere das Thema, bevor du dich mit deinem Gesprächspartner zusammensetzt. Jedes Thema hat verschiedene Aspekte. Welche Aspekte interessieren dich mehr, welche sind für dich weniger wichtig? Gerät das Gespräch auf einen Seitenaspekt, führst du mit der nächsten Frage den Gesprächspartner wieder auf den Kernaspekt zurück.

Grundregel 2: Überlege dir zu jedem deiner Kernaspekte die Fragen, die dich wirklich interessieren. Hinterfrage deine eigenen Fragen. Warum stelle ich sie, was könnte mir der Gesprächspartner darauf antworten? Wenn man z. B. eine junge Sängerin fragt, wann und mit welcher Rolle sie an der Oper debütiert hat, ist die Antwort schnell gegeben. Doch was wollte man jenseits dieser schnellen Antwort wissen? Wie sie sich darauf vorbereitet hat? Wie sie das Angebot bekam? Wie an diesem Opernhaus gearbeitet wird? Wie aufgeregt sie war? Fragen, die kein *Hinterland* haben, bringen uns nicht weiter. Sie verpuffen.

Grundregel 3: Stelle eine angenehme Gesprächsatmosphäre her. Der Interviewgast muss sich wohlfühlen: Stimmt der Abstand zwischen dir und deinem Gast – nicht zu nah und nicht zu weit? Wirkt die Blickrichtung natürlich? Ungünstig ist eine frontale Haltung, besser fühlt man sich, wenn man im offenen Winkel zueinander sitzt. Es ist auch nicht falsch, den Gesprächspartner vor dem Gespräch kurz zu informieren, über welche Themen man sprechen möchte – ohne ihm die einzelnen Fragen zu nennen. Das vermittelt gerade wenig erfahrenen Gesprächspartnern mehr Sicherheit und damit Lockerheit.

Grundregel 4: Benutze deinen Fragenkatalog als Sicherheitsnetz. Spule ihn nicht schematisch runter. Was damit erreicht wird, ist klar. Man kann sich als Journalist auf die Antworten der Gesprächspartner einlassen, kann zuhören, aus den Antworten neue Fragen bilden, ohne befürchten zu müssen, sprachlos zu werden. Es steht genug im Fragenkatalog, auf das man jederzeit zurückgreifen kann.

Grundregel 5: Wenn du mit *offenen Fragen* arbeitest, formuliere sie nicht zu allgemein. Da hat ein Pianist im Abstand von 20 Jahren zweimal die Klaviersonaten von Beethoven eingespielt. Man möchte gerne von ihm wissen, worin sich die heutige Aufnahme von der alten unterscheidet. So kann man das wörtlich fragen. Nur hat man dann wenig Möglichkeit, die Antwort noch zu steuern. Man muss darauf vertrauen, dass der Gesprächspartner das erzählen wird, was man hören will. Es besteht die Gefahr, dass er abschweift, zu weit ausholt oder unpräzise wird. Man könnte die Frage aber auch genauer eingrenzen, in einzelne Rahmen setzen: Was klingt an der neuen Aufnahme anders als an der alten? Wie beurteilt der Pianist heute seine damalige Interpretation? Was war ihm wichtig, bei der neuen Aufnahme auszudrücken? Warum wollte er die Sonaten noch einmal neu einspielen? Auch das sind offene Fragen. Aber sie legen das Vergrößerungsglas auf die ursprüngliche Frage und führen wahrscheinlich zu genaueren Antworten.

Grundregel 6: Bereite jedes Interview so vor, dass du es live führen könntest. Live-Interviews haben immer eine höhere Grundspannung als aufgezeichnete. In einer Live-Sendung kann nichts geschnitten oder wiederholt werden. In einer Live-Sendung muss der Interviewer unterbrechen, um in der vorgegebenen Zeit zu bleiben. In einer Live-Sendung kann es Irritationen oder Rückfragen geben, die man nicht voraussehen konnte – und jeder bekommt sie mit. Dementsprechend aufmerksam und konzentriert agieren alle Beteiligten. Das vermittelt sich den Zuhörern vor allem da, wo es um mehr geht als nur um die Weitergabe von Informationen. Selbst Live-Interviews, die später noch einmal bearbeitet wurden, oder Interviews, die nicht live gesendet, aber wie live aufgenommen wurden, behalten diese positive Spannung. In den Fällen, wo die Beteiligten jedoch von vornherein wissen, dass hier nur das Rohmaterial für ein Interview entsteht, baut sich die Spannung gar nicht erst auf. Aus dieser Regel folgt:

Grundregel 7: Plane das Interview – bevor du es führst – einmal inhaltlich und zeitlich durch. Dazu gehört ein kleiner Vorspruch, eine Anmoderation zur ersten Frage, um beim Gesprächspartner nicht gleich mit der Tür ins Haus zu fallen und ihm die Chance zu geben, sich auf die Situation einzustellen. Dazu gehört es zu überschlagen, wie viel Zeit man sich für welche Punkte leisten möchte. Wenn man Musiken oder Hörbeispiele in das Gespräch integrieren möchte, muss man sich die Übergänge vorher zurechtlegen. Und auch der Schluss des Interviews sollte bedacht sein. Möchte man den Inhalt noch einmal kurz oder länger zusammenfassen? Wird dem Gesprächspartner kurz gedankt oder wird er ausführlich verabschiedet. Soll ein eigener Eindruck angemerkt werden? Ist es nützlich, eine nüchterne Information nachzuschieben, wo und wann der Künstler als Nächstes auftreten wird? Das alles gehört zum *Sicherheitsnetz* und hält einem den Kopf frei, um besser zuhören zu können.

Sonderfall Interview über mehrere Runden, die durch Musik getrennt werden. Ein Tipp hierfür: Fernsehserien kennen den *Cliffhanger.* Eine Frage, ein Thema wird angerissen und der Zuschauer weiß, in der nächsten Folge bekommt er mehr darüber geboten. Also wird er wieder einschalten, wenn es ihn interessiert. Ähnlich funktioniert es bei mehrteiligen Interviews. Zum Schluss einer Runde formuliert man eine Frage, die man nach der Musik wieder aufgreifen wird. Man hält die Spannung für die Zuhörer und verschafft sich nicht nur einen eleganten Aus- und Einstieg in die einzelnen Runden, sondern gewinnt auch noch einen *Teaser-Effekt,* der sich selbst bei häufigem Gebrauch nur wenig abnutzt.

Unter Zeitdruck: Bisher sind wir stets vom Normalfall ausgegangen. Die Interviewpartner haben zugesagt. Sie wissen, worauf sie sich einlassen und es stehen genügend Zeit und ein ruhiges Plätzchen bzw. ein Studio zur Verfügung. Die Wirklichkeit ist jedoch nicht immer so. Gerade bei Prominenten, egal ob aus der Musikwelt, vom Theater, dem Film oder der Literatur, hat man als Journalist häufig nur die Möglichkeit, im Rahmen von Pressekonferenzen seine Fragen an die Frau oder den Mann zu bringen. Dann bleibt einem nichts anderes übrig, als sich zu bescheiden. Mehr als zwei oder drei Fragen bringt man wahrscheinlich nicht unter. Es ist wie bei den drei Wünschen der guten Fee. Diese Fragen müssen sitzen. Ein Interview wird nie draus. Aber vielleicht erhält man drei gute O-Töne und damit wäre auch schon viel anzufangen.

Idealfall Einzeltermin: Hat man dazu die Gelegenheit, dann bitte nie vor einem Konzert oder einer Veranstaltung. Da sind Künstler viel zu nervös, um sich auf das Gespräch konzentrieren zu können. Und wenn es geht, auch nie nach einem Konzert. Da sind sie müde und ausgelaugt. Für die Kolleginnen und Kollegen vom Fernsehen gilt diese Regel erst recht, weil die Auswahl eines attraktiven Interview-Ortes fürs Bild und das Setzen von Licht immer zeitaufwendig sind. Der beste Termin ist stets der Vormittag nach einem guten Frühstück. Dass dann die Technik funktionieren sollte, Kamera, Aufnahmegerät und Mikro in Ordnung und die Batterien voll sind, würde ich hier nicht erwähnen, wenn nicht schon unzählige Male genau das Gegenteil passiert wäre. Also: Vorher unbedingt einen technischen Check samt Sprechprobe machen.

12.6   Coda

Es gibt Leute, die stundenlang in Straßencafés sitzen und anderen Leuten beim Flanieren zuschauen. Hörer von Interviews reagieren ähnlich. Ist die Person, die dort über sich Auskunft gibt, nur deutlich genug – ob prominent oder nicht –, hört man gerne zu und möchte immer noch mehr wissen. Darin liegt die Qualität eines guten Interviews auch für den Musikjournalismus. Es kann alle in seinen Bann schlagen, auch die Nichtspezialisten, auch die beiläufigen Zuhörer. Es kann über die Person des oder der Befragten Verknüpfungen erstellen, die weit in andere Bereiche jenseits der Musik hineinreichen. Musik findet nicht im Elfenbeinturm statt. Je verknüpfter wir Musik sehen mit anderen Feldern der Kultur, mit Geschichte, Politik, dem Alltagsleben, desto mehr werben wir für sie. Gibt es eine bessere Motivation für Musikjournalisten als diese?

Charlotte Reece hat 15 junge Musiker:innen befragt, welche Rolle Musikjournalismus in ihrem Leben spielt und wie sie ihn in Zukunft sehen (Abb. 12.1).

Abb. 12.1 „Wir machen die Lieder, ihr macht die Worte" – Musiker:innen über Musik-journalismus. (Umfrage von Charlotte Reece für das Online-Symposium „Die Zukunft des Musikjournalismus. Über Qualität, Kunst und künstliche Intelligenz" des Instituts für Musikjournalismus der Hochschule für Musik Karlsruhe am 4. Februar 2021) (https://doi.org/10. 1007/000-2wf) (https://youtu.be/1c7_dY8bT-U)

Weiterführende Literatur

Hermann, Inge/Reinhard Krol/Gabi Bauer, Das Moderationshandbuch: Souverän vor Mikro und Kamera (mit CD), (Tübingen/Basel: Francke 2002).

Krol, Reinhard, Das Interview, in: Peter Overbeck (Hg.), Radiojournalismus (Konstanz: UVK 2009) (Handbuch Journalismus), S. 93–111.

Müller-Dofel, Mario, Interviews führen: Ein Handbuch für Ausbildung und Praxis (Journalistische Praxis, Wiesbaden: Springer VS, 2. Aufl. 2017).

Friedrichs, Jürgen/Ulrich Schwinges, Das journalistische Interview (Wiesbaden: Springer VS, 4. Aufl. 2016).

Haller, Michael, Das Interview (Konstanz: UVK, 5. Aufl. (2013) (Praktischer Journalismus 6).

Schulz von Thun, Friedemann: Miteinander reden 1–4. Störungen und Klärungen/Stile, Werte und Persönlichkeitsentwicklung/Das "Innere Team" und situationsgerechte Kommunikation/Fragen und Antworten (Reinbek: Rowohlt 1. Auflage, Sonderausgabe 2019).

Doebeling, Wolfgang, Pleased to meet you: Interviews mit Musikern (Paderborn: Fink 2013).

Weiterführende Links

https://radiopannen.de.

https://www.spiegel.de/kultur/musik/gescheiterte-interviews-mit-pop-stars-a-1045024.html.

So wird die Gegenseite gebrieft:

https://spinnup.com/de/blog/die-10-wichtigsten-tipps-fuer-erfolgreiche-interviews.

http://www.backstagepro.de/thema/das-perfekte-interview-wie-du-vor-journalisten-eine-gute-figur-machst-2016-05-02-0GbZykgGfz.

Produktion und Sendung im Hörfunk / Technik richtig nutzen

13

Johannes Forster und Peter Overbeck

Zusammenfassung

Was sind die technischen Voraussetzungen im Studio, damit eine Radiosendung entstehen kann? Welche Erleichterungen bietet moderne Software? Wie hat sich die Technik in den letzten Jahren gewandelt? Dieses Kapitel erklärt die Arbeit und Tools im Sendestudio sowie die Möglichkeiten, von zu Hause Sendungen vorzuproduzieren, ohne dass dies beim Hörer zu erkennen ist. Außerdem gibt es einen Ausblick auf die immer feineren Mechanismen der Regionalisierung und Individualisierung.

Schlüsselwörter

Sendesoftware • Schnittsoftware • Arbeit im Sendestudio • Voicetracking • Speech to Text • Text to Speech • Regionalisierung

Die technischen Bedingungen am Arbeitsplatz von Musikjournalisten haben sich in den letzten Jahren massiv verändert – in allen Medien von der Zeitung bis zum Fernsehen. Die wichtigsten Neuerungen sind exemplarisch am Beispiel des Radios:

- Digitalisierung (Mitte der 1980er-Jahre) und Datenkompression (bekanntestes Beispiel im kommerziellen Bereich mp3, eigentlich MPEG-1 Audio Layer III, Mitte der 1990er-Jahre)

J. Forster (✉) · P. Overbeck
Institut für Musikjournalismus, Hochschule für Musik Karlsruhe, Karlsruhe, Deutschland
E-Mail: info@musik-journalismus.de

- Umstellung der analogen Technik auf digitale Aufnahmen und Ton- bzw. Bildträger sowie digitale Sendeabwicklung und -produktion (Anfang der 1990er-Jahre)
- Breitbandausbau des Internets (Anfang der 2000er-Jahre) und mobiles Internet (Mitte der 2000er-Jahre)
- Gemeinschaftlicher, gleichzeitiger Zugriff auf Daten durch Cloud-Computing (Anfang der 2010er-Jahre)
- Digitalisierte Ausstrahlung und Verbreitung (im Radio DAB seit Mitte der 2000er-Jahre, im Fernsehen DVB-T bzw. DVB-C)

Wie sich der musikjournalistische Alltag durch die Neuerungen der Digitaltechnik in allen Medien verändert hat, zeigt ein Vergleich mit der Technik zur Analogzeit am Beispiel Radio (siehe Tab. 13.1).

Nachfolgend werden einige technische Aspekte erläutert, deren Kenntnis für den musikjournalistischen Alltag wichtig ist. Auf zu spezielle Details wird verzichtet, da die Technik ständigen Veränderungen unterliegt. In Abb. 13.1 ist eine Übersicht über die nachfolgenden Aspekte zu finden.

Die Ton- und Bildbearbeitung erfolgt heutzutage nichtlinear am Computer. Zunächst kamen aufwendige, hardwaregestützte Spezialcomputer zum Einsatz, inzwischen ist eine einfache Audio- und sogar Videobearbeitung mit wenigen Spuren auf jedem handelsüblichen Computer möglich. Für eine Minute Stereoaufzeichnung Audio mit dem Auflösungsstandard von Audio-CDs werden ca. 10 Megabyte Speicherplatz benötigt und auch die Anforderungen an Prozessor und Arbeitsspeicher gehen über einen soliden Office-PC wenig hinaus. Aber auch hier sind je nach Schnittprogramm und Umfang des Projektes keine Grenzen gesetzt.

Harddisc-Recording bietet gegenüber dem analogen Schnitt viele Vorteile (abgesehen davon, dass Tonbänder hohe Verbrauchskosten verursachten). Es gibt vielfältige Bearbeitungsmöglichkeiten, die über eine reine Montage weit hinausgehen. Zusätzlich zum reinen Schnitt steht eine, je nach Software mehr oder weniger luxuriöse, virtuelle Studioumgebung zur Verfügung mit Mischmöglichkeit und Effekt-Plugins zur Klang- und Dynamikregelung. Komplexe Prozesse wie Verfremdungen, Restauration bzw. Beseitigung von Störgeräuschen oder der aus der Medikamentenwerbung im Fernsehen („Zu Risiken und Nebenwirkungen...") bekannte Effekt der „Time Compression" (d. h. bei gleicher Tonhöhe minimal schneller oder langsamer abzuspielen) sind möglich. Weitere Vorteile gegenüber dem analogen „blutigen" Schnitt: Das Original wird nicht zerstört und man kann Bearbeitungsschritte rückgängig machen. Außerdem gibt es keinen Qualitätsverlust beim Kopieren oder Überspielen.

Tab. 13.1 Technik zur Analogzeit in der digitalen Gegenwart am Beispiel Radio[1]

Tätigkeit	1980, Analogtechnik	2021, Digital-/Cloudtechnik
Produktion einer Umfrage	• Aufnahme mit mobilem Tonbandgerät • Schnitt mit Techniker im Funkhaus oder Studio • Schreiben eines Anmoderationsvorschlags • Übergabe von Anmoderationsvorschlag und Tonband an Sendungsredakteur • Weitergabe an Moderator	• Aufnahme mit Flashrecorder oder Handy/Tablet (und Mikrofon) • Schnitt am eigenen Laptop oder direkt auf dem Handy/Tablet • Upload des Audiofiles und des Anmoderationsvorschlags in das Redaktionssystem oder über einen Internetbrowser direkt an die passende Stelle im fertigen Sendeplan • Moderator greift selbstständig darauf zu
Recherche / Abhören von Archivmaterial	• Recherche über Archivdienste oder im sendereigenen „Schallarchiv" • Abhören im Funkhaus an Bandmaschine, ggf. mit Unterstützung durch Techniker	• Recherche vereinfacht: Im Sender oder online mit Zugriff auf (ggf. kostenpflichtige) Archive und Datenbanken, sendereigenes Archiv, weitere öffentlich zugängliche Quellen (YouTube etc.)

(Fortsetzung)

[1] Begriffe und Angaben zur Analogtechnik nach Artikel von Birgit Schamari, Radiomachen am Rechner. Die Produktionspraxis des Hörfunks im Zeichen der Digitalisierung, in: ARD (Hg.): ARD-Jahrbuch. 2001 (Hamburg: Hans-Bredow-Institut), S. 69–76, dort Tabelle S. 72 f.

Tab. 13.1 (Fortsetzung)

Tätigkeit	1980, Analogtechnik	2021, Digital-/Cloudtechnik
Programmerstellung	• Händische Zusammenstellung des Musikprogramms mittels Karteikarten und Übernahme in den Musiklaufplan • Bereitstellen von Bändern und Platten durch das Archiv • Sammeln von Wortbeiträgen, Layoutelementen (Jingles, etc.) und Werbung, danach Transport der Bänder/Carts (s. u. Werbung) ins Sendestudio • Im Anschluss Abrechnung mit den Verwertungsgesellschaften (GEMA, GVL) und weiteren Rechteinhabern per Formular	• Zusammenstellung des Musikprogramms überwiegend automatisiert durch Software, danach Freigabe durch Musikredakteur. Die Musikrotationsregeln sind nach dem jeweiligen Format des Senders festgelegt. • I. d. R. automatischer Import der Musikstücke und Layoutelemente ins Senderaster (siehe dazu Kapitel unten) • Anlegen der Übergänge Musik/Jingle bzw. Musik/Musik ohne Moderatorenbeteiligung je nach Programm automatisch oder per Hand • Einplanen der Wortbeiträge an die richtige Stelle im Sendeplan durch Redakteur oder Moderator • Automatische Abrechnung mit Verwertungsgesellschaften

(Fortsetzung)

Tab. 13.1 (Fortsetzung)

Tätigkeit	1980, Analogtechnik	2021, Digital-/Cloudtechnik
Sendung fahren	• Moderator ist allein für das gesprochene Wort zuständig. • Techniker am Mischpult bedient die Regler für Musik, Mikrofone, Beiträge, Telefon und Leitungen • Evtl. legt ein weiterer Techniker Bänder, CDs oder Platten auf	• Moderator fährt Sendung/Technik selbst. Steuern der Sendesoftware vom Selbstfahrerplatz. (Halb-)Automatischer Modus möglich, s. u. „Voice Tracking". • Techniker stehen nur noch in Notfällen oder bei technisch anspruchsvollen Sendungen zur Seite (bspw. aufgrund vieler Schalten am Wahlabend oder bei Krisenereignissen) • Quellen für Musik oder Beiträge sind Audiofiles auf zentralem Massenspeicher bzw. in der Cloud.
Live-Einblendung im Programm	• Aufbau einer „Sternpunkt-Leitung" über den „ARD-Stern" in Frankfurt bspw. am Wahlabend für Schalten nach Bonn. Dies war die einzige Möglichkeit, ohne großen Aufwand Audiosignale in Studioqualität über weite Entfernungen zu übertragen • Buchung, Abstimmung und Überwachung mit den jew. Hauptschalträumen • Limitierte Anzahl von verfügbaren Leitungen	• Live-Einblendung z. B. mit der „ARD-muPro-App" über das Handy • Der Reporter wählt sich von unterwegs mit dem Handy direkt im Schaltraum des Funkhauses ein und kann von dort auf einen Regler im Studio geroutet werden. Ist ein externes Mikrofon am Handy angeschlossen, kann annähernd Studioqualität erreicht werden. • Keine begrenzte Anzahl mehr • Oft auch zeitnahe Voraufzeichnung als „Quasi-Live" und Upload ins Senderaster bis wenige Sekunden vor Sendung

(Fortsetzung)

Tab. 13.1 (Fortsetzung)

Tätigkeit	1980, Analogtechnik	2021, Digital-/Cloudtechnik
Programmaus-tausch	• Manuell per Bestellschein • Überspielung per Leitung oder Versand per Band	• Anfordern benötigter Beiträge oder Sendungen in sendefähiger Qualität z. B. über den ARD-Programmaustausch. Sie landen ohne große Verzögerung in entsprechenden Ordnern der Redaktionsprogramme.
Werbung	• Händische Zusammenstellung der Werbeblöcke • Jeder Werbespot befindet sich auf einer „Cart" (Endlostonband) • Der Techniker legt jede Cart einzeln ein und spielt sie ab. Während eine Cart läuft, werden die anderen gewechselt und vorbereitet.	• Computergenerierte, oftmals regionalisierte Werbeblöcke (s. u. Regionalisierung) • Moderator startet den Werbeblock, der automatisch bis zum Ende läuft • Bei regionalisierter Werbung mit unterschiedlicher Länge startet diese ggf. auch automatisch.
Archiv	• Schallplatte, Tonband	• Massenspeicher, Server
Insgesamt		• Technische Produktionsgeschwindigkeit erhöht • Aktualität z. B. im Bereich News gestiegen durch kontinuierliche Aktualisierung der Ausspielwege außerhalb des Linearprogramms (z. B. Social Media)

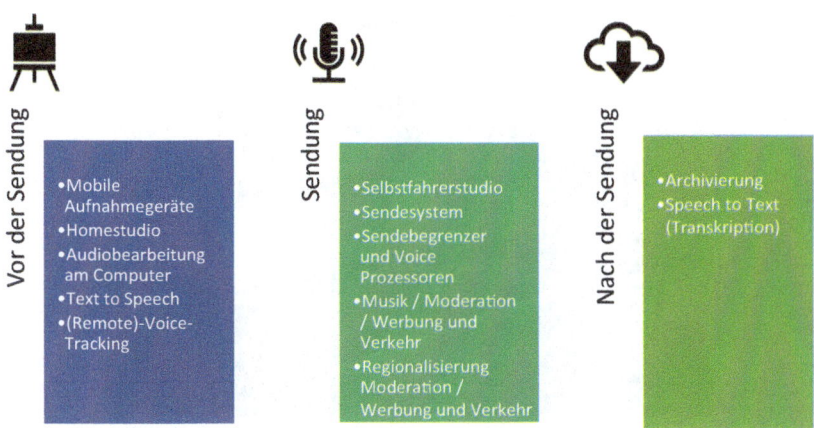

Abb. 13.1 Planung, Sendung und Nachbereitung. (Eigene Darstellung)

Bekannte Programme zur Audiobearbeitung sind Audacity (kostenlos), Single-Track/MultiTrack, Adobe Audition. Programme wie Samplitude/Sequoia, Pro-Tools, Logic oder Nuendo werden schwerpunktmäßig eher in der Produktion von aufwendigen Formen wie Features, Musik und Verpackungselementen als im tagesaktuellen Journalismus eingesetzt.

Als mobile Aufnahmegeräte sind Flashrecorder gegenüber Handys noch immer die erste Wahl, trotz vergleichbarer Tonqualität. Denn Flashrecorder besitzen im Regelfall nach außen abgesetzte Knöpfe. Dadurch kommt man schneller und übersichtlicher an die wichtigsten Funktionen als bei einem Handymenü. Je nach Art des Aufnahmegeräts kann außerdem Phantomspannung auszugeben werden, sodass hochwertigere Kondensatormikrofone direkt angeschlossen werden können. Herrscht jedoch Zeitdruck, kann der Einsatz eines Handys sinnvoll sein, da die Aufnahmen auf dem Handy sofort grob geschnitten und direkt ins Redaktionssystem hochgeladen werden können.

Auch Stereoaufnahmen sind zwar mit dem Handy möglich, allerdings liefert eine Aufnahme mit einem professionellen Aufnahmegerät und Stereomikrofonie eine bessere Qualität für die Mehrzahl der Anforderungen, die eine Stereoaufnahme notwendig machen (z. B. Musik). Zudem ist die Größe des Speicherplatzes durch SD-Karten frei konfigurierbar, schnell erweiter- oder austauschbar und sie wird nicht durch den freien Platz im Handy vorgegeben. Für eine Stunde Aufnahme in CD-Qualität (44,1 kHz, 16 Bit) sind gut 600 Megabyte Speicherplatz notwendig. Auch wenn komprimierte Formate wie mp3 eine recht gute Qualität

Abb. 13.2 Sendekomplex des Instituts für Musikjournalismus der Hochschule für Musik Karlsruhe mit Sendeautomations-Plattform DABiS800 der Firma DANEXiS AG, Bern (CH). Bildschirme v. l. n. r.: Phonebox (Telefon), Single-/Multitrack und Office, Studio-Controller, Planning Base, VisTool. In größeren Sendern kommen ggf. noch Monitore für Verkehr, Werbung, Wetter und ggf. Presseagenturen dazu. (Foto: Johannes Forster)

liefern können, sollten Aufnahmen prinzipiell unkomprimiert erfolgen. Bei der Weiterverarbeitung kann es sonst beträchtliche Qualitätsverluste geben.

Die meisten Sendungen werden außerhalb des Studios vorbereitet. In der Regel plant zuerst die Musikredaktion die Titel ein und legt die Übergänge zwischen den Programmelementen an (z. B. Musik-Jingle-Musik). Je nach Aufteilung zieht danach der Redakteur oder der Moderator selbst die Beiträge an die entsprechende Stelle im Senderaster. Sind musikspezifische Beiträge oder Moderationen geplant (z. B. Geburtstag einer Sängerin), werden nach Rücksprache mit der Musikredaktion passende „Akzenttitel" im Anschluss an die Moderation bzw. den Beitrag eingeplant.

Nahezu alle Elemente einer Sendung kommen heutzutage aus einem Sendesystem. In der Sendesoftware stehen sie untereinander, wie man es von vielen Audioplayern am Computer oder vom Handy kennt. Über das Mischpult spielt sie der Moderator ab. Zusätzlich gibt es am Pult oder abgesetzt gesondert belegbare Tasten für den spontanen Einsatz, z. B. Fanfare oder Applaus für ein Gewinnspiel. Im Gegensatz zur *normalen* Playlist enthalten die Titel im Sendesystem aber viele zusätzliche Informationen für den Moderator. In Abb. 13.2 sieht man ein typisches Sendestudio.

Abb. 13.3 Studio-Controller der Sendeautomations-Plattform DABiS800 der Firma DANE-XiS AG, Bern (CH). (Quelle: DANEXiS AG, Bern (CH))

Hier die wichtigsten Informationen für den Moderator im Selbstfahrerstudio (siehe Abb. 13.3):

- Die Dauer eines Musikstücks wird rückwärts angezeigt (sie beginnt also bspw. bei 3:30 min und zählt rückwärts auf 0:00); der Moderator weiß so, wann er spätestens wieder aktiv werden muss.
- Die „Ramp"-Zeit (in Abb. 13.5 „Intro-Zeit" genannt), also die Zeit des Instrumentalteils am Beginn eines Musikstücks, wird ebenfalls rückwärts angezeigt. Ist diese bei 0:00 angelangt, beginnt der Gesang und spätestens hier muss die Moderation abgeschlossen sein, da Sprache über Gesang nur schwer verständlich ist. Um einen möglichst durchgängigen Programmfluss zu erzeugen, soll die *Ramp* in den meisten Sendern für die Moderationen genutzt werden.
- Oft wird das Musikstück in Wellenform angezeigt. Der Moderator erkennt so auf einen Blick leise und laute Stellen und wie lange

ein Musikstück am Ende ausfadet. Zusätzlich sieht er, welche Anmutung das Ende hat, also ob es langsam leiser wird, mit kurzem Hall
oder schlagartig endet. Dies ist wichtig für den Einsatz des nächsten
Programmelements, also z. B. Musik, Moderation oder Jingle.
* In einem Infofeld stehen zusätzliche Infos zum jeweiligen Stück, um
  auch spontan mit einer kurzen Moderation ggf. einige Sekunden füllen
  zu können. Bei einem Beitrag findet der Moderator hier Informationen
  für die Anmoderation.

Weitere Quellen im Studio sind neben der Sendesoftware das Redaktionssystem (ggf. in Sendesoftware integriert), Telefonhybrid, Internetrechner, Rechner
für WhatsApp oder weitere Sprachnachrichten, Leitungen, etc.

Zur Abrechnung mit den Verwertungsgesellschaften GEMA und GVL
sowie weitere administrative Vorgänge besitzt die Sendesoftware eine Schnittstelle.
Bei den großen Sendern werden die Musikstücke sekundengenau abgerechnet,
nicht-kommerzielle oder kleine Sender zahlen oft eine Pauschale. Bekannte Sendesysteme sind DABiS800, radio.cloud, Dalet, Radiomax, dira!, Send, TurboPlayer
und mAirList.

**Bis auf wenige Ausnahmen werden Sendungen heute im „Selbstfahrerbetrieb"
produziert.** Dies bedeutet, dass der Programmacher nicht nur für die Moderation,
sondern auch für die Technik, d. h. das Abfahren von Musik, Layoutelementen
bzw. Jingles und Werbung, zuständig ist. Bereits in den 1980er-Jahren wurden für ausgewählte Sendeplätze in Popradios Studios eingerichtet, in denen der
Moderator selbst die Platten auflegte, die Sendung technisch betreute und mit
den Hörern direkt in Telefonkontakt trat. Diese spontanere Anmutung und der
eng empfundene Hörerkontakt wurden als erfrischend wahrgenommen. Die Mitte
der 1980er-Jahre aufkommenden Privatprogramme verzichteten schon aus wirtschaftlichen Gründen auf die öffentlich-rechtliche Aufteilung des Sendebetriebs
in einen Sendetechniker, der die Sendung fährt und Tonbänder und Schallplatten
auflegt, und einen Sprecher oder Moderator. In Abb. 13.4 sieht man eine typische
Sendesituation mit zwei Studiogästen.

   Immer mehr Sender greifen auf Voice-Tracking zurück, vor allem in der
Nacht und in Randstunden. Für den Hörer entsteht der Eindruck, dass ein Moderator live im Studio ist, jedoch ist alles vorproduziert. Je nach Art der Sendung kann
dabei die Hälfte der Studiozeit des Moderators gespart werden, denn er nimmt

Abb. 13.4 Moderatorin und Interviewgäste in Selbstfahrerstudio (Institut für Musikjourna-lismus, Hochschule für Musik Karlsruhe, Foto: Friedrun Reinhold)

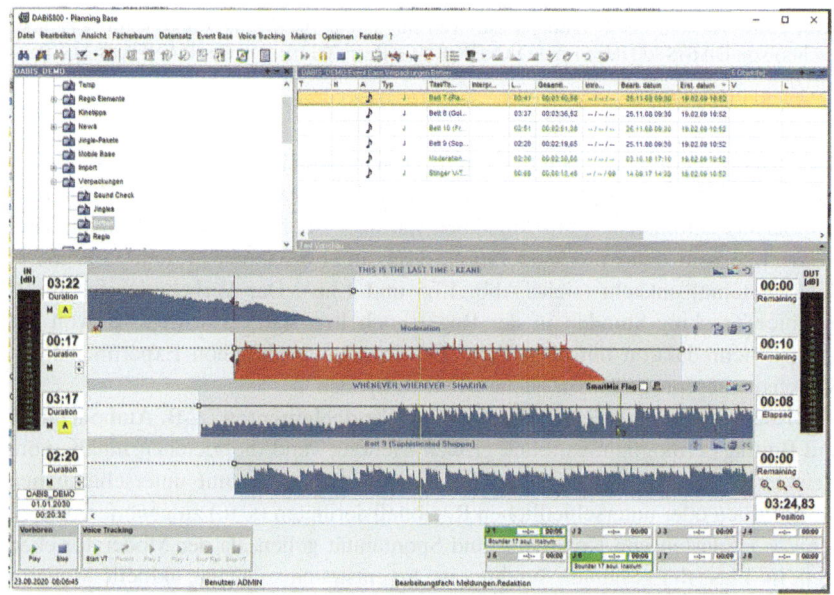

Abb. 13.5 Moderator platziert Voicetrack-Element (zweite Spur) und Musikbett (vierte Spur) zwischen zwei Liedern (erste und dritte Spur) in der Planning Base von DABiS800 der Firma DANEXiS AG, Bern (CH)). (Quelle: DANEXiS AG, Bern (CH))

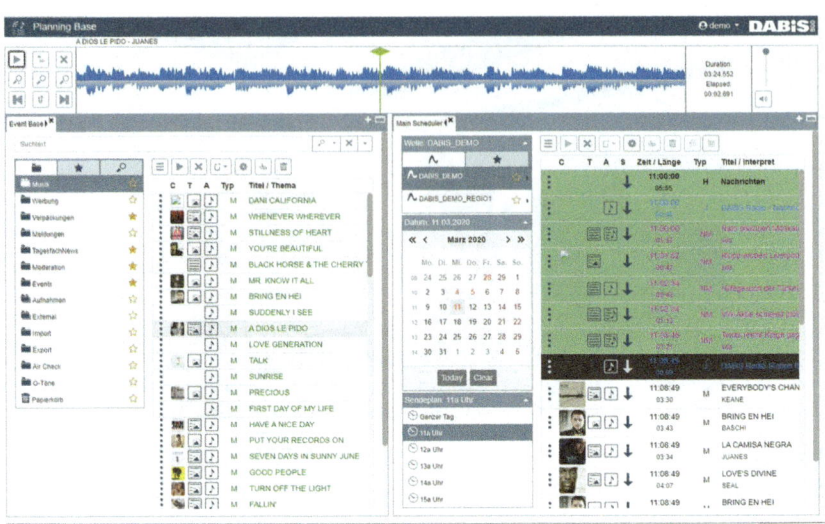

Abb. 13.6 Ansicht der Planning Base Web mit Event Base (links) und Main Scheduler (rechts) von DABiS800 der Firma DANEXiS AG, Bern (CH)). (Quelle: DANEXiS AG, Bern (CH))

seine Moderationen nur noch trocken (d. h. ohne Musik und ohne Musikbett) auf und platziert sie auf die freien Plätze im Musiklaufplan. Die Software legt (falls gewünscht) automatisiert ein Musikbett darunter oder zieht den folgenden Titel passend so weit unter die Moderation, dass ein sogenannter „Ramp-Talk" (s. o. Sendesysteme) entsteht (siehe Abb. 13.5 und 13.6). Der Verkehrsservice findet in Voice-Tracking-Stunden in der Regel noch live statt, er wird z. B. von der Nachrichtenredaktion mit abgedeckt. Es gibt aber auch schon Experimente mit Sprachsyntheseprogrammen, siehe „Text to Speech".

Diese Art automatisierter Planung von Sendeelementen (z. B. Anmoderation und Beitrag) ermöglicht es, ohne großen Mehraufwand die gleichen Inhalte vom gleichen Moderator auf verschiedene Sendewellen z. B. mit unterschiedlichen Musikfarben oder unterschiedlichen Regionalisierungen (s. u.) zu generieren. Ggf. kann das zulasten von Kreativität und Spontanität gehen, da der Moderator eben nicht im Fluss der gesamten Sendung ist. So entstehen spontane, aktuelle Moderationsideen während des Hörens der Musik oft nicht mehr und die stundenaktuelle Nachrichtenlage kann im Lauf der Sendung nicht thematisiert werden.

Voice-Tracking kann als „Remote Voice-Tracking" orts-, zeit- und softwareunabhängig an jedem Ort der Welt mit einem Handy oder Tablet (plus externem Mikrofon) erledigt werden. Viele Sendesysteme bieten inzwischen einen Zugang zum Sendeablauf über Internetbrowser an – ohne spezielle Software auf dem Endgerät. Je nach Verbindung erfolgt das Vorhören der Musikstücke in verminderter Qualität, die Aufnahme des Moderators wird in Sendequalität hochgeladen. Für die Produktion reichen gewöhnliche Office-PCs und es müssen keine lokalen Updates installiert werden. Ist das Update einmal in der Cloud/auf dem Server installiert, greift jeder User automatisch auf die aktualisierte Version zu. Nachteile sind die Abhängigkeit von einer Internetverbindung und erhöhte Security-Anforderungen. Ein Zugang mit Login und Passwort ist verhältnismäßig leicht zu knacken und schon kann jeder auf die Playlist zugreifen und beliebige Audioinhalte in die Sendung einstellen. Bei herkömmlichen Lösungen über das Sendernetzwerk kann man Serverfehler in der Regel selbst beheben. Fällt das Internet im Sender oder am Cloud-Server aus, ist eine Lösung des Problems oft komplexer. Ein weiterer Punkt ist das Voice-Processing. Dies muss entweder vor Ort beim Moderator oder im Nachgang in der Software erfolgen. Ein Echtzeit-Voice-Processing ohne Latenz, d. h. ohne Verzögerung, ist über das Internet schwer zu bewerkstelligen.

Radioprogramme mit großem Verbreitungsgebiet werden oft regionalisiert ausgestrahlt oder bieten Unterprogramme mit unterschiedlichen Musikfarben an. Da ein wichtiger Erfolgsfaktor eines Senders die Hörernähe und regionale Kompetenz ist, werden immer häufiger individuelle Signale an die einzelnen Sendeantennen geschickt. So ist es möglich, z. B. auf verschiedenen Regionalisierungen die gleichen Moderationen und Musikstücke auszustrahlen und einmal pro Stunde eine regionalisierte Moderation, in der dann Orte des jeweiligen Antennenstandortes genannt werden. Oder eine Live-Musikmoderation wird mit einem regionalisierten, vorproduzierten Anhängsel des Moderators beendet wie z. B.: „... der neueste Titel von X hier auf Radio Y, dem besten Programm für die Region Z.". Damit klingt das Programm lokaler. Auch das Wetter wird gerne regionalisiert und natürlich die Werbung. Gerade für ausschließlich regional tätige Firmen ist eine gezielte Ausstrahlung der Werbung an nur einem Antennenstandort statt im gesamten Sendegebiet attraktiver bzw. überhaupt finanzierbar.

Wenn die regionalisierten Moderationen eingesprochen sind, bekommt der Moderator im Studio von der Verbreitung technisch nicht mehr viel mit. Die Verteilung des Signals erfolgt im Hintergrund. Auch unterschiedliche Längen von Werbeblöcken sind kein Problem, die Systeme füllen nach bestimmten Regeln mit

Musik, Promotion- oder Layoutelementen auf, bis die Streams zu einem definierten Zeitpunkt wieder zusammengeführt werden. Sollte dazwischen eine Uhrzeit genannt werden müssen, sucht sich die Software ebenfalls die richtige Minute aus vorher vom Moderator eingesprochenen Uhrzeiten aus.

Je nach technischer Umsetzung der Wetter-Regionalisierung kann es wichtig sein, dass die Länge der regionalisierten Wettermeldungen identisch ist, z. B. 30 Sek. Kleine Unterschiede werden mittels Time Compression/Expansion (also bei gleicher Tonhöhe minimal schneller oder langsamer abgespielt) im Regelfall unhörbar ausgeglichen. Mehr zu den immer individuelleren Möglichkeiten der Programmplanung bis hin zur IP-basierten, personalisierten Ausspielung oder dem Zurückspringen im Programm, z. B. auf die letzten Nachrichten, finden Sie in Kap. 29.

Schätze aus über 100 Jahren deutscher Hörfunkgeschichte schlummern in den Archiven vieler öffentlich-rechtlicher Sender. Sie liegen vorwiegend auf Tonband vor, später wurde auch digital auf CD oder DAT archiviert. Nach und nach werden diese Aufnahmen nun auf digitale Massenspeicher überführt. Dabei gibt es einen gewissen Zeitdruck: Gerade bei gebrannten CDs sind die frühen Generationen heute schon nicht mehr lesbar. Im Unterschied dazu sind Tonbänder aus den 1930er-Jahren heute noch abspielbar (wenn auch manchmal nur noch einmal). Analogbänder sollten deshalb auch weiterhin aufgehoben werden und auf absehbare Zeit Bestandteil der Archive bleiben. Durch die Archivierung auf Servern kann ortsunabhängig, in der Regel ohne Wartezeit und in unterschiedlicher Qualität auf die Audiofiles zugegriffen werden. So liegen die Dateien in den Recherchesystemen und Datenbanken zusätzlich in verminderter Qualität vor, damit der Redakteur oder Autor sich schnell und von möglichst überall einen Eindruck vom Inhalt machen zu kann. Erst wenn der Ton auch tatsächlich gebraucht wird, kann man ihn in sendefähiger Qualität für die weitere Produktion exportieren. Ein weiterer Meilenstein in der Archivierung sind die neuen Möglichkeiten von Speech to Text.

Speech to Text: Früher hing es von der eigenen Disziplin oder dem Ordnungssystem der Kollegen ab, ob man einen passenden O-Ton finden konnte. Zu Beginn der digitalen Bearbeitung gab es nur die Infos im Dateinamen. Wollte man also das Statement finden, in dem Anne-Sophie Mutter über ihre neueste Einspielung spricht, musste man entweder wissen, wie die Datei genau heißt oder wo sie liegt oder sie musste im Dateinamen eines der Schlüsselwörter enthalten, sodass man danach suchen konnte. Eine Erleichterung brachte die Möglichkeit, im Redaktionssystem bzw. in den Metadaten zusätzliche Stichworte eingeben zu können. Heute durchlaufen Audiodateien eine Speech-to-text-Analyse. Es wird also automatisch das gesprochene Wort in Text umgewandelt und zusätzlich zum

Audio abgespeichert – durchsuchbar und indizierbar. In der Textansicht springt man durch einen Klick auf das jeweilige Wort außerdem direkt zur entsprechenden Stelle im Audio. Oder man exportiert das File in einem speziellen Format, sodass im Audio- oder Videoschnittprogramm über der Wellenform bzw. dem Vorschaubild der dort gesprochene Text eingeblendet wird.

Gerade bei stark regionalisierten Programmen (s. o. Regionalisierung) schafft die Speech-to-text-Funktion eine bessere Übersichtlichkeit. So kann verhindert werden, dass z. B. eine Regionalmeldung für Stuttgart auf der Sendeantenne am Bodensee landet. Die statistische Auswertung von Themengebieten im Programm sowie deren Häufigkeiten und damit Relevanz („Data-Mining") wird durch diese Funktion ebenfalls erleichtert. Und auch die Softwaregiganten „Alphabet" (Google) und Facebook arbeiten mit großer Kraft an solchen Projekten, da sie ebenfalls festgestellt haben, dass sie zwar Text sehr gut durchsuchen und anbieten können, in (durchsuchbarem) Audio aber noch großes Entwicklungspotential steckt. Der nächste Schritt ist das automatische Erkennen von Inhalten in Bewegtbild und die Umsetzung in einen durchsuchbaren Text (unabhängig von der Audio-Komponente des Videos). Bei Bildern bzw. Fotos klappt dies auch heute schon sehr gut.

Text to Speech: Für automatisierte Sendestrecken wird z. B. im Verkehrsservice mit Text-to-speech-Software experimentiert. Aus den schriftlichen Meldungen von Polizei, ADAC etc. wird ein Audio erzeugt und live in die Sendung eingespeist. Diese Software, ggf. in Verbindung mit maschinell erzeugten Texten, eignet sich (noch) vor allem für vergleichsweise wenig komplexe und bestimmten Mustern folgende Aufgaben, aber die Entwicklung läuft rasant weiter. Der Vollständigkeit halber sei noch erwähnt, dass Adobe schon 2016 mit der Vorstellung von „#VoCo" (https://www.youtube.com/watch?v=I3l4XLZ59iw) aufgezeigt hat, dass es inzwischen möglich ist, kurze Sprachaufnahmen eines Prominenten in die Software zu laden und dann aus einem beliebigen, geschriebenen Text ein Audiofile mit genau jener Stimme zu generieren.

Sendebegrenzer, Sound- und Voice-Prozessoren: Die Stärke des Sendesignals darf bei der Übergabe an die Provider einen bestimmten Pegel nicht überschreiten. Dafür sorgt ein Sendebegrenzer. Schon zu Analogzeiten haben Radiostationen ihr Sendesignal so optimiert, dass es deutlich lauter und präsenter erscheint, ohne den Maximalpegel zu überschreiten. Einerseits wird der Frequenzgang verändert und hörphysiologisch eine größere Lautstärke simuliert („Loudness"-Effekt), andererseits komprimiert. Vereinfacht gesagt bedeutet dies, dass zunächst die lauten Stellen leiser gemacht werden, um im Anschluss das dynamisch reduzierte Signal insgesamt wieder zu verstärken. Dadurch wirken die leisen Stellen lauter und

damit präsenter. Digitale Sound-Prozessoren mit zahlreichen Einstellmöglichkei-
ten, z. B. die OPTIMOD-Geräte der Firma Orban, bereiten das Signal optimal für
die jeweilige Hörsituation auf, also sorgen z. B. für eine gute Sprachverständlich-
keit im Auto. Problematisch ist allerdings eine zu intensive Signalbeeinflussung
bei klassischer Musik, da diese zu unnatürlicher Dynamik und Klangverfärbung
führt oder bei sehr leisen Stellen das Rauschen verstärkt. Voice-Prozessoren
optimieren das Gesamtsignal für die jeweilige Stimme eines Moderators oder
Sprechers bereits im Studio; die Einstellungen können individuell gespeichert und
abgerufen werden.

Computergestützte Musikplanung

14

Arnd Richter

Zusammenfassung

Die Besonderheiten und Erfordernisse einer computergestützten Musikplanung werden grundsätzlich erklärt und an einer Komposition aus der Barockmusik erörtert.

Schlüsselwörter

Musikplanung • Automatische Musikplanung • Kreativdaten • Suchmaschinenoptimierung

Die Ausgangslage: Früher erfolgte die Zusammenstellung von Musikprogrammen manuell durch Fachredakteure, zunächst mittels Karteikästen, später durch individuelle Recherche in der Datenbank des Schallarchivs. Wie vielfältig ein Musikprogramm war, hing im Wesentlichen von den Repertoirekenntnissen und der Fantasie des jeweiligen Redakteurs ab und trug gewissermaßen auch dessen „Handschrift". Der Umbau der Kulturwellen von Einschaltprogrammen zu Begleitprogrammen als Reaktion auf ein verändertes Nutzerverhalten hat den Bedarf erhöht für Musikprogramme jenseits von spezifischen redaktionell erstellten Wort-Musik-Formaten und thematischen Sendungen.

Eine computergestützte automatisierte Musikplanung ist im Popbereich längst gang und gäbe. Auch für Musikarten jenseits eines AC-Formats bietet sie viele Vorteile für Programmflächen, die überwiegend der gehobenen Tagesbegleitung dienen. Natürlich wird es in jedem Kulturradio-Programm auch weiterhin

A. Richter (✉)
WDR Big Band, Köln, Deutschland
E-Mail: info@musik-journalismus.de

© Springer Fachmedien Wiesbaden GmbH, ein Teil von Springer Nature 2022   167
P. Overbeck (Hrsg.), *Musikjournalismus,* Journalistische Praxis,
https://doi.org/10.1007/978-3-658-32476-6_14

Autorensendungen geben, die sich einem solchen computergestützten Verfahren weitestgehend entziehen.

Um akzeptable Musikprogramme computergestützt planen zu können, muss die Software „denken" können wie ein Redakteur, und sie muss das Material „kennen", mit dem sie zu arbeiten hat und somit durch erfahrene Redakteure entsprechend vorbereitet werden. In jedem Fall ist es notwendig, dass jedes so erstellte Programm vor Bereitstellung von einem Redakteur nochmals überprüft und ggf. modifiziert wird. Auch während der Ausstrahlung sollte es im Blick bleiben, um ggf. bei besonderen Ereignissen wie Unglücken reagieren zu können. Die Planung erfolgt in vier Schritten.

Schritt 1: Die Erfassung der Werk- und Künstlerdaten. Zunächst müssen die Angaben zu Werk und Interpreten genau und vollständig erfasst werden. Dies kann sich außerhalb gängiger Poptitel umfangreicher gestalten. Seltener sind Einzelpersonen, meistens sind es mindestens zwei Interpreten, in bestimmten Fällen, z. B. bei Formationen ohne eigenen Ensemblenamen, zehn und mehr Mitwirkende. Die besondere Anforderung an Planungssoftware für Musikarten jenseits eines Adult-Contemporary-Formats (AC) ist außerdem die korrekte Abbildung einer komplexen Stammdatenstruktur. Bei Pop gibt es meistens einen Titel, einen (oder mehrere) Interpreten und einen Bandnamen, ggf. noch den Ursprungstitel bei Cover-Versionen. Komplexer ist die Struktur in der klassischen Musik. Die Titelstruktur von z. B. Antonio Vivaldis „Il cimento dell'armonia e dell'inventione" opus 8, einer Sammlung von zwölf Violinkonzerten aus dem Jahre 1725, besteht aus vier Titelebenen, von denen mindestens die Ebenen zwei bis vier relevant sind für eine automatische Musikplanung. Berücksichtigt man außerdem die Populärtitel und deren italienische Originalfassung, wird deutlich, welche enormen Anforderungen an Datenbankstrukturen und Algorithmen sich aus diesen Titelgefügen ergeben. Die Software muss nämlich nicht nur die einzelnen Werke des „Quattro stagioni"-Zyklus gegeneinander sperren, sondern auch die verschiedenen Aufnahmen der einzelnen Concerti, deren Einzelsätze und wiederum diese in den alternativen Einspielungen (siehe Abb. 14.1).

Schritt 2: Festlegen der Kreativdaten: Es ist Aufgabe der Redaktion, einen Titelpool aufzubauen, der jedes infrage kommende Stück mit bestimmten Kriterien versieht. Diese „Kreativdaten" müssen einmal festgelegt werden und beziehen sich auf Aspekte wie Tempo, Dynamik, Instrumentation, Gattung oder Epochenzuordnung, aber auch auf subjektivere Eindrücke wie kompositorische Komplexität oder psychologische Anmutung. Mit wachsender Zahl der auf diese Weise kategorisierten Pooltitel steigen die Chancen auf eine abwechslungsreiche Programmgestaltung. Je mehr Titel einer bestimmten Kategorienkombination

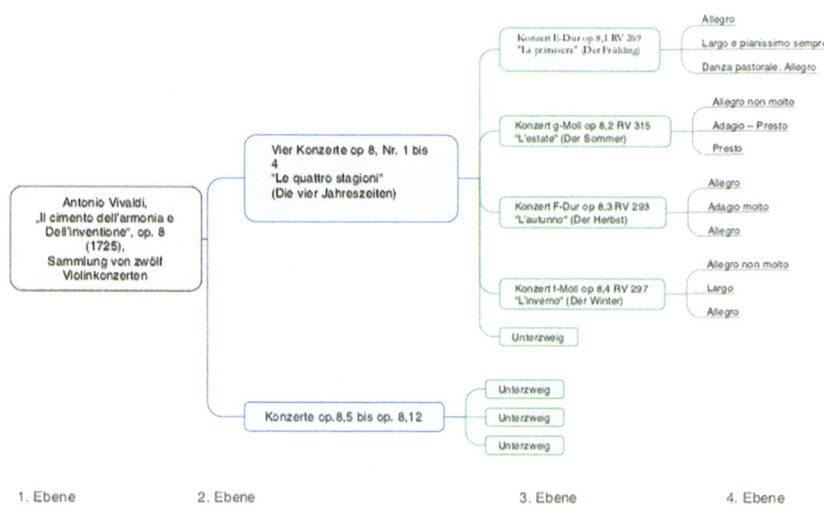

1. Ebene   2. Ebene   3. Ebene   4. Ebene

Abb. 14.1 Titelstruktur von Antonio Vivaldis „Il cimento dell'armonia e dell'inventione", op. 8. (Darstellung: Peter Overbeck)

vorhanden sind, desto seltener wird das einzelne Stück vorgeschlagen. Die Einsatzhäufigkeit kann außerdem über die Rotationskategorie gesteuert werden. Ein gängiges Werk in einer exzellenten Interpretation wird eine höhere Rotationsfrequenz haben als Randrepertoire in durchschnittlicher Interpretation. Jedem Titel ist nach erfolgter Kategorisierung ein sogenannter Bewertungsstring zugeordnet, der jederzeit verändert und aktuellen Programmerfordernissen angepasst werden kann (Abb. 14.2).

Schritt 3: Regeln und Sperren: Ist der Pool aufgebaut (ab ca. 1.500 Titel ist eine vernünftige Rotation im z. B. Klassikbereich möglich), müssen Regeln und Sperren definiert werden. Der Pool kann kontinuierlich ausgebaut werden, sodass auch entlegenere Titel des Archivbestandes zum Einsatz kommen können. Mögliche Sperren sind folgende (siehe Tab. 14.1).

Während sich Jahres- und Tageszeitensperren über Kalendarien und Uhrzeiten regeln lassen, greifen Titel- und Künstlersperren in dem Moment, in dem ein Titel und/oder Künstler im Laufplan erstmals auftaucht.

Die Regeln stehen in enger Beziehung zu den Kategorien, mittels derer das Repertoire klassifiziert worden ist. Über die Regeln wird festgelegt, in welcher Häufigkeit oder in welchen Abständen bestimmte Merkmale im Programm auftauchen dürfen. Beispielsweise kann geregelt sein, dass zwischen zwei Stücken der

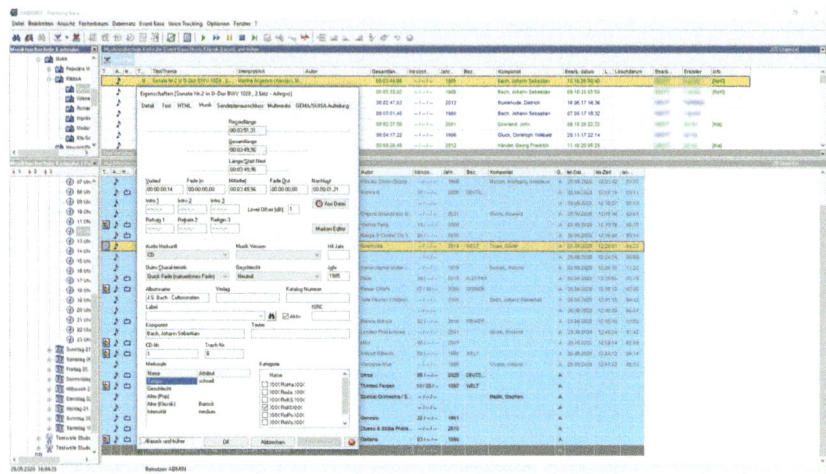

Abb. 14.2 Ansicht einiger Kreativdaten in der DABiS800 Planning Base der Firma DANE-XiS AG, Bern (CH). Unten links z. B. Tempo schnell, Barock, Intensität medium; unten rechts z. B. Kategorie „RoKl" Rotation Klassik. (Quelle: DANEXiS AG, Bern (CH))

Tab. 14.1 Mögliche Sperren für eine Rotation im Bereich Klassik

Titelsperre:	Beethovens 7. Sinfonie wird nicht nur gegen sich selbst (in alternativen Aufnahmen) und ihre Einzelsätze gesperrt, sondern auch gegen die entsprechende Bearbeitung mit dem Bläserensemble Sabine Meyer oder die Klavierfassung von Franz Liszt (sowie jeweils deren Einzelsätze)
Künstlersperre:	Der Dirigent Leonard Bernstein wird nicht nur in gleicher Funktion gesperrt, sondern auch als Kammermusiker, Pianist und Komponist
Jahreszeitensperre:	Das „Weihnachtskonzert" von Arcangelo Corelli wird für das gesamte Jahr, außer der Advents- und Weihnachtszeit, gesperrt
Tageszeitensperre:	Bestimmte Stücke oder extreme Interpretationen oder speziellen Bearbeitungen werden aufgrund redaktioneller, meist programmästhetischer Entscheidungen für bestimmte Tageszeiten gesperrt

Tempokategorie „langsam" mindestens drei schnellere Titel platziert sein müssen. Eine andere Regel kann besagen, dass Zupfinstrumente wie Laute, Gitarre oder Harfe nur einmal pro Sendestunde vorgeschlagen werden. Manche Positionen im Laufplan werden mit besonderer Priorität geplant, wie z. B. die *Opener,*

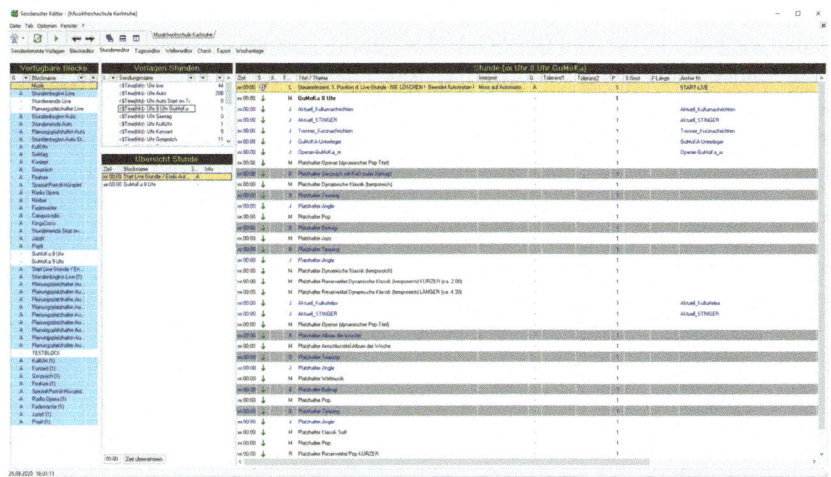

Abb. 14.3 Ansicht des Senderasters einer 8-Uhr-Stunde „Guten Morgen Karlsruhe" (Junger Kulturkanal 104.8) im Senderaster Editor der Firma DANEXiS AG, Bern (CH). Die Platzhalter werden im Anschluss mit der jeweils. angegebenen Musikfarbe automatisch oder per Hand bestückt. (Quelle: DANEXiS AG, Bern (CH))

also die ersten Titel nach den Nachrichten zur vollen oder halben Stunde. Danach wählt die Software die weitere Musik nach einem komplexen Algorithmus aus Regeln, Sperren und besonderen Vorgaben für einzelne Sendeplatzpositionen aus. Sinnvollerweise wird man typische Anfangs- und Schlusstitel zuerst planen lassen.

Schritt 4: Planung: Es gibt verschiedene Modi der Planung. Im Modus „Automatische Planung" erstellt die Software innerhalb weniger Minuten einen Programmvorschlag. Für die ggf. notwendige redaktionelle Nachbearbeitung stehen dem verantwortlichen Redakteur verschiedene Möglichkeiten zur Verfügung. Die Software hält zunächst sämtliche verfügbaren Alternativen bereit, d. h. alle Titel, die hinsichtlich der Spieldauer und der Regeln und Sperren den Erfordernissen der Position im Programmplan entsprechen. Im Modus „Spieldauer-Suche" kann man weitere passende Titel recherchieren. Die Software warnt dann, in welchen Punkten ein Einsatz dem Regel- und Sperrwerk zuwiderläuft. Eine Einsatzstatistik zeigt die zurückliegenden oder bereits geplanten Einsätze des Titels, der beteiligten Künstler oder des Tonträgers. Der Modus „Freie Recherche über die Titelsuche" ermöglicht eine alternative Belegung eines Programmplatzes. Allerdings birgt diese Variante die umfassendste Gefahr, die Regeln und Sperren außer Kraft zu setzen. Im Modus „Halbautomatische Planung" kann der Musikredakteur einzelne Positionen des Sendeplans nach eigenem Gutdünken bestücken, um anschließend die verbleibenden nach oben beschriebenem Verfahren automatisch planen zu lassen. Die „Manuelle Planung" gestattet die klassische Form der Laufplangestaltung, wobei die Einheit von Recherche- und Laufplanmaske auch in diesem Fall die Arbeit erheblich komfortabler macht (siehe Abb. 14.3).

Je größer der zu verwaltende Archivbestand ist, desto notwendiger ist eine enge Anbindung der Musikplanungssoftware an die Archivdatenbank, sofern diese nicht bereits Bestandteil des Sendesystems ist. Die für die Planung notwendigen Stammdaten (Komponisten-, Interpreten-, Werk- und Tonträgerdaten) müssen aus der zentralen Archivdatenbank importiert werden. Das gewährleistet eine an der Senderealität orientierte Laufplanschreibung und eine sendungsgerechte Erfassung der Daten für die GEMA-Meldung.

„Warum sollten Informationen, Interviews, Reportagen, denen in der Kreation viel Zeit und Recherche abverlangt wird, kostenlos zur Verfügung stehen? Ein Bäcker verschenkt auch keine Brötchen. (Abb. 14.4)"
Statement zur Zukunft des Musikjournalismus: Daniel Wolff, Programmdirektor Antenne MV Mecklenburg-Vorpommern

Abb. 14.4 Daniel Wolff, geb. 1978 in Zeitz. 1998–2000 Studium im Institut LernRadio Karlsruhe (Diplom-Rundfunk-Musikjournalismus). 2000–2002 Moderator beim Regionalsender „Die Welle" in Karlsruhe. 2002–2006 Moderator und Produzent bei Radio Bremen Vier und der Firma RadioHouse. Anschließend Moderator und Redakteur bei der Ostseewelle HIT-RADIO Mecklenburg-Vorpommern. Von 2008–2012 CvD bei ENERGY Bremen. Ab 2012 Programmdirektor u. a.

bei „die neue welle" in Karlsruhe, 2018 bis 2020 bei Antenne MV Mecklenburg-Vorpommern. Aktuell Protokoll, Presse und ÖA in der Landesvertretung Bremen in Berlin. Seit 2005 Dozent am Institut für Musikjournalismus der Hochschule für Musik Karlsruhe. (Foto: Frauke Diana Arend). Verknüpfung zum Video des Interviews über: https://www.hfm-karlsruhe.de/hochschule/institute/institut-fuer-mus ikjournalismus-radio-tv-internet/projekte-des-imj/alumni)

Wie könnte der Einsatz von Medien zukünftig aussehen? Welche neuen Medien werden für die Arbeit der Musikjournalisten unabdingbar sein? Wird es künftig noch Print, Radio und Fernsehen geben?
Radio und Fernsehen werden sich verändern müssen, aber noch einige Zeit existieren. Sie werden es leichter haben als Print. Audio, Video, Informationen überall zu jeder Zeit, Smartphones sind das *must have* der Gegenwart. Achtung, aber nicht der Zukunft! „Augmented Reality" wird Contentinhalte des Alltags in Zukunft noch größer verändern und revolutionieren, als wir es bisher erlebt haben.

Wie wird sich die Qualität von Journalismus verändern?
Niedrige Werbeerlöse bedeutet Kostendruck. Redaktionen werden verkleinert, immer mehr muss mit weniger Mitarbeitern geschafft werden, das beeinflusst die Qualität. Recherche wird oberflächlich und ungenau. Die Gefahr, dass Qualitätsjournalismus auf dem Wühltisch zwischen werbefinanzierten Artikeln landet, ist sehr groß.

Wie viel ist guter Journalismus wert?
Immer mehr als „Kostenlos"! Auch ein Journalist möchte seinen Lebensunterhalt verdienen. Warum sollten Informationen, Interviews, Reportagen, in welcher publizistischen Art und Weise auch immer, denen in der Kreation viel Zeit und Recherche abverlangt wird, kostenlos zur Verfügung stehen? Ein Bäcker verschenkt auch keine Brötchen.

Was rechtfertigt einen Preis aus journalistischer Sicht?
Guter Journalismus schützt vor Fake-News, hält eine Gesellschaft zusammen, hinterfragt kritisch und deckt schonungslos auf. Wir leben in Zeiten, in denen Populisten und Nationalisten auf schwere Fragen des Lebens mit vermeintlich einfachen Antworten reagieren.

Welche Rolle spielt „Paid Content"?
Eine sehr große Rolle, sorgt er doch für die Refinanzierung eines publizierenden Medienunternehmens. Journalisten, aber auch Medienhäuser müssen Umsatz und Gewinn generieren. Bisherige Einkommensmodelle sind Auslaufmodelle.

Musikjournalisten als „Allrounder" hinsichtlich der Medien und Themenfelder – ein austauschbarer Job?
Die Konzentration der Ausbildung allein auf Musikjournalismus minimiert berufliche Perspektiven nach erfolgreichem Studium. Mit einer trimedialen Ausbildung wird das Handwerkszeug vermittelt, um mit dem Wissen im späteren Berufsleben die Möglichkeit zu haben, relevante Themen in den unterschiedlichsten Facetten umzusetzen. Ich halte die musikalische aber auch die kulturelle Bildung an einer Musikhochschule für enorm wichtig, versagt doch unser Bildungssystem an anderer Stelle.

Für wie relevant halten Sie Ihre Arbeit im gesellschaftlichen Kontext?
Wir Journalisten sollten uns unsere „Gatekeeper-Funktion" bewahren, um Informationen geprüft und hinterfragt an die Menschen weiterzugeben. Andernfalls überwiegt der Laien-Journalismus und Populisten gewinnen noch mehr Einfluss.

Wie definieren Sie Authentizität im Job, z. B. beim Moderieren?
Sei so wie Du bist und nicht jemand anderes. Ein Schauspieler zu sein ist ein eigenständiger Beruf, hat aber nichts mit einem Moderator gemeinsam. Authentische Moderatoren haben eine klare Meinung zu Themen, die sie vertreten, mit Menschen teilen und dazu stehen. Eine Haltung einzunehmen, diese nach journalistisch ethischen Prinzipien zu entsprechen und zu vertreten.
(Interview: Janina Heinle, Studentin „Musikjournalismus für Rundfunk und Multimedia" (M.A.), HfM Karlsruhe).

Weiterführende Literatur

Ausführlich werden die Besonderheiten der Rundfunkproduktion dargestellt bei: Walter von La Roche/Axel Buchholz, Radiojournalismus (Journalistische Praxis, Wiesbaden: Springer VS, 11. Aufl. 2017), Teil V Produktion, S. 439–450.
Dickreiter, Michael/Volker Dittel/Wolfgang Hoeg/Martin Wöhr (Hg.), Handbuch der Tonstudiotechnik, (Berlin/München: De Gruyter Saur, 8. Aufl. 2014).

Weiterführende Links

http://www.sengpielaudio.com.
Forum für Mikrofonaufnahmetechnik und Tonstudiotechnik des Tonmeisters Eberhard Sengpiel (1940–2014) mit Audio-Tutorials, Fragen und Unterlagen zur Tonaufnahme, Studiotechnik, Aufnahmetechnik und Tontechnik.
https://www.mdw.ac.at/derton/tm-downloads.
Skripte des Tonmeisters Jürg Jecklin auf der Homepage der „Universität für Musik und darstellende Kunst Wien".

Teil III
Musikjournalismus im Kulturradio

Programmdramaturgie Kulturradio

15

Peter Overbeck

Zusammenfassung

Die wichtigsten Stationen in der Entwicklung des Kulturradios von den Anfängen des Rundfunks bis hin zu den heutigen Begleitprogrammen werden kurz vorgestellt.

Schlüsselwörter

Radiogeschichte · Kulturradio · Kulturwelle · Einschaltprogramm · Tagesbegleitprogramm · Programmdramaturgie

Klassische Musik spielte von Anfang an eine zentrale Rolle als Programmelement im Radio. Die Bedeutung des Radios als elektronisches Massenmedium und damit auch der Stellenwert von klassischer Musik hat sich in der fast 100-jährige Geschichte beträchtlich verändert durch technische Innovationen, ein verändertes Nutzerverhalten und neue Medienangebote. Einige generelle Entwicklungen bezogen auf klassischer Musik und das Kulturradio sind festzustellen:

- Eine Zunahme der Anzahl an Radioprogrammen
- Der Wandel von Einschalt- zum Begleitprogramm
- Die Erweiterung des Kulturbegriffs
- Das Duales System und die Folgen
- Herausforderungen durch Konkurrenz und neue Nutzungsformen

P. Overbeck (✉)
Institut für Musikjournalismus, Hochschule für Musik Karlsruhe, Karlsruhe, Deutschland
E-Mail: info@musik-journalismus.de

© Springer Fachmedien Wiesbaden GmbH, ein Teil von Springer Nature 2022   179
P. Overbeck (Hrsg.), *Musikjournalismus,* Journalistische Praxis,
https://doi.org/10.1007/978-3-658-32476-6_15

Im Detail:

Die Anzahl der Radioprogramme hat sich auf bis zu acht Programme je Landesrundfunkanstalt erhöht. In gleichem Maße haben sich die Programminhalte und Musikfarben der Wellen differenziert, um bestimmte Zielgruppen zu erreichen. Klassische Musik hat in den Spartenprogrammen mehr Raum als in Vollprogrammen.

Vom Einschalt- zum Begleitprogramm: Aus heterogenen Mischprogrammen wurden homogene Spartenprogramme und aus diesen Begleitprogramme. Diese Entwicklung setzte in den Kulturprogrammen langsamer und später ein als bei den populären Wellen. Inzwischen ist aber auch der überwiegende Teil der Kulturwellen formatiert, „durchhörbarer" mit Magazinformaten und regelmäßigen Nachrichten.

Erweiterter Kulturbegriff / Hörerpräsenzen: Seit den 70er-Jahren wird auf Hörerverluste mit einer Öffnung zu Themen jenseits der Hochkultur und einer Offenheit für Musikstile jenseits der Klassik reagiert. Gestützt auf Forschungsergebnisse wie der MNT (siehe Abschn. 1.3) orientieren sich Programmmacher stärker an Präferenzen der Hörer.

Zunehmende Konkurrenz durch das Fernsehen und neue Angebote: Seit den 1960er-Jahren hat das Radio die Rolle des Leitmediums an das Fernsehen abgetreten. Seit den 1960ern gibt es zudem Medien wie Tonbänder, Kassetten und später CDs. Ab 1990 tritt KlassikRadio als private Konkurrenz auf. In der Gegenwart müssen Radioprogramme zusätzlich konkurrieren mit anderen Livestreams und Mediatheken sowie Streamingdiensten wie z. B. Spotify oder „Apple Music".

Hier die wichtigsten Stationen in Chronologie:[1]

Die Anfänge: Bereits bei der Geburtsstunde des regelmäßigen Radiobetriebs in Deutschland am 29. Oktober 1923 aus einem Raum der Schallplattenfirma „Vox" in Berlin gab es klassische und unterhaltende Musik live und von Schallplatte. Das Programm bestand aus Schallplattenkonzerten, kombiniert mit Lesungen, Moderationen oder Live-Musik. Das Tonband war noch nicht erfunden. Bald nach Sendebeginn gründeten die Sender eigene Orchester, mit denen sie neues Repertoire einspielten.

Das Radio der Anfangszeit war ein Mischprogramm aus Kultur, Bildung, Nachricht und Unterhaltung. So bot ein Programm aus der Zeit der Weimarer Republik um 1930 zwischen 13 und 33 Sendungen mit einer durchschnittlichen

---

[1] Siehe dazu Hans-Jürgen Krug, Grundwissen Radio (Konstanz: UVK 2020) und Peter Marchal, Kultur- und Programmgeschichte des öffentlich-rechtlichen Hörfunks in der Bundesrepublik Deutschland. Ein Handbuch, 2 Bde., (München: KoPäd 2004), Bd. 2.

Länge von 30 Min. nach einer „Kästchenstruktur". Die Kästchenstruktur blieb auch im Dritten Reich und bis in die 1960er-Jahre prägend.

Nach dem Zweiten Weltkrieg installierten die West-Alliierten in Deutschland einen unabhängig finanzierten und durch gesellschaftlich relevante Gruppen kontrollierten Rundfunk nach dem Modell der BBC (British Broadcasting Corporation). Mit der Lizenzierung und der Finanzierung über Rundfunkgebühren ist ein Kultur- und Bildungsauftrag der öffentlich-rechtlichen Rundfunkanstalten verbunden. Er schließt klassische Musik, kulturelle Inhalte und eine Kulturpflege, u. a. mit Eigenproduktionen und eigenen Klangkörpern wie Rundfunkorchester ein.

In den 50er-Jahren erfolgte eine Differenzierung in zwei Wellen: Technisch möglich wurde dies dadurch, dass dem Kriegsverlierer Deutschland 1948 auf der internationalen Kopenhagener Wellenkonferenz auf Drängen der Alliierten zusätzlich zu wenigen Mittelwelle-Frequenzen auch einige auf Ultrakurzwelle (UKW) zugesprochen wurden. Die Lösung aus der Frequenzknappheit durch UKW war im Nachhinein ein Glücksfall. UKW war schon in den 30er-Jahren erfolgreich erprobt worden. Dadurch wurde Deutschland zum technischen Vorreiter. Die gute Übertragungsqualität auf UKW in Kombination mit der weniger störanfälligen Frequenzmodulation (FM) war von Vorteil gerade für kulturelle Inhalte wie Musik und künstlerisches Wort. Ab 1950 verfügten alle Anstalten über UKW-Sender.

Die zusätzlichen UKW-Frequenzen ermöglichten eine Differenzierung in zwei Vollprogramme nach dem Kästchenprinzip mit unterschiedlichen Anteilen von Musik, Nachrichten, aber auch Bildung (Schulfunk) und Hörspiel. Man musste zu einem bestimmten Zeitpunkt einschalten, um die Sendung nicht zu verpassen (daher der Begriff „Einschaltprogramm"). Die bisherigen MW-Sender strahlten unterhaltender Musik, aktueller Information und Magazinsendungen aus und waren wortlastiger. Die UKW-Programme wurden zu Kulturwellen nach dem Vorbild von „Radio 3" (BBC). Sie boten klassische Musik, Lesungen und Hörspiele an und übertrugen Konzerte. Die eigenen Klangkörper spielten neues Repertoire ein, gerade auch zeitgenössische Musik. Der Rundfunk tritt seither auch als Mäzen für Kultur auf und ist Veranstalter von Spezialfestivals wie z. B. den „Donaueschinger Musiktagen" für zeitgenössische Musik. Der Musikanteil in den Kulturwellen stieg auf bis zu 64 %.[2]

Dritte Programme: 1956 kam beim NDR ein drittes, bewusst gehobenes Radioprogramm hinzu, das in den Abendstunden (20:05 Uhr bis 22:30 Uhr) Kulturprogramm mit Klassik, Jazz, Literatur und Wissenschaft sendete. Weitere

---

[2] Zu den Popwellen siehe „Geschichte der Popmusik" in Abschn. 23.1. Zur Programmgeschichte des öffentlich-rechtlichen Rundfunks siehe Marchal (2004), Bd. 2, S. 421–744.

Sender etablierten Mischprogramme als Einschaltradio für wechselnde Minderheiten, für (Hoch)kultur- und Bildungsthemen, z. B. auch Hörspiele, Oper und Neue Musik. Kulturradios im Norden Deutschlands tragen die Ziffer 3, im Süden die Ziffer 2.

1960er-Jahre: Konkurrenz des Fernsehens. Fernsehversuchssendungen gab es bereits seit 1952, doch erst ab Anfang der 1960er-Jahre hatte es Konsequenzen für die Nutzungsgewohnheiten. Das Fernsehen verdrängte das Radio von seiner ursprünglichen abendlichen Kernzeit. Das Radio wurde allmählich zu einem „Nebenbei-Medium", musste erhebliche Hörerverluste verkraften und wurde vom Abend- zum Tagesmedium umgebaut: Sendungen, die bisher als „Höhepunkt des Sendetages" galten (zwischen 20 und 22 Uhr), wurden zeitlich aus dem nun vorhandenen „Fernsehschatten" in den Tag hinein vorverlegt. Der Abend im Radioprogramm bleibt Spezialprogrammen und Konzertübertragungen vorbehalten. Am Ende entstand eine Komplementärbeziehung zwischen Hörfunk und Fernsehen.

Neuerungen der 1960er-Jahre im Radio: Bald folgten Programmreformen, zunächst bei den populären Wellen. Amerikanischer Herkunft waren die Einführung eines Stundenrasters bei Nachrichten und die Magazinierung. Bisher Getrenntes wurde vereint: Politik, Zeitgeschehen, Kultur, Sport, Buntes und Musik; außerdem gab es Jugendsendungen. Ab Mitte der 60er-Jahre erlebte das Radio eine Renaissance, jetzt in den populären Sendern, als „Tagesbegleitmedium". Die technische Qualität wurde weiter verbessert. 1963 wurde der stereofone Hörfunk eingeführt; ab 1967/68 konnten alle Rundfunkanstalten Stereosendungen ausstrahlen und Anfang der 80er-Jahre waren alle UKW-Hörfunkprogramme auf Stereo umgestellt.

Seit den 1960er-Jahren sendeten Kulturprogramme auf UKW und in Stereoqualität. Im Programm: anspruchsvolle Musik- und Wortsendungen, noch im „Kästchenformat". Die Aktualität und der Liveanteil wurden erhöht, Magazinsendungen ersetzten „Kästchen". Die Durchhörbarkeit wurde gesteigert, das Programm z. B. durch bestimmte Moderatorenstimmen personalisiert, Servicewellen mit populärer Musik eingerichtet.

1970er-Jahre: Radio als Begleitmedium. Das Kästchenprinzip wurde aufgegeben zu Gunsten eines immer mehr durchhörbaren, magazinierten Begleitprogramms („Fließprogramm"), bei dem nur noch in den Abendstunden Raum für differenzierte Programmangebote war. In den populären Programmen wurde der Wortanteil insgesamt limitiert, die Moderationen zeitlich begrenzt und maximale Beitragslängen definiert. Regionale Angebote wurden ausgebaut. Das blieb zunächst ohne Konsequenzen für die Kulturprogramme. Der BR ging 1980 mit dem Spartenprogramm „Bayern4Klassik" als neue, reine Klassikwelle mit einem Musikanteil von über 90 % an den Start und bündelte darin seine Klassikangebote aus den anderen drei Programmen (bis 2009, jetzt BR-Klassik). 2002 folgte mit MDR Klassik ein vergleichbares Angebot. Die immer weiter aufgefächerten Programme werden grob nach ihrer erwarteten Funktion eingeteilt in Einschalt- und Begleitprogramme. Jede Landesrundfunkanstalt verfügte auch weiterhin über ein Hauptprogramm mit Integrationsfunktion. Es gab drei verschiedene Programmtypen:

- Traditionelle, weiterhin kästchenorganisierte erste Programme (Leitprogramme), Mischprogramme
- Magazinierte, stark popmusikalisch programmierte Information-, Service-, Pop- und Unterhaltungswellen
- Eigenständige Kulturwellen. Sie blieben Kästchenprogramme für wechselnde Minderheiten und Einschaltangebote.

1984: Duales System. Die Zulassung privater Anbieter zusätzlich zu den öffentlich-rechtlichen Programmangeboten ging einher mit dem aus den USA importierten Konzept einer Formatierung. Werbefinanziert liefern sie nur eine Zusatzversorgung unter Aufsicht der Landesmedienanstalten. Zu den drei bisherigen Programmformen kamen bei den öffentlich-rechtlichen Sendern Deutschorientierte melodiöse Schlagerprogramme (DOM-Format) mit regionaler Ausrichtung hinzu.

Ab ca. 1990 erfolgte eine dezente Formatierung der Kulturprogramme und damit ein Wechsel vom Einschalt- zum Tages-Begleitprogramm, auch in den Kulturwellen. Einschaltangebote wie z. B. Hörspiele gab es nur noch in den hörerarmen Abend- und Nachtstunden sowie am Wochenende. 1997 entstand z. B. „Radio 3" als Gemeinschaftsprogramm von NDR, SFB und ORB (später fusioniert zum RBB) und 2003 NDR Kultur. Die Musikfarbe orientierte sich im Tagesprogramm stärker an klassischen Hits.

1990: KlassikRadio. Das private KlassikRadio in Hamburg ging an den Start und belebte zumindest in den Städten die Konkurrenz.

Ca. 2000: Neugründungen von Kultursendern. Als Reaktion auf einen Wandel des Nutzungsverhaltens wurden viele Kulturprogramme drastisch reformiert bzw. neu gegründet: SWR2 (1998), Nordwestradio (2001–2017; RB/NDR), NDR Kultur (2003), MDR Figaro (2004–2016), Deutschlandradio Kultur (2005–2017), außerdem, wie erwähnt, BR-Klassik (2009–2015). Weitere neue Programme und Programmreformen folgten. Seit 2009 senden alle ARD-Kulturwellen jeden Sommer gemeinsam das ARD-Radiofestival. Ebenfalls ein Gemeinschaftsangebot ist ARD-Radiofeature (2010), der BR steuert das ARD-Nachtkonzert bei.

Erweiterter Kulturbegriff: Mit der Magazinierung veränderte sich der Charakter der Radiokultur deutlich. Kultur konnte alles sein. Die MNT hat gezeigt, dass die meisten Hörer der für Kulturprogramme relevanten Typen keine Berührungsängste mit Musikstilen jenseits der klassischen Musik haben, sondern, im Gegenteil, gerade jüngere Hörerschichten besonders aufgeschlossen sind. Auch die einstige Unterteilung in E-Musik und U-Musik (für „Ernste" bzw. Unterhaltende" Musik) war nicht mehr scharf zu ziehen. Die Kulturprogramme reagierten darauf mit einer Vermischung von Musikstilen und einer Magazinierung. Ziel war es, mit den reformierten Programmen und einem erweiterten Kulturbegriff über das traditionelle Kulturbürgertum hinaus auch neues und jüngeres Publikum zu erreichen.

Anfang 2021: Audiothek und Streaming-Konkurrenz. Kulturprogramme sehen sich in Konkurrenz zu multimedialen Angeboten. Es ist eine grundlegende Neuaufstellung der Programme erforderlich. Kulturradios stehen aktuell in Konkurrenz zu Streaming-Angeboten. Es gibt spezifische Online- und auch Online-Only-Angebote.

Am Beispiel von „Radio SRF 2 Kultur" wird in Kap. 16 dargestellt, was ein öffentlich-rechtliches Hörfunkprogramm unternimmt, um junge Hörer an ein Kulturprogramm zu binden.

Weiterführende Literatur

Krug, Hans-Jürgen, Grundwissen Radio (Konstanz: UVK 2020), S. 71–95 zu Formaten bzw. 133–144 zu Kultur.

Marchal, Peter, Kultur- und Programmgeschichte des öffentlich-rechtlichen Hörfunks in der Bundesrepublik Deutschland. Ein Handbuch, 2 Bde. (München: KoPäd 2004).

Overbeck, Peter (Hg.), Radiojournalismus (Konstanz: UVK 2007).

Schramm, Holger (Hg.), Musik im Radio. Rahmenbedingungen, Konzeption, Gestaltung (Wiesbaden: VS 2008) (Reihe: Musik und Medien, Bd. 2).

La Roche, Walther von/Axel Buchholz (Hg.), Radio-Journalismus: Ein Handbuch für Ausbildung und Praxis im Hörfunk (Journalistische Praxis, Wiesbaden: Springer VS, 11. Aufl. 2017).

Matejka, Wilhelm, Musik in Radio (Wien: Doblinger, 1982) (Fragmente als Beiträge zur Musiksoziologie 10).

Hettinger, Holger, Kultur. Basiswissen für die Medienpraxis (Köln: Halem 2013).

Lamprecht, Wolfgang (Hg.), Weißbuch Kulturjournalismus (Wien: Löcker 2012).

Overbeck, Peter (Hg.), Musikjournalismus, (Konstanz: UVK 2005 (Praktischer Journalismus 59).

Overbeck, Peter (Hg.), Musik und Kultur im Rundfunk (Münster: Lit-Verlag 2007) (Mediendialoge 1).

Weiterführende Links

ARD Kulturwellen: https://www.ardaudiothek.de.

Musik im Kulturradio am Beispiel von „Radio SRF 2 Kultur" 16

Barbara Gysi

Zusammenfassung

Dargestellt werden am Beispiel des deutschschweizer Kulturradios „SRF 2 Kultur" die Experimente, um jüngeres Publikum an die Angebote eines Kulturprogramms zu binden. Wobei mit „jünger" in diesem Zusammenhang Menschen ab ca. 45 Jahren gemeint sind. Die Autorin ist als Bereichsleiterin Radios & Audio in der Abteilung Kultur von Schweizer Radio und Fernsehen (SRF) tätig. Ihr Werkstattbericht (Stand September 2020) gibt ihre persönliche Sicht auf die gegenwärtige Situation der Klassik im Radioprogramm wieder.

Schlüsselwörter

Kulturradio • Musikfeature • Social Media • Kulturvermittlung • Opernführer

16.1 Allgemeines

Die Schweiz verfügt in jedem ihrer Landesteile über mehrere Radioangebote. Schweizer Radio und Fernsehen SRF ist die deutschschweizer Unternehmenseinheit der SRG, des öffentlichen, gebührenfinanzierten Rundfunks der Schweiz. Dort sind dies aktuell Radio SRF 1, Radio SRF 2 Kultur, Radio SRF 3, Radio SRF 4 News, Radio SRF Musikwelle und Radio SRF Virus. Hinzukommen die landesweit betriebenen Sender „Radio Swiss Classic", „Radio Swiss Jazz" und „Radio Swiss Pop" als reine Musikwellen. Zur besseren Einordnung sei hier

B. Gysi (✉)
Zürich, Schweiz
E-Mail: info@musik-journalismus.de

© Springer Fachmedien Wiesbaden GmbH, ein Teil von Springer Nature 2022   187
P. Overbeck (Hrsg.), *Musikjournalismus,* Journalistische Praxis,
https://doi.org/10.1007/978-3-658-32476-6_16

angefügt, dass es in der Schweiz pro Sprachregion nur ein Kulturradio gibt, das auch das Angebot der klassischen Musik, also musikjournalistische Sendungen wie Konzertübertragungen beinhaltet (SRF2 Kultur, RTS Espace 2, RSI Rete 2).

Als neues digitales Angebot wurde 2019 die nationale Musikplattform „neo.mx3.ch" für zeitgenössisches Musikschaffen lanciert. Registrierte Userinnen und User wie Musiker, Komponistinnen oder Veranstalter können Werke auf die Plattform hochladen, um diese einer breiten Öffentlichkeit zu präsentieren. Die Kulturprogramme der SRG ihrerseits stellen Archiv-Aufnahmen wie auch aktuelle Musikproduktionen auf neo.mx3 zum Hören zur Verfügung.

„Mit Radio SRF 2 Kultur", so die Selbstbeschreibung, **„entdeckt das Publikum auf inspirierende Art und Weise Kultur."** Wobei der Kulturbegriff bei SRF sehr breit definiert ist, d. h. auch Gesellschafts-, Glaubens- und Wissenschaftsthemen beinhaltet. Wie bei allen Kulturradios besteht auch in der Schweiz die Herausforderung, neue und jüngere Hörer für Kulturangebote zu begeistern.

16.2 Klassik-Angebot im digitalen Zeitalter

An Nachwuchs für die Aufführung von klassischer Musik fehlt es mitnichten; dies belegt jedenfalls die hohe Auslastung an den insgesamt acht Musikhochschulen der Schweiz. Junge, talentierte Absolventen möchten ein paar Jahre später als brillante Musikerinnen und Musiker die Konzertbühnen erobern. Zudem schießen auch in der Schweiz Talent-Förderungsprogramme aus dem Boden, um die neue Generation mit dem Publikum bekannt zu machen.

Beim Publikum von klassischer Musik stellt sich die Situation jedoch anders dar. Sei es in den Konzertsälen oder bei den Angeboten an klassischer Musik in den Medien. Die jüngeren Generationen sind deutlich in der Minderheit. Die Tendenz ist nicht neu, doch die Tatsache des fehlenden nachkommenden Publikums in der Klassik erreicht die Schmerzgrenze. Wer soll in ein paar Jahren die Konzertsäle füllen, wenn die Hauptpublikumsgruppe aus natürlichen Gründen abnimmt und YouTube ein breites Angebot auch an Konzertübertragungen bietet? Wer ist bereit, für das Hören von klassischer Musik zu zahlen, oder bei Rundfunkanstalten sich die Konzertübertragungen oder Klassiksendungen anzuhören und somit der Klassik im öffentlichen Raum eine Berechtigung zu geben? Schweizer Radio und Fernsehen SRF beschäftigt die Situation seit vielen Jahren; und steht damit in der europäischen Rundfunklandschaft nicht alleine da.

Versuche, mit neuen Formaten auch ein Publikum außerhalb des Klassikkerns zu erreichen wie etwa mit Konzertübertragungen im Radio, die von jungen Musikern co-kommentiert werden, oder mit dem „Opernführer" im TV (und später auch online), stießen auf Interesse und Lob. „Opernführer"-Gastgeber August Schram erklärt in max. zehn Minuten sechs populäre Opern. Er tut dies zusammen mit jungen, jedoch bereits arrivierten Musikerinnen wie der Sopranistin Regula Mühlemann. Playmobil-Figuren und Sprechblasen unterstützen und kommentieren die Oper-Nacherzählungen (online unter https://www.srf.ch/sendun gen/myschool/der-opernfuehrer (Abruf: 10.10.2020)).

Das positive Feedback auf diese Angebote folgte jedoch mehrheitlich vom Klassik-Kernpublikum. Doch das anvisierte jüngere Publikum blieb aus.

Mit dem Aufkommen der digitalen Distributionsmöglichkeiten öffentlicher Rundfunkanstalten keimte eine neue Hoffnung auf: Jüngere Menschen bewegen sich bekanntlich mit Vorliebe im digitalen Universum, dann werden diese möglicherweise auch das digitale Klassikangebot nutzen, so die Überlegung. Die Sendungs- und Konzertangebote wurden und werden in eher bescheidenem Umfang zwar genutzt, aber – soweit dies eruierbar ist – wiederum zum größten Teil vom bestehenden Stammpublikum, das die Möglichkeit der zeitversetzten Nutzung sehr schätzt.

Erst mit dem Aufbau von professionellen Online-Redaktionen bei SRF und neuen Nutzungsstudien wurde klar: Gewisse Themenbereiche haben beim jungen Publikum auch im digitalen Bereich nur geringe Chancen. Auch wenn Musikhören, in kleinerem Ausmaß auch von klassischem Repertoire, eine der meistgenannten Tätigkeiten von jungen Menschen ist, das bestätigen auch die Ergebnisse der „JIM-Studien" zum Medienumgang im Südwesten Deutschlands („Mpfs", Medienpädagogischer Forschungsverbund Südwest, siehe: https://www.mpfs.de/studien), stößt die journalistische Auseinandersetzung mit Klassischer Musik beim Großteil junger Menschen nicht auf spürbares Interesse.[1] Mit diesem Wissen wurde bei „SRF Kultur" in diesem Jahre eine nächste Stufe gezündet: Die Redaktion Online Kultur produzierte in Zusammenarbeit mit der Fachredaktion Musik neue digitale Formate.

Eine direkte Verknüpfung „Jüngeres Publikum gleich digital" greift allerdings zu kurz. Denn auch Menschen ab ca. 60 Jahren nutzen zunehmend regelmäßig digitale Angebote. Ein Beispiel dafür sind Konzertübertragungen auf YouTube, generationsübergreifend beliebt für zeitgleiches oder auch zeitversetztes Musikhören und -sehen.

---

[1] Zur Erläuterung der JIM-Studien siehe Abschn. 1.3.

16.3   Ein Werkstattbericht – am Beispiel vom Beethoven im Jubiläumsjahr 2020

Der 250. Geburtstag von Ludwig van Beethoven bot eine hervorragende Ausgangslage für neue Experimente, gewährt doch der Titan der Musikgeschichte nicht nur musikalisch zahlreiche Anknüpfungspunkte, sondern auch genügend Anekdoten aus seinem Leben. Ansprache, Dramaturgie, und Fokus der Inhalte waren die Trigger für das neue digitale Angebot, basierend auf der Fachexpertise der Musikredaktion.

Entstanden sind nebst dem „traditionellen" redaktionellen Angebot in Radio und Fernsehen mehrere innovative Sonderformate:

Das einstündige Musikfeature „Wie Beethoven zum Rüpel wurde" von Benjamin Herzog wurde nicht nur linear ausgestrahlt, sondern auch auf der Homepage inclusive eines längeren Onlinertextes und einem originellen Bild distribuiert. Der Autor zeigt darin, wie Schriftsteller und Filmemacher unser Bild von Beethoven prägen und wie sie ihn zur Überfigur stilisierten (mit Macken). In der Ansprechhaltung – und nicht zuletzt in der Titelgebung – soll die Sendung bei aller inhaltlichen Akribie attraktiv auch für ein jüngeres Publikum sein.

Online: https://www.srf.ch/kultur/musik/beethoven-in-buch-und-film-wie-bee thoven-zum-ruepel-wurde.

In der Hörspiel-Sitcom „Roll over Beethoven" erzählen Johannes Mayr und Ulrich Bassenge Geschichten aus dem alten Wien von Beethoven als erstem freischaffenden Künstler, der seine liebe Not mit adligen Mäzenen, lästigen gesellschaftlichen Verpflichtungen und dem Ansturm vorwiegend männlicher Groupies hat. Online: https://www.srf.ch/sendungen/hoerspiel/roll-over-beethoven (Abb. 16.1).

In einer neunteiligen Reihe von fiktiven WhatsApp-/Facebook-Chats kommt Beethoven ins Gespräch mit verschiedenen Personen: seinem Arzt Dr. Malfatti, seinem Bruder Kaspar, seinem Klavierschüler Erzherzog Rudolph, seiner Geliebten Marie, seinem Groupie aus der Schweiz, dem Dichterfürsten Goethe, seinem Vermieter, seiner Haushälterin Frau Schnaps und schließlich auch – angekommen in der Gegenwart – dem Skandalrapper Kanye West. Dieser will Musik von Beethoven, hat aber keine Kohle – wegen Kim. Doch clever Kanye hat eine Lösung, of course! Folge 1: https://www.srf.ch/kultur/musik/auf-whatsapp-mit-beethoven-ich-kotz-gleich-im-strahl (Abb. 16.2).

Diese Chats sind zwar fiktiv und mit Augenzwinkern, basieren aber auf einem wahren Kern.

Abb. 16.1   Hörspiel-Sitcom „Roll over Beethoven" aus Anlass von „250 Jahre Beethoven". (Quelle: SRF / Nino Christen, srf.ch/kultur) https://www.srf.ch/sendungen/hoerspiel/roll-over-beethoven (Abruf: 6.02.2021)

Abb. 16.2   Beethoven im WhatsApp-Chat mit Kanye West. (Quelle: SRF / Nino Christen, srf.ch/kultur). https://www.srf.ch/kultur/musik/auf-whatsapp-mit-beethoven-kanye-west-i-can-make-you-vice-president (Abruf: 10.09.2020)

Die Nutzungszahlen machen Mut, dass mit solchen Formaten ein Publikum erreicht werden kann, das nicht zum Stammpublikum Klassik zählt. Doch die Geschichte des Transformationsprozesses für die Angebote der Klassik steht erst am Anfang. Und die Frage bleibt derzeit noch offen: Erreichen wir mit diesen neuen digitalen Angeboten tatsächlich jüngeres oder wiederum mehrheitlich das Stammpublikum, welches „jünger" wird?

Musikmoderation

17

Arnd Richter

> *„Spotte du nicht des Lobes einfacher Menschen, die mit dem Herzen Musik hören und sich daran mehr freuen als die Überzüchteten, Verwöhnten, Blasierten. "*
>
> Aus: Elfriede Jelinek (geb. 1946), „Die Klavierspielerin" (Reinbek: Rowohlt 1983)

Zusammenfassung

Im Anschluss an einen historischen Rückblick werden die Anforderungen an eine zielgruppengerechte Moderation von Musiksendungen dargestellt.

Schlüsselwörter

Moderation • Kulturradio • Zielgruppe • Musikjournalismus

17.1 Zwischen persönlich-lockerer Ansprache und fundierter Fachkompetenz

„Wenn die Moderation sich an Fachleute richtet und sich in ihrer Ausdrucksweise an wissenschaftlichen Gepflogenheiten orientiert, dann verfehlt sie ihr Ziel. Das richtige Maß an Informationen und die richtige Art der Vermittlung zu finden verlangt nach einer hohen Sensibilität und nach breiter fachlicher Erfahrung. Hier besteht auch

A. Richter (✉)
WDR Big Band, Köln, Deutschland
E-Mail: info@musik-journalismus.de

die Chance, über die Herstellung eines spezifischen Sendeformats eine Art ‚Marke'
herzustellen, die der Hörerschaft eine Identifikation ermöglicht. Dabei möchte der
Zuhörer zwar an der Hand genommen, jedoch nicht bevormundet werden. Die beste
Moderation hält die Balance zwischen persönlich-lockerer Ansprache und fundierter
Fachkompetenz."[1]

Eigentlich könnte dieser Aufsatz hier zu Ende sein, denn mit der Feststellung von
Josef Eckhardt ist im Grunde alles gesagt. Allerdings ist die Sache so einfach
dann doch nicht, denn was so einleuchtend klingt, bedarf einer detaillierteren
Betrachtung:

- Was sind „das richtige Maß an Information und die richtige Art der Vermitt-
  lung"?
- Wer ist „der Zuhörer"?
- Wie klingt eine „persönlich-lockere Ansprache"?
- Wie sollte sich „fundierte Fachkompetenz" im Radio äußern?

Der Sympathiewert eines Radioangebots ergibt sich im Wesentlichen aus der
gelungenen Kombination zweier zentraler Bestandteile: Musik und Moderation.
Beiden Parametern ist höchste Aufmerksamkeit zu zollen, wenn ein Programm,
auch ein Kulturprogramm, Erfolg haben soll.

17.2   Paradigmenwechsel

Wer heute in das Geschäft der E-Musik-Moderation einsteigt, hat es ungleich
schwerer als frühere Generationen. Die Akzeptanz der Kulturradios in der Öffentlichkeit ist seit den 1980er-Jahren erheblich zurückgegangen. Dies hat unter
anderem damit zu tun, dass die Programmmacher eine zu lange Zeit auf wichtige gesellschaftliche Veränderungen und die damit einhergehende neue Funktion
ihres Mediums nur unzureichend reagiert haben.[2] Inzwischen haben sich zu den
seit gut zwanzig Jahren veränderten Nutzungsgewohnheiten der Kulturradiohörer
auch noch mediale Angebote gesellt, die den ehemals komfortablen Alleinstel-
lungsstatus der gehobenen Radioprogramme infrage stellen. Streamingdienste

---

[1] Josef Eckhardt, Klassische Musik und das Kulturradio – Stand der Forschung. Arbeitspapiere
des Instituts für Rundfunkökonomie an der Universität zu Köln, Heft 166, 3/2003 (Köln: 2003),
S. 16.

[2] Vgl. Arnd Richter, Ja, wo laufen sie denn? Das Kulturradio und sein Publikum – Bilanz einer
hausgemachten Krise, in: Ruth Blaes/Arnd Richter/Michel Schmidt (Hg.), Zukunftsmusik für
Kulturwellen. Neue Perspektiven der Kulturvermittlung im Hörfunk (Berlin: Vistas 2002),
S. 13 ff.

Tab. 17.1 Bildungsniveau der WDR3-Hörer (Quelle: WDR (2020): MA 2020 Audio II Detailbericht WDR 3 – Nutzung und Publikum. (Quelle: WDR Medienforschung; Juli 2020)

Bildungsniveau der WDR3-Hörer		
Bildung	Tagesreichweite (Mo.-So.)	Weitester Hörerkreis
Schüler	3,3 %	6,5 %
Volksschule ohne Lehre	11,3 %	11,0 %
Volksschule mit Lehre	27,8 %	25,3 %
Mittlere Reife	23,7 %	20,5 %
Fach-/Hochschule ohne Studium	9,6 %	17,0 %
Fach-/Hochschule mit Studium	24,3 %	19,8 %

zum Beispiel mit ihrer Möglichkeit, Playlists nach eigenem musikalischem Gusto zu kreieren, sind eine ernstzunehmende Konkurrenz, weil sie all jenen, die vom Geschwätz der Moderatoren genervt sind, die Chance geben, ähnlich komfortabel Musik zu hören wie im Radio, ohne sich durch dauerndes Gerede davon ablenken zu lassen. Wer also eine Sendung um der Musik willen einschaltet, hat bei Streaminganbietern wie „Idagio" (www.idagio.com), Qobuz (www.qobuz.com) oder Primephonic (www.primephonic.com, ab September 2021 Teil von Apple Music) die Möglichkeit, klassische Musik in guter Qualität und nach eigenen Vorstellungen zu hören, und ist dafür heutzutage nicht mehr auf das Radio angewiesen. Will man als Redakteur oder Moderator solche Kundschaft bei Laune halten, ist man heute noch viel mehr als vor zwanzig Jahren darauf angewiesen, ein Angebot zu machen, das überraschend, informativ, abwechslungsreich und *gut verdaulich* ist. Es muss also auf jene Momente setzen, die sich der Hörer eben nicht selbst erschaffen kann. Dazu gehört neben einer sorgfältiger denn je betriebenen Programmplanung u. a. eine Ansprache, die den Nutzer da abholt, wo er steht.

Noch vor wenigen Jahren gab es so gut wie keine qualitative Studie, in der den Kulturradio-Angeboten nicht abgehobener Sprachstil und oberlehrerhafter Duktus bis hin zu Elitebewusstsein und Arroganz vorgeworfen wird. Viele Kulturfunker glaubten lange, sie sendeten ausschließlich für die intellektuelle Upperclass unserer Gesellschaft. Dabei weist die Medienforschung seit Jahren darauf hin, dass dies ein fundamentaler Irrtum ist.

Ein beispielhafter Blick auf das Bildungsniveau des Publikums von WDR3 zeigt das in aller Deutlichkeit (siehe Tab. 17.1).

Man sieht in Tab. 17.1: Zwei Drittel der Stammhörerschaft eines sogenannten „gehobenen Radioprogramms" verfügen über eine formale Bildung, die nicht einmal den Zugang zu einer Hochschule öffnet. Bei denjenigen, die das Programm nur gelegentlich nutzen, also dem sogenannten „Weitesten Hörerkreis", sind es unwesentlich weniger. Auf dem Holzweg ist, wer glaubt, dieses Publikum mit musikwissenschaftlichem Fachvokabular bei der Stange halten zu können, mit inflationärem Gebrauch von Namen und Zahlen, mit verschwurbeltem, selbstverliebtem Satzbau und einem Sprechduktus, der eher zum Gähnen als zum Zuhören einlädt.

Was dem Moderator eines Info- oder Chartradios recht ist, kann dem Kollegen vom Kulturfunk nur billig sein, zumal seit Langem bekannt ist, dass auch dessen Sendungen mittlerweile gerne nebenbei gehört werden! („Kunstmusik wird – im Gegensatz zum abgeschlossenen Konzertsaal – auch beiläufig wie Unterhaltungsmusik vom Hörer zur Tagesbegleitung genutzt", stellte Heinz Sommer bereits 1991 fest (Sommer, 1991: Musik im Radio, S. 161 f.).

Der Wandel vom Musikproduzenten zum Programmmacher: Es gab einmal rosigere Zeiten für Kulturradio-Schaffende. Ende der 1960er-, Anfang der 70er-Jahre hatten diese Programmangebote in bestimmten Kreisen Kultstatus. Sie waren einfach da, kosteten jede Menge Geld, hatten vergleichsweise kleine Zielgruppen und wurden von Leuten gemacht, die i. d. R. außerhalb des Radios groß geworden waren. Wortredakteure kamen im Allgemeinen aus dem Printjournalismus oder direkt aus der Kunst- und Literaturszene, die Musikleute waren praktizierende Musiker, Musiklehrer oder Musikwissenschaftler. Letztere waren in den Hochzeiten des Kulturradios in erster Linie dazu da, künstlerische Leistungen zu beurteilen, weil die meisten von ihnen die Tätigkeit als Musikproduzent im Vordergrund ihres Berufsalltags sahen. Außerdem standen die Programme nicht unter Legitimationsdruck, und es gehört keineswegs in den Bereich der Legende, dass mancher Kulturredakteur die Qualität seines Sendeplatzes umso höher wähnte, je weniger Zuhörer er dort hatte. Sich über das Spezifische des eigenen Mediums Gedanken zu machen, gar eine Wellenphilosophie und ästhetische Kategorien zu entwickeln, die eine Unverwechselbarkeit des Angebots zum Ziel haben, dafür sah man schlicht keinen Anlass.

Nachdem inzwischen mehrere Generationen professionell ausgebildeter Musikjournalisten in der deutschen Radiolandschaft Fuß gefasst haben, ändern sich die Dinge – manchmal allerdings auch mit der Tendenz, dass im Schatten der medienspezifischen Kompetenz nunmehr die musikalische auf der Strecke bleibt. Ein Musikredakteur, dem die Lebensdaten Ludwig van Beethovens nicht gegenwärtig sind, wäre vor nicht allzu langer Zeit kaum denkbar gewesen. Heute redigiert so jemand die Manuskripte altgedienter und entsprechend kundiger Fachautoren oder soll fachliche Defizite in Beiträgen von Newcomern entdecken. Das ist die – bislang eher noch seltene – Kehrseite dessen, was früher auf den einschlägigen Frequenzen aus dem Radio drang.

Der „Radio"-Essay, der wortwörtlich im Feuilleton einer großen Zeitung hätte stattfinden können, das unsinnige Feature, das sich in stereotyper Musik–Autorentext–O-Ton–Musik-Abfolge dahinwälzt, Musikansagen, die mit steriler Stimme und einer Haltung, für die der Begriff „distanziert" noch die harmloseste Umschreibung ist, nicht mehr leisteten, als einen Programmzettel abzulesen („Meine Damen und Herren, in unserer Sendung ‚Notturno' erklingt zum Auftakt das dritte Brandenburgische Konzert G-Dur, Bach-Werke-Verzeichnis 1048 von Johann Sebastian Bach. Der Erste Satz ist unbezeichnet, der Zweite ist ein Adagio, gefolgt von einem Allegro als Finale. Es spielen die Berliner Philharmoniker. Die Leitung hat Herbert von Karajan"), und schließlich die Musikmoderation, die einer Hochschulvorlesung eher gleicht als dem, was sie eigentlich sein soll, und die vor lexikalischem Bildungswissen nur so strotzt. Dass es umso peinlicher ist, wenn bei diesem Duktus eine Panne passiert, zeigt das Beispiel einer mehrfach falschen Ankündigung einer Callas-Aufnahme (vgl. dazu den Beginn von Kap. 12).

Die Programmqualität maß man demnach an Kriterien, die für gedruckte Medien gelten mögen, die aber für das Medium Radio gänzlich untauglich sind. Das mochte angehen zu einer Zeit, als das Kulturpublikum von einer gesellschaftlichen Schicht dominiert war, die sich aus Gründen der Abgrenzung zu anderen Milieus des „sozialen Musters der gehobenen Konversation" bediente und sich orientierte an der „Diskursstruktur gegenseitigen Herzeigens angeeigneter Zeichen der Hochkultur: welche Kathedralen im Urlaub besichtigt wurden, wen man als Dirigenten von was erlebt hat, was man gelesen hat".[3]

Die Gruppe der „Neuen Hörer" steht auf den Fundamenten des bürgerlichen Kulturbegriffs aus dem 19. Jahrhundert und bildete möglicherweise in den 1960er- und 1970er-Jahren tatsächlich den Kern des Kulturpublikums. Spätestens seit Mitte der 1990er-Jahre ist jedoch bekannt, dass ihr eine Generation nachgewachsen ist, die gleichfalls hohes Interesse an den entsprechenden Inhalten hat, die aber aufgrund ihrer vor allem auch popkulturellen Sozialisation damit ganz anders umzugehen pflegt. „Neue Kulturinteressierte" nennt sie die

---

[3] Gerhard Schulze, Die Erlebnisgesellschaft: Kultursoziologie der Gegenwart (Frankfurt a.M./New York: Campus, 2. Aufl. 2005), S. 288.

Medienforschung: „Sie zeigen ein originäres und vitaleres Interesse an den unterschiedlichen Ausprägungen traditioneller und zeitgenössischer Kultur und setzen sich vergleichsweise stark damit auseinander. Ihre Interessen und ihre Rezeptionsbereitschaft beziehen sich dabei auf einen sehr breiten Kulturbegriff: Neue kulturelle Formen und Angebote ebenso wie die klassische Kultur gehören selbstverständlich zum Repertoire"[4]. Die 1997/98 entwickelte Mediennutzertypologie (MNT) ist gemeinsam von ARD und ZDF in den Jahren 2006 und 2015 überarbeitet und neu justiert worden, um entsprechende Veränderungen in der Gesellschaft dokumentieren zu können. Die Ende der 90er-Jahre als „Neue Kulturinteressierte" bezeichnete Bevölkerungsgruppe sind heute u. a. die „Engagierten" mit einem Altersdurchschnitt von 56 Jahren und einem Bevölkerungsanteil von 9 %. Zusammen mit den „Modernen Etablierten" (ø 37 Jahre, 10 %), den „Hochkulturorientierten" (ø 62 Jahre, 8 %) und den „Traditionellen" (ø 71 Jahre, 11 %) bilden sie die Kernzielgruppen heutiger Kulturradioangebote. Dieses potenzielle neue, aber durchaus heterogene Publikum wird durch das Kulturradio bislang nur in sehr begrenztem Umfang erreicht.[5]

> „Die Funktionäre der Radiokultur hätten also allen Grund, sich der Herausforderung dieser keinesfalls unerheblichen Publikumsnachfrage konzeptuell und mit praktischer Phantasie zu stellen".[6]

Neben dem Versuch, der Publikumsstruktur und den unterschiedlichen Bedürfnissen der potenziellen Nutzer auf den Grund zu gehen, werden von den Rundfunkanstalten in den letzten Jahren verstärkt sogenannte „Musikmappings" durchgeführt, um auch das Musikangebot so passgenau wie möglich auf die Bedürfnisse der Hörerschaft zuzuschneiden. **Grund für die geringe Akzeptanz einschlägigen Rundfunkangebote vor allem durch das jüngere Kulturpublikum** sind offenkundig nicht die Inhalte. Andere Faktoren müssen dafür verantwortlich sein, primär die Präsentationshaltung. Es ist nämlich keineswegs nur die Konkurrenz durch Musikangebote

---

[4] Ekkehardt Oehmichen, Nutzertypologien – Zur Struktur des Kulturradiopublikums und die Intensität seiner Zuwendung zum Radio; in: Ruth Blaes/Arnd Richter/Michel Schmidt (Hg.), Zukunftsmusik für Kulturwellen. Neue Perspektiven der Kulturvermittlung im Hörfunk (Berlin: Vistas 2002), S. 34.

[5] Ausführlich erläutert wird die MedienNutzerTypologie in Abschn. 1.3.

[6] Harro Zimmermann / Konsens der Erschöpften – Radio-Kultur in Deutschland, in: Stefan Müller-Doohm/Klaus Neumann-Braun (Hg.), Kulturinszenierungen (Frankfurt a.M.: Suhrkamp 1995), S. 224.

außerhalb des Radios, es ist auch der unterschiedliche kulturelle, sprachliche und intellektuelle Horizont einer hochgradig diversifizierten potenziellen Hörerschaft, die das Erschaffen neuartiger Präsentationsformen sowohl zwingend notwendig als auch schwierig machen. Dennoch: Nur wenn das Kulturradio die Art seiner Höreransprache ändert, kann es seine Reichweiten steigern. Das ist dringend erforderlich, denn in Zeiten drastisch sinkender Etatzuweisungen an den öffentlich-rechtlichen Rundfunk geraten die kostenintensiven Kulturangebote zunehmend unter Druck. Der so bequeme Rechtfertigungskonsens, der sie über viele Jahre selbstverständlich getragen hat, existiert nicht mehr.

Seit Mitte der 1990er-Jahre haben die Kulturwellen in der ARD damit begonnen, sich neu zu positionieren. Die zu dieser Zeit eingerichteten sogenannten Wellenredaktionen, in denen alle am Programm Beteiligten unter einem organisatorischen Dach arbeiten, haben einer Entwicklung Vorschub geleistet, die inzwischen überall zu mehr Programmidentität und einheitlicheren Erscheinungsbildern der Angebote führen. Mittlerweile wird auch mehr Wert auf Öffentlichkeitsarbeit gelegt, nachdem es lange verpönt war, den Begriff „Werbung" im Zusammenhang mit Kultur überhaupt in den Mund zu nehmen. „Noch vor nicht allzu langer Zeit galt Marketing im Kulturbereich als anstößig."[7] Zurzeit allerdings hinken Inhalte und Präsentationsformen noch vielfach den Werbebotschaften in Imagebroschüren und Internetauftritten hinterher, denn hier Veränderungen herbeizuführen, ist nicht mit dem Umlegen eines Schalters vergleichbar. Vielmehr sind Prozesse anzustoßen, für deren Umsetzung die Programmverantwortlichen einen langen Atem haben müssen. Einen wesentlichen Anteil an der Wirkung eines Programms hat, das muss noch einmal deutlich gesagt werden, die Anmutung der Präsentation. Mit dem verstärkten Einsatz unverbrauchter junger Moderatorinnen und Moderatoren, die dem Kulturbegriff der neuen Nutzergruppen nahestehen, kann der in diesem Bereich dringend notwendige Wandel eingeleitet werden. Allerdings gilt hier in besonderem Maße das Gebot höchster Professionalität, das allemal Vorrang hat vor dem biologischen Alter der „Neuen Stimmen".

---

[7] Ulrike Ries-Augustin, Marketingkonzepte fürs Kulturradio, in: Ruth Blaes/Arnd Richter/Michel Schmidt (Hg.), Zukunftsmusik für Kulturwellen. Neue Perspektiven der Kulturvermittlung im Hörfunk (Berlin: Vistas 2002), S. 140.

17.3   Musikmoderation unter neuen Vorzeichen

> „Die Zeiten, zu denen auf einer Welle alle Moderatoren ähnlich bis gleich klingen
> sollten, sind passee. Die Entwicklung heute geht hin zum Typus des ‚polarisierenden'
> oder besser ‚unverwechselbaren' Moderators"[8]

Kein hochklassiger Moderator fällt vom Himmel:

> „Die Entwicklung eines professionell arbeitenden Moderators braucht Zeit. Als
> Faustregel nenne ich immer drei bis sieben Jahre. Und auch nach zehn Jahren
> Berufserfahrung kann man noch sehr viel lernen".[9]

Oder mehr:

> „Als ich Anfang der 90er an der Akademie für Neue Medien in Kulmbach begann
> Radio zu lernen, hat ein Dozent aus Bayern zu uns gesagt: ‚Für einen guten Moderator
> braucht's mindestens acht Jahre!' Damals haben wir gelächelt, heute weiß ich, der
> Mann hatte Recht".[10]

Natürlich wird ein Kulturprogramm seine Moderatoren nicht im gleichen Alters-
segment rekrutieren wie „Eins Live" oder „N-Joy". Insofern sollte eine Moderatorenpersönlichkeit, die ein solches Angebot präsentiert, bereits eine gewisse
Entwicklung hinter sich haben. Dennoch besteht auch hier heute mehr denn je
die Notwendigkeit, echte Moderationsprofis ans Mikrofon zu lassen, die einerseits
über genügend kulturellen Background verfügen, andererseits aber den Kriterien, über die eine profilierte Moderatorenpersönlichkeit definiert ist, standhalten.
Letztere sind für alle Radioprogramme weitgehend identisch.

Die Stimme: Lange Zeit waren die Kulturradios die Biotope, in denen
Nuscheln, eklatante S-Fehler, verschluckte Endsilben, absonderlichste Sprachme-
lodien, verquere Atemtechniken und regionale Färbungen unter anderen sprechtechnischen Anomalien ihr geschütztes Dasein fristeten. „Mag sein, dass der
Kollege X seinen Satzbau, der Thomas Mann zur Ehre gereichen würde, nicht
sauber artikuliert bekommt – aber inhaltlich hat der doch so viel zu sagen!" – Das
reicht meist als Legitimation, den Betreffenden ans Mikrofon zu setzen. Das ist

---

[8] Inge Hermann/Reinhard Krol/Gabi Bauer, Das Moderationshandbuch. Souverän vor Mikro
und Kamera (mit CD), (Tübingen/Basel: Francke 2002), S. 11.

[9] Patrick Lynen, Das wundervolle Radiobuch (Baden-Baden: Nomos, 4. Aufl. 2015), S. 167.

[10] Sina Peschke, Willig – Nackig – Motiviert, in: Ursula Wienken (Hg.), Radiomoderatoren und ihre Erfolgskonzepte – Von den Besten lernen (München: Reinhard Fischer 2004)
(Schriftenreihe Deutsche Hörfunkakademie 3), S. 21.

ja ach so authentisch! Und sind nicht die kleinen sprechtechnischen Macken hörbarer Ausweis eben jener Persönlichkeit, die immer gefordert wird? Mitnichten! Es handelt sich um eklatante handwerkliche Fehler, die da keinen Platz haben sollten, wo professionell Radio gemacht wird. Die Stimme ist einer der wichtigsten Sympathiewerte im Radio. Dessen sollte sich bewusst sein, wer sich mit fehlerhaftem Sprechwerkzeug ans Mikrofon setzt. („Wer daherkommt wie der Glöckner von Notre-Dame und klingt wie Fingernägel, die über eine Schultafel kratzen, bringt nicht gerade gute Voraussetzungen mit" (Hermann etc., 2002: Moderationshandbuch, S. 10)).

Die Sprache: Im Übrigen gilt: Wenn schon Sätze, die man eher drucken als senden sollte, dann sollten sie bitte so gesprochen sein, dass man sie zumindest bei konzentriertestem Zuhören halbwegs mitbekommt, denn: „Du darfst niemals an den Hörern vorbeisenden."[11]. Besser noch ist es, gleich Sätze zu bilden, die radioadäquat, d. h. dem Duktus der gesprochenen Sprache angepasst sind. Solche zu bilden, fällt erfahrungsgemäß denjenigen leichter, die bereits ihre journalistischen Sporen im Radio verdient haben.

> „MÜNDLICHE, nicht schriftsprachliche Formulierungen, die der Alltagssprache am nächsten sind, gehen am besten ins Ohr. Im Alltag geben wir keine Texte von uns, sondern Bemerkungen und Äußerungen. Gute Radiosprache ist mündliche Sprache"[12].

Das gilt auch, wenn nicht sogar besonders, für Moderationen zu klassischer Musik, denn je komplexer die Materie, desto einfacher und verständlicher sollte sie vermittelt werden.

Der Inhalt: Der Moderator hat stets mehr zu wissen, als er sagt. Sach- oder Fachkompetenz merkt der Zuhörer erst recht dann, wenn er nicht zugetextet wird mit Zahlen und Fakten, die er genauso gut jedem Musiklexikon oder CD-Booklet entnehmen kann. Eine professionelle Musikmoderation versteckt sich nicht hinter solcher Art von Übermittlung historischer oder biografischer Fakten. Die einschlägigen Handbücher sind voll von Forderungen nach authentischen Moderatorenpersönlichkeiten, und diese gilt es auch im Kulturradio zu etablieren. Authentisch kann aber niemand über den Äther kommen, der seine Moderationstexte mit exotischen Namen, endlosen historischen Daten oder gar musikalisch-analytischem Fachchinesisch überfrachtet. Dass schon beim Begriff „Durchführung" Otto Normalhörer anderes assoziiert als den der Exposition

---

[11] Rob Green, Der Rob Green'sche Weg; in: Ursula Wienken (Hg.), Radiomoderatoren und ihre Erfolgskonzepte – Von den Besten lernen (München: Reinhard Fischer 2004) (Schriftenreihe Deutsche Hörfunkakademie 3), S. 57.

[12] Patrick Lynen, Das wundervolle Radiobuch (Baden-Baden: Nomos, 4. Aufl. 2015), S. 26.

folgenden Formabschnitt des klassischen Sonaten-Hauptsatzes, entgeht dem „moderierenden" Musikologen nur allzu leicht. Unser Otto N. bleibt an diesem Begriff hängen und ist weg – zumindest was seine Aufmerksamkeit betrifft! Dennoch entlarven sich gerade über die Inhalte auch die Moderatoren-Seifenblasen. Wer mit noch so professionell geschulter Stimme ständig „Scherz-o" statt „Skerzo" sagt, dem traut selbst ein anspruchsloserer Klassikhörer nicht allzu viel Sachverstand zu. Und ganz ohne diese Fachkenntnisse geht es auch in modernen Kulturradio-Zeiten natürlich nicht!

Persönlichkeit – „Pride and Passion" (Lynen)[13] „Ein persönlicher Moderationsstil reduziert die Umschaltbereitschaft. Er zeichnet sich vor allem durch Verbindlichkeit (Glaubwürdigkeit, Freundlichkeit und Kompetenz des Moderators) und Dynamik (z. B. witzigen und schnellen Präsentationsstil) aus, wodurch eine längerfristige Bindung an das Programm erzielt wird".[14] Für eine Musikmoderation im Kulturradio bedeutet das u. a., dem Hörer eine Antwort auf die Frage zu geben, warum er sich genau an dieser Stelle seines Tagesablaufs genau dieses Stück Musik anhören soll. Was man nämlich positiv als das Überraschungsmoment des Radioprogramms bezeichnen kann, ist aus umgekehrter Perspektive eine Zumutung: Der Programmgestalter oktroyiert dem Hörer seine Menüfolge, ob's diesem schmeckt oder nicht. Während man – bei Nichtgefallen – im Popradio sicher sein kann, dass das Stück nach maximal vier Minuten vorbei ist, muss man sich schließlich bei der Klassik häufig auf Längeres einstellen. In diesem Fall kann es durchaus von Nutzen sein, wenn sich die Moderation bemüht, den Appetit auf das vielleicht nicht so Bekömmliche zu wecken. Die immer noch weitgehend unsinnige Moderationspraxis im Kulturradio schafft das garantiert nicht: „Wo flüchtig Angelesenes (meistens übrigens nur aus den Bereichen Biografismus und äußere Werkentstehungsgeschichte) verzapft wird, eine schwache Stimmpersönlichkeit uns mit den immer gleichen Details bombardiert, ist große Gefahr im Verzug. Sie kommt gepflegt, kultiviert daher, durch Routine verschärft und so schwer angreifbar gemacht: der ‚Booklet-Vorleseton' mit seinem immergleichen Singsang"[15], schreibt Wilhelm Matejka, bis zu seiner Pensionierung 2012 Chef des RBB-Kulturradios, unter der Headline „Kultivierte Langeweile".

---

[13] Patrick Lynen, Das wundervolle Radiobuch (Baden-Baden: Nomos, 4. Aufl. 2015), S. 16.

[14] Lars Peters, Von Welle zu Welle. Umschalten beim Radiohören (Schriftenreihe der Niedersächsischen Landesmedienanstalt 16, Berlin: Vistas 2003), S. 63.

[15] Wilhelm Matejka, Zukunft der Musikmoderation; in: Ruth Blaes/Arnd Richter/Michel Schmidt (Hg.), Zukunftsmusik für Kulturwellen. Neue Perspektiven der Kulturvermittlung im Hörfunk (Berlin: Vistas 2002), S. 105.

Allgemeiner hat es Patrick Lynen formuliert:

„Abgedroschene Phrasen sind vom Hörer schon zu Ende gedacht, bevor sie aus dem Radio kommen. Sie versprühen Klischees und Langeweile. Blödsinnige Phrasen und Einfältigkeiten dienen nicht der Kommunikation, sie füllen einfach nur einen leeren Raum"[16]

17.4 Beispiele – nicht zur Nachahmung empfohlen

Im Kulturradio gibt es offenkundig viel dieses leeren Raums, den es mittels aufgeblasener Phrasen zu füllen gilt. Immerhin quoll u. a. das Folgende aus einem solchen (die hier angeführten Beispiele wurden zu didaktischen Zwecken wahllos aus verschiedenen Kulturradioprogrammen mitgeschnitten):

„Mitten in den Vorgärungen der russischen Oktoberrevolution ist diese so freundlich rückwärts der Geschichte zugeneigte und der Gegenwart abholde Musik uraufgeführt worden, nämlich am 21. April 1918 in St. Petersburg. Entstanden ist die erste Sinfonie D-Dur, op. 25, von Sergej Prokofjew, genannt die ‚Klassische Sinfonie', in den Kriegsjahren zuvor 1916/1917. Wir hörten eine Aufnahme mit dem Orchestre National de France unter der Leitung von Mstislaw Rostropowitsch. Wenn eine Musik so offenkundig gar nichts mit der Gegenwart zu tun haben will, dann kann man das Ignoranz nennen oder sogar Eskapismus, aber es hat die DDR-Musikwissenschaft nicht davon abgehalten, immerhin ein, ich zitiere ‚freudiges Lebensgefühl' aus dem Elan dieser Monate herzuleiten bei Prokofjew. Nun sind Noten allerdings keine Worte, und es gibt bekanntlich keinen revolutionären C-Dur-Dreiklang, auch keinen reaktionären Es-Dur-Sextakkord. Musik drückt Gedanken aus, aber es sind – um mit Leonard Bernstein zu reden – ‚spezifisch musikalische Gedanken', die unser Gemüt bewegen."

Das Wort „Elan" mit französischem Nasal ausgesprochen, gespreizt wirkende Begriffe wie „abhold", Fremdwörter wie „Eskapismus", Fachvokabular wie der „Es-Dur-Sextakkord" – Wer redet so? Wen soll eine solche „Moderation" ansprechen? Man muss sich, um die ganze Überheblichkeit dieser Äußerung wahrzunehmen, vergegenwärtigen, dass es sich hier um einen Hörtext handelt. Hat man schon beim Lesen Probleme zu begreifen, was der Schluss der zitierten Passage sagen soll, so ist der Hörende damit vollends überfordert. Die Konsequenz:

---

[16] Patrick Lynen, Das wundervolle Radiobuch (Baden-Baden: Nomos, 4. Aufl. 2015), S. 68.

„Hörer, die sich nicht angesprochen fühlen, hören nicht zu, Inhalte ‚versenden‘ sich, der Sender verliert an Bedeutung"[17]

Verschärfend kommt im Kulturradio hinzu, dass die Moderation, speziell die Musikmoderation, häufig dem entspricht, was Gerhard Schulze die „Diskursstruktur gegenseitigen Herzeigens angeeigneter Zeichen der Hochkultur"[18] nennt. Da sitzt ein Moderator im Studio, der seine Hörer nicht nur mit Jahreszahlen, Namen und musikalischen Fachtermini überschüttet, sondern darüber hinaus auch noch seine eigene Musikauswahl gegen mögliche Vorwürfe verteidigt, bevor diese noch erhoben wurden, und das geschieht, indem man kurz einen Hinweis auf die eigene Hörerfahrung einstreut:

> „Ja, so klingt Goethe auf Französisch. Jules Massenets ‚Werther‘ in einem Live-Mitschnitt vom 18. Dezember 1977 aus der Bayerischen Staatsoper München. Brigitte Fassbaender als Charlotte, Placido Domingo in der Titelpartie, das Bayerische Staatsorchester und Jesús López Cobos waren das mit der Szene Charlotte–Werther aus dem dritten Akt der Oper. Eine Aufführung übrigens, die ich in meiner Münchner Zeit mehr als zehnmal gesehen und gehört habe, mit wechselnden Dirigenten von Cobos bis Michel Plasson, mit wechselnden Tenören von Neil Shicoff bis Francisco Araiza und mit der wachsenden Überzeugung, dass die unerhörten, duftig schwülen Klangreize dieser Partitur alles andere sind als kitschig."

Angesichts solch erdrückender Kompetenz wird man Massenets „Werther" (der in der Moderation übrigens auch noch französisch ausgesprochen war) schlicht nicht mehr kitschig finden dürfen! Aber es geht noch besser:

> „Manchem altgedienten Klavierlehrling klingt der Name Clementi reichlich unliebenswürdig ins Ohr. Er ist verbunden mit unguten Kindheitserinnerungen an die Zeit, da man das Klavierspiel anhand von Clementi-Sonaten paukte. Nun ja, Lehrjahre sind keine Herrenjahre, aber die leidigen Lehrjahre wenigstens ein bisschen zu versüßen, gelang dem Engländer nicht. Denn Muzio Clementi war erstaunlicherweise Engländer, zumindest nannte er einen englischen Pass sein Eigen. Dazu gekommen war er, als einer der berühmt-berüchtigten Beckfords den 14- oder 15-jährigen Muzio für sieben Jahre, vertraglich abgesichert, seinem Vater entlehnte, um ihn rundum zum Musiker aufzuziehen und auszubilden. Wie sonderbar! Von den Beckfords aber war man in England seit eh und je Sonderbares gewöhnt. Ich selbst bin im wundervollen englischen Bath immer wieder auf William Beckfords Spuren gewandelt, habe in seinem Turm

---

[17] Arno Müller, Radio – Es gibt nichts Schöneres, in: Ursula Wienken (Hg.), Radiomoderatoren und ihre Erfolgskonzepte – Von den Besten lernen (München: Reinhard Fischer 2004) (Schriftenreihe Deutsche Hörfunkakademie 3), S. 50.

[18] Gerhard Schulze, Die Erlebnisgesellschaft (Frankfurt/New York: Campus Verlag 2005), S. 288.

einen Fernsehfilm gedreht, habe an William Beckfords Grab gestanden, ja selbst seinen berühmten, arabisch geformten orientalischen Roman 'Vathek' zu lesen versucht. Peter Beckford, Williams Vetter, scheint nicht weniger exzentrisch gewesen zu sein als jener. Jedenfalls nahm er den jungen Clementi sozusagen in Musikhaft. Auf Anhieb sprang nicht viel Bedeutungsvolles dabei heraus, aber Clementi machte sich immerhin als Cembalist und Klavierspieler einen derart bedeutenden Namen, dass ihn Joseph II. in Wien im musikalischen Wettbewerb zur Unterhaltung des russischen Großfürsten, der später als Paul I. den Thron bestieg, im Wettstreit gegen Mozart am Klavier antreten ließ. Mozart maulte über Clementi, er habe für keinen Sechser Geschmack oder Gefühl, er sei nichts als ein Mechanicus am Klavier. Später nannte Mozart Clementi kurz und knapp einen Scharlatan. Clementi dagegen bewunderte Mozart sehr. Er griff die Arie der Zerlina aus 'Don Giovanni' auf, die da lautet 'Schlag nur, schlag nur, schöner Masetto. Ich werde hier wie ein Lämmlein Deine Prügel erwarten' und duckte sich mit einer eigenen Einleitung, einem Andante grazioso plus Allegretto und Coda aufs Anmutigste unter Mozarts Prügel. Hier teilt sie allerdings kein Masetto, sondern eine Zerlina aus. Sie heißt Maria Tipo."

Auch dies ist nicht etwa eine Moderation aus den Frühzeiten des Radios. Zu hören war auch das an einem x-beliebigen Kulturradio-Wochentag des frühen 21. Jahrhunderts. Abgesehen davon, dass es durchaus Klavierschüler gibt, die Clementi-Sonaten gerne spielen, stellt sich die Frage, warum Musik eines Komponisten, der doch scheinbar nichts wert ist, überhaupt ins Programm genommen wird. Immerhin dient dem Moderator der Name Clementi als Aufhänger für eine umfängliche Selbstdarstellung, die mit der nachfolgenden Musik, etwa im Sinne einer Höranleitung, nichts, aber auch gar nichts zu tun hat. Schande auch über jene unbedarften Hörer, die noch nichts von den „berühmt-berüchtigten Beckfords" gehört haben, über die der Moderator sogar einen Fernsehfilm gedreht hat. Wie gesagt, keine qualitative Studie zu den Kulturprogrammen ist in den letzten Jahren vorgelegt worden, in der nicht der Vorwurf der Arroganz und der Abgehobenheit artikuliert worden wäre. Moderationen wie die bisher zitierten bestätigen eben diesen Eindruck und zeichnen sich unter anderem dadurch negativ aus, dass sie dem normalen Hörer das Gefühl vermitteln, unbedarft, dumm, ungebildet und damit dem Anspruch des Programms nicht gewachsen zu sein. Auch wenn dies meist nur unterschwellig mitschwingt, muss es doch auf die Dauer zu Frustrationen führen, die letztlich zum Aus- oder Umschalten führen.

„Selbst die beste Musikplanung oder hervorragende Inhalte werden vom Publikum nicht akzeptiert, wenn es mir als Moderator an Gespür dafür fehlt, wie man sich als Gast in einer fremden Umgebung benimmt. Ein solcher Gast sind wir nämlich. Gast im Wohnzimmer, Büro oder Auto unserer Zielgruppe."[19]

---

[19] Patrick Lynen, Das wundervolle Radiobuch (Baden-Baden: Nomos, 4. Aufl. 2015), S. 25.

– und als solcher sollte man sich nicht benehmen wie der Elefant im Porzellanladen, beispielsweise indem man den Gastgeber brüskiert. **Mitunter werden wertvolle Sendeminuten mit Worten gefüllt,** die in Gänze den Charakter eines Geheimcodes haben. Codes funktionieren nur, wenn der Empfänger den Schlüssel für deren Dechiffrierung kennt. Wer Ludwig van Beethovens einzige Oper „Fidelio" nicht kennt oder sich nicht bereits intensiv mit Form und Inhalt des im Folgenden anmoderierten Ausschnitts beschäftigt hat, für den bleibt das Gesagte das berühmte „Buch mit den sieben Siegeln":

> „Das ist der Triumph der Oper: Ihr allein ist es gegeben, die widerstreitendsten Gefühle gleichzeitig zum Ausdruck zu bringen, sie unauflösbar miteinander zu verschlingen. Ein fest geknüpfter musikdramatischer Knoten entsteht, ein Knotenpunkt der gegensätzlichsten Gefühle, die, alle vereint, sich zu einer einzigen großen Melodie verschwistern. Das ist Beethoven in seinem bewegenden Quartett gelungen, das mit der echten Jungmädchen-Zeile anhebt: 'Mir ist so wunderbar'. Doch es ist ein Wunder mit doppeltem Boden. Was der geradezu zärtlich liebestrunkenen Marzelline wie die Offenbarung künftigen Glücks erscheint, ist der als Fidelio verkleideten Leonore ganz einfach ein Graus. Das Glück der einen wird für die andere zur Pein, und genauso geht es den beiden Männern: Der Alte schmunzelt sich die Sache zurecht, dem Jungen sträuben sich vor seelischem Entsetzen schier die Haare. Doch alles scheint musikalisch im herrlichen Übereinklang. Jammer und Jubel mischen sich wie von selbst zum Quartett. Das Lebenskarussell mit seinen Höhen und Tiefen, Gipfeln und Abgründen ist für fünf Minuten zum Stehen gekommen. Was für ein Stand! In überirdischer Höhe breitet sich schlicht um schlicht musikalisch das Menschsein hin. Das nennt man Genialität. Karl Böhm dirigiert das Bayerische Staatsorchester. Es singen Lucia Popp, Hildegard Behrens, Kurt Moll und Norbert Orth. Beethoven, Fidelio: 'Mir ist so wunderbar'."

Ganz abgesehen von wundervollen Stilblüten („In überirdischer Höhe breitet sich schlicht um schlicht musikalisch das Menschsein hin"), ist dieser Text von gut anderthalb Minuten Sprechdauer eine Ansammlung von Andeutungen, die dem unkundigen Hörer keinerlei verwertbare Information zum Stück bieten. Lediglich der Insider wird wissend schmunzeln und beifällig nicken. Und wenn das von den 70.000 Hörern dieses Sendeplatzes 700 tun, dann bleibt wenigstens die Exklusivität gewahrt. Die wahren Connaisseurs sind eben gerne unter sich! Die Krise des Kulturradios ist also auch eine Krise der Präsentation: Mit biografischen Fakten, Namen und Daten überfrachtetes Bildungsgeschwätz überfordert die Mehrheit der Zuhörerschaft und langweilt nicht selten die Kenner, weil auch der 1.500ste Moderator zu Beethovens vierter Sinfonie nichts mehr zu verkaufen hat, was der an Hintergründen interessierte Musikfreund nicht längst wüsste. **Zugegeben, die zitierten Beispiele sind mittlerweile abgesunken in die Annalen des Mediums.** Wortakrobatik wie diese heute noch zu finden, dürfte schwierig werden. Dennoch ist sie zumindest an dieser Stelle nicht fehl am Platze, denn sie kann immer noch als denkbar schlechtes Beispiel dienen, vor dessen Nachahmung in aller Deutlichkeit zu warnen ist. Verschärfend kommt nämlich hinzu, dass beispielsweise rund 45 % der Hörer von WDR3 auch Radioangebote mit Popmusik nutzen (u. a. 21,2 % WDR2, 15,9 % Lokalfunk, 12,8 % „Eins Live")[20]. Da gerade die jüngere kulturinteressierte Hörerschaft popkulturell sozialisiert und mit den entsprechenden Radioangeboten aufgewachsen ist, existiert eine Erwartungshaltung an die Präsentation, die solchen Primärerfahrungen entspringt. Wer als Erwachsener nur deshalb von einem Pop- oder Informationsprogramm zu einem Kulturradio schaltet, weil die dort angebotene Musikfarbe eher dem aktuellen Bedürfnis entspricht, wird sich durch eine Präsentation, die eklatant abweicht vom Stil der Profimoderatoren, abgestoßen fühlen. Mit einer Kundschaft, die derart flexibel ist, die ganz hedonistisch die Nachfrage regelt und zudem über einen stark pluralistischen Musikgeschmack verfügt, ist das Kulturradio konfrontiert, seit dank der Ergebnisse diverser empirischer Studien klar ist, wer so alles zum Kulturradiopublikum gehört. Auch wenn Kultursoziologie und Medienforschung dies nicht erst seit gestern predigen, haben die Verantwortlichen noch nicht umfassend auf diesen Umstand reagiert.

Wird allerdings krampfhaft versucht, dem muffigen Stil der herkömmlichen E-Musik-Moderation etwas vollkommen anderes entgegenzusetzen, kann auch das grob danebengehen:

> „Filmmusik von Dieter Schleip ‚Die Einsamkeit der Krokodile' mit dem City of Prague Philharmonic Orchestra.
>
> Er hat mit den Beatles im Sandkasten gespielt, der Liverpooler Simon Rattle. Von da an hatte er mit den Flowerpower-Stars aber nicht mehr sehr viel gemeinsam – höchstens die interessante Frisur und den Job als Musiker. Schon mit 15 wollte Rattle Dirigent werden. Nach vielen Lorbeeren, die er bei den verschiedensten Debüts zum Kranz winden konnte, hat es ihn in das übersichtliche Birmingham verschlagen, und da hat er aus der ortsansässigen Klassik-Combo ein Spitzenorchester gemacht, das City of Birmingham Symphony Orchestra. Von dieser Saison an ist er Chef der Berliner Philharmoniker. Ein Orchester, das seit Karajan zu den weltbesten zählt. Da musste er null Aufbauarbeit leisten – da setzte er sich ins gemachte Nest. Natürlich kehrt er trotzdem als neuer Besen gut. Ein Geständnis macht er uns jetzt aber. Das lässt uns aufhorchen. Wenn er einen seiner seltenen sadistischen Tage hat, dann holt er nicht den Besenstiel raus, sondern seine Stimme:
>
> [Es folgt ein englischsprachiger O-Ton]

---

[20] WDR, 2020: MA 2020 Audio II Detailbericht WDR 3 – Nutzung und Publikum; WDR-Medienforschung; Juli 2020.

‚Wirklich, ich singe nur, wenn ich das Gefühl habe, das Orchester braucht eine Bestrafung' – sagt Sir Simon Rattle. – ‚Wie die meisten Dirigenten kann ich genau fünf Noten singen. Es ist eine Folter für die Ohren, das verspreche ich Ihnen.' Simon Rattle bei [...] Die Folter ersparen wir uns, die Kunst nicht: Er dirigiert Beethoven."

Diese erkennbar um Lockerheit bemühte Moderation schießt weit über das Ziel hinaus. Neben einigen gravierenden Fehlinformationen enthält sie eine Menge unterschwelligen Zynismus:

- Simon Rattle ist Jahrgang 1955, Paul McCartney aber wurde 1942 geboren, John Lennon sogar bereits 1940. Es wäre sehr verwunderlich, wenn die 16- bzw. 18-jährigen späteren Beatles Ende der 50er-Jahre mit dem dreijährigen Simon im Sandkasten gespielt hätten.
- Eine „Combo" ist ein klein besetztes Jazz- oder Tanzmusik-Ensemble. Den Begriff auf ein Sinfonieorchester anzuwenden, ist schlicht falsch.
- Der O-Ton hat weder mit dem Moderationstext noch mit der nachfolgenden Musik irgendetwas zu tun.
- Wird jemand, der irgendwo neu anfängt, als „gut kehrender neuer Besen" bezeichnet, so deutet diese Redewendung an, dass sich der Anfangselan schnell abnutzt, und jemand, der sich „ins gemachte Nest setzt", ist im allgemeinen Sprachgebrauch ein Loser, der von den Verdiensten eines Vorgängers profitiert. Es ist zu bezweifeln, dass diese Darstellung des Chefdirigenten der Berliner Philharmoniker beabsichtigt war.
- Formulierungen wie „null Aufbauarbeit" sind auch nicht jedermanns Sache.

Diese Beispiele aus der Moderationspraxis diverser Kulturradioprogramme haben, zugegebenermaßen, Extreme aufgezeigt. Leider waren sie keine Ausnahme, sondern prägten jahrzehntelang das Erscheinungsbild und damit die Akzeptanz der einschlägigen Kanäle, zumal die meisten „prominenten" E-Musik-Moderatorinnen und Moderatoren, einem Wanderzirkus gleich, durch die ARD reisten. Bislang hat sich öffentlich kaum jemand um handwerkliche Fragen der E-Musik-Moderation gekümmert, und so verwundert es nicht, dass praxisnahe Tipps hauptsächlich von Leuten kommen, die in den massenattraktiven Programmen arbeiten.

17.5 Wie denn nun?

Hat man sich erst einmal an die Begrifflichkeit der Moderationshandbücher gewöhnt, von Aircheck bis Showprep, dann erkennt man schnell, dass es an der Zeit ist, die Immunität des Kulturradios aufzuheben, um Kriterien und Qualitätsstandards zuzulassen, die eher aus der Radiopraxis als aus den Hörsälen musikwissenschaftlicher Institute stammen. Die Hochschulstudiengänge, die sich der Ausbildung von Musikjournalisten verschrieben haben, arbeiten seit Jahren daran, diese Missstände zu beheben – mit inzwischen bundesweit sicht- und hörbarem Erfolg. „Verlassen Sie die Komfortzone – rein ins kalkulierte Risiko"[21] rät Patrick Lynen, und:

> „Wer in die Fußstapfen eines (durchschnittlichen, ängstlichen) Kollegen tritt, kann ihn oder sie niemals überholen. Wer sich traut, ausgetretene Pfade zu verlassen, hat schon halb gewonnen. Außerdem: Wachstum findet immer nur außerhalb des Nichtschwimmerbeckens statt".[22]

Der Hörer wünscht sich eine Persönlichkeit am Mikrofon, das gilt auch und besonders für die Musikmoderation im Kulturradio. Diese Persönlichkeit braucht vor allem Stimme und Charisma. Fundierte Kenntnisse der Materie sind nur dann von Nutzen, wenn die beiden genannten Eigenschaften in großem Stil vorhanden sind. Wer sich im Radio als Persönlichkeit hinter seinem Fachwissen verstecken muss, ist fehl am Platz.

> ▶ „Gute Moderatoren sind natürlich und glaubwürdig, eben echte Menschen. Man darf ihnen anhören, wenn ihnen die Dinge, die sie sagen, nahe gehen. Sie müssen nicht immer nur witzig sein, wenn es ihnen nicht liegt. Sie sind nie arrogant und abgehoben und sie halten sich niemals für besser als ihre Hörer".[23]

Diese Sätze sind in Stein gemeißelt, und diese Gebote wurden nirgendwo häufiger ignoriert oder gar mit Füßen getreten als in Musik-Flaggschiffen der Kulturprogramme. Im Zweifelsfall ist ein hörerfahrener Musikliebhaber der bessere Moderator als der studierte Fachmann. Ersterer kann im Zweifelsfall den Hörer,

---

[21] Patrick Lynen, Das wundervolle Radiobuch (Baden-Baden: Nomos, 4. Aufl. 2015), S. 19.

[22] Patrick Lynen, Das wundervolle Radiobuch (Baden-Baden: Nomos, 4. Aufl. 2015), S. 157.

[23] Monique van Schijndel, In guter Gesellschaft, in: Ursula Wienken (Hg.), Radiomoderatoren und ihre Erfolgskonzepte – Von den Besten lernen (München: Reinhard Fischer 2004) (Schriftenreihe Deutsche Hörfunkakademie 3), S. 113.

mit dem er idealerweise auf einer Wellenlänge ist, erheblich besser erreichen, insbesondere, wenn er über die nichtfachlichen Voraussetzungen für gute Moderation verfügt.

Wer diesen Weg beschreiten möchte, fängt am besten bei den Inhalten an. Wir leben in einer Zeit, in der überwiegend die Interpretation musikalischer Werke die Rezeption bestimmt, nicht mehr das Werk selbst. Infolgedessen sollte sich eine Moderation, die im Hier und Jetzt verankert sein will, mit den Interpreten beschäftigen, statt die immer gleichen Werkdaten wiederzukäuen. Vielleicht hält der Kulturticker in der aktuellen Redaktion ein paar Neuigkeiten bereit, an denen sich die Moderation aufhängen ließe, vielleicht bieten die Feuilletons Aufhänger. Showprep nennen die Profis diese Art der Moderationsvorbereitung und messen ihr größte Bedeutung bei. Die genannten Quellen sind die verlässlicheren, wenn es um zeitgemäßes Radio geht, als CD-Booklets und Musiklexika. Aber bitte dann auch nicht so:

> „Die französische Pianistin Hélène Grimaud – genau, das ist die mit den Wölfen –, eine tolle Person und ganz besondere Künstlerin."

Auch dies ist O-Ton! Wer über eine exzellente Pianistin wie Hélène Grimaud nicht mehr zu sagen weiß als zum abertausendsten Mal die Nummer mit den Wölfen abzusondern, der sollte am Mikrofon lieber das örtliche Telefonbuch verlesen!

Gänzlich unbegründet ist die Sorge, eine nicht mit biografischen oder sonstigen wissenschaftlich-analytischen Fakten vollgestopfte Musikmoderation ließe Zweifel an der Kompetenz des Moderators aufkommen. Der interessierte Hörer spürt, ob jemand weiß, wovon er redet. Die Neigung, diesem dann auch zuzuhören, wächst mit der Präsenz der Persönlichkeit hinter dem Mikrofon. Die Fakten, sofern sie, je nach Informationsdichte, überhaupt wahrgenommen werden, verschwimmen im Bewusstsein des Hörers – das haben wahrnehmungspsychologische Studien längst nachgewiesen. Der Eindruck eines lebendigen Kommunikationsprozesses mit einem Sympathieträger im Radio bleibt haften. Das ist – nicht nur quotentechnisch – das entschieden Wichtigere. Bevor diese Erkenntnis den Eindruck des Kulturradios prägen wird, muss allerdings ein dauerhaft wirkender Wandlungsprozess in Gang kommen, den zu vollziehen mehr und mehr zur Überlebensfrage wird.

„Es ist eine wunderbare Welt, in der wir Musikjournalisten uns bewegen dürfen. Ihre Vielfalt und Schönheit, ihre Geschichten und ihre essenzielle Bedeutung für uns Menschen zu entschlüsseln und erlebbar zu machen, sollte das große Ziel sein. (Abb. 17.1)"

Statement zur Zukunft des Musikjournalismus: Tabea Dupree, Moderatorin und Gastgeberin mehrerer Sendungen in hr2-Kultur, außerdem freischaffende Musikvermittlerin und Konzertmoderatorin

Abb. 17.1 Tabea Dupree absolvierte ihr „Musikjournalismus"-Studium an der Hochschule für Musik Karlsruhe (Abschluss 2015). Sie ist Moderatorin im Tages- und Abendprogramm von hr2-Kultur. Daneben moderiert sie die Konzertreihe „Debüt im Deutschlandfunk Kultur" in der Berliner Philharmonie und arbeitet als freie Autorin für verschiedene ARD-Anstalten. Regelmäßige Engagements verbinden sie mit dem hr-Sinfonieorchester und den Münchner Symphonikern. (Foto: hr/Sebastian Reimold).

Welche neuen Medien werden für die Arbeit der Musikjournalisten unabdingbar sein?

Viele neue Medien bieten tolle Möglichkeiten der Vernetzung und des kreativen Umgangs mit verschiedenen Themen und Inhalten. Über die sozialen Netzwerke kann man seine Follower mit hinein in seinen Alltag als Moderator oder Redakteur nehmen und sie miterleben lassen, wie hinter den Kulissen gearbeitet wird. Das schafft Nähe und Transparenz. Am spannendsten finde ich jedoch, dass uns auch viele Künstler auf diese Weise an ihrem Leben teilhaben lassen, was uns Musikjournalisten wiederum die

Möglichkeit gibt, auch diese Inhalte mit in unsere Recherche aufzunehmen und unserer Fragestellung entsprechend einzuordnen.

Wird es künftig noch Print, Radio und Fernsehen geben?
Ich denke, dass es sie auch in Zukunft geben wird, jedoch themenorientiert ergänzt und erweitert durch vielfältige digitale Angebote, die eine zeit-souveräne Mediennutzung ermöglichen (z. B. Podcasts, Video on demand, Audio on demand und Streaming).

Wie wird sich die Qualität vom Journalismus verändern?
In einer Welt, in der wir mit einem einzigen Klick ein ganzes Universum an Informationen präsentiert bekommen, sind eine zielgerichtete Fragestellung und die Verifizierung von Quellen unerlässlich. Im digitalen Zeitalter wird es immer wichtiger werden, fundierte Informationen ausfindig zu machen und diese den Nutzern linear und nicht-linear ansprechend zu vermitteln.

Musikjournalisten als „Allrounder" hinsichtlich der Medien und Themenfelder – ein austauschbarer Job?
Nein, vielmehr eine hervorragende Möglichkeit, um in vielen Bereichen Fuß fassen zu können.

Muss ich mich dann noch mit Musik auskennen oder kann ich mir alles anlesen?
Sich Wissen anzueignen und in ganz verschiedene Themen „einzulesen", ist essenziell für den journalistischen Beruf. Doch gerade im Bereich der Musik sind ein fundiertes Fachwissen und eine breite Repertoire-Kenntnis sehr hilfreich, um authentisch, verständlich und nutzernah berichten zu können.

Wer ist die Musikjournalistin der Zukunft?
Eine Persönlichkeit, die der Musik und ihren Künstlern mit Respekt, Neugier und Kreativität begegnet. Es ist eine wunderbare Welt, in der wir Musikjournalisten uns bewegen dürfen. Ihre Vielfalt und Schönheit, ihre Geschichten und ihre essenzielle Bedeutung für uns Menschen zu entschlüsseln und erlebbar zu machen, sollte das große Ziel sein.
(Interview: Charlotte Reece, Studentin „Musikjournalismus für Rundfunk und Multimedia" (M.A.), HfM Karlsruhe)

Weiterführende Literatur

Lynen, Patrick, Das wundervolle Radiobuch. Moderne Moderation im Radio – Persönlichkeit, Kommunikation, Motivation (Baden-Baden: Nomos, 4. Aufl. 2015).

Blaes, Ruth /Arnd Richter/Michel Schmidt (Hg.), Zukunftsmusik für Kulturwellen. Neue Perspektiven der Kulturvermittlung im Hörfunk (Berlin: Vistas 2002).

Hermann, Inge/Reinhard Krol/Gabi Bauer: Das Moderationshandbuch. Souverän vor Mikro und Kamera (mit CD) (Tübingen/Basel: Francke 2002).

Ursula Wienken (Hg.) (2004), Radiomoderatoren und ihre Erfolgskonzepte – Von den Besten lernen (München: Reinhard Fischer 2004 (Schriftenreihe Deutsche Hörfunkakademie 3).

Literatur zu „Radiosprache / Sprechen und Moderieren" siehe „Weiterführende Literatur" in Kap. 11.

Musikdramaturgie Klassik

18

Peter Overbeck

Zusammenfassung

Es wird erläutert, nach welchen Prinzipien eine Musikzusammenstellung für Musikstrecken im Begleitprogramm einer Kulturwelle erfolgen kann und worauf man dabei achten sollte. Schließlich gibt es Hinweise zur Erstellung von thematischen Sendungen und zur Oper im Radio.

Schlüsselwörter

Musikprogramm · Musikdramaturgie · Moderation · Thematische Sendung · Gestaltung von Musikprogrammen · Opernübertragungen · Opernquerschnitte · Oper im Radio

18.1 Allgemeines

Musik spielt in den Kulturprogrammen eine zentrale Rolle für die Hörerbindung. Die Musikzusammenstellung ist dabei ein wesentliches Element, denn sie prägt die Farbe eines Programms, nicht nur im Popbereich. Die Bedeutung einer ausgewogenen Musikdramaturgie hat durch den Umbau vieler Kulturprogramme weg vom Einschaltprogramm hin zu großen Begleitprogramm-Flächen zugenommen.

P. Overbeck (✉)
Institut für Musikjournalismus, Hochschule für Musik Karlsruhe, Karlsruhe, Deutschland
E-Mail: info@musik-journalismus.de

© Springer Fachmedien Wiesbaden GmbH, ein Teil von Springer Nature 2022   215
P. Overbeck (Hrsg.), *Musikjournalismus,* Journalistische Praxis,
https://doi.org/10.1007/978-3-658-32476-6_18

Hörerpräferenzen: Eine großangelegte Studie der ARD zur E-Musik-Nutzung hat 2005 Zahlenmaterial zu den Präferenzen geliefert.[1]. Demnach war eine leichte Mehrheit der Bevölkerung (53 %) offen gegenüber E-Musik, aber die E-Musik im Radio steht im Wettbewerb mit anderen Medien, die eine zeit- und ortsunabhängige Nutzung ermöglichen. Weitere Erkenntnisse der Studie waren die wichtigsten Einschaltgründe der Radiohörer: Abwechslung, Überraschung und die Chance, Neues zu entdecken, außerdem der Wunsch nach anregender musikjournalistischer Einordnung und Erläuterung. Zugleich hat die Studie eine große Offenheit für Jazz, Chanson, Liedermacher, Weltmusik oder anspruchsvollen Pop gezeigt. „Crossover" wurde begrüßt, vor allem von der jüngeren Generation; das bestätigte die Richtigkeit damaliger Entscheidungen bei Programmreformen (nur bei den Hörern ab 65 Jahren polarisiert dieses Konzept). Auch Konzertübertragungen werden als wichtige Programmleistung gewürdigt. Die E-Musik-Studie ist zwar schon 15 Jahre alt, diese Tendenzen dürften sich aber seit damals eher verstärkt haben.[2]

Unterschiede Konzert und Musikprogramm: Ein klassisches Sinfoniekonzert im 20. Jahrhundert besteht üblicherweise aus einer Ouvertüre oder einem kurzen Instrumentalstück, einem Werk mit Solisten (beispielsweise einem Instrumentalkonzert) und nach der Pause einem größeren sinfonischen Werk der Romantik oder der klassischen Moderne. Von dieser Form wird durch thematische Programmgestaltungen und Schwerpunktbildungen inzwischen allerdings häufig abgewichen. Die Rahmenbedingungen für ein Konzertprogramm und für ein Musikprogramm im Rundfunk unterscheiden sich dennoch in vielfacher Hinsicht, ebenso die Erwartungshaltung eines Radiohörers gegenüber der eines Konzertbesuchers.

Erwartung von Überraschung und Abwechslung sind, wie zuvor erwähnt, wichtige Einschaltmotive für Radiohören mit Konsequenzen für die Dramaturgie einer Musikzusammenstellung im Radio (siehe Tab. 18.1).

---

[1] Siehe dazu Annette Mende/Ulrich Neuwöhner, Wer hört heute klassische Musik? ARD-E-Musikstudie 2005: Musiksozialisation, E-Musiknutzung und E-Musikkompetenz, in: Media Perspektiven 5/2006, S. 246–258.

[2] Aktuelles Zahlenmaterial liefert die MedienNutzerTypologie (aktuell MNT 2015). Zur MNT siehe Abschn. 1.3.

Tab. 18.1 Unterschiede klassisches Sinfoniekonzert und Radioprogramm. (Eigene Darstellung)

Konzert	Radio
Programm vorab bekannt	Programm häufig Überraschung
Der Besucher eines Sinfoniekonzerts ist oft vorbereitet, hat sich bewusst für das Ereignis entschieden und häufig ein Programm mit Erläuterungen zu den Stücken und zu den Interpreten zur Hand. Er ist von Anfang an live dabei, hört aktiv zu und befindet sich in Gesellschaft.	Der Rundfunkhörer ist häufig unvorbereitet und hat kein Programm zur Hand. Er schaltet möglicherweise später ein und früher aus und nutzt die Sendung oder das Radioprogramm als Begleitmedium. Die Stücke sollten deshalb an- und/oder abgesagt werden.
Zum unmittelbaren akustischen Eindruck kommt ein visueller hinzu.	Durch den fehlenden visuellen Eindruck gehen bei experimenteller Musik eventuell zusätzliche, für das Verständnis wichtige Informationen verloren. Sie müssen durch eine Moderation vermittelt werden.
Auf dem Programm eines klassischen Sinfoniekonzertes stehen gewöhnlich komplette Werke, in gleicher oder ähnlicher Besetzung, mit demselben Ensemble.	Eine Programmgestaltung für den Rundfunk kann neben kompletten Werken auch Einzelsätze, unterschiedliche Ensembles und Besetzungen im Vergleich oder auch Ausschnitte zur Verdeutlichung gespielt werden; Wiederholungen sind möglich.

18.2 Grundprinzipien einer Musikzusammenstellung

Es ist leichter, mit thematischen Bezügen zu arbeiten. Bei Tagesbegleitprogrammen mit einfachen An- und Absagen, die insbesondere seit den Programmreformen zu Beginn dieses Jahrtausends einen Großteil der Sendungen mit klassischer Musik ausmachen, können diese Bezüge nur bedingt verbal verdeutlicht werden – es gelten dann rein innermusikalische Kriterien.

Das Prozedere bei der Musikzusammenstellung hat sich im Laufe der Jahre beträchtlich verändert. Bis in die 1990er-Jahre erfolgte sie in Handarbeit: Der Musikredakteur entnahm die entsprechenden Archivkarten aus den Karteikästen, holte sich die Tonträger aus dem Archiv oder hatte sie im Büro, ggf. überprüfte er die Übergänge und entschied sich für die Zusammenstellung. Mit zunehmender Kenntnis von Repertoire und verfügbaren Tonträgern konnte er die Programme ohne den Weg ins Archiv gestalten. Die Abläufe wurden Titel für Titel in Laufpläne übertragen. Nach diesen Listen wurden die Tonträger im Archiv bereitgestellt und nach der Sendung wieder dorthin zurückgebracht.

Heute erfolgt die Musikzusammenstellung, auch im Bereich der Kulturradios, zunehmend computergestützt. Das Verfahren wird in Kap. 14 erläutert. **Derart generierte Musiklisten sind aber nur so gut wie die Regeln,** die den entsprechenden Computerprogrammen zugrunde liegen. Ein so erstelltes Programm muss außerdem zusätzlich von einem erfahrenen Mitarbeiter durchgesehen werden. Diese Kriterien der Zusammenstellung und Auswahl sollten sich an jenen orientieren, die für von Hand zusammengestellte Programme angelegt werden; zusätzlich müssen im Vorfeld Pools der verwendeten Musik definiert werden, und diese klassifiziert werden.

Auch wenn sich die Vorgehensweise der Musikzusammenstellung geändert hat, so gibt es Grundprinzipien für die Gestaltung abwechslungsreicher Programme, deren Kenntnis wichtig ist, um Regeln für die computergestützte Musikzusammenstellung festzulegen oder die generierten Listen zu bewerten und ggf. zu korrigieren. Darüber hinaus werden die Programme für thematische oder Porträt-Sendungen und Sendungen, die von Assoziationen bzw. vertiefenden Moderationstexten geleitet werden, weiterhin von Hand erstellt.

Folgende Arten von Sendestrecken mit Musik gibt es:

- Reine Musikstrecken mit einfachen An- und Absagen zu Werk und Interpreten, häufig von einem Sprecher gelesen, z. B. Mittagskonzerte, Wunschkonzerte, Klassische Begleitprogramme, ARD-Nachtkonzert.
- Musikstrecken mit erweiterten (vertiefenden) Ansagen oder ausführlicheren Moderationen zu Werk und Interpretation und zusätzlichen Hintergrundinformationen, nach Manuskript oder frei moderiert.
- Magazinsendungen. Sie können außerdem Beiträge zu musikbezogenen Themen enthalten.
- Wort-Musik-Sendungen: in der Regel thematisch (inner- oder außermusikalisch): Porträts von Komponisten, Interpreten, Literaten mit Bezug zur Musik, längere Interviewsendungen mit Musik (vielleicht mit Wunschprogramm eines Gastes), Interpretationsvergleiche, Vorstellung von CD-Neuerscheinungen. Abhängig von der Form frei moderiert oder nach Manuskript. Musikbeispiele, auch in Ausschnitten.
- Musikstrecken ohne An- und Absagen (z. B. „SWR2 Radiophon – Collagen aus Klassik, Jazz, Rock und Grenzgebieten").
- Rundfunkspezifische Formen, die ein bestimmtes Thema mit radiophonen Mitteln wie Musik- und Textausschnitte, Zitate, O-Töne, Geräusche, Überblendungen und ggf. Verfremdungen künstlerisch beleuchten, z. B. Musikfeature, Musikcollage, Hörspiel.

• Konzertübertragungen.

Funktion und Stellenwert der Musik unterscheiden sich je nach Sendezeit, Sendeform und Zielgruppe eines Programms. Der Stellenwert der Musik ist unterschiedlich je nach Sendeform, nachgeordnet bei Magazinen und zentral bei thematischen Sendungen. Tab. 18.2 bietet einen Vergleich. **Die Musikauswahl sollte auch der Sendezeit angepasst sein,** tagsüber kürzere, eher schnellere Stücke (z. B. Orchesterwerke, kürzere Sinfonien, Solokonzerte, Tänze), abends und nachts längere und ruhigere Werke und z. B. Konzertübertragungen. **Ein ausgewogenes Verhältnis von Wort- und Musiksendungen** über den Tag sollte bei einer Programmstruktur angestrebt werden. So ist z. B. nach einer

Tab. 18.2 Bedeutung Musik, Stellenwert Musikdramaturgie und Inhalt Moderation in unterschiedlichen Sendeformen. (Eigene Darstellung)

Sendeform	Bedeutung Musik	Stellenwert Musikdramaturgie	Inhalt Moderation
Magazin	Nachgeordnet Kann, muss aber nicht in Zusammenhang mit Wortbeiträgen stehen Hat verbindenden Charakter zwischen Wortbeiträgen. Ein- und Ausblenden sind bei geeigneten Stücken möglich. Einzelsätze sind möglich	Zusammenhang ist nicht so wichtig Genres können vermischt werden Nicht zu vokallastig Eher Instrumentalmusik	Musik kann, muss aber nicht an- und abgesagt werden
Begleitprogramm	Begleitfunktion	Abwechslung wichtig	Einfache An- und Absagen
Thematische Sendung	Wichtig	Abhängig vom Thema	Ausführlich, schafft Zusammenhang
Radiophone Form	Wichtig	Träger des Zusammenhangs	Ist eines von mehreren Gestaltungsmitteln neben Atmo, O-Tönen und Geräuschen

längeren Wortsendung eine textlastige thematische Sendung, die möglicherweise auch noch einen Sänger porträtiert, nicht so gut aufgehoben. **Viele Sendeplätze haben Vorgaben,** z. B. zum Repertoire (Kammermusik, Neue Musik, Chormusik), zur Programmquelle (Aufnahmen der rundfunkeigenen Klangkörper, neue Eigenaufnahmen) oder sonstige (z. B. die Berücksichtigung von Hörerwünschen).

Grundprinzip einer Musikdramaturgie sind Abwechslung und Überraschung – wie bei kulinarischen Menüs – gemäß dem Motto „Variatio delectat" (Abwechslung erfreut). Gegenüber Konzerten, aber auch gegenüber individuell nutzbaren Tonträgern, besteht bei einem Radioprogramm die Möglichkeit, dem Hörer unbekanntes oder abgelegenes Repertoire nahe zu bringen, ihm Bekanntes in einem neuen, vielleicht ungewohnten Kontext zu setzen und damit seinen Erfahrungshorizont zu erweitern. Dass dies auf Interesse stößt, zeigen Hörerreaktionen.

Wilhelm Matejka hat die Programmgestaltung im Radio mit der Bildenden Kunst verglichen:

> „Radioprogramme sind akustische Ausstellungen. Im Radio können Zusammenhänge gestiftet werden, die von anderen Veranstaltern nicht geleistet werden können".[3]

Die Analogie lässt sich fortführen: Neben der Hängung der Bilder, die der Zusammenstellung entspricht, ist das Pendant zur guten Ausleuchtung die Verwendung von klanglich und musikalisch erstklassigen Aufnahmen. Die Funktion des Audioguides oder Museumsführers übernehmen die Moderationen. Der Audioguide kann jedoch, im Unterschied zu Musikprogrammen, zurückgespult werden (was bei der Bereitstellung in einer Mediathek natürlich auch möglich ist). Eine Chance, die Radioprogramme den Konzerten voraushaben, ist, das ganze Jahr lang „MoMA-Qualität" bieten zu können.

Für die Gestaltung von Musikprogrammen bedeutet dies:
- Eine Abwechslung zwischen Instrumental- und Vokalmusik.
- Eine gesunde Mischung mit angrenzenden Musikstilen (Stichwort „Crossover") sofern beim Sendeplatz vorgesehen.
- Ein sinnvoller Kontrast der Epochen, i. d. R. vom Barock bis zur Spätromantik oder klassischen Moderne.
- Ein Wechsel zwischen Bläser- und Streicherbesetzung.

---

[3] Wilhelm Matejka, Musik in Radio (Wien: Doblinger 1982), S. 104 (Fragmente als Beiträge zur Musiksoziologie 10).

- Ein Wechsel in der Besetzungsgröße zwischen Orchester und Kammermusik. Sinfonische Musik ist bei den meisten Hörern beliebter als Kammermusik.
- Ein Wechsel zwischen dominierenden Instrumenten (z. B. in einem Solokonzert) und einem Ensembleklang. Auch unterschiedliche Tasteninstrumente wie Cembalo und Klavier, auch im Ensemble bei Klaviertrio und Cembalokonzert, oder Gitarre und Harfe, sollten nicht direkt aufeinander folgen.
- Ein Wechsel der Gattungen: Das ergibt sich fast automatisch aus den beiden zuvor genannten Punkten.
- Ein Wechsel in Dynamik und Tempo: So wie innerhalb fast jeder klassischen Form oder Gattung die Sätze kontrastieren, sollten auch die Stücke einer Musikzusammenstellung bezüglich Tempo und Grunddynamik variieren.
- Ein Wechsel zwischen Bekanntem und Raritäten. Eine gesunde Mischung aus populären Titeln und Randrepertoire (unbekannte Werke großer Komponisten, große Werke unbekannter Komponisten) macht neugierig, ebenso Bekanntes in einem neuen, ungewohnten Kontext. Neben Vertrautem im Programm lernt der Hörer vielleicht ein unbekanntes Stück seines Lieblingskomponisten kennen und kann damit seinen Erfahrungshorizont erweitern.
- Ein Wechsel der Tonarten: Kollisionen von gleichen oder benachbarten Tonarten, z. B. im Sekundabstand, sollten vermieden werden. Gut hingegen sind Quint- oder Terzunterschiede. Bei Aufnahmen in historischer Aufführungspraxis muss berücksichtigt werden, dass in alten Stimmungen musiziert wird; diese klingen etwa einen Halbton tiefer. D-Dur in historischer Stimmung entspricht somit in etwa Cis-Dur in moderner Stimmung.
- Eine Abwechslung zwischen langen und kurzen Stücken, sofern die Vorgaben bestimmter Begleitflächen nicht ohnehin nur kürzere Titel zulassen. Kompositionen mit epischen Ausmaßen wie z. B. die Sinfonien von Anton Bruckner oder Gustav Mahler sind nach 20:00 Uhr besser aufgehoben, zumal im Tagesverlauf Sendeplätze mit über 60 oder gar 90 Min. eine Seltenheit sind. Die komplette „Kunst der Fuge" oder die 8. Sinfonie von Anton Bruckner passen jedoch z. B. in das Zweistunden-Format des ARD-Nachtkonzerts (und können natürlich auch in der Mediathek bereitgestellt werden)
- Ein Wechsel zwischen komplexen und eingängigeren Werken.

Jeder Musikredakteur hat Vorlieben; diese sollten nicht seine Programmgestaltung dominieren – denn er macht keine Wunschkonzerte für sich selbst, sondern für möglichst viele Hörer. Spezialgebiete kann er in die Gestaltung von thematischen Sendungen einbringen.

18.3   Besonderheiten

Anfangsstück: Wie auf einer CD sind das erste und das letzte Stück besonders wichtig, da sie gerne in Erinnerung bleiben; bei Unterbrechungen in längeren Begleitstrecken z. B. durch Nachrichten gilt Entsprechendes für diese Übergänge. Vom Eröffnungsstück hängt es ab, ob der Hörer umschaltet oder bleibt. Anfangsstücke sollten schwungvoll und dynamisch abwechslungsreich sein, allerdings nicht zu lang, um Spätzuschaltern noch einen Einstieg ins Programm zu ermöglichen. Ideale Opener im Bereich der Klassik sind z. B. die Ouvertüren zu „Ruslan und Ludmilla" (M. Glinka), zur „Verkauften Braut" (B. Smetana) oder zu „Candide" (L. Bernstein). Man sollte Stücke wählen, die keine lange Anmoderation benötigen. Nach dem Anfangsstück ist ein kurzer Überblick über das gesamte Musikprogramm der Sendung oder der Sendestrecke sinnvoll.

Schlussstück: Viele Ouvertüren eignen sich auch als Schlussstücke, ebenfalls passend sind Kompositionen mit Rausschmeißer-Charakter, z. B. ein Adagio, das in einem virtuosen Presto endet, eine Polka oder ein Walzer aus der Strauß-Dynastie. Man sollte bei Musikprogrammen für Sendungen, deren Verlauf sich nicht gut vorausplanen lässt, z. B. Magazine, Interviews oder Live-Moderationen, das letzte Stück „auf Zeit" fahren, um zeitliche Differenzen aufzufangen: Dazu wird das Schlussstück gestartet zur Endzeit der Sendung abzüglich Dauer und nach Ende der letzten Moderation eingeblendet. Voraussetzung für einzublendende Stücke: Das Grundtempo bleibt gleich oder steigert sich; falls nicht, ginge die Schlusswirkung verloren. Gut geeignet sind Rondos, nicht geeignet Sätze, die mehrmals zwischen Adagio und Allegro abwechseln, weil die Gefahr besteht, dass man in ein Adagio einblendet, sowie Vokalmusik, da es dort passieren könnte, dass man Gesang unter Wort aufblendet. Bei Vorproduktionen sollte man ebenfalls Spielraum einplanen, z. B. mit Alternativaufnahmen in denselben Genres in unterschiedlichen Längen.

Klanglich oder interpretatorisch unzureichende Aufnahmen können, soweit es sich um die einzige verfügbare Einspielung eines wenig bekannten Werks handelt, zwar zur Illustration in einer thematischen Sendung eingesetzt werden, aber in Begleitprogrammen haben sie nichts verloren. In keinem Fall sollten sie in den Pool für die rechnergestützte automatisierte Musikplanung aufgenommen werden.

Klanglich sehr unterschiedliche Aufnahmen sollten nicht direkt hintereinander programmiert werden, z. B., nach einer sehr halligen Orchesteraufnahme eine Einspielung mit einem sehr präsenten Soloinstrument. Im Höreindruck wird das einzelne Instrument erheblich lauter wirken als das Orchester mit im Original wesentlich größerer Dynamik.

Alte Musik und historische Aufführungspraxis: Da im Frühbarock oder davor entstandene Musik nicht zum Kernbereich der heutigen Programmgestaltung gehört, ist es erforderlich, für den Hörer Besonderheiten der Komposition, der Interpretation und vielleicht des Anlasses ihrer Entstehung herauszustellen. Bei Vokalmusik oder bei Kompositionen mit Titeln sind die Erläuterung des Textes oder der Handlung und ggf. ein paar Worte zu den mythologischen Figuren oder Allegorien, Besonderheiten einer Fassung (Rekonstruktion, Vervollständigung, Einrichtung der Besetzung) und der Stimmung ebenfalls hilfreich.

Historische Aufnahmen sollten außerhalb von Spezialsendungen nur in kleinem Umfang und dann nicht ohne Erläuterung eingesetzt werden, da sie für heutige Ohren aufgrund einer geänderten Spielpraxis ungewohnt klingen. Es empfiehlt sich, eher Bekanntes als entlegenes Repertoire zu spielen, weil der Hörer die fehlenden Informationen bezüglich des Klangs aus seinem eigenen Gedächtnis ergänzen kann. Besonderheiten der damaligen Musizierpraxis, z. B. das heute bei Streichern verpönte Anschleifen anstelle der sauberen Intonation eines Zieltons („Portamento"), der Einsatz eines heute als nicht mehr adäquat empfundenen Instrumentariums (z. B. Klavier statt Cembalo), eine heute unübliche Bearbeitungspraxis oder besondere Umstände der Aufnahme bedürfen eines Kommentars. Bei der Auswahl der Aufnahmen sollte Wert auf die technische Qualität und auf Art und Umfang der Nachbearbeitung gelegt werden. Wenngleich heute, dank Digitaltechnik, Störgeräusche wie z. B. ein Netzbrummen, Knacker, Rauschen und in gewissem Rahmen auch Verzerrungen beseitigt werden können, so bleiben das Klangspektrum gleichwohl reduziert und die Aufnahme monaural. Eine zu starkes Eliminieren des Rauschens führt zudem zu Verlusten beim originalen Klangbild.

Vokalmusik: Sofern die Sendungsvorgaben dies nicht sogar ausschließen, sollte solistische Vokalmusik nur in geringem Maße eingesetzt werden, insbesondere morgens. Während eine Händel-Kantate gut in viele Programme passt, empfiehlt es sich, z. B. anspruchsvolle Kunstlieder wie jene von Lilli Boulanger, die in einem Abendkonzert einen würdigen Platz finden, in den Morgenstunden in größerem Umfang zu vermeiden.

Ausschnitte und Blenden: Das frühere Tabu, Einzelsätze zu spielen, gilt, auch außerhalb von Magazinsendungen, inzwischen in Begleitflächen längst nicht mehr. Man sollte jedoch darauf achten, dass diese Einzelsätze eigenständig funktionieren und nicht, wie z. B. bei manchen Sätzen der Barockmusik, auf der Dominante enden und eine Auflösung zu Beginn des nächsten Satzes erfordern. Schöner ist es aber in jedem Fall, kürzere Stücke auszuwählen und diese vollständig zu spielen, sodass der innere Zusammenhang gewahrt bleibt. Bei thematischen Sendungen wie Interpretationsvergleichen, CD-Neuvorstellungen oder Porträtsendungen, bei denen die Musik das Gesagte direkt verdeutlicht, kann geblendet werden. Der Vorgang des Auf-Zeit-Fahrens bei einer Live-Sendung wurde oben erläutert. Bei radiophonen Formen oder bei Programmen, die verschiedene Musikstile kombinieren und auch bei Crossover-Programmen können Blenden an geeigneten Stellen durchaus als Stilmittel eingesetzt werden.

18.4   Thematische Sendungen

Diese Sendeform ermöglicht es, ein musikbezogenes Thema gründlicher zu beleuchten und mit größerem Textanteil, Zitaten und Musikbeispielen literarisch oder wissenschaftlich zu behandeln. Dies können Porträts oder Sendungen zu inner- oder außermusikalischen Themen sein. Um eine monochrome Musikauswahl zu vermeiden sollte bei der Wahl der Themen genau darauf geachtet werden, dass es durch seinen Charakter möglichst viel Abwechslung ermöglicht. Für einen literarischen Stoff aus dem 20. Jahrhundert ist die zur Verfügung stehende Musik eingeschränkt, da naturgemäß Vertonungen erst aus diesem Jahrhundert stammen können. Bei Themen wie „Schlusssätze", „Triosonaten" oder anderen klar festgelegten Besetzungen kann wenig klangliche und eventuell auch dynamische Abwechslung erreicht werden.

Dankbar sind facettenreiche Themen wie „Shakespeare-Figuren" oder allgemein „Shakespeare-Vertonungen", „Götter", „Die Jahreszeiten", „Landschaften" oder musikalische Stadtporträts. Bei literarischen Themen bietet es sich an, die Handlung anhand von Musikstücken unterschiedlicher Komponisten zu aufeinanderfolgenden Szenen oder Handlungsschwerpunkten nachzuerzählen oder unterschiedliche Vertonungen einer Szene einander gegenüberzustellen. In Wort-Musik-Sendungen können, wie erwähnt, Ausschnitte eingebaut werden, z. B. zur Werkanalyse eines Werkes. Hierfür gibt es die Möglichkeit eines „running comment", also ähnlich wie bei einer Sportübertragung die Kommentierung des musikalischen Geschehens in Echtzeit, z. B. „Achtung: in der Flöte kommt nun das Seitenthema …".

Hilfreich als Materialsammlung sind die Programmmusik-Lexika von Klaus Schneider und das umfangreiche „Kompendium des musikalischen Sujets" von Alexander Reischert (siehe Weiterführende Literatur). Personen- oder Sachartikel in der Enzyklopädie „Die Musik in Geschichte und Gegenwart" und dem „New Grove Dictionary". nennen häufig ausgewählte Vertonungen. Es ist leichter, mit thematischen Bezügen zu arbeiten; bei Tagesbegleitprogrammen mit einfachen An- und Absagen, die heutzutage einen Großteil der Sendungen mit klassischer Musik ausmachen, können diese Bezüge allerdings nur bedingt verbal verdeutlicht werden – es gelten dann rein innermusikalische Kriterien.

18.5 Moderationen

Hörer wünschen sich, wie oben erläutert, Informationen zur Musik, musik-journalistische Einordnungen und Erläuterungen und nicht nur kurze An- und Absagen. Sofern dafür Raum ist, können dies Informationen zum Komponisten, zur Entstehungszeit, zur Werkentstehung oder zur Interpretation sein. Inhaltliche Informationen zu Kompositionen gehören im Allgemeinen vor die Musik! Der Hörer kann nicht zurückspulen. Informationen zur Musik in der Absage sind für das Hörverständnis verloren.

Für eine schlichte An- und Absage rechnet man je Stück ca. 30 Sek., bei ausführlichen Moderationen können dies bis zu zwei Minuten sein. Die Weisheit „Man kann über alles reden, nur nicht über zweieinhalb Minuten" gilt auch für Rundfunkmoderationen. Die Regeln „Schreiben fürs Hören" (vgl. Kap. 11) finden natürlich auch hier Anwendung. Das Verhältnis zwischen Musik- und Moderationslänge sollte ebenfalls ausgewogen sein. Es ist unverhältnismäßig, zehn Gesangssolisten nach einem zweiminütigen Ensemble-Stück vollständig abzusagen; man sollte stattdessen pauschale Formulierungen wie „Solisten und Orchester …" verwenden.

Wichtig für die Programmplanung ist es, die tatsächlich zur Verfügung stehende Sendezeit (abzüglich Nachrichten, Wetter, Programmhinweisen etc.) zu kennen. Die Länge der einzelnen Moderationen und ihre Gesamtzeit ist abhängig von dem angestrebten und möglicherweise für den Sendeplatz vorgegebenen Verhältnis von Wort und Musik. Dass man diesen Zeitrahmen nicht überschreiten sollte, versteht sich von selbst.

Einer rundfunkgerechten Moderation sollte die Balance gelingen zwischen einer kompetenten Vermittlung von Kontextinformation und einer persönlichen und lockeren Ansprache, die auch Nicht-Fachleuten und Liebhabern Hörhilfen gibt und Lust auf Entdeckungen macht. Sie dazu die Ausführungen im Kap. 17 (Moderation Kulturradio).

Eine hilfreiche Übersicht über mögliche Aspekte für Musikmoderationen bietet die Systematik „Strategien des Sprechens über Musik: Vier Modi der Annäherung" von Frédéric Döhl. Sie ist untergliedert in die vier Bereiche der Annäherung: „Vergleich, Zuordnung und Einflussanalyse", „Beschreibung der Machart", „Beschreibung des Ausdrucks" und „Beschreibung des Kontexts". Sie sind anschaulich in einer Tab. 1 dargestellt. (siehe Abb. 18.1).[4] Im weiteren Verlauf des Kapitels „Exkurs II: Möglichkeiten und Strategien des Sprechens über Musik" (89–104) werden die in der Tabelle genannten Aspekte noch ausführlicher erörtert. Auch wenn es in dem Exkurs um das Sprechen über Musik allgemein geht und nicht spezifisch um musikjournalistische Texte oder Radiotexte, bietet diese Systematik doch vielfältige Anregungen, welche Aspekte in einer Musikmoderation aufgegriffen werden können. Der Einsatz von Musik in Beiträgen ist Thema in den Kap. 19 und 20.

18.6 Sonderfall Oper

Bereits die ersten Aufnahmen, die auf Tonträger gebannt wurden, waren Opernarien, gesungen von Enrico Caruso. Schon früh wurden Opern auf die jeweiligen Tonträger aufgenommen trotz aller Einschränkungen, was die Wiedergabequalität und v. a. die kurze Laufzeit der ersten Schallplatten angeht. Seitdem spielt die Oper in vielen Radioprogrammen in unterschiedlichen Formaten eine herausragende Rolle, und kaum ein Kultursender kommt ohne Opernsendeplatz aus.

Die Herausforderung für Musikjournalisten ist es, trotz der fehlenden visuellen Komponente einen Eindruck des Gesamtkunstwerks Oper zu übermitteln. Hinzu kommt die Hürde, dass meistens in einer Fremdsprache gesungen wird und den Hörern keine Übertitelung zur Verfügung steht wie in vielen Theatern oder auch im Fernsehen üblich.

Operngesamtaufnahmen und Übertragung von Aufführungen: Hier ist die bisweilen komplizierten Handlung verständlich und kompakt nachzuerzählen. Auch Inszenierungskonzept, Bühnenbild und Personenregie müssen – sofern für das rein auditive Wahrnehmen wichtig – beschrieben werden. Es gibt verschiedene Möglichkeiten:

- Eine ausführliche Einführung zu Werk, Handlung und Inszenierung
- (Vorproduzierte) Pausengespräche mit Künstlern, Dramaturgen, Kritikern, besonderen Besuchern (Kollegen / „Promis".

---

[4] Frédéric Döhl, „Musikgeschichte ohne Markennamen. Soziologie und Ästhetik des Klavierquintetts". (Bielefeld: transcript Verlag 2019), dort Tab. 1, S. 98. Das E-Book „Musikgeschichte ohne Markennamen. Soziologie und Ästhetik des Klavierquintetts". ist mit einer Creative Commons Attribution-NoDerivatives 4.0 Lizenz (BY-ND) ausgestattet und frei verfügbar über den Verlag unter der folgenden Adresse: http://www.transcript-verlag.de/shopMedia/openaccess/pdf/oa9783839441831.pdf.

Annäherung durch Vergleich, Zuordnung & Einflussanalyse	Annäherung über die Beschreibung der Machart	Annäherung über die Beschreibung des Ausdrucks	Annäherung über die Beschreibung des Kontexts
Genrebegriffe: Genreeinordnung/-zuordnung, um Gemeinsamkeiten oder Unterschiede zu anderer Musik herauszuarbeiten	**Wissenschaftliche Analyse:** Musiktheoretische/-technische Beschreibung unter Verwendung von Fachbegriffen und -konzepten	**Adjektive, Verben & Metaphern:** Umschreibung des Ausdrucks einer Musik mittels Adjektiven, Verben oder Metaphern	**Biographie & Persönlichkeit:** Beschreibung der Spezifik einer Musik durch Verweis auf Besonderheiten in Biographie und Persönlichkeit
Musikervergleich: Vergleich zu anderen Musikern, um Gemeinsamkeiten oder Unterschiede herauszuarbeiten	**Produktionsbedingungen:** Beschreibung durch Benennung der Besetzung, der Aufnahmebedingungen/-technik und/oder des Aufführungsortes	**Standardisierte, alltagsbekannte Ausdrucksformen:** Vergleich zu etablierten, alltagsbekannten musikalischen Situationen	**Gender & Race:** Beschreibung der Spezifik einer Musik durch Verweis auf ethnische oder geschlechtliche Besonderheiten
Werkvergleich: Vergleich zu (eigenen wie fremden) anderen Werken (oder Fassungen), um Gemeinsamkeiten oder Unterschiede herauszuarbeiten	**Ästhetische Machart:** Beschreibung durch Benennung der Machart, d.h. der konkreten Umsetzung, z.B. auf spieltechnischer Ebene	**Alltagsbegriffe:** Vergleich zu alltagsbekannten Geräuschen, Klängen und Bewegungsformen	**Publikum:** Beschreibung der Spezifik einer Musik durch Verweis auf Charakteristika und Spezifika der Adressaten einer Musik
Performancevergleich: Vergleich zu (eigenen wie fremden) anderen Darbietungen/Performances, um Gemeinsamkeiten oder Unterschiede herauszuarbeiten		**Emotionsbegriffe:** Verwendung von Begriffen, die jene Emotionen bezeichnen, die man in der Musik ausgedrückt sieht	**Politischer Rahmen/Soziale Funktion:** Beschreibung der Spezifik einer Musik durch Verweis auf ihren politischen und/oder sozialen Kotext
Kollaboration/Beteiligtenennennung: Annäherung über Benennung der Beteiligten und und (ex-)impliziten Verweis auf ihre musikalischen Eigenarten/Spezifika		**Paradoxien:** Beschreibung des Ausdrucks der Musik über ein Sprechen in Paradoxien, Widersprüchen, Überraschungen	**Zeit:** Beschreibung der Spezifik einer Musik durch Verweis auf ihre Entstehungszeit und besondere Zeitumstände
Topoi: Zuordnung zu Standardausdruckssituationen im Alltag (Beerdigungsmusik, Weihnachtsmusik usw.)		**Verhältnis zum Text:** Beschreibung des Ausdrucks der Musik über den Text, z.B. über Textanalyse und/oder Textauszüge	
Interart: Künstlerübergreifender Vergleich		**Reaktionsbeschreibung:** Beschreibung der Reaktionen auf eine Musik, um über diesen Umweg etwas über ihren Ausdruck und/oder ihre Wirkung zu sagen	
		Literarische Beschreibung: Beschreibung des Ausdrucks der Musik mittels einer Sprache, welche die ästhetischen und emotionalen Qualitäten der zu beschreibenden Musik in den Mitteln der Sprache widerzuspiegeln versucht	

Abb. 18.1 Tab. 1 „Strategien des Sprechens über Musik: Vier Modi der Annäherung." (Quelle: Frédéric Döhl, Musikgeschichte ohne Markennamen (Bielefeld: transcript Verlag 2019), S. 98).

- Hintergrundgespräche zur Inszenierung und zur Produktion.
- Bei einer fremdsprachigen Aufführung die Übersetzung der Anfangszeilen der zentralen Arien.

Auf der Homepage des Senders kann z. B. der Handlungsverlauf mit einer Bild-galerie der jeweiligen Bühnenbilder dargestellt, die Künstler präsentiert oder gar ein kurzer Clip zur Produktion veröffentlicht werden.

Radiofassungen: So wie der Opernquerschnitt mit den Highlights seit der Anfangszeit der Tonträgeraufzeichnung populär ist, können auch im Radio der zentrale und handlungsrelevante Musiknummern ausgestrahlt werden, jeweils verbunden mit Erläuterungen zum Ablauf oder sonstigen Besonderheiten. So praktiziert das z. B. der DLF bei den Opernabenden, da die stündlichen Nachrichtenplätze eingehalten werden müssen.

Organisation: Sollte es sich um eine Übertragung aus einem Opernhaus handeln, ist zudem der genaue Ablauf zu klären (Umbauten etc.) und geeig-nete Stellen für die Moderation. Man sollte außerdem ausreichend Stichpunkte für Moderationen und Musik zur Überbrückung von unvorhergesehenen Pau-sen bereithalten. Ein herausgehobenes Beispiel sind Live-Übertragungen der New Yorker „Metropolitan Opera", die inzwischen nicht mehr nur im Radio, sondern auch in Kinosälen zu erleben sind. (Siehe dazu Kap. 38).

Rechtsfragen: Zu beachten beim Einsatz von Operngesamtaufnahmen ist die Tatsache, dass diese der Verwertung als „Großen Recht" unterliegen (siehe dazu Kap. 10). Inzwischen ist es möglich, Opern für einen begrenzten Zeit-raum nach der linearen Ausstrahlung in den Audiotheken der jeweiligen Sender bereitzustellen.

Weiterführende Literatur

Mende, Annette/Ulrich Neuwöhner (2006), Wer hört heute klassische Musik? ARD-E-Musikstudie 2005: Musiksozialisation, E-Musiknutzung und E-Musikkompetenz, in: Media Perspektiven 5/2006, S. 246–258.
Matejka, Wilhelm, Musik in Radio (Wien: Doblinger, 1982) (Fragmente als Beiträge zur Musiksoziologie 10).
Schneider, Klaus, Lexikon Programmmusik Bd. 1: Stoffe und Motive (Kassel: Bärenreiter, 2. Aufl. 2001, auch als E-Book 2017).
Schneider, Klaus, Lexikon Programmmusik Bd. 2: Figuren und Personen (Kassel: Bärenrei-ter 2000, auch als E-Book 2017).
Schneider, Klaus, Lexikon „Musik über Musik". Variationen – Transkriptionen – Homma-gen – Stilimitationen – B-A-C-H (Kassel: Bärenreiter 2004, auch als E-Book 2017).

Reischert, Alexander, Kompendium des musikalischen Sujets. Ein Werkkatalog. 2 Bde. (Kassel: Bärenreiter 2002).

Döhl, Frédéric: Exkurs II: Möglichkeiten und Strategien des Sprechens über Musik, in: Musikgeschichte ohne Markennamen. Soziologie und Ästhetik des Klavierquintetts (Bielefeld: transcript Verlag, 2019), S. 89–104. Online http://www.transcript-verlag.de/sho pMedia/openaccess/pdf/oa9783839441831.pdf.

Einsatz von Musik in Audioformaten – Beiträge mit Musik

19

Jörg Lengersdorf

Zusammenfassung

Es wird erläutert, worauf man achten sollte, wenn man Musik in Radiobeiträgen einsetzt.

Schlüsselwörter

Beitrag · Radiobeitrag · Einsatz Musik

19.1 Allgemeines

Es gibt Beiträge, bei denen der Musik eine kommentierende Funktion zukommt, Musik neben der gesprochenen Sprache eine zusätzliche Bedeutungsebene schafft. Im Idealfall passiert das mit voller Absicht, bei unglücklichem Einsatz ist Musik allerdings auch in der Lage, einen sprachlich gut strukturierten Beitrag zu entstellen, im ungünstigen Fall komplett zu ruinieren. Dieses Kapitel behandelt Beiträge mit Musik ohne Anspruch auf Vollständigkeit. Die ausgewählten Beispiele lassen sich auf ähnliche Fälle übertragen.

„**Als Sissi und ihr Franzl, künftiges Kaiserpaar,** sich schließlich am 24. April 1854 in der Wiener Augustinerkirche das Ja-Wort geben, liegt die europäische Geschichte plötzlich in der Hand einer gerade 16-jährigen bayerischen Prinzessin."

J. Lengersdorf (✉)
Mainz, Deutschland
E-Mail: info@musik-journalismus.de

© Springer Fachmedien Wiesbaden GmbH, ein Teil von Springer Nature 2022
P. Overbeck (Hrsg.), *Musikjournalismus,* Journalistische Praxis,
https://doi.org/10.1007/978-3-658-32476-6_19

Wie unterschiedlich kann so ein Satz klingen, wenn man ihn in Musik münden lässt? Dabei wäre eigentlich die erste Frage: Muss der Satz auf verschiedene Arten deutbar werden? Braucht so eine Information überhaupt eine Musik für den Transport ins Gehirn des Hörers? Die Antwort kann ganz verschieden ausfallen, denn eines dürfte klar sein: Die Entscheidung, ob und welche Musik man einer gesprochenen Information mit auf den Weg gibt, hat mehr als nur vordergründige akustische Folgen.

Richard Wagner hat zum Beispiel in den 1850er-Jahren die Arbeit an „Tristan und Isolde" begonnen. Natürlich wurde die Oper erst viel später fertig. Aber mit ein wenig musikhistorischer und moralischer Flexibilität, was zeitliche Koinzidenzen angeht (braucht man zuweilen als Autor) könnte man schon rechtfertigen, den Satz über Sissis und Franzls Kaiserhochzeit in Wagners „Tristanakkord" münden zu lassen, einen Akkord, dessen mehrdeutige Dissonanz legendär geworden ist, und dessen bange Vieldeutigkeit auch dann zu bemerken ist, wenn man noch nie etwas von Wagners Musikdrama gehört hat.

„...liegt die europäische Geschichte plötzlich in der Hand einer 16-jährigen..." klingt dann jedenfalls als Information ziemlich beunruhigend, wenn im Hintergrund dräuende Streicher todessehnsüchtige Dissonanzen aufschichten. Die Ermordung Sissis, den Beginn des Ersten Weltkriegs in den letzten Regierungsjahren ihres Witwers, all das könnte man plötzlich „mitschwingen" hören.

Andererseits hat Johann Strauss (Sohn) im Februar 1854 seinen „Ballg´schichten-Walzer" im Wiener Karneval aufgeführt. Warum nicht Sissis und Franzls Hochzeitsversprechen in selige Walzermusik aus dem Jubeljahr hineindrehen? Dann hätten die Hörenden ein jungverliebtes Paar vor Augen, walzertanzend in die Zukunft, ein Volk, das feiert vor den Toren, Wien in Hochstimmung.

Zudem hat Violinist und Komponist Fritz Kreisler im 20. Jhd. eine Operette geschrieben namens „Sissi". Dort heißt es in einer Schnulze: „Nimm von der Welt, was Dir nur gefällt...". Hört man diese Musik zur Schilderung der Hochzeit des jungen Mädchens, das immerhin ihrer Schwester den Verlobten ausgespannt hat (Kaiser Franz Josef sollte aus dynastischen Gründen eigentlich Elisabeths ältere Schwester Helene heiraten), dann wirkt die 16-jährige Sissi vielleicht gar berechnend („Was mir gefällt, immer her damit, keine Rücksicht auf Verluste!")?

Könnte man womöglich mit dem Gedanken spielen, die Hochzeit der beiden kaiserlichen Hoheiten in Stevie Wonders „Isn´t She Lovely" einbiegen zu lassen? Neben dem Hinweis auf das junge, tanzaffine Alter der Protagonistin und die vermutlich gewinnende Erscheinung vor dem Altar (lovely), könnte man so ja eine nächste Information des Beitrags bereits vorwegnehmen (Stevie Wonder hat das Stück zur Geburt seiner Tochter komponiert): „… bald wird das erste Kind geboren, ein Mädchen".

Das setzt allerdings, wie die vorangehenden Beispiele, voraus, dass die Hörer des Beitrags über Sissi wissen, zu welchem Anlass Stevie Wonder 1975 das Stück komponiert hat. Nun werden aber nicht alle am Leben von Kaiserin Elisabeth interessierten Hörenden sich zwangsläufig sicher in der Genese der Kompositionen von Stevie Wonder bewegen. Die stillschweigende Voraussetzung von bereits vorhandenem Wissen über musikalische Kontexte ist in der Tat häufiger ein Fallstrick beim Einsatz von Musik zur Schaffung zusätzlicher Aussageebenen. Wer nichts über den Song weiß, womöglich nicht einmal den englischen Text beim Hören versteht, wird nämlich die Musik vor allem zeitlich einordnen, als Popmusik mit elektrisch verstärktem Instrumentarium, entstanden jedenfalls nach 1950. Passt das zur Intention eines Beitrags über die österreichische Monarchie des 19. Jahrhunderts? Es kommt darauf an!

Vielleicht ist es im Beitrag gewünscht, plötzlich den zeithistorischen Rahmen zu wechseln. Vielleicht folgt auf „Franz Josef und die 16-jährige bayerische Prinzessin" gar keine Information über die persönlichen Schicksale des adeligen Paars oder über das Wien des aufstrebenden Bürgertums im 19. Jhd. – Vielleicht folgt anschließend ein Analogieschlenker zur Hochzeit eines Hollywood-Glamourpaars im 21. Jhd., welches das Rollfeld eines Flughafens sperren lässt (sofern es trotz Klimawandel oder Pandemie überhaupt noch zu verhindernden Flugverkehr gibt), um einen Popstar auftreten zu lassen. Hier passen keine Walzermusik und auch kein Wagner, eine Operette wäre völlig fehl am Platz. Ein Song von 1975 wohl auch.

19.2   Musik als historischer Marker

„Marc dreht sich nervös um. Sind die Verfolger weg?". Unterlegt man diesen ziemlich deutungsoffenen Satz mit elektronischer Hardcore-Technomusik der frühen 1990er-Jahre oder mit wummernden Rockgitarren? Mit der knisternden Schallplatte eines Folksängers der 1920er-Jahre? Mit dem derzeitigen Nummer-eins-Hit der aktuellen Playlistcharts?

Sicher ist: Selbst wenn ein Beitrag mit diesem Satz beginnen würde, wenn man nichts über Marc wüsste oder über dessen Situation, würde eine Musik sofort die Deutung als Einordnung in eine bestimmte Zeit herausfordern. Die Musik eines aufs französische Mittelalter spezialisierten Ensembles würde jedenfalls nahelegen, dass „Marc" sich eher nicht in einem Berliner Club befindet, sondern irgendwo in weiter Vergangenheit. Ein schneller Satz einer Haydn-Sinfonie scheint auszuschließen, dass Marc ein römischer Feldherr auf der Flucht ist. Und selbst, wenn, wie in Hollywood Filmen einst üblich, Filme über längst versunkene Epochen mit spätromantischem Orchester unterlegt werden, ist es erstaunlich, wie häufig Filmmusikkomponisten alte Kirchentonarten oder historisch-höfische Tanzformen mit entsprechendem Instrumentarium verwenden, um selbst dem Hollywood-Breitwandsound den historischen Marker „vor langer, langer Zeit" zu verpassen.

Musik als Marker eines zeitlichen Rahmens funktioniert auf vielen Ebenen, vorausgesetzt, die Hörer wissen, die Botschaft zu dekodieren. Über spezifische Entschlüsselungsprobleme beim Verarbeiten tönender Hinweise wird später noch zu reden sein, denn natürlich enthüllen musikalische Botschaften erst vor dem Horizont der Rezipienten ihren Informationsgehalt. Und der kann durchaus verschieden sein, je nachdem, ob Hörer 1946 geboren sind oder 2010, emeritierte Professoren sind oder Neuntklässler an einer Schule. Kurzum: Habitus, kulturelle Prägung und womöglich regionale Besonderheiten können eine Rolle spielen.

19.3   Musik als kultureller/geografischer Marker

„Auch für die Herrenmode des Jahres gilt auf den Laufstegen der Welt: Es muss nicht alles Hose sein, was oberhalb der Schuhe getragen wird".

Es leuchtet unmittelbar ein, dass der Einsatz von Dudelsackmusik zu dieser Eröffnung andere Assoziationen weckt, als die Töne einer arabischen Kurzhalslaute, Streicherklänge einer Erhu der chinesischen Musik oder der Song „Jeans on" von David Dundas. Der Einsatz von Musik als Wegweiser zu einer kulturellen Assoziation oder gar einer Weltgegend ist dabei womöglich aber ein problematisches Unterfangen. Denn natürlich mag man bei den Stichwörtern Dudelsack und Männerkleidung gleich Schottenröcke im Kopf haben, bei Oudmusik arabischer Prägung an lange Gewänder wie Galabijas oder Kaftane denken, bei chinesischer Musik, sofern man sie als solche klar einzugrenzen vermag, an fernöstliche Kleidung. Andererseits ist die Gefahr groß, durch die Bedienung von Klischees Assoziationen zu wecken, von denen man besser Abstand genommen hätte. Schottische Männer könnten es verständlicherweise langsam satt haben, mit karierten Röcken in Verbindung gebracht zu werden (das „Schottenkaro" ist wohl vor allem eine Erfindung der Romantik, und durchaus nichts urwüchsig Volkstümliches), davon abgesehen, dass Dudelsackmusik natürlich nichts spezifisch Schottisches ist. Dabei beschränkt sich das musikalische Minenfeld geografisch kultureller Markierung nicht nur auf modisches Terrain.

In einem Beitrag über die Angst vor einem möglichen Atomkrieg in den 1980er-Jahren könnte es unerträglich sein, „Stings" ohnehin schon geschmacklosen Song „Russians", basierend auf einer Melodie des russischen Komponisten Sergej Prokofieff, einzusetzen. Mitklingender Nationalchauvinismus des „Kalten Krieges" und aus der Vergangenheit hervorgeholtes ost-westliches Frontdenken wären unvermeidbar die Nebenwirkungen. In einem Beitrag über internationalen Terrorismus „arabisch" klingende Musik einzusetzen als quasi exotische Würze, wäre kaum besser als unverhohlener Rassismus.

Man läuft immer auch Gefahr bei Musik als Indikator kultureller Unterschiede, die auf geografische Herkunft von Klängen zurückzuführen sein könnte, Gemeinplätze zu bedienen oder gar zu schaffen, zumal viele sogenannte klassische Musik, die mit sogenannten „Exotismen" spielt, häufig gar nichts mit den Weltgegenden zu schaffen hat, auf die sie zu verweisen scheint. Die Klavierfantasie „Africa", op. 89 von Camille Saint-Saëns zum Beispiel mag irgendwann einmal in den Ohren eines europäischen Publikums exotisch, möglicherweise gar afrikanisch geklungen haben. Mit original afrikanischer Musik hat sie aber schlichtweg nichts zu tun, eher mit dem kolonialen Blick auf einen Kontinent, dem seinerzeit keine eigene Perspektive eingeräumt wurde in der Musikgeschichte. Der Einsatz solcher Musik in einem Beitrag z. B. über die hervorragende Mobilfunkinfrastruktur eines afrikanischen Landes wäre schlichtweg ignorant, jedenfalls ohne weitere Einordnung. Nach alldem ist zu bemerken: Musikeinsatz zur Schaffung kulturell-geografischer Bezugsrahmen funktioniert in Einzelfällen erstaunlich gut, ist aber selten völlig ungefährlich, wenn man Fettnäpfchen vermeiden will. Einen Beitrag über den Kölner Karneval mit rheinischer Karnevalsmusik zu unterlegen mag eine gute Idee sein. Man sollte nur absolut sicher sein, keine Düsseldorfer Band zu spielen, denn die angebliche Unvereinbarkeit Düsseldorfer und Kölner Karnevalskonzepte hat sich inzwischen wohl deutschlandweit herumgesprochen.

19.4   Musik als habitueller Marker

„Der perfekte Mord, dachte er sich. Hatte er auch nichts übersehen? Er machte sich einen Drink und hatte plötzlich Sehnsucht nach Musik."

Ja, was trinkt er, der Mensch, von dem man in diesem Moment zumindest nicht völlig grundlos vermuten könnte, er sei vielleicht ein Mörder? Sagen wir so: Es hängt, wieder einmal, von der Musik ab, jedenfalls teilweise. Hört er jetzt Fugen von J. S. Bach? Dann wäre es zumindest eine Überraschung, wenn der nächste Satz lautete: „er schoss sich vor dem nächsten Rülpsen noch eine Büchse Bier ins

Hirn". Natürlich wäre das möglich. Aber eben recht effektvoll. Vermeintlichen Mördern, die Bachsche Musik hören, würde man vielleicht eher den Bezug teuren Rotweins unterstellen, dazu exquisites Benehmen (außer natürlich beim Begehen von Straftaten) und Herkunft aus „gutem" (schon ein paar Generationen ohne finanzielle Sorgen existierendem) Hause?

Natürlich könnte auch ein exquisit erzogener Upperclass-Mensch mit englischer Eliteinternatsvergangenheit jetzt Schlagermusik oder Deathmetal hören und dabei wahlweise Leitungswasser trinken, Tee, Kaffee, Cola, Alkopops oder Birnenbrand aus einer horrend hoch gehandelten seltenen Abfüllung.

Musik hat dennoch einen Einfluss darauf, was wir zunächst erwarten, und wie wir den Menschen habituell einordnen, ganz ohne weitere Informationen über Getränke. Die komplexe Struktur einer Bachfuge würde uns einen hochverfeinerten Intellektuellen nahelegen, eine unwirsche späte Beethovenfuge vielleicht einen komplizierten Geist mit Hang zur Unbeherrschtheit, jedenfalls aber einen Kenner sogenannter *Hochkultur,* der zweite, schnelle Satz von Mahlers 5. Sinfonie einen Getriebenen, Schuberts „Der Tod und das Mädchen" einen Lebensmüden. Gutgelaunte Feiermusik aus Dorfdiscos, zur Entspannung gehört, „Ballermann"-Musik, würde nach einem vermeintlichen Mord sicher eine andere Person zeichnen als aggressive Musik einer bekannten Band von erkennbar Rechtsradikalen oder Fangesänge eines Fußballvereins. Da unzählige sogenannter „Subkulturen" (zu denen man durchaus auch Wagnerfans, Renaissancekenner oder Streichquartettfreunde zählen kann) sich nicht unwesentlich über das Konsumieren von Nischenmusik konstituieren, bietet Musik tatsächlich zahlreiche Anknüpfungspunkte, Menschen nach Zugehörigkeit zu bestimmten gesellschaftlichen Gruppen zu sortieren, nach vermeintlichem Einkommen, vermuteter Bildung, angenommenem Alter. Aber Vorsicht! Auch hier lauert das Klischee. Ähnlich viele Fallstricke wie beim Einsatz von Musik zur geografischen Markierung lauern auch beim Habitus. Opernabonnements sind häufig sehr viel erschwinglicher als Dauerkarten fürs Fußballstadion. Hier gibt's Arien, dort Fangesänge, das eine ist keinesfalls teurer zu haben als das andere. Es wäre ein fataler Irrtum, anzunehmen, in der Oper fänden sich elitäre Geldadelige, im Fußballstadion die singenden Schnäppchenjäger. Auch hier gilt also: Vorsicht beim Einsatz von Musik zur Kennzeichnung einer gesellschaftlichen Statusebene!

19.5 Musik als Verstärker vordergründiger Intentionen

„Paul sieht Frida in die Augen". In den meisten vorgenannten Beispielen wurde versucht, Musik als zusätzliche Aussageebene unter einem gesprochenen Text einzuziehen. Musik ist in der Lage, Informationen bereitzustellen, die über den Informationsgehalt des Gesagten hinausgehen. Wer „Paul sieht Frida in die Augen" sagt, und mit der Streicherkantilene aus Tschaikowskys „Romeo und Julia" unterlegt, wird über die Beschreibung der optischen Kontaktaufnahme hinaus den Hörenden nahelegen wollen, dass hier Liebe im Spiel sei. Das setzt natürlich voraus, dass die Rezipienten die schmachtende Geigenmusik als universelles Signal für romantische Zweierbeziehungen erkennen können, oder, noch weitergehend, sogar wissen, dass die Musik von Tschaikowsky tatsächlich die Liebe zweier Menschen illustrieren soll, nämlich von „Romeo und Julia".

Das setzt jedenfalls gewisse Transferleistungen im Gehirn der Hörenden voraus: im anspruchslosen Fall: „Aha, Paul und Frida lieben sich". Im anspruchsvolleren Fall (Komponist und Stücktitel erkannt): „Aha, Paul und Frida sind wie Romeo und Julia" (die Liebe dürfte also nicht ganz unkompliziert verlaufen).

Dass die musikalische Information also verschieden dekodiert werden kann, je nach Empfängerhorizont, im schlimmsten Fall überhaupt nicht, deutet auf ein grundsätzliches Problem hin, das oft entsteht, wenn man der Musik eine erzählerische Absicht anvertraut. Verschiedene Menschen deuten Musik jeweils verschieden, oder, sehr vereinfacht gesagt: Jeder Mensch hört Musik anders.

Ob der chromatisch charakteristische Beginn des „James-Bond"-Themas Menschen beim Hören an Superagenten mit der Lizenz zum Töten denken lässt, hängt entscheidend davon ab, ob sie jemals einen „James-Bond"-Film gesehen haben. Unterlegt man die Erzählung eines Ausflugs aufs Land weniger Personen mit den ersten Takten von Beethovens 6. Sinfonie, der „Pastorale", dann wird der Informationsgehalt bei den Empfängern stark davon abhängen, ob sie Orchesterklänge für passende Musik für eine picknickende Kleingruppe halten, ob sie Landausflüge vielleicht eher mit hessischen Mundartliedern verbinden würden, ob sie wissen, wer Beethoven war und ob bekannt ist, dass über den ersten Takten der „Pastorale" notiert steht: „Erwachen heiterer Gefühle bei der Ankunft auf dem Lande". Wenn vom Mondschein über einem See erzählt werden soll, hängt auch der Aussagegehalt von vermeintlicher „Mondscheinmusik" wie Debussys „Clair de Lune", Mancinis „Moon River" oder Beethovens „Mondscheinsonate" an der simplen Tatsache, ob Menschen überhaupt dekodieren können, dass es sich bei allen Stücken um Werke handelt, die den „Mondschein" bereits im Titel tragen. Wenn man bedenkt, dass der Titel „Mondscheinsonate" im Fall der 27. Klaviersonate gar nicht von Beethoven stammt, und dass dem Meister der erste

Satz angeblich in einer Gartenlaube eingefallen ist („Laubensonate"?), wäre es ja immerhin denkbar, dass Beethoven selbst bei der „Mondscheinsonate" eher Kaffee und Kuchen im Kleingarten imaginiert hätte als nächtliche Lichtphänomene. Und wenn man Vivaldis „Winter" einer beliebigen Gruppe von Menschen vorspielen würde, hätte man sicher gute Chancen, mit der Behauptung „das ist Vivaldis Herbst, im Zweiten Satz imitieren die zupfenden Streicher vom Baum fallende Äpfel!" nicht sofort als Lügner aufzufliegen (die gezupften Streicher im „Winter" imitieren in Wahrheit wohl Regentropfen).

Der Sozialisationsrahmen der Hörenden bestimmt also entscheidend, ob und wie Musik als Verstärkung einer sprachlich formulierten Absicht erkannt werden kann. Jazzfans erschließen sich beim Hören von Thelonious Monk andere Botschaften als Schlagerfreunden, Klassik-Nerds, die über Hintergrundwissen zu obskuren Opern verfügen, unterstellt man gern formal höhere Bildungstitel und grundsätzlich eher höhere Haushaltseinkommen als Punkhörern. Spezialisten in aktuellster Popmusik wird man zunächst vermutlich für jünger halten dürfen als Elvis-Apologeten.

Wer also Musik mit programmatischen Inhalten für die Verstärkung eines sprachlichen Programms einsetzen will, sollte sich vorher ganz genau klar machen, ob und wie die Botschaft vom Hörerkreis verstanden werden kann. Das setzt voraus, dass man sich sehr genau Gedanken über die Zusammensetzung möglicher Adressaten macht. Welche Musikvorlieben kann ich bei Hörenden voraussetzen, welche Kenntnisse, welche Bildungstitel, welches Alter, welche Sozialisation? Dabei gibt es keine „guten" oder „schlechten" Hörenden, nur gut oder weniger gut zugeschnittene Hörangebote durch professionelle Beitragsmachende.

„Wer hört was?" ist die Zauberformel, die man natürlich einfacher an Musik ausprobieren kann, die bereits eine ausdrückliche Botschaft auf der sprachlichen Ebene hat.

Ein hilfreiches Instrument zur Beschreibung der Zielgruppe sind hier die MediaNutzerTypologien oder Sinus-Milieus (siehe dazu Abschn. 1.3, Einführung).

Erstaunlich gut funktionieren aber universell verständliche Texte wie Beethovens Schillervertonung „Freude, schöner Götterfunken" (zu jedem Beitrag über europapolitische Erfolgsgeschichten einsetzbar), „Born to Be Wild" von „Steppenwolf" (zu fast jedem Beitrag über Motorradfahren einsetzbar) oder „Nie sollst Du mich befragen" aus Wagners „Lohengrin" (einsetzbar zu Berichten über Untersuchungsausschüsse im Bundestag).

19.6 Botschaften im Text

„Bei Männern, welche Liebe fühlen, / Fehlt auch ein gutes Herze nicht", singt Pamina in Mozarts „Die Zauberflöte". Na, das ist doch mal eine brauchbare Botschaft, um zum Beispiel eine Promihochzeit musikalisch zu untermalen. Denkt man. Doch Opernliebende wissen längst, dass im nächsten Satz gesungen wird: „die süßen Triebe mitzufühlen, ist dann der Weiber erste Pflicht". Ja, Operntexte werfen häufig Probleme mit recht unverhohlen sexistischen Rollenklischees auf, Operettentexte erst recht. Selbst wenn man einen Beitrag über die vierte Ehe eines Bühnenstars macht, verbietet es sich beispielsweise, Franz Lehárs „Paganini" als Musikkommentar dazu singen zu lassen: „Gern hab' ich die Frau'n geküsst", denn auf diese Textzeile folgt das mehr als unglückliche „hab nie gefragt, ob es gestattet ist, nimm sie Dir, dacht ich mir...". Eine heutzutage ohne weitere Einordnung durch Regiearbeit oder Kontext eigentlich nicht tolerierbare Aussage einer strafrechtlich relevanten Übergriffigkeit würde ohne Zweifel unzählige Aussagen über Eheleute oder Lebenspartner diskreditieren. Selbst als ironische Brechung funktioniert solch ein Text heute nicht mehr. Nun ist die Musikgeschichte voll von Texten, die mit inzwischen unerträglichen Klischees jonglieren, bis heute, denn natürlich findet man kritische Passagen nicht nur in den „klassischen" Gattungen Kunstlied, Oper oder Operette, sondern mindestens so häufig auch in Pop, Schlagern oder Rap. Und selbst hier, bei deutlich gesungenen verbalen Botschaften, werden oft Unschärfen bei der Dekodierung auszumachen sein. Der „The Police"-Hit „Every Breath You Take" wird häufig bei der Trauung als musikalische Untermalung gewünscht, taucht dann gar in einer allfälligen Berichterstattung auf, obwohl es im Text unzweifelhaft um einen irren Stalker geht, der einer Frau nach der Trennung das Leben zur Hölle macht. Allein dieses Beispiel zeigt, dass der Musikeinsatz auch bei Werken mit Sprache stets gut vorbereitet sein will, denn auch Texte erlauben verschiedene, sogar unbeabsichtigte, Deutungsmöglichkeiten. Und auch hier wird Musik nur funktional, oder eben dysfunktional, weil auf der Empfangsebene Verständnis oder Missverständnis entstehen kann, das möglicherweise schlicht auf unterschiedliche Sprachkenntnisse oder Interpretationsgeübtheit verschiedener Hörenden zurückzuführen ist.

Musik zum Konterkarieren oder grotesken Überzeichnen einer sprachlichen Botschaft: Erfolgversprechend ist der Einsatz von Musik mit Text beim Versuch, Botschaften entgleisen zu lassen:

„Das ganze Land friert – Wo zur Hölle ist die Erderwärmung, wenn man sie braucht!" (Ex-US-Präsident Donald Trump auf Twitter im Februar 2015 angesichts großer Schneemengen in Teilen der Vereinigten Staaten).

Zugegeben, Donald Trumps Tweets bedurften häufig nicht wirklich der ironischen Brechung oder gar der grotesken Überzeichnung durch zusätzliche akustische Mittel. Dennoch ist es denkbar, diesen Satz münden zu lassen in Musik, die eine mögliche Distanz schafft zur beabsichtigten Wirkung der Aussage. Ein Satz aus Antonio Vivaldis „Der Sommer", gespielt im Winter, wäre hier zwar denkbar, um hintergründig darauf hinzuweisen, wie absurd Trumps verbale Koinzidenz von verkürzenden Fehldeutungen klimatischer Wissenschaftsergebnisse, Temperaturwunschkonzert und Jahreszeit anmuten konnte. Aber mal ehrlich: Es würde nicht sonderlich originell dadurch, denn alleine die Annahme, dass Hörende die Musik sofort als „Sommermusik" identifizieren könnten und die Klänge nicht mit irgendeinem anderen barocken Violinkonzert ohne programmatischen Bezug verwechseln könnten, ist zu voraussetzungsvoll für temporeichen Humor, den man eigentlich erzeugen will.

„Wo zur Hölle ist die Erderwärmung, wenn man sie braucht!" könnte daher zweckmäßiger dicht gefolgt sein von einigen Takten „Like ice in the sunshine, I´m melting away on this sunny day" von „Beagle Music Ltd." aus dem Jahr 1986 (oder, um den Verdacht, altbacken zu sein, zu vermeiden, einem jeweils aktuellen Sommerhit um Sonne und Schmelzvorgänge). Menschen, die des Englischen mächtig sind, könnten einen Zusammenhang herstellen zwischen dem Schmelzen des Eises der Polkappen und der trumpschen Klimapolitik, Menschen, die kein Englisch können, oder den Zusammenhang nicht herzustellen (ver)mögen, könnten es lassen. Der Text würde jedenfalls in diesem Zusammenhang eine zusätzliche, im Rahmen des Grotesken angesiedelte, Deutungsmöglichkeit schaffen, nutzbar oder nicht. Auf der anderen Seite wäre „Ice, Ice, Baby" von Vanilla Ice (1989) möglicherweise sogar die bessere Wahl einer Musik, die die trumpsche Aussage in einen schrägen Rahmen hängt, denn „Ice" unterscheidet sich phonetisch nicht von „Eis", und wird sich als Aussage-Ebene jedenfalls auch Deutschen ohne Englischkenntnisse erschließen: Trump findet es kalt, eiskalt, trotz grundsätzlich nachgewiesener globaler Erwärmung.

Überhaupt, die Sprache. Welche Musik könnte man einsetzen, um dem Bericht über das schwerste Nashorn der Welt ein humorvolles Augenzwinkern zu gönnen? Lieber „Dies Bildnis ist bezaubernd schön" aus Mozarts „Die Zauberflöte", für deutschsprachige Opernfans? Lieber „Bello e impossibile" von Gianna Nannini als Hymne auf Schönheit, die möglicherweise nur von des Italienisch Mächtigen dekodiert wird? Oder lieber „All about that Bass" von Meghan Trainor oder „Tempo" von Lizzo, deren selbstermächtigende Botschaften gegen „Bodyshaming" hier allerdings auch fatal fehl am Platze sein könnten (Bodyshaming diskriminiert Menschen, nicht Nashörner, jedes Zusammendenken könnte als übergriffig gewertet werden), zumal diese Sinnebene wieder nur mit guten

Englischkenntnissen zu deuten wäre? Die Antwort kann an dieser Stelle wieder einmal nicht gegeben werden, denn wie immer gilt es, sich vor allem Gedanken darüber zu machen, welche Zielgruppe welche Botschaft am Ende deuten soll. Am Ende entscheidet die Kombination von Ergebnissen mehrerer, durchaus arbeitsintensiver Arbeitsschritte, über einen möglichen Einsatz von Musik: umfassende Recherche vieler konkret möglichen Werke verschiedener Epochen und Stile, Informiertheit über die Hörenden und deren Sozialisation, Bildungsstand und Erwartungen und vor allem: an umfassender Repertoirekenntnis geschulter guter Geschmack, der sich nicht zuletzt am reinen Klang einer Musik orientiert.

Und vielleicht steht am Ende sogar die Erkenntnis: Dieser Beitrag braucht keine Musik. Denn auch Stille ist Klang.

Einsatz von Musik in Audioformaten – Beiträge über Musik

20

Jörg Lengersdorf

Zusammenfassung

Dieser Artikel behandelt den Einsatz von Musik in Beiträgen über Musik ohne Anspruch auf Vollständigkeit. Die ausgewählten Beispiele lassen sich auf ähnliche Fälle übertragen.

Schlüsselwörter

Beitrag über Musik • Radiobeitrag • Einsatz Musik • Musikkritik • Moderation

20.1 Allgemeines

Es gibt Beiträge, die Musik und Klang zum Gegenstand haben und bei denen die gesprochene Sprache also klingende Musik oder Klangphänomene kommentierend begleitet. Dieses Kapitel behandelt Beiträge über Musik, ohne Anspruch auf Vollständigkeit. Die ausgewählten Beispiele lassen sich auf ähnliche Fälle übertragen.

„Es war wie ein Eisbad, Kokain und Regenbogen"

(Henry Miller, Schriftsteller, über den Besuch der New Yorker Premiere von Alexander Skrjabins „Le Poème de l'extase" im Jahr 1908).

J. Lengersdorf (✉)
Mainz, Deutschland
E-Mail: info@musik-journalismus.de

© Springer Fachmedien Wiesbaden GmbH, ein Teil von Springer Nature 2022   243
P. Overbeck (Hrsg.), *Musikjournalismus,* Journalistische Praxis,
https://doi.org/10.1007/978-3-658-32476-6_20

Worte können klingende Phänomene plastisch beschreiben, und in Umkehrung zum bisher Ausgeführten kann natürlich nicht nur Musik dem Wort eine Deutungsebene hinzufügen, sondern ebenso das Wort der Musik. Aber schon Felix Mendelssohn Bartholdy hat es in einem vielzitierten Bonmot auf den Punkt gebracht: „Es wird so viel über Musik gesprochen und so wenig gesagt. Ich glaube überhaupt, die Worte reichen nicht hinzu, und fände ich, daß sie hinreichten, so würde ich am Ende keine Musik mehr machen."

Erfahrene Beitragsmacher im Audiobereich könnten im wahrsten Sinne des Wortes ein Lied davon singen: Es gibt kaum etwas, was man über Musik sagen könnte, was in puncto Wirkung auch nur annähernd mit dem Eindruck konkurrieren könnte, den die Musik selber erzeugt, gesetzt den Fall, es handelt sich um gute Musik. Das Bild von „Eisbad, Kokain und Regenbogen" wird jedenfalls unmittelbar verständlich, wenn man tatsächlich in direkter zeitlicher Verbindung dazu das „Poème de l'exstase" von Skrjabin hört. „Wenn ich hier von der Brücke springe, wird mir nichts passieren, so stark ist mein Wille … ich werde fliegen" hatte der Komponist Skrjabin selbst Anfang des 20. Jhds. geäußert, und vielleicht hört man das seiner Musik auch an, oder Ähnliches, nur eben viel einleuchtender, im Sinn des Wortes „vielsagender", als es Worte beschreiben könnten. Auf der anderen Seite wäre es eine katastrophale Fehleinschätzung, im Zusammenhang mit Einschätzungen von Skrjabins Musik vom Beginn des 20. Jhds. Musik zu spielen, die bereits in seiner Jugendzeit entstanden ist. Die klingt nämlich schlichtweg gar nicht nach „Eisbad, Kokain und Regenbogen", sondern zumeist nach salontauglicher Romantik. Von Höhenflügen und Rauschzuständen musikalischer Natur zu faseln, während im Umfeld eher melancholisch introspektive Musik erklingt (mit durchaus starker Wirkung), erzeugt eine Diskrepanz, die, wenn nicht kalkuliert, kontraproduktiv ist. Denn im Zweifel ist die Musik stärker als das Wort, behält also Recht. Nicht der Eindruck des Rausches wird bleiben, sondern einer von gepflegter Innerlichkeit.

> ▶ Merke: Beiträge, die Musik und Klang zum Gegenstand haben und bei denen die gesprochene Sprache Musik oder Klangphänomene kommentierend begleitet, sind ohne eine wohlgeplante Musikdramatik überflüssig, im schlimmsten Falle ärgerlich.

Ein Werk als Gegenstand der Betrachtung

„Sieh, vernichtet liegt im Staube / Unerhörtem Gram zum Raube

Meines Lebens Martergang / Nahend ewgem Untergang

Töt es und mich selber töte / Stürz nun alles in die Lethe

Und ein reines, kräftges Sein / Lass, Oh Großer, dann gedeihn."

(Franz Schubert, „Mein Gebet", 1823, Wien)

1823 war Franz Schubert gerade 26 Jahre alt, er war alkohol- und geschlechts-krank, hatte nur noch wenige Jahre zu leben. Und sicher ist Schuberts Musik deutungsoffener als das „Gebet", dass er 1823 privat notiert hat. Dennoch wäre es denkbar, mitunter empfehlenswert, die Besprechung einer neuen Aufnahme von Schuberts Oktett, entstanden 1824, mit Zeilen aus jenem Gedicht zu beginnen.

Musik ohne Programm zu kommentieren mit Worten ist oft ausgesprochen problematisch. Denn: Vor welchem Hintergrund stellt man eigentlich Ansprüche an eine Deutung des Gehörten? Und wen lässt man diese Ansprüche formulieren? Vernichtung, Marter, Todessehnsucht, mündend in Hoffnung auf Erlösung, muss man das hören können in der Musik? Und wer sollte es einem Hörer erzählen?

Diese Fragen lassen sich sicher nicht allgemeingültig beantworten, denn es ist ein verständliches Anliegen, viele Werke unabhängig vom biografischen oder Entstehungskontext gelten zu lassen.

Andererseits wird in Rundfunkredaktionen häufig gefordert, gerade bei kom-plexen Meisterwerken in Beiträgen musikvermittelnd tätig zu werden, das heißt: Hörenden Anknüpfungspunkte außerhalb musikwissenschaftlicher Analyse zu bieten, um einen möglichst weiten Adressatenkreis erreichen zu können.

Wenn man also gebeten wird, einen mehrminütigen Beitrag über Schu-berts „Oktett" zu produzieren, womöglich mit verschiedenen Sprecherzitaten und Autorentext, dann kann es sinnvoll sein, nicht nur über die formal originelle Struktur des Andante-Satzes und die bei Beethoven entlehnte Sechssätzigkeit inklusive Harmonieschemata zu reden, sondern zunächst einmal darüber, in welch auswegloser Situation sich der Komponist befunden hat, schließlich muss man zunächst einmal versuchen, das Interesse möglichst vieler Hörer zu gewinnen, und das schafft man kaum über Verständnisbarrieren, die nur musikwissenschaftlich Vorgebildete überspringen können. Könnte man nun Schuberts charakteristische Stimmungswechsel in Musik, häufig verbunden mit dem Wechsel der Tonge-schlechter, mit der Dichotomie von Dur und Moll, schneller auf den Punkt bringen als mit diesem anscheinend autobiografischen Gedicht, das praktischerweise vom

Komponisten selbst überliefert ist? Könnte man die Anforderungen, die das Stück noch heute an die Ausführenden stellt, plastischer machen als mit eben dieser Darstellung durch Lyrik, selbst wenn man das „Gebet" nicht für ein lyrisches Meisterwerk hält?

Wenn man den *dramatischen,*besser gesagt den lyrischen Einstieg über Schuberts Gedicht wählt, dann wird man nicht umhinkommen, Musik auszuwählen, die von der Wirkung her direkt mit den Worten korrespondiert. Schuberts Oktett beginnt mit einem einzigen gehaltenen Ton durch alle Instrumente, einem Fundament mit starker Bassgrundierung, das noch keinerlei Deutung darüber zulässt, ob es hoffnungsvoll oder düster weitergehen wird. Eine momentane Unsicherheit, die sich plötzlich in eine versöhnliche Dur-Einleitung voller fragend steigender Motive hineinatmet. Wenn man es schafft, diesen Wechsel zwischen Dunkel und Licht genau mit dem Stimmungswechsel im Text zu koordinieren, entsteht möglicherweise ein ganz unerhörter Ear-Catcher gleich zu Beginn eines Beitrags. Nutzt man dagegen eine vermeintlich harmlose Stelle im Menuett des Oktetts als Folie für Schuberts tragische Selbstbespiegelung im „Gebet", kommt man schon eher in Erklärungsnot, was die Diskrepanz zwischen Wort und Musik angeht. Gerade, wenn in einem Beitrag über Musik geredet werden soll, muss man sehr aufpassen, dass das „Gesagte" vom „Ertönten" bestätigt wird, denn wie bereits erwähnt: Im Zweifel hat Musik die stärkere Wirkung und lässt das Wort völlig entgleisen.

Beispiel

Ein peinlicher, aber illustrativer Fall einer grotesken Fehlkombination von Wort und Musik (seinerzeit tatsächlich in einem deutschlandweit zu empfangenden Beitrag gesendet) war die Erklärung, die sogenannte „Neue Musik" habe sich vom Dur/Moll System verabschiedet. Anschließend wurde ausgeführt: „Dur", das klinge so (Musik: „Hänschen klein"), und „Moll", das klinge trauriger (Musik: „Der Mond ist aufgegangen").

Wer immer diese Fehlleistung verzapft hat, sollte zukünftig die Finger von Beiträgen über Musik lassen. „Hänschen klein" und „Der Mond ist aufgegangen" – beide Stücke stehen in Dur. Und vermutlich ist Letzteres nicht mal trauriger als Ersteres, obwohl es natürlich auch „traurige" Dur-Stücke gibt (Schubert!).◄

20.2   Ausführung von Musik oder Interpretation als Gegenstand der Kritik

„Die Formation auf der Bühne war kaum in der Lage, sich auf ein erkennbares Stück zu einigen. Ehrlich gesagt, nicht mal die Geräusche wirkten gleichzeitig oder beabsichtigt. Vermutlich war es deswegen am Getränkestand so voll, aber immerhin leiser."

Dass man diese Aussage mit Musik illustrieren kann, ist selbstverständlich, schließlich war man als Beitragsmacher selbst vor Ort und hat Klangeindrücke vom Konzert mitschneiden dürfen. Also, Klangausschnitt „Chaosmusik" in das Audio hineingebastelt, anschließend das Ploppgeräusch einer Bierflasche, tolles Beitragsende? In einer Hinsicht schon: Wenn man im Mitschnitt des Konzerts tatsächlich eine Stelle findet, die so klingt, wie man das beschrieben hat, kausal auf die angeführten Gründe zurückzuführend (und nicht nur wegen des defekten Mikrofons, das man mitgebracht hat, der Nebengeräusche marodierender Fans oder des Stehplatzes direkt an einem kaputten Hochtöner), dann hat man schon einmal eine große Hürde genommen: Musik, über die man redet, muss klanglich bestätigen, was man sagt.

Ob man allerdings das Kritikpaket so abliefern sollte, ist im besten Fall schon vorher entschieden. Handelt es sich um das Reunion-Konzert einer global bekannten Spitzenverdiener-Band, für das auf dem Schwarzmarkt horrende Ticketpreise gezahlt wurden, über das die Kritik bereits im Vorfeld tagelang berichtet hat, dann wird man (sofern man überhaupt eine einzige Sekunde mitschneiden durfte, was recht zweifelhaft ist) sicherlich Maßstäbe anlegen dürfen, welche dem Marktwert der Bühnenmilliardäre entsprechend Spitzenqualität vermessen. Gleiches gilt für Stars der Klassikbranche oder anderer Musiksparten: Wer mit dem Ruf erstklassiger Qualität Geld verdient, wird sich an seinem Ruf messen lassen müssen.

Wenn man allerdings als Berichterstatter von einer Redaktion gebeten wird, vom Jahresabschlusskonzert der örtlichen Musikschule zu berichten, wo möglicherweise Kinder im Grundschulalter beim Auftritt ein wenig die Nerven verlieren, oder von der Bühne eines Schützenfestes auf dem Lande, wo eine Coverband des örtlichen Gymnasiums ihr Bestes gibt, dann ist schon der Wille zum Verriss zynisch. Aber selbst, wenn man kritisierenderweise einen professionellen Gegenstand der Kritik, der Ausführung oder Interpretation von Musik, ausgemacht hat, ist ein Verriss in Audioformaten mit hörbaren Klangbeispielen oft gar nicht so einfach.

„Zwar strebt die Durchführung des Ersten Satzes unaufhaltsam dem Höhepunkt der Komplexität zu, laut, wild, die ganze Menschheit herausfordernd.

Jedoch orientiert sich diese Lesart zu wenig an den im Bassfundament eher angedeuteten möglichen Fortschreitungen ganz anderer Natur. Was wäre, wenn? Ja, wenn hier alles ganz anders gemeint wäre? Die Antwort darauf bleibt das Ensemble leider schuldig. Schade!"

Wer ab und an Rezensionen klassischer Musik liest oder hört, wird von solchen Ausführungen kaum überrascht sein. Vielleicht hat der Rezensent sogar Recht, und genau, was hier über das Spiel eines Meisterensembles geschrieben steht, kommt auf den Punkt. Es ist ja nicht immer ganz unkompliziert, Menschen zu erklären, warum die x-te Lesart eines Beethoven-Streichquartetts auf dem Markt besser sein soll als jene davor. Da geht es schon einmal um Nuancen, und weil, wie schon erwähnt, über Musik ja kaum erschöpfend gesprochen werden kann, wird mit Assoziationen, Metaphern, Fragen gearbeitet, was das Zeug hält. Im Audiobeitrag kommt an dieser Stelle allerdings der Moment der Wahrheit: Man muss in der rezensierten Aufnahme eben jene Stelle finden, die all das umständlich Formulierte bestätigt.

Allein: Die Wahrscheinlichkeit ist hoch, dass die Adressaten des Beitrags jetzt eine Passage einer Beethovenschen Durchführung hören, und denken: „tatsächlich, das ist laut,... ach so, das soll ja die ganze Menschheit herausfordern, klar, das wird also wild sein".

Was die Hörenden *nicht* wahrnehmen (und ohne große Hörerfahrung wohl auch kaum vermissen), ist, was die Rezension fordert, aber nicht findet in dieser Lesart. Ohne direkten Vergleich werden die Hörer darauf angewiesen bleiben, schlicht zu glauben, die Rezension habe „sicher irgendwie Recht".

Oft stellt das Vokabular von Rezensionen im Falle einer negativen Kritik nur Definitionen des „Fehlenden" einer Darbietung zur Verfügung. Die Artikulation ist „zu wenig pointiert", die Darstellung „zu intransparent", die Dramaturgie „nicht zwingend", das Timing „nicht swingend". In einer gedruckten Version würde die defizitorientierten Begrifflichkeiten nun nicht weiter als störend auffallen, als klingend zu belegende Thesen in einem Hörkontext jedoch offenbaren sich Probleme: Vergleichsweise unpointierte Artikulation bedarf eben des Vergleichs, wenn sie belegt werden soll, Intransparenz als Hörerfahrung bedarf der durchhörbaren Transparenz eines Gegenbeispiels, nur die Kenntnis einer zwingenden Dramaturgie vermag, die Erkennbarkeit einer nicht zwingenden Variante zu ermöglichen. Möchte man also in vier ausgewählten Passagen belegen, dass die neue Aufnahme einer Brahms-Sinfonie in vier Punkten nicht befriedigt, dann braucht man womöglich mindestens acht Hörbeispiele, denn in welcher handelsüblichen Neuaufnahme könnte man ohne weiteres Stellen finden, bei denen Hörer tatsächlich ohne Gegenbeispiel den nachvollziehbaren Beweis erkennen: „Ach ja, das ist wirklich weder pointiert, transparent, zwingend noch swingend".

Also heißt es: Wer kritisiert, muss vergleichen. Wobei man als Beitrags-macher stets bedenken sollte: Durch Vergleichsaufnahmen werden Beiträge nicht nur erheblich rechercheaufwändiger (man muss ja wirklich jede Menge Aufnah-men ein und desselben Werkes kennen, sofern es sie gibt, um die Geeignetste zu finden), sondern auch erheblich länger. Wer könnte in einem Dreiminüter den Ver-riss einer Aufnahme fairerweise rechtfertigen, die ein junges Newcomerensemble eingespielt hat?

Einfach nachvollziehbar blieben im negativen Kritikkontext allenfalls Aussa-gen wie: „Das Streichquartett spielt minutenlang unsauber, die erste Geige ist dabei aber eigentlich nie zu hören".

Solch eine Botschaft könnte man möglicherweise tatsächlich mit Klangbeispie-len belegen, ohne bessere Aufnahmen heranziehen zu müssen. Aber mal ehrlich, wann würde ein Quartett eine Aufnahme veröffentlichen, der solche offenbaren Mängel „direkt aufs Ohr" anzuhören wären? Klar, solche Aufnahmen gibt es, aber andererseits: Welche Redaktion würde minutenlang teure Sendezeit erübrigen, um etwas zu besprechen, was kaum der Betrachtung lohnt?

Viele Redaktionen sind dazu übergegangen, aus Rezensionen „Tipps" zu machen, die klassischen Drei- bis Sechsminüter nunmehr jenen Aufnahmen vor-zuhalten, bei denen man interessante Informationen über Ensemble („ein ganz junges Quartett, alle spielen auswendig"), Urheberschaft („von dieser Kompo-nistin ist bislang nur ein einziges Werk aufgeführt worden, höchste Zeit, die Steine aus dem Weg zu räumen, die eine sexistische Musikwelt ihren Sinfo-nien in den Weg rollte") und Werk („seinerzeit das erste sinfonische Stück mit Kuhglocken") ausbreiten kann, um anschließend mit einem ungefährlichen Satz zum Gesamteindruck („eine hochinteressante Neuentdeckung, auf hohem Niveau musiziert") abzuschließen. Auch hier muss die ausgewählte Musik alle vorge-nannten Versprechen einhalten, dient aber nur in sehr eingeschränktem Maße des Nachweises allzu steiler Thesen.

Für dezidierte Kritik einzelner Aspekte einer Interpretation vergleichbarer, und damit häufig sogenannter „klassischer", Werke bleibt eigentlich nur das größere ein- oder zweistündige Format, die Kritikerrunde mit ausführlicher Diskussion über verschiedene Vergleichsaufnahmen.

Beispiele für Kritikerrunden in Kulturradios:

- „Blindverkostung" (RBB)
- „Das Musikalische Quintett" (SWR)
- „Diskothek im Zwei" (Radio DRS)

Solche Formate werden zurzeit allerdings gern im Nischenprogramm versteckt, was nicht heißt, dass nicht irgendwann auch ein publikumswirksamer Musikkritikpodcast mit Nerdfaktor gehört werden würde. Der Fantasie sind keine Grenzen gesetzt.

Eins jedoch mag als Fazit stehen unter all den genannten Möglichkeiten, um über Musik zu reden (es gibt sicher noch unzählige weitere Möglichkeiten mehr, aber jeder Artikel ist irgendwann zu Ende): Es bleibt schwierig! Aber das ist ja das Interessante.

Autorensendung am Beispiel der „SWR2 Musikstunde"

21

Katharina Eickhoff

Zusammenfassung

Am Beispiel der „SWR2 Musikstunde" erläutert die Autorin auf persönliche Weise, wie es bei der Moderation einer Wort-Musik-Sendung gelingt, einen atmosphärischen Zugang zu der Thematik herzustellen und den Hörern einen Mehrwert zu einem reinen Faktenwissen zu vermitteln.

Schlüsselwörter

Autorensendung • Moderation • Musikmoderation • Musiksendung • SWR2 Musikstunde

„Gnadenlos subjektiv sein" – Was vermittelt Musikmoderation?
Musik ist eigentlich untouchable. Musik muss meiner Meinung nach nicht vermittelt werden – sie ist eigentlich *untouchable,* „uns entwachsener Herzraum", ein Enigma, so wenig zu verstehen, wie man das Universum verstehen kann, wenn man nachts staunend und leicht angegruselt in den Sternenhimmel glotzt. So sehr man sich auch Mühe gibt, ihr mit Einführungsgesprächen, Musikbeispielen, Formerklärungen beizukommen. Und oft, wenn ich vor dem leeren Blatt (na ja, der leeren Laptop-Seite natürlich) sitze und eine Moderation zu einem Stück schreiben soll, das ich mir dann dabei anhöre, muss ich an Albert Einsteins unwirsche Empfehlung an alle Exegeten in Sachen Schubert denken: Musizieren (bzw. in dem Fall: Hören), lieben und Maul halten. Was, um Gottes Willen, sollte streng genommen

K. Eickhoff (✉)
Stuttgart, Deutschland
E-Mail: info@musik-journalismus.de

© Springer Fachmedien Wiesbaden GmbH, ein Teil von Springer Nature 2022   251
P. Overbeck (Hrsg.), *Musikjournalismus,* Journalistische Praxis,
https://doi.org/10.1007/978-3-658-32476-6_21

ausgerechnet ich zu Schuberts Fantasie f-Moll oder zu Brahms' Zweiter zu sagen
haben?

Mit formalen und harmonischen Analysen kann man zwar vielleicht vermeintlich alles ordentlich einkasteln, aber bringt einen das der Musik näher? Selten, oder?
Für eine spannende, oder – im besten Fall – berührende Moderation braucht es Sei-
tenwege. Und ein Gefühl für Atmosphäre. Einfach nur ein „Döneken" aus dem
Leben des Komponisten erzählen, wäre die einfachste Möglichkeit, der Unberühr-
barkeit der Musik aus dem Weg zu gehen. Ich finde das, ehrlich gesagt, immer
noch besser und redlicher, als vermessen so zu tun, als wüsste ich, wie diese Musik
gemacht ist, wie sie in ihrem Innersten funktioniert und auf diese mirakulöse Weise
zusammenklingt. Manchmal klappt es ja auch mit dem Döneken, und eine Bege-
benheit macht mit ihrer Stimmung oder Pointe genau die Atmosphäre auf, in der das
nachfolgende Stück dann beginnt. Das ist schon viel. Weil es eben die Stimmung
ist, um die es geht. Wenn ich es gut mache, ist eine „SWR2 Musikstunde" aber viel,
viel mehr als das.

Das Enigma Musik mag in sich unberührbar sein, aber es findet ja zu keinem
Zeitpunkt im luftleeren Raum statt!

Musik ist immer auch ein Spiegel der Zeit, in der sie entstanden ist. Der geistigen
Bewegungen und Umbrüche, des Lebensgefühls, der gesellschaftlichen Chiffren,
das alles ist eingewoben in die Musik, ob sie nun mit Texten versehen ist oder
nicht, und das alles ist nicht unberührbar, im Gegenteil: Wir dürfen und sollen es
fassbar, greifbar, fühlbar machen.

Klar soll man nicht die Biografie des Komponisten eins zu eins seiner Musik
ablauschen wollen, auch wenn das bei Mahler etc. natürlich sehr verführerisch ist,
– man sollte vielmehr in die Zeit hineinhören, die Zeit, in der es entstanden ist,
aber auch unsere Zeit, in der wir das hören. Das ist nämlich das Faszinierende:
Musik ist immer relevant, sie lässt sich über tausend – na ja, immer mindestens
zwei, drei – Wege auch mit der Gegenwart verknüpfen, zum Beispiel, weil ein
Werk nach seiner Entstehung oft seine ganz eigene Biografie bis heute entwickelt
hat (Paradebeispiel natürlich Beethovens „Neunte", aber es trifft für viele Stücke
zu).

**Moderation ist für mich nicht Musikvermittlung, sondern Atmosphäre-
Vermittlung.** Und ich nehme mir heraus, mich auch sichtbar zu machen dabei.
Insofern kann man vielleicht tatsächlich sagen, dass ich zwischen Musik und
Zuhörerschaft stehe, weil ich einen radikal subjektiven Blick auf das alles lie-
fere. Ich glaube, dass nur das Subjektive interessant ist. Dabei muss man natürlich

sehr vorsichtig sein – mit „subjektiv" meine ich überhaupt nicht, dauernd penetrant „Ich" zu sagen, oder sich den Hörer mit ständiger leutseliger Ansprache auf den Schoß zu setzen. Finde ich ganz schlimm.

Aber subjektiv im Sinne von: Ich sage konsequent nur das, was mich selbst auch interessiert, und versuche, mich dabei in den Dienst der Atmosphäre der Musik zu stellen, aber durchaus auch, Urteile zu fällen – die Leute sollen das Stück ja dann nach Anhören nicht erklären können, sie sollen es lieben. Oder vielleicht auch nicht, aber sie sollen es an sich ranlassen. Goethe beschreibt dieses Eingefangenwerden so schön in seinem Vorspiel auf dem Theater im „Faust": „Zufällig naht man sich, man fühlt, man bleibt." Und wenn es mir gelingt, so einen Moment beim Zuhörer herzustellen, dann war ich gut.

Aber in jedem Fall bin ich als Person dezidiert vorhanden bei allem, was ich über Musik sage. Das erweckt übrigens oft auch Widerspruch, weil der eine oder die andere findet, ich sei zu politisch (Musik *ist* politisch), hätte ein unangemessenes, weil allzu wertendes Wort verwendet etc. – Aber das bin ich, das ist meine Sprache, und ich denke, das ist es letztlich, was eine gute Wort-Musik-Sendung wie die „SWR2 Musikstunde" ausmacht: Dass man im Idealfall den „Mehrwert" einer Persönlichkeit hat, die auf ihre ganz spezielle Weise Musik, Historie, Poesie, Vergangenheit und Gegenwart zusammenwebt und sagt: Schaut her, Pardon, hört her, das hier finde ich spannend, hat mich inspiriert, ist wichtig, sagt uns auch heute was, rührt mich im Innersten – man kann ja nur gute Sendungen über etwas machen, das einen berührt. So wurde z. B. in Begleitung meiner Musikstundenwoche über den Jubilar Hölderlin auf der Homepage zur Sendung eine Bildgalerie veröffentlicht, bei der u. a. mein Schreibtisch mit Material zur Sendung zu sehen ist (Abb. 21.1).

Der Dreiklang: docere – delectare – movere. Objektivität ist langweilig, und Radio-Regel Nummer eins ist ja eh: Du sollst nicht langweilen. Was bei alledem absolut selbstverständlich sein muss, weswegen ich es fast zu erwähnen vergessen hätte: Absolut akribische Recherche der Fakten und möglichst umfassendes Wissen um Hintergründe. Auch Wissen lässt die Hörer dranbleiben. Es sorgt dafür, dass man Dich ernst nimmt und legitimiert, wenn Du urteilst, Meinungen hast. In der Rhetorik Ciceros gibt es diesen Dreiklang: „docere – delectare – movere", ich finde, das trifft es genau.

Docere: Redlich informieren, mit gut recherchierten Fakten,

Delectare: Man erfreut die Zuhörer mit schöner Sprache, sorgfältigen Formulierungen, Geist und Witz (so zur Hand…)

Movere: Rühren, das heißt im Idealfall: eine Tür zu öffnen, wo das Erzählte und die Musik auf den ungeschützten, (mit-)fühlenden Menschen trifft, der den aufgemachten Raum mit eigenen Gefühlen und Bildern füllt.

Die sehr offene Form der „SWR2 Musikstunde" erlaubt das wie keine andere Musiksendung, die ich kenne.

Man kann (man sollte!!) gnadenlos subjektiv sein, jede Art von Musik spielen, auch mal länger reden, wenn nötig, und auch mal gar nichts sagen, wenn unnötig, man kann das Enigma Musik wie einen kostbaren Edelstein präsentieren, oder es auch mal als Akzent oder Stimmungsverstärker „benutzen". Die Musik beschädigt das nicht, sie ist ja, schreibt Rilke in seinem Gedicht „An die Musik" (1918), die „andre Seite der Luft" und sowieso quasi außen vor – und trotzdem in uns drin. Aber manchmal schafft es die SWR2 Musikstunde (in diesen zugegeben raren Momenten, über die die Hörer dann schreiben: „…bin ich auf dem Weg zur Arbeit einfach auf dem Parkplatz im Auto sitzengeblieben…") einen Kanal zwischen außen vor und drinnen zu legen.

Abb. 21.1 Online-Bildergalerie zur SWR2 Musikstunde „Hölderland" von Katharina Eickhoff (Folge 1–5). Erstsendedatum 2.–6.3.2020.[1] Bildunterschrift: Welche Musik könnte Hölderlin zu seiner Zskeit gehört haben? In welcher Musik unserer Zeit könnte er sich wiedererkennen? Die Notizzettel füllen sich mit Fakten und Spekulationen … (Foto: Katharina Eickhoff).

---

[1] https://www.swr.de/swr2/musik-klassik/swr2-musikstunde-2020-03-02-100~_detailPage-1_-dc56264c3eed6f7453c3f263012a8308a11ab691.html (letzter Zugriff 20.09.2020)

Musikfeature, Podcast, Porträt, Collage 22

Wolf Loeckle und Peter Overbeck

Zusammenfassung

Dargestellt werden die Besonderheiten und gestalterischen Möglichkeiten der radiophonen Formen Musikfeature, Podcast, Porträt und Collage.

Schlüsselwörter

Musikfeature • Feature • Podcast • Porträt • Collage

22.1 Musikfeature

Das Radio hat neben der Schnelligkeit den Vorteil, Musik, Atmo oder dokumentarisches O-Ton- und Klangmaterial einsetzen zu können, um akustisch zu illustrieren, um in eine bestimmte Atmosphäre und Stimmung zu versetzen. Das Musikfeature ist die radiophone Königsdisziplin des Musikjournalismus.

Musikfeature ist Radio in seiner kreativsten und lebendigsten Ausprägung als dramaturgisch spannende Konstellation aus ambitionierter Sprache in aller Klarheit samt facettenreicher Musik in all ihrer Emotion, politisch, historisch, kulturgeschichtlich, gesellschaftskritisch, ästhetisch, philosophisch. Es zielt darauf ab, Erkenntnis zu vermitteln auf den Schienen von Intellekt und Gefühl,

W. Loeckle (✉)
München, Deutschland
E-Mail: info@musik-journalismus.de

P. Overbeck
Institut für Musikjournalismus, Hochschule für Musik Karlsruhe, Karlsruhe, Deutschland
E-Mail: info@musik-journalismus.de

© Springer Fachmedien Wiesbaden GmbH, ein Teil von Springer Nature 2022   255
P. Overbeck (Hrsg.), *Musikjournalismus,* Journalistische Praxis,
https://doi.org/10.1007/978-3-658-32476-6_22

Begeisterung zu wecken für Musik im Elfenbeinturm ebenso wie für Musik als soziologischer Realität und gemäß öffentlich-rechtlichem Programmauftrag zu informieren, zu bilden und zu unterhalten.

Eine genaue Definition des Musikfeatures kann man nicht festschreiben. Der Begriff wird gerne für alles gebraucht, was sich nicht unter die sonstigen journalistischen Darstellungsformen subsumieren lässt. Der Journalist ordnet Tatsachen und Fakten subjektiv ein und vermittelt damit dem Rezipienten seine persönliche Sicht des Ereignisses. Komplexe Sachverhalte dürfen komplex dargestellt werden, simple Zusammenhänge durchaus einfach.

Zindel/Rein unterscheiden in Ihrem Handbuch „Radio-Feature" sechs verschiedene Grundformen des Radiofeatures:

• O-Ton-Montage
• Textmontage
• Klangbild
• Reine Erzählform
• Collage
• Große Form[1]

Diese Bandbreite lässt sich auf das Musikfeature übertragen. Unter der Überschrift „Musikfeature" versammeln sich simple Manuskriptvorträge oder Dialoge mit eingestreuten Musikbeispielen, opulent besetzte Gesprächsrunden kontrastiert mit Live-Musik, Musikcollagen bis zu aufwendig produzierten musikalischen Hörspielen und Radiokunst. Ein Musikfeature kann eine Geschichte erzählen, oder auch als O-Ton-Collage ohne Autorentext für sich stehen. Sämtliche gestalterischen Möglichkeiten der Radioproduktion können je nach Thema eingesetzt werden: „Originaltöne vor Ort" (O-Töne), Atmo, historische Tondokumente, kurze Spielszenen, literarische Texte, Interviews mit Fachleuten, Verteilung des Textes auf mehrere Sprecher und in verschiedenen Funktionen (z. B. Erzähler oder Zitat-Sprecher), Interviews, Reportagen, klangliche Effekte und Naturgeräusche, Musik. Musikfeature ist ein Territorium in schier grenzenloser Ausdehnung – bis hin zur Radiokunst, Kompositionen also mit dem Medium. Die Grenze zu künstlerischen Formen wie Hörspiel, Collage oder Reportage ist fließend.

Wie geht Musikfeature? Verbindliche Leitlinien lassen sich aufgrund der offenen Form nicht festschreiben. Ein paar Essentials aber schon. Ein Feature

---

[1] Udo Zindel/Wolfgang Rein, Radio-Feature (Konstanz: UVK 2007), S. 22–41.

erfordert eine gründliche Vorbereitung, Recherche und Sammlung von Klangmaterial. Die Produktion selbst ist bisweilen aufwendig; vor allem dann, wenn es darum geht, mit Geräuschen und O-Tönen zu experimentieren, die klanglichen Möglichkeiten auszunutzen, mit Verfremdungseffekten und geschickten Überblendungen zu arbeiten und alle Quellen zu einem überzeugenden Klangbild zu kombinieren. Bei der Materialsammlung sollte deshalb darauf geachtet werden, vor Ort ausreichend akustische Atmosphäre einzufangen; das gibt später mehr Gestaltungsraum bei der Produktion. Authentizität ist beim Feature zwingend erforderlich, um das Thema *lebendig* zu gestalten, es können aber z. B. fiktive Spielszenen eingebaut werden. Ausgangspunkt und der Kern sollten allerdings auf Tatsachen beruhen.

Themen: Aufhänger ist meistens ein zeitaktuelles Thema, das mit künstlerischen Mitteln aus verschiedenen Perspektiven beleuchtet und jenseits der „facts" erschlossen wird. Auch wenn der Begriff „Feature" aus dem angelsächsischen Printbereich kommt, so ist das Feature und speziell als Musikfeature vor allem im Radio zu Hause. Jedes Thema erfordert eine andere Herangehensweise und macht einen unterschiedlichen Einsatz der Mittel erforderlich. Außer- und innermusikalische Themen sind möglich, prinzipiell Themen des gesamten Lebens, ästhetisch, emotional, analytisch, assoziativ, politisch. Eine Auswahl an Themen ist in der folgenden Übersicht zu finden.

Beispiele für Musikfeatures aus der Redaktion des BR:
Ende der Maestri? – Götterdämmerung für die Sinfonieorchester? – Musik nach Euronorm? – Mozart, der Göttliche – Schubert, der Unvollendete? – Brahms, der Fortschrittliche? – Bach, der Zeitlose? – Mit den Ohren sehen? – Musik und Gefühl – Ansichten eines Arztes – Wahlrecht für Frauen oder Die komponierende Suffragette Ethel Smyth – Klangräume – Architektur und Musik – Liebe, Lust und Leidenschaft – Komponisten und ihre Frauen – Die Linguistik der Klänge – Zum Musikschriftsteller Leonard Bernstein – Mendelssohns Mirakel Musik – Wagners Wasser-Welten – Wagners Wahn – Keine Ahnung von Albanien – Bastardpop – Traumfabrik – Mehr Meer – Assoziative Annäherungen an Debussy und andere.

22.2   Die Umsetzung eines Musikfeatures

Eine gründliche Vorrecherche ist notwendig, um ausreichend Material zu haben oder zu wissen, wo man es bekommen kann. Wenn Klarheit über ein Thema besteht – in Absprache mit einer Redaktion –, muss man dramaturgisch denken. Der Anfang und das Finale sind die markantesten Eckpunkte. Dazwischen gilt es immer, den Hörer am Lautsprecher oder Kopfhörer zu halten, ihn am Wegzappen zu hindern. Das lässt sich bewerkstelligen mit spannender Sprache, emotionalisierender Musik, tollen Stimmen, vor allem aber mit einem interessanten Inhalt.

Die thematische Entscheidung und die inhaltliche Zielrichtung geben den Ausschlag für die Gestalt. Ergebnisse von Rechercheprozessen, von Interviews, von Lektüre, von juristischen Abklärungen, von künstlerischen Entscheidungen jeweils für sich oder alle miteinander in Beziehung zueinander gebracht, entwickeln in solcher Umgebung Strahlkraft. Einfache Sachverhalte lassen sich mühelos in Manuskript-Sendungen abhandeln, an geeigneten Stellen mit passender Musik kommentiert, illustriert oder dramaturgisch „hochgefahren". Musik sollte in solchen Zusammenhängen aber niemals als Musiktapete missbraucht werden, ihre Autonomie, ihr Bauplan – so sie in Ausschnittform auftaucht – niemals zerstört oder manipuliert werden. Ein- und Ausblendungen erfolgen immer in höchst musikalischer Absicht.

Welche dramaturgischen Mittel gewählt werden, hängt vom Thema, vom Inhalt ab. Manch kulturpolitisch aktuelles Thema lässt sich besser und konkreter als kontroverse Diskussion verabreichen, manch spiritueller Gang durch die esoterischen Territorien verlangt womöglich nach unterlegter New-Age-Musik, manch ästhetische Analyse erfordert klare und knappe Sprache mit scharf abgegrenzten Musikbeispielen, manch biografische Unternehmung kann hörspielartige-assoziative Gestalten mit hochkarätigen Stimmen erfordern. Musik kann gewissermaßen eins zu eins dazu passen oder ganz produktiv in einem kreativen Kontra dazugegeben werden.

Das Thema (der Inhalt) bestimmt nicht nur die Form, sondern auch die Dimension. Manches Thema lässt sich in 1:30 Min. abhandeln, manch anderes braucht 83 Min. um sich sinnfällig entfalten zu können. Da Letzteres schwer zu platzieren ist, empfiehlt es in diesem Fall zwei Teile mit z. B. 45 Min. zu erstellen, die für sich stehen könnten, z. B. durch zwei Schlüsse und eine kurze Zusammenfassung zu Beginn von Teil 2. Das ermöglicht einen flexibleren Einsatz im Programm, ob in zwei Teilen oder nacheinander, und in den Mediatheken ist die Wahrscheinlichkeit, angeklickt zu werden, größer. Manches Thema trägt sich schlüssig, indem es von einem einzigen Sprecher vorgetragen wird (manchmal sogar am authentischsten durch den Autor). Üblicherweise eröffnet ein Musikfeature mit Musik. Diese steht dann aber nicht allzu lange – um keine falschen Erwartungen zu initiieren, um keine falschen Weichen zu stellen. Mit einem kleinen assoziativen Umweg sollte das Thema erreicht werden: Worum es geht, signalisiert ja schon der *knackige* Titel.

Der Titel: Er muss nicht immer mit der Tür ins Haus fallen. Etwas Rätselhaftigkeit, ein wenig Geheimnis, eine ordentliche Portion Gefühl dürfen schon sein – bei allem Bemühen um gedankliche Klarheit, bei allem intellektuellen Engagement. Ein zündender Titel kann Einschaltimpuls sein, ein Segment assoziativer Musik am Beginn Einstieg(sdroge) ins Thema. Die kann 1:30 Min. dauern, runtergezogen und unter Text weggeblendet werden, aber auch länger – oder das Feature beginnt mit Wort pur.

Einsatz Sprecher und Musik: Kompliziertere Themen erfordern womöglich angepasste Verfahrensweisen, etwa nach Art eines Hörspiels. Da gilt es dann zu fragen: Wie viele Sprecher brauche ich, welche Stimmcharakteristik ist erforderlich, um klangliche und inhaltliche Transparenz zu gewährleisten; wie wird die Musik untergebracht, welche Rolle spielt sie, wo wird sie behutsam unterlegt (möglichst kein Gesang unter gesprochenem Wort)? Musik kann alleine stehen oder von der Emotionskiste gesteuert, minutenlang dem eingesprochenen Text unterlegt, um ein bisschen Atmosphäre vorzutäuschen. Das Alltagsprogramm beeinflusste die Spezialsparte Musikfeature.

Sprache: Sinnzusammenhänge sollen sich sinnlich erschließen. Die Sprache soll klar und sinnfällig sein. Wo es sich anbietet, darf sie voller Raffinesse sein. Das Bemühen um ambitionierte, aber dennoch klare Sprache sollte immer am Beginn stehen, gewissermaßen als Fundament. Sie muss dann nicht einzig der Regel folgen „Je kürzer der Satz, desto besser". Da darf schon einiges an individueller kreativer Eigenleistung und subjektiv gestaltender Sprachkraft eingebracht werden. Da liest ein neutraler Sprecher einen gut recherchierten, gut geschriebenen und dramaturgisch gut gebauten Text einfach gut vor. Da werden dann historische Fakten, gesellschaftliche Zusammenhänge, ästhetische Dominanzen der Zeit, politische Gegebenheiten des Zeitalters nachvollziehbar und transparent, wenn es einem denn gelingt, das alles transparent darzustellen.

Das Faszinierende an akustischen Medien ist, dass da Bilder und Vernetzungen erst mit dem eigenem Zutun Sinn und Sinnlichkeit ergeben. Im Fernsehen kann man mit bewegten Bildern und Tönen so ablenken, dass für das eigene Imaginieren und Denken nicht mehr viel Raum bleibt. Zwei Beispiele einer Umsetzung werden im Folgenden erläutert.

Zwei Beispiele

Feature zu Filmmusik: Wenn Redaktion und Autor sich einig sind, ein Opus zum Thema Filmmusik anpacken zu wollen, geht es zuerst um die Frage, was kann, was will, was soll Musik im Film? Nicht umsonst spielt das Genre Filmmusik weiterhin eine wesentliche Rolle beim aktuellen Tonträgerverkauf. Und da geht es keinesfalls um Ennio Morricone und John Williams alleine. Also bietet sich die Frage nach der *Qualität der Musik* an. Wird die vom Autor selbst beantwortet oder werden O-Ton-Geber der unterschiedlichsten ästhetischen Ausprägungen gesucht? Ist Musik im Film nur eine Emotionsantreibungsmaschinerie? Ist die Lautstärkebalance ein Thema – weil doch nicht nur im Tierfilm die Musik gemeinhin, die sonor ihren Kommentar abgebenden Sprecher, die oft genug nicht deutlich artikulieren, unüberhörbar über-tönt. Eine Diskussion als Teil der Sendung könnte sinnvoll sein, wenn sich unterschiedliche Positionen spannend kontrastieren lassen. Redaktion und Urheber einer Sendung sollten jedenfalls im Entstehungsprozess – davor und auch danach – in ständigem Kontakt sein.

Feature zu 100 Jahre Salzburger Festspiele: Dort spielt die Stadt, das umgebende Land und eine hundertjährige Politszenerie eine Rolle, die in weiten Teilen immer noch vertiefender Aufarbeitung bedarf. Die Rolle der NSDAP und ihr Umgang mit den Künsten wie den Künstlern. Ästhetische Entwicklungen im Schauspielbereich ebenso wie im Opernbereich, interpretatorische Fragen am Pult der Weltklasseorchester, gestellt an Richard Strauss, Herbert von Karajan, Franz Welser-Möst, Joana Mallwitz, abgeholt zum Beispiel in den Archiven des DRA oder des ORF, der auch reichlich Musik bietet – soweit rechtlich möglich. Thematisch lässt sich unendlich eindringen und aufklären. ◄

22.3 Sendeplätze, Apps und Mediatheken

Die Sendeplätze für Musikfeatures mit Längen von 30, 60 oder gar 90 Min. wurden bei den öffentlich-rechtlichen Radios infolge mehrerer Programmreformen immer rarer, jedoch gibt es immer noch solche Inseln die, gerade freien Autoren, die Möglichkeit bieten, sich neben dem Alltag mit Beiträgen, einmal mit einem Thema ausführlicher auseinanderzusetzen, gemeinsam mit Regisseur und Tontechniker an Übergängen von Wort zu Musik, an Überlagerungen von O-Tönen mit Naturgeräuschen zu feilen oder seltene Tondokumente mit knappen Autorentexten zu kommentieren. Das gezahlte Honorar dafür steht zwar selten im Verhältnis zum Aufwand, die *Königsdisziplin* macht aber Freude und kann auch Renommee und vielleicht auch einen Wettbewerbspreis bringen. Alle ARD-Anstalten und DLR bieten Musikfeatures auf speziellen Sendeplätzen. Details sind bei den „Weiterführenden Links" aufgeführt. Zudem stehen Musikfeatures wie auch andere Radiofeatures zur zeitunabhängigen Nutzung, z. B. seit 2017 in der ARD-Audiothek, zum Abruf bereit. Dadurch werden das Musikfeature wie auch andere Sendeformate, die ein intensiveres Zuhören erfordern, jenseits eines bestimmten Sendeplatzes und einer definierten Zeit wieder attraktiv. Die Nutzung von Mediatheken und Streamingdiensten nimmt zu, wie aktuelle Studien der Medienforschung zeigen. Die digitalen Möglichkeiten erhöhen die Breitenwirkung, indem sie einen größeren Interessentenkreis erreichen. Das ist auch eine neue Chance für Musikfeatures und Hörspiele.

Das veränderte Nutzungsverhalten weg vom linearen Programm hin zur selbstbestimmten, zeitunabhängigen Programmgestaltung über Angebote in Mediatheken bietet die Chance, den Hörern oder Nutzern dort qualitative Angebote zur Verfügung zu stellen.

22.4 Porträt

Im Porträt ist es möglich, eine Persönlichkeit, einen Komponisten, einen Interpreten oder einen sonstigen im Musikgeschäft Tätigen, durch seine Stimme plastischer darzustellen, aus verschiedenen Blickwinkeln und in unterschiedlichen Situationen vorzustellen und mithilfe des Bildes, das sich durch schriftliche Äußerungen der Person oder Aussagen anderer vermittelt, abzurunden. Wichtig beim Porträt ist, wie bei der Reportage, eine genaue Beschreibung der eigenen Beobachtung. Das Porträt erfordert eine gründliche Recherche und einen hohen Arbeitsaufwand in der Strukturierung, Materialsammlung und Nachbearbeitung.

Das Porträt zählt zu den interpretierenden journalistischen Textgattungen, es ist nicht an die Strenge z. B. von Nachrichten gebunden. Tatsachen und Fakten sind im Mittelpunkt der Berichterstattung; es sind jedoch Elemente vorhanden, die den Texten eine subjektive Färbung des Autors geben. Es kann auch eine Mischung aus Reportage und Interview sein. Die genaue Form wird auch hier durch das Thema und das verfügbare Material bestimmt.

Porträts beginnen meist mit der Schilderung des Besonderen der betreffenden Funktion oder der Tat, skizzieren im Hauptteil den Lebensweg, wichtige berufliche Stationen und Erfolge und enden mit einem Schwenk ins Private und Persönliche.

Im Idealfall kann die Person selbst interviewt und eventuell eine gewisse Zeit ihres Lebens- oder Arbeitsalltags mit dem Mikrofon begleitet werden; wenn nicht, dann greift man, soweit verfügbar, auf O-Töne aus dem Schallarchiv zurück; es bietet sich auch an, zentrale Ereignisse in der Vita der Person mit Schlüsselsätzen aus Reden, Pressekonferenzen etc. zu illustrieren.

Wenn weder eine Interviewmöglichkeit besteht, noch Archivmaterial zur Verfügung steht, muss man ein Porträt *kalt* erstellen, kann sich aber behelfen, indem man Personen aus dem beruflichen oder persönlichen Umfeld zu Leben, Wirken und besonderen gemeinsamen Erlebnissen oder Situationen befragt.

22.5   Musikcollage

Wie beim Hörspiel handelt es sich bei der Musikcollage in vielen Fällen um eine künstlerische und nicht um eine journalistische Darstellungsform. Wie das Musikfeature macht sich die Musikcollage die produktions- und montagetechnischen Möglichkeiten der Studiotechnik mit besonderem Akzent auf die Musik zunutze. Die Grenze zum Musikfeature ist fließend. Collage-Abschnitte können auch Bestandteil eines Musikfeatures sein. Anders als das Feature erzählt die Collage jedoch keine Geschichte, sondern kombiniert eher assoziativ O-Töne, Atmo, Musik und ggf. Wort. Der Extremfall O-Ton-Collage kommt gänzlich ohne Autorentext aus. Eine Collage, die aber beispielsweise zeithistorische Dokumente in einen neuen Zusammenhang bringt, ist sehr wohl zu den journalistischen Darstellungsformen zu rechnen.

Wie beim Musikfeature empfiehlt es sich, sofern man Material vor Ort sammelt, ausreichend Atmosphäre einzufangen; das erleichtert später die Produktion.

22.6   Podcasts und Hörspiel

In vielen Sendern sind die einst getrennten Redaktionen für Feature und Hörspiel fusioniert worden zu Redaktionen für „Hörspiel & Feature" oder „Hörkunst". Als Konsequenz verfügen sie über einen gemeinsamen Etat, aber auch über die bisherigen Sendeplätze für Hörspiel und Feature.

Auch die Kurzform des Musikfeatures bzw. des Hörspiels in Form von „Podcasts" ist im Kommen, generationsübergreifend. Die „Zuhör"-Formate ermöglichen eine Entschleunigung des Alltags und erfreuen sich, gerade auch im mobilen Einsatz über Apps, großer Verbreitung, so sie gut gemacht sind und ausreichend *geliked* werden. Eine Verbreitung ist in unterschiedlichen Längen und auf verschiedenen Ausspielwegen möglich, z. B. im linearen Programm vormittags gekürzt, abends in voller Länge und in der Mediathek zusätzlich als Podcast in Kurzfassung und in voller Länge.

Beispiel 1: Jörg Handstein hat für BR-Klassik mittlerweile zehn aufwendig produzierte Hörbiographien großer Komponisten in der Reihe BR-Klassik-Wissen erstellt, zuletzt zu Ludwig van Beethoven (in 10 Folgen). Sie werden linear ausgestrahlt, eine Zeit lang kostenfrei als Podcast bereitgestellt und dann in CD-Boxen vermarktet.

Beispiel 2: Seit Dezember 2020 gibt es auf NDR Kultur das neue Format „Philipps Playlist – Musikalische Gedankenreisen". Der Radiomoderator und Musiker Philipp Schmid (siehe nächste Seite) veröffentlicht wöchentlich einen ca. 30minütigen Podcast zu einer bestimmten Atmosphäre oder Stimmung; Er verbindet fünf Musikstücke aus Pop, Klassik oder Jazz mit eigenen Überleitungen und Improvisationen am Klavier. Hörer können auch Vorschläge machen. Die Ansprechhaltung der stimmungsvollen Moderationen ist sehr persönlich, die Zuhörer werden geduzt. Themen sind z. B. „Musik, um den Mond zu beobachten" oder „Musik, die Hoffnung macht" (mit der Seelsorgerin Margot Käßmann als Gast): https://www.ndr.de/kultur/podcast4944.html.

„**Wenn der Hörer selbst zum Programmmacher wird und sich nahezu alles zusammenstellt, wird es immer Kuratoren brauchen, die für Überraschung und Horizonterweiterung sorgen. (Abb. 22.1)**"
Statement zur Zukunft des Musikjournalismus: Philipp Schmid, Moderator NDR Kultur

Abb. 22.1 Philipp Schmid, 1971 in Stuttgart geboren, sang zunächst im Knabenchor, bevor er in Karlsruhe Schulmusik studierte und als Jazzpianist und Studiomusiker arbeitete. Nach dem „Rundfunk-Musikjournalismus"-Studium in Karlsruhe (Diplom 1999) moderierte er zunächst bei Radio Ostallgäu, dann beim Bayerischen Rundfunk und seit 2004 „Klassisch in den Tag mit Philipp Schmid" bei NDR Kultur in Hamburg. 2018 erhielt er den „Deutschen Radiopreis" in der Kategorie „Bester Moderator". (Foto: NDR / Mischa Kreiskott). Verknüpfung zum Video des Interviews über: https://www.hfm-karlsruhe.de/hochschule/institute/institut-fuer-musikjournalismus-radio-tv-internet/projekte-des-imj/alumni)

Welche neuen Medien werden für die Arbeit der Musikjournalisten unabdingbar sein? Wird es künftig noch Print, Radio und Fernsehen geben?
Das Radio war schon so oft totgesagt. Warum also lebt es immer noch? Warum hören sich so viele Menschen Podcasts an, in denen lange gequatscht wird – also genau das, was man uns früher im Radio verboten hat? „Länger als 90 Sek. kann sich kein Hörer konzentrieren", hieß es immer, oder „Man kann über alles reden, aber nicht über zwei Minuten". Es geht um die Ansprache an sich und um die Form. Das macht den Zauber des Radios aus, da sitzt im Moment eine, die nur mir etwas erzählt. Da hat sich jemand Gedanken gemacht, was mich in diesem Moment interessieren könnte, was mich anmacht, was mich begeistert. Jemand, der genau wie

ich, im Leben steht, der soziale Medien nutzt, auf Spielplätzen mit anderen Eltern spricht, schlecht geschlafen hat, sich vor der Steuererklärung drückt, der sein Leben gerade verflucht oder feiert. Und das (hoffentlich) wird immer relevant sein.

Wie wird sich die Qualität vom Journalismus verändern?
Keiner isst ein Brot im Radio und kaum einer singt ein Lied – aber dennoch ist diese Binsenweisheit, „Wes' Brot ich ess, des' Lied ich sing" immer präsent. Für Unabhängigkeit steht der öffentlich-rechtliche Rundfunk, auch wenn das immer wieder und immer stärker angezweifelt wird. Gerade deshalb gilt es, sich immer wieder zu überprüfen – weshalb nehmen wir Themen ins Programm, mit welcher Intention, mit welcher Haltung dahinter? Können wir einen positiven Aspekt finden, eine konstruktive Richtung, Probleme aufzeigen und gleichzeitig Lösungsansätze vorschlagen? Transparenz und Durchsichtigkeit schafft Vertrauen und rechtfertigt auch eine Bezahlung. Qualität misst sich im Überprüfen von fremden Meinungen, das setzt natürlich voraus, dass man seine eigene nicht für die einzige hält.

Musikjournalisten als „Allrounder" hinsichtlich der Medien und Themenfelder – ein austauschbarer Job?
Um Musik zu hören, muss man im Grunde gar nichts wissen, man muss nur fühlen. Die Bereitschaft zu Fühlen beim Hörer, bei der Hörerin und die Bereitschaft zum Anstoßen von Gefühlen beim Moderator, der Moderatorin reichen völlig aus. Und vielleicht ergibt sich daraus auch ein Anstoß zum weiteren Beschäftigen mit Leben, Schaffen und Werk eines Musikers – Informationen und Musikstücke sind sofort und überall verfügbar. Niemand braucht einen Moderator, der aus Lexika vorliest oder aus Wikipedia-Artikeln. Musik kuratiert – mit Bezügen zur Musikgeschichte, zum eigenen Leben und Erleben hergestellt, ausgewählt von jemandem, der/die mir sympathisch ist, die ich verrückt, weltoffen, witzig und geistreich finde. Mein Musikkurator – meine Musikkuratorin. Und „Persönlichkeit" zeigen, wie es so oft gefordert wird, kann eben nur der, der eine ist und der zulässt, das Leben ins Radio reinzulassen.

Was würden Sie gerne noch journalistisch erreichen?
Ich versuche, jeden Morgen eine noch bessere Sendung zum machen als gestern, und mein Ziel ist es, Menschen glücklicher zu hinterlassen, als ich sie angetroffen habe.

Wie lange wird es das Radio, wie wir es kennen, noch geben? Was folgt danach?
Natürlich hoffe ich, dass es Radio immer geben wird. Ergänzt durch Podcasts, Mediatheken und Streamings, bestimmt bald in sehr personalisierter Form, was Inhalte und Musik angeht. Wenn der Hörer selbst zum Programmmacher wird und sich nahezu alles zusammenstellt, wird es immer Kuratoren und Kuratorinnen brauchen, die für Überraschung und Horizonterweiterung sorgen.
(Interview: Janina Heinle, Studentin „Musikjournalismus für Rundfunk und Multimedia" (M.A.), HfM Karlsruhe)

Weiterführende Literatur

Zindel, Udo/Wolfgang Rein (Hg.), Das Radio-Feature. Ein Werkstattbuch. Inklusive CD mit Hörbeispielen (Konstanz: UVK 2. Aufl. 2007) (Praktischer Journalismus 34).

Egli von Matt, Sylvia/Hanspeter Gschwend/Hans-Peter von Peschke/Paul Riniker, Das Porträt (Konstanz: UVK, 2. Aufl. 2008) (Praktischer Journalismus 54).

Aguigah, René: Die Phantasie der Schallarchive. Über das Radio von Walter Filz. in: Bauer M. (Hg), Neue Rundschau Heft 4/2001. Berlin. S. 92–99.

Wessels, Wolfram, Keine Debatte über das Feature. in: Rundfunk und Geschichte, 29 (3/4) 2003, S. 143–145. http://rundfunkundgeschichte.de/assets/RuG_2003_3-4.pdf.

Runow, Tanja, Von der Welt erzählen in vielen Stimmen. Polyphonie im deutschen Radio-Feature, Magisterarbeit FU Berlin 2007. https://refubium.fu-berlin.de/handle/fub188/15948.

Lissek, Michael (Hg.), Geschichte und Ästhetik des Radio-Features. „Etwas ist da, unüberhörbar, eigensinnig, was jenseits der Bedeutung der Wörter liegt…" (Norderstedt: Books on Demand 2012) (=Beiträge des ersten Rendsburger Featuresymposons 2010).

Greif, Stefan und Lehnert, Nils (Hg.), Pophörspiele (München: et+k edition text + kritik 2020) (=NeoAvantgarden, hg. von Hans-Edwin Friedrich und Sven Hanuschek).

Krug, Hans-Jürgen, Kleine Geschichte des Hörspiels (Köln: Halem-Verlag, 3. Aufl. 2020).

Rinke, Günter, Das Pophörspiel. Definition – Funktion – Typologie (Bielefeld: transcript 2018).

Weiterführende Links

https://www.br-klassik.de/programm/sendungen-a-z/musik-feature-hoerdokumentationen-aus-der-welt-der-klassik-100.html Musikfeatures bei BR-Klassik: Das Musik-Feature. Hördokumentationen aus der Welt der Klassik, freitags um 19.05 Uhr, Wiederholung samstags um 14.05 Uhr (Stand: 2020).
https://www.ardaudiothek.de/das-ard-radiofeature/3743362 Radiofeatures in der ARD-Audiothek (u.a. Musikfeatures):
https://www.ardaudiothek.de/kategorie/42914712 Hörspiele in der ARD-Audiothek:
Mediamanual.at-Archiv: https://www.mediamanual.at/mediamanual/leitfaden/radio/radiofeature.php.
Studienkreis Rundfunk und Geschichte. Fachgruppe Radiofeature: http://rundfunkundgeschichte.de/fachgruppen/fachgruppe-radiofeature/.

Teil IV
Musikjournalismus im Popradio

Popmusik im Radio

23

Jörg Lange

Zusammenfassung

Es wird die Entwicklung des öffentlich-rechtlichen Popradios und die Entstehung von dritten und vierten Radioprogrammen aufgezeigt, ebenso die Entstehung von Privatrundfunk. Im zweiten Teil des Artikels werden die aktuelle Situation und die Veränderung der Medienlandschaft für Popradios dargestellt.

Schlüsselwörter

Popradio · Formatradio · Populäre Musik · Junge Welle · Charts ·
Zielgruppe · Mediennutzung · Podcast

Wenn man sich mit Popmusik im Radio beschäftigt, merkt man schnell, dass eine Differenzierung des Begriffs Pop und damit auch des Hörers von Popradio erforderlich ist.

Die Geschichte des „modernen" Popradios beginnt mit der Geschichte der modernen Popmusik, und die beginnt vor 50 Jahren. Seitdem ist viel passiert, und das sogenannte Popradio hat sich in Deutschland seitdem auch schon wieder in drei unterschiedliche Musik- und Programmformate ausdifferenziert. Eine „poppige" Radiowelle ist zunächst ein Programmformat, das hauptsächlich mit seinem musikalischen Zuschnitt den Geschmack seiner Hörer trifft. Denn das Musikangebot eines Radiosenders, einer Popwelle, ist nach Untersuchungen der Medienforschung zu mehr als 70 % der wichtigste Grund, warum

J. Lange (✉)
SWR3 Musikredaktion, Baden-Baden, Deutschland
E-Mail: info@musik-journalismus.de

© Springer Fachmedien Wiesbaden GmbH, ein Teil von Springer Nature 2022   271
P. Overbeck (Hrsg.), *Musikjournalismus,* Journalistische Praxis,
https://doi.org/10.1007/978-3-658-32476-6_23

ein Programm überhaupt gehört wird. Alle anderen Inhalte, Nachrichten, Verkehr, politische Informationen, Magazinbeiträge usw. rangieren in der Frage des Einschaltimpulses weit dahinter, sind aber trotzdem aus dem Blickwinkel des Gesamtkonzeptes einer Welle und der damit verbundenen Höreransprache keineswegs zu vernachlässigen.

23.1   Geschichte der Popmusik im Radio

Was ist die richtige Ansprache, was ist das richtige Pop-Feeling, mit dem ich als Radiomacher die Hörer erreichen kann? Die Geschichte des Popradios beginnt bereits Mitte der 50er-Jahre mit dem Rock'n' Roll, mit Künstlern wie Bill Haley, Chuck Berry, Fats Domino und Elvis Presley. In den späten 50ern folgten Teeniestars wie Paul Anka und Brenda Lee und ihren deutschen Pendants wie Peter Kraus und Cornelia Froboess. Doch es war letztlich der weltweite Erfolg der Beatles Anfang der 60er, der den Begriff „Popmusik" als ein neues Genre etablierte. Die Popmusik wurde der Soundtrack zum neuen Lebensgefühl der damaligen Teenagergeneration, und die wollte ihre Musik letztlich auch im Radio hören.

Populäre Musik im Radio der 30er- und 40er-Jahre: Natürlich gab es auch vorher schon populäre Musik im Radio. Die ersten „privaten" Top-40-Radios in den USA setzten schon in den 30er-Jahren auf die populäre Wirkung der beliebtesten Hits, denn man musste sich schließlich über Werbeeinnahmen finanzieren. Auch in Deutschland spielte das Radio in den 30ern und 40ern die aktuellen Tageshits und Schlager, besonders fokussiert in den beliebten Wunschkonzerten. Von einer Beschreibung als ein Programm mit populärer Musik war man aber noch weit entfernt, denn noch setzte sich das staatliche Radioprogramm aus unterschiedlichsten Sendungsinhalten zusammen. Mit Nachrichten, Reportagen, Hörspielen, Lesungen und Essays sowie klassischer und populärer Musik versuchte man, die unterschiedlichsten Interessenlagen der Hörer in einem Einschaltprogramm (z. B. 15:00 Uhr Landfunk, 16:00 Uhr Wunschkonzert, 17:00 Uhr Aktuelle Politik usw.) abzubilden.

Die Differenzierung in zwei Wellen: Zu Anfang der 50er-Jahre brachte die Einführung der UKW-Stereotechnik die technische Möglichkeit, das Frequenzspektrum zu erweitern, und das ermöglichte den öffentlich-rechtlichen Radioanstalten eine Differenzierung ihres Programmangebots. Die ersten Radioprogramme der ARD-Anstalten wurden die Wellen, in denen man neben Magazinsendungen, Reportagen und aktueller Information den populären „unterhaltenden" Musikgeschmack der 50er- und 60er-Jahre abbildete. Die zweiten Programme wurden als Kulturprogramme konzipiert, in denen neben vertiefenden Informationen Hörspiele, Lesungen oder Radio-Essays und musikalisch der Jazz, vor allem aber die so genannte „Ernste Musik" ihre Heimat fand.

Populäre Musik, aber noch keinen Pop in den ersten Programmen: Die unterhaltende populäre Musik der 50er- und 60er-Jahre setzte sich zusammen aus Schlagern, volkstümlicher Musik, leichter Operettenmusik sowie instrumentalen Orchestermelodien (die man heute als Easy-Listening-Musik bezeichnen würde). Stars jener Zeit waren mit instrumentalen Hits z. B. das Orchester von Mantovani („Moulin Rouge") oder Billy Vaughn („Sail Along Silvery Moon", D1/1958 – als Anmerkung: D 1/1958 bedeutet: Platz 1 in den deutschen Charts im Jahre 1958), mit ihren Fernwehliedern Freddy Quinn („Heimweh", D1/1956) und Lolita („Der weiße Mond von Maratonga", D 2/1957), daneben mit Swingmusik Glenn Miller („In The Mood", D 1955) und der Trompeter Louis Armstrong („Mack The Knife", D 17/1957). Die Schlagerszene prägten Sänger wie Fred Bertelmann (D 1/1957) oder Vico Torriani („Kalkutta liegt am Ganges", D 1/1960) sowie als Vertreter der neueren Schlagergeneration Catherina Valente und Peter Alexander (gemeinsam mit „Eventuell, Eventuell", 1955).

Hits der 50er und 60er in heutigen vierten Radioprogrammen: Natürlich wurde dieses Musikprogramm im Laufe der Zeit auch mit moderneren Musikfarben erweitert, aber im Kern war dieser Musikmix bis etwa Mitte der 80er-Jahre prägend für viele ersten Radioprogramme. Dann reagierte man auf die inzwischen veränderte Bedürfnislage der älter gewordenen Kernhörerschaft dieser Wellen, auch auf die musikalischen Bedürfnisse der nachgewachsenen Generationen, und konzipierte in den öffentlich-rechtlichen Radios die Vierten Programme (WDR4, hr4, SWR4). Hier findet sich heute neben regionalen Nachrichten, Informationen und Magazinbeiträgen das populäre Musikformat der 50er- und 60er-Jahre wieder, ergänzt durch passende zeitgemäße Musiktitel sowie durch einige der ehemals „rebellischen" Pop-Oldies von Bill Haley, Fats Domino oder Elvis Presley, die in den 50ern im Radio allenfalls in speziellen Musiksendungen und Wunschkonzerten Platz fanden.

Der lange Weg der neuen Popmusik ins Radio: Der amerikanische Rock'n' Roll war bis auf wenige Ausnahmen (z. B. Bill Haleys „Rock Around the Clock", D 1/56) in Deutschland zunächst die rebellische Musik einer kleinen Fangemeinde. Der deutsche Rock'n' Roll, z. B. von Peter Kraus („Susi Rock", D 8/57), war dagegen eher domestizierter Teenie-Pop, aber es war etwas in Bewegung gekommen. Die junge Nachkriegsgeneration der 50er und 60er suchte nach einer eigenen Identität, stellte alte gesellschaftliche Werte infrage, und die Popmusik wurde zum klanglichen Ausdruck dieses Wertewandels. In kleinen Szenen, z. B. Anfang der 60er-Jahre um den Hamburger Kaiserkeller und den Star Club,

wurde mit dem Erfolg der Beatles ab 1962 weltweit eine neue musikalische Popwelle losgetreten, die mit ihrer klanglichen Abgrenzung von der Erwachsenenwelt
und ihrer ganzen Ausdrucksvielfalt auch eine eigene Widerspiegelung in neuen
Popradioformaten suchte.

Privatradios reagieren auf Poptrend und machen Druck für Reformen:
Es dauerte aber, bis diese neuen Popmusikstile und das damit verbundene neue
Lebensgefühl auch ihre Entsprechung in eigenen Popwellen fanden. Zwar wur-
den die Beatles und andere Popbands jener Zeit in den einmal wöchentlich
stattfindenden Hitparaden oder Wunschmusiksendungen, z. B. von WDR1 mit
Radio-DJs wie Chris Howland oder Mel Sandock, berücksichtigt, doch längere
Sendestrecken für den neuen Musiktrend blieben, von punktuellen Ausnahmen
abgesehen, Mangelware. Die legendäre Fernsehsendung „Beatclub" (produziert
von „Radio Bremen") bot hier ein samstägliches Ventil, und erst im Laufe der
Zeit etablierten sich in einigen Programmen nachmittägliche Sendestrecken für
ausgefallenere moderne Popmusik, wie z. B. ab 1965 „Musik für junge Leute
nach der Schule" (NDR2/hr2, das Kulturprogramm!) oder der „NDR2 Club". Wer
in Deutschland mehr Popmusik im Radio hören wollte, war in den 60ern auf den
britischen Soldatensender „British Forces Broadcasting Services" (BFBS) oder
dessen amerikanisches Pendant „American Forces Network" (AFN) angewiesen.

Piratensender vor Großbritannien: In dem Mutterland des Pop fand die
neue Jugendmusik zunächst wenig Platz in den alten Sendeformaten der „British Broadcasting Corporation" (BBC). Clevere Musikfans und Geschäftsleute
kamen 1963 auf die Idee, vor dem britischen Hoheitsgebiet auf einem Schiff
den „privaten" Piratensender „Radio London" zu installieren. Der Erfolg dieser Popwelle machte schließlich Druck auf die staatliche BBC, die daraufhin
1967 ein Radioprogramm mit dem Schwerpunkt Popmusik ins Leben rief. Auch
vor den Niederlanden etablierten sich mit „Radio Caroline" und Radio Veronika" weitere Piratensender, die bis ins nördliche Ruhrgebiet zu hören waren.
Mit ihrem neuen Radiomix, der sich ohne journalistische Beiträge ausschließlich aus aktueller Popmusik, flotten Musikmoderationen, modernen Radiojingles
sowie trendig empfundener Werbung zusammensetzte, sorgten die Piratensender
für neuen poppigen Wind in der Radioszene.

Alternative RTL: Eine weitere Radioalternative in Europa war abends und
nachts auf Mittelwelle das englischsprachige private Pop-Programm von „RTL
Luxembourg". Und selbst die schlagerbetonte deutschsprachige RTL-Ausgabe mit
Moderator Frank Elstner setzte mit seinem kommerziell orientierten neuen Pop-
format den Quoten der in Form und Stil „altgewordenen" öffentlich-rechtlichen
Unterhaltungsprogramme in Deutschland zu.

Popmusik ins öffentlich-rechtliche Radio: Als erster deutschsprachiger Sender reagierte 1967 in Österreich der ORF. Mit seiner dritten Welle Ö3 übernahm er eine Vorreiterrolle für eine neue poppige Musikwelle. Wegen seines Erfolges wurden bestimmte Sendestrecken des Ö3-Musikprogramms von einigen Sendern übernommen, z. B. zur Mittagszeit vom hr.

Der BR reagierte im April 1971 mit seiner Servicewelle Bayern 3 und der Einführung des Verkehrsservice als festem Programmbestandteil. 1970 ergänzte auch der SWF sein Angebot mit einer dritten Welle. Die Sendung „Popshop" bildete dann auch den Kern für ein neues Popwellenkonzept, das SWF3 ab 1975 zum erfolgreichsten Pop-Programm in Deutschland werden ließ: Moderne Popmusik, bewusst gemixt mit Informationen, Magazinbeiträgen und Comedy-Elementen, die sich in Form und Stil an den Interessen der jugendlichen Popgeneration orientierten – einer Generation mit einer irgendwie eigenen anderen Lebenseinstellung und -philosophie, einer Generation mit einem eigenen Gestus und Sprachjargon, der deshalb auch von den Moderatoren anders, sozusagen auf gleicher Augenhöhe angesprochen werden wollte.

Andere öffentlich-rechtliche Sender zogen in Deutschland bald mit ihren reformierten Pop-Programmen nach (z. B. BR3, hr3, WDR2, NDR2 (Anmerkung: Die Programmnummern wurden bei WDR und NDR anders belegt)), die mit ihrem modernen poppigen Programmmix den Nerv vieler Hörer trafen, und die mit ihren Einschaltquoten bis Ende der 80er zum zeitgemäßen Imageträger für ihre jeweiligen Sender wurden.

Bewegung auch in der Schweiz: Vom gerade noch auf italienischem Staatsgebiet liegenden Berg Pizzo Groppera aus strahlte der Schweizer Radiopionier und spätere Sat1-Chef Roger Schawinski von November 1979 an mittels stark gebündelter Antenne in den Großraum Zürich sein kommerziell poppiges Programm „Radio 24" aus und geriet im Konflikt mit italienischen und schweizerischen Behörden. Erst im Zuge der Liberalisierung des schweizerischen Radiomarktes im Jahre 1984 erhielt das Popradio „Radio 24" (später dann auch die Klassikwelle „Opus Radio") eine reguläre Sendelizenz.

Verändere Programmkonzeption durch Private Radios und neue Popstile: Zu Beginn der 80er-Jahre wurde in der BRD das Sendemonopol der öffentlich-rechtlichen Rundfunkanstalten aufgehoben (die einzige Ausnahme war bis dahin aufgrund des besonderen Länderrechts die „Europawelle" im Saarland). 1984 startete in Ludwigshafen, zunächst im Kabel, der erste private Radiobetrieb, aus dem 1986 der Sender RPR1 hervorgeht. Im Juli 1986 ist „Radio RSH" in Schleswig–Holstein die erste landesweit agierende Popwelle in Deutschland, weitere folgten. Und die privaten Rundfunksender belebten den Radiomarkt.

Anders als viele öffentlich-rechtliche Pop-Programme setzten die neuen Privat-radios konsequent auf kommerzielle amerikanische Rundfunkmodelle. Nicht die Widerspiegelung einer popmusikalischen Vielfalt, sondern nur das Spielen der „beliebtesten, besten, größten" Hits usw. zählte als Maßstab einer erfolgreichen Programmarbeit. Die Einschaltquote und der daraus ermittelte Marktwert für die Werbeeinnahmen bestimmen den Erfolg privater Radiosender, und deshalb wird im Wortbereich die Information häufig hinter der leichten unterhaltenden Alltagsbegleitung zurückgestellt.

Dieses kommerziell orientierte Konzept privater Radioprogramme hat sich mit einigem Erfolg in der Radiolandschaft durchgesetzt. Und dieser Erfolg der privaten Radiokonkurrenz stellte auch das Konzept der öffentlichen-rechtlichen Popwellen erneut auf den Prüfstand:

- Ist die Ansprache der Hörer noch zeitgemäß?
- Spiegelt man mit seinen Themen die Interessenlage der Hörer wider?
- Müssen Beiträge anders gestaltet sein, damit sie auch gehört werden?
- Und ganz entscheidend: Können alle aktuell angesagten Popmusikstile noch in einer Popwelle unter einen Hut gebracht werden?
- Treffen sie noch ein gemeinsames Lebensgefühl?

Dance, Rap, Alternative und Crossover sind die Soundtracks neuer Jugend-szenen. Etwa bis Mitte der 80er-Jahre basierte die Popmusik hauptsächlich auf den musikalischen Wurzeln, die mit Rock'n' Roll, Beat und Rock gelegt wurden. Dance und Rap erweiterten die Musiksprache mit neuen harten Technosounds und mit künstlichen elektronischen Klängen, andererseits mit Samples und rhythmus-betonten Beats und Sounds und dem Sprechgesang. Die Rockmusik suchte ihren neuen Ausdruck mal „Alternative" punkig-folkig, mal mit harten Crossoverklän-gen. In diesen gegensätzlichen Stilen findet seit Anfang der 90er-Jahre eine neue Popgeneration ihren zeitgemäßen Sound wieder. Dies sind Sounds und Klänge, die viele inzwischen natürlich auch schon älter gewordene Popfans mit ihrem Musikgeschmack oft nur noch schwer unter einen Hut bringen. Dies gilt auch für einige neue Musikstile und Trends der 2000er-Jahre, mit populären Musikfar-ben wie deutschsprachiger Poprock, Singer-Songwriter, Retro-Soul, Deutschrap, EDM (Electronic Dance Music), oder Trap, von denen sich einige Musikfarben inzwischen auch im Pop-Mainstream wiederfinden!

Junge Wellen als Programme für eine neue Popgeneration, z. B. „Eins Live" (WDR), DASDING (SWR), „Radio Fritz" (RBB) oder „YouFM" (hr) ergänzen seit Mitte der 90er-Jahre das Angebot öffentlich-rechtlicher Sender. Mit ähnlichen Angeboten reagieren private Anbieter, z. B. „BigFM", auf den diversifizierten

Musikmarkt. Dadurch erreichte man eine stimmigere musikalische Trennschärfe der aktuellen Popmusik-Stile, und man kann mit dem jugendlichen Programmangebot besser auf die spezifischen, ausdifferenzierten Höreransprüche reagieren. Natürlich steht die Musik auch in den Jungen Wellen im Gesamtkontext von Beiträgen, Nachrichten und Moderationen, die mit ihrer eigenen Form und Ansprache die Bedürfnisse und das Lebensgefühl ihrer Hörer stimmig treffen wollen. Dieser Prozess ist, wie in allen anderen Programmformaten ebenfalls, ein dynamischer, der immer wieder an den jeweils zeitgemäßen Musikgeschmack und die Bedürfnisse der älter werdenden und neu hinzukommenden Hörergruppen angepasst werden muss.

23.2 Popmusik im Radio heute: Neue Mediennutzung durch Internet und Smartphones

In diese Betrachtung gehört, dass sich seit Anfang der 2000er-Jahre stark wandelnde Mediennutzungsverhalten. Die bis dahin stabilen Kommunikationsangebote durch die bis dahin dominierenden Leitmedien wie Radio, Fernsehen und Zeitungen, sehen sich gerade bei den jüngeren Generationen der sogenannten Trendsetter im Alter von 14 bis 29 Jahren einer starken Konkurrenz durch Computer, Internet und schlussendlich dem Smartphone ausgesetzt. Valide Erkenntnisse bietet hier die ARD/ZDF Langzeitstudie „Massenkommunikation 1964–2020: Mediennutzung im Langzeitvergleich"[1]. In ihrer Studie stellen sie fest, dass audiovisuelle Medien täglich von 82 % der Bevölkerung ab 14 Jahren genutzt werden. Dabei bleibt das Radio, trotz Verlusten von 15 % der Nutzungszahlen im Vergleich zum Jahr 2000, mit 70 % im Jahr 2020 immer noch das reichweitenstärkste Audioangebot. Die Reichweitenverluste sind „in den letzten fünf Jahren vor allem auf den Wettbewerb mit Musik-Streamingplattformen und Videoportale zurückzuführen, die zusammen eine Tagesreichweite (für Musikangebote) von 20 % erreichen" (dito S. 420).

Die jugendliche Hörergruppe der „Trendsetter" hört weniger Radio. Betrachtet man diese Zahlen aber nicht nur im Ganzen, sondern differenziert diese nach Altersgruppen, wird ein noch deutlicherer Wandel im Nutzungsverhalten der jüngeren Gruppe der Trendsetter ersichtlich. Während die Altersgruppen der 30-

---

[1] Christian Breunig, Marlene Handel und Bernhard Kessler: Ergebnisse der ARD/ZDF Langzeitstudie „Massenkommunikation 1964–2020": Mediennutzung im Langzeitvergleich", in „Media Perspektiven" 7–8-2020, S. 410–432, dort S. 416. PDF abzurufen unter: https://www.ard-werbung.de/media-perspektiven/fachzeitschrift/2020/detailseite-2020/massenkommunikation-1964-2020-mediennutzung-im-langzeitvergleich/.

bis 49-jährigen und 50- bis 69-jährigen Hörer das Radio noch mit einer Tages-
nutzung von 72 bzw. 82 % in ihren Alltag integriert. Das Radio wird in der
Konkurrenz zu anderen multimedialen Angeboten in der Altersgruppe der 14- bis
29-Jährigen „zum flexiblen Tagesbegleiter" (dito S. 420), wird aber nur noch zu
einem Anteil von 51 % genutzt. Hier erreichen Musik-Streamingdienste wie Spotify, Deezer oder Apple eine Tagesreichweite von 48 %, Musik-Videoportale wie
YouTube oder „Vevo" eine Reichweite von 14 %. (dito S. 421). Dabei spielen
auch visuelle Angebote eine immer größere Rolle, viele werden dabei auch über
die stark genutzten Social Media-Plattformen wie Facebook, Twitter, WhatsApp,
Instagram oder TikTok geteilt und verbreitet.

   Das Smartphone ist in der Gruppe der 14- bis 29-jährigen Trendsetter inzwischen zum dominanten multimedialen Medienendgerät geworden. Im allgemeinen
Vergleich sind 2010 nur 13 % der Bevölkerung im Besitz des neu aufkommenden Smartphones gewesen, 2020 hat sich diese Zahl auf 88 % gesteigert. Bei
der Gruppe der Trendsetter hat das Smartphone sogar eine Durchdringung von
99 % erreicht und wird von ihnen intensiv für ihren Medienkonsum genutzt.
(dito S. 429). Insgesamt ist in den letzten Jahren dadurch auch die Dauer des
Medienkonsums in dieser Altersgruppe auf 10:21 h gestiegen, die Nutzung ohne
Internetzugang beträgt dabei nur noch 2:25 h (dito S. 416). Bei in den letzten Jahren insgesamt relativ gleich gebliebener *gesamter* medialer Konsumzeit
konstatiert die „ARD-ZDF-Langzeitstudie" dabei „eine Verdichtung der Mediennutzung bei jungen Leuten" (dito S. 430). Audiovisuelle Angebote und Social-
Media-Plattformen werden teilweise parallel genutzt, während des gestream-
ten Films wird gechattet, während des Musikstreamings werden die neuesten
Posts auf Instagram gecheckt (Stichwort *Second Screen*).

   **Trimedialität – Medienmacher reagieren mit diversifizierten Programm-
angeboten.** Die Programmmacher von Radio, TV und Printmedien reagieren
auf die neuen Mediennutzungsgewohnheiten, vor allem durch jüngere Zielgruppen der 14–19-Jährigen, ihrerseits mit einem diversifizierten und vielfältigen
Programmangebot, um so die potenziellen Hörer, Seher und Leser zielgerichtet
auf unterschiedlichen medialen Kanälen und Ausspielwegen ansprechen zu können. Stichwort *Trimedialität*. Dies bedeutet, dass man beim Programmmachen
impliziert, dass man neben dem klassischen Radiobeitrag auch eine mögliche
Umsetzung des Themas in visueller Form, sowie eine Darstellung für das Internet, sei es auf der Homepage des Senders, der Hörfunkwelle, oder anderen
Social-Media-Kanälen mitdenkt und gestaltet. Der Markenkern bleibt dabei das
Radioprogramm (alternativ das TV- oder das Zeitungsformat). Mit ausdifferenzierten und multimedialen Beitragsangeboten versucht man, die internet-affinen

Hörergruppen zeitgemäß über vielfältige Ausspielwege anzusprechen und zu erreichen.

Online-Strategien und Angebote der öffentlich-rechtlichen Programme: Schon mit dem Aufkommen des Internets haben die meisten jungen Hörfunkwellen mit eigenen programmbegleitenden Homepages auf die neuen medialen Möglichkeiten reagiert. Viele Programm haben deshalb speziell Onlineredakteure in ihre Redaktionen integriert, um mit angepassten und speziell aufbereiteten Beiträgen auch im Internet präsent zu sein. Interviews kann man auf der Homepage nachhören oder nachlesen, Interviewgäste noch einmal im Bild oder bei Musikern auch mit eigenen „Unplugged"-Versionen nachhören, Programmaktionen wie z. B. Festivals werden mit Beiträgen, Bildern und Videos nacherlebbar gemacht, man kann Radio-Playlisten recherchieren, usw. Neue Apps, wie z. B. die SWR3-App (siehe Abb. 23.1) oder auch die ebenso aufgebaute DASDING-App, ermöglichen dabei auch eine direkte Interaktion mit dem Programm, Beiträge oder komplette Sendungen können zeitversetzt nachgehört werden, Musiktitel im laufenden Programm ausgetauscht, sowie eine eigene Playlist mit den Lieblingstiteln aus dem Radioprogramm angelegt werden.

Abb. 23.1 Die SWR3-App für den Smartphone- und Tabletmodus, verfügbar und abrufbar unter SWR3.de/app. (Abruf: 12.08.20)

Mediendiversität: Programmvielfalt auf unterschiedlichen Ausspielwegen: Wollen die klassischen Medien wie Radio, Fernsehen sowie Zeitungen auch in Zukunft nicht den Zugang zu einem jüngeren Publikum verlieren, müssen sie sich deren modernen Medienkonsum mit adäquaten Multimedia-Angeboten stellen. War die Gründung von sogenannten jungen Programmwellen für das Radio in den 90er-Jahren ein inhaltlich gebotener Schritt, müssen sich Radiomacher jetzt zwingend auch den multimedialen Kommunikations- und Konsum-Wegen stellen.

Präsenz im Internet und auf Social-Media-Kanälen: Eine starke Antwort ist die Präsenz auf den Social-Media-Plattformen. Dort erreicht man mit speziellen *Memes* (Bilder mit inhaltlichen Statements, z. B. von Studiogästen) aus dem Programm heraus Reichweite bei einem jüngeren Publikum und kann gleichzeitig auf interessante Beiträge im Radio sowie auf vertiefende Inhalte auf der eigenen Homepage hinweisen. Facebook und Instagram sprechen hier eher schon die älteren Trendsetter (das klassische Popwellen-Format) an, ein junges Social-Media-Format wie TikTok (ehemals Musical.ly), das eher jüngere Nutzer anspricht, findet deshalb auch eher auf Plattformen der Jungen Wellen seine Anwendung. Daneben wird auch eigener Content erstellt wie z. B. Musiknews, Musik-Infos, Themenseiten zu besonderen Programmschwerpunkten wie Umweltschutz, Schule, oder „Made in Germany".

Podcast als besonderes Radio-On-Demand-Format: Als erfolgreiches „Radio-On-Demand"-Format hat sich auch der Podcast etabliert. Eigentlich ein Talkformat mit verschiedenen Inhalten und Themen (z. B. Böhmermann und Schulz/ursprünglich „RadioEins", Charlotte Roche – Paardiologie/Spotify), finden sich hier aber auch wortbezogene Sendemitschnitte („SWR1 Leute", „SWR2 Wissen") ihren Platz, ebenso wie produzierte Musikinformationsbeiträge (wie z. B. „SWR3 – Die größten Hits und ihre Geschichte"). Im Gegensatz zu den Beitragslängen in Popwellen, die oft zeitlich knapp und thematisch sektoral fokussiert sein sollen, ist im Internet, ähnlich wie bei einem Feature, Platz für die ausführliche Darstellung bestimmter Themen. Es gilt, je länger, desto besser, denn der interessierte Hörer nimmt sich hier auch Zeit, sich gezielt mit einem vertiefenden Inhalt auseinanderzusetzen. Die Podcasts funktionieren wie bei einer Serie meist personenbezogen, bestimmte Protagonisten stehen für bestimmte wiedererkennbare Formen und Inhalte.

Der Konkurrenz durch die Musikstreaming-Portale, die ihrerseits mit speziellen zusammengestellten Playlisten oder auch moderierten Themenschwerpunkten anbieten, können die Radio- und Programmgestalter ihrerseits mit eigenen Playlisten zu eigenen musikalischen Themen begegnen. Mit eigenen Podcasts kann man, nicht nur auf der eigenen Homepage, sondern auch auf

Spotify oder Apple Music sowie z. B. in der „ARD-Audiothek" (www.ardaud iothek.de) präsent sein, um auch multimedial die inhaltlichen Kompetenzen und Programmleistungen der jeweiligen Programmformate und der Redaktionen zu unterstreichen.

Visuelle Präsenz: Da das so genannte „bewegte Bild" bei der neuen Mediennutzung der jungen Trendsetter eine immer größere Rolle spielt, neben TikTok, werden „Videoportale und Streamingdienste zunehmend nachgefragt" (Media Perspektiven 7–8-2020, Seite 415), sind auch Videoclips mit speziellen Rubriken, wie „Unplugged-Konzerte", „Studio-Talks", oder „Visual Radio" (z. B. live übertragene Radio-Sendungen mit Studiogästen), regelmäßiger Bestandteil heutiger redaktioneller Arbeit. Um ihrem öffentlich-rechtlichen Programmauftrag auch in der jüngeren Zielgruppe der 14- bis 29-Jährigen gerecht werden zu können, bieten ARD und ZDF seit dem 1. Oktober 2016 das Content-Netzwerk FUNK an (www.funk.net). In der Selbstbeschreibung' heißt es: „Mit Partnern aus der Webvideobranche und jungen talentierten MedienmacherInnen arbeiten wir an wissenswerten, kritisch lustigen, unterhaltenden und fesselnden Inhalten". FUNK, dieses gemeinschaftlich betriebene Format, beinhaltet Infos, News, Mode, Comedy, Music-Talk, Live-Sendungen, Dokumentationen und Themen-Features; die erstellten visuelle Inhalte werden nicht nur auf den Homepages der beteiligten TV-Sender und jungen Radio-Popwellen veröffentlicht, sondern ebenso auf YouTube und anderen Social-Media-Kanälen geteilt. Das unterstreicht die Mediendiversität und Vielfalt, der sich moderne Programmmacher im Zeitalter des Smartphones heute stellen müssen.

Zu aktuellen Entwicklungen bei den Jugendradios bzw. zu personalisierten Musikstreams siehe Kap. 28 und 29.

Moderation

24

Jörg Lange

Zusammenfassung

Die Moderation ist ein zentrales Element bei Popradios. Es werden die Besonderheiten und Erfordernisse einer zielgruppengerechten Ansprache bei Popwellen vorgestellt und in Vergleich gesetzt.

Schlüsselwörter

Popradio · Moderation · Formatradio · Populäre Musik · Junge Wellen · Charts · Zielgruppe · Mediennutzung

24.1 Grundsätzliches

Der Moderator ist mit seiner stimmlichen Persönlichkeit das akustische Aushängeschild der Popwelle, für die er arbeitet. Das bedeutet, dass er sich natürlich mit seinem Moderationsstil im Rahmen des jeweiligen (Musik-)Formats bewegen muss. Dieses ist je nach Ausrichtung der Popwelle und dem damit verbundenen Lebensgefühl unterschiedlich. Der moderne Moderator (vor allem als Selbstfahrer) ist letztlich der Gestalter der von der oder den Redaktionen und/oder vom Sendungsproducer vorbereiteten Sendung. Er muss die verschiedenen Sendungselemente Nachrichten, Verkehrsservice, Wetter, Jingles, Musik sowie seine Moderation sinnvoll zu einem Ganzen zusammenfügen.

J. Lange (✉)
SWR3 Musikredaktion, Baden-Baden, Deutschland
E-Mail: info@musik-journalismus.de

283

Programmformate: Sendungstempo und Intensität: Wie die einzelnen Sendungselemente vorbereitet und gestaltet werden, hängt ebenfalls vom Programmformat und damit von der anzusprechenden Hörergruppe ab. Generell gilt: Das Sendungstempo und die Dichte von verschiedenen Programmelementen steigert sich, je jünger die Zielgruppe einer Popwelle ist. So werden z. B. auch in „älteren" Pop-/Oldieprogrammen die Sendungselemente aus Musik, Wort und Jingles flott und zügig aneinander gefahren, aber man lässt die Musiktitel möglichst ausklingen. Nachrichten, Wetter und Verkehr werden ohne Musikbett präsentiert; auch die Beiträge werden meistens nicht mit Musik unterlegt. Der Moderator nutzt zwar die Intros („Ramps") und Outros von Musikstücken, um möglichst flüssig Musik, Moderation und Beiträge zu verbinden, aber auch hier wird i. d. R. auf unterlegte Musikbetten verzichtet.

In den modernen Pop-Service-Wellen ist dagegen das Verwenden von Musikbetten die Regel, und nur selten wird bei den verschiedenen Programmelementen auf das Unterlegen von instrumentalen Musikpassagen verzichtet. Bei knappen Zwischenmoderationen werden dazu möglichst elegante Intros („Ramps") und Outros der eingeplanten Musikstücke im Programm genutzt. Wenn nicht vorhanden, stehen heute bei den Programmen extra komponierte Musikbetten zur Verfügung, um den Fluss der Sendung nicht zu unterbrechen (bei einem dezenten Musikbett mit gutem Beat hört man auch mal über die langen Verkehrsmeldungen, die nur einen Teil der Hörerschaft betreffen, weg). Dazu werden in den modernen Popwellen häufig Station-IDs und Jingles im Programm verwendet, oft auffällig und mit einem poppigen Soundbild. Dieses Soundbild steht in einem engen Bezug zum Musikformat der jeweiligen Popwelle, denn die Musik bestimmt mit ihren Klängen und ihrer Intensität wesentlich die akustische Welt der jeweiligen Hörertypen.

In Jungen Wellen ist die Intensität der Höreindrücke noch einmal verdichtet. Parallel zu rhythmisch intensiver Musik, z. B. Hiphop, R&B, House oder Crossover-Rock, ist auch die Gestaltung und das Selbstfahren der jeweiligen Sendung intensiver und unkonventioneller, u. a. durch zusätzliche akustische Gimmicks (z. B. Jingles und Trailer, die wie schnell geschnittene Musikvideo- oder Werbeclips wirken).

Wellenspezifische Popmoderation: Moderationsstil und Höreransprache sind je nach Popformat unterschiedlich. In den Pop-Oldieformaten wird wegen des älteren Zielpublikums eine freundlich moderne Ansprache des Hörers mit einem respektvollen Sie gewählt. In den Mainstream-Popwellen wird trotz der noch modernen, erlebnisorientierten Zielgruppe meist höflich gesiezt. Gleichzeitig behält man einen verbindenden jugendlichen Touch in der Moderation bei (man teilt mit dem Hörer das gleiche Lebensgefühl), und in speziellen jugendlichen

Sendestrecken (z. B. Wunschsendungen und abendlichen Szene- oder Musik-magazine) ist in vertrauten Gesprächssituationen auch das „Du" möglich. In informationsbetonten Experten- und Korrespondentengesprächen wird dagegen am sachlichen „Sie" festgehalten. Dies ist auch in Jungen Wellen der Fall, wenn es sich um einen Gesprächspartner handelt, der nicht altersmäßig zur gleichen Zielgruppe gehört, und der nicht deutlich erkennbar als „einer von uns" berichtet. Ansonsten ist hier das vertraute „Du" in der Höreransprache gebräuchlich; außerdem gehören Szenebegriffe und der gebräuchliche Jugendjargon („eine coole Scheibe mit fetten Beats") zum glaubwürdigen Moderationsstil.

Die Unterschiede bezüglich Tempo und Intensität, Beitragsgestaltung und Moderation/Sprache in den verschiedenen Arten von Popradio sind in Tab. 24.1 gegenübergestellt.

Tab. 24.1 Tempo, Intensität und Ansprache bei Popwellen im Vergleich. (Quelle: Eigene Darstellung)

	Pop/Oldieformat	*Aktuelles Popformat*	*Jugendformat*
Tempo und Intensität	Fließend-modern, oft ohne Musikbetten, aber flüssige Moderation über Musikintros/Ramps und Outros. Moderationen meist trocken.	Zügig-fließend, Musikbetten sorgen für einen kontinuierlichen, durchlaufenden Programmfluss. Musik-Intros werden oft gekürzt, Outros schneller ausgeblendet, um so eine dichtere temporeiche akustische Wirkung zu erzielen.	Hohes verdichtetes Sendungstempo. Verwendung von akustisch exponierten Jingles und Programmelementen, intensivere Musikbetten.
Beiträge	Zumeist trocken	Meistens mit Musik unterlegt	Mit Musik unterlegt
Moderation Sprache	Normales Sprechtempo, verständliche Alltagssprache ohne Szenejargon Es wird gesiezt!	Schnelles zügiges Sprechtempo, moderne Umgangssprache Gewöhnlich wird gesiezt. In „vertrauter" oder eher jugendlich konzipierten Sendestrecke auch das „Du" möglich!	Schnell, unkonventionell mit Jargon der Jugendszene Es wird geduzt!

24.2   Gemeinsame poppige Moderationsmerkmale

Hörer sollten vom Moderator freundlich angesprochen werden: Der Moderator sollte das Programm seiner Welle grundsätzlich in einer offenen freundlichen Art und Weise präsentieren. Denn jede Popwelle transportiert ein besonderes offenes und erlebnisorientiertes Lebensgefühl, und diese Haltung sollte sich auch im Moderationsstil widerspiegeln. Im Gegensatz zu sachlichen und rein journalistisch geprägten Informationssendungen und Programmformaten ist der Charakter der poppigen Moderation inhaltlich, sprachlich und emotional näher mit dem Hörer verbunden. Die Moderation sollte dabei aber keineswegs in eine insiderhafte Geschwätzigkeit abgleiten, denn eine stark szenebetonte, kumpelhaft scheinende Zugehörigkeit zu einem bestimmten Hörertyp hat für andere Hörer häufig einen ausschließenden Charakter.

Moderation ist verständliche, vermittelnde Dienstleistung für Hörer: Der Moderator ist der Vermittler zwischen „seiner" Popwelle und den Hörern. Er muss die Ideen und Beiträge der Redaktion umsetzen und „seinem" Hörer nahebringen. Dazu gehört, dass Inhalte verständlich erklärt werden. Dies erreicht man, wenn versucht wird, das Thema bildhaft und anschaulich zu erklären. Wichtige Ausgangsfragen vor der Vorbereitung der Moderation: Wen will ich ansprechen? Was ist das genaue Thema des geplanten Beitrags oder Gesprächs? Hat man die genaue Zielrichtung des Themas, die sektorale Betrachtungsweise (das heißt: man wählt aus verschiedenen thematischen Aspekten einen aus!) für sich geklärt, muss man sich die Frage stellen, was man bei dem gewählten Aspekt beim Hörer als bekannt voraussetzen kann, was man zum Einstieg als Hintergrund erklären muss und was der inhaltliche Aufhänger ist, mit dem ich „meinem" Hörer das Thema nahe bringen will. Dazu sollte man sich allgemein verständlich ausdrücken, Fachbegriffe und Insiderjargon vermeiden.

Wichtig für jede Moderation und jeden Beitrag ist es, das Thema linear zu erklären, das heißt, Sachverhalte und Geschichten nacheinander und aufeinander bezogen darzustellen. Gedankliche Rück- bzw. Seitensprünge sollten vermieden werden. In keinem Fall sollte man sich in der Moderation auf Dinge beziehen, die an einem früheren Sendeplatz erläutert wurden; den hat der Hörer möglicherweise verpasst, und die Information bleibt deshalb unvollständig. Ein Thema sollte an jedem Sendeplatz in sich stimmig sein und erläutert werden.

Poppige Moderatoren müssen sensibel mit Musik umgehen. Im Gegensatz zu klassischen, fachredaktionell bezogenen Sendungen und Programmplätzen mit besonderen inhaltlichen Schwerpunkten sind poppige Radioprogramme i. d. R. als unterhaltende Magazinsendungen konzipiert. Dies bedeutet auch, dass die ursprüngliche Aufteilung in fachbezogen journalistische Moderatoren und ausschließliche Musikmoderatoren heute fast nicht mehr besteht. Auch wenn Journalisten und Moderatoren jeweils ihre eigenen thematischen Schwerpunkte haben: Im Programm wirken Wort und Musik zusammen als ein Ganzes und erfordern flexible Moderatoren, die bei der Ausgestaltung der Sendung sämtliche, das Programm gestaltenden Elemente im Blick haben.

Ein sensibler Umgang mit der Musik ist auch deshalb von großer Bedeutung, weil sie, wie erwähnt, zu mehr als 70 % der wesentliche Grund für die Programmwahl der Hörer ist. Die von der Musikredaktion ausgewählten und geplanten Songs sind programmprägende Elemente, die mit Stimmungen und Emotionen verbunden sind. Deshalb sollte man in seinen Moderationen die Stimmungen der Songs abnehmen und aufgreifen: Dies kann durch eine Zäsur geschehen, wenn dies inhaltlich nötig ist, sei es per Wort, Drop (z. B. mittels eingeschobener Station-ID) oder Bumper (eine Art Rubrik, die das Thema nennt), oder, wenn thematisch möglich, man verbindet verschiedene Programmteile, allerdings ohne künstliche und unglaubwürdige Wortbrücken. Ähnlich wie Transitions (verbindende Musikelemente) unterschiedliche Stimmungen von Songs miteinander verknüpfen, muss der Moderator die unterschiedlichen Anmutungen zwischen Musik und Wort miteinander vermitteln.

Kritische Anmerkungen zur „eigenen" Musik sind tabu! Was der Hörer zumeist nicht weiß oder nicht bewusst wahrnimmt, ist, dass „sein" Pop-Programm von verschiedenen Redaktionen oder Redakteuren erarbeitet wurde. Der Moderator der Sendung wird vom Hörer unbewusst auch als Macher des Programms identifiziert. Deshalb sind negative Bemerkungen zur gespielten Musik auf Sendung tabu; der Hörer würde sich sonst unbewusst fragen „Warum spielt der dann diese Musik überhaupt" und sich vielleicht zusätzlich noch in seinem persönlichen Musikgeschmack gekränkt fühlen. Wenn es Differenzen zwischen dem Musikgeschmack des Moderators und dem geplanten Programm der Musikredaktion gibt, ist hier der professionelle Umgang mit dem Thema gefragt. Denn die Musikmischung ist gezielt auf das Hörerprofil der betreffenden Popwelle abgestimmt, und natürlich findet nicht jeder, weder Moderator noch Hörer, alles gleich gut.

Wichtig ist, dass der Mix stimmt! Der Moderator sollte sich deshalb bei „persönlich" strittigen Titeln einer Wertung enthalten und bei Bedarf eine eher neutrale, informativ gehaltene Titelan- oder -absage formulieren. Umgekehrt sollte er aber Songtitel seines eigenen Musikgeschmacks in persönlich eingefärbten Moderationen positiv verstärken. Dadurch kann er seinen emotionalen Bezug zum „eigenen" Programm verdeutlichen und sein Profil als Moderator mit einem weiteren persönlichen Mosaiksteinchen bereichern. Ein journalistischer

Moderator, der keinen besonderen Bezug zur Musik hat, sollte bei sachlich-professionellen Musikmoderationen bleiben, denn aufgesetzte Bemerkungen zur Musik kommen schnell falsch über den Äther und wirken unglaubwürdig. Musikalischen Szenejargon, den man nicht kennt und dann auch als Moderator nicht verkörpert, sollte man in diesem Fall unbedingt vermeiden!

Musikdramaturgie

25

Jörg Lange

Zusammenfassung

Die Programmgestaltung bei Popradios orientiert sich an Stunden-Uhren, um eine Verlässlichkeit für die Hörer sicherzustellen. Es werden die Besonderheiten und Unterschiede bezogen auf den Wellenzuschnitt dargestellt.

Schlüsselwörter

Popradio · Formatradio · Stunden-Uhr · Musikprogramm · Programmgestaltung · Charts · Zielgruppe

25.1 Grundsätzliches

Popformate und Musikpools: Auch wenn es beim Radiohörer anders wirkt: Nicht der Moderator wählt die Musik in seiner Sendung aus, sondern die Musikredaktion. Die Musikauswahl ist heute genau auf den Musikgeschmack der Zielgruppe abgestimmt, die die jeweilige Popwelle mit ihrem gesamten Programmangebot erreichen will. Da der Zuschnitt von Wellen der öffentlich-rechtlichen Rundfunkanstalten letztlich auch durch die Bedürfnisse unterschiedlicher Hörergenerationen entstanden ist, muss die Musikauswahl, die für die Programmwahl der Hörer entscheidend ist, dies im Zuschnitt der Musikpools berücksichtigen.

J. Lange (✉)
SWR3 Musikredaktion, Baden-Baden, Deutschland
E-Mail: info@musik-journalismus.de

Man kann Popwellen nach folgenden Musikrastern unterscheiden (da der Privatradiomarkt zuerst in den USA analysiert und typisiert wurde, sind die amerikanischen Formatbeschreibungen auch hier zu Lande gebräuchlich – sie werden jeweils in Klammern genannt):[1]

Junge Wellen: Zielpublikum 12–30 Jahre. Musikpool: hauptsächlich aktuelle moderne Popmusik aus allen Stilrichtungen (amerikanische Typisierung: UCR – Urban Contemporary Hitradio) – Abbildung aktueller Musiktrends in der Rotation, die in der jugendlichen Zielgruppe als imageträchtige Titel eine besondere Bedeutung haben („cool") sowie in speziellen Musiksendungen am Abend. Oldies sind in Jungen Wellen eher die Ausnahme, es geht musikalisch um das „hier und jetzt"; die Titel im Musikpool sind kaum älter als fünf Jahre, z. B. DASDING (SWR), EinsLive (WDR), YouFM (hr) oder Fritz (RBB).

Mainstream-Popwellen: Zielpublikum 14–40 Jahre. Musikpool: aktuelle moderne Popmusik, allerdings ohne exponiert trendige Musiktitel, die bei den älteren Hörern im Zielpublikum eine polarisierende Wirkung haben (CMHR – Contemporary Mainstream Hitradio). Die Songs im Musikpool decken die modernen Popmusikfarben der letzten 20 Jahre ab. Das Verhältnis der Titel in der Musikrotation von aktueller Popmusik zu älteren Hits der 90er und 80er beträgt etwa 50 zu 50. Das spezielle Mischungsverhältnis ist aber in den jeweiligen Popwellen unterschiedlich. Grundsätzlich ist die Auswahl der älteren Musikfarben (90er/80er) auf das modern klingende Mainstream-Popformat abgestimmt (z. B. SWR3, NDR2, hr3, NDR2, WDR2 oder Bayern 3).

Pop-Oldiewellen: Zielpublikum 40–60 Jahre. Musikpool: hauptsächlich bewährte Pop-Klassiker der 60er-, 70er- und 80er-Jahre, ergänzt durch aktuelle Musikfarben, die zum Sound der Pop-Oldie-Welle passen (OAC – Oldie based Adult Contemporary). In der Musikrotation wird das Verhältnis von Pop-Oldies und aktuellen Popsongs (90er/Heute) etwa 80 zu 20 gemischt. Der aktuelle Pool wird im Schwerpunkt mit neuen Aufnahmen bewährter Interpreten aus dem Pop-Oldie-Segment (z. B. Phil Collins, Joe Cocker, Tina Turner, Lionel Richie) bestückt sowie mit einigen passenden Titeln neuer Künstler, die durch ihren Erfolg auch eine formatübergreifende Relevanz bekommen (z. B. SWR1, WDR2, oder hr1).

---

[1] Zu den amerikanischen Formattypisierungen vgl. Michael H. Haas/Uwe Frigge/Gert Zimmer, Radio-Management. Ein Handbuch für Radio-Journalisten (München: Ölschläger 1991), S. 301 ff. (Praktischer Journalismus 13).

25.2 Musikauswahl und Programmgestaltung

Eine Binsenweisheit der Musikbranche, die jede musikphilosophische Betrachtungsweise beiseiteschiebt, lautet schlicht: „Ein Hit ist ein Hit". Trotzdem erspart diese banale Wahrheit dem Musikredakteur nicht die inhaltliche Auseinandersetzung mit dem jeweiligen Song, denn nicht jeder Pophit passt auch automatisch in jede Popwelle. Die Aufgabe der Musikredaktion ist es also, zunächst einmal aus den neuen Platten und CDs die passenden Songs herauszufiltern.

Wie sie dann in das jeweilige Popformat eingeführt werden können, hängt vom Stellenwert der neuen Songs und den verfügbaren Programmplätzen ab. Denn grundsätzlich ist das Mengengerüst der Musiktitel in einer Programmstunde festgelegt, damit (letztlich wie bei einem Kochrezept) immer die richtige Musikmischung gegeben ist. Deshalb werden die Titel der Musikpools typisiert und in bestimmte Raster eingeteilt.

Eine Klassifizierung nach der Entstehungszeit kann beispielsweise so aussehen:

- *N*eue Titel (i. d. R. als solche auch im Programm kenntlich zu machen)
- *A*ktuelle Hits (Chart-Titel, dominieren mit hoher Rotation Programmfarbe)
- *B*urn-Hits (Hits, die ihren Aktualitätszenit überschritten haben, immer noch beliebt sind, deshalb aber weniger oft in der Rotation gesetzt werden)
- *R*ecurrent-Hits (ehemalige Hits der letzten zwei oder drei Jahre)
- Pophits aus den 2010er-Jahren
- Pophits aus den 2000er-Jahren
- Pophits aus den *90ern*
- Pophits aus den *80ern*
- Pophits aus den *70ern* usw.

Die Zeitraster können auch anders gefüllt werden, Deskriptoren wie z. B. *Gold*-Hit, *Platin*-Hit oder *Oldie* sind je nach Bedarf denkbar bzw. gebräuchlich. **Wie differenziert die Klassifizierung nach Interpreten, Stil, Sound, anderen Musikparametern ausgestaltet wird,** hängt vom Musikkonzept der jeweiligen Welle ab. Titel, Interpreten und Stilrichtungen sollten im Hinblick auf eine abwechslungsreiche Programmgestaltung gut durchmischt sein. Dadurch vermeidet man einen monotonen, gleichförmigen Programmeindruck, und jeder Hörer hat die Chance, immer mal wieder einen seiner ganz persönlichen Musikfavoriten in seiner Popwelle zu hören. Deshalb werden die Titel in den Musikpools auch nach ihren musikalischen Stilrichtungen qualifiziert, z. B. Pop, Rock, Rhythm and Blues (R&B), Hiphop, Dance und Techno. Dadurch vermeidet man ähnlich klingende Sound- und Stilflächen. Aus demselben Grund unterscheidet man die Musiktitel auch nach Entstehungsalter, weil einerseits die Popsounds eine eigene zeitbezogene Klangwirkung haben, andererseits auch, um im Programmablauf immer wieder unterschiedliche Ebenen der persönlichen Musikerinnerung (geschichtliche Programmtiefe) beim Hörer ansprechen zu können. Zusätzlich werden die Musiktitel in Poprotationen noch nach anderen Parametern beschrieben wie z. B. Tempo (fast, medium, slow), Intensität (stark, normal, ruhig), Gesangstyp (männlich/weiblich), Sprache (z. B. deutsch, englisch, italienisch) und Stimmung (z. B. fröhlich, neutral, traurig, grau). Dadurch stellt man eine gewisse Vielfalt im Musikprogramm sicher.

Zwei Beispiele verdeutlichen die Gestaltung des Musikprogramms für eine Pop-Mainstream- und eine Pop-Oldie-Welle, jeweils Morgensendungen für die Sendestunde von 08:00 Uhr – 09:00 Uhr (Tab. 25.1 und 25.2).

Der grundsätzliche Unterschied zwischen einer aktuellen Pop-Mainstream-Welle (Tab. 25.1) und einer Pop-Oldie-Welle (Tab. 25.2) ist, dass sich der Anteil zwischen aktuellen Poptiteln und den Oldies deutlich verschiebt. Die unterschiedliche Anzahl an Titeln ist von der jeweiligen Stunden-Uhr, der Länge der gespielten Titel, den vorgesehenen Moderationsplätzen, den Beiträgen und deren Beitragslängen sowie anderen variablen Zeiten wie z. B. den Verkehrsmeldungen, oder der Länge der Werbung abhängig.

Im Vergleich zu einer Morgensendung („Morningshow"), die im Tempo relativ flott und mit den bekanntesten Hits gestaltet wird, differenzieren sich die Programm-Uhren über den Tag. Am Vormittag ist die Intensität der Sendung möglicherweise etwas niedriger, der Balladen-, bzw. Slow-Anteil etwas höher. Am Nachmittag werden die Sendungen oft etwas moderner, auch mit neueren Titeln gespickt, um sie so in das Tagesprogramm einzuführen. Am Abend werden dann, wegen der anderen Hörsituation, mehr Neuvorstellungen und neuere Künstler ins Programm integriert. Teilweise sind nach 20:00 Uhr auch spezielle Musiksendungen möglich, die die Musikfarbe der jeweiligen Popwelle mit besonderen oder vertiefenden Inhalten stimmig ergänzen können!

25.3 Computergestützte Musikzusammenstellung

Früher wurden Musikprogramme von Hand gelegt, das heißt, man stellte die Platten mit ihren Songs in der vorgesehenen Reihenfolge zusammen und/oder arbeitete mit Karteikarten, die auch schon eine gewisse Systematik der Musikzusammenstellung gewährleisteten. Heute werden die Musiktitel automatisiert

Tab. 25.1 Stundenplanung mit Musik-Uhr – Pop-Mainstream (Quelle: Eigene Darstellung)

Format	Pop-Mainstream (16 Songs / Stand: Sept. 2020)				
Zeit- und Hit-Struktur	**4 × A** (aktuelle Hits), **2 × B** (<u>B</u>urn Hits), **3 × R** (<u>R</u>ecurrent Hits), **3 × 2010+, 3 × 2000+, 1 × 9<u>0er+</u>, 1 × 8<u>0er+</u>**				
Vorgabe Stilmix	(gilt so ähnlich auch für andere Musikstunden-Uhren), z. B.: 6 × Pop, 4 × Pop/Rock (aber nicht direkt nacheinander!), 4 × Dance (aber nicht direkt hintereinander!) pro Stunde, jeweils 1 × deutsch und 1 × romanisch/französisch (aber nicht direkt aufeinander!)				
Vorgabe Tempo	abwechseln, mindestens 2 × langsam, 6 × medium, 4 × schnell				
Vorgabe Intensität	wechselnd				
Titel	Interpret(en)	Typ	Stil	Tempo	Jahr
KINGS & QUEENS	AVA MAX	**A** – Hot Rotation	POP	Medium/Fast	2020
WHATEVER	OASIS	**1990+**	POP/ROCK	Medium	1995
EASY	KYD THE BAND, ELLEY DUHÉ	**R**ecurrent	POP/DANCE	Medium/Slow	2004
LOVEFOOL	TWOCOLOURS	**A** – Hot Rotation	DANCE	Medium	2020
LEICHTES GEPÄCK	SILBERMOND	**2010+**	POP Deutsch	Medium/Fast	2015
RIDE IT	REGARD	**B**urn	DANCE	Medium	2019
SNOW (HEY OH)	RED HOT CHILI PEPPERS	**2000+**	ROCK	Medium/Fast	2006
LA LIBERTAD	ALVARO SOLER	**R**ecurrent	POP Spanisch	Fast	2019
SOME SAY	NEA	**A** – Hot Rotation	POP	Medium/Slow	2012
GUARDIAN	ALANIS MORISSETTE	**2010+**	POP/ROCK	Medium/Fast	2004
BREAKING ME	TOPIC feat. A7S	**R**ecurrent	DANCE	Medium	2019

(Fortsetzung)

und optimiert auf der Basis von Musikdaten (Stammdaten, Titel, Interpret, Zeit, Komponist, Labelcode usw.) sowie der Klassifizierung der Kreativdaten in die entsprechenden Rotationsraster (zur Klassifizierung bei Pop siehe oben), in sogenannten Musik-Uhren für die entsprechenden Sendestrecken der Popwellen mit

Tab. 25.1 (Fortsetzung)

Titel	Interpret(en)	Typ	Stil	Tempo	Jahr
BACK TO LIFE (HOWEVER DO YOU WANT ME)	SOUL II SOUL	1980+	SOUL	Medium/Slow	1989
SAFE	NICO SANTOS	A – Hot Rotation	POP	Medium	2018
AIN'T IT FUNNY	JENNIFER LOPEZ	2000+	POP/DANCE	Medium/Fast	2001
CIRCLES	POST MALONE	Recurrent	POP/SOUL	Medium/Fast	2019
BAD LIAR	IMAGINE DRAGONS	2010+	ROCK	Fast	2012

ihrem jeweiligen Anforderungsprofil verteilt. Das heißt, die Musik-Uhr legt die Anteile der verschiedenen Kategorien pro Sendestunde fest, das Regelwerk der jeweiligen Musikprogrammsoftware kontrolliert im Ausschlussverfahren die jeweiligen Eigenschaften und Rotationshäufigkeit der Musiktitel im Programmpool. Zunächst werden dabei die aktuellen Hits gleichmäßig über den Tag und die Woche verteilt. Anschließend werden die anderen Kategorien automatisch nach dem jeweiligen Regelwerk aufgefüllt, je nach der Programmphilosophie kann hier aber auch eine halbautomatische Komponente eingeführt sein, bei der ein Musikredakteur sendungsbezogen manuelle Ergänzungstitel setzt.

Eine Endkontrolle der bearbeiteten Programme durch die Musikredaktion bleibt bei automatisierter Programmplanung unumgänglich, denn ein Computer kann eben doch keine musikalischen Sinnzusammenhänge erkennen, weiß nicht, welche Hits im Programm zusammenpassen und welche Titel besser nicht nacheinander gespielt werden. Zwar könnte man die Beschreibung der Pophits für die computergerechte Programmgestaltung endlos verfeinern, doch je komplizierter man das Regelwerk auslegt, desto schwieriger wird es, flexibel auf bestimmte musikalische Stimmungen, Hits und Trends zu reagieren. Denn das musikalische Gefühl und das musikalische Gespür der Musikredaktion bleibt letztlich der Garant dafür, dass der Sound der Popwellen auch trotz einer computergestützten Programmgestaltung lebendig bleibt.

Ausführlicher wird das Verfahren der computergestützten Musikplanung in Kap. 14 erläutert.

Tab. 25.2 Stundenplanung mit Musik-Uhr – Pop-Oldie-Welle (Quelle: Eigene Darstellung)

Format	Pop-Oldie-Welle (11 Songs / Stand: Sept. 2020)
Zeit- und Hit-Struktur	**1 × 2010+** Hit („aktueller"), **2 × 90er+** Hits, **5 × 90er+** Hits, **2 ×** **70er+** Hit, **1 × 60+** Hit
Vorgabe Stilmix	6–8 × Pop (Grundfarbe), dazu 2–3 × Rock (im Programm verteilt), 2–3 × Soul (dito), dazu ev. 1 × deutsch, 1 × romanisch/französisch (aber nicht direkt aufeinander!)
Vorgabe Tempo	mindestens 2 × langsam/slow, 6 × medium, 4 × schnell/fast
Vorgabe Intensität	wechselnde Intensität

Titel	Interpret(en)	Typ	Stil	Tempo	Jahr
OUR HOUSE	MADNESS	**1980+**	POP	Fast/Medium	1982
TO BE WITH YOU	MR. BIG	**1990+**	ROCK/ POP	Slow	1991
HEROES	DAVID BOWIE	**1970+**	ROCK	Medium/Fast	1977
WALK	KWABS	**2010+** ("aktuell")	POP/SOUL	Medium	2015
VOYAGE VOYAGE	DESIRELESS	**1980+** Französisch	POP	Medium/Fast	1987
BOAT ON THE RIVER	STYX	**1970+**	POP/ ROCK	Slow	1979
THE MESSAGE IS LOVE	ARTHUR BAKER	**1980+**	Pop / Soul	Medium/Fast	1989
PICTURE OF YOU	BOYZONE	**1990+**	SOUL	Medium/Fast	1997
ALL YOU NEED IS LOVE	THE BEATLES	**1960+**	POP	Medium	1967
DON'T GET ME WRONG	THE PRETENDERS	**1980+**	ROCK	Medium/Fast	1986
WISHING WELL	TERENCE TRENT D'ARBY	**1980+**	POP	Medium	1987

Musikriecher und Medienforschung: Obwohl die moderne Musikgestaltung der verschiedenen Popmusikwellen einer festgelegten Musikmischung, einer Art musikalischer Rezeptur unterliegt, ist die Arbeit der Musikredakteure trotzdem von verschiedenen Variablen bestimmt. Denn die Zutaten der Musikprogrammgestaltung, die Musiktitel, unterliegen einem ständigen Wandel. Wird z. B. gerade ein bestimmter Rocksound in den Charts populär, schlägt sich dies durch die hohe Rotationshäufigkeit automatisch auch im Klangbild der Popwelle nieder. Die Musikredakteure müssen dann flexibel auf diese momentanen Soundtrends reagieren, und dies mit einer neuen Gewichtung der anderen Musikfarben im Programm ausgleichen.

Die Untersuchungen der Medienforschung stützen und fundieren heute die Entscheidung der Musikredaktionen, welche Musiktitel generell dem Anforderungsprofil der jeweiligen Popwelle entsprechen. Zumeist sind die Musikpools der Popwellen in einem Basistest speziell auf ihrer Akzeptanz bei der jeweiligen Pophörerschaft getestet worden. Neue Musiktitel werden dagegen zunächst von der jeweiligen Musikredaktion mit ihrem spezifischen „Hit-Riecher" ausgewählt und dann behutsam auf passenden Sendeplätzen im Programm eingeführt. Nach einer gewissen Frist stehen die neuen Songs dann mit ihrer aktuellen Akzeptanz bei den Hörern auf dem Prüfstand. Indikatoren sind natürlich die Verkaufszahlen, die sich in entsprechenden Charts widerspiegeln, aber sie werden auch durch regelmäßige Musiktiteltests (durch telefonische Hörerbefragungen mit prägnanten Musikausschnitten oder Auditorien-Tests mit Musikbeispielen) für das Programm geprüft und ausgewertet. So wird die Musikrotation der Popwellen einerseits ständig zeitgemäß aktualisiert und aufgefrischt, andererseits sichert die Rückkopplung über die Medienforschung, dass das Musikangebot der Popradioprogramme stimmig am Musikgeschmack seiner Hörer orientiert bleibt.

25.4   Lebendiges Popradio

Die Musikrotationen heutiger Popwellen umfassen etwa einen Pool von 700 bis 1000 Titel. Einige private Radiostationen arbeiten dabei auch mit Musikpools, deren Titelanzahl deutlich darunter liegt. Hierdurch soll eine größtmögliche Treffsicherheit gewährleistet werden („Der beste Mix mit den meisten Hits"). Eine musikalisch differenzierte Musikprogrammgestaltung bleibt dabei aber häufig auf der Strecke. Die musikjournalistische „Quadratur des Kreises" besteht deshalb heute darin, ein wie auch immer formatiertes Pop-Programm überraschend und lebendig auszugestalten. Dies kann z. B. durch gezielt eingesetzte Musikakzente geschehen – denn der zweit- oder drittbeste Hit war eben auch einer – oder durch besondere musikalische Programmschwerpunkte (z. B. 80er-Tag, Hörerhitparade, Spezialsendungen usw.). Diese musikalischen Extras dürfen allerdings nur als Ergänzung zum normalen Pop-Programm verstanden werden und nicht zu einer grundsätzlichen Verwässerung des Radioformats führen. Denn der verlässliche Musikmix ist nach wie vor wesentlich die Grundlage für den Erfolg jeder Popwelle!

Musikkritik

26

Jörg Lange

Zusammenfassung

Die Musikkritik hat in Popradios eher Informations- und Service-Charakter. Es werden die Erfordernisse einer Musikkritik dargestellt, die einerseits kritisch ist, andererseits Hörer trotzdem ans Programm bindet.

Schlüsselwörter

Popradio • Formatradio • Musikkritik • Themenauswahl • Musik • Junge Welle • Charts • Zielgruppe • Mediennutzung

Die Musikkritik hat eher Informations- und Service-Charakter und deshalb ihren Platz in speziellen thematischen Musiksendungen, z. B. mit Neuvorstellungen sowie kommentierenden Beitragsformen wie Platten- und Konzertkritik. Sie bleibt den Fachredakteuren vorbehalten. Die zu kommentierenden neuen Platten oder das Konzert im Sendegebiet werden natürlich zuerst im Hinblick auf das eigene Popformat, dann aber auch auf den generellen Informations- und Gesprächswert hin ausgewählt. Wichtigstes Kriterium der Bewertung ist zum einen die Verständlichkeit (hier gelten natürlich die Kriterien, die für alle Beiträge im Radio gelten) sowie der Nutz- und Servicewert für die Hörer der eigenen Popwelle.

Musikalische Fachausdrücke müssen, wenn sie denn unvermeidlich sind, erklärt werden. Das Thema muss, egal ob Konzert-, Plattenkritik oder kommentierender Beitrag, klar umrissen, die Sprache und der Sprachduktus allgemein

J. Lange (✉)
SWR3 Musikredaktion, Baden-Baden, Deutschland
E-Mail: info@musik-journalismus.de

© Springer Fachmedien Wiesbaden GmbH, ein Teil von Springer Nature 2022   297
P. Overbeck (Hrsg.), *Musikjournalismus*, Journalistische Praxis,
https://doi.org/10.1007/978-3-658-32476-6_26

verständlich und dem jeweiligen Programmformat angemessen sein. Musikalische
Fachbegriffe sollten im Beitrag deshalb tunlichst vermieden werden. Wenn man
einen bestimmten Ausdruck (z. B. „Slide-Gitarre") zur Beschreibung eines Sach-
verhalts verwenden muss, dann sollte man diesen auch kurz erläutern. Man muss
davon ausgehen, dass den meisten Hörern bestimmte musikalische Fachbegriffe
unbekannt sind. Solche erläuterten Beispiele helfen einerseits zur bildhafteren
Darstellung, und wenn man sie – wie im Radio möglich – noch mit Klangbil-
dern oder einem Songzitat belegen kann, ermöglicht man es dem Hörer, diese mit
eigenen Eindrücken in Bezug zu setzen. **Benannte Musiker müssen auch bekannt sein.** Die journalistische Sorg-
faltspflicht sollte man generell bei allen Beiträgen, z. B. bei der Nennung und
Aufzählung von Musikernamen, walten lassen. Denn es ist oft nicht leicht, musikalische Eindrücke einfach zu schildern, weshalb gerne bestimmte Qualitäten
durch die Nennung der Mitwirkenden einer Platte bzw. eines Konzerts belegt werden. Die Grundfrage ist aber, ob diese Namen für die Geschichte des Beitrags,
für die Argumentation der Kritik wirklich wichtig sind. Ein Namedropping, das
Aufzählen von Produzenten- und Musikernamen, sollte nur dann verwendet werden, wenn man voraussetzen kann, dass die genannten Personen inklusive ihrer
musikalischen Merkmale allgemein bekannt sind und der Hörer mit deren Namen
auch inhaltlich etwas verbindet (das ist z. B. der Fall bei den Beatles, den Rolling
Stones, Robbie Williams oder Herbert Grönemeyer). Wenn unbekanntere Namen
für die musikalische Beschreibung nötig sind, sollte man die betreffenden Personen kurz beschreiben und charakterisieren, z. B. durch einen bekannten Song oder
einen Albumtitel, bei dem er oder sie mitgewirkt haben und, wenn möglich, mit
einem Klangbeispiel akustisch belegen, damit der Hörer eine eigene Assoziation
zum beschriebenen Musiker bzw. zur benannten Platte herstellen kann. **Musikkritik und der problematische Bezug zur eigenen Popwelle.** Die Entscheidung, ob eine Platte oder ein Konzert kritikwürdig ist, hängt eng mit dem
musikalischen Stellenwert für das eigene Programm zusammen, denn man will
damit auch die klangliche Erlebniswelt der eigenen Popwelle widerspiegeln. Die
fachmännisch journalistische Kritik (die natürlich immer subjektiv gefärbt und
deshalb auch als Kritik einer für den Job qualifizierten Person namentlich gekenn-
zeichnet ist) wird dann problematisch, wenn z. B. eine negative Kritik der Musik
im Widerspruch mit einer hohen Rotation der Hitsingle des gleichen Künstlers im gleichen Programm steht. Die Hörer könnten sich hier, vergleichbar zur
Negativmoderation einer Single, vom eigenen Programm irritiert und nicht ernst
genommen fühlen. **Eine Kritik sollte die Kritikpunkte,** z. B. wenn die Single die beste Aufnahme
auf dem Album ist, deshalb auch so benennen. Wenn der persönliche Geschmack

des Kritikers mit dem offensichtlichen oder vermuteten Publikumsgeschmack nicht übereinstimmt, z. B. „langweiliges Album, aber es wird trotzdem von den Fans gekauft werden", dann sollte man diese persönliche Wertung besonders herausstellen. Außerdem kann man in die Kritik eine relativierende, einordnende Bemerkung zum vermuteten Musikgeschmack der Hörer einbauen. Denn die Kritik ist Dienstleistung, sie möchte dem Hörer eine Orientierung für sein mögliches Kauf- und/oder Konzertinteresse bieten. Keinesfalls will die Musikkritik den Hörer indirekt aus einer rein musikästhetisch motivierten journalistischen Warte für seinen Musikgeschmack maßregeln. Allerdings sollte der fachmännische Popkritiker in seine Beiträge Kriterien einfließen lassen, die deutlich machen, warum er/sie etwas gut oder schlecht findet. Der Hörer bekommt dann Wertungskriterien für sein eigenes Geschmacksurteil an die Hand und kann Kritik dann auch besser nachvollziehen.

Eine Mischform: Die kritische Konzertreportage. Früher wurden Konzertkritiken (Tourstart, Konzert im Sendegebiet usw.) häufig als rein fachjournalistisch ausgerichtete Berichte gestaltet. Heute hat sich als gebräuchliche Mischform eine kritische Konzertreportage in Verbindung mit den beschreibenden, manchmal auch den Kritiker „relativierenden" Reaktionen des Publikums etabliert. Dadurch ist einerseits der informative, beschreibende Charakter der Konzertkritik gewahrt, andererseits wirken diese Beiträge durch die Kombination mit klanglichen Konzerteindrücken und den Zuschauer- / Hörerstimmen atmosphärisch dichter und anschaulicher. Die verschiedenen Elemente, die hier in dieser besonderen Beitragsform der kritischen Konzertreportage in eine Länge von 1:40 bis 3:00 Min. (je nach Format) gepackt werden, können in Spezialsendungen, z. B. einer Konzert- oder Festivalberichterstattung, mit Live-Musik sinnvoll auch in längeren Einzelsegmenten verwendet werden. Damit kann man eine spezielle Musikstrecke informativ auflockern und den Konzerteindruck von verschiedenen Blickwinkeln her abbilden. Wie die Elemente im Einzelnen gestaltet und kombiniert werden, hängt aber auch hier von dem Format, der Senderphilosophie und dem Layout der jeweiligen Popwelle ab.

Themenauswahl: Musikkritik will informieren, Orientierung und Einordnung geben. Die Alben und Konzerte der etablierten Künstler des jeweiligen Popformats sind deshalb natürlich ein Thema, außerdem die Musik interessanter neuer Künstler, die den Geschmack der Hörer treffen könnte. Kein Thema sind dagegen neue Platten und Konzerte, die grundsätzlich nicht zum Format passen. Auch kein Thema der Kritik sind Platten und Konzerte ohne besondere Wertigkeit, die lediglich ausgewählt werden, um Sendeplatz zu füllen. Uninteressante Platten unbekannter Bands zu besprechen, macht keinen Sinn; stattdessen wird man dem Hörerinteresse mit einem Musiktitel aus der Poprotation besser gerecht.

Musikkritik von popmusikalischen Eintagsfliegen und poppigen Leichtge-wichten ist unnötig. Natürlich gehören diese tagesaktuellen Pophits als modische Trends zum Lebensgefühl jeder Popwelle. Aber die Wertigkeit dieser spaßori-entierten Songs ist vielen Hörern oft selber klar. Die Musik dieser Stars und Sternchen stellt man deshalb nicht in der Kritik, sondern eher in Verbindung mit Interviews und neuen Platten dieser Künstler vor. Es ist das Handwerk jeder guten Musikredaktion, eine Mischung zwischen leichtgängigem Pop und anspruchsvol-ler Pop- und Rockmusik sinnvoll auszubalancieren. Diese beiden Facetten des Pop sind die musikalischen Pole fast jedes Popradioformats, auch wenn sich in den Pop-Oldiewellen die Bedeutung von modischen Trend- und Hypehits bereits deutlich zugunsten von Popklassikern mit längerer Halbwertszeit verschoben hat.

Beitragsgestaltung für Radio und Internet

27

Jörg Lange

Zusammenfassung

Beiträge können in Popradios auf unterschiedliche Weise aufgebaut sein. Es werden die verschiedenen Formen und ihre Anforderungen dargestellt.

Schlüsselwörter

Popradio · Formatradio · Radiobeitrag · Gestaltung · Themenauswahl · Musikbett

Die Themenpalette für Beiträge im Bereich Popmusik ist vielfältig. Sie reicht von unterhaltenden bunten Popnews, über Platten-Neuvorstellungen und Kritiken bis hin zu Musikinterviews und -features. Für den Aufbau und die Konzeption von Musikbeiträgen gelten natürlich die gleichen Regeln wie für andere Beiträge auch, der Umgang und der Einsatz von Musik verdienen hier aber eine besondere Beachtung, da sie auch eine inhaltliche Rolle spielt. Anders als in einem Zeitungsartikel kann man im Radio den musikalischen Gegenstand des Beitrags auch zum Klingen bringen. Durch das Gehörte entsteht ein eigener inhaltlicher Klangeindruck, den man möglichst sinnvoll mit dem Wort über die Musik in Verbindung bringen sollte. Und ebenso wie in normalen Wortbeiträgen sollten sich Musikbeispiele und erläuternder, beschreibender Text gegenseitig ergänzen und das Thema zum Klingen bringen.

J. Lange (✉)
SWR3 Musikredaktion, Baden-Baden, Deutschland
E-Mail: info@musik-journalismus.de

© Springer Fachmedien Wiesbaden GmbH, ein Teil von Springer Nature 2022   301
P. Overbeck (Hrsg.), *Musikjournalismus*, Journalistische Praxis,
https://doi.org/10.1007/978-3-658-32476-6_27

Ein markanter Musikeinstieg, am besten mit einem Ear-Catcher, einem populären bekannten Musik-Ausschnitt, der sofort deutlich macht, welches musikalische Thema der Beitrag behandelt, hilft zu hören. Als Musikeinstieg wird deshalb bei Plattenbesprechungen, Features oder Interviews zumeist die aktuelle Hit-Single oder ein anderer bekannter Song des neuen Albums ausgewählt. Die Musik und der Künstler können durch den markanten Einstiegs-Hook sofort erkannt und eingeordnet werden. Das Thema ist dann beim Hörer sofort präsent, danach kann man den Inhalt ausführen, vertiefen und mit weiteren Musikzitaten belegen. Abschließen sollte man den Musikbeitrag mit einem starken und ausgespielten Titel fortsetzen, denn die Wirkung eines kompletten Songs ergänzt so die vorherigen Zitate zu einem sinnvollen Gesamteindruck.

Wie bei dem generellen linearen Aufbau eines Beitrags sollte man in Musikbeiträgen den verwendeten Klangausschnitt deshalb inhaltlich einleiten oder abnehmen. Ein Musikbeitrag ist umso verständlicher, je enger Musik und Wort inhaltlich verknüpft sind. Das Musikzitat muss so präzise ausgewählt sein, dass man den inhaltlichen Bezug durch den Gesang, den Sound oder die Musikstimmung möglichst leicht ableiten kann. Wenn man z. B. einen bestimmten Albumtitel beschreibt, ist es sinnvoll, diesen danach auch im Musikrefrain anklingen zu lassen, weil dieser den erläuterten Song nochmals hörbar aufgreift. Das Anspielen einer Strophe des gleichen Stücks erklärt diesen Zusammenhang meist nicht deutlich, es sei denn, man geht im Beitrag vorher speziell auf die dort gesungenen Textzeilen ein. Je präziser ein Musikbeitrag hier gestaltet ist, desto verständlicher ist er und kann vom Hörer besser nachvollzogen werden.

Musikbetten sollten sich im Idealfall aus den im Beitrag verwendeten Musikbeispielen ableiten lassen (siehe Tab. 27.1, Nr. 3 bis 5). Dadurch wirken die Beiträge im Höreindruck harmonischer, als wenn man zwischen den Songzitaten zusätzlich noch mit einem neutralen Musikbett arbeitet. Nicht immer lassen sich die verwendeten Musikbeispiele von selbst auch als instrumentale Unterlegmusiken nutzen, doch mit handwerklichem und musikalischem Geschick lassen sich manchmal kleine Instrumentalparts der verwendeten Songs sinnvoll verlängern. Ist dies nicht der Fall, kann man vielleicht einen anderen älteren Musik-Hook des Künstlers als Musikbett verarbeiten, da hier zumindest das Soundbild in den Zusammenhang passt. Man sollte aber keinen bekannten alten Hit verarbeiten, da dieser unterschwellig vom neuen Musikthema des Beitrags ablenkt.

Irritierende Musikbetten: Wenn man mittels Digitalschnitt Ausschnitte aus Songs zu instrumentalen Betten für einen Beitrag verlängert, müssen sie musikalisch sinnvoll gebaut sein, auch wenn sie nur atmosphärisch unter das Wort gemischt werden. Der durchlaufende Beat muss in jedem Fall stimmen, da man Unregelmäßigkeiten sofort als störend wahrnimmt. Irritierend sind auch sehr bewegte dynamische Songpassagen, die vom parallel zu hörenden Text ablenken. Gleichmäßig durchlaufende Instrumentalparts sind am besten als Unterleger geeignet.

Der Übergang zwischen zwei Musikteilen im Beitrag sollte zwecks besserer inhaltlicher Verständlichkeit möglichst sinnvoll gestaltet werden. Zum einen ist natürlich der verwendete Musikausschnitt jeweils eine akustische Zäsur, zum anderen kann auch im Wortanteil ein neues Thema angeschnitten werden. Man kann auf den Themenwechsel mit einer Musikblende entsprechend reagieren und mit einer neuen Unterlegmusik das nächste Songzitat vorbereiten.

Bei Musik unter synchronisierten O-Tönen ist besondere musikalische Sorgfalt geboten. Der O-Ton eines Künstlers ist dort bereits von einer Synchronstimme überlagert, und die Musik liegt dann als dritte akustische Ebene noch darunter. Hier muss man einen sehr leisen Pegel für das Musikbett wählen, damit die authentische Wirkung des Statements gewahrt bleibt.

Wellenbezogene Beitragsgestaltung: Da sich der Hörer an die Intensität seines jeweiligen akustischen Umfelds gewöhnt, werden auch die Musikbeiträge

Tab. 27.1 Beispiele, wie Musikbeiträge gestaltet werden können. (Quelle: Eigene Darstellung)

1	Musik	Wort	Musik	Wort	Musik
2	Musik	Wort/O-Ton	Musik	Wort/O-Ton	Musik
3	Musik	Wort (mit Musikbett)	Musik	Wort (mit Musikbett)	Musik
4	Musik	Wort/O-Ton (mit Musikbett)	Musik	Wort/O-Ton (mit Musikbett)	Musik
5	Moderator & Redakteur / Autor	Wort (mit Musikbett)	Musik	Wort (mit Musikbett)	Musik
6	Moderator (mit neutralem Musikbett)	O-Ton (Neutrales Musikbett)	Moderator (Bett)	O-Ton (Neutrales Musikbett)	Moderator / Musiktitel

Legende:

Nur Wort		Wort kombiniert mit Musik		Nur Musik	

je nach Popformat unterschiedlich gestaltet. In den Popmusikbeiträgen der Jungen Wellen werden jetzt auch schon gesungene Musikparts als Unterlegmusik verwendet und vom Hörer akzeptiert. Allerdings muss man die Lautstärke der entsprechenden Stellen besonders sorgfältig auspegeln; das hat aber den Vorteil, dass man dadurch ohne große Probleme in ein verwendetes Musikbeispiel ein- oder ausblenden kann und dadurch das Musikbett harmonisch weiterfließt. In den Pop-Oldie-Wellen *(old school)* wird dagegen zumeist noch mit dem klassischen Beitragsstil gearbeitet, bei dem aus Gründen der Verständlichkeit auf Musikbetten verzichtet wird (Tab. 27.1, Nr. 1 und 2). Musik und Wort stehen im Beitrag entspannt nebeneinander, die Beiträge wirken aber insgesamt nicht so flüssig und modern. Neben der gewählten Beitragsform zählt aber letztlich in allen Popformaten vor allem, ob ein Beitrag in sich gut und stimmig gemacht ist, und wie stark die Geschichte ist, die er erzählt! In Tab. 27.1 sind einige Beispiele für den Aufbau von Musikbeiträgen aufgeführt.

Musikbeiträge können auf unterschiedliche Weise ins Programm eingebunden sein. Ein Beitrag kann als geschlossene fertige Form im Programm auftauchen, die lediglich anmoderiert werden muss. Man kann ihn noch durch einen Musiktitel akustisch vorbereiten, z. B. mit einem aktuellen oder älteren Hit des entsprechenden Künstlers. So kann man ein Thema erweitern, ohne in die eigentliche Gestaltung einzugreifen. Eine andere Gestaltungsvariante ist es, den abschließenden Musiktitel nicht mehr direkt an den Schluss des Betrages zu setzen. Man lässt das Musikbett nach dem letzten Wort- oder O-Ton-Take weitere 20 Sek. stehen. Der Moderator hat dadurch die Möglichkeit, nach dem Beitrag flexibel zu reagieren: Entweder nutzt er das Musikbett, um selbst noch einmal akustisch präsent zu sein, was den dynamischen Eindruck der Sendung noch einmal erhöht, oder er fügt den Schlusstitel ohne Worte nahtlos an den Beitrag an.

Beitragslänge und Popformat: Vergleicht man die Intensität und das Format der verschiedenen Popwellen, kann man feststellen, dass hier auch Parallelen zwischen der Gestaltung der Beiträge und den Beitragslängen bestehen. In einigen Pop-/Oldie-Formaten sind noch Beitragslängen zwischen 2:00 und 3:00 Min. üblich, fußend auf den alten Hörgewohnheiten des entsprechenden Zielpublikums. Dagegen haben sich die Beiträge vieler aktueller Popwellen bereits auf eine Länge von 1:30 bis 2:00 Min. eingependelt. In Verbindung mit den verwendeten Musikbetten entsteht so der Eindruck eines flüssigeren Programmablaufs, und man kehrt schneller zur Musik zurück, dem Haupteinschaltimpuls für jede Popwelle.

Neue Beitragsformen und Präsentation: Inzwischen versucht man zusätzlich, die konventionelle Präsentation der Beiträge aufzubrechen. Statt herkömmlich

Anmoderation und Beitrag aufeinander folgen zu lassen, arbeitet man jetzt häufiger (Tab. 27.1, Nr. 5) mit einem zusätzlichen Fachmann im Studio (vergleichbar mit Nachrichtensendungen, bei denen ein Sportmoderator mit seiner Fachsicht die entsprechenden Ereignisse anmoderiert). Der Musikfachmann ordnet die Wertigkeit des relevanten Popthemas, z. B. die neue Platte der „Fantastischen Vier", ein, dann beginnt der Musikbeitrag gleich (ohne Musik-Intro) mit dem ersten Worttake des Autors. Die Form wirkt durch das Gespräch lebendiger, man unterstreicht zusätzlich die journalistische Fachkompetenz, und man hat das sonst gewohnte Musikbeitragsschema neugestaltet.

Eine nochmalige Verdichtung der präsentierten Information, des behandelten Musikthemas ist neuerdings ein anderer Trend poppiger Vermittlungsformen. Statt in herkömmlichen Beiträgen werden Expertenmeinungen, Berichte von Korrespondenten und Reportern, Interviews oder Umfragen nur noch als kurze gebündelte Statements verarbeitet. Mit einer Länge von bis zu 1:00 Min. stehen sie als Info-Flashs, als O-Ton-Zitate, kurz anmoderiert für sich allein, oder der Moderator verbindet, anstelle des Reporters, selbst mehrere einzelne O-Töne zu einem Themenblock (Tab. 27.1, Nr. 6). Dadurch soll eine unmittelbare direkte Beitragswirkung erzielt werden, das unmittelbare Verhältnis zwischen Moderator und Hörer wird noch einmal gestärkt. Außerdem kann eine Redaktion so ein Thema ganz in ihrem eigenen Stil aufarbeiten. Allerdings besteht durch die verknappte Informationstiefe auch die Gefahr eines inhaltlichen Kompetenzverlustes, denn viele Themen werden so in den jeweiligen Sendeflächen nur noch als verkürzte „Schlagzeilen-Häppchen" präsentiert. Dieser Effekt kann aber wellenspezifisch durch die bewusste Profilierung von Informationsinseln, z. B. durch Nachrichten, einem verdichteten Informationsmagazin oder speziellen thematisch hervorgehobenen Programmelementen (Sport kompakt, Kino kompakt usw.) ausgeglichen werden. Auch in Musiksendungen kann durch die flächenhafte Streuung mehrerer kurzer Elemente ein sinnvoller Kompromiss zwischen modernem Programmfluss und vertiefender Information gestaltet werden. Als Ergänzung bietet zudem heute die crossmediale Aufarbeitung der unterschiedlichen Themen die Möglichkeiten vertiefende Informationen (z. B. das komplette Künstler-Interview, den Artikel zum Thema, die Spotify-Playliste zur Spezial-Sendung, die Insta-Story oder das Best-Of-Video zum Konzert, usw.) über die Homepages der jeweiligen Programmwellen, sowie über ihre Social-Media-Kanäle hervorzuheben und zugänglich zu machen.

Junge Wellen/Musikredaktion für ein Junges Programm

28

Stefanie Schäfer

Zusammenfassung

Es werden die Besonderheiten des Programmmachens für junge Radioprogramme erläutert: Musikplanung, Interviews, Angebote auf verschiedenen Kanälen und Zusammenarbeit mit der Online-Redaktion.

Schlüsselwörter

Popradio · Formatradio · Junge Radioprogramme · Junge Wellen · Playlist · Social Media · Radio-Apps · Listicles · Online-Inhalte · Streaming · Apps

28.1 Allgemeines

Junge Radioprogramme sind zu multimedialen Marken geworden (gleichermaßen wie die meisten Popwellen). Immer neue Online-Dienste verändern die Medienwelt stetig. So sind Social-Media-Plattformen schon lange kein Netzwerk unter Freunden und Bekannten mehr, sondern große Informationsdienstleister und Werbeträger. Daneben beeinflusst die Digitalisierung, allen voran das Streaming,

---

Elektronisches Zusatzmaterial Die Online-Version dieses Artikels (https://doi.org/10.1007/978-3-658-32476-6_28) enthält zusätzliches Material, das für autorisierte Benutzer zugänglich ist.Sie können diese Videos mit der SN More Media App ansehen. Öffnen Sie die App, scannen Sie das Foto mit Ihrem Mobiltelefon mit dem "Play"-Symbol, und das Video wird abgespielt.

S. Schäfer (✉)
DASDING Musikchefin, Baden-Baden, Deutschland
E-Mail: info@musik-journalismus.de

© Springer Fachmedien Wiesbaden GmbH, ein Teil von Springer Nature 2022   307
P. Overbeck (Hrsg.), *Musikjournalismus,* Journalistische Praxis,
https://doi.org/10.1007/978-3-658-32476-6_28

unseren Musikkonsum. Lineares Radio steht im Wettbewerb mit zeitsouveränen Angeboten, muss sich an neue Marktbedingungen anpassen und sich (Best Case) zugleich auf seine „alten" Stärken besinnen – all das hat Auswirkungen auf sämtliche Arbeitsbereiche im redaktionellen Alltag, so auch auf Strukturen, Aufgaben und Workflows innerhalb der Musikredaktion.

Die Arbeit als Musikredakteur wird zunehmend komplexer. Alle jungen Programme der ARD haben eine eigene Online-Redaktion, jedoch ist es von Vorteil, wenn auch Musikredakteure ein Verständnis für die Eigenschaften und Mechanismen der verschiedenen Online-Angebote und Plattformen mitbringen. Das ist keine zwingende, inzwischen aber eine doch sehr wichtige Eigenschaft, um den Markt erfolgreich mit musikredaktionellem Content bespielen zu können. Gerade die Nutzergewohnheiten der jungen Zielgruppe sind dabei sehr herausfordernd. Die Generationen Y (Geburtenjahrgänge 1980 bis 1999) und vor allem Z (Geburtenjahrgänge 2000 bis 2019) sind mit digitalen Medien aufgewachsen und gewohnt, Musik schnell und umfangreich immer verfügbar zu haben. Auf verschiedenen Plattformen stellen sie sich nicht nur selbst Playlists zusammen, sondern entscheiden dabei auch darüber, wie viel sie beispielsweise über eine Künstlerin erfahren möchten. Daneben lässt sich beobachten, dass in den letzten Jahren Genregrenzen mehr und mehr aufgebrochen wurden und dass es weniger Fangruppen gibt, die eindeutig einer bestimmten musikalischen Richtung zuzuordnen sind. Auch das wirkt sich auf die Arbeit innerhalb einer Musikredaktion aus.

Hier die Veränderungen von Markt und Musik:

- Einzeltitel statt Alben
- Mehrere Künstler am gleichen Song oder an verschiedenen Versionen beteiligt, damit größere Reichweite
- Keine langen Intros wegen Streaming-Plattformen
- Schnellerer Veröffentlichungszeitraum/mehrere Titel („Waterfall-Releases")
- Unzählige ähnliche Titel

28.2 Stream statt klassischer Tonträger und Auswirkungen auf das Musikprogramm

Die Musikindustrie produziert inzwischen hauptsächlich für den Streamingmarkt. Dadurch haben sich nicht nur die Songs an sich verändert, sondern auch die Veröffentlichungsstrategien. Diese Veränderung beeinflusst die Kernaufgabe von Musikredakteuren: Das Erstellen des Musikprogramms.

Sehr viele Songs werden inzwischen so produziert, dass sie auf Streaming-portalen oder auch Social-Media-Portalen wie TikTok erfolgreich sind. Dies gilt umso mehr, je jünger die Zielgruppe der jeweiligen Künstler oder des jeweiligen Genres ist und je mehr das Produkt auf den Erfolg in der breiten Masse angelegt ist. So sind die Songs insgesamt kürzer geworden für mehr Streamingabrufe in der gleichen Zeit. Weiter haben sie keine langen Intros mehr, sondern beginnen oft-mals direkt mit dem Refrain, um die umkämpfte Aufmerksamkeit der Hörer direkt auf den Hauptteil zu lenken und ihn damit am Song und Stream zu halten. Ebenso lässt sich in den letzten Jahren verstärkt der Trend beobachten, dass mehrere Künstler am gleichen Song oder verschiedenen Versionen eines Songs mitwirken. Diese Kollaborationen erscheinen dann meist auf den Accounts aller beteiligten Künstler, ergo: Der Song hat eine höhere Reichweite. Ebenso ist es das Ziel, den Song auf verschiedenen Listen (z. B. Neuheiten-, Deutschpop- oder Hiphop-Listen etc.) der Streaminganbieter unterzubringen. Diese Listen erscheinen oft wöchentlich neu. Das wiederum hat Auswirkungen auf die Veröffentlichungs-strategie der Labels, Managements und Künstler: Je mehr Songs ich in kürzeren Abschnitten veröffentliche, desto höher sind meine Chancen, dass Songs von mir immer auf hohen Positionen dieser Listen vertreten und abrufbar sind. Man spricht hierbei von sog. „Waterfall Releases". Mit dem Aufkommen neuer populärer Musik- oder Video-Plattformen (z. B. eben TikTok) gibt es seitens der Musik-branche auch jeweils neue Anpassungen, um den Anforderungen dieser neuen Plattformen gerecht zu werden. So wird darauf geachtet, dass Songs besonders witzige, zitierfähige Textzeilen oder auffällige, scheinbar unpassende Geräusche beinhalten, oder dass sie sich besonders gut für unterhaltsame Tanzchoreografien eignen.

Was macht das nun alles mit der Arbeit von Musikredakteuren? In der Regel folgt die Musikplanung dem Format, das sich das jeweilige Programm gegeben hat. Heißt auch: Es gibt eine genaue Vorstellung von der Zielgruppe, die mit diesem Format erreicht werden soll. Während man früher bestimmte Songs ver-gleichsweise klar einer Zielgruppe zuordnen und somit einschätzen konnte, wen man sich damit ans Radio holt, wird diese Einschätzung inzwischen durch oben angesprochene Faktoren wie die Aufweichung von Musikgenres und Fankultu-ren, die Fülle an Neuveröffentlichungen und somit die Kurzlebigkeit und auch Anonymität einzelner Tracks und Künstler erschwert. Nach wie vor gibt es hilf-reiche Werkzeuge wie beispielsweise Musiktiteltests, die die Musikredakteure bei ihren Entscheidungen unterstützen. Während sich anhand dieser sog. „Callouts" vor allem die mittel- bis langfristige Entwicklung von Songs ablesen lässt, gibt ein Blick auf die Streamingcharts die aktuelle Popularität einzelner Songs gut wie-der. Reine Verkaufscharts sind zur Bewertung inzwischen irrelevant geworden.

Trotz dieser Parameter müssen sich Musikredakteure zunehmend auf ihre Erfahrung und ihr Bauchgefühl verlassen. Ohne eine gute Intuition war eine passende Musikauswahl auch vor Jahren schon schwierig, inzwischen ist sie unabdingbar. Der Erfolg eines Songs lässt sich aufgrund der Vielzahl an Neuveröffentlichungen auch mit den oben genannten Hilfsmitteln oftmals nur noch sehr schwer prognostizieren. Es gibt Wochen, in denen v. a. junge Programme ihre Playlisten nahezu komplett mit neuen Songs bestücken und austauschen könnten – so viele für das Programm potenziell relevante Produktionen werden geradezu auf den Markt geflutet. Das bedeutet sicherlich auch ein gewisses Maß an Freiheit, schließlich zeichnen sich viele junge Musikformate genau dadurch aus: dem Spielen von Neuheiten. Letztlich ist es aber eine Gratwanderung: Damit Hörer einen Song bewusst wahrnehmen, sind ein oder zwei Einsätze in der Regel nicht ausreichend. Werden Songs zu schnell ausgetauscht, werden diese nicht mit dem eigenen Format in Verbindung gebracht. Die Hörer könnten annehmen, ein populärer Song sei in diesem Programm gar nicht gelaufen. Genau in solchen Fällen müssen Musikredakteure letztlich auf ihre persönliche Einschätzung vertrauen und abwägen, um die Playlists optimal zu zusammenzustellen.

28.3 Popularität versus Abwechslung

Auch die Musikplanung ist schwieriger geworden. Funktioniert ein Genre beispielsweise gut im Streaming, werden schier unzählige ähnliche Titel produziert, und das immer häufiger über einen recht langen Zeitraum. Es besteht die Gefahr, dass die Playlists sehr eintönig werden. Herausfordernd ist es somit, einen populären Sound ausreichend im Programm abzubilden und die Playlists trotzdem abwechslungsreich und für alle anderen attraktiv zu halten. Eine besondere Bedeutung kommt hier Deutschrap zu, einer starken und erfolgreichen Szene, die im Gegensatz zu vielen anderen auch immer noch echte Fankulturen schafft. Mit Deutschrap kann man als Radioprogramm einen großen Teil der jungen Zielgruppe an sich binden – einen nicht unerheblichen Teil verliert man damit aber auch. Es gibt aktuell kein Genre, das mehr polarisiert. Auch solche Faktoren sollten auf den Playlists ausbalanciert werden.

Das lineare Radio ist schon viele Jahre nicht mehr der einzige Verbreitungsweg für die Playlists. Auch das Bereitstellen von Sendungen On-Demand oder in genrespezifischen Channels auf der eigenen Website ist mittlerweile obligatorisch. Immer weniger junge Menschen hören lineares Radio, das bestätigen auch die Ergebnisse der „JIM-Studien" des „Medienpädagogischer Forschungsverbunds

Südwest" (Mpfs).[1] Ziel ist es, die Nutzer dort abzuholen, wo sie Musik sowie Wortinhalte konsumieren. Im Fokus steht dabei die Verbreitung der eigenen Playlists auf Drittplattformen wie Streamingdiensten, sowie die Weiterentwicklung eigener Radio-Apps, die Elemente des zeitsouveränen Hörens von Musik (z. B. Vor- oder Zurückspringen) anbieten. All diese Listen müssen von Musikredakteuren betreut und gepflegt werden. Daneben sind insbesondere öffentlich-rechtliche Programme nicht frei in Umfang und Auswahl dieser Kooperationen mit kommerziellen Anbietern, welche zuvor sorgfältig juristisch geprüft und geklärt werden müssen. Es gibt auch eine „DASDING-App"; sie ist ähnlich strukturiert wie die SWR3-App (siehe dazu Kap. 23 und Abb. 23.1).

Die Planung und Durchführung von Interviews ist eine weitere zentrale Aufgabe von Musikredaktionen. Früher umfasste das in der Regel Interviews für das Hörfunkprogramm plus (sofern vorhanden) Slots für ein zugehöriges Fernsehformat. Später sind noch Anfragen für Fotos dazugekommen, um auf der Website des Senders Bildergalerien des Interviews veröffentlichen zu können. So überschaubar ist das schon lange nicht mehr. Inzwischen finden Interviews für sämtliche Medien und Plattformen statt, zum Beispiel das Radioprogramm, für Instagram oder verschiedene eigene Formate auf YouTube. In manchen Fällen kommen dann noch Live-Sessions dazu.

Mittlerweile sind in den Interviewprozess verschiedene redaktionelle Bereiche involviert, was im Vorfeld zum Teil große Besprechungsrunden nötig macht. Die Koordination geht in der Regel weiter von der Musikredaktion aus. Besprochen wird zum einen, wie man die vorhandene Zeit aufteilt: Eignet sich ein Künstler eher für ein Radiointerview oder eher für Onlineumsetzungen? Benötigt man Zeit für beides? Performt er auf einem bestimmten Social-Media-Kanal besonders stark? Zum anderen wird überlegt, was inhaltlich passieren soll: Werden Fragen der Hörer und User miteingebunden? Hat man (Interview-)Formate, die sich für die jeweiligen Künstler besonders gut eignen? Möchte man möglichst Antworten auf aktuelle Fragen, die man dann zeitnah veröffentlichen kann oder soll das Interview eher zeitlos und langfristiger angelegt werden? Womit lassen sich mehr Klicks und Aufrufe generieren? Gibt es eigene passende Podcasts, in denen der Interviewgast auftauchen sollte?

Auffallend ist, dass seitens des Managements zunehmend versucht wird, in die inhaltliche Umsetzung einzugreifen. Schon immer gab es – gerade bei Interviews fürs Fernsehen – teilweise relativ klare Vorgaben bezüglich der Themen, die abgefragt werden „durften". Hier galt es, genau abzuwägen, zumal es nur

---

[1] Zur Erläuterung der JIM-Studien siehe Abschn. 1.3 und: https://www.mpfs.de/studien.

fair ist, wenn Musiker nicht über ihr Privatleben oder Ähnliches sprechen möchten. Inzwischen kommt es aber immer häufiger vor, dass zum Beispiel aus fertig produzierten Videos komplette Passagen rausgenommen werden sollen. Oftmals würde dadurch die redaktionelle Hoheit verletzt, weswegen man diesem Wunsch nicht ohne Weiteres entsprechen sollte. **Oft wird außerdem gewünscht, dass Interviews nach einer bestimmten Zeit wieder offline gehen sollen.** Die Gründe dafür sind unterschiedlich und individuell, liegen aber mehrheitlich darin, dass sich gerade die Ausbreitung von Content im Internet kaum kontrollieren lässt. Ein Bewegtbild-Interview für den YouTube-Channel eines Radioprogramms steht überspitzt formuliert jedem zur illegalen Bearbeitung und Verbreitung frei zur Verfügung. Dennoch gibt es (sofern nichts anderes im Vorfeld vereinbart wurde) für diese inhaltlichen oder zeitlichen Einschränkungen keine medienrechtliche Grundlage.

Musikredakteure werden mehr und mehr zu Verhandlungspartnern (wie übrigens auch beim immer komplexer werdenden Thema Musikrechte), um einen Weg zu finden, die Interessen der Künstler nicht zu ignorieren, v. a. aber um eine freie journalistische Berichterstattung zu gewährleisten.

28.4 Musikredaktionelle Beiträge

Aus klassischen musikredaktionellen Radiobeiträgen (Besprechungen von neuen Alben, Konzertkritiken etc.) ist musikredaktioneller Content für die multimediale Marke geworden.

Nach wie vor gilt es, authentisch und auf Augenhöhe mit der jungen Nutzergruppe zu sein. Da genau diese ihre Lieblingsplattformen aber immer wieder wechselt, sollten sich auch die Umsetzungen von Musikinhalten immer wieder neu anpassen und Redakteure flexibel bleiben, um die Zielgruppe dort abzuholen, wo sie sich gerade online am liebsten aufhält. Mit jeder neuen Plattform ändert sich dabei auch die Umsetzung. Inhalte aus einem Künstlerinterview werden für die eigene Website beispielsweise anders aufbereitet als für Instagram. Während es für die Website durchaus Sinn machen kann, ein Interview in voller Länge abzubilden, bedient man sich für Instagram meist nur an einer prägnanten Aussage, von der man sich entweder viele Likes oder auch eine kontroverse Diskussion erwartet. Eine der wichtigsten Erkenntnisse ist dabei, dass es wenig erfolgversprechend ist, plattformübergreifend zu agieren, heißt zum Beispiel: „Teasen wir im linearen Radioprogramm auf einen Online-Inhalt, wird das in der Regel nicht zu steigenden Zugriffen im Netz führen, da die Hörer eben nicht direkt vom Radioprogramm auf Online-Angebote wechseln". Genauso ist nicht jedes Produkt auf jedem Ausspielweg gleichermaßen erfolgreich: Ein attraktives Video in Social Media läuft als Audioversion im Radio nicht automatisch genauso gut. **Inhalt und Qualität zählen nach wie vor.** Neben diesen strukturellen Veränderungen und Anpassungen gibt es auch inhaltliche. Immer noch ist das wesentliche und damit auch das beste Kriterium für ein erfolgreiches Produkt ein starkes Thema. Lange Zeit konnte man sich dabei auf Albumbesprechungen oder auch Star-News verlassen. Heute ist das Musikbusiness trackbasiert, komplette Alben haben an Bedeutung verloren. Es lohnt sich somit nur noch, ausgewählte, für die Zielgruppe besonders relevante Veröffentlichungen ausführlich zu besprechen. Was Star-News angeht, zeigen Künstler auf ihren Social-Media-Kanälen selbst sehr viel, oftmals auch sehr Privates. Auch hierfür muss alternativer Content gefunden werden. Gerne arbeiten Redakteure zum Beispiel mit sog. „Listicles" wie „Fünf Dinge, die Du noch nicht über XY wusstest". Besonders wichtig bleibt daneben die einordnende Funktion, die gerade im Überangebot der digitalen Welt elementar ist: Wenn ein Musiker auf Social Media besonders aktiv ist, steckt beispielsweise oft ein neuer Song oder ein neues Album dahinter. Daher sollte nicht nur über den Output dieser Musiker berichtet werden, sondern vor allem darüber, was die Hintergründe dafür sein könnten.

Musik- und Onlineredakteure arbeiten meist eng zusammen bei der Distribution von Online-Inhalten. Wichtig ist es z. B., einen Artikel mit den richtigen Schlagworten auszustatten, sodass er von Usern überhaupt erst gefunden werden kann.

Der Beitrag von Felix Zink im Rahmen des Online-Symposiums „Die Zukunft des Musikjournalismus. Über Qualität, Kunst und künstliche Intelligenz" des Instituts für Musikjournalismus der Hochschule für Musik Karlsruhe am 4. Februar 2021 gibt einen Einblick in die Zukunft des Radios (Abb. 28.1).

Abb. 28.1 „Radio on Demand – Die Zukunft des Radios? Gibt es in 10 Jahren noch lineares Radio?" (4:52) Daniel Wolff gibt einen Ausblick auf die Zukunft des Radio-Hörens, Online-Medien und dem Radio on Demand. (https://doi.org/10.1007/000-2wg) (https://youtu.be/T6C CFtg0UUc)

Popradio im Wandel – Personalisierte Musikstreams

29

Daniel Wolff

Zusammenfassung

Die Digitalisierung der Radioübertragung ermöglicht es, nicht nur regionalisierte, sondern durch die Erfassung von personenbezogenen Daten sogar personalisierte Programme zusammenzustellen und den Nutzern individuelle Musiklisten in Kombination mit dem Rumpfprogramm anzubieten. Wie dies möglich ist und welche Chancen die Zukunft bietet, wird nachfolgend aufgezeigt.

Schlüsselwörter

Musikprogramm • Individualisierter Audiostream • Kuratiertes Programm • DAB+ • Digitale Verbreitung • Formatradio • Social Media • Radio-Apps • Streaming

Was bisher geschah: Die Neunziger waren ein wirklich spannendes Jahrzehnt, in dem gleichzeitig der Startschuss zur Digitalisierung der Menschheit gefallen ist. BTX, ein textbasiertes Onlineportal der Deutschen Telekom, war out und das World Wide Web ging an den Start. Der Zeitgeist machte damals die Einwahlgeräusche eines 9600-bit/s-Modems. Übertragungsgeschwindigkeiten mit doppelter ISDN-Bündelung konnten sich damals nur wenige Privathaushalte leisten. Musik wurde ebenfalls digital. In Radiostationen verdrängten digitale Abspielwege die bis dahin fein säuberlich gepflegte CD-Sammlung aus der Musikredaktion. 1998 war dann die nächste Evolutionsstufe mit dem ersten massenmarkttauglichen

D. Wolff (✉)
Bremen, Deutschland
E-Mail: info@musik-journalismus.de

© Springer Fachmedien Wiesbaden GmbH, ein Teil von Springer Nature 2022   315
P. Overbeck (Hrsg.), *Musikjournalismus,* Journalistische Praxis,
https://doi.org/10.1007/978-3-658-32476-6_29

mp3-Player. Ende 2001 stieg Apple in den Ring mit der Präsentation des ersten iPods mit einer 5 Gigabyte-Festplatte. Auch die ersten Internetradios entstanden, auch wenn ihre Bedeutung noch gering gewesen ist. Schließlich waren Übertragungsgeschwindigkeiten und eine Nutzung zu jeder Zeit, an jedem Ort noch weit entfernt.

Mit der Digitalisierung von Musik etablierten sich auf den Computern dieser Welt Billionen von Bits und Bytes von Musik, die mit Software wie „Win-Amp" abgespielt werden konnten. Drei findige Studenten aus den USA programmierten die erste Musiktauschbörse „Napster" und gingen mit dieser 1999 an den Start; ein Aufschrei ging durch die Musikbranche, da dies illegal war. Das Tauschvolumen erreichte allein im Januar 2001 fast zwei Mrd. Dateien an Musik, Gerichtsprozesse folgten und „Napster" wurden in seiner ursprünglichen Form eingestellt.

Übertragungsgeschwindigkeiten von Bits und Bytes nahmen im ersten Jahrzehnt des neuen Jahrhunderts rasant zu. Neue Mobilfunkstandards ermöglichten es, ab dem zweiten iPhone (2008), auch mobil im 3G Netz zu surfen, zu Mailen und die Musik digital in einem Gerät in der Hosentasche immer dabei zu haben. Mit steigender Übertragungsgeschwindigkeit erweiterten sich auch die technischen Möglichkeiten und die Inhalte nahmen rasant zu. Ende 2006 startete Spotify in Schweden, 2012 in Deutschland als Alternative, Musik auf legalem Wege zu hören. 2010 ging YouTube, die Audio- und Videostream-Plattform, an den Start.

Mit dem rasant zunehmenden technologischen Fortschritt und der Verbreitung von alltagstauglichen Devices wurden bisher kleine Akteure im Markt wie Google und Amazon immer größer. Schnell erkannten die Firmen aus dem Silicon Valley, dass das Sammeln von Daten ihrer Nutzerinnen und Nutzer zu einem profitablen Geschäftsmodell werden würde. Einmal etwas über die Nutzer herausgefunden, konnte dies an die Werbewirtschaft weitergeben werden, um zielgerichtet Werbung zu verkaufen.

Traditionelle Medienunternehmen im Radio und TV setzten bis dahin weiterhin auf die Vermarktung von Werbezeiten nach dem Modell der Einschaltquotenermittlung. Im TV mit Teleskopie, bei der ein repräsentativer Teil der Bevölkerung ein Auswertungsgerät zuhause stehen hat, was das „Fernseh-Verhalten" des Haushalts aufzeichnet. Mit dem Aufkommen von internetfähigen Fernsehgeräten können hingegen bei Messungen in Mediatheken oder bei Streamingangeboten wie „Netflix" auf vollständige Daten zurückgegriffen werden.

Im Hörfunk verhält sich die Einschaltquotenermittlung anders und ist bisweilen so kompliziert, dass Firmen, die Werbung buchen möchten, nicht verstehen, wie die Ermittlung erfolgt. Ab 1972 wurde die Hörfunknutzung mit einer persönlichen Befragung „Face to Face" durchgeführt. 2002 wurde ein Wechsel zu einer telefonischen Befragung eines repräsentativen Teils der Bevölkerung vollzogen ("CATI"-Methode. CATI steht für „Computer Assisted Telephone Interview"). Auch dabei handelte es sich um eine erinnerungsbasierte Befragung. So wurde gefragt: „Können Sie sich noch erinnern, welchen Radiosender sie am Montag gehört haben? Wissen Sie noch, in welcher Zeit und wie lange? Können Sie mir Radiosender aufzählen, die Sie in den vergangenen 14 Tagen gehört haben?"

Glückwunsch, wenn Sie diese Fragen exakt beantworten konnten, denn dann haben Sie zur präzisen Ermittlung der Einschaltquoten beigetragen. Es stelle sich die berechtigte Frage, warum das nicht valider und genauer ermittelt wurde. Statistiker, Demoskopen etc. würden an dieser Stelle den Finger heben und mit Einspruch votieren: „Das ist valide und genau". So genau wie Wahlvorhersagen. Durch die kabellose Übertragungsstrecke für analoges Radio konnte keine reale Messung vorgenommen werden, welches Gerät gerade welchen Sender hört. Für die reale Messung bedarf es eines Rückkanals, nur leider ist das bei UKW und auch beim digitalen DAB+ technisch nicht möglich; somit bleibt bei diesen Übertragungswegen nur eine erinnerungsbasierte Einschaltquotenermittlung. Zur Vollständigkeit sei hier erwähnt, dass sich die Methode Einschaltquotenermittlung im Radio bis in die 2020er-Jahre ständig weiterentwickelt hat.

Neu ist der digitale Verbreitungsweg von Radioprogrammen über einen sogenannten „Simulcast", also einer gleichzeitigen Verbreitung für unterschiedliche digitale Empfangsgeräte wie z. B. W-LAN-Radio oder Amazon „Echo". Diese Bereitstellung der Inhalte in digitaler Form eröffnet Fernseh- und Radiostationen die Möglichkeit, über den Rückkanal Daten von ihren Nutzerinnen und Nutzern zu sammeln. Google, Facebook, Amazon und Co. haben diese Datenerfassung im letzten Jahrzehnt perfektioniert. Auf Basis der Nutzerdaten können individualisierte Inhalte ausgespielt werden, z. B. Werbeinhalte zielgenau für eine spezielle Zielgruppe. Nutzerbasierte Daten zu sammeln wird in Zukunft immer wichtiger werden, nicht nur zu Werbezwecken, sondern auch, um individualisierte Unterhaltungsangebote zu erstellen. Medienunternehmen können so zusätzlich zum Kerngeschäft des linearen Programms weitere Inhalte zur Verfügung zu stellen.

Hier ein Beispiel für das Audio/Musikangebot einer Radiostation:

Einschalten, Musikhören, Unterhaltung und Nachrichten. Dies ist einfaches Konzept der Radiostationen und zu jeder Zeit im Sendegebiet möglich, wenn die UKW-Empfangbarkeit gewährleistet ist. Der Endverbraucher muss nichts weiter machen, als das Radio einschalten, einen Sender auswählen und das fertige

Produkt wird geliefert. Bei privaten Radiostationen ist das auch noch komplett kostenlos! Der erhebliche Vorteil gegenüber der selbst zusammengestellten Musikplaylist ist ein „Überraschungseffekt" mit einem Titel, der in einer eigenen Musikplaylist nicht vorhanden ist, selbst bei der Shuffle-Funktion. Üblicherweise greift man bei der Zusammenstellung von eigenen Musikplaylists – nicht jeder verfügt über ein enzyklopädisches Musikwissen – auf bekannte Musikstücke zurück. Aber nicht nur das macht das Angebot der Radiostationen aus – 24 h am Tag, 7 Tage die Woche, 365 Tage im Jahr. Auch kuratierte Angebote mit Musikplaylists, die bereits nach dem Jahrzehnt der Veröffentlichung, Stimmungen, Genres zusammengestellt sind oder auch Musikkanäle zählen neben Podcasts zu den Angeboten. Die Möglichkeiten von kuratierten Playlists sind unbegrenzt und umfassen gemäß „AG Media-Analyse e. V." über 1100 Musikkanäle in Deutschland (Stand: September 2020). Alle digitalen Angebote werden hierzu über die Website, W-LAN-Radios, Sender-App oder externe Player zugänglich gemacht.

Traditionelle Radiostationen können einen Schritt weiter gehen, schließlich sind sie keine reinen Musikabspielstationen, denn sie bieten zusätzlich Unterhaltung aus der eigenen Region und anderen wertvollen Content. Was wäre, wenn die oben erwähnten zusätzlich kuratierten Musikkanäle auf einmal mit den Moderationen versehen werden, die zur gleichen Zeit auf UKW zu hören sind? **Arno und die Morgencrew von „104.6 RTL Berlins Hitradio" machen es vor,** wohin die Reise gehen könnte. Seit dem 01. Oktober 2018 können Hörerinnen und Hörer zwischen drei unterschiedlichen Musikwelten wählen, in die die Morgenshow mit allem Content eingebettet wird. Somit wandeln sich kuratierte Musikkanäle hin zu kleinen eigenständigen Radiostationen. Eine schöne Variante, in welcher der Nutzer selbst entscheidet: Höre ich den Sender im Musikformat von 90er Dance oder doch lieber im Chartsstyle? Es ist eine sehr gute Idee, erfordert aber viel Aufwand für eine überschaubare Individualisierung. Viel interessanter wäre es, auszuwählen, welche Audioinhalte, also Musik und Content, tatsächlich wiedergegeben werden und diese sich automatisch in den vorhanden Musikfluss integrieren. Nicht jeder Nutzer mag vielleicht Comedy oder Nachrichten, womöglich aber das morgendliche Horoskop. Ähnlich wie ein zusammengestelltes Morgenbriefing bei Amazon Alexa. Das setzt natürlich voraus, dass individualisierte Inhalte zur Verfügung gestellt und auswählbar werden.

Es ist nicht mehr zwingend notwendig, eine Radiostation zu sein, um Hörern ein vollumfassendes Audioangebot zur Verfügung zu stellen. Influencer, Persönlichkeiten des öffentlichen Interesses, alle die eine Fan-Base besitzen und auf ihre eigene Art und Weise Multiplikator sind, können in diesen Bereich der Audiobranche vordringen. In Verbindung mit einem Team, welches versteht, relevanten

Content zu erstellen und zu produzieren, wird daraus ein Vollangebot. Ein weiteres durchdachtes Beispiel hält hier die „RegioCast" parat: „barba radio", ein eigenes Audioangebot mit Barbara Schöneberger, rund um die Uhr, 365 Tage im Jahr. Es klingt wie eine UKW-Radiostation, ist es aber nicht; man kann es empfangen im Web oder in der eigens dafür programmierten App, diversifiziert in mehrere Sparten-Musikkanäle mit Interviews und Alltagstipps, abgerundet mit einem Podcast, zugeschnitten auf die Zielgruppe von Barbara Schöneberger, außerdem syndiziert, also multipliziert auf mehrere UKW-Radiostationen von Nord- bis Süddeutschland. Dies ist eine Symbiose aus Online-Audio-Content und der traditionellen UKW-Welt. Sie eröffnet traditionellen Medienunternehmen die Möglichkeit, neuen und vielfältigen digitalen Audiocontent zu kreieren.

„Hey Siri, spiel Musik, die ich mag", das funktioniert nicht nur bei Apple, sondern auch bei anderen Anbietern. Anhand von Verhaltens- und Interessenbasierenden Daten, die einer Person zugeordnet werden können, entsteht so ein individualisiertes Angebot. Die großen Tech-Konzerne wissen bereits, wie sie diese gesammelten Daten sowohl für Angebote als auch für die Werbevermarktung einsetzen. Traditionellen Medienunternehmen wie Radiosender stehen hier erst am Anfang wegen des vielfach noch analogen Übertragungsweges UKW; sie versuchen deshalb, ein möglichst großes digitales Angebot parallel aufzubauen, eine eigene digitale „Audio-Welt" oder ein „Öko-System".

Durch das individualisierte Login auf den Senderwebseiten und Apps werden Nutzerdaten und Nutzerverhalten gesammelt und daraus ein für den Konsumenten noch passenderes Angebot zu erstellen. Die Zukunft setzt dabei auf völlige Automatisation durch diese gesammelten Daten: Bei welchem Titel stellt der Nutzer den Empfang lauter, welche Musikkanäle benutzt er, bei welchen Titel wird weggeschaltet; möglich ist auch eine Voting-Funktion von Musiktiteln. Welche Content-Inhalte werden gezielt angesteuert, Nachrichten, Comedy, Information aus der Region oder Podcasts? Aus den gesammelten Daten wird ein individuelles Musik- und Content-Programm, ganz auf die Bedürfnisse des Nutzers angepasst, automatisch zusammengestellt.

Nicht nur das Musikprogramm wird individualisiert sein, auch die abgespielte Werbung wird sich auf die Bedürfnisse einstellen. Gezielte Konsumenteninteressen werden mit der Werbeindustrie zusammengeführt, z. B. heute noch den neuen Geschirrspüler im Internet angeschaut, morgen schon der passende Radiospot mit individualisierter Ansprache „Sie sind auf der Suche nach einem neuen Geschirrspüler?" zu hören. Das alles setzt ein Einverständnis der Nutzer voraus, diese Daten auch sammeln zu dürfen, um solch ein individualisiertes Angebot zusammenstellen zu können.

UKW und DAB+ werden an Bedeutung und Einfluss verlieren durch die immer rasanter zunehmende Digitalisierung, weil ihr Übertragungsweg und

Lizenzmodell unflexibel und nicht individualisierbar ist. Läuft auf UKW und DAB+ ein exakt vorgegebener, nicht individualisierbarer Werbeblock, so wird im digitalen Simulcast der Werbeblock aufgrund von Standortdaten verändert. Dabei erhält ein Hörer mit IP-Zuweisung Region A einen anderen Werbespot als Hörer mit IP-Zuweisung Region B. Potenziert man dies mit der Möglichkeit, Interessensdaten mit dem jeweiligen Nutzer zu verbinden, lassen sich individualisierte Werbemöglichkeiten schaffen.

Auf einmal ist Radio nur ein kleiner Stern im Kosmos des digitalen Unterhaltungsangebots. Die Transformation der analogen UKW-Welt hin zu einer Digitalisierung wird in den 2020er-Jahren zeigen, welche Medienunternehmen in Zukunft im großen Kosmos der Audioangebote bestehen werden. Sie müssen sich dann mit den Angeboten von Apple, Amazon, Google und Spotify messen lassen.

„Wer innovativ bleibt, wird auch in Zukunft gehört, gesehen und gelesen werden. (Abb. 29.1)"
Statement zur Zukunft des Musikjournalismus: Matthias Kugler, CvD/Musik-Layout, Musik-Reporter (SWR3-Musikredaktion)

Abb. 29.1 Matthias Kugler, Studium der Anglistik, Hispanistik und Geschichte in Stuttgart, Freiburg, Aberystwyth, Barcelona und Madrid, Aufbau-Studium „Diplom-Rundfunk-Musik-Journalismus" in Karlsruhe (Diplom 2001), seit 2001 als Musikredakteur bei SWR3 in Baden-Baden, Dozent an der HfM in Karlsruhe, Plattensammler, Interviewliebhaber, Vater, Ehemann, Gitarrist, VfB-Fan, Konzertgänger, Rotweintrinker (Foto: SWR/Stephanie Schweigert)

*Welche neuen Medien werden für die Arbeit der Musikjournalisten unabding-
bar sein?*
Diejenigen, die schon jetzt eine große Rolle spielen: Instagram, You-
Tube, TikTok, (noch) Facebook, Streaming-Dienste wie Spotify oder Apple
Music, Cloud-Dienste, etc.

Wird es künftig noch Print, Radio und Fernsehen geben?
Bei SWR3 gibt es das in dieser strikten Trennung schon lange nicht mehr.
Aus der Popwelle ist inzwischen eine *Marke* mit unterschiedlichen Ausspielwegen geworden, in denen die Inhalte je nach Format (Audio, Video,
Text, Bild) verbreitet werden (Radio, Online, Soziale Medien). Natürlich
spielt die lineare Radioausstrahlung über UKW, DAB+, SWR3.de oder die
SWR3-App noch die wichtigste Rolle. In Zukunft werden Inhalte auf Abruf
(Podcasts, Videos, Beiträge oder Sendungen zum Nachhören) aber eine
noch größere Bedeutung bekommen. Die Frage nach dem Medium rückt
in den Hintergrund, die Frage der zeitlichen Konsumierung in den Vordergrund. Eine gedruckte Zeitung wird so langfristig zum Luxusprodukt,
lineares Fernsehen wird abnehmen, On-Demand-Inhalte und Mediatheken
stark wachsen, aber lineares Radio wird bleiben. Die spannende Frage bei
letzterem Punkt ist: wie lange noch? 5, 10, 20 oder sogar 50 Jahre?

Wie wird sich die Qualität vom Journalismus verändern?
Wenn es gut läuft, gar nicht!

Wieviel ist guter Journalismus wert?
Soviel, wie der Konsument bereit ist zu bezahlen.

Was rechtfertigt einen Preis aus journalistischer Sicht?
Qualität, Akzeptanz, Relevanz.

Welche Rolle spielt "Paid Content"?
Eine wichtige, weil ohne sie Journalismus grundsätzlich nicht überleben
wird!

*Musikjournalisten als „Allrounder“ hinsichtlich der Medien und Themenfel-
der – ein austauschbarer Job?*

Nein! Musik ist ein Spezialgebiet, in dem man sich auskennen muss, genauso wie in der Politik, Wirtschaft oder im Sport.

Muss ich mich dann noch mit Musik auskennen oder kann ich mir alles anlesen?
Repertoirekenntnis und ein Gefühl für Musik sind unabdingbar. Spezialwissen kann ich mir natürlich in Einzelfällen anlesen. Wer aber glaubt, Musikjournalismus sei leicht, weil ja jeder „irgendwie was mit Musik zu tun hat", hat sich meiner Meinung nach getäuscht.

Welches Rüstzeug muss ein angehender Musikjournalist mitbringen?
Siehe oben. Plus: eine solide journalistische Ausbildung, Stress-Resistenz, Neugierde, Bereitschaft, sich mit technischen Neuerungen vertraut zu machen, eine gute „Schreibe", eine ansprechende Präsentation im Radio, stets Lust auf neue Musik, ein Gespür für Trends und Newcomer und die Fähigkeit, musikjournalistische Zusammenhänge spannend und unterhaltsam aufzubereiten. Mein Motto: „Erzähle eine gute Geschichte, die hört jeder gern!"

Wie wichtig ist direkter Kontakt und Interaktion mit dem Hörer als Musikjournalist?
Sehr wichtig. Die Hörer sind unser teuerstes Gut. Sie entscheiden, wie erfolgreich wir sind oder auch nicht. Wir als Musikjournalisten müssen wissen, was unseren Hörern gefällt, was sie öfters oder weniger oft hören wollen. Dazu helfen natürlich diverse Charts, Streaming-Dienste oder Shazam, aber auch Daten der Medienforschung und direktes Hörerfeedback.

Wird das Radio an Relevanz verlieren? Wie geht man als Musikjournalist damit um und welche Formen und Formate werden in Zukunft stärker vertreten sein?
Ich denke, dass das Radio nicht so schnell an Relevanz verlieren wird, weil es weiterhin das unmittelbarste und schnellste Medium ist. Wer einen guten Mix aus Musik, Unterhaltung, Information, Service und Comedy liefert, wird bestehen. Es kann sein, dass die Nutzung im Laufe der nächsten Jahre abnimmt (vor allem im UKW-Bereich), insgesamt aber ist das Radio (oder die Radio-App) nur einen Knopfdruck entfernt und bietet im besten Fall einen „bequemen" Einschaltimpuls für den Hörer/User, der sich selbst nichts zusammenstellen muss, es aber kann. Zusatzangebote wie Podcasts,

On-Demand-Services oder Musik-Titel-Tausch in der App gehören deshalb inzwischen auch zu einer „modernen" Marke. Wer innovativ bleibt, wird auch in Zukunft gehört, gesehen und gelesen werden.
(Interview: Charlotte Reece, Studentin „Musikjournalismus für Rundfunk und Multimedia" (M.A.), HfM Karlsruhe)

Weiterführende Literatur – Popradio insgesamt

Goldhammer, Klaus, Formatradio in Deutschland. Konzepte, Techniken und Hintergründe der Programmgestaltung von Hörfunkstationen (Berlin: Spiess 1995).

Gushurst, Wolfgang, Popmusik im Radio: Musik-Programmgestaltung und Analysen des Tagesprogramms der deutschen Servicewellen 1975–1995 (Baden-Baden: Nomos 2000) (Nomos-Universitätsschriften: Medien 22).

Haas, Michael H./Uwe Frigge/Gert Zimmer, Radio-Management. Ein Handbuch für Radio-Journalisten. (München: Ölschläger 1991) (Praktischer Journalismus 13).

Münch, Thomas, Pop-Fit. Musikdramaturgie in Servicewellen. Eine Fallstudie (Pfaffenweiler: Centaurus 1991) (Musikwissenschaftliche Studien 15).

Prüfig, Katrin, Formatradio: Ein Erfolgskonzept? Ursprung und Umsetzung am Beispiel Radio FFH (Berlin: Vistas 1993).

Weiterführende Links

http://www.radiozentrale.de/sender-und-plattformen/musikformate Beschreibung der Musikformate auf der Seite der Radiozentrale.

www.ardaudiothek.de Audioangebote der ARD-Anstalten.

www.swr3.de bzw. www.dasding.de Homepages von SWR3 und DASDING mit Verlinkung zu Sender-Apps.

Teil V
Musikjournalismus in Print und Online

Bericht, Kommentar, Kritik

30

Andreas Kolb

Zusammenfassung

In diesem und dem nachfolgenden Kapitel werden die unterschiedlichen Vermittlungsformen im Printbereich anhand von Beispielen aus der „neuen musikzeitung" (nmz) erläutert. Der Autor ist Chefredakteur der „neuen musikzeitung". Eine Reihe praktischer Beispiele ergänzt die prinzipiellen Überlegungen zur Musikkritik in Kap. 2.

Schlüsselwörter

Musikkritik · Kritik · Kommentar · Zeitung

30.1 Die Musikkritik in der Krise

In einem Bericht über einen Konflikt zwischen dem Pariser Operndirektor Hugues R. Gall und der Zeitung „Le Monde" ging Gerhard Rohde, Chefredakteur der „neuen musikzeitung", mit seiner eigenen Zunft ins Gericht:

„Editoren und Chefredakteure verstehen unter Musikkritik immer mehr schnuckelige Eventartikel, Reportagen und Klatschkolumnen." (Gerhard Rohde: Das Unmenschliche in der Annonce, in: nmz, Mai 2003, S. 4).

In diesem einen Satz steckt die ganze heutige Misere der Konzertkritik. Nach Auskunft meiner freien Mitarbeiter und Korrespondenten (der Autor ist Chefredakteur der „neuen musikzeitung" (nmz)), existiert die Konzertkritik in der Tages-

A. Kolb (✉)
nmz Regensburg, Regensburg, Deutschland
E-Mail: info@musik-journalismus.de

© Springer Fachmedien Wiesbaden GmbH, ein Teil von Springer Nature 2022   327
P. Overbeck (Hrsg.), *Musikjournalismus,* Journalistische Praxis,
https://doi.org/10.1007/978-3-658-32476-6_30

und Wochenpresse nur noch marginal. Autoren kolportieren, dass Berichte nicht nur zusammengestrichen würden, sie gingen auch ganz verloren, sie werden ohne Begründung und ohne Ausfallhonorar nicht gedruckt, Anfragen bei der Redaktion werden nicht beantwortet, der vereinbarte Rückruf erfolgt nicht, man bekommt immer weniger Termine. Auf der anderen Seite würden die Pressereferenten und Dramaturgen nachfragen, warum keiner mehr in ihre Aufführungen kommt.

Es ist paradox. Noch nie war der Kulturbetrieb spannender als heute, nicht nur, was die Zahl der Aufführungen, auch der Uraufführungen, angeht, sondern auch, was das Spektrum der Musik betrifft: Es kommt immer mehr Neue Musik hinzu, und gleichzeitig steht heute so viel historische Musik wie noch nie zur Verfügung.

Warum also tun sich die Redaktionen der Tageszeitungen, regional wie überregional, so schwer mit der Konzertkritik? Wird sie als bürgerlicher Kulturballast empfunden? Als nicht mehr zeitgemäß? Nicht interessant für die Leserschaft? Tatsache ist, dass das Konzert- und Opernpublikum überaltert ist – im Durchschnitt gut über 50. In der Oper ist es jünger, bei manchen Alternativtheatern oder bei bestimmten Festivals (Neue Musik, Pop und Grenzüberschreitendes) trifft man auch ein jugendliches Publikum. Anders das Kino: Da liegt das Durchschnittsalter unter 20. Ebenso in der Diskothek und dem Club, wo Musik nach wie vor ein wichtiges „Lebensmittel" für junge Menschen ist. Diese Kulturen wieder miteinander in Verbindung zu bringen, sie in Beziehung zu setzen, ihnen jeweils gerecht zu werden – natürlich nicht allein mit dem althergebrachten Mittel Konzertkritik allein –, könnte doch eine Aufgabe für Musik- und Kulturkritik sein. Dann hätte sie wieder Allgemeingültigkeit und wieder ein Publikum.

Derzeit aber ist Musikkritik eine Sache für den Spezialisten. Jedem seine Nische: In der „Jazzzeitung" schreibe ich für den Jazzfreund, für die Gemeinde der Neuen Musik in der „Neuen Zeitschrift für Musik", für Orchestermusiker in „Das Orchester", für Opernchorsänger in „Oper & Tanz", für Musikpädagogen in „Üben & Musizieren" oder „Musik & Bildung", für Brecht-Freunde im „Dreigroschenheft", im „Rolling Stone" für den Altrocker, im „Musikexpress" für den Popfan – alles legitim, doch ist das noch die Öffentlichkeit?

Die „neue musikzeitung" ist wie die eben genannten Publikationen eine Fachzeitschrift. Doch nicht zuletzt aufgrund ihrer speziellen Geschichte ist sie trotz vieler Veränderungen noch immer in der Lage, die gesamte Breite – oder zumindest eine ziemliche Breite – des Musiklebens in den Blick zu nehmen. Sie entstand 1952 als Mitteilungsorgan der „Jeunesses Musicales Deutschland" und war maßgeblich an der Entstehung eines modernen Musikjournalismus beteiligt. Dazu der Musikpublizist Ulrich Dibelius:

„Nun hatte jene neue musikzeitung, die anfangs noch gar nicht so hieß, sondern sich als Mitteilungsblatt eines Verbandes einfach nach diesem: ›Musikalische Jugend‹ nannte, in ihrer ersten Nummer von 1952 einen höchst bemerkenswerten Leitbegriff geprägt, der auch über dem Eröffnungsartikel als Titel stand: Musik-Journalismus. [...] Man hatte also vorläufig einmal für das junge Unternehmen ein wichtiges Stichwort gefunden. Und Chefredakteur Wiemer sah in dem propagierten ‚Musik-Journalismus‘ auch die Handhabe, sich von der Konkurrenz abzusetzen und nicht ‚die Vielzahl der vorhandenen Zeitschriften für die jüngere Generation nur um eine weitere zu vermehren.‘ "[1]

Severin Maria Wiemer und die Redaktion der „Musikalischen Jugend" wollten die Musik „aus dem stillen Frieden des Feierabends an die Brennpunkte des Tages holen und sie als gesellschaftsbildende Kraft unmittelbar neben uns stellen". Diesem Ziel sollte die kritische Reflexion alles dessen dienen, „was in Konzertsaal, Musikzimmer und Aula, vor dem Lautsprecher oder jenseits der Rampe des Musiktheaters geschieht und was immer davon zu den Erlebnis-Interessen der Musikalischen Jugend gehört". Außerdem sollte diese neue Zeitung, die trotz ihres Zwei-Monats-Rhythmus im Erscheinen keine Zeitschrift sein wollte, von ihren Lesern als ein Forum lebendiger Auseinandersetzungen verstanden und benützt werden.

Ein Sprung in die Gegenwart: Musik und Kultur – bei den Tages- und Wochenzeitungen bestenfalls schöne Nebensache und weit hinten platziert – ist bei der „neuen musikzeitung" nach wie vor Hauptsache. Die Rubriken, in denen Nachrichten, Berichte, Kommentare, Porträts, Rezensionen und Interviews zu finden sind, heißen: Kulturpolitik, Musikwirtschaft, Forum Musikpädagogik oder Hochschule. Ein Rezensionsteil beschäftigt sich mit Büchern, Noten und Schallplatten genauso wie mit Uraufführungen und Festivals Neuer Musik. Ein Charakteristikum der nmz sind ihre Verbandsseiten: Hier wären vor allem zu erwähnen die „Jeunesses Musicales Deutschland", der „Verband deutscher Musikschulen", der „Deutsche Tonkünstlerverband", die „Fachgruppe Musik" in „ver.di", der „Bundesverband Musikunterricht" (BMU), der „Arbeitskreis Musik in der Jugend" (amj), die „Bundesfachgruppe Musik" (BFG), die „Gesellschaft für Musikpädagogik" (GMP/VMP) und die „Gesellschaft für Neue Musik" (GNM). Nicht zuletzt durch diese Seiten wird die „neue musikzeitung" zu einem Spiegel des deutschen Musiklebens.

Zu ihrer Gründung im Jahr 1952 war die nmz jugendbewegt (damals hieß sie noch „Musikalische Jugend"). Man war am Puls der Zeit. Sieben Jahrzehnte später stellt sich die Situation ganz neu dar. Die nmz muss eine Überalterung ihrer

---

[1] Ulrich Dibelius, 1981: 30 Jahre neue musikzeitung, S. 7 f.

Leserschaft konstatieren. Die Redaktion fragt sich: „Wer wird die nmz noch in zehn Jahren lesen? Was können wir tun, um jüngere Zielgruppen anzusprechen?" **Auf die Gefahr hin, der Boulevardisierung verdächtigt zu werden,** gab es im April 2004 einige redaktionelle Änderungen. Die ersten zwölf Seiten der „neuen musikzeitung" sind zum Magazin geworden, in dem kompetente Fachautoren oder auch Künstler, Literaten und Kulturpolitiker Monat für Monat jeweils ein Schwerpunktthema in Features, Porträts, Kommentaren, Interviews und Berichten behandeln. **Die Zukunft der nmz ist trimedial.** Das heißt: Neben der klassischen Printausgabe, die kostenfrei und als Archiv online steht, gibt es „nmz-Online", eine tagesaktuelle Ausgabe der nmz mit mindestens drei Hauptartikeln pro Tag (Kritik, Bericht, Kommentar) sowie diversen Meldungen. Das Bewegtbild mit Musik und O-Ton bildet unter der Marke „nmzMedia" ein drittes Element des nmz-Angebots (siehe dazu Kap. 37). Der gesamte nmz-Auftritt ist im Netz unter www.nmz.de zusammengefasst und weist durchschnittlich 2000 bis 3000 Besucher und 4000 bis 6000 Seitenaufrufe pro Tag auf (Stand: Sommer 2020).

30.2   Anforderungen an Musikjournalisten heute

Ein Musikjournalist muss nicht nur Fachkompetenz besitzen, sondern auch stilistischer Allrounder sein. Bericht und Urteil etwa – üblicherweise als Nachricht und Kommentar streng getrennt – gehören in Konzert- und Uraufführungskritik untrennbar zusammen. Es gilt aber auch: Alles was eine Nachricht oder einen Bericht wert wäre, kann auch als Voraussetzung für einen Kommentar gelten. Hier zwei Beispiele aus der nmz:

„Falsch gepolt? Nachschlag

Hören will gelernt sein. Mit der Musik ändern sich auch die Hörgewohnheiten. Bis weit ins 18. Jahrhundert hinein waren Oper und Konzert ein Ort des politischen, religiösen, sozialen, auch erotischen Stadtgesprächs. Erst das Aufkommen der absoluten Musik forderte auch vom Zuhörer die absolute Aufmerksamkeit. In der bürgerlichen Konzerthausarchitektur manifestiert sich das moderne Hörverhalten, das Konzertritual von heute: 90 Minuten Musik mit ständigem Blick auf die Akteure auf der Bühne, ohne Unterhaltung, Flanieren, ohne Essen und Trinken. Bis heute haben wir diesen Konzertsaal in unserem Kopf. (…)

Gibt es etwa deshalb immer mehr Menschen, die mit klassischer oder E-Musik nichts mehr anfangen können, weil ihr innerer Konzertsaal ‚falsch' gepolt ist? Was wollen wir also heute vermitteln, wenn wir von Musikvermittlung sprechen? Ist es wirklich ‚nur' Musik, oder kann es nicht viel mehr sein? Wie kann der Musikvermittler heute Brückenbauer zwischen Musik, Musikern und Zuhörern sein? Wahrscheinlich nur, wenn er herausfindet, wo eigentlich heutzutage die Stadtgespräche stattfinden. Und mitredet!

Aber: Instrumentalisiert diese Umpolung die Musik nicht auf unerträgliche Weise? Man vermittelt Neue Musik an jüngere Menschen, Pop an ältere Klassikhörer, vermittelt wird Musik an Babys, Migranten, Menschen mit Handicap oder sozialen Benachteiligungen. ‚Hauptsache vermitteln, egal was?'

Wird die Zielgruppe wichtiger als das Werk? Genügt es, mit Mozart in die Lounge zu gehen und mit Neuer Musik ins Kraftwerk? Ist der Vermittler nur ein Agent der Kulturindustrie oder immerhin einer der kulturellen Bildung? Oder ist er selbst ein Künstler? Jedenfalls ist sein Job im Brennpunkt des musikalischen Lebens angesiedelt. Deswegen kann man ihn bedauern – aber noch mehr muss man ihn darum beneiden.

Andreas Kolb"[2]

Hier ein Kommentar zum Thema Musikvermittlung.

„Wie die Alten sungen, so machen es endlich die Jungen

Das Stegreiforchester Berlin erhält den Würth-Preis der Jeunesses Musicales

„Keine Noten, kein Dirigent – und kein Schuhwerk" – so erweiterte Reinhold Würth den Slogan des Berliner Stegreiforchesters bei der Übergabe des mit 15.000 Euro dotierten Würth-Preises der Jeunesses Musicales Deutschland an das junge Kammerorchester. Zuvor hatte das Ensemble den Kammermusiksaal des Carmen-Würth-Forums bespielt und sein Konzept erlebbar gemacht: Sinfonisches wieder mit Spontaneität und Improvisation zu verbinden. Würths Beobachtungsgabe zielte ins Zentrum der durchchoreografierten Konzertperformance: Etikette, Frackzwang und alte Zöpfe müssen weg. Das Stegreiforchester setzt sich keine geringere Aufgabe als die ‚Klassik neu zu erfinden'.

Auf dem Programm standen Exzerpte der 3. Symphonie von Brahms, natürlich nicht werkgetreu und nach Urtextausgabe gespielt, sondern als eine Musik der Verwandlungen. Die Musiker und Orchestergruppen sitzen nicht auf ihren Stühlen, sondern bewegen sich im Raum, keiner darf stillstehen, im Prinzip auch das Publikum nicht. Ein Multipler Saal ohne festes Gehölz hätte dem Charakter der Performance besser gedient. Doch das Manko wurde ausgeglichen: Der Experimentierlust des knapp 30-köpfigen Orchesters kam der großartige Klang des Kammermusiksaals des Carmen-Würth-Forums entgegen. Egal, ob die Holzbläser rechts hinten oben agierten oder sich Streicher und Perkussionisten wirr auf der Bühne tummelten – immer war der satte, dunkle Brahmsklang präsent. Kleine Abstriche gab es bestenfalls, was die Exaktheit von ein, zwei Einsätzen betraf. Doch das waren Ausnahmen, die die Regel bestätigten. Das Orchester kann ohne Dirigent. Selbst wenn man kaum Stellproben gehabt hatte, um die Brahms-Adaption den Raumgegebenheiten anzupassen.

---

[2] nmz 10/2013 (62. Jahrgang), S. 20 „Nachschlag" in der Kategorie „Glossen & Kommentare".

Das Stegreiforchester ist demokratisch verfasst, Stückauswahl und Erarbeitung von Freebrahms, Freebeethoven etcetera erfolgen im Plenum. Seine Premiere erlebte es im Berliner Radialsystem: Folkert Uhde hatte Juri de Marco nach einigen Vorgesprächen das erste Podium fürs neue Konzept geboten. Daran erinnerte er auch in seiner sehr persönlichen Laudatio. Erfunden hat das Orchester schließlich eine Gruppe junger Musiker um den künstlerischen Leiter Juri de Marco. Er besorgt auch zusammen mit dem Posaunisten Alistair Duncan die Arrangements und Einrichtungen der klassischen Werke für die Besetzung des improvisierenden Kammerorchesters. ‚Braucht Brahms das?', ist eine Frage, die immer wieder an die jungen Musiker gestellt wird. Die Antwort lautet: Nein, natürlich nicht. Aber der klassische Konzertbetrieb braucht das. Und zwar dringend. Vorgänger fürs Konzept gibt es einige. Aus dem Sektor Jazz etwa Mathias Rüegg und sein Vienna Art Orchestra, das sich Werken von Satie und Johann Strauß angenommen hat. Oder der amerikanische Pianist Uri Caine, der höchst originell Schumann, Mahler und Bach fürs Jazzensemble adaptiert hatte. Im Sektor Klassik fällt einem sofort Friedrich Gulda ein, der sich Ähnliches vorgenommen hatte, jedoch scheiterte. Jetzt endlich glückte seinen Enkeln die Vermählung der Improvisation mit dem Werk. Dazu brauchte es nicht nur die Idee, sondern auch die jungen und schon vollendeten Musiker des Stegreiforchesters: Solisten, Ensemblespieler, Improvisatoren und Entdecker zugleich. Musikvermittlung geht allerdings in Anbiederung über, wenn man das Publikum nach dem Brahms-Finale noch zum Tanzen auf die Bühne zerrt. Aber zugegeben: Die Freude über den Würth-Preis spiegelte sich an diesem Abend zu Recht im ausgelassenen DiscoDisco-PartyParty-Finale.

Andreas Kolb"[3]

Der Kommentar findet sich in der nmz an exponierter Stelle auf Seite 1 als Herausgeber-Editorial von Theo Geißler, vergleichbar mit dem Streiflicht in der „Süddeutschen Zeitung", nur dass hier der Autor meistens derselbe ist.

Van-Tomas?

Es kommt nicht allzu häufig vor, dass in unserer weitgehend zahlengesteuerten Gesellschaft die so genannte „klassische Musik" mal sonderliche Aufmerksamkeit genießt. Allenfalls blondierte Geigenschinder wie André Rieu lassen mit weichgespülten Bach- oder Mozart-Arrangements, gestützt durch volkstümlich hinterherträllernden Chor und meist zusammengewürfeltes Rumpforchester ein marketinghöriges, ansonsten nicht unbedingt ernsthaften Kompositionen zugeneigtes Publikum Konzerthallen füllen, im Fandelirium jubeln und dafür kräftig löhnen.

Da sollte man als geschmacklich etwas streng gestrickter Kulturmensch eigentlich in ungehemmte Freude ausbrechen, wenn einem musikalischen Genie wie Ludwig van Beethoven nicht nur von den üblichen engen Kenner-Zirkeln, sondern auch von den „Influencern" der Unterhaltungswelt (von Medien-Abfüllern, deren Macher bis vor kurzem gar nicht wussten, dass Fidelio keine Wimperntusche ist) ein ganzes

---

[3] nmz 11/2018 (67. Jahrgang), S. 9.

Jahr gewidmet wird. Schuld daran ist freilich nicht eine zauberische Bildungs- und Geschmackserweiterung. Sondern wie heute üblich eine Zahl. Ein zweihundertfünfzigster Geburtstag, dessen üppige Umsatz-Moneten-Torte natürlich nicht mehr dem Jubilar, aber seinen mehr oder viel weniger kompetenten Verwertern aller Art köstlich schmecken dürfte. Abgesehen von jeder Menge teils sicherlich hochwertiger Konzerte und wertvoller wissenschaftlicher Durchdringungen werden Devotionalien wie Briefmarken oder Gedenkmünzen produziert, vom künstlerischen Ausdruck her auf dem Niveau gehäkelter Klopapierrollen-Bezüge in Auto-Rückfenstern. Letzteres lohnt sich finanziell.

Sicher gibt es Initiativen, die den Fokus ihrer Arbeit auf qualitätvolle musikalische Bildung setzen. Die – getragen vom diesjährigen Beethoven-Tsunami – aus verschiedenen Quellen Gelder erhalten, mit denen fantasievolle Projekte zumindest kurzfristig umgesetzt werden können. Höchste Zeit, gerade junge Menschen aus der auch im Musikbereich weit verbreiteten Geschichtsvergessenheit zu wecken.

Geschuldet ist dieser Gedächtnisschwund einer üblen Missachtung zum Beispiel eben der Musik im Fächerkanon unserer vom Digitalfetischismus befallenen Bildungseinrichtungen aller Stufen. Bayerns „Freie Wähler" haben den Juristen Michael Piazolo als Staatsminister für Unterricht und Kultus in die Regierung transplantiert. Und der stellt seine Kompetenz unter Beweis, indem er angesichts grausiger Fehlplanungen bei der Ausbildung von Lehrern laut „Augsburger Allgemeine" rät, ausschließlich in Fächern wie Sport und Musik pädagogisch unerfahrene Quereinsteiger einzusetzen. Dafür erhielt er vom Bayerischen Musikrat und dessen Präsidenten Thomas Goppel leider nur brieflich eine hochverdiente „Watschn". Piazolos offensichtliche MINT-Fixiertheit lässt an seiner Eignung für das verantwortungsvolle Amt zweifeln. Vielleicht findet sich irgendwo in dieser Republik eine Musikschule, die es wagt, sich im Bereich der Früherziehung auch eines besonders beschränkt denkenden Individuums im Feld der so genannten „weichen" Unterrichtsfächer aufklärend anzunehmen. Aus Diskretionsgründen Angebote bitte schriftlich an das Staatsministerium, München, – nicht Beethoven-, sondern Salvatorplatz.

Theo Geißler[4]

30.3   Zehn Gebote für einen Musikkritiker

„Es gehört mehr Genie dazu, ein mittelmäßiges Kunstwerk zu würdigen, als ein vortreffliches. Schönheit und Wahrheit leuchten der menschlichen Natur in der allerersten Instanz ein."[5]

---

[4] nmz 2/2020 (69. Jahrgang), S. 1.

[5] „Ein Satz aus der höheren Kritik", in: Heinrich Kleist: Erzählungen (...), Frankfurt/Main: Dt. Klassiker 1990), S. 564.

Als Heinrich von Kleist diesen „Satz aus der höheren Kritik" niederschrieb, wusste er noch nichts von Atonalität. Zwölftönigkeit, Serialismus, Free Jazz und Postmoderne. Zeitgenössische Musik war im 20. Jahrhundert zu einer „Spezialwissenschaft" geworden und erobert sich bis heute ihr Publikum wesentlich langsamer als dies etwa der Bildenden Kunst gelingt.

Woher rührt der Abstand zwischen Publikum und Gegenwartsmusik? Der italienische Pianist Maurizio Pollini ist wie kein Zweiter sowohl in der Welt von Chopin, Beethoven und Bach als auch in der von Nono, Stockhausen oder Schönberg zu Hause. Sein Postulat ist so einfach wie einleuchtend und richtet sich zunächst an die Interpreten: „Neue Musik muss einfach häufiger gespielt werden, dann wird sie auch besser verstanden und mehr geschätzt." Doch dahin muss sie erst einmal kommen: Die Quartette von Beethoven haben 50 Jahre gebraucht, um ein Publikum für Beethoven-Quartette zur Welt zu bringen. Als das Werk erschien, waren diese Zuhörer noch unauffindbar. Diese Zuhörer zu finden, sie zu bilden, zu informieren ist heute eine der wichtigsten Aufgaben der Musikkritik und des Musikjournalismus. Der Kritiker ist mehr denn je als Vermittler gefragt. Worin die Kunst des Vermittelns besteht und dass diese nur im Kontext mit dem Urheber und dessen Werk geschehen kann, verdeutlicht der folgende Text des Komponisten Wolfgang Rihm zur Musikkritik:[6]

Wolfgang Rihm: Ein Text zur Musikkritik (2001)
„Die einzige Kritik an der Kunst ist Kunst.
(1) Musikkritik steht und fällt mit der Begabung des Kritikers zur Unterscheidung. Leider zerstören viele Kritiker diese Begabung oder deren Ansätze und Reste durch eine Neigung zum Urteil – und zwar zu einem Urteil, das nicht auf ihrer Befähigung zur Unterscheidung beruht. Mein Rat (ich gebe ihn auch Künstlern): viel kennen zu lernen, zu vergleichen. Ganz ohne Hast.
(2) Für junge Künstler ist die Etikettierung oft – nein: immer – von größtem Übel. Man erkennt den meisterlichen Kritiker darin, dass er Etikettierungen vermeidet. Er berichtet über das Wahrgenommene, lässt es aber zur Wahrnehmung anderer hin offen. Die Schärfe seiner

---

[6] Wolfgang Rihm: „Die einzige Form von Kritik an Kunst ist Kunst." Ein Text zur Musikkritik. [für Gerhard Rohde], zitiert nach nmz, Sept. 2001, S. 51. Mit Dank an Prof. Wolfgang Rihm für die freundliche Genehmigung des Abdrucks.

Beobachtung nimmt zu, je erkennbarer die Gegenstände der Beobachtung selbst werden. Dazu bedarf es der Einlassung. Diese braucht Technik, Wissen, Übung. Kritik muss man studieren.

(3) Einige wenige Kritiker können es sich leisten ›ich‹ zu sagen. Sie müssen nicht mehr Schutz suchen hinter einer Mauer aus ›man‹ und ›es ist so‹. Ihnen sind die Fragen der Kunst plötzlich im eigenen Sein begegnet und sie fühlen ihre Nacktheit: den großen Kritiker-Begabungen wächst dadurch etwas zu, das ich als ›Gnade der Kompetenz‹ versuche zu umschreiben. Ihnen kann nichts vorgemacht werden. Also müssen auch sie nichts mehr vormachen.

(4) Kritik ist wichtig. Jeder Künstler lernt aus jeder Kritik. Auch aus der, die vom Ressentiment diktiert ist, das vor Angst, Wut und Häme zittert. Ich erfahre viel über mich selbst im Umgang mit negativer Energie: Wie viel halte ich aus? Wo kann ich helfen? Wo muß ich eine Position überdenken, um ihre Beweggründe wirklich zu verstehen? All das belehrt und stärkt und verschafft mir als Künstler Übung im Unterscheiden.

(5) Antwort auf Kritik ist nur möglich durch das Werk. Ich rate bereits jedem Studenten ab, auf Kritik anders als durch sein Werk zu reagieren. Entgegnungen treffen kein Gegenüber an.

(6) Kritik braucht Kritik. Kritiker (die begabten, also: guten) sind einsame Wesen, denen die Echolosigkeit schwer zu schaffen macht. Sie selbst fungieren als Echo von uns Künstlern, bleiben ihrerseits aber unbeechot. Deshalb ist es für sie wichtig, die Antworten ausfindig zu machen, die ihre Kritik in den Werken der Kritisierten ausgelöst haben. Es entsteht geheimer Dialog, der nach außen hin meist verleugnet wird: Künstler: ›Ich lese nie Kritiken!‹ – Kritiker: ›Dieser Künstler interessiert mich nicht!‹. Hinterlässt eine Kritik keine Spur im Werk des Kritisierten, ist dies schärfste Form einer Kritik an der Kritik. Dies lesen zu können, will gelernt sein.

(7) Die Bedeutung der Kritik als Multiplikator ist sehr hoch. Am höchsten dann, wenn kritische Positionen untereinander im Wettstreit liegen. Aber auch das Verschweigen hat enorm multiplizierende Kraft: Wird über eine Aufführung nicht berichtet, löst dies sofort den Fragenkomplex aus: ›Warum berichtet dieser Kritiker nicht über jenes Werk, wem glaubt er damit nützen zu können, wem will er schaden?‹ Dum tacet, clamat. Das wirkt.

(8) Manche Kritiker positionieren sich selbst in Richtungen, Tendenzen, Moden. Das ist sehr unvorteilhaft für die Rezeption ihrer Gedanken. Denn die Mehrheit der Leser wird auf den Namen des Kritikers mit einem ›Ach so, dann wissen wir ja, was in der Kritik steht‹ reagieren und weiterblättern. Daher mein Rat: unberechenbar bleiben. Durch plötzliche Qualitäten schockieren.

(9) Das fruchtbare Verhältnis von Kritik und Kunst kommt nur in der Kunst zur Blüte. Die Kritik bleibt im Dunkel. Das ist sicher etwas ungerecht, aber es ist nicht anders möglich. Deshalb an dieser Stelle mein Dank an alle meine Kritiker (und auch Kritikerinnen). Sie alle haben dazu beigetragen, dass ich meine Begabung immer wieder in Werke zuspitzen durfte, die von ihnen, den Kritikern, entweder begeistert beschwiegen, abgelehnt oder begrüßt wurden. Ich habe an jeder Bemerkung etwas gelernt, aus allen Anmerkungen ist mir Energie und erneute Anregung zugeströmt, die ich wieder fruchtbar werden lassen konnte. Besonders bewegt bin ich allerdings, wenn ich bemerke, dass eine Kritik abgefasst wurde in der Hoffnung, ich möge sie lesen. Ich bemerke das an einer gewissen Gehobenheit und gesteigerter Genauigkeit des Stils, auch an einer erfindungsreicheren Anspielungstechnik, präziserer Wortwahl, sauberer Gedankenführung und so weiter. Dann weiß ich: Hier wurde für mich geschrieben. Das ehrt natürlich ungemein, nimmt aber auch in die Pflicht. Niveau will gehalten sein.

(10) Die einzige Form von Kritik an Kunst ist Kunst."

Das Print-Interview

31

Andreas Kolb

Zusammenfassung

In diesem Kapitel werden die Varianten und Möglichkeiten eines Print-Interviews erläutert und mit Beispielen aus der „neuen musikzeitung" (nmz) erläutert. Der Autor ist Chefredakteur der „neuen musikzeitung".

Schlüsselwörter

Interview • Musikerinterview • Arten von Interviews • Zeitung • Recherche • Glaubwürdigkeit

31.1 Authentizität und Glaubwürdigkeit

O-Töne und was man daraus machen kann: Auf Seite drei des „Spiegel" findet sich Woche für Woche ein nicht personifiziertes Editorial, die so genannte „Hausmitteilung". Dort war am 19. Februar 2001 zu lesen:

> „Im Bundestag kam vergangene Woche die linksradikale Vergangenheit von Außenminister Joschka Fischer zur Sprache: die CDU/CSU wollte wissen, warum Fischer in einem Spiegel-Gespräch (2/2001) seine Teilnahme an einer Palästina-Konferenz in Algier 1969 verschwiegen hatte. Fischers Parteifreund, Staatsminister Ludger Volmer, antwortete für die Regierung: ›Sie wissen doch, wie ›Spiegel-Gespräche‹ verlaufen. Da zählt ja manchmal auch die Unterhaltsamkeit‹. Außerdem sei ja bekannt, ›dass man dort nicht die Möglichkeit hat, den Spiegel-Redakteuren die eigene Lebensgeschichte

A. Kolb (✉)
nmz Regensburg, Regensburg, Deutschland
E-Mail: info@musik-journalismus.de

© Springer Fachmedien Wiesbaden GmbH, ein Teil von Springer Nature 2022   337
P. Overbeck (Hrsg.), *Musikjournalismus*, Journalistische Praxis,
https://doi.org/10.1007/978-3-658-32476-6_31

zu erzählen, sondern dass „Der Spiegel" das Gesagte anschließend unter den Aspekten des Wahrheitsgehalts, aber auch der griffigen und prägnanten Formulierung zusammenfasst‹. Die Opposition protestierte: ›Aber man autorisiert ein Interview‹, riefen die Abgeordneten dem Staatsminister im Bundestag zu, ›der Text wird Ihnen vorgelegt.‹ So ist es. Jedes Interview im Spiegel wird vom Gesprächspartner überarbeitet und autorisiert. „Der Spiegel" hat Staatsminister Ludger Volmer aufgefordert, seine Bemerkungen öffentlich richtig zu stellen."[1]

Der Reiz des Interviews für den Leser liegt in der Authentizität des Textes; das gilt auch für den Musikjournalismus. Was da steht, wurde auch so gesagt, bzw. wurde nachträglich vom Gesprächspartner autorisiert. Dies ist die selbstverständliche Prämisse des Lesers. Dass diese Idee vom Interview sich nicht immer mit journalistischer Praxis deckt, führte sehr drastisch der Skandal um die gefälschten Prominenteninterviews des Schweizer Autors Tom Kummer im SZ-Magazin (Magazin der „Süddeutschen Zeitung") vor Augen.

Am Freitag, dem 26. Mai 2000, war folgender Brief von Christian Kämmerling, Chefredakteur SZ-Magazin, in der allgemeinen Ausgabe der „Süddeutschen Zeitung" zu lesen:

„In eigener Sache

Liebe Leserinnen, liebe Leser,

uns ist das Schlimmste passiert, was einem Magazin zustoßen kann: Unsere journalistische Glaubwürdigkeit hat großen Schaden erlitten. Wir sind einem Hochstapler aufgesessen, der uns Star-Interviews aus Hollywood angeboten hat. Von einigen müssen wir mittlerweile annehmen, dass sie gefälscht sind. Wir haben sie abgedruckt und bedauern das sehr. Offenbar genügten unsere Vorkehrungen nicht, mit denen wir die Texte freier Mitarbeiter vor Veröffentlichung auf ihre Wahrhaftigkeit hin überprüfen [...] Wenn sich der Verdacht bestätigt, dass Tom Kummer eine Vielzahl von Interviews gefälscht hat, hat er nicht nur uns betrogen, sondern vor allem Sie. So sehr wir Sie Woche für Woche mit kreativem Journalismus unterhalten wollen – Interviews müssen wahr sein [...]"[2]

Tom Kummer und die journalistische Glaubwürdigkeit: Der Autor Tom Kummer hatte sich in Hollywood einen Namen gemacht – er schien persönlichen Zugang zu den Stars zu haben, den andere Journalisten nicht hatten. Eine Fehleinschätzung, nicht nur vom „SZ-Magazin". Auch „Der Spiegel", das „ZEIT-Magazin", der „Stern", die FAZ und die „Neue Zürcher Zeitung" druckten Kummers Texte.

---

[1] Der Spiegel, 19. Februar 2001, S. 3.
[2] Süddeutsche Zeitung, 26. Mai 2000, S. 3.

SZ-Chefredakteur Hans Werner Kilz veranlasste, dass der Fall am 27. Mai in einer großen Dokumentation aufgerollt wurde. Für die Magazinredakteure Ulf Poschardt und Christian Kämmerling bedeutete die Affäre das Ende ihrer Zeit beim „SZ-Magzin".
Auch Tote geben Interviews – Wie „wahr" ist das Interview? Unbedingt lesenswert ist auch das (nie wirklich stattgefundene) Interview Kummers mit der Millionärsgattin und Unternehmerin Ivana Trump. Hier wird Kummers Arbeitsweise vorgeführt. Er formulierte Zitate aus einem Buch von Andy Warhol um und gab sie für die eigenen aus. Ein Beispiel dafür, wie sehr Kummer den Blick für die Realität bereits verloren hatte:

> *Ivana Trump bei Kummer:* „Du kannst so tun, als ob du an einen Ort gehörst, wo du in Wirklichkeit überhaupt nicht hingehörst. Zum Beispiel kannst Du Dich auf den Sessel in der Lobby des ›Ritz Carlton‹ setzen, und du brauchst dort nicht wirklich als Gast angemeldet zu sein. Du sitzt dort und schaust den Leuten zu, wie sie an dir vorbeilaufen."

> *Andy Warhol in „The Philosophy of Andy Warhol":* „Free countries are great, because you can actually sit in somebodys elses space for a while and pretend you're a part of it. You can sit in the Plaza Hotel and you don't have to live there. You can just sit and watch the people go by."[3]

Ein wahrhaft einmaliger Skandal sollte man meinen. Umso überraschender, wenn keine zehn Jahre später der nächste „Fälscher" das Podium des Investigativjournalismus betritt. Am 28. Dezember 2018 titelt „Spiegel online": „Spiegel legt Betrugsfall im eigenen Haus offen" und weiter:

> „Ein Reporter des ‚Spiegel' hat in großem Umfang eigene Geschichten manipuliert. Durch interne Hinweise und Recherchen erhärtete sich in den vergangenen Tagen der Verdacht gegen Claas Relotius – der inzwischen Fälschungen zugegeben und das Haus verlassen hat. Auch andere Medien könnten betroffen sein."

Als Freelancer arbeitete Claas Relotius unter anderem für „Cicero", die „Frankfurter Allgemeine Sonntagszeitung", die „Financial Times Deutschland", die „taz", Die Welt, das „SZ-Magazin", „ZEIT Online" sowie für die Schweizer Publikationen „Weltwoche" und „NZZ am Sonntag". Seit 2017 war er fest angestellter Redakteur des Nachrichtenmagazins „Der Spiegel" für das er zuvor sieben Jahre lang freiberuflich geschrieben hatte. Noch in 2018 hatte er zum vierten Mal nach 2013, 2015 und 2016 den „Deutschen Reporterpreis" erhalten.

---

[3] Süddeutsche Zeitung, 27. Mai 2000, S. 21.

„Der Spiegel" ließ die rund 60 Textbeiträge von Relotius erneut verifizie-
ren, die Relotius für das Magazin geschrieben hatte. Die meisten davon waren
gefälscht, enthielten Übertreibungen, Falschdarstellungen und Hinzuerfundenes
oder gaben Gespräche mit Menschen vor, denen Relotius nie begegnet war.
Die Liste seiner imaginären Interviews und Reportagen auf seinem Wikipedia-
Eintrag ist lesenswert. Relotius Beiträge zur Musikpublizistik sind nicht vorhanden, von daher mag dieses Streiflicht auf seine Person an dieser Stelle
genügen.

**Dennoch ein paar Wort zur hier geschilderten Arbeitsweise des imaginären
Interviews** auch im Rahmen der Musikjournalismus: Sie kann im Ausnahmefall
auch legitim sein, wenn sie dem Leser bekannt gemacht wird. Prominentes Beispiel etwa für Interviews, die mit Literaturzitaten arbeiten, sind die imaginären
Gespräche, die Musikpublizist Joachim Kaiser mit historischen Persönlichkeiten
aus Politik und Kultur geführt hat (Kaiser, 1991: Imaginäre Gespräche). Das imaginäre Gespräch spielt in der Praxis keine große Rolle, es kann aber, wenn es
geschickt eingesetzt wird, zu originellen Ergebnissen führen.

Eine weitere Variante – hier werden originale und erfundene Zitate bemüht
– führt der nmz-Autor Hans-Dieter Grünefeld vor, wenn er Giuseppe Verdi
und E. T. A. Hoffmann im Berliner Weinrestaurant Lutter & Wegner zu einem
imaginären Gespräch zusammenbringt:

„Bring er mir Sect, Schurke!" / Giuseppe Verdi spricht mit E. T. A. Hoffmann über
›Falstaff‹

In der berühmten Berliner Weinstube Lutter & Wegner fand eine gedenkwürdige, wenn
auch unbemerkte Begegnung statt: Der italienische Komponist Giuseppe Verdi traf dort
im Juni 1893, einige Tage nach erfolgreicher Erstaufführung seiner Oper ›Falstaff‹ in
Berlin, den deutschen Dichter E. T. A. Hoffmann. Durch eine gezielte Indiskretion hatte
unser Korrespondent Hans-Dieter Grünefeld davon erfahren und konnte das Gespräch
der beiden bedeutenden Männer, verdeckt hinter einer Trennwand sitzend, belauschen
und protokollieren.

E. T. A.: Nun haben Sie Ihren Kuraufenthalt in Montecatini Terme unterbrochen, um
sich hier mit mir beinahe konspirativ zu treffen. Warum?

Verdi: Hm, das ist eine Privatangelegenheit, die niemanden etwas angeht. Doch
zunächst möchte ich Ihnen danken, dass Sie meine Einladung zu diesem Gespräch
umstandslos angenommen haben. Um auf Ihre Frage einzugehen: Es hat mich durchaus sehr überrascht, dass meine in italienischer Sprache aufgeführte Oper ›Falstaff‹
gerade in Berlin so große Begeisterung ausgelöst hat. Aber ich stelle fest, dass der
Gasthof Zum Hosenbund aus der Oper eine ähnliche Atmosphäre hat wie die Weinstube Lutter & Wegner, in der wir jetzt sitzen. Auch habe ich von Ihrem Freund, dem

populären Falstaff-Darsteller – wie heißt er noch? – gehört. Können Sie mir über ihn etwas erzählen?

E. T. A.: Ah, von daher weht der Wind. Hätte nicht gedacht, dass Sie sich für Ludwig Devrient interessieren. Wir waren enge Freunde, sogar Nachbarn im selben Haus gleich um die Ecke und haben hier fast jeden Abend zusammen gesessen und Schaumwein getrunken. Er ist übrigens schon lange tot. Als er noch lebte, war er allerdings einer der bestbezahlten Schauspieler in Berlin. Ludwig Devrient war ein leidenschaftlicher Darsteller. ›Es ist ihm ernst um die Kunst, und daher rührt der unverdrossene Fleiß, mit dem er die Rollen nicht sowohl einstudiert als in sein Innerstes aufnimmt.‹ Seine unvergleichliche Mimik hat mich zu zahlreichen Figuren meiner Erzählungen und Zeichnungen angeregt. Rahel Varnhagen war entzückt von seinem Können: ›Ein Maler gehört dazu, dies aufzufassen, bis in die Haltung der Finger, wie ein Shakespearscher.‹

Der Falstaff aus Shakespeares Stück ›Heinrich IV.‹ war denn auch eine seiner Paraderollen. Und da das Theater direkt nebenan ist, hat er oft in der Weinstube gleich weitergespielt. Seine grandiosen Auftritte bewirkten, dass Lutter & Wegner ein viel besuchtes Lokal wurde. Einmal kam er nach einer Vorstellung hereingestürzt und rief, noch ganz Falstaff: ›Bring er mir Sect, Schurke!‹ Bei Shakespeare heißt es ›sack‹ für Sherry, doch Devrient sprach es ›Sekt‹ aus, und so hat ›Sekt‹ später das Wort Schaumwein ersetzt, weil der Kellner für Devrient das Übliche brachte, und das war Schaumwein. Davon trank er enorme Mengen, viel mehr als ich, nämlich bis zu sechs Flaschen pro Tag. Devrient verkörperte nicht nur den Falstaff, er selbst war ein Berliner Falstaff. Jedenfalls hatte er im gleichen Maße ruinöse Schulden wie sein Bühnenpendant. Doch Devrient ließ ohne schlechtes Gewissen anschreiben. Als Herr Lutter schließlich ungeduldig wurde und ihm eines Tages die unbezahlten Rechnungen präsentierte, boykottierten wir eine Zeit lang die Weinstube. Das Publikum blieb aus, und so erließ der Wirt schließlich die Schulden und bat uns, doch wieder seine Gäste zu sein [...]

Anmerkung des Autors: Giuseppe Verdi (1813–1901) und E. T. A. Hoffmann (1776–1822) hätten sich selbstverständlich schon aufgrund ihrer weit voneinander entfernten Lebensdaten niemals begegnen können. Ihr Gespräch ist also imaginär und frei von chronologischen Zwängen. In dieser erfundenen Situation stellt es ideelle Verbindungen her, die sonst verborgen geblieben wären. Die Weinstube Lutter & Wegner, in der sich E. T. A. Hoffmann und sein Freund Ludwig Devrient (1784–1832) regelmäßig trafen, gab und gibt es tatsächlich. – Zitate aus Briefen und anderen historischen Dokumenten stehen in einfachen Anführungszeichen.“[4]

Wann aber ist ein Interview wahr? Erstens dann, wenn alle Fakten stimmen und zweitens, wenn es wahrhaftig ist, das heißt authentisch. Die Tatsache, dass Interviews i. d. R. autorisiert sind, garantiert den Wahrheitsgehalt nicht unbedingt.

---

[4] nmz, Juni 2001, S. 5. Komplettes Interview: https://www.nmz.de/artikel/bring-er-mir-sect-schurke.

Zwischen dem, was ein kommunaler Kulturpolitiker, ein Dirigent oder ein Intendant sagt, und dem, was wahr ist, kann ein großer Interpretationsspielraum sein. Im Zuge der Autorisierung, der Freigabe des Textes durch den Interviewten, wird immer wieder versucht, an Formulierungen zu feilen, ja sogar Aussagen im Nachhinein zu ändern. Dies kann am leichtesten dadurch vermieden werden, dass der Redakteur Wert darauf legt, das gesprochene Wort seines Interviewpartners in ein gut geschriebenes zu verwandeln. Zu diesem oft mühseligen und anspruchsvollen Prozess später mehr. Im Zweifelsfall zählt das, was auf dem Tonband zu hören ist. Es ist eine Binsenweisheit, aber von großer Bedeutung: Unbedingt die Aufzeichnung des Gesprächs aufbewahren. Außerdem redigiert man in einem Fax oder pdf nicht so ungehemmt wie in einem E-Mail-Anhang.

Recherche, nicht nur aus erster Hand. Liest man die Tom-Kummer-Story, kann man sich eines gewissen Schmunzelns nicht erwehren. Hat Kummer nicht alle mit dieser großen Eulenspiegelei an der Nase herumgeführt? Fakt ist: Seit dem Fall Kummer wurde in den Medien viel über journalistisches Ethos, über Objektivität und Subjektivität, über Schreiben als Kunst bzw. als Handwerk nachgedacht. Es stehen sich hier zwei Denkmodelle gegenüber: der Nachrichtenjournalismus, bei dem sich der Journalist als Nachrichtensammler, Informationsrechercheur und -verwerter versteht, und auf der anderen Seite der Autorenjournalismus, der seine Begründung im Zeitgeist-Journalismus der 80er-Jahre hat („Tempo", „Wiener", später „SZ-Magazin").

Tom Kummer hat mit seinen Fälschungen und Kunstprodukten die Gattung Interview in Misskredit gebracht. Denn keine andere journalistische Darstellungsform erhebt so sehr Anspruch auf Authentizität und Lebendigkeit wie das Interview. Schließlich benutzt das Interview ausschließlich die wörtliche Rede. Gleichzeitig ist das Interview eine Rechercheform, die jedem Text von der Nachricht bis zum Feature zugrunde liegen kann. Kummers Fälschungen stellten damit auch die Basis der journalistischen Arbeit infrage: das Interview als Informationsquelle, als Information aus erster Hand.

31.2 Faction statt Fiction – Recherche und Vorbereitung

Ein Interview ist nicht nur Darstellungsform, sondern auch wichtigstes Mittel journalistischer Recherche. Das französische Lehnwort Recherche bedeutet Nachforschung. Sie ist die berufsspezifische Datenerhebung von Journalisten, und die Basis jedes journalistischen Textes sind die so gewonnenen Informationen. Wenn die Poesie ganz rechts auf einer literarischen Werteskala steht, dann kommt ganz links, kurz vor der Bedienungsanleitung für den Fernseher, der journalistische

Text. Der Journalist soll nichts erfinden: Nicht Fiction, Faction ist gefragt. Der Journalist trägt Fakten zusammen, er ist der Nachrichtenapporteur des Lesers. Diese nüchterne Sicht soll den Wert journalistischer Arbeit nicht schmälern. Sie soll auch nicht eine – manchmal erforderliche – subjektive Sichtweise von vornherein ausschließen. Doch die Fakten müssen stimmen. Zuerst kommt also die Recherche, das Sammeln und die Auswahl von Fakten, dann ihre Weitergabe an den Konsumenten. Wertung, Meinung, Stil, Urteil und vielleicht auch Vision, Fiction und Fantasie kommen an nachgeordneter Stelle.

Recherche kennt unterschiedliche Mittel: Bibliothek, Internet, Brief, Fax, Buch oder TV. Sehr viel Zeit seines Daseins verbringt jeder Journalist – gerade auch der Musikjournalist – mit dem Telefonhörer am Ohr. Zum einen, weil jede Menge Leute ihn unverlangt anrufen und als Medium ihrer PR-Strategien einsetzen möchten. Auch dabei erhält man eine Menge Informationen. Hier kommt es dann auf die richtige Selektion an und auf die Nase dafür, was man nicht erzählt bekommt. Denn kein PR-Mann wird Ihnen Mängel, Versäumnisse, zu Verbesserndes auf die Nase binden.

In dem Moment, in dem Sie von sich aus zum Hörer greifen und recherchieren, beginnt i. d. R. die eigentliche Arbeit. Meist ruft man zunächst gar nicht denjenigen an, um den es geht. Ein fiktives Beispiel: Durch Zeitungsmeldungen erfahre ich, dass der Neuen Musik bei einem Sender der ARD Kürzungen drohen. Ich will herausfinden, was da dran ist. Rufe ich die Pressestelle oder gar die jeweiligen Abteilungsleiter oder den Wellenchef an, dann erfahre ich nichts. Dort werde ich entweder nur in einem Vorzimmer landen, oder – wenn ich ein Interview bekomme – hören: „Wir müssen den Gürtel zwar enger schnallen, aber es gibt weder Entlassungen, auf gar keinen Fall aber qualitative Einbußen auf den Sendeplätzen für Neue Musik."

Also sammle ich erst einmal Fakten eine oder zwei Etagen unter der Führungsebene oder bei freien Mitarbeitern. Das kann ich zwar nicht veröffentlichen, denn diese Personen sind abhängig und außerdem nicht immer im Besitz aller nötigen Informationen, aber es ist die Grundlage für meine Fragestellung an den Wellenchef, den Abteilungsleiter, den Intendanten. Durch Gespräche mit Angehörigen dieser unteren oder mittleren Ebenen erfahre ich etwa, dass zwar keine Stellen abgebaut werden, aber alte, frei gewordene nicht mehr adäquat besetzt oder Redaktionen nicht weiter ausgebaut werden. Dass fürs gleiche Geld länger gearbeitet werden soll und freie Mitarbeiter künftig weniger eingesetzt werden. Außerdem verschieben sich einige längere Wort-Musik-Sendungen auf die Zeit nach 23 Uhr. Das war also gemeint mit Personalsparmaßnahmen ohne Entlassungen bzw. keine qualitativen Verschlechterungen des Programms.

Mit diesen Hintergrundinformationen kann ich in einem Interview mit einem Verantwortlichen die richtigen Fragen stellen.

Welche Rolle spielt das Interview in der Vielfalt der Texte einer Musik-zeitung? Blättert man durch ein paar Zeitungen und Magazine, dann merkt man schnell: Das Interview kommt nicht sehr häufig vor. Durch seine Seltenheit nimmt es aber auch eine exponierte Stellung ein. Das „Spiegel"-Interview ist eines der Berühmtesten; in „Leben", einer Beilage der ZEIT, findet sich regelmäßig eines. Die nmz etwa hat in ihrem Magazinteil Platz fürs Interview. Allerdings ist es dort nicht fest rubriziert, im Gegensatz zum nmz-Interview, das im Frühjahr 2004 eingeführt wurde und immer am gleichen Platz, auf Seite 25, steht. In dieser festen Rubrik befragen der Herausgeber der nmz, Theo Geißler, oder Mitglieder der Redaktion exponierte Köpfe des Musiklebens zu aktuellen kulturpolitischen Themen.

Das Interview kann in zahlreichen Varianten auftauchen. Es herrscht eine beachtliche Formenvielfalt.

Grob unterscheidet man drei Interviewformen (vgl. Kap. 12)

- Das Sachinterview (Information über Fakten)
- Das Meinungsinterview (Problem oder Sachverhalt)
- Das Persönlichkeitsinterview (Skizze oder Porträt eines Künstlers, Kul-turpolitikers oder Prominenten)

Die wichtigsten Varianten in Printmedien sind:

- Das ritualisierte Interview/das Interview als feste Rubrik (z. B. nmz-Herausgeber-Interview, Spiegel-Gespräch)
- Fünf-Fragen-Interview (Schlaglicht aus aktuellem Anlass) (z. B. im „Musikexpress")
- Artikel mit O-Tönen
- Protokolle
- Feststehender Fragebogen (nmz, jeden Monat auf S. 12)
- Umfragen (etwa auf einer Musikmesse)

31.3 Die Kunst, die gesprochene Rede lesbar zu machen

Ein Interview zu führen, ist eine Sache, aus dem gesprochenen Wort einen lesbaren Text zu machen eine andere. Aus einer Tonbandaufzeichnung lassen sich alle oben genannten unterschiedlichen Formen gewinnen. Ich nenne das „Versprachlichung" von O-Tönen. Damit ist der Prozess gemeint, aus gesprochener Rede einen gut lesbaren Text zu machen, den der Interviewte noch als seine eigene Aussage akzeptiert.

Schon dass es dafür kein ideales Wort gibt („Vertextlichung" kann man ja nun wirklich nicht sagen), ist bezeichnend für die Schwierigkeiten, die dieser Vorgang in der Praxis immer wieder macht. „Versprachlichung" ist eigentlich ein Unwort, und das, obwohl gerade wir als Journalisten stolz darauf sind, präzise mit den Worten zu arbeiten. Diese Prozedur, der stilistische Feinschliff am gesprochenen Wort, ist unausweichlich im Tagesgeschäft eines Journalisten.

Der Prozess beginnt bereits bei der Wahl der Interviewmethode:

Mitschreiben: Das ist gebräuchlich bei Tageszeitungen. Der Vorteil liegt darin, dass wichtige Aussagen und Gedanken vorformuliert werden, der Text ist anschließend in der Redaktion schneller geschrieben. Dafür kann man hinterher nichts mehr überprüfen, es steht einem nicht das tatsächlich gesprochene Wort zur Verfügung. Man hat nicht die gleiche Informationsmenge, es fehlen vielleicht wichtige Details.

Aufnehmen: Das Tonband kann man selbst abhören, meist in Auszügen. Oder man gibt es zur Erfassung, das ist angenehmer. Der Nachteil: Speziell im Fachjournalismus muss man jemanden mit Kompetenz finden, der das zu akzeptablen Preisen macht. Bei Interviews mit prominenten Persönlichkeiten empfiehlt es sich, die Antworten in ganzer Länge abzuschreiben, denn so liegt einem im Archiv ein Originaltext vor, den man auch Jahre später noch verwenden kann. Bei einer geplanten Verwertung für einen Rundfunkbeitrag versteht es sich von selbst, diese Variante zu wählen.

Liegen die Abschriften endlich vor, heißt es, lesbare Texte machen. Das liest sich einfacher, als es in der Praxis ist. Fazit: Das Interview ist arbeitsintensiv. Die vielfältigen Möglichkeiten, die einem das Interview zur Blattgestaltung bietet, lohnen jedoch die Mühen.

Für eine Druckversion muss jede Aussage stilistisch bearbeitet werden. Es gäbe viele Beispiele für weiterreichende Eingriffe des Redakteurs. Man ist immer wieder erstaunt, welche diffusen Satzgebilde in der gesprochenen Sprache vorkommen – und das nicht nur bei Politikern. Entscheidend ist hier das Sprachgefühl, aber auch die inhaltliche Kompetenz des Redakteurs. Denn durch Redigieren und Weglassen greift man immer auch inhaltlich ein. Deshalb: Vergessen Sie nicht, die geänderten Texte rechtzeitig autorisieren zu lassen.

Nachfolgend zwei Beispiele für ein redigiertes Interview in der Gegenüberstellung von Original und veröffentlichter Fassung (Tab. 31.1 und 31.2). **Ein Sonderfall ist das schriftliche Interview.** Der Vorteil: Es ist sprachlich i. d. R. bereits geschliffen. Der Nachteil: Es ist unspontan, man kann nicht auf Antworten seines Gegenübers reagieren. Auch entstehen auf diese Art und Weise gerne langweilige PR-Texte. **Es gibt auch Fälle, bei denen die Vorteile die Nachteile überwiegen,** z. B. wenn der Befragte ein origineller Geist und Autor ist wie Regisseur und Aktionskünstler Christoph Schlingensief.

Tab. 31.1 Beispiel 1 „Das Entrepreneur-Projekt Bratsche. Nils Mönkemeyer im Gespräch über Streaming, Ökonomie und das Vertrauensgut Musik"[5] (Quelle: nmz)

VORHER	NACHHER
nmz: Wie funktioniert die Firma Viola?	**nmz: Wie funktioniert die Firma Viola?**
Mönkemeyer: Das Entrepreneur-Projekt Bratsche, genau. Die Konzertgagen werden sozusagen in Brutto ausgezahlt. Das Ganze funktioniert in erster Linie mit der Konzertagentur (????) die mich buchen, mich anbieten, Verträge abschließen, Gagen aushandeln und dafür einen prozentualen Anteil bekommen. Ich habe eine private Pressefrau, die meine Interviewtermine koordiniert, und dafür sorgt, dass ich platziert bin, dass ich angekündigt werde, dass der Saal voll ist. Ich habe jemanden, der meine Website pflegt und aktualisiert. Ich habe jemand für Facebook. Es gibt noch ein Reisebüro, Fotos müssen gemacht werden, das Instrument muss erhalten werden, die Bogenbehaarung, die Saiten…	**Mönkemeyer:** Das Entrepreneur-Projekt Bratsche, genau. Als Künstler habe ich das Glück, mit einem wirklich guten Netz an Agenturen und Menschen zusammenzuarbeiten. Meine Künstleragentur akquiriert Solo- und Kammermusikengagements, verhandelt Gagen und Verträge, organisiert Tourneen und bekommt dafür einen prozentualen Anteil der Konzerthonorare. Meine PR-Agentur kümmert sich gemeinsam mit dem Label um eine nachhaltige Medienpräsenz. Ich habe jemanden, der meine Web- und Facebooksite pflegt. Und dann gibt es noch ein Reisebüro, Fotos müssen gemacht werden, das Instrument muss erhalten werden, die Bogenbehaarung, die Saiten … Wir Musiker reden nicht wirklich über diese Dinge. Es ist eine ganze Menge – die Motivation aber für alles ist die Musik, sie ist der Mittelpunkt meines Lebens

[5] nmz 12/2017 – 66. Jahrgang, Seite 3.

Tab. 31.2 Beispiel 2: Musikergeführt, hauptberuflich und exzellent. Freie Ensembles und Orchester gründen Interessensgemeinschaft – ein Interview mit Tobias Rempe von FREO e. V.[6] (Quelle: nmz)

VORHER	NACHHER (siehe auch Abb. 31.1)
neue musikzeitung: Warum kommt FREO e. V., die neue Interessenvertretung der Freien Ensembles und Orchester erst jetzt? Die ältesten Gründer-Ensembles sind schließlich schon im vierten Lebensjahrzehnt. Tobias Rempe: Das ist richtig. In all diesen Ensembles haben Musiker ihr berufliches Leben, ihr Schicksal, die Verwirklichung ihrer Ideen in die eigenen Hände genommen. Das sind alles von Musikern unternehmerisch geführte Ensembles. Es hat ein bisschen gedauert, bis sich richtige Modelle herausgebildet haben, wie man Klangkörper organisieren, wie man auch Kunst und Kunstproduktion organisieren kann. Es dauerte auch, bis man zur Erkenntnis kam, dass es Gemeinsamkeiten und gemeinsame Herausforderungen gibt, die man in Einzelkämpfer-Art nicht erfolgreich bewältigen kann.	**neue musikzeitung: Warum kommt FREO e. V., die neue Interessenvertretung der Freien Ensembles und Orchester, erst jetzt? Die ältesten Gründer-Ensembles sind schließlich schon im vierten Lebensjahrzehnt.** Tobias Rempe: Das ist richtig. In all diesen Ensembles haben Musiker ihr berufliches Leben, ihr Schicksal, die Verwirklichung ihrer Ideen in die eigenen Hände genommen, das sind alles von Musikern unternehmerisch geführte Ensembles. In ihnen haben sich Modelle herausgebildet, wie man Klangkörper, wie man auch Kunst und Kunstproduktion unternehmerisch organisieren kann. Es dauerte dann etwas, bis man zur Erkenntnis kam, dass es Gemeinsamkeiten und gemeinsame Herausforderungen gibt, die man in Einzelkämpfer-Art nicht erfolgreich bewältigen kann.

[6] nmz 7/2018 – 67. Jahrgang, Seite 27.

Seit Beginn der Corona-Pandemie 2021 sind Videointerviews nicht nur gebräuchlich aus zeitlichen oder räumlichen Gründen, sondern auch, um trotz Abstandsgebot und räulicher Distanz kommunizieren zu können.

Abb. 31.1 Interview mit Tobias Rempe von FREO e. V. – nmz 7–98, S. 27

Das Porträt

32

Andreas Kolb

Zusammenfassung

In diesem Kapitel werden die Möglichkeiten eines Print-Porträts erläutert und mit Beispielen aus der „neuen musikzeitung" (nmz) erläutert. Der Autor ist Chefredakteur der „neuen musikzeitung".

Schlüsselwörter

Porträt • Zeitung • Interview • Musikerinterview

Die ganze Welt lässt sich porträtieren. Am Text selbst ist es eigentlich nicht ersichtlich. Doch die journalistische Darstellungsform Porträt ist eng mit dem Interview verknüpft. Denn will man ein Künstlerporträt nicht „kalt" schreiben, also ausschließlich auf Grundlage von Archivunterlagen, dann muss dem Schreiben ein Interview vorausgehen. Außerdem hat ein Porträt immer einen aktuellen Anlass wie Jubiläum, Geburtstag, Uraufführung, Neubesetzung, Neuinszenierung oder die Entdeckung eines jungen Talentes. Schon aus diesem Grund muss recherchiert werden: Archivmaterial ist für die Musikwissenschaftler interessant, der Musikjournalismus lebt von Aktualität und Neuheit.

Wie beim Interview gibt es auch beim Porträt eine große thematische Vielfalt. Üblicherweise stellt man sich zwar ein Künstlerporträt vor. Man kann aber fast alles, was im Musikbetrieb eine Rolle spielt, porträtieren: Verlage, Firmen, Verbandsfunktionäre, Kulturpolitiker, Knaben- und andere Chöre, Musikunternehmer, Orchester, Kulturabteilungen großer Industriebetriebe, das Konzertleben

A. Kolb (✉)
nmz Regensburg, Regensburg, Deutschland
E-Mail: info@musik-journalismus.de

© Springer Fachmedien Wiesbaden GmbH, ein Teil von Springer Nature 2022   349
P. Overbeck (Hrsg.), *Musikjournalismus,* Journalistische Praxis,
https://doi.org/10.1007/978-3-658-32476-6_32

einer Stadt, Wettbewerbssieger bei „Jugend musiziert", Musikmessen, einen
Rundfunkredakteur. Die Vielfalt ist riesig, kein Thema, dem man nicht mit dieser
journalistischen Darstellungsform gerecht werden könnte.

Porträts eignen sich ideal dazu, einen „trockenen" Sachverhalt für den Leser
spannender und leichter zugänglich zu machen, oder den sowieso schon vorhandenen Reiz und die Ausstrahlung einer Person oder den Thrill eines Themas adäquat
zu transportieren, ohne dass die Faszination verloren geht.

Beinahe könnte man sagen: Alle lieben Porträts. Es ist beliebt beim Porträtierten, denn er steht ganz im Mittelpunkt und beliebt bei Pressestellen, denn es
ist meist vierspaltig mit großem Foto. Und es ist beliebt beim musikinteressierten
Leser – weniger beim Experten –, denn es bringt ihn in *human Touch* zu seinem
Idol, seinem Star. Die klassische Musikkritik sieht das Porträt dagegen mit Skepsis, denn es enthält zwar alle möglichen nötigen oder unnötigen Informationen zu
einer Person, jedoch keine Analyse oder Werkkritik.

Den Kritiker interessiert traditionellerweise zuerst die Musik, dann der
Komponist oder der Interpret. Doch auch da gibt es Ausnahmen. Man kann auch
ein Musikstück porträtieren – oder sich in einem Doppelporträt von Werk und
Komponist versuchen. Unter der Rubrik „Stück-Werk" findet sich in der nmz
vom Mai 2004 ein Porträt über Charles Ives und sein „Orchestral Set No. 2" von
Wolfgang Rathert mit dem Titel: „Hymne auf das Ende eines tragischen Tages".
Hier ein Zitat aus der Schlusssentenz:

> „Autobiografie, Geschichte und philosophisch-religiöse Maximen verbinden sich in
> der programmatischen Vorlage und kompositorischen Umsetzung des letzten Satzes
> (von ›Orchestral Set No. 2‹) zu einer Vision, die nur Ives in dieser paradoxen Weise
> einer ›Einheit in der Vielheit‹ in Klang zu verwandeln wusste, in eine Musik, die
> noch oder vielleicht gerade heute ein für die Zwischentöne des Lebens und der Kunst
> empfängliches Publikum zu erreichen und berühren vermag.".[1]

Im Lehrbuch steht: „Im Zentrum des Porträts steht (einmal abgesehen von den
oben erwähnten Ausnahmen) i. d. R. der Mensch, von dem so lebendig wie möglich erzählt wird. Biografisches, Wesensart und Eindrücke von der Person, ihr
beruflicher und privater Alltag ergeben ein Zusammenspiel. Der Musikjournalist
recherchiert von außen nach innen. Er sucht Daten in Archiven und Nachschla-
gewerken, z. B. dem Munzinger-Archiv, Publikationen, Zeitungsartikeln, Filmen

---

[1] nmz, Mai 2004, S. 3–4.

etc. Im persönlichen wie im beruflichen Umfeld der Person erfragt er, wie sie von ihren Mitmenschen erlebt wird. So vorbereitet folgt erst das Interview"[2].

Das Porträt bietet dem Autor die Möglichkeit, stilistisch zu brillieren, ähnlich wie die Konzertkritik oder wie Kommentar und Glosse. Auch hier gilt: Hauptperson ist der oder die Porträtierte, nicht der Autor. Was Sie aber nicht davon abhalten soll, sich als Autor durch gute Porträts einen Namen zu machen. **Was sind Kriterien für ein gutes Porträt?** Die oben genannten Regeln sind sicher nur Konstrukt. In der Realität sind dem Autor eines Porträts keine Grenzen gesetzt. Fast in keinem anderen Genre gibt es eine derart große Freiheit in Aufbau, Stilistik und Themenwahl. Was das betrifft, sind die Grenzen zum Feature fließend. Grundregeln sind: Das Thema muss zum Stilmittel passen. Als Konzertbericht, Kommentar, als Mittel, um möglichst direkt Nachricht oder Meinung zu transportieren oder als Aufmacher für Seite eins ist das Porträt nicht die geeignete Form. Geht es mir aber um Hintergrundinformation, um Biografisches, um ein Zeitphänomen, dann bietet sich das Porträt geradezu an.

Wie beim Interview gilt auch beim Porträt: Die Fakten müssen stimmen und O-Töne sollten sorgfältig eingesetzt werden. Im Gegensatz zum Interview lässt man ein Porträt nicht autorisieren. Ob der Porträtierte sich mehr oder weniger wiedererkennt, liegt in der Freiheit des Musikjournalisten. Man sollte aber vorher mit dem Porträtierten vereinbaren, ob er das Porträt vor dem Druck nochmals sehen möchte. Es empfiehlt sich, denn gerade bei der Recherche mittels Interviews können sachliche Unrichtigkeiten und Missverständnisse vorkommen. Ist das Werk nun in dieser oder jener Besetzung komponiert, ist der Durchbruch des Solisten auf die Interpretation eines bestimmten Werkes zurückzuführen oder waren andere Faktoren maßgeblich? Ein Porträt erfordert vom Musikjournalisten die Arbeit eines Biografen. Oft bittet man den Porträtierten, den Text auf sachliche Unrichtigkeiten zu prüfen. Da mit einem Porträt i. d. R. keine brisanten Fakten (anders als bei manchen Biografien) veröffentlicht werden, sondern eine Person nachgezeichnet wird, entstehen hier selten Konfliktfelder. Es gilt aber auch hier im Zweifel die Tonbandaufzeichnung.

Porträtieren bedeutet, subjektiv zu sein. Es gibt kaum eine journalistische Darstellungsform, die dem Autor mehr Freiheit in Stil und Aufbau bietet. Es folgen drei Porträt-Anfänge (jeweils der Vorspann und ein Einstiegssatz in den Text), die alle sehr unterschiedlich sind. Doch alle sind denkbar und richtig:

---

[2] GEW – Gewerkschaft Erziehung u. Wissenschaft Stuttgart (Hg.), Journalismus. Von der Nachricht bis zur Glosse (Ludwigsburg: Süddt. Pädagogischer Verlag (SPV) o. J).

Porträt 1:

Mit Schlagzeug und mit Schnodder-Schnauze. Der Kulturarbeiter Udo Lindenberg im PuK („Politik und Kultur") – Porträt.

Von Andreas Kolb

„Nur Entertainer wäre mir zu wenig. Ich möchte auch einer sein, der mitmischt und die Welt von morgen mitgestaltet." Mit diesem Satz beschreibt sich Udo Lindenberg besser, als viele aus der Zunft der Publizisten, die im Mai dieses Jahres zum 70. Geburtstag des deutschen Rockstars dessen Leben Revue passieren ließen. Die Frage, wann Musik politisch wirksam wird und warum, spielt im deutschen Musikbetrieb eine marginale Rolle, doch zu Lindenbergs Schaffen gehörte sie eigentlich von dem Moment an, als der Schlagzeuger Lindenberg seine Trommelstöcke mit dem Gesangsmikro vertauschte. Der 1946 in Gronau geborene Künstler war kein 68er-Student, war nie Polit-Rocker wie die Kollegen von „Ton Steine Scherben" um Rio Reiser. Statt an „Sit Ins" in Frankfurter oder Berliner Hörsälen teilzunehmen, begann Lindenberg mit 15 Jahren eine Kellnerlehre und spielte in Düsseldorfer Stadtkneipen als Schlagzeuger. Er wäre gern Musiker auf Kreuzfahrtschiffen geworden. Das verwarf er, doch nahm er das Sujet in dem Song „Andrea Doria" wieder auf, einer rockpoetischen Allegorie auf eine Kultur, die spätestens mit der Erfindung des Personal Computers und des World Wide Web zum Untergang verurteilt war. Lindenberg studierte an der Musikhochschule Münster eine Zeit lang Schlagzeug, er tourte als Musiker durch Norddeutschland und Frankreich, kam sogar bis nach Tripolis und ließ sich schließlich als Mitglied einer Folkband in seiner Wahlheimat Hamburg nieder.

Mit seiner Musik befand sich Lindenberg immer mitten in dem, was man gerne als Zeitgeist bezeichnet. Spätestens mit „Sonderzug nach Pankow" oder „Mädchen aus Ostberlin" steht Lindenberg in der Nachfolge derer, die mit Klängen Mauern zum Einstürzen, oder doch zum Wanken gebracht haben. Man denke an die Anhänger des italienischen Risorgimento: Sie verstanden nicht nur Giuseppe Verdis Namen als Freiheitsappell – V.E.R.D.I. wurde zu Vittorio Emanuele Re D'Italia umgedeutet –, sondern auch seine Musik. Die Punk Band „Pussy Riot" bedrohte 2012 mit ihrem Auftritt in der Christ-Erlöser-Kathedrale in Moskau das System Putin so ernsthaft, dass drei ihrer Mitglieder zu jeweils zwei Jahren Lagerhaft verurteilt wurden.[3] ◄

---

[3] Politik und Kultur (PuK), 5/2016 (September/Oktober), Seite 27 (Download-Möglichkeit: https://www.kulturrat.de/publikationen/zeitung-politik-kultur/

Beispiel

Porträt 2:

Das Schwere leicht machen, nicht das Leichte schwer. Ein Porträt der Schriftstellerin und Filmemacherin Doris Dörrie.

Von Andreas Kolb

„Zuallererst ist Schreiben Handwerk. Üben. Weiterschreiben, sitzen bleiben. Ob es dann Kunst ist, stellt sich viel später heraus. Das ist mein Hauptziel in der Arbeit mit den Studierenden: Schreiben als Handwerk aufzufassen und dadurch auch die Angst davor zu verlieren."

Diesem PuK-Porträt über die Filmemacherin und Autorin Doris Dörrie ist ein Satz von ihr „Über das Schreiben" vorangestellt. Nachzulesen auf der Homepage der Münchner Hochschule für Film und Fernsehen, an der Professorin Doris Dörrie seit 1997 den Lehrstuhl Creative Writing leitet und inhaltlich gestaltet. Es ist ein Satz, der mehr über die berühmte Filmemacherin aussagt, als man zunächst vermutet. Denn Doris Dörrie verstand – und versteht sich bis heute – zuallererst als „Schreiberin", als Geschichtenerzählerin.

„Lesen und Schreiben zu lernen", erinnert sich Dörrie, „mit 26 Buchstaben Welten entstehen lassen zu können, habe ich als komplettes Wunder empfunden." Zum Schreiben ist Dörrie, Kind einer Hannoveraner Arztfamilie, zu der auch ihr Onkel, der Altphilologe Heinrich Dörrie zählt, gekommen, indem sie sehr früh und eindringlich die Welt beobachtete und ihr zuhörte. „Darin war ich stark familiär vorgeprägt, denn meine Eltern und Großeltern sind gute Beobachter. Beobachten und Erzählen ist quasi Familientradition."

Wie leben andere Menschen? Wie machen andere das? Wie funktioniert diese seltsame Welt? Diese Fragen treiben Dörrie seit ihrer Kindheit um und daran hat sich bis heute nichts Wesentliches geändert. „Ob man offen ist, ob man die Welt staunend betrachtet", sagt sie, „ist genetisch vorgeprägt."[4] ◄

---

[4] Politik und Kultur (PuK), 6/2016 (November/Dezember), Seite 16 (Download-Möglichkeit siehe oben).

Servicetexte für den Konzertgebrauch 33

Stefanie Wördemann

Zusammenfassung

Am Beispiel von Texten für Sinfoniekonzerte wird erläutert, was man bei der Erstellung von Servicetexten beachten sollte. Was gehört in ein Programmheft? Welche zusätzlichen Angebote helfen Konzertbesuchern beim Verständnis auch von schwerer zugänglichen Musikprogrammen und schließlich, welche neuen Möglichkeiten der Vermittlung gibt es heute.

Schlüsselwörter

Programmheft · Musikvermittlung · Servicetexte

33.1 Ohren auf! – Musik ist Hören plus

Die Praxis des aktuellen Konzertlebens rund um die klassische Musik zeigt es sehr deutlich: Das reichhaltige Konzertangebot von der Alten Musik, der Sinfonik des 18. bis zum frühen 20. Jahrhundert über die klassische Moderne bis hin zur zeitgenössischen Musik und zum Jazz wird von einem heterogenen Publikum nicht nur gern besucht und gehört. Weit über den unterhaltsamen Hörgenuss hinaus herrscht zudem ein großes Bedürfnis aufseiten der Konzertgänger, die dargebotene Musik in ihrem Background kennen, sie „zwischen den Zeilen" lesen und hören zu lernen. Sei es in großen Sinfonie- und Orchesterkonzerten oder solchen mit Kammermusik- oder Spezialensembles, seien es langjährige Konzertgänger,

S. Wördemann (✉)
Waldsieversdorf, Deutschland
E-Mail: info@musik-journalismus.de

© Springer Fachmedien Wiesbaden GmbH, ein Teil von Springer Nature 2022   355
P. Overbeck (Hrsg.), *Musikjournalismus,* Journalistische Praxis,
https://doi.org/10.1007/978-3-658-32476-6_33

interessierte Laien oder Freaks, Abonnenten oder Gelegenheitsgäste: Die Entstehungsumstände der Kompositionen, das Leben und Wirken ihrer Produzenten und Interpreten, das gesellschaftliche und politische, geistige und künstlerische Umfeld von Komponisten, ihr Austausch mit anderen Denkern und Künstlern, Auftraggebern und Hörern der verschiedenen Epochen, kurz: Geschichte und Geschichten rund um die Musik – darüber im Umfeld eines Konzertbesuches (oder auch beim konzentrierten Hören einer CD oder Schallplatte, eines Konzertmitschnitts im Radio oder Fernsehen) zu erfahren, ist ein Grundbedürfnis vieler Musikfreunde. Ein Konzert öffnet Türen, die aus dem Alltag hinein in spezielle Organisations- und Kommunikationsräume führen, wo man via Hören und Betrachten von (und auch Reden über) Musik Näheres und Hintergründiges, Noch-nicht-Gewusstes und Neu-zu-Befragendes erfahren kann.

Hören will gelernt sein, denn Kunst, Musik, entsteht niemals im luftleeren Raum, wird niemals aus einem Vakuum heraus rezipiert – selbst die Verfechter einer absoluten, von allen äußeren Einflüssen freien Musik müssen dem zustimmen. Einblicke in die Entstehungsumstände von Musik sowie in ihre Rezeptionsgeschichte können wertvolle Anregungen zum Hören, und zwar zu immer wieder neuem Hören geben. Hören, Denken und Sprechen über Musik kann gelernt werden. Die Konzertveranstalter reagieren vermehrt auf das Bildungsbedürfnis des Publikums, das in seiner Heterogenität immer schwieriger auf einen Nenner zu bringen ist (und natürlich diejenigen mit einschließt, die den Konzertbesuch weiterhin als pure Unterhaltung ansehen und somit alles Neue abwehren – jene sollen in diesem Text außer Acht gelassen werden). Mit der Vielfalt der Intentionen der Konzertbesucher wächst auch die Möglichkeit, ein immer breiter gefächertes und zugleich konzentrierteres, Veränderungen und Neuem gegenüber aufgeschlossenes, zuweilen „wagemutiges" Programm anzubieten, Konzertdramaturgien zu entwickeln, die nicht nur die Hauptströmungen der Musikgeschichte beleuchten, sondern auch unbekannte und ungehörte Nebenwege.

Programmhefte dienen auch als „Education"-Service, denn soll Musik nicht nur durch das Hören in Konzerten, sondern auch durch begleitende Veranstaltungen und Medien und sogar durch Mitmachen erfahren werden: Ein „Education"-Programm animiert Kinder und Jugendliche, sich der Musik in Projekten rund um ausgewählte Konzerte aktiv zu nähern. Das verringert nicht nur deren Distanz oder Berührungsängste gegenüber dem klassischen Konzertbetrieb, sondern auch die ihrer Eltern. Denn der Konzertsaal soll auch in Zukunft bevölkert sein, und zwar von einem flexiblen, der musikalischen Bildung aufgeschlossenem Publikum, dessen Interessen und Erwartungshaltungen groß sind, damit in Zukunft das bereits breite Repertoire immer weiter variiert und weiterhin auch

Neues und noch Ungehörtes angeboten werden kann. Dieser Bildungs-, dieser „Education"-Anspruch, der bei vielen Orchestern und Ensembles, vor allem im Bereich der zeitgenössischen Musik, wahrzunehmen ist, zeigt sich in zahlreichen konzertbegleitenden Angeboten wie Konzerteinführungen in Form von Vorträgen, Interviews und Podiumsdiskussionen. Hinzu kommen redaktionelle Beiträge für Saison- und Monatsvorschauen und Magazine. Natürlich werden auch Programmhefte zu jeder Veranstaltung vom Publikum dankbar angenommen.

Programmhefte umfassen üblicherweise 20 bis 100 Seiten und werden, wie alle Publikationen, von einem Team aus Musikwissenschaftlern, Redakteuren und Grafikern in der Abteilung Kommunikation eines Orchesters erarbeitet. In ständigem Austausch mit den Programmgestaltern /Konzertdramaturgen des Orchesters und der Gastensembles werden inhaltliche Schwerpunkte des jeweiligen Konzertprogramms und somit des Programmheftes festgelegt und geeignete Autoren mit konkreten Themen beauftragt. Die meistens neu geschriebenen Beiträge werden dann mit den intern recherchierten, grundlegenden Fakten kombiniert, redigiert und beispielsweise mit Gesangstexten oder Gedichten sowie Illustrationen erweitert.

33.2 Was gehört in ein Programmheft?

Folgende Informationen gehöre in ein Programmheft:

- Basisinformationen: Titelei, Interpreten, Komponisten, Werke
- Übersicht des Konzertprogramms
- Konzertdaten und die Nennung der Interpreten
- In direkter Nähe zu den eigentlichen Werktexten weitere Fakten
- Für einen schnellen informativen Blick z. B. Schlüsselzitate oder zentrale Fakten
- Primärtexte: Gedichte, Schlüsseltexte, Libretti
- Künstlerbiografien, Informationen über die Orchester, Ensembles usw.
- Erläuternde Texte zu Werk und Programm

Basisinformationen vorweg: Titelei, Interpreten, Komponisten, Werke. Ein Programmheft soll vor allem zwei Informationsebenen liefern: zum einen die Fakten zum Konzertprogramm, zu den Interpreten und Komponisten, zum anderen inhaltliche, anregende Gedanken rund um die Werke, die den Zuhörern den

Zugang zu den Stücken erleichtern, ihre Assoziationskraft wecken, schlicht ihre Ohren öffnen.

Bevor sich ein Autor an das Schreiben seines Textes macht, sollte er mit den Redakteuren folgende Punkte absprechen, um sich zusätzlichen Arbeitsaufwand bei der Recherche und der Redaktion Dopplungen im gesamten Programmheft zu ersparen:

- den Zeilenumfang (späteres Kürzen ist selten förderlich, vielmehr liegt oft in der von Beginn an konzipierten Konzentration eines Textes dessen Würze)
- stilistische Vorgaben wie Schriftart, Gliederung, Überschriften usw.
- die Recherche der Basisfakten
- Alle Texte müssen an den Stil und das Gesamtkonzept des Heftes angeglichen werden
- Rechtliche Aspekte, vor allem hinsichtlich möglicher weiterer Verwendungen des Textes, z. B. im Internet, in Jubiläums- oder Festschriften, in CD-Booklets usw. sind zu klären

Bietet ein Konzertveranstalter neben den Programmheften zusätzliche Einführungsveranstaltungen vor den Konzerten, ist zu überlegen, ob der Autor des Programmheftartikels auch diese Aufgabe übernimmt und in diesem Falle Text und Vortrag miteinander abstimmt, um Dopplungen zu vermeiden: Im abstrakteren Schrifttext kann dann beispielsweise auf konkrete Analysen der Musik verzichtet werden, die im Vortrag, anhand von Musikbeispielen, einleuchtender erklärt werden können.

Was die Fakten angeht: Es ist zu vermuten, dass ein Konzertgänger diese im Vorfeld seines Besuchs bereits verinnerlicht hat, dass sie ihn unter Umständen zu seinem Konzertbesuch animiert oder inspiriert haben. Deshalb kann diese Informationsebene knapp und kompakt, möglichst auf einen Blick, fürs schnelle Blättern im Programmheft, visualisiert werden.

Die Übersicht des Konzertprogramms folgt auf die Konzertdaten und die Nennung der Interpreten. Die Namen und Lebensdaten der Komponisten, die Haupt- und Untertitel der Werke sowie ihre Satz- und Tempobezeichnungen. Man sollte darauf achten, die Werktitel in der von den Komponisten verfassten Sprache zu nennen, mit zusätzlichen deutschen Übersetzungen bzw. bereits eingebürgerten deutschen Bezeichnungen. Richtwert hierfür ist die Betitelung in den Originalpartituren. So kann verhindert werden, dass sich in der aktuellen Rezeption der

Werke Klischees oder gar Fehler einschleichen: So sind beispielsweise bestimmte Werke Haydns, Mozarts oder Beethovens unter blumigen Titeln bekannt, die in einer Originalbezeichnung nichts zu suchen haben, weil sie sich erst im Laufe der Rezeptionsgeschichte eingebürgert haben. Sie dennoch zu nennen, um auf diese Rezeptionsgeschichte zu verweisen, kann entweder mit Anführungszeichen erfolgen oder durch eine Erläuterung im Text selbst, wie es zu diesen geflügelten Worten kam – wenn es den Intentionen der Komponisten oder der Textautoren förderlich erscheint.

Weitere Fakten gehören in direkte Nähe zu den eigentlichen Werktexten wie Entstehungs- und Aufführungsdaten, die Instrumentalbesetzung der Werke, aber auch Besetzungslisten, Zitate, Illustrationen. Damit sie beim ersten Blättern oder auch Nachlesen während des Konzerts augenfällig sind, können sie grafisch markant im Umfeld des Textes dargestellt werden – z. B. in farblich und grafisch hervorgehobenen Kästen.

Für einen schnellen informativen Blick können Schlüsselzitate aus den Texten hinzugefügt werden sowie Illustrationen, welche die Texte und Zitate bebildern. Die Autoren können sich in ihren Texten auf diese Randinformationen beziehen und darauf verweisen, sodass sie in ihren Essays dann nicht mehr konkret darauf eingehen müssen. Die angefügten Bilder können einerseits illustrativen Charakter haben, andererseits aber auch eine eigene Assoziationsebene bilden: z. B. als Verweise auf Nachbarkünste oder Wissenschaften, die direkt oder indirekt mit der gedanklichen Ebene der Kompositionen zu tun haben. Illustrationen können aber auch als eigenständige Inspirationsebene innerhalb einer Textcollage dienen.

Primärtexte: Gedichte, Schlüsseltexte, Libretti: Handelt es sich bei den aufgeführten Werken um Kompositionen mit Gesang, ist ein Abdruck der Gesangtexte sinnvoll, und zwar in originaler, im Konzert verwendeter Sprache sowie in einer autorisierten deutschen Übersetzung. Je nach Länge sollte entschieden werden, ob diese in direkter Nähe zum Werktext oder lieber am Ende des Programmheftes präsentiert werden, um eine Übersichtlichkeit und ein leichtes Auffinden zu ermöglichen. Auch hier gilt wieder: Sind die Originaltexte im Heft vorhanden, kann der Textautor hierauf verweisen. Auch bei reinen Instrumentalwerken liegen oft auch Texte zugrunde wie z. B. Gedichte, poetische Programme, Vorworte usw.; diese können als Anhang zu den Werktexten angefügt werden, ohne sie implizit im Werktext zu zitieren.

Künstlerbiografien, Informationen über die Orchester, Ensembles usw. können abschließend (oder auch einleitend) in Textform präsentiert werden. Sie basieren auf den Informationen der Agenturen oder der Künstler selbst, und sie sollten aktuell und eventuell auch auf den Konzertinhalt zugeschnitten sein. Nicht nur der Werdegang eines Künstlers sowie Highlights in seiner Karriere interessieren das Publikum, sein Repertoire und vor allem seine Beziehung zur Stadt, zur Institution, in der er auftritt, interessieren es ebenso. Auch ein bisschen Werbung darf sein: Verweise auf aktuelle Veröffentlichungen laden den Leser ein, sich auch zu Hause mit den Interpreten und Werken zu beschäftigen.

Die Werktexte sind ein Schlüssel für das Hören. Die Entscheidung, auf welche Aspekte eines Konzertprogramms sich der oder die Programmheftartikel konzentrieren sollten, geht einher mit der Werkzusammenstellung. Ist das Konzert einem einzigen Komponisten gewidmet? Stehen Werke mehrerer Komponisten auf dem Programm, die sich innerhalb einer Traditionslinie oder Gattungsgeschichte bewegen und sogar direkte oder indirekte Bezüge untereinander aufweisen? Oder sind es für sich allein stehende, in ganz speziellen Kontexten entstandene Werke, die singulär behandelt werden sollten?

Die Frage, wie weit Komponist und Werke im Allgemeinwissen des Publikums bereits verankert sind und inwieweit grundlegende, über die oben genannten Basisfakten hinausgehende Informationen über Leben und Werk eines Komponisten, über Epochen- und Stilmerkmale vorausgesetzt werden können, steht zunächst im Vordergrund. Oft kann sich ein Autor – z. B. bei Konzertreihen, die sich einem bestimmten Komponisten, bestimmten Gattungen oder Epochen widmen – auf die vorangegangenen Konzerte und somit auch auf die Texte in den entsprechenden Programmen beziehen. Alle Werktexte sind sprachlich eine Gratwanderung zwischen einer dem Publikum aus dem eigenen Sprech- und Lesegebrauch verständlichen Sprache und einer musikalisch-musikwissenschaftlichen Fachsprache, die nicht gespickt sein sollte mit Fremdwörtern, soweit diese nicht im Kontext verständlich werden. Zitate sollten den originalen Sprachduktus beibehalten und müssen lediglich einen Hinweis auf den Urheber und die Quelle beinhalten. Für den Aufbau gilt – wie bei allen Texten über Kunst – die Faustregel: vom Allgemeinen hin zum Speziellen und zum Fazit. Oder: vom originellen Ausgangspunkt über das Allgemeine hin zum speziellen Aspekt und als Brückenschlag zurück zur Ausgangsthese und von da aus zum Fazit.

33.3 Sonderfall: Nur ein Komponist

Viele Sinfonie- oder Kammerkonzerte sind dem Schaffen eines einzigen Komponisten gewidmet. Die großen Namen der Musikgeschichte, z. B. die „drei großen B" Bach, Beethoven und Brahms oder auch Mozart und Mahler, die in solchen Konzerten auftreten und mit den Eckdaten ihres Lebens und Schaffens, sollten zwar bereits im Allgemeinwissen des Publikums fest verankert sein, bei einigen, gerade bei jüngeren Besuchern, kann infolge eines Rückgangs des schulischen Musikunterrichts leider auch nicht mehr davon ausgegangen werden. Es sollte gelingen, knappe biografische oder gattungsgeschichtliche Basisinformationen zu liefern, auch wenn diese ausführlicher in zahlreichen Lexika und Konzertführern oder im Internet nachzulesen sind, dann aber neue Kontexte, neue Aspekte zum Œuvre, zur Biografie, zur Epoche oder zur Rezeptionsgeschichte aufzuzeigen. Hier, wie bei allen Texten, sollte die Entscheidung fallen, ob man sich den Werken mit einem eher essayistischen Artikel nähert, der das epochale, geistige und künstlerische Umfeld des Komponisten und seiner Werke, sozusagen den fruchtbaren Boden, möglichst ausführlich und einleuchtend schildert, oder ob man lieber einen analytischen, auf die kompositorischen Merkmale hin konzentrierten Text wählt, der die einleitend knapp formulierten Intentionen und Entstehungsumstände am Werk selber überprüft und nachweist. Der analytische Ansatz empfiehlt sich für solche Werke, die eine einzigartige Stellung sowohl im Schaffen eines Komponisten als auch ihrer Epoche einnehmen, und bei denen ein konzentrierter Blick auf die musikalische Faktur Erkenntnisse über die Originalität des Werkes geben kann.

Steht nur ein Komponist auf dem Programm, kann man anhand von mehreren aufeinander folgenden Texte sowohl auf eine Zeichnung des Umfeldes, in dem und aus dem heraus eine Komposition entstand, als auch auf eine spezielle Analyse des Stückes unter zuvor eingeführten Aspekten eingehen. So könnten in einem Programmheft über den Zyklus aller Streichquartette oder Sinfonien Beethovens Texte über den Sozialcharakter der beethovenschen Werke und ihrer Einbindung in das zeitgenössische Konzertleben, über die Schaffensphasen im Œuvre des Komponisten, über die Rezeptionsgeschichte in ausgewählten Zeitabschnitten und Gesellschaften bis heute, über die epochemachenden Stilmerkmale und Anforderungen sowie über die Annäherung des/der ausführenden Ensembles an diese Werke ein umfassendes Bild geben, das zur weiteren Beschäftigung mit den Werken anregt. Auch Konzerte, in denen Werke einer Schule, einer Traditionslinie gespielt werden, können unter gemeinsamem Nenner betrachtet werden und Gemeinsamkeiten wie Unterschiede sowohl auf essayistische wie auch auf analytische Weise aufgezeigt werden.

Bei Konzertprogrammen mit verschiedenen Komponisten und mit Werken aus verschiedenen Epochen oder Traditionen stellt sich die Frage, ob nicht dennoch ein roter Faden auszumachen ist, ob gattungs- und Epoche übergreifende Übereinstimmungen oder Bezüge gefunden werden können. Oder ob die Stücke vielmehr einen reizvollen Kontrast aufweisen, und es sich deshalb lohnt, sie in jeweils separaten Texten zu besprechen.

Falls ein Komponist zu Gehör gebracht wird, der im Konzertrepertoire noch nicht fest verankert ist, unter Umständen gar erst uraufgeführt wird, ist es sinnvoll, mehr als bei allgemein bekannten Persönlichkeiten der Musikgeschichte auch biografische Stationen und Erfolge, Schlüsselwerke des Schaffens usw. vorzustellen, bevor man auf das im Konzert aufgeführte Werk eingeht. Von Vorteil bei zeitgenössischen Komponisten ist es, dass man von ihnen oft Zitate oder sogar Interviews, vielleicht in Ausschnitten, bringen kann und somit die Authentizität erhöht. Um die noch immer allgemein verbreitete Scheu des breiten Publikums vor ungehörten, neuen Werken zu mildern, kann es sich durchaus anbieten, diese in bestimmten Traditionszusammenhängen darzustellen, ihre Bezüge zu anderen Komponisten, Vorgängern oder zu aktuellen Themen herzustellen. Dies gilt nicht nur für die zeitgenössische Musik und die des gesamten 20. Jahrhunderts; selbst bei bereits im Repertoire verankerten Komponisten und Werken der klassischen Moderne ist es angebracht, Ängsten der Zuhörer entgegenzutreten, sich mit den neuen Wegen in der Musikgeschichte vorurteilslos vertraut zu machen. Das Herausarbeiten von Bezügen zur Tradition kann dabei sehr hilfreich sein, z. B. die Betonung des Traditionsbewusstseins der Komponisten der so genannten Zweiten Wiener Schule (Schönberg, Berg und Webern) und ihr Respekt für die Werke der „drei großen B".

Natürlich gibt es auch Konzertprogramme, die nicht den ausgeführten Schemata entsprechen, die sich mit sehr speziellen Abschnitten, Künstlern, Phänomenen der Musikgeschichte beschäftigen, z. B. Konzerte mit Alter Musik in historischer Aufführungspraxis oder mit rein zeitgenössischem Repertoire oder Uraufführungen. Die vorangegangenen Tipps mögen aber auch hier als Anregung dafür dienen, wie man mit Konzertprogrammen, Artikeln und Programmheften dem Publikum eine Komposition näherbringt – und die Ohren öffnet.

Servicetexte und Neue Medien

34

Peter Overbeck

Zusammenfassung

An ausgewählten Beispielen wird aufgezeigt, welche Möglichkeiten es gibt, Texte, Werkeinführungen und z. B. Spielzeithefte mit multimedialen Mitteln attraktiv auch für jüngere Zielgruppen zu gestalten.

Schlüsselwörter

Programmheft · Spielzeitheft · Augmented Reality · Musikvermittlung · Servicetexte

Online-Angebote auf Homepages von Veranstaltern mit Probenausschnitten, Musikbeispielen oder Links zu zusätzlichem Material sind heutzutage Standard. Ein zusätzliches Angebot für Konzertbesucher ist die Bereitstellung von Programmheften im pdf-Format auf der Homepage. Die Texte und Dokumente sind von den Dramaturgen mit Akribie verfasst und zusammengestellt. Die Programmhefte werden aber überwiegend unmittelbar vor Konzertbeginn erworben und gelesen. Wenn sie vorab als pdf bereitgestellt werden, können sie schon vor und nicht – wie meistens – erst nach der Aufführung studiert werden.

P. Overbeck (✉)
Institut für Musikjournalismus, Hochschule für Musik Karlsruhe, Karlsruhe, Deutschland
E-Mail: info@musik-journalismus.de

© Springer Fachmedien Wiesbaden GmbH, ein Teil von Springer Nature 2022   363
P. Overbeck (Hrsg.), *Musikjournalismus,* Journalistische Praxis,
https://doi.org/10.1007/978-3-658-32476-6_34

Mit einen Facebook-Account oder Apps mit Push-Services kann regelmäßig auf Termine und Veranstaltungen sowie auf kurzfristige Änderungen hingewiesen und mit Teasern Appetit gemacht werden.

Exemplarisch werden zwei Veröffentlichungen der „Deutschen Staatsphilharmonie Rheinland-Pfalz", Ludwigshafen, vorgestellt, die zeigen, wie man digitale Medien für die Gestaltung von programmbegleitenden Publikationen einsetzen kann.

Das Jahresprogramm der „Deutschen Staatsphilharmonie Rheinland-Pfalz" für die Spielzeit 2019/2020 wurde als Hybrid aus Printprodukt und Online-Angebot veröffentlicht. Es wurde ebenso wie die Spielzeitmagazine klassisch in Printform verbreitet. Für medienaffine Konzertbesucher gab es zusätzlich die Möglichkeit, mittels der kostenlosen App „ADmented" niederschwellig kleine erläuternde Videos zu den einzelnen Konzerten aufzurufen. Es genügte, das Mobiltelefon bei geöffneter App auf die Seite mit dem Dreieckssymbol zu richten (siehe Abb. 34.1).

Die Chronik aus Anlass des 100-jährigen Bestehens der „Deutschen Staatsphilharmonie Rheinland-Pfalz" beschritt ebenfalls neue Wege. Sie wurde nicht, wie sonst üblich, als Print-Festschrift mit Beilage einer CD oder DVD veröffentlicht, sondern als multimediale Chronik, konzipiert und produziert von Studierenden des „Instituts für Musikjournalismus" der Hochschule für Musik Karlsruhe (Landeszentrum für Musikjournalismus und Musikinformatik), unterstützt von Dozenten und in Zusammenarbeit mit der „Deutschen Staatsphilharmonie Rheinland-Pfalz", und der Agentur Netzbewegung GmbH.

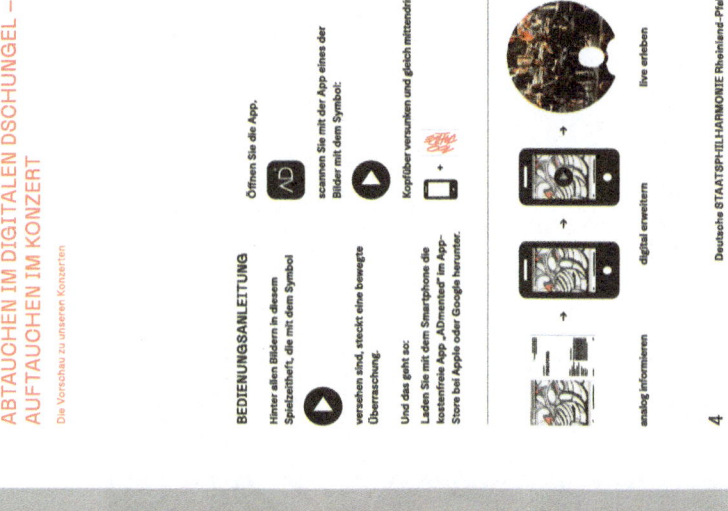

Abb. 34.1 a–c: Jahresprogramm der Staatsphilharmonie Rheinland-Pfalz für die Spielzeit 2019/2020 mit Hinweisen zur App „ADmented" und exemplarisch die Ankündigung des Konzerts vom 30. Oktober 2019. (Quelle: Staatsphilharmonie Rheinland-Pfalz, Ludwigshafen)

1. PHILHARMONISCHES KONZERT

HIRNGESPINST

PROGRAMM

Richard Strauss
Don Quixote, Phantastische Variationen über ein Thema ritterlichen Charakters, op. 35

Michael Francis
Chefdirigent

Maximilian Hornung
Violoncello

Im Kampf gegen Windmühlen

Ritter Don Quixote und sein Knappe Sancho Pansa stürzen sich von einem Abenteuer ins nächste und merken nicht, dass ihre Heldentaten Hirngespinste sind. Die fantastische Romanvorlage von Miguel de Cervantes zog auch zahlreiche Komponisten wie Purcell, Telemann, Ravel oder Mendelssohn Bartholdy in ihren Bann. Strauss komponierte seine Interpretation der Heldenreise 1897. Auf den Stoff brachte ihn seine Freundin Cosima Wagner: „Ich glaube, Sie finden darin auf edle Weise Unterhaltung und Zerstreuung!" Herrlich fein instrumentiert treten Don Quixote (Violoncello) und Knappe Sancho Pansa (Viola) in den Dialog, miteinander und der Welt, von der sie sich immer weiter entfremden.

17

Spielzeit 19–20

16

Deutsche STAATSPHILHARMONIE Rheinland-Pfalz

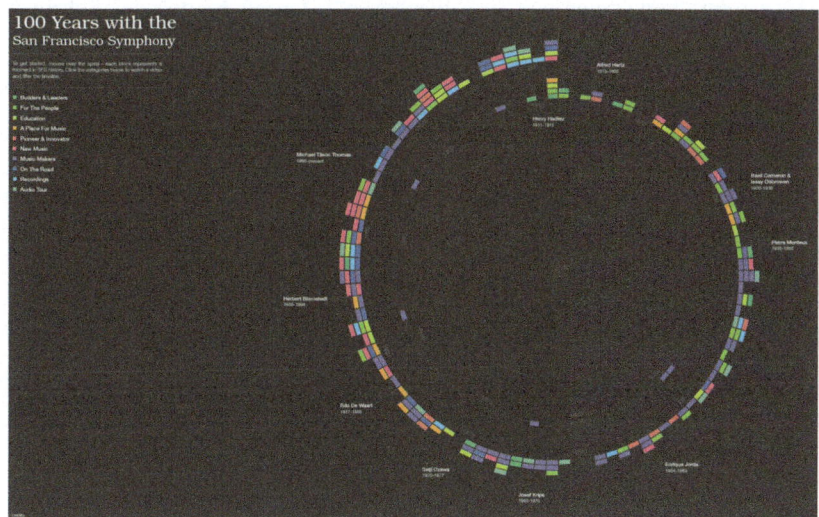

Abb. 34.2 Timeline aus Anlass des 100. Geburtstags des "San Francisco Symphony Orchestra". (Quelle: https://www.sfsymphony.org/timeline/#. Zugriff am 14.12.2020 (erfordert Aktivierung von „Adobe Flash"))

Entstanden ist eine interaktive Website mit 100 multimedialen Elementen (Video, Audio, Texte und historische Dokumente, Infografiken und ein Quiz). Die Geschichte und Gegenwart des Orchesters, aber auch die Zukunft werden als virtuelle Zeitreise präsentiert. Die 100 Elementen sind unterteilt in die Bereiche Gestern (1920), Heute (2020) und Morgen (2120). Vier Beispiele: Was passierte in der allerersten Probe vor 100 Jahren? Wie hört sich erste Schallplattenaufnahme des Orchesters aus den 1920er-Jahren an? Und wie ein Konzert im Jahr 2120? Werden wir in 100 Jahren überhaupt noch im Konzertsaal sitzen? https://www.sta atsphilharmonie100.de.

Das „San Francisco Symphony Orchestra" wählte zur Darstellung seiner Geschichte aus Anlass des 100. Geburtstags im Jahr 2011 die Form einer Homepage mit hinterlegter Flash-Animation. Zu sehen ist ein Zeitstrahl („Timeline"), bei der unterschiedliche Medienelemente in einer Schneckenform aufgereiht sind. Man hat Zugriff über die Chronologie oder über die Anwahl bestimmter Medienelemente (Text/Bild/Audio/Video etc.). Siehe dazu Abb. 34.2).

Das „VAN-Webmagazin für klassische Musik", seit 2015 von Hartmut Welscher herausgeben, beschreitet neue Wege im Bereich der Musikzeitschriften

(VAN ist eine Verkürzung von „van Beethoven"). Jeweils mittwochs erscheinen online fünf bis sechs neue Artikel in 19 Rubriken, u. a. Reportagen, Kommentare, Porträts, Playlists, Rankings oder Fotostrecken. Das Archiv (mit Paywall nach zwei Artikeln) umfasst mittlerweile fast 1400 Artikel (Stand Dezember 2020). Anstelle von tagesaktuellen Konzert- und Plattenrezensionen werden generelle Themen aus dem Musik- und Kulturleben aufgegriffen bis hin zu musikpolitischen Fragestellungen und Positionen zu aktuellen Debatten. Die Artikel sind nicht nur von Musikjournalisten, sondern auch von Künstlern, Schriftstellern, Wissenschaftlern, Politikern verfasst. Es sind typographisch aufwendig gestaltete Online-Texte mit Verknüpfungen zu Medieninhalten. Weitere Infos unter: https://www.van-mag azin.de.

Weitere Möglichkeiten einer Aufbereitung von Angeboten mit Neuen Medien werden in den Kapiteln 7 und 38 bis 42 erläutert.

Weiterführende Literatur zum Thema „Musikjournalismus Print und Online"

Reus, Gunter, Ressort: Feuilleton. Kulturjournalismus für Massenmedien (Konstanz: UVK, 2. Aufl. 1999) (Praktischer Journalismus 22).

Heß, Dieter (Hg.), Kulturjournalismus. Ein Handbuch für Ausbildung und Praxis (München: List, 2. Aufl. 1997).

Goblirsch, Gisela, Gebrauchstexte schreiben: Systemische Textmodelle für Journalismus und PR (Journalistische Praxis, Wiesbaden: Springer VS 2017).

Hettinger, Holger, Kultur. Basiswissen für die Medienpraxis. (Köln: Halem 2013).

Doehring, André, Musikkommunikatoren. Berufsrollen, Organisationsstrukturen und Handlungsspielräume im Popmusikjournalismus (Bielefeld: transcript Verlag 2011).

Teil VI
Musikjournalismus im Fernsehen und Internet

Programmplanung für Musik im linearen und nicht-linearen Fernsehen

35

Rolf Rische

Zusammenfassung

Dargestellt wird die Programmgestaltung für ein lineares und zugleich plattformübergreifendes Programm u. a. am Beispiel von Musiksendungen im Fernsehen der Deutschen Welle. Es wird an Beispielen erläutert, welche programmlichen und rechtlichen Aspekte bedacht und geklärt werden müssen, zumal, wenn es sich um ein internationales Programm handelt. Der Autor ist Channel Manager des deutschen TV-Programms der Deutschen Welle und Leiter der Hauptabteilung Kultur und Leben.

Schlüsselwörter

Musikfernsehen • Programmplanung • Sendeplan • Lineares Fernsehen • Plattformübergreifendes Programm • Medienkonvergenz • Spartenprogramm • Vollprogramm • Sinus-Milieus

„Immer an die Leser denken!" Dieser Halbsatz wurde Mitte der 90er-Jahre durch TV-Spots für das neue Printmagazin „Focus" zum geflügelten Wort. Der Werbeslogan war nicht zuletzt eine Forderung von Gründungschefredakteur Helmut Markwort an die Redaktion. An die Leser denken? Oder – wenn es ums Fernsehen geht – an die Zuschauer? Ja, was denn sonst? Warum muss das überhaupt gesagt werden? Weil Medienmacher auch dazu neigen, Programme für sich selbst, für die Kollegen oder Gleichgesinnte herzustellen. Produktionen für Filterblase und Echokammer. Tatsächlich wird die vermeintlich einfache Forderung, nämlich für

R. Rische (✉)
Deutsche Welle DW, Berlin, Deutschland
E-Mail: info@musik-journalismus.de

© Springer Fachmedien Wiesbaden GmbH, ein Teil von Springer Nature 2022   371
P. Overbeck (Hrsg.), *Musikjournalismus,* Journalistische Praxis,
https://doi.org/10.1007/978-3-658-32476-6_35

die Nutzerinnen und Nutzer zu arbeiten, immer wieder sträflich vernachlässigt. Gerade im journalistischen Feld findet man nicht wenige Kolleginnen und Kollegen, die sich nicht als Beauftragte und Vertreter der Zuschauer sehen, sondern eher als deren Erzieher oder Oberlehrer. Und bei Musikprogrammen sind mitunter verhinderte Rockstars oder DJs am Werk, um die Welt nach persönlichem Geschmack mit der garantiert besten Musik zu beglücken.

Immer an die Zuschauer denken! Der menschlichen Tendenz zu Selbstbezogenheit und Selbstüberschätzung begegnen Medienhäuser u. a. mit qualifizierter Programmentwicklung und Programmplanung, die sich an objektiven Sachverhalten orientieren. Und dazu gehören vor allem die Wünsche und Bedürfnisse der Zuschauer. Zwar wird es nie gute Angebote ohne Kreativität und Experimentierfreude geben. Aber ebenso wenig wird es dauerhaft erfolgreiche Programme geben, die an den Erwartungen ihrer Nutzer vorbei senden. Also: Immer an die Zuschauer denken! So einfach und doch so anspruchsvoll.

Das Nachdenken über die Zuschauer ist also Ausgangspunkt für jede *Programmplanung* (auch: Programmierung oder Programming). Sie hat beim linearen Fernsehen die Aufgabe, die einzelnen Sendungen in einem möglichst sinnvollen und nachvollziehbaren Zeitplan zu platzieren. Das Ergebnis ist der *Sendeplan* (auch *Sendeschema*). Er wird häufig wochenweise erstellt. Für die Programmplanung gibt es bei großen TV-Sendern eigene Abteilungen. Hauptziel erfolgreicher Programmplanung: Durch optimale Platzierung der jeweiligen Sendung sollen möglichst viele Zuschauer erreicht und auch für nachfolgende Sendungen gehalten werden.

Tab. 35.1 zeigt ein Sendeschema am Beispiel des TV-Programms der Deutschen Welle.

Netflix yourself, before you get kodaked. Programmplanung unterliegt wie fast alle Tätigkeiten in den Medien der rasanten Konvergenz, also der zunehmenden Annäherung der einzelnen „alten" Medien. Fernsehen, Video und Internet wachsen zusammen, tradierte Begriffe sind nicht mehr eindeutig. Gerade für die Verbreitung von Musikvideos und anderen Musikproduktionen hat das Internet bekanntlich eine überragende und weiter wachsende Bedeutung erlangt.

Programmplanung für das *lineare Fernsehen* wird es trotz der wachsenden nicht-linearen Konkurrenz sicher noch viele Jahre geben. Vom linearen Fernsehen ist die Rede, wenn das Programm direkt gesendet und empfangen wird. Ohne Veränderung, ohne Verzögerung und – ohne Einflussmöglichkeit. Von *nicht-linearem Fernsehen* spricht man bei zeitversetzter Nutzung. Die häufigste Form ist Streaming.

Tab. 35.1 Ausschnitt Sendeplan TV-Programm „DW Deutsch", Sommer 2020 (ES = Erstsendung, WH = Wiederholung. (Quelle: Rolf Rische)

UTC	Montag	Dienstag	Mittwoch	Donnerstag	Freitag	Samstag	Sonntag
00:00	Der Tag	Der Tag	Der Tag	Der Tag	Der Tag	Der Tag	Der Tag WH
00:15	Reise						Reporter
00:30	(ES)	(WH)	(WH)	(WH)	(WH)	(WH)	Euromaxx
00:45							
01:00	Kultur.21	Kick off!	MiG	REV	Frau TV	Doku A /	Fit u. ges.
01:15		(ES)	(ES)	(ES)	"Itzt"	Glaubenss.(ES)	(ES)
01:30	Doku 5	Nahaufn.	Doku 1	Doku 2	Doku 3	Quarks & Co	Doku 4
01:45						"Itzt"	
02:00		Shift (ES)					
02:15	Bares für	Anne Will	Hart aber fair	Kabarett	Auf den Punkt	Maybrit Illner	Bücher
02:30	Rares		(Alpha Forum)				
02:45							Doku A /
03:00		ggf World	ggf Lesch 2	ggf Reporter	Lesch 1	ggf Shift	Glaubenss.
03:15	Doku 4	Doku 5	Nahaufn.	Doku 1	Doku 2	Doku 3	Europe IC
03:30							
03:45			Shift				
04:00	Der Tag	Der Tag	Der Tag	Der Tag	Der Tag	Der Tag	Der Tag WH
04:15	Reporter						World
04:30	Fit u. ges.	(WH)	(WH)	(WH)	(WH)	(WH)	Euromaxx
04:45							
05:00	REV	Zukunft	Kulturzeit (Mo)	Kulturzeit (Di)	Kulturzeit (Mi)	Kulturzeit (Do)	Kulturzeit (Fr)
05:15							
05:30	Zu Tisch../	Kick off!	Frau TV	Fokus Eu	Global	Euromaxx	Check in
	Martina & M.				"Itzt"	(ES)	
06:00	zdf@bauhaus	Do-Lanz	Quarks & Co	Kabarett	Auf den Punkt	Mi-Lanz	Kultur.21
06:15							

Plattformübergreifend wird Programmplanung bei vielen Medienhäusern schon heute gedacht, auch wenn es noch viele erfolgreiche lineare TV-Angebote gibt. Es ist absehbar, dass *plattformübergreifende Programmplanung* in wenigen Jahren die Normalität sein wird. Ein Grund: Vor allem jüngere Zuschauerinnen und Zuschauer wenden sich vom „klassischen", eben linearen Fernsehen ab. Das Durchschnittsalter beispielsweise der ZDF-Zuschauer liegt bei 63 Jahren, das Durchschnittsalter der Bevölkerung bei 44 Jahren. Jüngere Zuschauer bevorzugen in Sachen Bewegtbild zunehmend Streaming-Plattformen wie Netflix oder YouTube, bei denen sie selbst Inhalt und Zeitpunkt der Nutzung bestimmen. Die 14- bis 29-Jährigen nutzen zu 33 % lineare Angebote, zu 67 % aber bereits non-lineare Dienste (Studie „ARD/ZDF-Massenkommunikation Trends 2019"). Schon allein deshalb investieren auch Sender, die aktuell mit linearen Programmen erfolgreich sind, in eigene Streaming-Plattformen – wie etwa die Mediatheken von ARD und ZDF. Das Motto könnte sein: „Netflix yourself, before you get kodaked". Ein Spruch, der nicht nur den späteren Erfolg, sondern auch die frühe Veränderungsbereitschaft des ehemaligen DVD-Versenders „Netflix" anspricht. Und die fast selbstmörderische Sturheit des Filmherstellers „Kodak" angesichts des Siegeszuges digitaler Kameras.

Eine Konvergenz von Programmkonzeption, -planung und -distribution entwickelt sich analog zur fortschreitenden *Medienkonvergenz*. Das ist gerade auch für Musiksendungen und deren Programmierung und Konzeption von Bedeutung. Das klingt theoretischer, als es ist, wie das folgende Beispiel zeigen mag:

YouTube kills the TV-Star? 2017 entwickelten wir für die TV-Programme von Deutscher Welle und MDR ein Musikformat mit dem Titel „Privatkonzert" (bzw. „Night Grooves" für die englischsprachige Variante). Und so hatte ich mir das in etwa gedacht: Nach dem Prinzip „Hausmusik 2.0" begegnen sich zwei Künstler bzw. Bands unterschiedlicher Genres zur musikalischen Livesession. Tatsächlich im Wohnzimmer – eben zum „Privatkonzert". Und ja, es funktionierte: Einmalig, wie US-Star Anastacia mit ESC-Gewinnerin Conchita „Believe" von Cher singt, großartig wie die Ostrocker von „Silly" mit Moderator Wigald Boning und Popstar Marlon Roudette auf der Couch dessen Hit „When the beat drops out" vortragen, unvergleichlich wie Oboist Albrecht Meyer von den Berliner Philharmonikern im Wohnzimmer zuerst Bach und dann den Popklassiker „Bright Eyes" präsentiert. Von Anfang an war klar, dass diese einmaligen Musik-Momente nicht „nur" einige Male „nur" im Fernsehen laufen sollten. Nein, auch Online sollten die Privatkonzerte zu sehen sein. Für die meisten Künstler und deren Manager war das kein Problem, meist im Gegenteil. Aber – großes Aber: Schon die ersten Gespräche mit den Plattenfirmen der jeweiligen Künstler, also vor allem den Major Labels zeigen: In Sachen Social Media beißen wir auf Granit – insbesondere, wenn es um Rechte für YouTube geht. Denn heute erledigen Major Labels wie auch kleinere Anbieter der Musikwirtschaft die Videoausspielung bei YouTube längst in eigener Regie, über eigene Kanäle – mit eigenen Einnahmen. So bietet z. B. „Universal Deutschland" bei YouTube heute eine ganze Reihe eigener Kanäle: Von „Ich find Schlager toll" mit über 1 Mio. Abonnenten bis hin zu „Digster Pop" mit über 1,7 Mio. Abonnenten (https://www.youtube.com/c/Univer salMusicD/channels). Für das „Privatkonzert" ist bald klar: YouTube entfällt als Ausspielweg. Konzeptionell und rechtlich wird dieses Problem – nach zähen Verhandlungen – anders gelöst: Die Videos sind nun bei Facebook „DW Music" und auf „dw.com" zu sehen. Die Konzeption wird geändert, und natürlich die Programmplanung. Auch wenn man gerne die YouTube-Nutzer erreicht hätte, kann die Redaktion mit der Lösung leben: Bei Facebook verzeichnet z. B. allein der Clip von „Knockin' on heaven's door" im „Privatkonzert" von Hollywoodstar Kiefer Sutherland und Popsängerin Madeline Juno immerhin mehr als 4,7 Mio. Abrufe – jenseits jeder TV-Reichweite (Stand: Februar 2021) (Abb. 35.1).

Abb. 35.1 Kiefer Sutherland und Madeleine Juno beim „Privatkonzert" im TV-Programm „DW Deutsch". Foto: ©Deutsche Welle 2019

Auswertung mit Dramaturgie. Wer also z. B. vorhat, eine TV-Musiksendung nicht nur für das lineare Fernsehen, sondern auch für andere Ausspielwege einzuplanen, hat vorher nicht nur konzeptionelle, sondern, wie hier gezeigt, in der Regel auch rechtliche Fragen zu klären. In anderen Fällen geht es vielleicht darum, ob ein TV-Format konzeptionell überhaupt für die Sozialen Medien geeignet ist. Auch die Frage der Finanzierung hängt meist entscheidend von der Plattformstrategie ab. Wie auch immer: Es ist sinnvoll, Konzeption und Programmierung nicht (länger) getrennt zu betrachten.

Neben der klassischen Programmplanung für das lineare Fernsehen wird also eine weitere Form der Programmplanung wichtig – eben die Planung für die *Ausspielung auf mehreren Plattformen*. In einigen Häusern nennt man das auch *integrierte Programmplanung*. Programmentwicklung, -planung und -distribution erfolgen in enger Abstimmung zwischen den zuständigen Abteilungen oder sogar innerhalb einer einzigen, integrierten Abteilung.

Soweit es um die Programmplanung für mehrere Plattformen geht, spreche ich in der täglichen Arbeit auch von der jeweiligen *Release-Dramaturgie*. Kernfrage: Wann läuft welche Version auf welcher Plattform? Darauf folgen viele Einzelfragen: Hat die Ausspielung auf YouTube negative Auswirkungen auf die Aussendung im linearen TV? Was läuft in der eigenen Mediathek? Kann man Ausschnitte bei Facebook zeigen? Ist eine Crosspromotion auf Instagram sinnvoll? Lohnt es sich noch, eine DVD zu produzieren? usw. Zu der komplexen

Aufgabe, einen überzeugenden Sendeplan für die lineare Welt zu erstellen, kommt immer öfter die ebenso anspruchsvolle Aufgabe, die nicht-lineare Auswertung einer Sendung oder Sendereihe auf verschiedenen Plattformen in unterschiedlichen Konfektionierungen für längere Zeiträume zu planen. Dies beinhaltet natürlich auch „klassische" Lizenzverwertung und Distribution, stellt aber nicht zuletzt in redaktioneller Hinsicht neue Ansprüche.

Video Killed the Radio Star? Ob linear oder nicht-linear: Planvolle Programmierung verlangt nach klaren Definitionen. Auch dabei sind einfache Fragen hilfreich. Zum Beispiel diese: Welches Programm soll eigentlich programmiert werden? Beim Fernsehen unterscheidet man vor allem zwischen Vollprogrammen und Spartenprogrammen. In Kürze:

Ein *Vollprogramm* richtet sich mit vielfältigen Inhalten an unterschiedliche Zielgruppen bei einem Mindestmaß an Information – noch kürzer gesagt: An alle. Typische Vollprogramme in Deutschland sind „Das Erste", das ZDF, RTL und Sat.1. Dem vielfältigen Charakter der Kategorie entsprechend zeigen praktisch alle Vollprogramme regelmäßig auch Musiksendungen und berichten über Musik. Es gibt auch Angebote, die sich der eindeutigen Unterscheidung zwischen Voll- und Spartenprogramm entziehen. So wird das Programm 3sat als „Vollprogramm mit kulturellem Schwerpunkt" bezeichnet. Eindeutiger definieren sich in diesem Genre der deutsch-französische Sender ARTE und das TV-Programm der Deutschen Welle „DW Deutsch", die sich jeweils klar als „Kulturkanal" bezeichnen. Damit zählen diese beiden eindeutig zu den Spartenprogrammen.

Ein *Spartenprogramm* spezialisiert sich auf besondere Themenbereiche und Sendeformate. Es gibt Kinderkanäle, Sportsender, Nachrichtenkanäle, Kulturkanäle, Shoppingprogramme und natürlich Musiksender. In Deutschland ist die große Zeit der Musikvideosender MTV und VIVA (1993 bis 2005) zwar vorbei, dennoch gibt es heute im Fernsehen und auf Videoplattformen unzählige Spartenprogramme, die sich auf Musik spezialisiert haben.

Hier zunächst einige lineare Programme aus den einzelnen Bereichen:
Deluxe Music: Der deutsche Sender spielt unter dem Slogan „Echtes Musikfernsehen" vor allem Musikvideos von Pop bis Hiphop, angefangen von den 80ern bis heute, zeigt aber auch Interviews mit Musikern und Livekonzerte.

MTV Germany ist der deutschsprachige Ableger des amerikanischen Pop-Pioniers MTV (= Music Television). Legendär wurde der Start in den USA am 1. August 1981 durch die programmatische Songauswahl: „Video Killed the Radio Star" von den „Buggles". In Deutschland war MTV erstmals 1987 zu sehen. MTV Germany in Deutsch folgte 1997. Wegen des nachlassenden Interesses setzte MTV zwischenzeitlich auf Trickfilme und Comedy. Inzwischen ist man vor allem im Tagesprogramm auch wieder zum „Kerngeschäft" Musikclips zurückgekehrt. Ableger wie „MTV Brand New" erweitern das Angebot.

Deutsches Musik Fernsehen: Der Sender mit Sitz in Berlin präsentiert ausschließlich deutschsprachige Unterhaltungsmusik, vor allem Musikvideos und moderierte Sendungen aus den Bereichen Schlager und volkstümliche Musik, außerdem Deutschpop und Deutschrock. Zielgruppe des Senders sind vor allem die über 30-Jährigen.

Stingray Classica (vormals „Unitel Classica") bezeichnet sich selbst als „Premiumkanal für klassische Musik, Oper und Ballett". „Stingray Classica" ist ein Pay-TV-Kanal, also ein Sender, für dessen Empfang ein kostenpflichtiger Vertrag abgeschlossen werden muss. Man zeigt Konzertmitschnitte, Opern- und Ballettaufführungen aus der populären Klassik, aber auch Alte Musik, Barock und Romantik. Außerdem sind Dokumentationen zu sehen. „Stingray Classica" wird übrigens auch auf Streaming-Plattformen angeboten – womit der nächste Bereich benannt wäre.

Neben den gewissermaßen traditionellen, (auch) linearen TV-Spartenprogrammen gibt es eine Vielzahl von Streaming-Plattformen, die sich auf Musik spezialisiert haben. Wie gesagt: Die Grenzen verschwimmen zunehmend. Beispiele für Streaming-Angebote mit Musikschwerpunkt:

MagentaMusik 360 ist eine Streaming-Plattform für Musikinhalte. Zu sehen und zu hören sind neben Künstlerinterviews und Musikdokumentationen Konzerte und Festivals im Livestream; via App auch mit 360-Grad-Rundumblick – daher der Name. Man zeigt fast alle musikalischen Stilarten – tatsächlich von „Motörhead" bis Mozart.

YouTube Music ist ein von der Google-Tochter YouTube selbst erstellter Video-Kanal, der alle populären Musikvideos der Plattform zusammenführt und über 50 Mio. zahlende Abonnenten hat. Am Beispiel „YouTube Music" werden einzelne Zukunftsperspektiven der Programmplanung besonders deutlich: Der Kanal wird laut eigener Aussage „automatisch über das Videoerkennungssystem von ‚YouTube' erzeugt". Das heißt zwar nicht, dass der Kanal keine Channel Manager hat, wirft aber ein deutliches Licht auf die laufende (technische) Entwicklung.

Digital Concert Hall ist ein kostenpflichtiges Angebot, das die „Berliner Philharmoniker" eingerichtet haben, Ende 2008 eine echte Pioniertat. Die meisten der jährlich etwa 40 Konzertprogramme des Orchesters in der Philharmonie Berlin können in der „Digital Concert Hall" per Live-Streaming im Internet mitverfolgt werden. Zusätzlich sind Konzertmitschnitte und Dokumentationen zu sehen. Stete Entwicklung und Durchhaltevermögen werden belohnt: Inzwischen zählt man über 30.000 zahlende Abonnenten.

Die Beispiele mögen verdeutlichen, wie groß die Unterschiede bei Angeboten des Musikfernsehens sind. Ebenso vielfältig wie die Angebote sind damit die Aufgaben der Programmplaner. Vor allem aber verändern sich diese Aufgaben, wie ausgeführt, stets und ständig.

35.1   Wichtige Faktoren für die Programmplanung

Bei jeder dieser Programmplanungen gibt es Faktoren, die wichtig waren, wichtig sind und auch künftig wichtig sein werden. Einige seien hier genannt und anschließend erläutert:

- Ein klares Profil
- Eine klare Zielgruppe
- Kreativität und Mut
- Zielgruppen
- Klare Struktur
  (Stripping/Blocking/Themenabend, -tag, -woche/Labeling/Hammocking)
- Rotation
- Sendeplätze und Sendezeiten

Ein klares Profil: Was immer die Ausspielwege sein mögen – das Angebot muss klar identifizierbar sein. Handelt es sich z. B. um ein Vollprogramm oder ein Spartenprogramm (s.o.)? Und wenn man sich für die Sparte entscheidet: Welche soll bedient werden? In Sachen Musik stellt sich die Frage nach Genre und Stil. Macht man ein Angebot für Anhänger der Klassik wie „Stingray Classica", für Schlagerfreunde wie „Das Deutsche Musikfernsehen" oder für Popfans wie „Deluxe Music" (s.o.)? Ein klares Profil wird angesichts der steigenden Zahl von Angeboten und Ausspielwegen immer wichtiger.

Eine klare Zielgruppe: Wen will man erreichen? Hier stellt sich zunächst die Frage nach der Altersgruppe. So ist es kein Geheimnis, dass die Zahl der Klassikfans unter den „Millennials", also der um die Jahrtausendwende geborenen Generation, prozentual geringer ausfällt als bei den Älteren. Andererseits wird ein Kanal für Deutschrap kaum Interessenten bei den über 60-Jährigen finden. Ebenfalls zu bedenken: Das quantitative Potenzial der Zielgruppe. Beispielhaft seien hier die Anteile der unterschiedlichen Musikrichtungen am deutschen Musikmarkt genannt (siehe Abb. 35.2).

Wer also z. B. ein Klassikprogramm plant, muss sich darüber im Klaren sein, dass auch bei optimaler Programmierung kaum mehr als 2,1 % aller Musikfreunde zu erreichen sind.

Besonderheiten der Zielgruppe, wie der Musikgeschmack, werden auch durch Milieu-Modelle erfasst. Für Identifizierung und Einordnung bestimmter Milieus nutzen Programmplaner dabei sogenannte *Sinus-Milieus*. Diese Gruppen-Definition wurden von dem Heidelberger Markt- und Sozial-Forschungsinstitut „Sinus" entwickelt, daher der Name. Die *Sinus-Milieus* definieren Gruppen von Menschen, die sich in ihrer Lebensauffassung und Lebensart ähnlich sind. Gleichgesinnte könnte man sagen – z. B. Freunde der Klassik. Das derzeitige Milieumodell für Deutschland definiert zehn Gruppen (Stand 2020). Die Auflistung ist nach Höhe des Einkommens, Bildung und beruflicher Stellung abgestuft. Die Übergänge zwischen den Milieus sind fließend (siehe Abb. 35.3).

Für die Beschreibung der Milieu-Gruppen, wie sie auf der Homepage des SINUS-Instituts, Heidelberg, zu finden ist, siehe Tab. 35.2.

Erläuterungen und Visualisierungen zu den Sinus-Milieus sind zu finden auf der Seite des SINUS-Instituts, www.sinus-institut.de.

Es gibt Auswertungen dieser „Sinus-Milieus", die deutliche Hinweise zur Mediennutzung geben. So zeichnen sich z. B. die „Performer" u. a. durch einen „allgemein geringeren TV-Konsum und eine Vorliebe für Servicesendungen" aus.

Umsatzanteile der einzelnen Repertoiresegmente[1]

am Gesamtumsatz im Jahr 2020

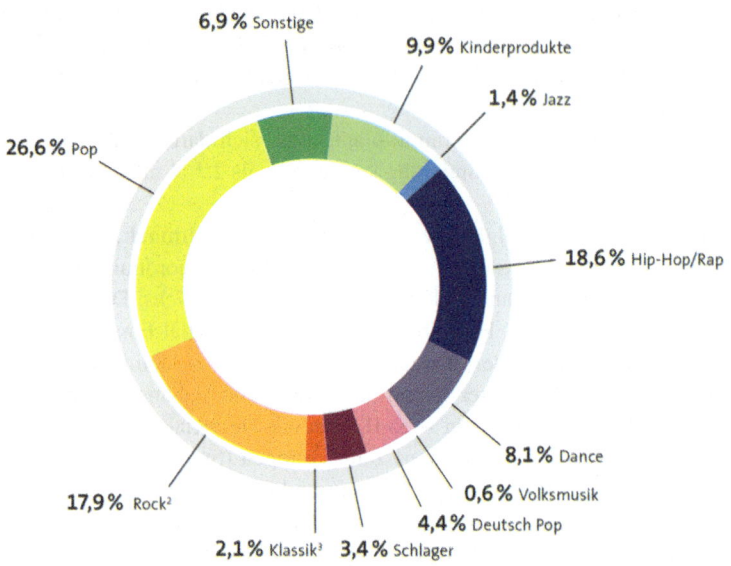

[1] Basis: Umsatz zu Endverbraucherpreisen inkl. Mehrwertsteuer; physisch, Download und Premium Streaming;
Genrezuordnung laut Phononet Produktanmeldung.
[2] Rock inkl. Rock deutschsprachig, Rock englischsprachig, Metal, Punk.
[3] Klassik inkl. Crossover Klassik.

Quelle: GfK Entertainment

Abb. 35.2 Umsatzanteile der einzelnen Repertoiresegmente 2020. Quelle: Bundesverband Musikindustrie e. V., abgerufen unter: https://www.musikindustrie.de/fileadmin/bvmi/upl oad/05_Presse/02_Fotos_News/2021/Jahreszahlen_2020/Umsatzanteile_der_einzelnen_ Repertoiresegmente_.jpg Abruf: 4.09.2021)

Die Sinus-Milieus® in Deutschland 2020
Soziale Lage und Grundorientierung

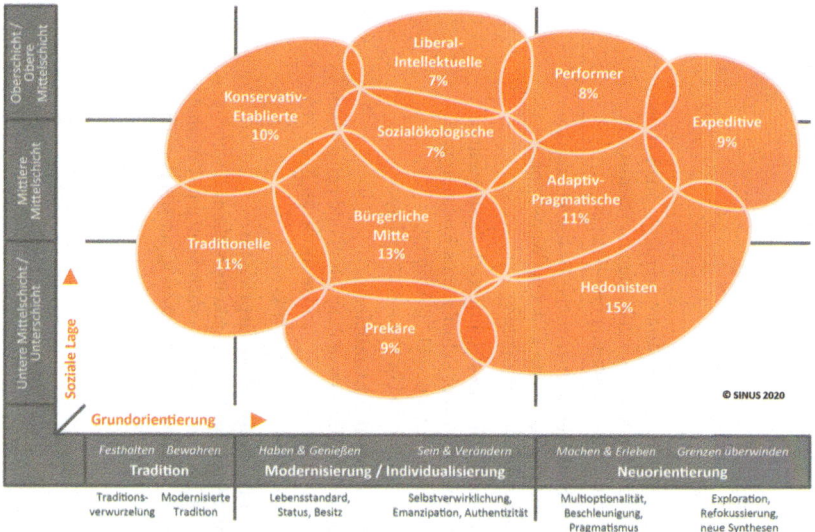

Abb. 35.3 Sinus-Milieus (Stand 2020). (Quelle: SINUS-Institut, Heidelberg)

Gefühlte Fakten: Bei aller Begeisterung für Zahlen und Daten – ohne Kreativität und Mut geht es nicht. Wie jetzt? Einerseits bestimmen Marktforschung, Algorithmen und sogar Künstliche Intelligenz über die Programmplanung und dennoch sollen auch rein subjektive Faktoren eine Rolle spielen? Kreativität, Gespür, Inspiration, Instinkt? Ja, und abermals: ja. Gerade im Medienbereich gibt es viele Beispiele für Erfolg gerade durch das Übertreten vermeintlicher Regeln, das Verlassen ausgetretener Pfade und das Ignorieren neunmalkluger Bedenkenträger.

Tab. 35.2 Beschreibung der Milieu-Gruppen auf der Homepage des SINUS-Instituts, Heidelberg. (Quelle: https://www.sinus-institut.de/sinus-milieus/sinus-milieus-deutschland – Abruf: 28.09.20)

Milieu-Gruppen	„Sinus-Milieu"	Kurzbeschreibung	Anteil in % der Bevölkerung
Sozial gehobene Milieus/Gesellschaftliche Leitmilieus	Konservativ-Etablierte	**Das klassische Establishment:** Verantwortungs- und Erfolgsethik; Exklusivitäts- und Führungsansprüche; Standesbewusstsein; zunehmender Wunsch nach Ordnung und Balance	10 %
	Liberal-Intellektuelle	**Die aufgeklärte Bildungselite:** kritische Weltsicht, liberale Grundhaltung und postmaterielle Wurzeln; Wunsch nach Selbstbestimmung und Selbstentfaltung	7 %
	Performer	**Die multi-optionale, effizienz-orientierte Leistungselite:** global-ökonomisches Denken; Selbstbild als Konsum- und Stil-Avantgarde; hohe Technik und IT-Affinität; Etablierungstendenz, Erosion des visionären Elans	8 %
	Expeditive	**Die ambitionierte kreative Avantgarde:** Transnationale Trendsetter – mental, kulturell und geografisch mobil; online und offline vernetzt; nonkonformistisch, auf der Suche nach neuen Grenzen und Lösungen	9 %
Milieus der Mitte	Adaptiv-Pragmatische	**Die moderne junge Mitte mit ausgeprägtem Lebenspragmatismus und Nützlichkeitsdenken:** Leistungs- und anpassungsbereit, aber auch Wunsch nach Spaß und Unterhaltung; zielstrebig, flexibel, weltoffen – gleichzeitig starkes Bedürfnis nach Verankerung, Zugehörigkeit	11 %

(Fortsetzung)

Tab. 35.2 (Fortsetzung)

Milieu-Gruppen	„Sinus-Milieu"	Kurzbeschreibung	Anteil in % der Bevölkerung
	Bürgerliche Mitte	**Der leistungs- und anpassungsbereite bürgerliche Mainstream:** generelle Bejahung der gesellschaftlichen Ordnung; Wunsch nach beruflicher und sozialer Etablierung, nach gesicherten und harmonischen Verhältnissen; wachsende Überforderung und Abstiegsängste	13 %
	Sozial-ökologisches	**Engagiert gesellschaftskritisches Milieu mit normativen Vorstellungen vom „richtigen" Leben:** ausgeprägtes ökologisches und soziales Gewissen; Globalisierungs-Skeptiker, Bannerträger von Political Correctness und Diversity (Multikulti)	7 %
Milieus der unteren Mitte/Unterschicht	Traditionelle	**Die Sicherheit und Ordnung liebende ältere Generation:** verhaftet in der kleinbürgerlichen Welt bzw. in der traditionellen Arbeiterkultur; Sparsamkeit und Anpassung an die Notwendigkeiten; zunehmende Resignation und Gefühl des Abgehängtseins	11 %
	Prekäre	**Die um Orientierung und Teilhabe („dazu gehören") bemühte Unterschicht:** Wunsch, Anschluss zu halten an die Konsumstandards der breiten Mitte – aber Häufung sozialer Benachteiligungen, Ausgrenzungserfahrungen, Verbitterung und Ressentiments	9 %
	Hedonisten	**Die spaß- und erlebnisorientierte moderne Unterschicht/untere Mitte:** Leben im Hier und Jetzt, unbekümmert und spontan; häufig angepasst im Beruf, aber Ausbrechen aus Zwängen des Alltags in der Freizeit	15 %

Ein gutes Beispiel dafür ist MTV, der Sender, der bis heute für *das* Musikfernsehen schlechthin steht. Als diese neue Station 1981 auf Sendung ging, gab es so etwas wie Musikfernsehkanäle nicht. Der amerikanische Musiker und Autor Michael Nesmith, zuvor übrigens Mitglied der legendären Popband „Monkees", hatte in Australien eine TV-Chartshow gesehen. Davon inspiriert entwickelte er unter dem Titel „Popclips" seine eigene Sendereihe für den US-Markt. Damit nicht genug: Nesmith war visionär genug, das Prinzip der Sendung weiterzudenken und gleich als Konzept für einen ganzen Sender vorzuschlagen. Und John Lack, Manager bei der „Warner AMEX Satellite Entertainment Company", wiederum war bereit, sich für das Konzept einzusetzen und den skeptischen Vorständen der Mutterfirmen „American Express" und „Warner Bros." zumindest ein „Okay" unter Vorbehalt abzuringen. Und so startete man am 1. August 1981 den neuen Sender. Ohne Erfahrungswerte, ohne Vorbild. Regisseur Rudi Dolezal, später einer der wichtigsten Musikvideoregisseure Europas, war seinerzeit als Reporter bei der Launch-Party mit dabei. In einem Interview des „Spiegel" schilderte er seinen Eindruck wie folgt: „Die Stimmung vor Ort war euphorisch, aber damit, dass MTV in der nächsten Dekade das absolute Schlüsselmedium im Popmusikgeschäft werden würde, hätte damals noch niemand gerechnet." Fazit: Hätten Michael Nesmith und John Lack nicht auf ihren Instinkt gehört, hätte der Kultsender MTV wohl niemals Fernsehgeschichte geschrieben.

Tele 5: Er hatte viel Erfolg als Senderchef – und glaubt nicht an Zielgruppen. Dennoch – oder gerade deshalb – wurde er wegen seiner „mutigen und originellen Programmgestaltung" für den renommierten „Grimme-Preis" nominiert: Kai Blasberg, langjähriger Geschäftsführer des Privatsenders „Tele 5". Er bricht Regeln regelmäßig. Bekannt wurde er u. a. mit der von ihm initiierten Reihe „Die schlechtesten Filme aller Zeiten" („Schlefaz"), die seit 2013 erfolgreich bei „Tele 5" läuft und längst Kultstatus genießt. Blasberg programmiert vor allem das, was er selbst spannend findet. Er setzt auf eine mutige Haltung, die er nach eigener Aussage in den 90er-Jahren beim Privatfernsehen erfahren hat. In einem Interview von 2016 beklagte er den Niedergang dieser Arbeitsweise:

„Mit dem Einzug der Controller ist dieser Geist leider verloren gegangen, und wir wollen den aufrecht erhalten. Das hat mit Gutmenschentum wenig zu tun, auch hier wird viel gewogen und für nicht schwer genug befunden"

Ein Erfahrungswert von Kai Blasberg:

„Draußen laufen nicht nur Dilettanten rum, die sitzen zumeist in den Sendern."

Auch mit folgender Aussage fand Blasberg viel Beachtung:

„Dieses ganze Gefasel von Zielgruppen ist totaler Unsinn. ... Ein Massenmedium hat keine Zielgruppen."

Zwar konzediert er, dass Werbekunden sich für Zielgruppen interessieren. Aber:

„Wenn die Zielgruppen haben, dann sollen die planen, wo sie glauben, dass unsere Inhalte dafür geeignet sind. Aber ich plane nicht nach Zielgruppen. ... Wir zeigen Wrestling und wir zeigen Opern und wir zeigen ‚Die schlechtesten Filme aller Zeiten', wir zeigen Arthouse-Kino und Dexter und Tierfilme – wir haben doch die bunteste Palette im deutschen Fernsehen. Und das können Sie nicht machen, wenn Sie nach Zielgruppen planen. Ich weiß nicht, wer das guckt. Wenn da heute Abend 300.000 Leute zuschauen, woher soll ich wissen, wer das ist?"[1]

Zweifellos ist die Vorgehensweise von Kai Blasberg nicht typisch. Sein Erfolg zeigt aber auch, dass Marktforschung Kreativität und Mut nicht ersetzen kann. Die Kombination aus Planung und Kreativität verspricht wohl am ehesten den Erfolg.

35.2   Klare Struktur – Methoden im Detail

Ein klares Profil für klare Zielgruppen kreativ umgesetzt führt also zum unwiderstehlichen Programm. Und doch muss jedes noch so qualitätvolle Programm gerade bei linearer Verbreitung ganz klar strukturiert sein. Und zwar durch ein überzeugendes Programmschema, das die Zuschauer bindet. Das Programmschema, der Sendeplan (siehe Tab. 35.1 und 35.2), ist eine Tabelle, die alle Sendungen abbildet, meist wochenweise. Um das Programmschema möglichst

---

[1] https://www.tagesspiegel.de/gesellschaft/medien/privatfernsehen-zielgruppen-sind-mir-egal/14460010.html.

optimal zu gestalten gibt es erprobte Methoden, von denen einige nachfolgend genannt seien:

Stripping: Mehrere Episoden oder Folgen einer Sendereihe werden an mehreren Tagen der Woche zur jeweils selben Sendezeit ausgestrahlt – als durchgängiger „Streifen" sozusagen. „Stripping" wird sowohl bei Fiction (z. B. Daily Soaps) als auch bei nicht-fiktionalen Programmen (z. B. Magazinen) angewandt. Mit Blick auf das Sendeschema als Tabelle (siehe Tab. 35.2) spricht man auch vom „Horizontal Scheduling".

Blocking: Sendungen aus einem ähnlichen Genre werden zu einer bestimmten Tageszeit direkt hintereinander programmiert. Das Ziel beim Blocking (oder auch „Stacking"): Ein möglichst reibungsloser *Audience Flow*. Kurz: Die Zuschauer sollen nicht umschalten. Sie sollen bei „ihrem Thema" bleiben, etwa wenn mehrere Musikshows hintereinander laufen.

Themenabend, -tag, -woche: Hier wird zumindest das Grundprinzip des „Blockings" nicht nur über Stunden, sondern über einen ganzen Abend, Tag oder sogar eine Woche angewandt. Alle Sendungen haben einen thematischen Zusammenhang.

Die „langen Nächte" bei 3sat unter dem Titel „Pop Around the Clock" sind ein bekanntes Beispiel. Diese Sendereihe wurde erstmals an Silvester 2002 ausgestrahlt. Das ebenso einfache wie erfolgreiche Konzept: 24 h lang werden hintereinander Mitschnitte von Live-Konzerten programmiert. Mit Erfolg. Die 3sat-Reihe unterscheidet sich grundsätzlich von Programmierungen, die einzelne Konzerte in einem vielfältigen Programm einplanen. Die Klarheit und Konsequenz der Musik-Programmierung über 24 h hatte und hat eine viel größere und nachhaltigere Wirkung. Deshalb ist „Pop Around the Clock" nicht nur bei Musikfans seit bald zwei Jahrzehnten eine feste Größe. Die ARD programmiert sogar ganze „Themenwochen". Mit Blick auf die lange Programmstrecke von einer ganzen Woche geht es dabei um „große" Themen wie „Glück", „Tod" oder „Glauben". Bei den Themenwochen werden anders als beim 3sat-Musikmarathon Genres und Formate gemischt. Fiktionales trifft auf journalistische Produkte, Spielfilme folgen auf Talkshows.

2018 hat der Autor bei der Deutschen Welle im TV-Programm „DW Deutsch" journalistisch geprägte „Thementage" eingeführt. Ein Thema wird 24 h lang in möglichst allen regelmäßig laufenden Formaten behandelt. In der Talkshow ebenso wie im Kulturmagazin. Von „Demokratie" bis „Luther", von „Bauhaus" bis „Beethoven".

Am Beispiel „Beethoven" zeigen sich Vorteile des Instruments „Thementag" aus redaktioneller Sicht deutlich: Erst durch einen Thementag war es für mich bei der „Deutschen Welle" möglich, eine aufwendige Dokumentarfilmproduktion optimal zu programmieren. Aus Anlass des 250. Geburtstags von Ludwig van Beethoven hatten wir für das „Beethovenjahr" 2020 eine veritable „Beethoven-Trilogie" produziert. Drei „große" Dokumentarfilme: „Beethovens Neunte – Symphonie für die Welt", „Der Klang der Natur" und „Eine Welt ohne Beethoven?" (Abb. 35.4). Zunächst hatten wir die Filme – jeweils nach Fertigstellung – in unseren TV-Programmen und über Partnersender und -plattformen in aller Welt ausgestrahlt, z. B. auch auf der Streaming-Plattform „Amazon Prime Video". Ein Höhepunkt für die Redaktion war aber dennoch und vor allem: Die Ausstrahlung der drei Filme „am Stück" und hintereinander – eben am „Thementag Beethoven" (am 17.12.2020). Fast vier Stunden „Druckbetankung" oder: Genuss in voller Länge. Unabhängig von solchen redaktionellen Perspektiven werden die Programmplaner übrigens auch von der Marktforschung bestätigt: Die Reichweite an „Thementagen" ist im TV-Programm „DW Deutsch" immer höher als an „normalen" Tagen.◄

Labeling: Damit bezeichnet man die Etikettierung bestimmter Sendeplätze. Ein regelmäßiger Sendeplatz bekommt – unabhängig vom jeweiligen Sendungs- oder Filmtitel – einen eigenen Namen und erlangt so einen höheren Wiederkennungs-

Abb. 35.4 Osaka, Japan: „Chor der Zehntausend" im DW-Dokumentarfilm „Beethovens Neunte – Symphonie für die Welt". Einer von drei „großen" Dokumentarfilmen am „Thementag Beethoven". (Quelle, Deutsche Welle, @Foto: Deutsche Welle)

und Bekanntheitsgrad. Bekannt ist z. B. das „Montagskino" im ZDF. Seit 2002 werden unter diesem Label montagabends ab 22.00 Uhr Spielfilme gezeigt. Deutsche und internationale, Blockbuster und Interdependent-Filme, Science Fiction oder Thriller. Ein vielfältiges Angebot, das durch ein eindeutiges Label klar an Profil gewonnen hat.

Ein Beispiel aus dem Musikbereich: Der Sendeplatz „alpha-Jazz" (vormals „Jazz oder nie") im Bildungskanal „ARD-alpha", auf dem seit 1999 regelmäßig Jazzkonzerte gezeigt werden. Egal ob Big Band oder Trio, Modern Jazz oder Crossover – das Label „alpha-Jazz" bindet die Vielfalt – und idealerweise auch die Zuschauer.

Hammocking kommt vom englischen Wort für „Hängematte" und beschreibt im übertragenen Sinne die Installation einer Hängematte zwischen zwei stabilen Bäumen. Etwas prosaischer ausgedrückt: Eine nicht besonders beliebte Sendung wird zwischen zwei erfolgreichen Sendungen platziert. Man hofft sozusagen, dass die Zuschauer liegenbleiben bzw. dabeibleiben. Nun, man ahnt, was gemeint ist, wiewohl auch diese Metapher letztlich ihre Grenzen hat. Es gibt übrigens auch die umgekehrte Variante: Eine erfolgreiche Sendung wird zwischen zwei weniger beliebten Einzelprogrammen platziert. Das nennt man dann *Sandwiching*.

Rotation beschreibt die Wiederholung einer Sendung innerhalb kürzerer Zeiträume. Die Sendung wird innerhalb von Tagen und manchmal auch Wochen zu unterschiedlichen Tageszeiten wiederholt. Das Ziel: Man will zu unterschiedlichen Zeiten weitere Zuschauergruppen erreichen. Besonders bedeutsam ist die

Tab. 35.3 Ausschnitt Sendeplan TV-Programm „DW Deutsch", Sommer 2020: Bei weltweiter Ausstrahlung sind die Zeitzonen zu beachten. Schon deshalb ist Rotation sinnvoll. (ES = Erstsendung/WH = Wiederholung). (Quelle Deutsche Welle, @ Grafik: Deutsche Welle)

UTC	MES2	NY	Kol. Peru	Arg.	Sao P.	Montag	Dienstag	Mittwoch	Donnerstag	Freitag	Samstag	Sonntag
00:00	02:00	20:00	19:00	21:00	21:00	zdf@bauhaus	Kick off!	Kulturzeit (Mo)	Kulturzeit (Di)	Kulturzeit (Mi)	Kulturzeit (Do)	Kulturzeit (Fr)
00:15	02:15	20:15	19:15	21:15	21:15		(ES)					
00:30	02:30	20:30	19:30	21:30	21:30		Global	MRG	REV	Check In	Euromaxx	Fit u. ges.
00:45	02:45	20:45	19:45	21:45	21:45	ggf Lesch 1						
01:00	03:00	21:00	20:00	22:00	22:00	Der Tag	Der Tag	Der Tag	Der Tag	Der Tag	Der Tag	Der Tag WH
01:15	03:15	21:15	20:15	22:15	22:15	Reise						World
01:30	03:30	21:30	20:30	22:30	22:30	(ES)	(WH)	(WH)	(WH)	(WH)	(WH)	Doku A/
01:45	03:45	21:45	20:45	22:45	22:45							Glauben
02:00	04:00	22:00	21:00	23:00	23:00	Doku 5	Nahaufn.	Doku 1	Doku 2	Doku 3	Europe IC	Doku 4
02:15	04:15	22:15	21:15	23:15	23:15	(ES)	(ES)	(ES)	(ES)	(ES)	(ES)	(ES)
02:30	04:30	22:30	21:30	23:30	23:30		Shift (ES)					
02:45	04:45	22:45	21:45	23:45	23:45	Check In	Kick off!	Frau TV	Fokus Eu	REV	37°	Euromaxx
03:00	05:00	23:00	22:00	00:00	00:00						ZDF Rep.	
03:15	05:15	23:15	22:15	00:15	00:15	Auf ein Wort	Doku 5	Nahaufn.	Doku 1	Doku 2	Doku 3	Europe IC
03:30	05:30	23:30	22:30	00:30	00:30	'Itzt'					'Itzt'	
03:45	05:45	23:45	22:45	00:45	00:45			Shift				
04:00	06:00	00:00	23:00	01:00	01:00	Der Tag	Der Tag	Der Tag	Der Tag	Der Tag	Der Tag	Der Tag WH
04:15	06:15	00:15	23:15	01:15	01:15	World						Reporter
04:30	06:30	00:30	23:30	01:30	01:30	Zukunft	(WH)	(WH)	(WH)	(WH)	(WH)	Bücher
04:45	06:45	00:45	23:45	01:45	01:45							
05:00	07:00	01:00	00:00	02:00	02:00	Bares für	Anne Will	Hart aber fair	Quarks & Co	Auf den Punkt	Maybrit Illner	zdf@bauhaus
05:15	07:15	01:15	00:15	02:15	02:15	Rares	'Itzt'	(Alpha Forum)	'Itzt'		'Itzt'	
05:30	07:30	01:30	00:30	02:30	02:30	'Itzt'		'Itzt'				
05:45	07:45	01:45	00:45	02:45	02:45		ggf Shift	ggf World	Lesch 2	Lesch 1	ggf Reporter	ggf Lesch 3

Rotation für internationale Sender, die über mehrere Zeitzonen ausstrahlen, etwa „BBC World News" (Großbritannien), „TV5Monde" (Frankreich), „CNN International" (USA) oder eben die Deutsche Welle. Hier ist die Wiederholung von Sendungen sogar geboten und wichtig. Es wäre eine Verschwendung von Programmvermögen, wenn man Sendungen nicht wiederholen und deshalb viele Zielgruppen in aller Welt einfach nicht erreichen würde. Wenn im Programm „DW Deutsch" beispielsweise am Wochenende die Musikreihe „Europe in Concert" ausgestrahlt wird, können es sich Zuschauer in Kolumbien oder Peru um 21.00 Uhr vor dem Fernseher oder Laptop bequem machen, um Musikerinnen wie Amy Macdonald, Patricia Kaas oder Sarah Connor zu hören und zu sehen. Weniger bequem wäre das für Zuschauer z. B. in Polen oder Kroatien. Bei denen zeigt die Uhr zum gleichen Zeitpunkt eben vier Uhr morgens. Daher werden bei Auslandssendern alle Sendungen mit einer entsprechenden „Haltbarkeit" regelmäßig für die verschiedenen Zeitzonen wiederholt. Die Tab. 35.3 bietet ein Beispiel für einen Sendeplan von „DW Deutsch".

Im Musikbereich hat der Begriff Rotation übrigens schon seit den frühen Tagen des Radios in der 50er-Jahren einen besonderen Klang. Für den Erfolg von Künstlern war die Wiederholungsrate ihrer Lieder im Radio und später im Fernsehen von großer Bedeutung. Wird ein Titel oder das dazugehörige Musikvideo fünfzigmal oder öfter pro Woche in einem Radio- oder Fernsehsender gespielt wird, spricht man von *Heavy Rotation* (siehe dazu Kap. 25).

35.3 Sendeplätze und Sendezeiten

Auch wenn man nicht weltweit sendet, ist die Sendezeit von entscheidender Bedeutung. Um welche Zeit bietet man den Zuschauern welche Sendung an? Was ist der Sendeplatz? Die Definition und Vergabe von Sendeplätzen geht zurück auf Marktforschung und Erfahrung mit den Sehgewohnheiten der Zuschauerinnen und Zuschauer. Die gängigen Sendezeiten und Sendeplätze sind in Tab. 35.4 aufgelistet.

35.4 Ausblick

Alles bleibt anders. Programmplanung ist also ein komplexes Unterfangen. Vieles muss bedacht und geklärt werden, um den möglichst perfekten Sendeplan hervorzubringen. Einen Sendeplan für das lineare Fernsehen. Aber wird der überhaupt noch gebraucht? Wie dargelegt, wenden sich immer mehr Zuschauer vom linearen

Tab. 35.4 Sendezeiten und Sendeplätze bei TV. (Quelle: Eigene Darstellung)

20.00 bis 22.00 Uhr	Primetime	Die Hauptsendezeit. Um diese Uhrzeit können die meisten Sender die größte Anzahl von Zuschauerinnen und Zuschauern erwarten. Ausnahmen (etwa bei Spartenprogrammen) bestätigen die Regel
22.00 bis 23.00 Uhr	Late Primetime	Vor allem in den USA wird zwischen „Primetime" und „Late Primetime" unterschieden
23.00 bis 01.00 Uhr	Late Night	Diese Sendezeit gab einem eigenen Format den Namen: Der *Late Night Show*, einer Kombination aus Comedy, Talk und Musik. Pionier ist die 1954 in den USA gestartete, bis heute erfolgreiche „Tonight Show"
01.00 bis 06.00 Uhr	Night	In diesem Zeitraum ist die Zahl der Zuschauerinnen und Zuschauer am geringsten
06.00 bis 09.00 Uhr	Frühstücksfernsehen	Auch hier bezeichnet der Begriff für die Sendezeit ein eigenes Genre. Der Zeitraum von 6.00 bis 9.00 Uhr definiert die Kernsendezeit. Es gibt auch Sendungen, die früher beginnen und später enden
09.00 bis 17.00 Uhr	Daytime	Bei einer langsam steigenden Sehbeteiligung werden in dieser Zeit vor allem Zielgruppen erreicht, die nicht außerhalb ihrer Wohnung berufstätig sind
17.00 bis 20.00 Uhr	Access Primetime	Der Vorabend: Man spricht auch von der „Access Time" oder speziell in den USA von der „Early Fringe". In diesem Zeitraum steigt die Fernsehnutzung stark an

Fernsehen ab. Doch auch hier gilt: Totgesagte leben länger. Einige Argumente für diese Perspektive:

Derzeit schauen noch acht von zehn Deutschen regelmäßig lineares Fernsehen. Ein wichtiger Beharrungsfaktor ist die sogenannte *Lean-Back-Haltung*. Passive Mediennutzung – Abschalten durch Einschalten. Diese ist auch – oder gerade – in Zeiten digitaler Disruption durchaus attraktiv. Nach einem langen Arbeitstag, an dem womöglich noch viele kleine und große Entscheidungen zu treffen waren, sehnt sich mancher eher nach fertigen Angeboten, die ohne weiteres direkt konsumiert werden.

Apropos direkt: Noch direkter ist das Live-Erlebnis: Ob es sich nun um Live-News oder die Fußball-WM handelt – in Sachen Ereignis ist das lineare Fernsehen weiterhin kaum zu schlagen.

Und schließlich sollten wir das gute und in der Tat alte „Rieplsche Gesetz der Medien" nicht vergessen. Dieses von dem deutschen Journalisten Wolfgang Riepl 1913 formulierte „Gesetz" besagt, verkürzt ausgedrückt, dass kein neues Medium ein vorhandenes Medium vollkommen ablöst. Mit der Einführung des Radios starb die Zeitung nicht aus, die Einführung des Fernsehens brachte nicht das Ende des Kinos und selbst das Internet hat nicht alle Zeitungen ausgelöscht usw. Abgesehen davon, dass das „Rieplsche Gesetz" kritisch diskutiert wird, behaupten auch dessen Anhänger keineswegs, dass Veränderungen ausbleiben werden. Nein, Veränderungen gehören schon immer zur Medienwelt und erst recht zur Digitalisierung, die gerade für die Medien so viele neue Möglichkeiten und Chancen hervorgebracht hat.

Die Herausforderung der Disruption besteht, wie so oft im Leben, vor allem darin, die wichtigen Qualitäten der Vergangenheit zu bewahren und gleichzeitig alle großartigen Chancen zu nutzen, welche die neue Technologie bietet. Auch für die Programmierung gilt daher: Alles bleibt anders.

„Als Multimedia-Journalistin möchte ich vor allem gute, emotionale Geschichten im Netz erzählen, die Menschen bewegen und zum Nachdenken anregen. (Abb. 35.5)"

Statement zur Zukunft des Musikjournalismus: Anna Pöhler, Multimediaredakteurin bei SWR Heimat und Moderatorin des Landeskulturmagazins Landesart im SWR Fernsehen

Abb. 35.5 Anna Poehler, geboren und aufgewachsen im Westerwald, Abitur am Landesmusikgymnasium Rheinland-Pfalz, dann zum Englisch und Musikwissenschaftsstudium nach Bonn, später „Musikjournalismus"-Studium in Karlsruhe (Master 2011). Es folgt ein kurzer Ausflug zum hr (YOU FM), dann Volontariat beim SWR, mit Stationen bei DASDING, Ausland und Europa und SWR3 (Foto: Nadine Wisser)

Wie könnte der Einsatz von Medien zukünftig aussehen? Welche neuen Medien werden für die Arbeit der Musikjournalisten unabdingbar sein?
Ich denke, dass die Zukunft der Medien auf jeden Fall im Digitalen liegt. Die klassischen Medien müssen sich mehr ins Netz orientieren, damit sie nicht an Gültigkeit verlieren. Ich bin der Ansicht, dass man sich auch als Musikjournalistin, mit diesen Medien auskennen sollte, vor allem, da gerade junge Künstlerinnen selbstverständlich bei Instagram oder TikTok unterwegs sind. Wir als Medienmacherinnen können Impulse setzen, Formate entwickeln, die gerade eine junge Zielgruppe erreichen, die selbstverständlich in den sozialen Medien unterwegs ist.

Wird es künftig noch Print, Radio und Fernsehen geben?
Die Trennung von Print, Radio und Fernsehen wird es noch eine ganze Weile geben, die Übergänge werden aber fließender werden, wie wir jetzt

z. B. an der Nutzung von TV-Inhalten bei YouTube oder in den Mediatheken sehen. Vielleicht produziert man den Inhalt dann primär für die Mediathek und erst der zweite Ausspielweg ist das klassische Fernsehen!

Wie wird sich die Qualität vom Journalismus verändern? Wieviel ist guter Journalismus wert? Was rechtfertigt einen Preis aus journalistischer Sicht? Welche Rolle spielt „Paid Content"? Wie misst man Qualität?
Ich kann da erst mal nur aus Sicht einer Medienmacherin beim öffentlich-rechtlichen Rundfunk sprechen. Die Qualität hier ist, wie ich finde, gleichweg gut geblieben. Hier recherchieren und arbeiten ausgebildete Journalistinnen, die ihr Handwerk verstehen. Ich beobachte aber mit Sorge, dass immer mehr Menschen Dinge im Netz weiterverbreiten, die schlichtweg falsch sind. Da ist unsere Aufgabe klar, Fake News zu erkennen und zu entlarven.
Guter Journalismus darf auch etwas kosten! Auch ich habe ein Online-Abo einer renommierten Zeitung und bezahle Geld für gute Inhalte. Ich finde, auch im Netz sollte nicht alles umsonst sein.

Musikjournalistinnen als „Allrounder" hinsichtlich der Medien und Themenfelder – ein austauschbarer Job? Muss ich mich dann noch mit Musik auskennen oder kann ich mir alles anlesen? Welches Rüstzeug muss ein angehender Musikjournalist mitbringen?
Ich denke nicht, dass wir als Musikjournalistinnen austauschbar sind. Man wird ja auch Musikjournalistin, weil man sich mit dem Thema besonders auseinandersetzt und eine Leidenschaft dafür hegt. Auch sollte man ein fundiertes Wissen mitbringen, aber gegen Anlesen spricht sicher nichts! Das muss sicher jeder in seiner Laufbahn mehrmals machen, man kann sich ja nicht überall sehr gut auskennen und sollte ständig dazulernen.

Haben Sie eine Botschaft, die Sie mit ihrer Arbeit vermitteln möchten?
Ich möchte als Moderatorin einer Landeskulturmagazins vor allem Lust auf Kultur machen und zeigen, was auch regional alles an Kultur los ist. Viele wissen gar nicht, was für ein breites Spektrum an Kultur in ihrer Region geboten wird. Dafür möchte ich Begeisterung wecken. Als Multimedia-Journalistin möchte ich vor allem gute, emotionale Geschichten im Netz erzählen, die Menschen bewegen und zum Nachdenken anregen.
(Interview: Joshua Bayless, Student „Musikjournalismus für Rundfunk und Multimedia" (M.A.), HfM Karlsruhe)

Langformate im Fernsehen

36

Syrthos J. Dreher

Zusammenfassung

Zunächst geht es um Grundsätzliches zum Musikfilm und seiner Vielfalt. An Beispielen werden die Formen des Porträts, der Reportage und der Dokumentation vorgestellt. Schließlich geht es um Besonderheiten bei Konzertaufnahmen und Probemitschnitten sowie Neue Musik und Popmusik. Schließlich werden organisatorische Aspekte behandelt.

Schlüsselwörter

Musikfilm • Reportage • Musikdokumentation • Dramaturgie • Dirigenten • Carlos Kleiber • Neue Musik • Popmusik

36.1 Musikfilm allgemein und Porträt

Musikfilmer stehen vor einem besonderen Dilemma: Musik kann man nicht sehen. Also auch nicht filmen. Man kann nur das Spielen zeigen, das Hervorbringen, schwitzende Musiker bei der Ausübung ihres Berufes, die Notenschrift. Aber nicht die Musik selbst. Trotzdem reden wir hier über Musikfilme. Ein verrückter – und unlösbarer – Widerspruch. Vielleicht macht man sich deswegen darüber nicht groß Gedanken, weil es ja auch im Konzert so ist. Auch als Zuschauer im Saal ist man gewohnt, die Musik an sich nicht zu sehen. Sie ist ein geheimnisvolles, immaterielles Phänomen, das einen tief ergreifen kann.

S. J. Dreher (✉)
Stuttgart, Deutschland
E-Mail: info@musik-journalismus.de

© Springer Fachmedien Wiesbaden GmbH, ein Teil von Springer Nature 2022   395
P. Overbeck (Hrsg.), *Musikjournalismus,* Journalistische Praxis,
https://doi.org/10.1007/978-3-658-32476-6_36

Von Aufzeichnungen kennt man den speziellen Blick der Kamera: Sie pickt einzelne Instrumente oder Stimmgruppen heraus, die optisch das Geschehen gegenüber der normalen Wahrnehmung aus dem Konzertsaalsitz stark verändern und lenken. Dazu kommt, dass der Film an sich, insbesondere aber der Musikfilm, ähnlich komplex gearbeitet ist wie eine musikalische Komposition. Die Bild- und Ton-Elemente beeinflussen sich und die Wahrnehmung gegenseitig wie in einem kybernetischen System. Seine Stellschrauben und Einflussgrößen werden beleuchtet, nicht mit Neonlicht, mehr mit persönlich gesetzten warmfarbenen Spots auf Gestaltung, Handwerk, Themen, Technik, Ökonomie, Rechtefragen usw., dazu einige Schlaglichter auf erhellende Musikfilm-Beispiele. Ihnen gelingt erstaunlich oft das, worum es eigentlich geht, darzubieten, zumindest eine Ahnung davon zu vermitteln: vom Zauber der Musik.

Jeder gute Film braucht einen starken Anfang. Beim Überlegen im Freien, was ich über den Musikfilm sagen mag, macht ein Vogel sein Geschäft auf die leere Seite. Ich muss lachen: Ein starker Anfang! Überraschende, ungewöhnliche oder verrätselte Bilder, eine schnell geschnittene Übersicht, vielversprechend: Er soll animieren, dranzubleiben und zeigen, worauf sich der Zuschauer einzustellen haben wird in den kommenden fünf, 45 oder 90 Min. Die Medienforschung sagt, spätestens nach ein bis zwei Minuten zappt der Zuschauer weg, wenn der Einstieg zu langweilig und zu brav ist.

Genauso wichtig ist das Ende. Es bestimmt das Schlussgefühl, das haften bleibt. Aber alles nützt nichts, wenn die Geschichte dazwischen nicht trägt, interessant ist, Neues bringt, Staunen macht. Egal, ob es ein Film ist über Mais, Mauscheleien oder Musik. Und immer sollten die klassischen journalistischen W-Fragen beantwortet sein: wer, was, wann, wo, wie, warum.

Damit rückt auch die persönliche Haltung der Macher in den Blick. Wie bei jeder Kunst verlangt auch das Filmemachen die Auseinandersetzung mit sich selbst: Was ist mir wichtig und warum, was ist meine subjektive, was die vielleicht objektive Wahrheit meines (entstehenden) Films, kann ich zuhören, mich einlassen, staunen – und was davon möchte ich mitteilen? Will ich gar eine persönliche Botschaft transportieren, bis hin zur Musikkritik und Bewertungen, wie man sie aus dem Feuilleton kennt? Subjektives schwingt immer mit. Schon die Auswahl, was zeige ich, was nicht – eine hochinteressante Frage übrigens, welche Geschichten erzählt man *nicht* und warum nicht – die Gewichtung und der Tenor der Darstellung haben eine persönliche Note. Jedoch erklingt sie im Rahmen einer professionellen Konvention der (selbst-)kritischen Distanz der Dokumentaristen und Musikfilmer zu ihrem Thema. Mit darstellendem, möglichst unverfälschtem musik-journalistischen Blick, mit dem Willen zur verständlichen Vermittlung auch für den Nichteingeweihten. Möglichst authentisch berichten und beobachten, neue Erkenntnisse und Informationen über Menschen und Sachverhalte, ihre Geschichte und Zeitbezüge gewinnen, die die Musik anders und neu wahrnehmbar machen.

Bevor wir eintauchen, zunächst die äußere Vielstimmigkeit der Musikfilme. Unter Musikfilm verstehe ich alle Berichte, Reportagen, Porträts, Features und Dokumentationen über Musik, welche die Arbeit an ihr zeigen, Entstehungsprozesse, Konzepte, Hintergründe, Zeitbezüge, persönliche Meinungen der Beteiligten und Experten-Kommentare. Also keine Konzertaufzeichnung oder Live-Übertragung, keine Opern-Mitschnitte oder -Verfilmungen, keine Musikvideos und -clips, keine Musik-Comics (wie der erste große Disney-Musik-Zeichentrickfilm mit dem Dirigenten Leopold Stokowski, „Fantasia", 1940). Ausschnitte von Konzerten, Aufführungen, Clips und Inszenierungen fließen gleichwohl ein und werden Elemente der Musikfilme. Sie dienen zum Beleg des Erreichten, zeigen die Umsetzung der Proben-Arbeit; oder ein Promotion-Clip der Plattenfirma transportiert das erwünschte Selbstverständnis und Markt-Segment, woraus wiederum die Interview-Fragen abgeleitet sein können.

Zum Musikfilm zählen auch alle Magazinbeiträge über Musikthemen von etwa fünf bis sechs Minuten Länge, etwa in „ZDF Aspekte", den „Tagesthemen" oder in den Landes- und Kulturmagazinen der Dritten und Privatprogramme. Diese Kurzbeiträge sind immer anmoderiert, mit Vorinformationen, die einen anderen Anfang im Film erlauben, als wenn er alleine steht und das Thema ohne Hilfe der Moderation exponieren muss. Dies ist der Fall bei den längeren Formen von 30, 45, 60 oder gar 90 Min. Das sind dann meist Kino-Musikfilme, die nach einer Sperrfrist oft auch (gekürzt) im Fernsehen kommen und auf DVD mit Bonus-Tracks vermarktet werden.

Musikfilme behandeln alle Stile, Klassik, Rock, Pop, Country, Weltmusik, Jazz, Neue und Elektro-Musik, und sind auch thematisch offen: Wettbewerbe, Meisterkurse, Festivals, Inszenierungen, Musikpolitik, Institutionen wie (Musik-) schulen, Hochschulen, Akademien, Opernhäuser, Kultusministerien, Ensembles, Orchester, Sendeanstalten, Plattenfirmen, Konzertagenturen, Musikverlage, und Instrumente, Instrumentenbau, Musik-Stücke, Musik und Medizin, Musik in der Werbung, natürlich Musiker selbst, Solisten, Komponisten, auch für Videospiele, Dirigenten, Wissenschaftler, Archivare, Filmmusiker, Liebhaber. Es ist dies eine gewaltige Menge, vielgestaltig wie die Themen und Macher selbst, und trotzdem mit immer wiederkehrenden Elementen, Frage- und Darstellungen.

398   S. J. Dreher

Beispiel Porträt: Dirigenten

Der Dirigent gehört zu den Lieblingsobjekten der Musikfilmer, denn er übersetzt Musik in Bewegung. Macht also ihre Unsichtbarkeit scheinbar sichtbar. Ebenso die Tanzfilme: Auch hier wird Musik veranschaulicht durch körperliche Bewegung. Bestens filmbar. Die vielfach preisgekrönte Dokumentation „Rhythm is it!" ist dafür ein Paradebeispiel, vereinigt sie doch den Tanz, seine Eroberung durch unerfahrene Jugendliche, angeleitet von dem unerbittlichen Choreographen Royston Maldoom, mit den musikalisch dirigierenden Gesten von Sir Simon Rattle, Chef der Berliner Philharmoniker. In ihrer ersten gemeinsamen Saison ein Aufbruch in eine neue Ära, in der das Orchester seine Arbeit in die gesellschaftlichen Räume außerhalb des Konzertsaals trägt. Die faszinierende Dokumentation endet in einer furiosen, im Film etwas kurz geratenen gemeinsamen Aufführung von Igor Strawinskys Ballett „Le Sacre du Printemps", das heidnische Frühlingsopfer (100 Min., Enrique Sánchez-Lanz, Thomas Grube, Boomtown Media, 2004).

Zwei Porträts über Carlos Kleiber, fast zeitgleich erschienen, zeigen Dirigieren in seiner mitreißendsten Art: „Spuren ins Nichts" (englisch: „Traces to Nowhere", 52 Min., Regie: Eric Schulz, Servus TV, Österreich, 2011 – Echo Klassik-Gewinner für die „Musik-DVD-Produktion des Jahres 2011, Dokumentation", Euro-Arts). Zwei Ausschnitte von 3 bzw. 4 min Länge sind hier zu finden: http://arthaus-musik.com/de/dvd/musik/dokumentation/media/details/Carlos_Kleiber__Traces_to_Nowhere.html, bzw. im YouTube-Kanal von EuroArtsChannel unter: https://youtu.be/7WxM1jRG1ws (siehe auch Abb. 36.1).

Der zweite Film ist: „Carlos Kleiber: Ich bin der Welt abhanden gekommen" (60 Min., Georg Wübbolt, ZDF/3sat, 2011).

Vor allem bemerkenswert: Beide Filmautoren müssen mit fast identischem Bild- und Tonmaterial arbeiten, da die Rechte so vertrackt sind und teils Unsummen gekostet hätten, dass nur wenige Ausschnitte frei verfügbar und bezahlbar waren. Für eine Minute können da schnell mehrere tausend Euro zusammenkommen, ja sogar teils über 10.000 pro Minute, für Filminhaber, Interpreten, Orchester, Erben, für Musikverlag, Konzert- oder Opernhaus und GEMA. Die wirre und teure Gemengelage hat dazu geführt, dass z. B. die „Bayreuther Festspiele" kulanterweise geduldet haben, Aufnahmen der Bühnenkamera zu benutzen, Carlos Kleiber dirigierend, in Schwarzweiß und mäßigster Qualität. Nur, die Original-Musik dazu von „Tristan und Isolde" war nicht frei und nicht bezahlbar. Daher musste man die einzige rechtlich handhabbare Schallplattenaufnahme des Stücks als Tonspur zu den Dirigierbildern

Abb. 36.1   a-d: Mehrere Snapshots aus dem Film „Spuren ins Nichts" (englisch: „Traces to Nowhere") von Eric Schulz (Arthaus Musik 2011). v.l.n.r.: Titelbild (© Archiv Werner Schloske), Veronika Kleiber, Plácido Domingo, Brigitte Fassbaender

hinzusynchronisieren (Studioeinspielung mit der Staatskapelle Dresden, DGG 1982).

Zwei Filme über dieselbe Person mit fast demselben Material vergleichen zu können, ist ein seltener Glücksfall. Teils sind sogar die Gesprächspartner identisch, z. B. kommt der Dirigent Michael Gielen in beiden Filmen zu Wort. Und trotzdem sind zwei höchst unterschiedliche Porträts zu erleben. Nicht beim Dirigat selbst, das wirkt in beiden Filmen gleichermaßen faszinierend, ein strahlender Maestro mit bildhaften, oft amüsanten Spielanweisungen. Die Ausschnitte machen auch verständlich, warum alle ihn unbedingt sehen wollten beim Dirigieren. Die Unterschiede liegen im Umgang mit dem Material, der filmemacherischen Haltung. Eric Schulz verzichtet bei seinen „Spuren ins Nichts" völlig auf zusätzlichen, eigenen Off-Text, setzt pur auf geschickt

montierte O-Töne von Kollegen, Freunden, Sängern, Mitarbeitern, Orchester-
mitgliedern. Das erfordert vom Zuschauer mehr Mitdenken, lässt ihn aber
auch freier. Georg Wübbolt dagegen textet explizit, nicht immer glücklich und
nötig, setzt Zitate aus Briefen ein, die faksimiliert in Überblendungen zu sehen
sind, benennt auch z. B. Ortswechsel, die der andere Film allein mit gezielt
gemachten Bildern erzählt.

Der größte inhaltliche Unterschied: Der Vater von Carlos Kleiber, der
Dirigent Erich Kleiber, gerät bei Georg Wübbolt zum erdrückenden, schwer
lastenden Über-Vater. Im anderen Film fehlt dieser Aspekt völlig. Im Gegenteil: Da ist geradezu von Liebe zum Vater die Rede, bezeugt durch eine
gewichtige, glaubhafte Stimme: Carlos' Schwester Veronika, die der Filmemacher Eric Schulz überzeugen konnte, mitzumachen, und der er vertraut.
Wie entscheidend die Auswahl der Gesprächspartner das filmische Ergebnis
beeinflussen kann, wird hier frappierend offenbar, ebenso, wie der persönliche
Zugriff Filmgestalt und Geschichte formen.◄

▶ Eric Schulz' wunderbarster Kunstgriff: Er zeigt den Interviewpartnern
die Ausschnitte mit Kleibers Probenanweisungen und die Aufführungen
auf dem Laptop, und er filmt währenddessen die Leute. Fängt dadurch
ganz direkte, spontane Reaktionen ein, gespannt lauschende Gesichter, lachend, ausrufend, nach-denkend – ein Mitfiebern, das eng mit
den Ausschnitten verknüpft ist, lebendig und echt wirkt, und auch den
Zuschauer in Bann zieht.

Dass die technische Qualität der Ausschnitte von den alten Bühnen-
Videokameras oft sehr schlecht ist, macht übrigens gar nichts, enthalten sie
doch die Kraft des Dokumentarischen und Einzigartigen. In Zeiten von High-
Definition-Fernsehen (HD) mit hochauflösenden brillanten Bildern wird es zunehmend schwieriger, solche vergleichsweise *schmutzigen* Bilder einzusetzen und zu
rechtfertigen; ein Problem, welches das gesamte Archivmaterial aus heutigen und
früheren Zeiten betrifft.

Bauweise und Dramaturgie der Carlos-Kleiber-Filme: Beide sind im Grunde
ganz einfach „klassisch" gestrickt: O-Ton – Ausschnitt – O-Ton – Ausschnitt.
Mehr braucht es nicht. Jede Inszenierung ist überflüssig. Schon der sinnende
Blick der Schwester aus dem Fenster, auf ihrem Bett sitzend im Altersheim, wäre
eigentlich gar nicht nötig. Solch eine puristische Film-Bauweise ist ein solides
Fundament und genügt vollkommen, wenn der Protagonist so stark ist wie dieser. Und natürlich, wenn sich Ausschnitte und O-Töne sinnstiftend aufeinander

beziehen. Es gibt leider auch zusammengenagelte Kompilationen ohne Sinn und Verstand.

Das Bild des Dirigenten

Dirigentenaufnahmen mit der Kamera zeigen ihn immer auch seitlich, meist jedoch von vorn, aus Sicht der Musiker: ein exklusiver Vorteil gegenüber dem Blick des Konzertbesuchers. Die Bildeinstellungen können aber ganz unterschiedlich sein, infolgedessen von unterschiedlicher Wirkung:

Wenn ein Großteil des Orchesters mit im Bild zu sehen ist, erschließt sich die direkte Verbindung der Dirigiergesten mit den Klangergebnissen, des Einzelnen mit dem Kollektiv.

Rückt die Kamera dagegen direkt vor das Dirigierpodest, steht sie automatisch tiefer als der Maestro und macht ihn (über)mächtig. Manchmal sind im Vordergrund noch ein paar Streicher im Anschnitt, es bleibt also ein Rest vom Klangkollektiv sichtbar.

Man kann den Kapellmeister aber auch ganz freistellen, ohne Musiker im Bild: ein über allem schwebender Halbgott im (Saal-)Himmel. Freuden und Leiden der Musik spiegeln sich allein in seinem majestätischen Gesicht. Herbert von Karajan mochte solche Einstellungen besonders gern. Wenn ein Regisseur ihn nicht genügend huldigte und heraushob, hat er die Arbeit mit ihm beendet.

Alle Arten von Einstellungen findet man in den zahlreichen Dirigenten- und Orchesterporträts, aus Vergangenheit und Gegenwart, von Fritz Busch, Toscanini, Furtwängler, Walter, von Karajan, Celibidache, Bernstein bis Abbado, Cambreling, Dudamel, Nagano. Manche Projekte sind mit akribischer internationaler Archivrecherche verbunden, und aufwendiger Restaurierung der gefundenen Schätze, wie in dem Zweiteiler „Meisterdirigenten – Pultstars des Jahrhunderts" (2 × 60 Min., IMG Artists/BBC/SFB/SWF/Teldec Classics/RTP/NOS/SVT/NRK, 1994). Unter dem Titel „The Art of conducting" ist die Produktion, um 45 Min. verlängert, auch auf DVD erschienen.◄

▶ **Doch brauchen hochkarätige Orchester heute** überhaupt noch einen Dirigenten? Die verrückteste Antwort darauf gibt "Der Taktstock" (65 Min., Michael Wende, Prod. M. Wende, AVE Fernsehprod., Bamberger Symphoniker, Hochschule Deggendorf 2010). Die Diplom-Abschlussarbeit dokumentiert den Gustav-Mahler-Dirigentenwettbewerb, mit einer völlig neuartigen Mischung aus virtuos geschnittenen und mit Soundeffekten verfremdeten Real-Aufnahmen und Zeichentrick-Passagen eines Taktstockmachers, der das Metier komplett überflüssig findet, gesprochen übrigens vom Komiker Fred Feuerstein. Gekritzelte Sprechblasen in den Realbildern mit witzigen Kommentaren erläutern manche Mysterien des Geschäfts. Das ist so animierend und unterhaltsam gemacht, dass der Film zahlreiche Festivalpreise gewann und als Pioniertat einer neuen Bildsprache gilt.

36.2 Reihen, Lehrfilme und didaktische Projekte

Ein ganz anders gearteter Film ist besonders zu erwähnen: „The War Symphonies: Shostakovich against Stalin" (71 Min, Larry Weinstein, Rhombus Media Kanada/ZDF/ARTE/IDTV Cultuur 1997). Nicht eigentlich ein Dirigentenfilm, aber auf Betreiben des russischen Dirigenten Valery Gergiev entstanden, der auch oft zu Wort kommt und Shostakovichs „Kriegs-Symphonien" dirigiert. In diesem Film des Kanadiers Larry Weinstein geht es um Leben und Tod. Der Komponist steht immer wieder kurz vor der Verhaftung durch Stalins Schergen. Wie sich Shostakovich menschlich und musikalisch wehrt, welche Überlebenskraft er seinen Landsleuten im besetzten Leningrad 1941 gibt, hat Weinstein mit einzigartigen Orchester-, Archiv- und Interviewaufnahmen zu einer hochbrisanten musik-politischen Dokumentation montiert, so voller Wucht, dass sogar Gergiev erschrak, als er den fertigen Film sah. Weinstein selbst sagt, er habe bisher Kunst um der Kunst willen gemacht, aber „bei diesem Film Regie zu führen, gehörte zu den größten Herausforderungen meiner Karriere." Einer der stärksten Filme, die ich kenne.

    Entscheidungen zu Machart und Dramaturgie bei Musikfilmen oder auch für Studiosendungen hängen immer ab vom Inhalt, der vermittelt werden soll. Wenn es rein um die Sache geht, und je komplexer der Inhalt, desto einfacher und klarer sollten Bildsprache und Dramaturgie sein. Dieses Prinzip hat eine Reihe im Schulfernsehen des ehemaligen SWF Baden-Baden radikal verwirklicht: „Die Geschichte des Rock" (4 × 30 Min., Thorsten Lorenz, SWF/SWR 1989/90/2009). Die Sendungen behandeln die unterschiedlichen Stilrichtungen des Rock, ausgehend vom Rock'n' Roll der 50er-Jahre über den Rhythm and Blues, Beat, Soul, Reggae und Punk bis hin zu Rap, Techno und Crossover an Hand von Musikvideos und Konzertausschnitten. Dazu kommt jedoch als neues und didaktisch entscheidendes Element eine Band von Profimusikern im Studio, die die Charakteristika der jeweiligen Musikrichtung demonstrieren, Riffs und Breaks,

Rhythmen und Sounds. Bei diesen inhaltlich wichtigen Passagen ist die Kamera fest installiert, *eingemauert:* Nur wenige Großaufnahmen und gezielte Schnitte auf die führenden Instrumente, keine Schwenks, keine Zooms, keine Fahrten, keine Sperenzchen. Hätte sie wild agiert, wie das sonst gerne bei fetziger Musik geschieht, wäre die Sache im Bildgewitter untergegangen. Durch zu viel Effekthascherei, wie sie heute an den modernen Schnittcomputern unbegrenzt möglich ist, geht der Inhalt flöten. **Diese bewusst einfache Vermittlung mit der Studioband,** damals völlig neu, scheint heute undenkbar. Der verständliche Wunsch nach einem attraktiven, optisch opulenten Film kollidiert mit dem Ziel der Informationsvermittlung. Diesen Spagat benennt eine wissenschaftliche Untersuchung zu Filmen in Informationsmagazinen:

> „Die Beiträge wurden signifikant weniger glaubwürdig eingestuft, wenn sie Unterhaltungselemente, emotionale Bilder, Musik, emotionale Sprache und Sprechstil enthielten, als wenn sie diese Unterhaltungselemente nicht aufwiesen. [...] Unterhaltungselemente, die für eine Informationsvermittlung prinzipiell nicht notwendig sind, können sich negativ auf Glaubwürdigkeit und Gefallen auswirken. [...] Für die Wissensvermittlung im Fernsehen sollte deshalb berücksichtigt werden, dass emotionalisierende Elemente, die zwar nachweislich die Aufmerksamkeit erhöhen, dennoch sehr sparsam und überlegt eingesetzt werden müssen, um das Ziel einer effizienten Informationsvermittlung zu erreichen".[1]

Hans-Bernd Brosius ergänzt 1990 in einer anderen Studie:

> „Ist es das Ziel eines Films, Informationen zu vermitteln, kann man Filmproduzenten bei den vorliegenden Ergebnissen nur empfehlen, auf die Unterlegung von Musik zu verzichten. Die geringfügige Verbesserung an Interesse und Akzeptanz wird bei weitem überwogen von den zum Teil massiven Behinderungen der verbalen Informationsverarbeitung"[2]

Entgegen diesen Empfehlungen hat sich die Menge an Informationsbeiträgen mit unterlegter Musik über die Jahre verdreifacht, jedenfalls in den untersuchten Magazinen „Frontal", „Report", „Monitor" und „Panorama". Noch signifikant

---

[1] Britta M. Schultheiss, Stefan A. Jenzowsky: „Infotainment. Der Einfluss emotionalisierend-affektorientierter Darstellung auf die Glaubwürdigkeit", Medien & Kommunikationswissenschaft 48, 1/2000, S. 63–84.

[2] Hans-Bernd Brosius "Bewertung gut, Behalten schlecht: Die Wirkung von Musik in Informationsfilmen", in: Medienpsychologie. Zeitschrift für Individual- und Massenkommunikation, 2/1990, S. 44–55. Zitiert nach: Peter Moormann (Hg.), Musik im Fernsehen (Wiesbaden: VS-Verlag 2010) (Reihe: Musik und Medien), S. 89.

höher ist der Anteil von Musik in Magazinbeiträgen bei Privatsendern. Dort laufen fast alle Beiträge mit Musik; Beiträge ohne Musikeinsatz sind die Ausnahme. Die Gefahr liegt dabei auch in einer *Fiktionalisierung der Inhalte*, die, um sie dramatisch aufzupeppen, oft klingen wie Krimis oder Horrorfilme – auf Kosten der Faktizität. Mit diesen weniger eingesetzten emotionalisierenden Elementen inklusive Musikeinsatz hängt es zusammen, dass die Glaubwürdigkeit der öffentlich-rechtlichen Sender grundsätzlich höher eingeschätzt wird als die der Privaten.

Lehrfilme: Auf Vermittlung von Informationen und Kenntnissen angelegt sind auch Projekte, die etwas trocken als *Lehrfilme* bezeichnet werden könnten, wären es nicht teils aufwendig gemachte Dokumentationen. Etwa „Musik im 20. Jahrhundert – Die Revolution der Klänge" (7 DVDs, Arthaus Musik 1996). Einer der Großen des Fachs, der Musikregisseur Barrie Gavin, kann den Enthusiasmus des Dirigenten Sir Simon Rattle nutzen, der die Zuschauer auf eine bewegende Reise durch die Musik des letzten Jahrhunderts führt, damals noch zusammen mit seinem City of Birmingham Symphony Orchestra, mit dem er die entsprechenden Stücke in Auszügen einspielt. Das künstlerische und gesellschaftliche Umfeld der Komponisten und ihrer Werke von Mahler bis Stockhausen veranschaulicht der Regisseur durch zeitgenössische Kunst, Fotos und Archivfilme.

Ähnlich das Anliegen des Dirigenten Michael Gielen, der mit dem SWF-Sinfonieorchester die Fernsehreihe „Orchesterfarben" präsentiert, kommentiert, erläutert und natürlich auch die entsprechenden Stücke aufführt (6×52 Min., Regie wiederum Barrie Gavin, SWF, 1996). Die Serie wirkt jedoch etwas spröde und macht die sterile Studio-Atmosphäre nicht vergessen. Die vorgestellten Stücke, wie Schönbergs „Pelléas et Mélisande", Varèses „Amériques", Lachenmanns „Fassaden", werden komplett dargeboten, was für den Beleg der Werk-Erläuterungen nicht nötig wäre. Die Filme geraten dadurch doch zu – zu langen – Aufzeichnungen.

Historisch ein Markstein: die legendäre amerikanische TV-Serie „Young People's Concerts" mit *dem* engagierten Pionier populärer Musikvermittlung, dem Dirigenten Leonard Bernstein. Über 50 Folgen hat er mit dem US-Sender CBS produziert, in den Jahren 1958–72. Bernstein am Flügel launig dozierend, vor seinem New York Philharmonic Orchestra, das kurze Stücke vor Publikum aufführt. Einzelne Musiker oder Instrumentengruppen zeigen dann Klang- und Rhythmus-Beispiele, dazu sind Noten und Fotos der Komponisten eingeblendet oder Gegenstände, die der Maestro für Vergleiche heranzieht, etwa eine Rakete. Rund 25 Folgen sind auf neun DVDs erhältlich. Die „Young People's Concerts" ist die am längsten laufende didaktische Orchester-Reihe der Welt, das

New York Philharmonic Orchestra veranstaltet sie seit 1924. Die TV-Produktion mit Bernstein wurde in über 40 Länder dieser Erde verkauft, auch zahlreiche Hörbücher und Audio-CDs sind daraus entstanden. Sie hat wirklich Millionen begeistert. Vorbild und Inspirationsquelle für alle späteren Unternehmungen auf diesem Gebiet.

36.3 Die Reportage: Planung, Inszenierung und Spontaneität

Die Krass-Band „Einstürzende Neubauten" und der Videokünstler Nam June Paik haben ein paar Mal miteinander telefoniert. Dann treffen sie sich erstmals auf den „Donaueschinger Musiktagen", Donauhalle B, wo unterm Jahr sonst manchmal Schweinemarkt ist. Jetzt steht dort eine Bühne aus Faltpodesten, mit Konzertflügel, daneben die Rock-Instrumente der „Neubauten", alte Ölfässer, Schlagbohrer, Schrottgegenstände, und das ganze *Verstärkerzeugs*. Dahinter eine formatfüllende Großleinwand. An der Decke ein paar Licht-Traversen mit Scheinwerfern. Das Publikum wird wie bei einem Popkonzert stehen oder hocken, auf dem Teerboden der alten Mehrzweckhalle.

Die Telefonbekanntschaften probieren aus, was sie miteinander machen könnten, für die „Donaueschinger Musiktage". Paik, Anfang 60, aus Korea, Professor in Düsseldorf und meist in New York daheim, installiert radebrechend seine winzigen Video-Fingerkameras, stellt Kerzen auf den Flügel, die in vielfältiger Brechung auf die Großleinwand übertragen werden. Man nennt ihn den „Vater der Videokunst". Tippt Klaviertasten an, beleuchtet sie mit seinen Kerzen, Wachs tropft. Auch diese Bilder zerflirren optisch groß projiziert – aber akustisch ist alles ganz still und leise und irgendwie intim.

Die „Neubauten" dagegen stürzen wirklich ein. Sie krachen, drehen auf, hauen rein, bis die Ohren schmerzen.

Festivalchef Armin Köhler (1952–2014) hatte die Geister gerufen. Bewundernswert, was er jedes Jahr riskiert und dabei ganz bewusst das Risiko des Scheiterns in Kauf genommen hat. Natürlich ist er jetzt auch mit dabei. Ein wirklich toleranter Mann. Aber nun meint er, eingreifen zu müssen.

„Das ist zu laut! Ihr seid zu laut. Die Leute rennen mir weg, wenn ihr so laut seid! Laut und laut ist ein Unterschied!"

Blixa Bargeld, der Frontman der „Einstürzenden Neubauten", beugt sich an sein Ohr herab und sagt in seiner Art:

„Genau, und wir sind bekannt dafür, dass unser Laut besonders laut ist. Sie wussten das, als Sie uns eingeladen haben."

Kein Kompromiss. Donaueschingen eben. Am Ende werden Einweg-Ohrstöpsel ans Publikum verteilt. Die Kamera ist die ganze Zeit dabei. Der Ton hat auch noch gut reagiert, beiden gelingt es, diesen kleinen Schlüssel-Dialog live einzufangen. Was für ein Glück? Keineswegs: *Vorausschauende Planung!*
Darum geht es: Es ist eine Reportage. Ihr Wesensmerkmal: Reagieren. Andere agieren, das Team muss re-agieren. re-portieren. re-agieren auf das, was geschieht. Zugleich vorausahnen, was geschehen könnte. Und das kann man planen.

Natürlich gehört Glück dazu, dass dann so etwas passiert, Der Künstlerische Leiter der „Donaueschinger Musiktage", Armin Köhler, gegen Blixa Bargeld, live, wow! Aber ich muss anwesend sein, mit meinem Team. Ich kriege so eine Situation ja nur, wenn ich vorher weiß, sie könnte spannend werden. Und in der konkreten Arbeit dann natürlich durchdrehen, die Kamera ununterbrochen mitlaufen lassen. Alles aufnehmen, was man nur kriegen kann. Hinterher Tränen weinen, was man alles wegschneiden muss – aber ich habe diese entscheidende Stelle, die auf jeden Fall drin bleibt im fertigen Film.

Die Spontaneität des Reagierens: Wir stehen also vor der paradoxen Situation, je mehr Planung, umso erfolgversprechender die *Spontaneität des Reagierens.* Für die Planung sammelt man alle Informationen vorab, die man nur kriegen kann. Dann ein Konzept entwickeln, was brauche ich unbedingt. Zweitens, was wäre schön, aber nicht zwingend. Drittens: einen Drehplan machen mit den erforderlichen und vielversprechendsten Momenten. Dieser Aspekt der minutiösen Vorbereitung gerade bei einer Reportage, die ja Unvorhersehbares einfangen will, kommt in Kompendien kaum vor, wird offenbar unterschätzt. Vermutlich, weil es der landläufigen Definition der Reportage als spontan reagierendes Filmgenre widerspricht. Aber es ist naiv zu glauben, „da geh ich mal hin und schau halt mal, was passiert, es wird schon was rauskommen". Je mehr ich vorher weiß, je besser vorbereitet, desto zielgerichteter und spontaner kann ich agieren. Ja, kann mein Konzept gar komplett kippen, wenn vor Ort etwas passiert, was besser ist, als das, was ich mir ausgedacht habe. So eine Entscheidung kann aber nur fallen, wenn ich vorher einen Maßstab gebildet habe. Aus der *gegenseitigen Bedingung von Planen und Spontansein* folgt auch, dass es beim Musikfilm die reine Form der Reportage – anders als im Lehrbuch – im Grunde genommen kaum gibt. Eine *reine Reportage ohne Inszenierung* ist höchst selten. Weitaus die meisten Filme enthalten viele verschiedene Macharten und Formen, reportierende Passagen, arrangierte, inszenierte, vorgeplante, und so weiter.

Je nach Gegenstand, Themen und Aufgaben, die filmisch aufzulösen sind, gehört auch die Wahl der Kamerafrau oder des Kameramanns, der Tonleute, der ganzen Crew zur Planung. Was müssen sie können? Bei vorwiegend reportierenden Filmen eine gute Hand- bzw. Schulterkamera, rasch und beweglich, zugleich stabil und sauber schwenkend und quadrierend. Mehr noch als die technische Könnerschaft braucht es diese aufmerksame Geistesgegenwart, die vorausahnen kann, was gleich geschehen und wie sich eine Situation entwickeln wird. Kameraleute und Teams mit solch umfassenden Qualitäten sind selten.

Filme mit hohem Reportage-Anteil entstehen namentlich bei Ereignissen, die sich erst vor Ort entwickeln, z. B. bei Musik- und Dirigierwettbewerben wie dem Tschaikowsky-Wettbewerb, dem ARD-Musikwettbewerb, dem Internationalen Wettbewerb für Liedkunst der Internationalen Hugo-Wolf-Akademie, oder dem hochdotierten „Emmerich-Smola-Förderpreis".

Reportagen entstehen auch bei Festivals, wo im Idealfall auch noch viele Proben stattfinden. Einblicke in Forschungsprozesse. Menschlich wie filmisch genauso spannend, wie es klingt. Allen voran diejenigen für Neue Musik, wie die berühmten „Donaueschinger Musiktage", *die* Musikwerkstatt der Moderne, *das* weltweit wichtigste Festival für Zeitgenössische Musik.

Die Reportage ist auch der adäquate Ansatz bei Groß-Ereignissen und ihrer Entstehung. Dazu gehört der erwähnte Kinofilm „Rhythm is it!", oder „Die singende Stadt" (92 Min., Vadim Jendreyko, Filmtank/Staatsoper Stuttgart/ZDF/3sat, 2010), ein Kino-Reportagefilm über die Neuinszenierung des „Parsifal" an der Staatsoper Stuttgart, der ausschließlich aus der Situation heraus re-agiert und beobachtet, bewusst ohne erläuternde Statements der Beteiligten wie sonst üblich. Aber die einordnende Kraft der Aussagen, wie sie auch später in den typischen Elementen des Musikfilms beschrieben wird, vermisst man doch. Wenn man nicht weiß, was die Beteiligten wollen, kann man nicht beurteilen, inwieweit es ihnen gelingt. Auch das Endergebnis, die Aufführung, ist nicht zu sehen. Vermutlich, weil die Kosten für Musikrechte, Orchester, Sänger usw. einfach zu hoch waren. So bleibt offen, wofür der ganze Aufwand getrieben wurde, und lässt manchen Zuschauer etwas ratlos zurück.

Pop-Reportage

Das Ziel der Arbeit und ihr Ergebnis sind dagegen entscheidende Elemente in der Reportage „All together now" (122 Min., Adrian Wills, USA 2008). Die Dokumentation verfolgt über mehrere Monate die Entstehung der 180-Mio.-Dollar teuren Show „Love" des „Cirque du Soleil" in Las Vegas, zu Songs der Beatles, unter Mitarbeit von Ex-Beatle Paul McCartney, John Lennons Witwe Yoko Ono, und Beatles-Produzent George Martin. Sie zeigt ungeschönt die Probenarbeit mit allen Höhen und Tiefen, mit mehreren (Hand-)Kameras, die aufmerksam reagieren, nah dran, aber nie aufdringlich, z. B. auf eigenes Licht verzichten auf den dunklen Zuschauerrängen, wo die weltberühmten Protagonisten das Geschehen verfolgen, kommentieren, kritisieren. Die Konzentration auf wenige Hauptfiguren hilft, bei über einhundert Beteiligten und einem wechselvollen Auf und Ab den Überblick zu behalten. Der Preis: Die Überlegungen, warum die Bühnenregie welchen Song wie inszeniert, werden (leider) nicht erzählt. Der virtuos gemachte Augenschmaus gewann 2010 den Grammy Award in der Kategorie „Bestes langes Musikvideo".

Eine in jeder Hinsicht astreine Reportage und ein grandioses Sittengemälde der Zeit, der Fans, der Generation und der Mega-Band selbst ist „Gimme shelter" über die Rolling Stones in den USA (91 Min., Albert & David Maysles, Charlotte Zwerin, USA 1970). Sie – und wir – erfahren konsterniert, dass bei einem Konzert vor 300.000 Menschen ein Schwarzer von einem Mitglied der Hells Angels, der eigentlich als Ordner engagiert war, umgebracht wurde. Bei einem Live-Telefonat unter seinem Namen beleidigt er die Stones und erzählt, warum die Tat absolut notwendig war. Die Stones sagen ein paar hilflose Sätze. Die Grundsituation ist dabei durch den ganzen Film hindurch immer wieder dieselbe: Wir sehen die Stones im Schneideraum, wo sie vor der Kamera zuschauen, wie der Film komponiert wird, den wir gerade sehen. Die Perspektive wechselt vom Vollbild zum Schneideraumbild, in dem die Band sich selbst zuschaut und ihre eigenen Konzertauftritte und Aufnahmen kommentiert, mal mit Grinsen, mal mit der Bemerkung „Schwachsinn!" zu einem frechen Interview, das wiederum auf dem Filmsichtfenster des Schneidetisches zu sehen ist. Eine raffinierte dreifache Brechung, der *Film im Film* wird zum gefilmten Film. Er artikuliert sich selbst als Medium, wird für den Zuschauer bewusst wahrnehmbar als mehrfach gebrochenes, vermittelndes, mediales Abbild der Realität. Hervorragend.

Das sind die großen Musikfilme über die großen Pop- und Rockgruppen. Mit dem tagelangen Aufbau ihrer gigantischen Bühnenshows, Konzerte, der komplizierten Organisation dieser Groß-Ereignisse und der Begegnung mit oft richtig albernen, schrägen, provokanten, sich entblößenden Berühmtheiten hinter der Bühne. Ihnen so nah zu kommen, bis sie die Kamera (scheinbar oder wirklich?) vergessen, das würde heute kein Management mehr zulassen. So auch bei der ausführlichen, ebenfalls wahrlich hautnahen Doku „Depeche Mode 101" über die Synthie-Popper „Depeche Mode", die bei ihrer Tour 1989 über 60.000 Menschen im Bowl Rose Stadion in Pasadena, Kalifornien, versammeln konnten und uns einen starken Kontrast gönnen zwischen Bühnenpräsenz und „privatem" Auftritt (120 Min., David Dawkins, Chris Hegedus, Donn A. Pennebacker, USA 1989). Die drei Regisseure waren, was selten ist, übrigens auch die Cutter ihres Werkes. Eine Kurzfassung von 52 Min. ist zu finden auf YouTube: https://youtu.be/Tj4FA7BGGkQ.

Zuletzt eine außergewöhnliche Langzeitbeobachtung von über zweieinhalb Jahren; im Zentrum die Hardrocker von „Metallica", eine der erfolgreichsten Bands dieser Erde: „Some Kind of Monster" (139 Min., Joe Berlinger, Bruce Sinofsky, USA, 2004). Was als *Making of* einer Plattenproduktion im Studio geplant war, entwickelt sich zum Psychogramm der internen Bandgeschichte, die von Zerfleischung bis zur Selbstfindung alle künstlerischen Egomanien streift. Das „Lexikon des internationalen Films" lobt den preisgekrönten Dokumentarfilm als „beeindruckendes Beispiel von dokumentarischer, formal virtuos strukturierter Wahrheitsfindung." (https://www.filmdienst.de/film/details/522823/metallica-some-kind-of-monster).

Dabei kommt es zu einer einzigartigen Situation: Die Konflikte eskalieren, die Band steht vor dem Auseinanderbrechen, und dann diskutieren die Musiker vor laufender Kamera sogar mit den Filmemachern, die ebenfalls mit ins Bild kommen, ob man unter diesen Umständen überhaupt noch weiterdrehen darf. Die Entscheidung „go on" fällt mit allen Beteiligten gemeinsam vor der Kamera – ich kenne keine andere (Kino-)Dokumentation, wo so etwas Einmaliges zu sehen ist.

Mit der wachsam reagierenden Reportage-Haltung gelingen auch Filme über Meisterkurse oder Probenbeobachtungen. Ob bei Piano-Papst Karl-Heinz Kämmerling oder der unerbittlichen Kammersängerin Elisabeth Schwarzkopf, ob bei Sergiu Celibidaches Proben, wo seine Blicke töten können (58 + 56 Min., „Sergiu Celibidache in Rehearsal and Performance", János Darvas, Klaus Lindemann, DVD Euroarts/Naxos, 2011, oder gleicher Titel: 104 Min., Dieter Ertel, Hugo Käch, Euroarts/SWR 2007) oder bei dem sehr aufmerksam beobachtenden Film über Karlheinz Stockhausens Adepten, die seine „Klang"-Komposition bei den Proben und an den verschiedenen, zeitgleich bespielten Uraufführungsorten reportieren: „Laß mich ewig komponieren. KLANG – die 24 h des Tages" (60 Min., Enrique Sánchez-Lanz, WDR, 2010).

Rahmenbedingungen
Das Drehverhältnis bei Reportagen ist oft absurd. Normalerweise geht man von 1:10 aus, also für 60 Min. Endfilm 600 Min. = 10 h gedrehtes Rohmaterial. Bei Reportagen muss man oft das Doppelte rechnen, 1:20 oder noch mehr. Das ist wichtig vorab zu bedenken, denn das kostet mehr Geld für Material und Dreharbeiten und mehr Zeit zum Sichten, Auswählen, Verdichten und Schneiden.

Bei Reportagen setzen Filmemacher wie bereits erwähnt gerne auf die bewegliche Handkamera. Das hat seine Vorteile, ist aber nicht zwingend. Ein wunderbares Gegenbeispiel: das Porträt des ECM-Plattenchefs Manfred Eicher, berühmt für seine ausgefeilten Tonaufnahmen und umfassenden Mikrophon-Kenntnisse: „Sounds and Silence" (91 Min., Peter Guyer, Norbert Wiedmer, Recycled TV/Biograph Film,

2009). Die Schweizer Filmemacher drehen (fast) alles vom Stativ. Ruhige, beobach-
tende, eindringliche Bilder, die den wie die Musik selbst unsichtbaren Hörvorgang
und die notwendige Konzentration darauf erstaunlich fassbar vermitteln.

Der Übergang zum Inszenieren und Gestalten ist weich. Er beginnt strengge-
nommen schon mit unserem Eintreten ins Geschehen, das sich dadurch verändert
und nicht mehr so abläuft wie ohne uns. Die Menschen benehmen sich oft auch
anders vor der Kamera. Es braucht gerade bei unerfahrenen Filmpartnern mitunter Geduld und Geschick, bis sie die Kamerapräsenz vergessen und eine normale
Natürlichkeit wieder Platz greift.

Spätestens beim Arrangement für ein Interview ist das gestalterische Eingreifen
unumgänglich. Welche Umgebung wähle ich für das Gespräch, welchen Hintergrund, was sagt das über die Person aus: die Bücherwand, die Partitur auf dem
Tisch, am Instrument, im Garten. Oft wechselt man für Gespräche vor der Kamera
bewusst den Schauplatz, verlässt z. B. die Bühne mit den Proben- oder Konzertaufnahmen und geht Backstage mit dem Interviewpartner, ins Künstlerzimmer, vor
das Gebäude, ins Hotel. Das macht später den Schnitt leichter, als wenn man alles
in derselben Umgebung dreht, wo die Anschlüsse stimmen müssen oder der immer
gleiche Hintergrund beim Schnitt *springt*. Und bitte die Puderdose nicht vergessen,
damit der Interviewte nicht unschön glänzt. Aber bei aller Gestaltung: Das Anliegen
muss immer bleiben, eine unlautere Manipulation zu vermeiden.

Eine ausgefeilte Inszenierung der Interviews enthält der Film „Das Konzert
der Verführer – Klassische Musik in der Werbung" (45 Min., Horst Brandenburg,
SWF, 1994). Die verschiedenen Gesprächspartner sitzen immer vor einer großen
Leinwand, die der Filmemacher extra mitgebracht hat, darauf ein schräges, farbiges
Effektlicht, mal blau, mal grün, mal gelb, mal rot. Zusätzlich steht auf einer Säule
– manchmal gar auf dem Schoß der Interviewten – ein Fernseher, mit dem Gesicht
des Gesprächspartners in Groß, aufgenommen von einer zweiten Kamera, die par-
allel mitläuft. Ein verblüffender Effekt, mit der leisen Gefahr, dass das opulente
Bild-in-Bild-Arrangement die Aufmerksamkeit vom Inhalt des Gesagten abzieht.
Und so etwas ist nur möglich mit Profis, die den Umgang mit Medien gewohnt
sind, die sie als Werbefilmer vorsätzlich nutzen für ihre Absichten. Die ganze
Interview-Inszenierung mutet jedenfalls an wie die optische Umsetzung der berühmten Aussage des Medienwissenschaftlers Marshall McLuhan: „Das Medium ist die
Botschaft".

Sinnend geht ein Mann mit Umhang und historischer Kopfbedeckung durch
die liebliche Landschaft, an einer Kapelle vorbei, der Fluss glitzert in der Sonne
– da setzt er sich nieder und schreibt mit dem Federkiel etwas in sein Notizbuch:
Noten! Die Musik ertönt aus dem Off. Solche nachgestellten Szenen, *heute Re-
Enactment genannt* und immer beliebter, begegnen uns oft in Porträts verstorbener

Komponisten. So liebevoll die Inszenierung auch sein mag, sie kann das Angestrebte nicht zeigen: die Geburt einer Komposition. Die Musik selbst, ihre Entstehung, der musikalische Einfall und der kreative Schaffensprozess sind für das Auge und die Kamera unsichtbar. Uns bleibt nichts, als sie mittelbar zu veranschaulichen. Im Grunde sind wir damit gar nicht so weit weg von unserem Vogelklecks am Anfang: Auch er ist eine konkrete Erscheinung im richtigen Leben, materiell und filmbar, eine Umsetzung in die sichtbare Wirklichkeit wie ein musizierender Mensch, aber die Entstehung, die unendlich komplizierten, feinen Umwandlungsprozesse der Nahrung im Innern des Lebewesens sehen wir nicht.

Bei der Umsetzung von Musik in Bilder sind wir also immer wieder auf Hilfskonstruktionen angewiesen. Dazu braucht es Ideen. Vom Redakteur, vom Regisseur, vom Team. Eine sehr geheimnisvolle Konstruktion hat der Film „Casa Scelsi – Die Innenansichten des Klangs" durchinszeniert (60 Min., Fred van der Kooij, SWF/SFB/BR/ARTE, 1994). Er ist schlicht unbeschreiblich, auch nach dem vierten Anschauen nicht wirklich zu begreifen, aber es ist faszinierend, wie der unfassbare und rätselhafte Komponist Giacinto Scelsi selbst, von dem der Film erzählt.

Eine ganz andere außergewöhnliche Idee entstand für die Verfilmung des Hörspiels „Schliemanns Radio" von Heiner Goebbels, ausgezeichnet mit dem Karl-Sczuka-Preis 1992 bei den „Donaueschinger Musiktagen". Heinrich Schliemanns Troja-Ausgrabung war das Thema, hörbar gemacht durch Hämmern, Schaben, Schaufeln, klirrende Tonscherben und Kratzgeräusche, dazu Schliemanns gesprochene Tagebuchaufzeichnungen und Ausschnitte aus der Oper „Die Trojaner" von Hector Berlioz. Für die optische Umsetzung ging das Filmteam in eine moderne Grabungsstätte: in den Steinbruch vor den Toren der Donaustadt. Riesenbagger schaufeln, Lastwagen fahren den rohen Abraum weg, Stahlkugeln krachen zum Zertrümmern auf Gestein – und dazu hören wir die Tonspur des Goebbels-Stücks. Eine einzigartige Übersetzung von Tönen in Bilder. Auch das Interview mit dem Komponisten fand mitten im Steinbruch statt, dazu kamen im Film noch historische Zeichnungen der Troja-Ausgrabungen und Skizzen aus der Partitur („Musikfabrik der Moderne", 60 Min., Syrthos J. Dreher, SWF, 1992).

Die Filme des französischen Musikfilmers Bruno Monsaingeon sind legendär, wenn es um eine sehr bewusste Filmgestaltung geht. Er konnte Legenden wie den Geiger David Oistrakh und die Pianisten Sviatoslav Richter und Glenn Gould zu mehrteiligen Filmen bewegen, also mit langen, ausführlichen Dreharbeiten und der dabei nötigen nahen persönlichen Beziehung. Auch Monsaingeon achtet auf einen starken Anfang. Eine Vollmondnacht, dazu ist Goulds Klavierspiel zu hören, und ein Original-Zitat von ihm: Wie viele Sekunden hat ein Tag, ein Monat, ein Jahr, demnach lebe er jetzt bereits soundso viele Milliarden und Millionen Sekunden, und wie viele Sekunden wären schon wieder verstrichen, bis dieses Zitat zu

Ende sei! Gould schließt aber großzügig: „Diesen Teil meiner Erfahrung kriegen Sie jetzt einfach von mir umsonst!" Der Filmtitel kontrastiert die Sekundenzählerei: „Glenn Gould – Jenseits der Zeit" (2 Teile, 54 und 57 Min., Bruno Monsaingeon, Idéale Audience/Rhombus Media/ARTE/BBC 2005). Lange Fahrten Glenn Goulds in seinem alten amerikanischen Coupé durch die kanadischen Wälder tragen durch den Film, gedreht nicht nur wie sonst im Auto, sondern aus dem Hubschrauber: der Wagen und der Mensch alleine und klein in der unendlichen Weite der Landschaft. Eine ähnliche Imagination wie das Bild des uralten Mondes am Himmel, gegenbeleuchtet mit dem Sekunden-Zitat.

Das wichtige Filmwerk über „Die Kunst des Violinspiels" verdanken wir Bruno Monsaingeon (2×57 Min., Bruno Monsaingeon, Idéale Audience/IMG Artists/ARTE, 2000). Darin gibt es eine Passage, in der fast ein ganzer Satz des Mendelssohn-Violinkonzerts (10 Min.) aus 10 verschiedenen Archivaufnahmen von Geigern aneinandergeschnitten ist. Anfangs spielt für eine Minute David Oistrach, dann löst ihn Isaac Stern ab, es folgen Fritz Kreisler, Milstein, Heifetz, Menuhin usw., bis der Satz musikalisch vollendet ist. Hier geschieht etwas Grundsätzliches: Der Musik-Film kann im Bild vollkommen unabhängig von der Tonspur neue Blicke und Räume eröffnen. Natürlich ist auch die Tonspur synchron zu den Geigern im Bild geschnitten, aber so geschickt, dass der Eindruck eines fortlaufenden Tonstücks entsteht, während im Bild immer neue und andere Interpreten zu sehen sind. Es ist wie beim Schnitt von einer Probe in die Konzert-Aufführung, die Tonspur läuft weiter, das Bild dagegen kann mühelos Raum und Zeit überspringen. Auch das oben genannte Steinbruch-Beispiel des Schliemann-Hörspiels arbeitet mit dieser Qualität und Ungleichzeitigkeit.

Es ist eine häufig genutzte musikfilmische Methode: Ein Pop- oder Klassik-Konzert z. B. ist zunächst auf der Bühne zu sehen, dann schneidet man weg, zu Menschen, die vielleicht hinter der Bühne das Pausenbuffet anrichten oder Kulissen schieben oder im Rückblick die Show aufbauen, aber die Musik erklingt ungeschnitten weiter und transportiert die Stimmung und die Gefühle, die sie auslöst.

Bruno Monsaingeon arbeitet übrigens sprachlich ausschließlich mit O-Tönen, Original-Zitaten und Interviewaussagen. Eigenen zusätzlichen Text lehnt er rigoros ab, sagt, solche Filmemacher seien nur zu faul, sich die Mühe zu machen, aus den O- und Off-Tönen eine fortlaufende Erzählung zu gestalten. Außerdem schreibe eigener Off-Text den Zuschauern unzulässig vor, was sie zu denken hätten.

O-Ton-Features, Filme ohne eigenen Text, sind sicherlich die hohe Schule und schwierig hinzukommen. Es geht auch nicht immer. Filme über Neue Musik oder etwa „undercover" gedrehtes Material halte ich ohne erklärenden Off-Text für schier unmöglich. Unabhängig vom Thema brauchen die normale menschliche

Sprache und die Filmbilder auch ihre Zeit, bis etwas verständlich wird, und ausreichend Zeit fehlt oft bei den vorgegebenen und knapper werdenden Längen der Fernsehformate. Der überlegte Off-Text kann dagegen knapp und präzise sein. Er muss nicht bewerten, kann ganz sachlich die Informationen bieten, die zum Verständnis nötig sind, etwa die Absicht eines Komponisten Neuer Musik, dann spricht das im Film vorgestellte Ergebnis für sich und lässt das Urteil frei. Gut Texten zum Film ist eine vernachlässigte Kunst; man kann sich bisweilen ärgern, auch über den mitunter gottgleichen allwissenden Ton oder den ironischen Zungenschlag von oben herab. Da legt der Autor Wertungen nahe, ohne offen vom urteilenden Subjekt, dem Ich, zu sprechen. Auch die Wahl der Sprecherstimme, ob gewichtig-hart oder eher feuilletonistisch-weich, will gut bedacht sein. Aber diese Dinge gelten für den Film allgemein, sind kein Spezifikum des Musikfilms.

36.4 Spezialfall Konzertaufnahme und Probenmitschnitt, Orchester- und Klavieraufnahmen

Bei vielen Festivals treten die unterschiedlichsten Ensembles auf: Rock-, Pop-, Jazz-Gruppen, Solisten, Duos, Trios, Quartette, Chöre, Orchester, Opernensembles oder Multimedia-Veranstalter. Obwohl reine Konzertaufzeichnungen hier nicht zum Musikfilm zählen, kommt man bei Festivalberichten nicht umhin, auch Aufführungen zu zeigen, vom Solisten bis zum Großensemble. Das stellt einen vor schier unlösbare Herausforderungen, und ist häufig nur mit Kompromissen machbar – die natürlich nicht als solche deutlich werden sollen.

Dokumentarfilmer arbeiten in der Regel mit einer Kamera und für Konzertaufnahmen auch mal mit zwei. In seltenen Ausnahmefällen vielleicht mit einer dritten; meist ist das aber schon im Budget nicht mehr drin. Aber nie wird ein Dokumentarfilmer bis zu 12 Kameras inklusive Kamerakran einsetzen können, mit Übertragungswagen und Bildregie vor Ort, wie sie heute bei hochwertigen Aufzeichnungen von Orchestern üblich geworden sind. Dazu die komplette Mikrofonierung vielleicht eines ganzen Orchesters, eventuell noch extra Licht mit Traversen an der Decke, wenn die Bühnenbeleuchtung nicht ausreicht und die Musiker ins Dunkel absaufen – das ist rasch ein paar 10.000 € teuer und somit schlicht nicht möglich. Es wäre auch unverhältnismäßig, zumal wir ja höchstens zwei bis drei Minuten zeigen wollen in unserem Gesamtfilm, eben entscheidende musikalische Schlüsselstellen.

Bei Rock, Pop, Jazz hat man diese Probleme i. d. R. nicht, da die Bands selbst für Mikros, Verstärker, Licht sorgen. Aus dem Mischpult kann man dann mit einem einzigen Kabel die Tonsumme abgreifen. Auch unsere zwei Kameras reichen da hin, es sind ja überschaubare Gruppen. Wenn die Veranstaltungen fürs Radio aufgenommen werden, hat man gewonnen, zumindest, was den Ton betrifft. Für das Licht kann man notfalls selbst noch drei Scheinwerfer organisieren, oder der Veranstalter steuert noch etwas bei. Was aber mache ich mit meinen lächerlichen zwei Kameras, bei 100 Orchestermusikern? Es gibt verschiedene Lösungen. Eine Kamera muss immer versteckt mitten ins Orchester oder dahinter, mit Blick auf den Dirigenten. Das ist eine sichere Bank. Im Notfall geht es auch von der Seite, damit man ihn wenigstens im Profil sieht. Die zweite Kamera macht Totalen, Instrumentengruppen, Schwenks usw. Klar ist auch hier: Je mehr man vorher weiß, worauf es ankommt in dem Stück, umso gezielter fokussierbar sind die Instrumente. Die zweite Kamera sollte immer einen etwas erhöhten Blickwinkel haben, über das Orchester schauen können; von einer Empore oder von einem extra aufgebauten Podest mindestens auf Bühnenhöhe, seitlich stehend, damit man dem Publikum nicht den Blick versperrt. **Wenn man einen weiteren Durchgang des Stücks in den Proben filmen kann,** mit anderen Perspektiven, sogar mitten im Orchester, hat man bessere Karten. Großaufnahmen von Einzelinstrumenten, verschiedene Instrumenten-, Melodie- oder Schlagzeuggruppen, die wichtig sind für den musikalischen Verlauf. Für Großaufnahmen kann man auch noch einzelne Musiker bitten, in der Pause oder nach der Aufführung kurz da zu bleiben, um gezielt weiteres Bild- und Schnittmaterial zu sammeln. Das Problem hier ist allerdings die Kleidung. Bei Proben haben die Musiker ja keinen schwarzen Frack an wie bei den Aufnahmen abends. Aber meistens klappt der Zusammenschnitt im Endfilm oft besser als befürchtet, und gutwillige Orchester sind auch bereit, wenigstens in der Generalprobe schon das Konzertkleid anzuziehen, sodass kein Mensch mehr merkt, dass wir zwei verschiedene Durchgänge vermischt haben. Auch Rock- und Jazzmusiker gehen i. d. R. gern auf solche Kleiderwünsche ein, man muss es ihnen nur erklären, denn von diesen Spezialitäten des (Musik-)Filmgeschäfts wissen sie ja in der Regel nichts.

Für Konzert- und Proben-Aufnahmen muss sich der Filmemacher auch auseinandersetzen mit der richtigen Art, Instrumente und Musiker aufzunehmen. Welcher Bildausschnitt ist der richtige, wo stelle ich die Kamera am besten hin? Mache ich zur Sicherheit immer Totalen (Gesamtübersicht) vom gesamten Klangapparat? Wie wild zeige ich dagegen ein Popkonzert? Wie anders einen Meisterkurs? Welche Einstellungen sind am besten geeignet für einen Klavierabend, den Konzertflügel, die Geige, das Violoncello, die Oboe, das Quartett? Wie nah darf ich Sänger aufnehmen? Mit der Kamera „in die Mandeln kriechen", wie das die Kammersängerin Elisabeth Schwarzkopf mal formulierte? Die erwähnten Mikrofone und Notenständer stehen übrigens garantiert störend im Bild.

Beispiel Konzertflügel

Beim Konzertflügel gibt es vier *klassische* Einstellungen, vom Stativ aus gedreht, bei denen man beide Hände des Pianisten sieht:

- in der Verlängerung der Tastatur leicht erhöht auf die Tasten und Hände blickend.
- in einem Winkel zur Tastatur, bei dem über die Spiegelung im schwarzen Lack die zweite Hand sichtbar wird, Position ebenfalls leicht erhöht.
- von unten, in die Handinnenflächen blickend.
- von oben, fixiert an der Decke.
- der Blick über die Saiten ins Gesicht des Pianisten.

Die letzte Position ist neutral, (fast) immer asynchron einschneidbar, da man nicht sieht, was die Hände tun. Diese Einstellung fällt aber bereits wieder flach bei einem Duo- oder Trio-Abend, wenn die Pianisten mit Noten spielen, die das Gesicht verdecken.

Außer der vierten Einstellung (von oben) kann man alle anderen im Konzert nicht machen. Pianist und Publikum würden einen sofort hinauswerfen. Die einzige seltene Möglichkeit ist, die dem Publikum abgewandte Seite einzunehmen, links vom Pianisten auf der Bühne. Kameramann ganz in Schwarz, Kamera selbst vielleicht unter schwarzem Tuch versteckt, Rotlicht ausgeschaltet. Die unbefriedigende Regel aber ist: Man darf gerade noch ganz seitlich am Bühnenrand stehen, zu weit im Rücken des Pianisten, der rechte Arm verdeckt die Linke, und es ist zu weit weg für Großaufnahmen seines Spiels. Das ist nur wieder lösbar durch die oben genannten „klassischen" Einstellungen bei einer Probe, bei der der Klavierspieler wiederum bereit ist, den Frack zu tragen. Diese Großaufnahmen kann man dann vermischen mit der genannten seitlichen während des Konzerts, oder gar einem supertotalen Blick mit Publikum von schräg hinten. Dann wird das was. Mit einigem Aufwand, Vorgesprächen, Organisation, Drehzeit bei nur einem einzigen Instrument.◄

Musik ohne Heimat – die „Deutsche Symphonie" von Hanns Eisler (WDR 2010): Über einen Zeitraum von 28 Jahren arbeitete Hanns Eisler an seiner „Deutschen Symphonie", die erst 1959 in Ostberlin uraufgeführt wurde. Er verwendete

Texte von Bertolt Brecht und wob Lieder der Arbeiterbewegung in eine locker
gefügte Zwölftonstruktur. Eisler schreibt:

> [...] ich bin gegen die schlechten Komponisten, die Dummheiten, Schwulst, Dreck und
> Schwindeleien in der Musik ausüben. Ich bekämpfe das seit 1918. Heute ist 1961. Ich
> gebe zu, ich bin besiegt worden. (Hanns Eisler: *Gespräche mit Hans Bunge „Fragen
> Sie mehr über Brecht."* Gesammelte Werke, Serie III, Bd 7. VEB Deutscher Verlag
> für Musik, Leipzig 1975, S. 192).

Nach seiner Rückkehr aus dem amerikanischen Exil suchte Hanns Eisler in der
DDR eine neue Heimat – gefunden hat sie der ewig Unbeugsame freilich nicht.

Bei der „MusikTriennale Köln 2010" brachte die Hochschule für Musik und
Tanz Köln das eindrucksvolle Werk zur Aufführung. Die Regisseurin, Komponis-
tin und Videokünstlerin Ellen Fellmann stellt in ihrem Film „Musik ohne Heimat"
(60 Min., Ellen Fellmann, WDR 2010) die „Deutsche Symphonie" in einer ausgefeilten konzeptionellen Konzert- und Probenaufzeichnung vor, ergänzt durch
Interviews und stilisierte Visualisierungen. Die Beteiligten, sowie Wissenschaftler und Zeitzeugen beleuchten das Werk, das größtenteils im Exil entstanden ist.
Dabei setzt sich die Filmemacherin im besten Sinne zwischen alle Stühle, arbeitet
mit vielen verschiedenen Stilen und Bildideen. In einem Satz gibt es z. B. zwei
Sänger, die sie nicht frontal aufnimmt wie üblich, sondern im Profil, einen von
links, einen von rechts, sodass sie sich ansingen wie in einem Dialog. Eine sehr
stimmige und überzeugende Wirkung. Ins Fließen kommt ihr Film durch viele
(verfremdete) Fahraufnahmen, die ihre Entsprechung finden in den Steadicam-
Aufnahmen des Orchesters. Eine Steadicam tanzt in langen Bewegungen frei
durchs Orchester und den Chor, kontrastiert von extremen Großaufnahmen etwa
von Violoncello-Saiten mit Bogen, die den Bildfluss scharf unterbrechen. Das
korrespondiert mit der teils *schneidenden* Musik. Fernbediente Remote- und
Flying-Cams mit schrägen Blickwinkeln vervollständigen ein präzises eigenes
optisch-musikalisches Konzept, wie es selten ist im Musikfilm. Ungewöhnlich,
und absolut sehenswert.

36.5 Neue Musik im Fernsehen

Bei Neuer Musik kommen wir vollends ins Spezialitätenkabinett. Raumklang-
konzepte greifen um sich. Das Orchester steht nicht mehr unbedingt kompakt
auf der Bühne; die Musiker sind stattdessen rund um den gesamten Saal verteilt.

Eine Sängerin wandelt durch den Raum. Ein Komponist will wenige Klanginseln, den Saal schwarz verdunkelt, nur Lichtspots auf die singenden Spezialisten des Vokalensembles. Eine räumliche Orientierung ist in der dunklen Nacht nicht mehr möglich. Dafür ein Bild-Konzept zu entwickeln für die einäugige Kamera – da kann eine weitere Nacht draufgehen für eine sinnvolle Bildkonzeption. Es geht. Nur, es sind total andere Blicke als bei klassischen Orchester-Einstellungen. Sie bieten jedoch durchaus reizvolle Aufgaben, passend zur neuen Musik auch optisch Neues zu erobern.

Das Rüstzeug für eine angemessene Übersetzung fürs Auge sind, wie schon einmal betont, Informationen. Vom Komponisten, Dirigenten, Musikern, allen Beteiligten. Worauf kommt es ihnen an, was sind die spezifischen Absichten, Anforderungen, Kontraste zum Üblichen. Dann lässt sich das Kompositionsprinzip, das Wesentliche, Neue herausschälen und in adäquate Bilder gießen. Die Informationen, die dann doch normalerweise in einen hilfreichen Off-Text oder geschickt montierte O-Töne münden, begründen das Film-Bild, sind notwendige Voraussetzungen, um Zuschauer in die Lage zu versetzen zu wissen, was ein Neutöner wollte, und selbst beurteilen zu können, inwieweit das gelungen ist.

Luigi Nono: „Prometeo": Die Glocken der vielen Kirchen in Venedig tönen von nah und von fern, aus allen Himmelsrichtungen, brechen sich an den Fassaden der Palazzi, Wellen glucksen, irgendwo tuckert ein Vaporetto-Boot. Diese unendlich komplexe, abschattierte reale Klangwelt seiner Heimatstadt wollte der Komponist Luigi Nono (1924–1990) in den Konzertsaal bringen. Ein Mittel dazu war wieder die Verteilung der Musiker im ganzen Raum. Das zweite: die Live-Elektronik. Im Moment des Entstehens können Klänge durch superschnelle Rechner wieder zugespielt, verwandelt, und in alle Ecken des Raums verschickt werden. Auch als etwas verzögertes Echo, seine klanglichen Veränderungen und Reflexionen. Daran hatte Nono für sein berühmtes Stück „Prometeo" (Uraufführung 1984) wochenlang getüftelt im Experimentalstudio des SWF in Freiburg. Das Elektroniklabor hat schon für Karlheinz Stockhausen neue Zauberkisten entwickelt, ist weltweit renommiert, wie das IRCAM in Paris, das Forschungsinstitut für Akustik und Musik neben dem Centre Pompidou, einst von Pierre Boulez gegründet, oder wie das „Stanford Center for Computer Research in Music and Acoustics" (CCRMA, genannt „Karma"), wo der Erfinder der Computermusik arbeitete, Max Mathews (1926–2011). In Nonos Stück muss ich neben den Musikern natürlich die zahlreichen Lautsprecher überall zeigen. Aber die flirrenden Klänge sind nicht mehr zu orten, auch nicht für den Live-Zuschauer, schon gar nicht mehr für die Kamera. Zumal oft schon die Ursprungstöne sehr leise, nur noch gehaucht sind. Mit Hilfe von Skizzen, Erläuterungen von Nono selbst, den Elektronikkünstlern und wohlüberlegten Kameraeinstellungen im Raum ist das musikalisch Gewünschte vermittelbar, nicht aber mehr wirklich das komplexe Klangergebnis. Ein ungefährer akustischer Eindruck soll schon noch erklingen, aber über wenige Minuten hinaus sind hier alle Register des Musikfilms erschöpft, und es macht keinen Sinn, eine komplette Aufführung abzubilden.

Der slowenische Komponist Vinko Globokar (geb. 1934) wünschte in seinem Stück „Kaktus unter Strom" gar einmal, dass die Elektroniker die Klänge nach oben schicken, „wie wenn ein Staubsauger sie hochsaugt". Tja. Da hilft nur noch der Off-Text, der sagt, was des Komponisten Ziel ist, wir es aber schlicht nicht zeigen können. Wenn das überhaupt möglich ist, potenziert sich hier die Unsichtbarkeit unseres Gegenstands. Die Elektronik macht die Sache auch sonst nicht gerade leichter. Was nützt es schon, Computerbildschirme abzufilmen, Tastenbefehle, Kabelsalat, wenn ein kleiner Mausklick irrwitzige Klanggewitter auslöst. Nun, immerhin: der Zuschauer erfährt, *dass* die Elektronik beteiligt ist. Eine Information, die der Radiohörer nicht hat. Auch wird die Bedienung immer grafischer, und man kann inzwischen z. B. anschaulich verfolgen, wie ein virtueller Bleistift die Schwingungswellen von Stimmen synthetisiert, bis sie klingen wie eine Kastratenstimme, die es heute ja nicht mehr gibt; so geschehen am IRCAM für den Kinospielfilm „Farinelli", ein legendärer Kastrat, ein Michael Jackson des Barock.

Auch für die herkömmlichen Instrumente schreiben moderne Komponisten oft extreme Spielanweisungen vor, die noch nie gehörte Klänge bewirken; wenn ich jedoch im Konzertsaal oder im Film sehe, wie diese hervorgerufen werden, kann das entscheidend mithelfen zum Verständnis der neuen Musik und ihrer Klänge, und der Faszination, etwas Neuem und Einzigartigem beizuwohnen. Das „Trio for strings" des amerikanischen Komponisten La Monte Young (geb. 1935) dauert über eine dreiviertel Stunde. Während einem Drittel der Zeit herrscht Stille, in der die drei Musiker jedoch angespannt und schier ewig den Bogen halten, knapp über den Saiten, bevor sie wie aus dem Nichts sie wieder berühren, bis zur nächsten angespannten Stille. Oder das radikale Werk „visible music II, nostalgie – Solo für einen Dirigenten" von Dieter Schnebel (1930–2018): Der einzige Musiker dieses KlangSpiels fast ohne Klang ist ein Dirigent. Er, ganz allein, ohne jede Hilfe und ohne Orchester, ist der Solo-Akteur. Es ist gestische Musik, in der es viel zu sehen, aber nur wenig zu hören gibt. An wenigen Stellen werden kurze Fragmente aus sinfonischem Orchesterrepertoire per Lautsprecher leise eingespielt, wie aus nostalgischer Ferne. Oder denken Sie an das berühmte Skandalstück „4.33" von John Cage (1912–1992): Der Pianist setzt sich ans Klavier, die Noten zeigen nichts, er startet die Stoppuhr und sitzt 4 min 33 s still da, ohne eine Taste zu berühren. Aber er benimmt sich wie ein Musik-Aufführender.

Das vermittelt sich keinem Hörer mehr zu Haus vor den Lautsprechern. Ausschließlich durch das Auge bzw. die Kamera wird das überhaupt als Aufführung wahrgenommen und somit zu *Musik*. **Multimedia-Ereignisse** lechzen geradezu nach dem (Kamera-)Auge. Videoprojektionen mit Musik verkoppelt, Leinwände oder Fernseher mit vorgefertigtem Filmmaterial oder Live-Bildern bespielt. Visualisierte Buchstaben eines Gedichts, von Sprechern zerhackt ins Mikro gehämmert, wie es Josef Anton Riedl (1927–2016) auf vier Leinwänden hinter vier Sprechern in „vollicht aust es sa, III" 1992 einmal in Donaueschingen zelebriert hat. Rasch geschnittene Bilder von Schlangen, die eine Maus fressen, Prügelpolizisten und anderen Gewaltszenen vor den Projektionen hauen Schlagzeuger live in die Trommelfelle – so will es der Performance-Künstler Wolfgang Flatz (geb. 1952), der das komponiert hat, immer an der Leine seinen kleinen Hund dabei namens Hitler. Multimedia gibt es inzwischen auch in den Bierzelten auf Volksfesten, wo Live-Videobilder auf Großleinwand Standard geworden sind von Gästen, die zur Musik von der Bühnen-Combo in fortgeschrittenem Zustand auf den Tischen tanzen. Und die moderne Elektro-Musik in der Popkultur synchronisiert ihre Club- und Rave-Events längst mit ekstatischen Laserlicht-Shows. Die Spannbreite ist enorm. Von durchgearbeiteten Klang-Bild-Symphonien, bis zu lediglich optischen Flashs, die Inhaltsleere überdecken. Aber zeigen, was abgeht, kann der Musikfilm immer.

▶   So paradox die Erkenntnis auch ist: Sicher gehört die Neue Musik zum Schwierigsten, manchmal schier gar Unmöglichen für den Musikfilm – aber nirgends sonst ist die Kamera so sinnvoll und wichtig wie bei ihr.

36.6   Popmusik und Pop-Ästhetik im Fernsehen

Ein einzelner DJ lockt 17.000 Leute an – das ist schon einmalig, bei Paul Kalkbrenner aber die Regel. Durch seine Rolle in dem Spielfilm „Berlin Calling" (100 Min., Regie Hannes Stöhr, Prod. Karsten Aurich 2008), der die europäische Hochburg des Techno tragikomisch feiert, wurde er zum populärsten deutschen Elektro-Musiker. Er spielt darin einen Jetset-DJ, der zu viel feiert, Drogen nimmt und am Ende in der Anstalt landet. Der Film „Paul Kalkbrenner 2010 – A Live Documentary" (59 Min, Max Penzel, Prod. Paul Kalkbrenner 2010) soll zeigen, wie sein Leben als DJ wirklich ist. Der schlaksige Mann ist vor seinen ersten großen Auftritten total nervös, hat richtig Angst, dass er die Halle nicht vollkriegt. Sein Manager beruhigt ihn – und behält Recht, die Tour durch

Deutschland, Frankreich, Türkei usw. ist jedes Mal ausverkauft. Sein Sound ist massenattraktiv, melodiös, fließt dahin, wirkt relaxed mit kleinen Ausreißern. Der damals 34-jährige Star ist das Abziehbild eines coolen Technomusikers, kahl-rasiert, Kapuzenshirt, Ray-Ban-Brille, goldene Sneakers, Zigarette, Laptop, die *Ikone einer Generation*. Andererseits reißt der Großverdiener auch mal die Karten ab, fegt nach einem Auftritt den Boden, und erzählt, Besitz mache ihm Angst, er habe nur soviel, wie in ein Taxi passt.

Die Dokumentation enthält die notwendigen Ingredienzien, Backstage-Szenen, Interviews, die Menschen um ihn herum, Bruder, Freundin, Manager. Dazu kurze Mitschnitte der Live-Acts, die nicht daran darben, dass nur elektroni-sches Equipment dasteht, von dem man nicht weiß, wie die Klänge entstehen, sondern bei denen das Auge geradezu baden kann in den Laserlichtstrahlen, wechselnden Farben und den Projektionen der zuckenden Frequenzbalken auf Großleinwänden rund um die Hallen, und europaweit immer tobendes, tanzendes Publikum. Doch insgesamt wirkt es fad; der DJ auf dem Weg zum Veran-staltungsort, kurze Backstage-Szene, Aufbau in leeren Hallen, dann Auftritt, Ausschnitt, der Weg zum Hotel, ein paar Stadtbilder, im Flieger, auf Flughä-fen. Die Machart erinnert an nicht so tiefschürfende MTV- und VIVA-Dokus, bekannt aus dem Internet und von VJ-Filmen: Draufhalten, egal, ob es fast dauernd unscharf ist, schnell schwenken und zoomen, Kameralicht zum Aufhel-len, und hinterher die Geschichte, bös gesagt, einfach zusammenhacken, bis sie inhaltlich soweit aneinanderpasst. Keine Spur von klassischer Bildgestaltung und klassischem Schnitt, der z. B. auf Anschlüsse achtet oder darauf, keine Totalen aneinander zu schneiden, sondern Einstellungsgrößen wechselt, Großaufnahme auf Totale und umgekehrt. Dann noch mit Effektblenden aufpeppen, mit Bild-teilung und elektronischen Animationen, meistens den Elektro-Sound unter die Bilder legen, vor allem, wenn O-Töne der Menschen fehlen. Der Ton ist bei den VJ-Kameras immer noch die große Schwachstelle (außer bei den Interviews, mit zwei Kameras vom Stativ gedreht und gutem Ton). Aber das alles passt auch wie-derum zum Gegenstand, der Technomusik, der Clubkultur, den Raves; die heutige Pop-Ästhetik.

Ein Paradebeispiel für eine Pop-Ästhetik bei Klassik ist die Dokumenta-tion über den chinesischen Pianisten und Popstar der klassischen Musik „Lang Lang – aus dem Leben eines Virtuosen" (45 Min., Thomas Grube, Boomtown Media/Sony Classical/ZDF, 2011). Der Film ist im Grunde ein gigantischer Video-Clip, mit bis zu 30 Schnitten pro Minute! Ein irrwitziges Bildgewitter, pas-send zum rasanten JetSet-Leben des glamourösen Boulevard- und Klassik-Stars, übrigens vom preisgekrönten Filmemacher Thomas Grube („Rhythm is it!") selbst geschnitten. Was dem Werk Tiefgang verleiht, sind die erstaunlich offenen, vertrauensvollen Aussagen des Künstlers, seiner Eltern und Lehrer – im Kontrast zum sonstigen Bilderrausch klar quadrierte Zuhör- und Ruhepausen.

Der Vorteil der kleinen Amateur- und semiprofessionellen Kameras oder Smartphones, die sich inzwischen jeder kaufen kann auch in HD-Qualität: Man kommt in die verborgensten Ecken, *undercover* gedrehte Filme werden möglich (wie in der *Verbotenen Stadt*) oder die fast intimen Beobachtungen bei einem Meisterkurs von György Kurtág (geb. 1926), die laut Regisseur mit normalen Profikameras nie möglich gewesen wären („György Kurtág – Die Töne müssen im Gedächtnis bleiben", 47 Min, János Darvas, Metropolitan 2000). Die oft *schmutzig* genannte Machart hat längst auch Eingang gefunden ins Fernsehen. Schlechte Wackelbilder, vielleicht noch in Schwarzweiß, gelten mancherorts gar immer noch als Inbegriff des *Authentischen.*

Wir haben den Internet-Filmen und der Internet-Ästhetik auch neue Formen zu verdanken. Die Sendung „ARTE Lounge" war so eine Neuentwicklung, allerdings professionell mit viel Handkamera gedreht. Classic goes clubbing. Monatlich wurden Stars der Klassik, Newcomer oder Nischenkönner Late Night in einen Club eingeladen, auf eine kleine Bühne mitten im Raum, und das Volk sitzt oder steht auf dem Boden hautnah um sie herum oder lehnt mit einem Drink an der Bar. Die Moderatoren kündigen die Gäste an wie Animateure, führen launige Gespräche vor oder nach einem Auftritt. Eine vollkommen andere Atmosphäre als in einem antiseptischen Fernsehstudio.

Vergleichbar locker und mit Musikern als Gastgeber tritt das Magazin „KlickKlack, Das Musikmagazin mit Sol Gabetta und Martin Grubinger" von BR-Klassik auf, ähnlich die Sendung „Sweet Spot", ebenfalls auf BR-Klassik, die eine richtig schräge Internet-Ausgabe anbietet, „Das Verhör", in wechselnden Künstler-Ateliers oder draußen an der Isar, die Bilder einer Profi- und einer Mini-Cam wild gemischt. In „Annettes Daschsalon" (ZDFkultur/3sat) begrüßt die Sopranistin gleichen Namens seit 2008 regelmäßig Gäste und Publikum zu ihrem zwischen Liederabend und Talkshow angesiedelten Salon, eine lebendige neue heutige Form. Fernsehen und Netzkultur führen auch neue Formate wie „ARTE Creative" und „ARTE Live Web Pop" zusammen.

36.7 Besonderheiten des Musikfilms und der Musikdokumentation

Einige Spezialitäten des Gegenstands Musik im Film haben wir in den bisherigen Abschnitten behandelt. Ihre eigentliche Unsichtbarkeit und die Folgen, Art und Ausschnitt bei Aufnahmen von Instrumenten, dem Klavier, dem schwitzenden Musiker, dem Dirigenten. Welch entzaubernde Wirkung es haben kann, wenn die Kamera einem Opernsänger zu nahetritt und man die fette Bühnenschminke sieht. Der mitunter enorme Aufwand für Licht und die Mikrofonierung, die dann auch noch im Bild stört.

Was verändert sich außerdem noch durch den Gegenstand Musik im Film? Die Musik gibt die Stimmung meines Films vor. Ich kann nicht, wie im Spielfilm oder bei Off-Musik von CD, frei wählen, welche Stimmung und unterschwellige Wirkung ich erreichen möchte. Sie hat bestimmte Einheiten, Phrasen, Melodiebögen, bei denen man nicht einfach wegschneiden kann. Sie gibt also bestimmte Längen vor, die vielleicht optisch nicht immer tragen, die man in einem Normal-Film längst weggeschnitten hätte.

Musik im On: Sie verlangt Synchronität. Off-Musik von CD kann man beliebig verschieben oder anlegen. Musik im On, im Bild, nicht. Selbst wenn sie ins Off gelegt wird, ist ja vorgegeben, wie es weiterklingt, bis die Phrase zu Ende ist, ob man dann schnell oder langsam ausblenden muss. Oder schneiden. Jedoch: Musikschnitte sind heikel, jede Ungenauigkeit ist sofort hörbar. Die kleinste Schneide-Einheit bei 25 Film-Bildern pro Sekunde ist ein Einzelbild, das sind 25 Millisekunden. Musik klingt aber oft länger aus, schwingt hinein in den neuen Klang, den man nicht mehr brauchen kann. Allerdings bieten rechnergesteuerte Ton-Mischpulte heute Auf- oder Abblenden weit unter 25 Millisekunden, es wirkt dann aber vielleicht trotzdem abgerissen. Beim Bildschnitt auf die Impulse der Musik, sogenannten Musik-Montagen, wirkt es organischer und eleganter, wenn man den Bildrhythmus variiert, auch auf leichte Taktteile den Bildwechsel legt, nicht starr immer auf die Eins schneidet.

Zur Genauigkeit ein kleiner Trost: Daniel Levithin, Musikforscher am erwähnten CCRMA in Stanford und Produzent vieler (Goldener) Schallplatten für Stevie Wonder, hat herausgefunden, dass eine Ungenauigkeit von bis zu 40 Millisekunden noch nicht hörbar ist, ja im Gegenteil sogar lebendig wirkt, beispielsweise beim Einsatz eines hundertköpfigen Orchesters. Deshalb programmiert man auch Musikcomputern inzwischen eine gewisse Schlampigkeit ein, damit sie nicht mehr so steril klingen, etwa beim Komponier-System „Band in a box" („Können Computer komponieren? Computermusik weltweit", 60 Min., Syrthos J. Dreher, SWR, 2000).

Schnittbilder, also nicht-synchrone Großaufnahmen, um von einer totaleren Einstellung elegant wegzuschneiden, sind bei Musik oft schwieriger zu finden als z. B. bei technischen Vorgängen mit Tausenden von Details. Das bietet sich wenig an: Bei Streichern das Gesicht (man sieht ja dann den Bogen nicht). Bei Pianisten das Gesicht über den Flügel hinweg, oder Spiegelungen der Saiten im schwarzen

Lack, das Pedal. Manchmal sind persönliche Gegenstände auf den Notenständern ganz witzig. Zuhörendes Publikum geht natürlich auch. Lenkt aber vielleicht auch ab. Oder als Zwischenschnitt ein Blick auf die Noten. Aber, wer kann schon Noten lesen? Nur ein kleiner Teil unseres potenziellen Publikums, das wir im Übrigen sowieso nicht kennen. Es gibt völlig verschiedene Publika, vom Musikexperten bis zum interessierten Laien, mit ganz unterschiedlichen Kenntnissen und Präferenzen, für Klassik, für Pop, für Volksmusik oder Operette. Somit ist kaum kalkulierbar, bei wem unsere Angebote überhaupt ankommen. Wenn wir uns dennoch für Notenbilder entscheiden, was nehmen wir dann auf? Stimmgruppen? Einzelstimmen? In Groß? Dann sieht man nicht viel, also muss man schwenken. Oder hebt man die gewünschte Linie mit Licht hervor? Oder zeigen wir eine Partitur total? Dann ist überhaupt nichts mehr zu erkennen, außer ihre schiere Größe, wie bei den manchmal riesigen Partituren in der Neuen Musik. Fragen über Fragen. Für den Filmemacher allerdings ist es zwingend erforderlich, dass er wenigstens einigermaßen Partituren lesen kann. Wie soll er sonst auswählen, an welcher Stelle welche Instrumente und Musiker zu zeigen sind, vor allem bei Orchestern.

Aufzeichnungen mit zwei oder mehreren Kameras werden von Musik-Regisseuren vorab komplett an Hand der Partitur durchgearbeitet und taktgenaue Schnittpläne erstellt: wann welche Kamera mit welchem Ausschnitt welche Instrumente aufnimmt.

36.8 Mehrwert durch Internet, neue Vertriebswege, Finanzen

In einer Verbreitung übers Internet können Hintergrundinformationen jeden Film ergänzen, mit konzeptionellen Überlegungen, Entstehungsgeschichten, Widrigkeiten bei den Dreharbeiten, Interviews mit den Machern, Wiederholungsdaten, Verlinkungen, und oft sogar mit Video-Podcasts der Filme oder zumindest Trailern.

Außerdem bietet das Internet neue Arbeitsmöglichkeiten. Es gibt kaum mehr Musikfirmen und -institutionen, die nicht Videos für ihre Homepage machen (lassen). Opern- und Festspielhäuser, Konzertveranstalter, Plattenfirmen, Musikensembles, nmz, HiFi-, Pop- und Klassikmagazine, alle bieten Internet-Videos, ein bis fünf Minuten lang, als Arbeitsbericht, Vorankündigung, Rückblick, Clip, und natürlich zur Eigenwerbung. Die „Berliner Philharmoniker" haben seit 2008 sogar eine eigene „Digital Concert Hall", die ausschließlich fürs World Wide Web ihre Konzerte live überträgt oder im Archiv verfügbar hält. Die TV-Aufnahmen werden mit mehreren Kameras von wechselnden Crews gemacht, teils mit festen, teils mit beweglichen, ferngesteuerten Kameras. Die Millionen-Investitionen rechnen sich noch nicht, aber die Zahl der Abonnenten auf der ganzen Welt steigt ständig.

Das Internet eröffnet außerdem neue Vertriebswege für Dokumentarfilme, auch aus dem Musikbereich, etwa die Plattform www.onlinefilm.org. Und der Nutzer hat den Vorteil, Filme zu jeder beliebigen Zeit anschauen zu können – soweit die Musikrechte es zulassen, also ganz nach persönlichem Gusto, unabhängig von den Sendezeiten. Dokumentationen und Musikfilme laufen zwar im linearen Programm meist erst um Mitternacht, in den Dritten kommen sie mal da, mal dort auch mal früher. Verlässliche Sendeplätze mit ambitioniertem Musik-Programm findet man eigentlich nur bei 3sat und ARTE. Seit es sie gibt, machen Mediatheken der Sender wie z. B. „ARTE Concert" oder die ARD-, ZDF- oder 3sat-Mediathek unabhängig von Sendezeiten für einen zulässigen Zeitraum.

Geld und Rechte: Heutzutage ist es üblich, aus Kostengründen ohne Proben aufzuzeichnen. Eine Aufzeichnung mit bis zu 12 Kameras, Kran und Ü-Wagen beginnt in der Regel bei einer halben Million und mehr. Eventuell geht es auch günstiger. Damit sind wir also beim lieben Geld. Musikfilme gehören aufgrund des notwendigen beschriebenen Aufwands zu den teureren Filmen. Sie kosten mindestens das Doppelte z. B. eines Nachrichtenfilms, und reichen bis zu den Kosten von aufwendigen Politmagazinen. Wenn dann noch Rechtekosten dazukommen, die das Übliche überschreiten, ist die Summe nach oben sperrangelweit offen. Ein Star will seine Gage für den Dreh. Und, auch der Musikverlag, das Orchester, der Produzent, die Erben bei Archivausschnitten, wollen honoriert werden. Dazu kommen die GVL-Kosten für die Aufführungsrechte. Daher sind viele Musikfilme heute nur noch als internationale Koproduktionen möglich, mit mehreren Geldgebern. Im Kern deutsche Produzenten und englische, französische, japanische, kanadische, manchmal auch italienische, schweizerische oder skandinavische Sender. Dazu kommen Filmförderung, Archiv-, EU- und Stiftungsgelder.

Das meistbenutzte Argument, Budget und Sendeplätze für Musikproduktionen zu streichen, sind hohe Kosten und zu geringe Quoten. Bei all den Hürden, muss man im Grunde feststellen, entstehen sogar noch erstaunlich viele Musikfilme, und auch gute.

Der Weg zum eigenen Musikfilm: Für jedes Filmprojekt sollte man sich rechtzeitig Partner suchen, was die Finanzierung angeht, aber auch schon mögliche Formen der Veröffentlichung (z. B. Ausstrahlung in öffentlich-rechtliches oder privates Fernsehprogramm, ggf. Zweitverwertung auf DVD oder auf Onlineportal bzw. in Mediathek. Als Arbeitsgrundlage für diese Absprachen, für die

Projektplanung und um den Überblick zu behalten, was schon abgedreht ist bzw. noch zu drehen ist, dienen eine Reihe von Dokumenten. Wenn man einer Redaktion die Erstellung eines Musikfilms anbieten möchte, sollte man entsprechend aussagekräftige Dokumente für die Prüfung beilegen. Siehe dazu Kap. 46.

„Arturo Benedetti Michelangeli: Auf der Suche nach dem Absoluten": [Ergänzung des Herausgebers]. Langfristig angelegte Filmprojekte können auch zu einem Lebensthema werden. Exemplarisch hierfür steht der letzte Musikfilm des Autors dieses Artikels. Über fast vier Jahrzehnte hat sich Syrthos J. Dreher auf die Spuren des legendären Pianisten Arturo Benedetti Michelangeli, kurz „ABM", begeben, Personen aus dem Umfeld des publikumsscheuen Künstlers recherchiert und befragt, umfangreiche Filmmaterialien und Dokumente gesammelt. Es blieb ihm noch die Zeit, den Rohschnitt des Films „Ein unfassbarer Pianist – Arturo Benedetti Michelangeli", seinem Lebenswerk, zu erstellen. Vollenden konnte er ihn leider nicht mehr selbst (SWR/ARTE 2019). Auch die Veröffentlichung seines umfangreichen Artikels konnte er leider nicht mehr erleben.

36.9   Besonderheiten der Musikdokumentation

Der Musikwissenschaftler Michael Custodis hat „Typologische Bemerkungen" zu den Besonderheiten der Musikdokumentation gemacht. Sie enthalten so viel Substanzielles, dass sie in diesem Überblick nicht fehlen dürfen.[3]

Custodis schält nach Prämissen (1.) aus der Vielfalt der Musikfilme die ähnlichen, ja *typischen* Erzählweisen und Elemente heraus:

2. „Experten" aus Wissenschaft, Forschung, auch Musiker selbst, sind ein beliebtes Mittel im Musikfilm, um das Nichtstoffliche der Musik darzustellen, einzuordnen, zu erläutern.

3. „Bebilderung von Musik": Hier weist Custodis hin auf das historische und außermusikalische Bildmaterial, auch aus dem Privaten, das mit der Musik des Films unterlegt wird. Dazu zählt er auch die Aufnahmen des Dirigenten, dessen Körpersprache die Dramatik, Verhaltenheit, Dynamik der Musik unterstreicht. Auch die oben beschriebene kritische Situation bei „Metallica" gehört für ihn zu dieser Kategorie, zeigt sie doch, wie intime Momente öffentlich werden, was Konzertaufnahmen vor 50.000 Menschen noch eindringlicher, noch emotionaler macht.

---

[3] Michael Custodis, die Musikdokumentation. Typologische Bemerkungen, in: Peter Moormann (Hg.): Musik im Fernsehen. Sendeformen und Gestaltungsprinzipien (Wiesbaden: Springer VS 2010), S. 67–82.

4. „**Backstage**"-Bilder sind seiner Analyse nach fast immer mit dabei. Die Könner, Ausnahmetalente und Künstler will man gerne privat kennenlernen und erleben. Einer Persönlichkeit nahekommen, ihre Lebensprinzipien kennenlernen, auch hinter den Kulissen, und ihre Art zu arbeiten, das Entstehen eines Auftritts.

5. „**Biographik**": Biografisches von Künstlern und in Porträts fließt ein zur hoffentlich erhellenden Erklärung von Sichtweisen, Verhalten, Interpretationen und Begründungen des Handelns bzw. Musizierens oder Komponierens. Das Biografische kann auch enthalten sein in der Begleitung des Lebensweges, des Entstehungsprozesses; wie bei „Rhythm is it!": Schlimme Jugenderlebnisse werden zur Erklärung des Engagements für benachteiligte Jugendliche, wie bei dem Tanz-Choreographen. Die früheren Erfahrungen des Dirigenten begründen sein Engagement für das Tanzprojekt.

6. „**Magie des Werks**": Sie wirkt sich aus auf ergriffene Zuhörer, engagierte Organisatoren und Beteiligte. Großaufnahmen zeigen die Zwiesprache des Künstlers mit dem Werk, auch in Proben oder bei Aussagen zur persönlichen Faszination, die physische und psychische Verarbeitung, sichtbar als strahlendes oder leidendes Gesicht. Wobei das Mysterium, warum man von Musik ergriffen wird, nie restlos zu klären ist und zugleich ihre Anziehungskraft ausmacht, sodass es ein Geheimnis bleibt. Unter „Magie" fällt für Custodis auch die Bedeutung von Musik für Menschen z. B. im Krieg, mit Bildern von Hunger und Not, wie in dem Film „Shostakovitch against Stalin". Da wird die existenzielle Kraft deutlich, und daher kommt auch die Furcht von Diktatoren vor (politischer) Musik.

7. „**Musik als soziales Medium**": Custodis spricht von der „ungeheuren Bedeutung" von Musik für Menschen in Krisensituationen, woraus auch ihre gesellschaftliche Bedeutung erwächst. Ihre individuelle Bedeutung verwandelt sich in eine kollektive, wie wiederum bei Rattle und den Berliner Philharmonikern in „Rhythm is it!" mit ihren gemeinsam erarbeiteten Synergien. Beschäftigung mit Musik führt zu persönlicher Zufriedenheit und Bewusstheit des Menschen. Das hat Auswirkungen auf sein gesellschaftliches Handeln. Gegenseitiges Zuhören, Reflektieren, Er-Arbeiten, Stärken und Schwächen kennenzulernen, sind grundlegende menschlich-gesellschaftliche Qualitäten. Sie bestimmen auch das Verhältnis des Einzelnen zur Gruppe, des Musikers zum Orchester.

Branchentreff: Solch interessantes analytisches Besteck kann man kennenlernen auf dem wichtigsten Treffen der Branche: dem „Internationalen Fernsehforum für Musik – The Look of the Sound" (Siehe dazu Abschn. 7.3).

Zu guter Letzt: Der Gegenstand Musik ist wunderschön. Ihr tief innerlich Ergreifendes, ihre Schönheit und Abgründe, ihre immaterielle, geheimnisvolle Wirkung wecken die Leidenschaft der Menschen, sie zu ihrem persönlichen und vielfach auch beruflichen Anliegen zu machen. Das Bewusstsein ihrer vielfältigen, geradezu symphonischen Einflussgrößen schärft das Urteilsvermögen von Musikfilmer und Zuschauer gleichermaßen. (Gute) Musikfilme zu machen, gehört sicher zu den anspruchsvollsten Herausforderungen. Aber wenn wir noch einmal die „Magie des Werks" und „Musik als soziales Medium" betonen, ihre persönliche und gesellschaftliche Kraft und Bedeutung, wie sie der Forscher Hans Günther Bastian nach Langzeitstudien zur Hochbegabung in der Musik einst plakativ formuliert hat: „Wer Musik macht, schmeißt keine Bomben!" – da lohnt doch jede Anstrengung. (Interview mit HG Bastian für den Film „Musikalische Wunderkinder", 60 Min., Syrthos J. Dreher, ARTE/ARD 1995).

Literatur

Buchholz, Axel/Katja Schupp (Hg.), Fernseh-Journalismus: Ein Handbuch für TV, Video, Web und mobiles Arbeiten (Journalistische Praxis, Wiesbaden: Springer VS, 10. Aufl. 2020).

Moormann, Peter (Hg.), Musik im Fernsehen. Sendeformen und Gestaltungsprinzipien (Wiesbaden: VS: 2010) (Reihe Musik und Medien Bd. 3).

Heussen, Gregor Alexander, Die Textperson im dokumentarischen Film: Das kreative Werkzeug für fesselnde Filmtexte. Kino – TV – Netz (Journalistische Praxis, Wiesbaden: Springer VS 2020).

Godulla, Alexander/Cornelia Wolf, Digitale Langformen im Journalismus und Corporate Publishing. Scrollytelling – Webdokumentationen – Multimediastorys (Wiesbaden: Springer VS 2017).

Kloppenburg, Josef (Hg.) (2000), Musik multimedial – Filmmusik, Videoclip, Fernsehen. (Laaber: Laaber 2000) (Handbuch der Musik im 20. Jahrhundert, Bd. 11).

Maas, Georg/Achim Schudack, Der Musikfilm: Ein Handbuch für die pädagogische Praxis (Mainz: Schott 2008).

Wehmeier, Rolf, Handbuch Musik im Fernsehen (Regensburg: Con Brio 1995).

Weiterführende Links

https://www.filmdienst.de/suche/filme/ – Datenbank zum „Lexikon des internationalen Films". Enthält Filmkritiken zu Filmen, die seit 1945 in Deutschland zu sehen waren, seit 2004 auch im anmeldepflichtigen „Munzinger-Archiv" online verfügbar.

DVD-Empfehlung

IMZ (Hg.), Music in the Air. Eine Geschichte der Klassischen Musik im Fernsehen. Dokumentation von Reiner E. Moritz (anlässlich 50 Jahre IMZ – International Music + Media
Centre, Wien Arthaus Musik 2012) (DVD, 55 Minuten).

Bewegtbild-Formate fürs Internet

37

Jörg Lohner und Katharina Herkommer

Zusammenfassung

Die Bedeutung von Bewegtbild im Internet hat in den vergangenen Jahren sehr zugenommen. Das Label „nmzMedia", die Bewegtbild-Abteilung der „neuen musikzeitung" (nmz), produziert seine Filme vor allem für diesen Ausspielweg. Die Entstehung eines dokumentarischen Web-Videos im Musikbereich von der Idee bis zur fertigen Produktion wird anhand eines konkreten Film-Beispiels vorgestellt. Behandelt werden dabei sowohl inhaltliche als auch produktionstechnische und organisatorische Aspekte.

Schlüsselwörter

Bewegtbild • Dokumentarfilm • Auftragsproduktion • Kurze Filmformate • Webformate • Drehplanung • Filmproduktion • Postproduction

Der Siegeszug des Bewegtbilds im Internet: War das Internet Mitte der 1990er noch auf den Austausch bloßer Textinformationen und stark komprimierter Bilder beschränkt, so kam bereits wenige Jahre später die Musik ins Netz. Mit

Elektronisches Zusatzmaterial Die Online-Version dieses Artikels (https://doi.org/10.1007/978-3-658-32476-6_37) enthält zusätzliches Material, das für autorisierte Benutzer zugänglich ist. Diese Videos können mit dem SN More angesehen werden. Medien-App. Öffnen Sie die App, scannen Sie das Foto mit Ihrem Mobiltelefon mit dem "Play"-Symbol, und das Video wird abgespielt.

J. Lohner (✉) · K. Herkommer
nmzMedia, Regensburg, Deutschland
E-Mail: info@musik-journalismus.de

Erfindung des mp3-Formats waren erstmals übertragbare Größen für Audiodateien erreicht. Seit Längerem ist nun aber auch das Bewegtbild fester Bestandteil der Internetlandschaft. Video-Plattformen wie YouTube ermöglichen mittlerweile Streams in hochauflösenden Formaten und die Sozialen Netzwerke wie Facebook oder Instagram bauen die Einbindung von Videos kontinuierlich aus. Die meisten Fernsehanstalten senden ihr Programm als Livestream im Internet und bieten viele ihrer Sendungen als Video-on-Demand in eigenen Mediatheken an. Auch bei den Webauftritten beinahe aller Zeitungen und Zeitschriften stößt man auf Filmbeiträge, die die fürs Web aufbereiteten Print-Artikel und Fotos ergänzen. Diese Entwicklung gilt auch für den Kulturbereich: Öffentliche und private Institutionen machen – ob als Vorankündigung oder als Videoberichterstattung im Anschluss an die entsprechenden Veranstaltungen – immer öfter durch Videoclips auf besondere Aktionen und Themenschwerpunkte aufmerksam; Konzert- und Opernhäuser setzen zur Werbung für ihr Programm neben Anzeigen oder Zeitungsbeilagen heute zunehmend auf eigens produzierte Filme für ihren Online-Auftritt. Kurz – aus dem World Wide Web ist das Bewegtbild nicht mehr wegzudenken.

Schnelle Internetverbindungen sowie effizientere Komprimierung sind die Voraussetzungen für besseres Streaming von Videodateien. Aber auch auf der Seite der neuen Filmproduzenten ist der technische Fortschritt enorm: Jedes Smartphone und jeder digitale Fotoapparat verfügt inzwischen über einen Video-Aufnahmemodus, einfache Schnittsoftware ist für Computer und mobile Endgeräte als Freeware erhältlich und auch weitaus professionelleres Equipment ist heute nicht mehr nur für große Firmen und Fernsehanstalten erschwinglich.

Die zunehmende Bedeutung von Filmen im Netz ist sicher auch den vielseitigen Möglichkeiten selbst geschuldet, die das Internet zur Aufbereitung und Darstellung von Inhalten jeder Art bietet. Ein Thema kann in einem Web-Dossier durch die Kombination mehrerer medialer Darstellungsformen auf unterschiedliche Weise aufbereitet, Schwerpunkte können in den verschiedenen gleichbedeutenden Medien gezielt gesetzt werden. Den Wechsel zwischen den Erscheinungsformen vollzieht der User dabei im Idealfall unbewusst, auf jeden Fall aber völlig unproblematisch. Eine umfangreiche Berichterstattung wird so nicht nur abwechslungsreicher und optisch ansprechender: Gerade, was musikspezifische Inhalte betrifft, liegt der Vorteil einer crossmedialen Aufbereitung darin, dass durch den durchdachten Einsatz von Text, Bild, Audio und Bewegtbild alle Inhalte in der für sie sinnvollsten und damit für den User ergiebigsten Weise präsentiert werden können. Für das Bewegtbild heißt das konkret: Es gibt Bereiche, in denen der Film bereits dadurch, dass er im Normalfall sowohl Bild als auch Ton transportiert, einen erheblichen Mehrwert an Information liefern kann als jede der anderen Aufbereitungsformen für sich genommen. So ist insbesondere

Abb. 37.1 Kirsten Reeses „Neglou" bei den Donaueschinger Musiktagen 2019 (https://www.nmz.de/media/video/donaueschinger-musiktage-2019-freitag). (Quelle: nmz-Media Herkommer/Lohner) (▶ https://doi.org/10.1007/000-2wj)

die Neue Musik ein Feld, wo visuelle und performative Elemente das akustische Erlebnis oft nicht nur ergänzen, sondern gleichbedeutend neben ihr stehen. Eine Performance wie etwa Kirsten Reeses „Neglou" bei den Donaueschinger Musiktagen 2019, bei der Musiker in einem Schwimmbad Trompetenklänge über und unter Wasser erklingen lassen, kann in ihrer Gesamtheit wohl kaum durch einen Audiobeitrag oder Fotografien erfasst werden (siehe Abb. 37.1).

Die „neue musikzeitung" (nmz) hat die Vorteile der multimedialen Berichterstattung bereits früh erkannt und für sich zu nutzen gewusst. Schon 1997 startete sie ihren Online-Auftritt. Um 2005 kamen erste filmische Inhalte hinzu, aus denen sich kurz darauf die eigene Bewegtbildabteilung „nmzMedia" gründete. Seit 2005 veröffentlicht die nmz unter diesem Label auf ihrer Homepage Konzertmitschnitte und Podiumsdiskussionen, Premierenberichte und Projektvorstellungen, Komponisten- und Musikerporträts und berichtet tagesaktuell in Blogvideos von großen Veranstaltungen – alles in den Bereichen Musik und Kulturpolitik. Daraus entwickelt haben sich im Laufe der Zeit zahlreiche Auftragsproduktionen für verschiedene Musikinstitutionen sowie die Zusammenarbeit mit öffentlich-rechtlichen Fernsehanstalten.

Das EB-Team (EB = Einsatzteam für die „elektronische Berichterstattung") ist der Standard für die Produktion von Filmbeiträgen für Nachrichten und Magazine, von Dokumentationen und Reportagen. Im Idealfall besteht das EB-Team aus einer Person an der Kamera und einem Verantwortlichen für die Technik, der vor allem für die Tonaufnahmen zuständig ist. Sie arbeiten mit einem Redakteur/Autor zusammen, der wiederum für das inhaltliche Gesamtkonzept des Films und damit auch beispielsweise für die Interviews verantwortlich ist. Früher war dies die minimale Teamgröße, heute allerdings ist es oft eher die Ausnahme als die Regel. Mehr als zwei Leute beim Dreh für einen kurzen Beitrag gelten mancherorts bereits als Luxus. Sogar Solo-Produktionen, bei denen die Person an der Kamera als VJ (VJ = Videojournalist) ihrem Gegenüber mitsamt geschultertem Equipment selbst die Interviewfragen stellt, sind keine Seltenheit mehr.

Auch wenn man nicht so weit gehen muss, zugunsten der Qualität und angemessener Arbeitsbedingungen ein komplettes Filmteam durch einen einzelnen Menschen zu ersetzen, zeigt dieser Extremfall die Tendenz der letzten Jahre klar auf: Wer in unserer Branche arbeitet, ist heute selten ausschließlich Regisseur, Kamerafrau oder Tontechniker. Jeder im Team ist ein Allrounder, der je nach Bedarf in allen Bereichen eingesetzt werden kann. Diese Arbeitsweise ist auch bei „nmzMedia" Standard. Die meisten Produktionen erfolgen mit zwei Leuten – also je eine Person für Regie und für Kamera, wobei sich letztere auch um den Ton und der Regisseur bei Bedarf um eine zweite Kamera kümmert, was z. B. bei Konzertmitschnitten häufig der Fall ist. Lediglich bei aufwendigeren Produktionen kommen zusätzliche Kameraleute, Tonmeister oder Assistenten hinzu.

Dass sich die früher übliche differenzierte Arbeitsteilung immer weiter zurückentwickelt, gilt nicht nur für die Produktionsphase, die im Verhältnis zum gesamten Entstehungsprozess eines Films meist nur eine kurze Zeitspanne einnimmt. Diese Arbeitsweise betrifft auch alle übrigen Aufgaben, die bis zum Ergebnis eines fertigen Filmbeitrags auszuführen sind. Natürlich ist das oft eng geschnürte finanzielle Korsett – vor allem für Filmprojekte im Kulturbereich – einer der Gründe für diese Tendenz hin zu einer schlanken Produktion. Die vielen ganz unterschiedlichen Anforderungen, die einen Multifunktionsjournalisten in jedem Filmprojekt neu erwarten, gestalten den Beruf andererseits aber erst so enorm abwechslungsreich. Und auch der jeweilige Film kann davon profitieren, wenn der komplette Arbeitsablauf von der ersten Planung bis hin zur Veröffentlichung in einer Hand liegt.

Alle Arbeitsschritte lassen sich in ihrer praktischen Umsetzung am besten an einem Beispiel aus dem Arbeitsalltag von „nmzMedia" beschreiben.

Abb. 37.2 Junge Oper Schloss Weikersheim, 2019, Quellenangabe: https://www.nmz.de/media/video/junge-oper-schloss-weikersheim-2019-puccinis-la-boheme. (Quelle: nmzMedia Herkommer/Lohner) (▶ https://doi.org/10.1007/000-2wh)

Junge Oper Schloss Weikersheim: Wir wollen hierfür eine Auftragsproduktion vom Sommer 2019 über die „Junge Oper Schloss Weikersheim" näher betrachten – ein Projekt, das alle zwei Jahre im württembergischen Landkreis Hohenlohe stattfindet. Junge Opernsänger bekommen die Chance, in einer professionellen Opernproduktion vor großem Publikum aufzutreten. In der besonderen Atmosphäre von Schloss Weikersheim, dem Sitz der „Jeunesses Musicales Deutschland", bereiten sie sich dafür über Wochen hinweg mit namhaften Dozenten auf die Premiere vor. Eine Rolle in der „Jungen Oper" übernehmen zu dürfen, steht für viele Sängerinnen aus der ganzen Welt für einen wichtigen Schritt auf dem Weg in ein erfolgreiches Berufsleben. Im Prinzip hätten wir ebenso gut einen Großteil aller anderen Projekte auswählen können, die in diesem Jahr über unseren Schreibtisch gewandert sind. Die „Sommeroper" auf Schloss Weikersheim ist vom Umfang und den Produktionsbedingungen ein typisches Beispiel für die Abläufe unserer videojournalistischen Arbeit. Das Endprodukt kann über Abb. 37.2 abgerufen werden.

Grundsätzlich gliedert sich jedes Filmprojekt in drei Phasen:
- Vorproduktion
- Produktion
- Postproduktion.

37.1   Vorbereitung und Vorproduktion

Die Vorproduktion – oder: Je besser die Vorbereitung, umso entspannter der Dreh: Dass das Material für einen Film gedreht werden muss, ist selbstverständlich, dass anschließend eine Nachbearbeitung im Schnitt erfolgt, ebenso. Die vielen Stunden Vorbereitungszeit allerdings, die notwendig sind, um während des Drehs und im Schnitt ansehnliche Ergebnisse erzielen zu können, sind für die meisten Außenstehenden unsichtbar. Die Vorproduktionsphase wird deshalb oft unterschätzt, auch von den Machern selbst, was sich bald in chaotischen Drehs, einer unbefriedigenden Materialausbeute oder schlecht erzählten Filmen ausdrückt.

Die Klärung der Rahmenbedingungen ist der erste Schritt in der Planung eines Filmprojekts: Welche Art von Film soll entstehen? Mit welchem Inhalt, welcher Aussage? Zu welchem Zweck? Für welche Zielgruppe? In welchem zeitlichen Rahmen für Dreh und Schnitt? Einige Aspekte richten sich zwangsläufig nach dem zur Verfügung stehenden Budget und den äußeren Gegebenheiten eines Projekts, andere Fragen werden beispielsweise durch die angedachten Verbreitungswege mitbestimmt. Dass es unerlässlich ist, Grundlegendes frühzeitig zu klären und bestimmte einschränkende Entscheidungen zu treffen, wird offensichtlich, wenn man sich klar macht, wie viele ganz unterschiedliche Filme vor dem Hintergrund einer einzigen Veranstaltung wie der „Sommeroper" denkbar sind. Soll ein kompletter Opernmitschnitt oder ein dreiminütiger Werbeclip mit einzelnen Statements und kurzen Musikausschnitten entstehen? Ein Künstlerporträt über den beteiligten Stardirigenten oder eine Reportage über die Arbeit hinter den Kulissen? Eine Vorstellung der Veranstalter, die Opernproduktion lediglich im Hintergrund als ein Beispiel ihres Engagements, oder eine große Dokumentation über die gezielte Nachwuchsförderung im Bereich des Operngesangs, der die Teilnehmer über einen langen Vorbereitungszeitraum hinweg begleitet und schließlich in der Aufführung gipfelt? Während ein Redakteur seine Wünsche klar formuliert und an das Filmteam weitergibt, fällt es einem Auftraggeber, der nicht vom Fach ist, oft schwer, konkret in Worte zu fassen, was genau er sich von einem Film erwartet. Er hat meist nur die vage Vorstellung, er hätte gerne einen Film über sein Projekt, sein Konzert, seine Veranstaltung. Daraufhin liegt es am Team, die ganz unterschiedlichen Bedürfnisse aller Beteiligten zu erkennen, „filmisch" zu denken und daraus ein überzeugendes Konzept zu stricken.

Das grobe Gerüst war bei der „Sommeroper" in Weikersheim schnell gesteckt: Ein einzelner Drehtag war vorgesehen, den wir auf den Tag der Premiere festlegten, um in der kurzen Zeitspanne von den allerletzten Vorbereitungen bis hin zur ersten von etwa zehn Aufführungen noch ein Minimum an Entwicklung möglichst spannend erzählen zu können. Der Film sollte vor allem im Internet Verbreitung finden, sowohl auf der Homepage der nmz als auch auf jener der „Jungen Oper" selbst. Diese Tatsache legte für uns zusammen mit der knappen Drehzeit die ungefähre Länge des Films fest: Viel länger als sieben bis acht Minuten sollte der Film nicht werden, mehr lädt den User im Netz nicht zum spontanen Anschauen ein. Hier gilt: Je kürzer und prägnanter, desto besser; eine Länge von höchstens fünf Minuten ist für Web-Filme eher üblich. Andererseits, je kürzer ein Film gehalten ist, desto schwerer fällt es, nicht in eine Werbeästhetik zu verfallen und rein schlaglichtartig zu erzählen. Um einen Handlungsbogen entwickeln und das Thema von unterschiedlichen Seiten beleuchten zu können – dazu verlangte unser Film eine solche Mindestlänge.

Die Produktion hatte mehrere Aufgaben zugleich zu erfüllen: Der Film sollte die Arbeit dieses besonderen Projektes für die „Jeunesses Musicales" in ansprechender Weise dokumentieren, gleichzeitig für zukünftige Produktionen potenziellen Teilnehmern und möglichen Sponsoren zur Information dienen und schließlich durch eine schnelle Postproduktion möglicherweise noch rechtzeitig bereitstehen, um ein interessiertes Publikum in die letzten Aufführungen zu locken. Das bedeutete für uns: Wir würden weder eine differenzierte Inszenierungskritik noch eine komplette Zusammenfassung der Opernhandlung unternehmen, was vielleicht für unentschlossene Opernbesucher, jedoch nicht so sehr unter dem Gesichtspunkt der Nachwuchsförderung interessant gewesen wäre. Sich andererseits zu sehr in einer detaillierten Beschreibung des Bewerbungs- und Auswahlverfahrens für die jungen Sänger zu verlieren und stattdessen die unterhaltsame Inszenierung zu vernachlässigen, hätte bedeutet, den Film zugunsten trockener Fakten einem Großteil seiner lebendigen Bilder und Szenen zu berauben. Noch dazu, wo die komplette Bewerbungs- und auch die Probenphase am Tag unseres Drehs bereits abgeschlossen und in Bildern nicht mehr zu zeigen gewesen wäre.

Wir entschieden uns für einen Premierenbericht, in dem einzelne Themenstränge wie das Kurskonzept, die Projektveranstalter oder die besonderen Chancen für die jungen Sängerinnen entlang einer chronologischen Entwicklung der Opernausschnitte Erwähnung finden sollten.

Zur konkreten Planung des Drehtags: Hier sind ganz unterschiedliche Dinge zu regeln: Als erstes gilt es, möglichst genau in Erfahrung zu bringen, was am Tag des Drehs vor Ort genau stattfinden wird. Welche Teilnehmer sind wann wo eingespannt? Welche konkreten Termine sind durch Proben, Pausen, Essenszeiten, das Programm vorgegeben? Um dieses Gerüst herum entsteht ein detaillierter Ablaufplan, in dem die Drehzeiten für verschiedene Szenen, Interviews, Proben und

Aufführungen ihren Platz finden. Für einen reibungslosen Ablauf ist es sinnvoll, viele der Interviewtermine – vor allem wenn es sich bei den Gesprächspartnern um prominente oder im Projekt stark eingespannte Persönlichkeiten handelt – im Vorfeld mit Treffpunkt und Uhrzeit fest auszumachen. Diese wissen so zum einen auf jeden Fall von den Dreharbeiten und fühlen sich nicht vor Ort von einem Kamerateam überrumpelt, zum anderen entsteht bei ihnen auch am vollgepackten Premierentag durch den vorher besprochenen Termin eine gewisse Verpflichtung, sich auch tatsächlich Zeit für das besprochene Interview zu nehmen.

Die Recherche zum Thema und die inhaltliche Vorbereitung der Interviews gehören wie die Terminplanung zur Vorproduktion. Je besser der Regisseur sich darüber im Klaren ist, welche Schwerpunkte er im Film setzen, welche Themenstränge er aufmachen möchte und welcher Gesprächspartner für welchen Aspekt oder Themenkomplex stehen soll, umso gezielter wird er die richtigen Fragen stellen und die passenden Bilder finden können.

Eine technische Absprache mit dem jeweiligen Veranstaltungsort ist unerlässlich und möglich, da es sich bei den „nmzMedia"-Projekten meistens um unabhängig von einem Filmprojekt stattfindende Veranstaltungen handelt, in deren Rahmen zusätzlich eine Videodokumentation entsteht. Vor allem in Bezug auf die Audioaufzeichnung können hier oft Synergien genutzt werden: Wird ein Tonmeister vom Haus anwesend sein, entsteht vielleicht für einer Radioübertragung oder interne Dokumentation sowieso ein Audiomitschnitt in professioneller Abmischung? Wie steht es um die Beschallung für das Publikum, wird der Ton hier verstärkt oder müssen zum Beispiel für Redner zusätzliche Mikrofone aufgebaut werden? Ist die geplante Beleuchtung für die Filmaufnahmen ausreichend? Und – besonders wichtig für öffentliche Konzerte – wo im Saal sind mögliche Kamerapositionen? Müssen dafür Sitzplätze gesperrt, Fluchtwege mit Haustechnikern oder der Feuerwehr geklärt werden?

Unbedingt bereits vor den Dreharbeiten zu klären sind die Rechte: Persönlichkeits-, Urheber- und Leistungsschutzrechte in Bezug auf alle musikalischen Darbietungen. Nicht nur zeitgenössische Komponisten können selbstverständlich Rechte auf ihr geistiges Eigentum geltend machen, auch Verlage oder Ensembles müssen in vielen Fällen ihre Zustimmung zum Dreh und zur Verbreitung von Werken und deren Interpretationen geben. Liegt die Einwilligung der Eltern zum Dreh vor, wenn Kinder beteiligt sind?

Der aktive Kontakt zu einem direkt ins Projekt eingebundenen Ansprechpartner ist unerlässlich, denn es gibt kaum einen Dreh, für den sich nicht doch noch kurzfristig Drehorte und Zeiten, Besetzungen oder Hotelbuchungen ändern. Ist man darüber als Außenstehender nicht informiert, nützt eventuell die beste Vorbereitung nichts.

Checkliste Vorbereitung und Vorproduktion:
Rahmenbedingungen klären:
1. Welche Art von Film soll entstehen? Mit welchem Inhalt, welcher Aussage?
2. Zu welchem Zweck? Für welche Zielgruppe?
3. Welcher zeitliche Rahmen für Dreh und Schnitt? Budget? Spätere Verbreitungswege?

Beitrag fürs Internet:
1. Je kürzer und prägnanter, desto besser; höchstens sieben Minuten sind für Web-Filme üblich.
2. logistische Vorbereitung
3. Themenrecherche und inhaltliche Vorbereitung auf den Dreh und die Interviews.

37.2 Produktion

Die Produktion – oder: So durchgeplant wie möglich, so spontan wie nötig. Der Drehtag in Weikersheim gestaltete sich im Großen und Ganzen so, wie wir ihn uns vorgestellt hatten: Wir wussten aus unserer Erfahrung, dass Sängerinnen und Orchestermusiker an diesem Tag nach der langen intensiven Probenzeit der letzten Wochen bis zu ihrem Termin in der Maske kurz vor der Premiere komplett probenfrei haben würden. Das hieß für uns: Um dennoch eine Atmosphäre von letzten Vorbereitungen einfangen zu können, würden wir die Augen offenhalten müssen, wo überhaupt noch Aktionen stattfinden würden; vielleicht müssten wir die eine oder andere Szene bewusst inszenieren.

Um den Beitrag in einem bestimmten Look zu halten, ist ein visuelles Konzept erforderlich, das im Vorfeld schon überlegt wird und für dessen Umsetzung vor Ort dann entsprechende Aufnahmen eingefangen werden müssen. Im Fall der „Jungen Oper 2019" war es das Ziel, die *Pop-Art*-Inszenierung der Oper auch in den Film zu übertragen. Etliche porträtartige Einstellungen mit den Interview-Partnern mussten daher inszeniert werden, um diese später im gewollten Stil verfremden zu können. Diese Ästhetik wiederum beeinflusst aber auch die Erzählweise des Films, die sich in diesem Fall eher als schlaglichtartig, clippig und weniger reportagig, beobachtend charakterisieren lässt.

Sonderanforderungen Dokumentarfilm

Auch im Bereich des Dokumentarfilms ist es oft notwendig, sich nicht nur auf das zu verlassen, was man vor Ort vorfindet, sondern für den Dreh unter Umständen bestimmte Szenen gezielt zu steuern. Die „Junge Oper" ist ein lebendiger Ort, an dem wochenlang überall musiziert wird. Um diese Stimmung einzufangen, braucht man entsprechende Bilder anstelle eines leeren Probensaals. Auch im Dokumentarfilm ist es nicht verwerflich, einzelne Szenen für die Kamera entstehen zu lassen, sofern diese in der Realität genauso hätten stattfinden können. Allerdings sollte man sich bewusst sein, dass man sich hier auf einem schmalen Grat der journalistischen Ethik bewegt. Einen Sänger zu bitten, noch einmal ein paar Aufwärmübungen zu machen, auch wenn er sein Einsingen eben beendet hat, ist sicher nicht zu hinterfragen. Eine herzliche Szene, in der die Regisseurin ihren Sängern viel Glück wünscht, hat man dagegen entweder im Kasten, wenn man zur richtigen Zeit am richtigen Ort war, oder eben nicht. Nur wenige Menschen sind so begabte Schauspieler, dass Derartiges in einer nachgestellten Szene realistisch wirken würde. Und wenn sich in den vergangenen Wochen der gemeinsamen Arbeit kein herzliches Verhältnis zwischen Regisseurin und Darstellern entwickelt hätte, wäre eine solche Szene noch dazu falsch.

Andere Inszenierungen sind dagegen im Dokumentarfilm so selbstverständlich, dass man sie nicht einmal mehr als solche wahrnimmt: sogenannte *Antextbilder* finden sich in jeder NiF (= Nachricht im Film). Ein Politiker spaziert einen Weg am Parlamentsgebäude entlang, ein Wissenschaftler blättert vor einem Regal stehend in einem Buch, eine Wirtschaftsexpertin sitzt an ihrem Schreibtisch und greift zum Telefonhörer. Diese gestellten Szenen sind später im Schnitt oft notwendig, um die entsprechende Person durch einen Off-Kommentar vorstellen zu können, also *anzutexten,* bevor sie das erste Mal in einem Statement zu sehen ist. Reale Szenen, in denen die Betroffenen natürlich agieren, sind hierfür genauso denkbar und weitaus lebendiger. Stehen diese aber nicht zur Verfügung, da die Person zu diesem Zeitpunkt nicht oder nur in inhaltlich unpassendem Zusammenhang in Aktion tritt, ist es Aufgabe des Regisseurs, seine Protagonisten auf diese Art in Szene zu setzen.

Der Dreh beim Dokumentarfilm ist also nie rein beobachtend, und egal, wie wahrheitstreu man zu berichten versucht, auch niemals objektiv. Jede Entscheidung, die Kamera einzuschalten oder eben nicht, steuert die Aussage des Films. Die Regie im journalistischen Dokumentarfilm ist ein Wechselspiel zwischen Agieren und Reagieren, zwischen dem Steuern bestimmter Abläufe und dem passiven Beobachten, zwischen durchdachtem Konzept und dem Einlassen auf das, was vor Ort geschieht. Dieser letzte Punkt ist unserer Meinung nach besonders entscheidend, um *ehrliche* Filme zu produzieren.

Eine intensive Vorbereitung auf das, was einen am Drehtag erwarten wird,
ist wichtig und der Regisseur sollte sich seinen Film bereits vor dem Dreh so weit wie
möglich vor dem inneren Auge durchdenken. Aber wenn man den Drehort betritt,
sollte man sich immer die Freiheit bewahren, einen oder alle geplanten Punkte über
Bord zu werfen, wenn sich die eigenen Erwartungen als falsch herausstellen sollten.
Je besser die Recherche, umso seltener wird es der Fall sein, dass ein komplettes
Konzept neu überdacht werden muss, aber es kann durchaus vorkommen, dass das
mit Spannung erwartete Schlussstück eines Konzerts, die Neukomposition eines
modernen Komponisten zum Beispiel, die man als großes Finale des Films eingeplant hatte, alles andere als fulminant endet. Hier ist man gut beraten, wenn man
für diesen Fall während des vorangegangenen Konzerts noch das eine oder andere
Stück zusätzlich mit dem gleichen Aufwand aufgezeichnet und damit einen *Plan B*
in der Tasche hat.

Checkliste Produktion:
1. Technische Bedingungen vor Ort.
2. Synergien (z. B. Audiomitschnitt/Mikrofone/Beleuchtung) nutzbar?
3. Gute Kamerapositionen?
4. Drehgenehmigungen, Musik-/Aufführungsrechte?
5. Kontakt zum Veranstalter

37.3   Die Postproduktion

Die Postproduktion – oder: Die Suche nach dem Rhythmus: Die Flexibilität
zwischen vorgefertigtem Konzept und dem Einlassen auf die tatsächlichen Bedingungen ist nicht nur während des Drehs, sondern auch in der Postproduktion
entscheidend. Nach einer gelungenen, effizienten Produktion sollte einem strukturierten Schneideprozess nichts im Wege stehen. Allerdings geschieht es auch hier
immer wieder, dass sich Szenen, die man vom Dreh her als perfektes Material
in Erinnerung hat, als unbrauchbar entpuppen. Natürlich wird schon während der
Aufnahme auf möglichst optimale Lichtverhältnisse und eine saubere Tonqualität
geachtet. Aber die Szene, in der der Protagonist spontan den persönlichsten Satz
sagt, sieht leider durch ein ungutes Verhältnis von Licht und Schatten unmöglich
aus. Oder man versteht ihn kaum, da im entscheidenden Moment nebenan mit
dem Stimmen der Pauken begonnen wurde. Natürlich kann man in beiden Fällen versuchen, im Schnittprogramm mit verschiedensten Filtern und Plug-ins zu

retten, was noch geht. Farbe und Helligkeit im Bild, Brummen oder Rauschen in der Tonspur – viele kleinere Störfaktoren kann man so mit etwas Übung schnell abmildern.

Ganz beheben kann man diese Ton- und Bildprobleme aber selten, und gleichzeitig verschlingt das *Herumdoktern* an unschönen Aufnahmen oft unverhältnismäßig viel Zeit. Meistens ist es daher besser, sich – sofern das übrige Material es hergibt – gleich mit einer technisch unproblematischeren Alternativszene zu begnügen und die zunächst ausgewählte wohl oder übel fallen zu lassen. Für den positiven Gesamteindruck eines Films sind schließlich nicht nur Erzählstil und Inhalt, sondern mindestens ebenso sehr die Bild- und Tonqualität ausschlaggebend. Vor allem die Tonqualität sollte nicht unterschätzt werden: Klare Interviewtöne, unhörbare Musiküberblendungen oder sauber angepasste Lautstärken von Filmsequenz zu Filmsequenz können auch die härtesten Schnitte elegant kitten. Andersherum kann eine lieblos behandelte Tonspur selbst die schönsten Bildsequenzen stören, den Zuschauer verwirren und von der Handlung ablenken.

Auch der Rhythmus eines Films entscheidet sich ebenso wie die endgültige Auswahl der Szenen erst durch das zur Verfügung stehende Material und durch dessen Anordnung, also die Erzählweise im Schnitt. Es kann sein, dass man stundenlang an einer Musikpassage feilt, um die verwendeten drei Kameraperspektiven möglichst optimal zu nutzen. Wenn man sich die Szene dann aber mit ein wenig Abstand noch einmal im Gesamtzusammenhang des Films ansieht, fällt einem auf, dass sie im Verhältnis viel zu lange dauert.

***Kill your Darlings,* heißt es dann.** Auch von einem perfekt durchgestalteten Konzept in der Vorbereitung über einen gelungenen Dreh bis hin zum besten vorliegenden Material ist der Filmschnitt ein Prozess, in dem das Verwerfen und Neugestalten, Umstellen und Ausprobieren unbedingt seine eigene Zeit einfordert. Bei der „Jungen Oper" entschieden wir uns beispielsweise, die Chronologie des Premierentags dadurch zu durchbrechen, dass Ausschnitte aus der Opernaufführung den gesamten Film hindurch als Trenner zwischen verschiedenen inhaltlichen Aspekten auftauchen sollten, die abendliche Veranstaltung also schon zu Beginn des Films und auch zwischen den O-Tönen vor der Premiere zu sehen sein würde. Der Film folgt dadurch einem natürlichen Rhythmus im Wechsel von Wort und Musik, statt in zwei völlig unterschiedliche, in sich aber eher eintönige Blöcke zu zerfallen: einem ersten erklärenden Teil mit Off-Text und Interviews ohne Musik und einem Best-Off-Zusammenschnitt der schönsten Opernszenen im Anschluss daran. Die Sprünge in der Chronologie stören die Verständlichkeit der Filmhandlung in diesem Fall nicht durch die jeweils klar als solche zu erkennenden Szenen von Vorbereitungen und Aufführung.

Zum Thema Verständlichkeit gehört im Schnittprozess auch, einen etwas distanzierteren Blick auf das eigene Projekt zu gewinnen. Kann jemand, der nicht so sehr in dem jeweiligen Projekt verhaftet ist, eine gezeigte Szene auch ohne ihren ursprünglichen Kontext begreifen, die komprimierten Fakten richtig zuordnen, einen O-Ton ohne die gestellte Frage verstehen? Es hilft, den Film schon in einer Rohfassung vor der detaillierten Feinarbeit Bekannten oder Kollegen vorzuführen, denn diese können als Außenstehende Verständnisprobleme aufdecken, mögliche Längen oder andere Schwachpunkte im Erzählfluss entdecken.

Ist der Schnitt schließlich fertiggestellt, sind immer noch zwei wesentliche Punkte zu erledigen. Das eine ist die Abnahme durch einen betreuenden Redakteur, oder, in unserem Fall, den Auftraggeber. Hier zeigt sich, in wieweit es gelungen ist, die Wünsche und Bedürfnisse der Veranstalter mit den eigenen künstlerischen und journalistischen Ansprüchen auf eine Linie zu bringen. Auch möglicherweise unfilmische Ideen können filmisch ansprechend aufbereitet werden – nicht zuletzt das unterscheidet einen Film mit einem gut durchdachten Konzept von einer schnellen Amateurproduktion.

Checkliste Postproduktion:
1. Strukturierter Schneideprozess
2. Bei technischen Mängeln im Material lieber eine unproblematische Alternativszene verwenden
3. Rhythmus im Schnitt berücksichtigen; sinnvolle Abwechslung von Wort und Musik
4. Inhaltliche Verständlichkeit sicherstellen

37.4 Ausblick

Schlanke Produktion – die Zukunft des Kulturfernsehens? Die meisten der „nmzMedia"-Produktionen entstehen auf diese Weise – mal größer, mal kleiner, mal aufwendiger im Dreh und mit mehr Personal, mal relativ spontan und minimal besetzt. Die Qualität muss unter solchen Bedingungen keinesfalls leiden, sofern alle im Team flexibel sind – sowohl was die Arbeitszeiten angeht als auch den jeweiligen Einsatz als Regisseur oder Zuständige für Kamera bzw. Ton. Auch in den öffentlich-rechtlichen Rundfunkanstalten geht der Trend zur schlanken Produktion: Immer weniger Gelder stehen dort für Dokumentationen im musik- und kulturdokumentarischen Bereich zur Verfügung; *Outsourcing* ist kalkulatorisch oft günstiger als Eigenproduktionen. Für unabhängige Filmteams liegt hier ganz aktuell die Chance, sich auf diesem Markt neu zu beweisen. Andererseits sollte man diese Minimalisierung des finanziellen wie personellen Aufwands immer wieder hinterfragen. Es gibt gute Gründe, warum große Häuser eigene Techniker beschäftigen, warum die Postproduktion eines Spielfilms nicht ohne eine professionelle Farbkorrektur oder einen Spezialisten für die visuellen Effekte auskommt, warum ein Regisseur sich komplett auf die Handlung seines Films und nicht auch noch auf ein Mikrofon, eine Kamera und die Beleuchtung konzentrieren möchte. Ein vernünftiges Maß an täglich neuen Herausforderungen sollte aus Sparzwängen, egal, von welcher Seite her sie diktiert sein mögen, nicht einer permanenten Überforderung weichen, die dann zu Filmen führt, an denen keiner mehr gewinnt – weder die Macher, noch die Zuschauer.

Oper im Fernsehen und Online

38

Peter Overbeck

Zusammenfassung

Es werden die Arten und die Spezifika vorgestellt, wie das Thema Oper im Fernsehen und Online abgebildet werden kann.

Schlüsselwörter

Oper • Spartenkanal • Mediatheken • Themensender • Opernfilm

Die Oper ist die Königsgattung des Musiktheaters und Bestandteil der musikjournalistischen Berichterstattung seit Anbeginn der elektronischen Medien. Eine visuelle Darstellung dieses Gesamtkunstwerks aus Gesang, Sprache, Schauspiel, vielfarbigem Orchesterklang, prächtigen Kostümen, Malerei, fantasievollen Bühnenbildern, Tanz und Licht bietet sich an.

Dieses immersive Erlebnis eines Opernbesuchs kann man mit dem Mitteln des Fernsehens nicht vollständig nachbilden, jedoch einen niederschwelligen Zugang ermöglichen. Es können nicht nur die Aufführung von einem idealen Platz aus, sondern als Mehrwert auch Dinge gezeigt werden, die einem realen Besucher verschlossen bleiben (Stichwort „Backstage").

Urheber- und Verwertungsrechte: Bereits bei der Konzeption von Sendungen sollte man an die Urheberrechte denken. Bei einer szenischen Ausstrahlung ist das sogenannte „Großes Recht" gültig mit erheblichen finanziellen Konsequenzen (siehe dazu Kap. 10).

P. Overbeck (✉)
Institut für Musikjournalismus, Hochschule für Musik Karlsruhe, Karlsruhe, Deutschland
E-Mail: info@musik-journalismus.de

© Springer Fachmedien Wiesbaden GmbH, ein Teil von Springer Nature 2022   443
P. Overbeck (Hrsg.), *Musikjournalismus,* Journalistische Praxis,
https://doi.org/10.1007/978-3-658-32476-6_38

38.1   Vollständige Opern im Fernsehprogramm

Die Ausstrahlung von gesamten Opern im Fernsehen, meistens abendfüllend, fand im linearen Fernsehprogramm nur an Wochenenden, Randzeiten oder in Dritten Programme der ARD statt. Mit Einführung von Spartenkanälen für Kultur (3sat (ab 1984), ARTE (ab 1992) oder ZDF-Theaterkanal (1999 bis 2011) bzw. ZDFkultur (2011 bis 2016)) war einerseits mehr Raum, anderseits verschwanden viele Opern-Sendeplätze aus den Hauptprogrammen, um den Preis, dass eine zufällige Begegnung der Zuschauer des Hauptprogramms mit Oper entfällt.

Mediatheken und Apps bieten Aufzeichnungen und Sendungen mit Opern für eine begrenzten Zeitraum, aber auch „Web only"-Content wie Beiträge, Interviews und Dokumentationen zu einzelnen Opern oder Produktionen oder sogar Reihen, z. B. im Digitalprogramm „ARTE Concert".

Spezialfall New Yorker „Metropolitan Opera" (MET): Seit 1931 gibt es Radioübertragungen aus der MET jeweils samstags. Seit 1990 wird die Samstags-Matinee an europäische Radiosender übertragen (durch die Zeitverschiebung in Europa optimal fürs Abendprogramm). Die Radioübertragungen gibt es weiterhin, Seit März 2007 werden Matineen in hochwertiger Ton- und Bildqualität als „Metropolitan Opera live", inzwischen auch Aufführungen aus anderen Häusern, über Satellit live in Kinosäle übertragen.

Die Übertragung aus der MET bietet einen Mehrwert gegenüber einem Besuch vor Ort: Durch die aufwendige Übertragung mit geschätzt 20 z. T. ferngesteuerten Kameras sitzt der Kinobesucher in der 1. Preiskategorie der MET. In einer ausgefeilten Dramaturgie bekommt er eine Einführung und darf, anders als der Besucher vor Ort, zusätzlich vor der Aufführung und in der Pause mit dem Moderator einen Blick hinter die Kulissen und in die Künstlergarderoben werfen. 2018 sahen an einem einzigen Abend rund 42.000 Zuschauer in ca. 230 deutschen und österreichischen Kinos eine Übertragung von Giuseppe Verdis „La Traviata".

Heutzutage sind gute Bild- und Tonaufzeichnungen von Opern, wie z. B. aus der MET, auch unter schwierigen Bedingungen (schlechtes bzw. schwaches Licht, nur wenig Proben „mit Technik") möglich und erschwinglich durch lichtstarke und handliche (ferngesteuerte) Kameras, unsichtbare Mikrofone, und Produktion und Postproduktion am Computer.

„Opera Europa", die Dachorganisation europäischer Opernhäuser und Festivals, bietet mit Unterstützung der EU auf der Videoplattform „Operavison" Aufführungsmitschnitte und Features bzw. Dokumentationen mit dreisprachigen Untertiteln aus den beteiligten 29 Partnerhäusern und -festivals aus 17 Ländern an.

38.2 Oper im Fernsehen außerhalb von Gesamtaufführungen

Es gibt verschiedene Arten, Opern ins Fernsehprogramm zu bringen. Am Beispiel von Georges Bizets populärer „Carmen" (1875) sollen dies aufgezeigt werden, gestützt auf einen Artikel von Johanna Werckmeister.[1]

1. Dokumentation (siehe dazu auch 38.2).

2. Fernsehaufzeichnung – z. B. der Mitschnitt von den Bregenzer Festspielen, Regie: Jérôme Savary, 1991.

3. TV-Produktion – z. B. Glyndebourne Festival Opera (Regie: Peter Hall), 1985.

4. Opernfilm – z. B. Drehbuch und Regie: Francesco Rosi, 1984.

5. Spielfilm – z. B. Regie: Carlos Saura, Choreographie: Antonio Gades, 1983.

Ergänzen kann man:

6. Oper an Originalschauplätzen bzw. an historischen Orten mit Live-Übertragung weltweit (z. B. 1992 Puccinis „Tosca" an den Originalschauplätzen und -tageszeiten in Rom (Basilica di Sant'Andrea della Valle, Palazzo Farnese, Castel Sant'Angelo) / 2000 Verdis „La Traviata" in Paris an historischen Schauplätzen, von denen man annahm, dass sie dem Roman und Schauspiel „Die Kameliendame" von Alexandre Dumas (Sohn) zugrunde liegen könnten, ebenfalls zu entsprechenden Tageszeiten.

7. Oper an Orten, an denen man nicht mit Oper rechnet: 2008 Verdis „La Traviata" als eine Art „Flashmob" mit Liveübertragung vom Hauptbahnhof Zürich bei laufendem Bahnhofsbetrieb (SRF) / 2010: Giuseppe Verdis „Aida" auf dem Rhein bei Basel mit einem „Opernschiff" als Live-Fernseh-Großereignis mit 30 Kameras (SRF).

Zur Kategorie „Opernfilm" (4.), also eine Oper mit Mitteln des Spielfilms zu inszenieren, sind noch die Versionen des italienischen Regisseurs Franco Zeffirelli zu nennen mit „Pagliacci" (1981), „Cavalleria rusticana" (1982), „La Traviata" (1982) und „Otello" (1986) oder auch die „Don-Giovanni"-Adaption von Joseph Losey (1979).

---

[1] Johanna Werckmeister, Die zweite Regie: Formen audiovisueller Adaption des Musiktheaters. Dargestellt am Beispiel von Bizets Carmen, in: Lemke, Inga (Hg.): Theaterbühne-Fernsehbilder: Sprech-, Musik- und Tanztheater im und für das Fernsehen (Anif/Salzburg: Müller-Speiser 1998) (Wort und Musik 37), S. 189–206. Die verschiedenen Versionen von „Carmen" werden aus musikpädagogischer Perspektive auch verglichen bei Georg Maas/Achim Schudack, Der Musikfilm: Ein Handbuch für die pädagogische Praxis (Mainz: Schott 2008), dort S. 47–74.

Ein Musikjournalist ist vor allem bei Nr. 3 bis 7 gefragt, in Berichterstattung oder Moderation die Besonderheit der jeweiligen Aufführung in Relation zum ursprünglichen Werk des Komponisten zu setzen.

Zur Kategorie „Dokumentation" (1.): Es kann z. B. die Geschichte eines Opernhauses erzählt werden oder reportageartig ein „Blick hinter die Kulissen" einer Inszenierung geworfen werden, ein Künstler, Regisseur porträtiert werden. Musterbeispiel: der Dokumentarfilm „Oper. L'Opéra de Paris" (110 Min., Regie: Jean-Stéphane Bron, Dokumentation, Schweiz/Frankreich good!movies, 2016); es ist diese eine Langzeitbeobachtung über eineinhalb Jahre zu den Vorbereitungen der Spielzeiteröffnung 2015 mit einer Neuproduktion und einem Intendantenwechsel.

8. Magazinbeitrag: Es sind dies z. B. Beiträge zu Inszenierungen oder Werken, Interviews mit Regisseuren, Dramaturgen, sonstigen Beteiligten im Rahmen einer Vorberichterstattung. Es können Berufe oder prinzipielle Themen „backstage" vorgestellt werden.

Werkeinführungen: Als eigene Rubrik oder in Vorbereitung auf die Ausstrahlung einer Gesamteinspielung helfen sie beim Verständnis von bisweilen komplizierten Handlungen. Die unaufwendige Variante ist eine Reihung von Szenenbildern zu einer Bildgalerie mit Off-Text. Im Fernsehen oder in Online-Formaten können Fotos aus der Inszenierung unterstützen, oder es können Schlüsselszenen im Video aufgenommen werden. Legendär sind die persönlich gehaltenen Werkeinführungen und Künstlergespräche von Marcel Prawy (1911–2003), die unter dem Titel „Der Opernführer" ab 1965 im ORF-Fernsehenübertragen wurden.

Erklär-Filme: Für den raschen Einstieg auch außerhalb von Spartenprogrammen, auch in kindgerechten Versionen, eignen sich Werkeinführungen mit Animationen anstelle von Szenenbildern zu einer Off-Text-Zuspielung (z. B. unter dem Motto „Oper im Schnelldurchlauf").

Promi-Moderatoren oder -Kommentatoren: Die Sopranistin Annette Dasch begrüßt in „Annettes DaschSalon" seit 2008 Gäste in einem Sendeformat zwischen Liederabend und Talkshow, darunter auch Opernsänger, und singt selbst. Die Veranstaltung mit Publikum wird von ZDFkultur und 3sat ausgestrahlt. Auch andere Künstler führen als Moderatoren durch Fernsehformate zum Thema Oper und verleihen den Gesprächen durch eigene Bühnenerfahrungen und Prominenz eine besondere Authentizität.

38.3   Neue Formen des Erzählens und Innovationen

Immer wieder werden neue Formen des Erzählens ausprobiert. Spätestens seit Beginn der Corona-Pandemie hat jedes Opernhaus Formate von Beiträgen oder Gesamtaufführungen ohne Publikum im Portfolio. Dank Digitaltechnik gibt es die Möglichkeit, die Perspektive und Kameraposition auszuwählen. Dies wurde z. B. 2012 praktiziert bei der Premiere von Mozarts Oper „Don Giovanni" aus der Stuttgarter Staatsoper (SWR/ARTE). Der Entertainer Harald Schmidt moderierte die Live-Übertragung, erklärte die Handlung, ging mit der Kamera, auch während der Aufführung, hinter die Bühne, führte Gespräche mit den gerade nicht beteiligten Künstlern und bezog auch Zuschauerfragen ein, die über Social Media eingingen.

Neue technische Möglichkeiten: 360 Grad und VR bieten weitere Möglichkeiten, die Perspektive des Zuschauers optisch zu erweitern und zu variieren; die Möglichkeit, unterschiedliche Untertitel zu verwenden gab es bereits bei DVDs.

Best Practice im Online-Bereich: Eine gelungene Art, Sachverhalte zur Oper und zum Opernbetrieb informativ, kurzweilig, witzig und grafisch unterstützt zu vermitteln, ist die Kurzfilm-Reihe auf der Homepage des Opernhauses Zürich „Was Sie schon immer über das Opernhaus wissen wollten, aber nie zu fragen wagten" (Opernhaus Zürich und WendeVarga (München) seit November 2018, aktuell bestehend aus 12 Folgen, Stand: 2/2021), mit Themen wie „Diva", „Opernchor", Nullgasse" und Orchestermusiker".

Weiterführende Literatur

Overbeck, Peter, Oper 100 Seiten (Ditzingen: Reclam 2019).
Stollberg, Arne / Stephan Ahrens, Jörg Königsdorf und Stefan Willer (Hg.), Oper und Film: Geschichten einer Beziehung (München: edition text + kritik, 2019).
Lemke, Inga (Hg.): Theaterbühne-Fernsehbilder: Sprech-, Musik- und Tanztheater im und für das Fernsehen (Anif/Salzburg: Müller-Speiser 1998) (Wort und Musik; 37).
Moormann, Peter (Hg.), Musik im Fernsehen. Sendeformen und Gestaltungsprinzipien (Wiesbaden: VS: 2010) (Reihe Musik und Medien Bd. 3).

Weiterführende Links

https://operavision.eu/de Opernplattform OperaVision.
https://operavision.eu/de/bibliothek/feuilleton/teaching-resources   Aufführungsmitschnitte, Features / Dokumentationen / mit dreisprachigen Untertiteln, außerdem Lehrmaterial auf der Opernplattform OperaVision.

https://www.arte.tv/de/arte-concert/ Special Interest Digitalprogramm von ARTE:
https://www.opernhaus.ch/stories Kurzfilm-Reihe auf der Homepage des Opernhauses Zürich
„Was Sie schon immer über das Opernhaus wissen wollten, aber nie zu fragen wagten".
Weitere Angaben zu Literatur und Links bei Kap. 36.

Maximilian Richter

Zusammenfassung

Das Internet bietet vielfältige Möglichkeiten, neue Erzähl- und Darstellungsformen technisch umzusetzen. In einer Momentaufnahme aus dem Jahre 2020 werden die wichtigsten Plattformen wie Pageflow, Matterport sowie 3-D-Möglichkeiten erläutert und an Beispielen aus der Musik, aber auch aus anderen Bereichen vorgestellt.

Schlüsselwörter

Multimediageschichte • Immersivität • Onepager • Pageflow • Matterport • VR

Was muss ein Musikjournalist in der heutigen Zeit nicht alles können: Er sollte waschechter Journalist sein, sich hervorragend im Bereich der Musik auskennen, selbstverständlich Schreiben, Podcasts erstellen, Fotografieren und natürlich Filmen können. Da sich das Zeitvolumen des Medienkonsums weg von linearen Medien zugunsten von Internetangeboten verschiebt, gilt für neue Angebote oft *online first*. In schnellem Tempo tauchen neue Technologien und Gestaltungssprachen auf, mit denen es sich zu befassen gilt. Musikjournalisten müssen Medien-Allround-Talente sein. Das sich ständige Weiterentwickeln der Technik und damit einhergehend der Erzählweisen, kann zu Produktionen führen, die eben noch nicht nach festen Mustern aufgebaut sind und so auch allein durch ihre Neuartigkeit Aufmerksamkeit generieren.

M. Richter (✉)
Karlsruhe, Deutschland
E-Mail: richter@hfm.eu

© Springer Fachmedien Wiesbaden GmbH, ein Teil von Springer Nature 2022
P. Overbeck (Hrsg.), *Musikjournalismus*, Journalistische Praxis,
https://doi.org/10.1007/978-3-658-32476-6_39

Es lohnt sich, einen Blick auf die „Mutter aller Multimediageschichten"
zu werfen, wenn auch thematisch eher fachfremd: „Snowfall" der „New York
Times" aus dem Jahre 2012 (http://www.nytimes.com/projects/2012/snow-fall/
index.html). Dieses Multimedia-Feature von John Branch erzählt die Geschichte
von 16 Ski- und Snowboardfahrern, die fernab der präparierten Piste, im Pulver-
schnee, von Schneemassen in den Abgrund gerissen werden. Dieser *Onepager,*
also eine Geschichte auf einer Website ohne Konkurrenzthemen, ist nicht nur eine
Symbiose aus Text, Video, Foto und Audio, sondern darüber hinaus hochgradig
ästhetisch, emotional, interaktiv und informativ. „Snowfall" wurde 2013 mit dem
renommierten New Yorker „Pulitzer-Preis" ausgezeichnet.

Die britische Zeitung „The Guardian" veröffentlichte ein Jahr später, 2013,
„Firestorm", inspiriert von „Snowfall" (https://www.theguardian.com/world/int
eractive/2013/may/26/firestorm-bushfire-dunalley-holmes-family). In dieser Multimediageschichte von John Henley dreht sich alles um das persönliche Schicksal
der Familie Holmes im dramatischen Buschfeuer von Tasmanien – eine Folge
des Klimawandels. Auch in dieser Geschichte bewirkt der Wechsel zwischen
emotionalisierenden und informativen Inhalten sowie der Multimediaeinsatz eine
völlig neue immersive Erfahrung. Spätestens damit ist das *Standard-Design* für
Multimedia-Webgeschichten bis heute gesetzt.

Bei Websites wie „Snowfall" und „Firestorm" waren jeweils mehr als 20
beteiligte Personen einige Monate mit der Erstellung befasst. Heute bedarf es
keiner großen Programmierteams mehr, sondern es gibt „Baukasten-Systeme" auf
dem Markt, die den Aufwand zur Veröffentlichung erheblich reduzieren. Einige
Beispiele auf verschiedenen Plattformen sind in Tab. 39.1 aufgelistet.

Bei den in Tab. 39.1 aufgeführten Plattformen und Techniken gibt es noch
große Unterschiede im Aufwand zur Website-Erstellung. Bei Wordpress-Websites
mit speziellen Multimedia-„Themes" beispielsweise fallen unbestritten einige
Stunden an IT-Arbeiten an. Als Ausgangsplattform dient unter anderem der riesige
Marktplatz für eben auch Wordpress-„Themes" (https://themeforest.net). Sie müssen auf dem Webserver installiert und aufwendig befüllt und angepasst werden.
Dieser Aufwand hat jedoch einen Vorteil: Jede Page ist individualisierbar!

Ein einfach zu erstellendes Gegenbeispiel ist „Pageflow", eine vom WDR
entwickelte und zur allgemeinen Nutzung freigegebene Plattform. Die Befüllung
einer „Pageflow"-Website ist ebenso einfach wie die Erstellung einer Powerpoint-
Präsentation. An keiner einzigen Stelle trifft man auf Webcode, sondern erstellt
die Site ausschließlich mit Mausklicks. Aus diesem engen Korsett resultiert natürlich eine eingeschränkte Individualisierung der darstellbaren Parameter. Einige
Beispiele für Pageflow-Websites sind zu finden in Tab. 39.2.

Tab. 39.1 Best Practice – Einige Techniken verschiedener Plattformen und Beispiele. (Quelle: Eigene Darstellung)

Plattform	Link zu Beispiel	Erläuterung
Shorthand	https://sites.barbican.org.uk/ youngorchestraforlondon	Präsentation des Barbican Center, London: „How to build an orchestra for London"
Storyform	https://storyform.co/demo/ rainier	Aufstieg zum Vulkan Mount Rainier im Bundesstaat Washington
Linius (eine Plattform des BR)	http://www.1taginderarena.at	Multimedia-Geschichte „1 Tag in der Arena" von Robert Ziffer-Teschenbruck von 2016. Erzählt wird die bewegte Geschichte des Geländes „Arena Wien" am Beispiel eines Tages incl. eines Punkrock-Konzerts
Immersive – Beispiel 1	http://www.srfcdn.ch/srf/ news/kalterkrieg/	Spitzel, Spione und kalte Krieger Die Schweiz vor dem Mauerfall. Eine audiovisuelle Spurensuche
Immersive – Beispiel 2	http://www.srfcdn.ch/srf/ news/versailles/	Eher im Bereich Kultur, aber weniger aufwendig

Tab. 39.2 Beispiele für Pageflow-Angebote (Quelle: Eigene Darstellung)

Plattform	Link zu Beispiel	Erläuterung
Pageflow	https://reportage.wdr.de/onkel-willi	Porträt des Münsteraner Lebenskünstlers Klaus Reinhardt, genannt „Onkel Willi". Nominiert für den Grimme Online Award 2015
Pageflow	https://reportage.wdr.de/klassik-trifft-rap-das-vivaldi-experiment	Themenseite zu bundesweitem ARD-Musikvermittlungsprojekt „Das Vivaldi-Projekt" von 2016, das Schüler in ganz Deutschland für klassische Musik begeistern und zur Komposition anregen sollte
Pageflow	https://www1.wdr.de/pageflow-uebersicht102.html	Weitere Pageflow-Angebote beim WDR
Pageflow	https://reportage.wdr.de/die-marillion-story	Die Marillion Story. Die Geschichte der britischen Band „Silmarillion". Aufwändig gestaltete Präsentation

Der Einsatz von Videos, Fotos, Audios und Texten eint alle Angebote für multimediale Präsentationen, kombiniert mit dem *Parallax Scrolling,* also dem Ineinander- und Übereinanderschieben von Elementen in unterschiedlicher Geschwindigkeit durch die Mausbewegung des Konsumenten. Neben einer Abwechslung der Medienformen bietet die Technik den Vorteil, die Geschichte nicht in ein einzelnes Medium pressen zu müssen. Die verschiedenen Medien können nach ihrer Eignung und ihrer Spezifika im Sinne der Story eingesetzt werden. Auf der anderen Seite kann der Produktionsaufwand reduziert werden, da Fotos und reine Audio-Aufnahmen mit deutlich weniger Aufwand zu produzieren sind und für viele Aspekte einer Geschichte vollkommen ausreichend sein können.

Die medien- und inhaltsbedingte Belastung gemäß der „Cognitive-Load"-Theorie (CLT), also der Theorie von der kognitiven Belastung (aufgestellt 2003 von John Sweller), sollte Beachtung finden, da es sich bei journalistischen Produkten grundsätzlich um Wissensvermittlung handelt. Und auch hier vereinfachen die Multimedia-Webgeschichten mit ihrem freien Medieneinsatz die Berücksichtigung dieser wichtigen Aspekte.

Die Website „FortMCMoney" von 2014 aus der Kategorie „Gamification" ist eine Sonderform. In diesem Dokumentarspiel erforscht der Nutzer die Auswirkung der Ölsandförderung in der kanadischen Stadt Fort McMurray. Das Besondere daran ist, die non-lineare Struktur, bei der Nutzer mit ihren Entscheidungen den Verlauf der Geschichte beeinflussen können. Mit Sicherheit werden einige Rezipienten vom Aufwand und der erforderten Interaktivität abgeschreckt, für diejenigen die indes bei der Geschichte bleiben, werden diese messbar intensiver konsumieren: Stichwort *Immersivität.* Man taucht regelrecht in die Lebenssituation vor Ort ein, wird ein Teil der Dokumentation und beschäftigt sich somit zwangsläufig intensiver mit dem Inhalt. Ein solch komplexes Szenario wäre so ähnlich auch mit einer der Baukästen, beispielsweise Pageflow, umsetzbar. Die Website wurde mit dem Grimme-Online Award 2014 in der Kategorie „Wissen und Bildung" ausgezeichnet (Trailer für die Preisverleihung: https:// www.youtube.com/watch?v=MMAK-7CqdNc)

Mit dem Begriff der *Immersivität,* also dem „Eintauchen" in eine Geschichte, kommt man zum Thema „Virtual Reality" (VR) und 3D. Hierbei geht es um die Wahrnehmung der Wirklichkeit in einer interaktiven virtuellen Umgebung. Bislang ist dieser Nischenbereich vor allem von der Spielebranche genutzt mit teils sehr überzeugenden Anwendungen, in denen sich der Rezipient physisch völlig frei und vor allem sehr interaktiv bewegen kann.

VR-360°-Kameras können fernab der ursprünglichen Nutzung auch für Standard-16:9 Videos verwendet werden. Normalerweise sitzt der Konsument eines 360°-Videos in der Mitte einer Kugel und schaut frei auf das in die Kugel projizierte Videomaterial. Beim *Recapture* oder *Reframing* wird das zur Verfügung stehende Sphären-Videomaterial, die Projektion in der Kugel, in einem klassischen 16:9-Fenster genutzt, indem nur ein Ausschnitt verwendet wird.

Ein Beispiel: Ein Musikvideo der Wiener Post-Punk/Pop-Band „TENTS", aufgezeichnet mit der „Insta360 Pro"-Kamera mit in der Postproduction ausgewählten 16: 9-Bildausschnitten:

https://www.youtube.com/watch?v=ClVjJmwZT_8

Das vollständige Projektionsmaterial kann auch noch viel effektvoller genutzt werden, beispielsweise mit „Tiny-Planet"-Darstellungen: https://youtu.be/YfZhi_BH_sw

So ist es mit nur einer Kamera möglich, verschiedene Einstellungsgrößen und visuell interessante Effekt-Shots zu generieren, ganz ohne abgesetzte Einstellungen oder mehrere Kamerateams.

„Matterport" ist ein interessantes VR-Tool, das ursprünglich aus dem Immobilienbereich stammt und seit Beginn der Coronakrise 2020 einen Boom erlebt. Dieses Tool wurde ursprünglich zur digitalen Präsentation bzw. Begehung von Immobilien erdacht. Es ist ein Beispiel dafür, wie sich ein Tool zweckentfremdet hervorragend für die Darstellung von Inhalten und Themen eignet. Zu Beginn konnten 3D-Scans für „Matterport" nur mit einer speziellen 3D-Kamera erstellt werden, mittlerweile funktioniert diese Technik sogar schon mit dem iPhone bzw. iPad. Dank der Künstlichen Intelligenz (KI) im Hintergrund, kann aus vielen 2D-Fotos dann der Raum, das Gebäude dreidimensional nachgebaut werden. In diesem digitalen Zwilling können auf den dreidimensionalen Flächen Medieninhalte verortet werden. Über eine SDK-Schnittstelle (Software Development Kit) ist es möglich, die Inhalte nicht nur über den virtuellen Raum begehbar zu machen, sondern mittels Menüs die Inhalte in den Mittelpunkt zu stellen. *Virtual Staging* ermöglicht digitale 3D Elemente in die 3D-Scans einzubauen und die virtuelle Welt der realen Welt so überlegen zu machen. Ähnlich wie beim Film ist es möglich, atmosphärische Themenräume zu schaffen und so den Nutzer zu einer Entdeckungstour einzuladen. Eine nochmalige Steigerung der *Immersivität* ist durch Nutzung einer VR-Brille für Matterport zu erreichen. Der Rezipient steht dann inmitten des Raumes und bekommt eine stereoskopische, also eine 3D-Ansicht mit räumlicher Tiefe geboten.

Ein hervorragendes Beispiel für „Matterport" ist „Beethoven. Welt.Bürger.Musik". Diese große Ausstellung der Bundeskunsthalle Bonn in Kooperation mit dem Beethoven-Haus Bonn (2019/2020), musste wegen Corona vorzeitig für den Besuchsverkehr geschlossen werden. Dank „Matterport" kann sie virtuell erlebt werden, inklusive der Verlinkung zu Filmen und

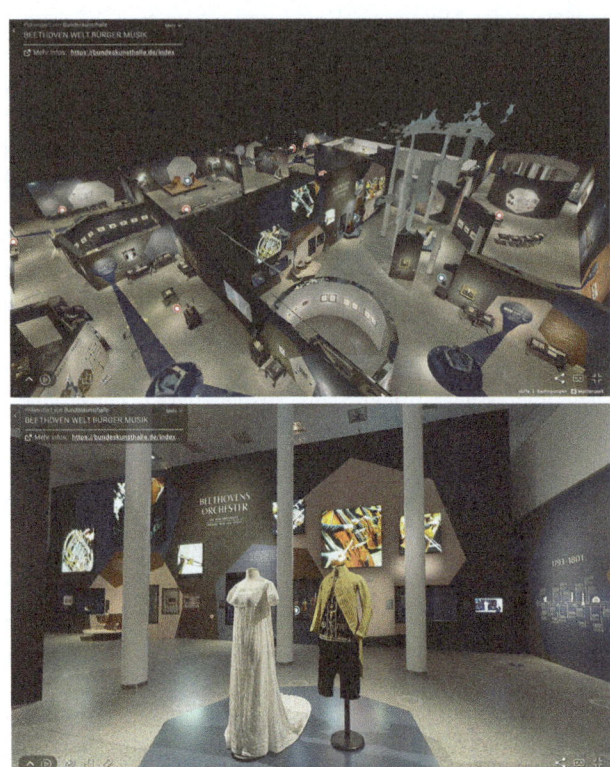

Abb. 39.1 und 39.2 Matterport-Darstellung der großen Ausstellung „Beethoven. Welt.Bürger.Musik" (Bundeskunsthalle Bonn in Kooperation mit dem Beethoven-Haus Bonn, 2019/2020). (Quelle: Bundeskunsthalle Bonn)

Dokumenten: https://www.bundeskunsthalle.de/beethoven.html (siehe Abb. 39.1 und 39.2).

Zwei weitere Beispiele für „Matterport" sind Präsentationen des „San Francisco Art Institute" (https://matterport.com/industries/gallery/san-francisco-art-institute) und des „National Museum of the Royal Navy: HMS Trincomalee" (https://matterport.com/gallery/national-museum-royal-navy-hms-trincomalee).

Auch das Institut für Musikjournalismus der Hochschule für Musik Karlsruhe, seine Studiengänge und seine Geschichte, sind 2021 anlässlich des 25jährigen Bestehens mit Hilfe von „Matterport" digitalisiert worden. Das

Abb. 39.3 Visualisierung des Sendestudios im Institut für Musikjournalismus der Hochschule für Musik Karlsruhe mit „Matterport" (sichtbar sind links die Navigation und in der Mitte Verknüpfungen zu Medienobjekten)

Besondere an diesem Beispiel ist die Priorisierung der Inhalte und nicht des begehbaren Raumes (http://virtual.mediamonkeys.de/show/?m=p9CPAbNKt8K& mpu=881) (Siehe dazu Abb. 39.3).

Künftig wird es sicherlich immer bedeutender, sich mit neuen Technologien auseinanderzusetzen, auch aus Themenfeldern außerhalb des Musikjournalismus, um neue Erzähl- und Darstellungsformen zu finden, und zwar aus zwei Gründen: Zum einen ist es notwendig, im Überangebot des Internets aufzufallen, zum anderen kann man so gegen die Automatisierung, dem Roboter-Journalismus, welcher streng nach Algorithmen arbeitet, bestehen und sich individuell absetzen.

Weiterführende Links

https://ijnet.org/en/resource/online-multimedia-freebies-digitally-minded-journalists Tipps des International Journalists' Network (in englischer Sprache)

Multimediale Musikvermittlung in der Digitalkultur

40

Michael Schmidt

Zusammenfassung

Nicht erst seit der Corona-Krise gibt es bei Kulturprogrammen zusätzlich zum linearen Radioprogramm ein reichhaltiges Onlineangebot. Einige dieser zusätzlichen Angebote im Bereich Musik und ihrer multimedialen Vermittlung werden besonders am Beispiel von BR-Klassik vorgestellt und reflektiert.

Schlüsselwörter

Musikvermittlung • Podcast • Videostream • Zielgruppe

40.1 Allgemeines

Immer mehr Musik tönt aus dem Netz. Seit dem Beginn der globalen Corona-Pandemie hat sich das Musik-Volumen im Onlinebereich noch einmal vervielfacht. Inzwischen präsentieren sich in kaum noch überblickbaren Fülle Musiker, Orchester, Opernhäuser oder Festspiele mit Livestream oder Downloads. Diese können eine Präsenzveranstaltung allerdings nicht ersetzen und sollten durch attraktive Angebote einer multimedialen Musikvermittlung ergänzt werden[1]. Der

---

[1] Der Begriff „Musikvermittlung" wird in unterschiedlicher Weise verwendet, auch in diesem Buch. Immer geht es aber darum, musikalische Inhalte zu transportieren und zu erläutern, auch wenn sich die Wege und Methoden der Vermittlung unterscheiden.

M. Schmidt (✉)
Klassikportal, BR-KLASSIK Koordination, München, Deutschland
E-Mail: info@musik-journalismus.de

BR-KLASSIK
Igor Levits Klavierpodcast - 32 x Beethoven

Igor Levit und sein Freund Anselm Cybinski begeben sich in ihrem Beethoven-Podcast auf einen wilden Ritt durch musikalische Themen, Einflüsse und Epochen. Igor Levit ist DER Beethoven-Interpret der Stunde. Gerade hat er alle 32 Klaviersonaten eingespielt. Beschäftigt hat er sich damit schon seit vielen Jahren. Kein Wunder, dass er zu jedem Stück etwas zu erzählen hat. In 32 Podcast-Folgen - eine für jede Sonate - hört Ihr, was Beethovens Musik so revolutionär und einzigartig macht. Wie es sich anfühlt und welche Arbeit darin steckt, sie zu spielen. Und warum sie bis heute Menschen inspiriert, sich für Freiheit und Menschlichkeit einzusetzen. Furios illustriert von Igor Levit am Klavier. Die 32 Klaviersonaten waren Beethovens Musik-Labor: Hier probierte er seine neuen, in den Ohren der Zeitgenossen oft verrückten Ideen aus. Mit Igor Levit und Anselm Cybinski erlebt Ihr die emotionalen Extremzustände dieser Musik. Und Ihr schaut in Beethovens Werkstatt: Musik-Wissen aus erster Hand. Ein unterhaltsamer Genuss auf höchstem musikalischen Niveau und ein idealer Einstieg für alle, die mehr über Beethovens Universum erfahren wollen. Beethoven bewegt BR-KLASSIK: Auch im Radio könnt Ihr Igor Levits Podcast hören. Und online findet Ihr weitere Infos und viele andere spannende Aktionen zum Thema Beethoven: br-klassik.de/beethoven Wenn Ihr Fragen habt - gerne versuchen Igor Levit und Anselm Cybinski, Euch zu antworten. Schreibt einfach an 32xbeethoven@br.de!

ZUR SENDUNGSHOMEPAGE >

Abb. 40.1 Screenshot und Link „Igor Levit Beethoven-Podcast". (Quelle: BR-Klassik, https://www.br.de/mediathek/podcast/igor-levits-klavierpodcast-32-x-beethoven/826, Abruf 17.8.2020)

Bayerische Rundfunk bietet neben seinem linearen Radioprogramm BR-Klassik und den Klassiksendungen des BR Fernsehens bereits ein reichhaltiges Online-angebot nicht nur mit Videostreams auf der Plattform „BR-Klassik-Concert", sondern auch mit Musik vermittelnden Podcast-Formaten, wie das des Pianisten Igor Levit zu allen Beethoven-Sonaten (Abb. 40.1) oder mit augenzwinkernden „listicles", z. B. zu den fünf besten Salomes.

Sowohl um das Erlebnis als auch um die Vermittlung von Musik geht es bei dem multimedialen Angebotsportfolio von BR-Klassik; das zeigen zudem reich-haltige Dossiers auf der BR-Klassik-Website, wie das zu Ludwig van Beethoven im Jubiläumsjahr 2020 mit Videos, Audios, Bildern und Texten (Abb. 40.2).

BEETHOVEN BEWEGT BR-KLASSIK

Entdecken Sie Beethoven zum 250. Geburtstag neu! Egal, ob Sie Einsteiger oder Experte sind. Sternekoch Alexander Herrmann ist Klassikneuling und entdeckt Beethoven als Botschafter von „Beethoven bewegt BR-KLASSIK". Richtig tief eintauchen: Im Klavierpodcast „32 x Beethoven" begleitet Sie Igor Levit durch die erstaunlichsten Klaviersonaten der Musikgeschichte. Mit unseren Hauskonzerten bringen wir die Pianistin Sophie Pacini in bayerische Wohnzimmer – und weltweit ins Netz. Außerdem: ein Wettbewerb für kleine Klassikfans und viele berührende Radio- und Fernseherlebnisse im Jubilaumsjahr Beethoven 2020.

BEETHOVEN-SYMPHONIEN-SELFIES
Alle Neune

Es ist Beethoven-Jahr. Darum hören Sie nicht nur bei uns seine Stücke, die bekannten wie die weniger bekannten, sondern wir lassen Beethovens Symphonien auch persönlich zu Wort kommen; das haben sie sich echt verdient: In unseren neun „Beethoven-Symphonien-Selfies" stellen sich diese Meisterwerke höchstpersönlich vor.

Mehr ›

3 ⚘ 0 ○

32 X BEETHOVEN
Klavierpodcast mit Igor Levit

Für Igor Levit war die Beschäftigung mit Beethovens 32 Klaviersonaten in den vergangenen fünfzehn Jahren das wichtigste Projekt seines Lebens. Die Erfahrung und das Ergebnis von Studium und Interpretation dieser Sonaten teilt er in diesem ganz persönlichen 32-teiligen Podcast.

Mehr ›

14 ⚘

IHRE TIPPS FÜR ALEXANDER HERRMANN
Wo geht's hier zu Beethoven?

Fünf Wochen lang haben Sie Alexander Herrmann bei seiner Reise ins Klassik-Universum unterstützt. Stellvertretend für viele andere Klassik-Einsteiger hat der Sternekoch jede Woche um Ihre persönlichen Tipps rund um den Komponisten Ludwig van Beethoven.

Mehr ›

4 ⚘

‹ ●●●●●●●●●●●● ›

HÖRBIOGRAFIE

1. EIN ZWEITER MOZART?
1770-1792 · Beethoven wächst auf in der Residenzstadt Bonn

Wein, Weib und Gesang: Weiter reicht der Horizont von Johann van Beethoven nicht. Er bringt es nur zum Tenor an der kurfürstlichen Hofkapelle.

Mehr ›

23 ⚘

2. UNERMESSLICHES TONREICH
1792-1800 · Bad Boy auf dem Weg zur großen Symphonie

Die Franzosen marschieren ein! Eine abenteuerliche Kutschfahrt bringt Beethoven nach Wien, wo er bei Joseph Haydn studiert.

Mehr ›

20 ⚘

3. HEROISCHE ZEITEN
1801-1805 · Beethoven wird berühmt und Napoleon wird Kaiser

Napoleon Bonapartes Eroberungskriege verändern Europa. Bringt er die Freiheit oder nur neue Unterdrückung?

Mehr ›

5 ⚘

‹ ●●●●●●●●●● ›

Abb. 40.2 Screenshot und Link „Online-Dossier Beethoven". (Quelle: BR-Klassik, https://www.br-klassik.de/themen/beethoven-bewegt/beethoven-bewegt-br-klassik-250-geburtstag-2020-100.html, Abruf 17.8.2020)

40.2   Radio und Online-Angebote

Die schwierige Gratwanderung zwischen einem Stammpublikum, das auf vertiefende Information Wert legt sowie einer populären Aufbereitung für Klassik-Einsteiger sollte auch bei der multimedialen Musikvermittlung berücksichtigt werden. Öffentlich-rechtliche, nicht-kommerzielle Medienanbieter wie der BR haben darüber hinaus die wichtige Funktion eines unabhängigen und qualitätsorientierten Angebots- und Meinungsforums für Musik. Dazu gehören auch Plattformen des Austauschs, die wie das BR-Klassik-Format „Meinung – Farbe bekennen, mitdiskutieren", einen kritischen Dialog mit den Nutzern ermöglichen (https://www.br-klassik.de/aktuell/meinung/index.htm).

Verdrängen digitale Medienangebote das lineare Radio? Hat das lineare Medium Radio, haben Kulturwellen wie BR-Klassik durch die wachsende Onlinenutzung an Akzeptanz und Reichweite verloren? Das ist bisher nicht der Fall. Die Hörer von klassischen, linearen Radioangeboten bleiben ihren Sendern mit einer durchschnittlichen Tagesreichweite von 75,4 % weiterhin treu. Die Radionutzung lag schon vor Corona auf hohem Niveau, wie aus der Studie „ma 2020 Audio I" der Arbeitsgemeinschaft Media-Analyse hervorgeht, deren Daten noch knapp vor dem Ausbruch der Pandemie im ersten Quartal 2020 erhoben wurden.[2] Dass dem klassischen Kulturradio durch Onlineangebote die Felle davonschwimmen, scheint wenig wahrscheinlich, auch wenn man sich grundsätzliche Unterschiede zwischen diesen Medienformen vergegenwärtigt. Walter Benjamin verband bereits in den 1930er-Jahren technische Speichermedien wie die Fotografie oder das Grammophon in seinem Essay von 1936, „Das Kunstwerk im Zeitalter seiner technischen Reproduzierbarkeit" mit einem Verlust der „Aura", denn

> „die Aura ist an sein Hier und Jetzt gebunden. Es gibt kein Abbild von ihr. Die Aura, die auf der Bühne um Macbeth ist, kann von der nicht abgelöst werden, die für das lebendige Publikum um den Schauspieler ist, welcher ihn spielt."[3]

Lineare Übertragungsmedien wie das Radio belassen die Musik in ihrem einmaligen Vorübergehen. Die Live-Übertragung wie auch der Livestream ist noch

---

[2] https://www.vau.net/ma-audio/content/audio-radionutzung-deutschland-ma-2020-audio# (Abruf: 25.11.2020).

[3] Zitiert nach: Walter Benjamin, Das Kunstwerk im Zeitalter seiner technischen Reproduzierbarkeit (3. Fassung), in: Walter Benjamin, Gesammelte Schriften Bd. I, Teil 2, Hg. von Rolf Tiedemann/ Hermann Schweppenhäuse (Frankfurt a. M.: Suhrkamp 1980), S. 471–508, dort S. 489.

näher am Ereignis Musik. Darüber hinaus kann der Radiohörer mit Neuem oder Überraschendem konfrontiert werden, das Interesse weckt, verstört oder sogar abstößt, aber doch immer den Horizont erweitert. Von wichtiger Bedeutung ist in diesem Kontext das vermittelnde Sprechen über Musik, das durch die Wahl seiner Inhalte, durch seine Art und subjektive Färbung, großen Einfluss auf die Wirkung und das Verständnis hat. Ein Beispiel für Best Practice, für Edutainment im besten Sinne, ist der BBC-Radio3-Autor und Moderator Tom Service mit seinen so geistreichen wie charmant-humorvollen Radio- und Podcast-Formaten wie dem medienpreisgekrönten *The Listening Service:* von „Radio3" der britischen BBC (https://www.bbc.co.uk/programmes/b078n25h).

Lineares Radiohören ist oft mehr ein Finden als ein Suchen, ein Sich-offen-Halten für das, was kommt. Demgegenüber bietet das Internet mit seinen digitalen und multimedialen Angeboten dem Nutzer die Freiheit, an jedem Ort und zu jeder Zeit seine persönliche Auswahl zu treffen – allerdings mit der möglichen Einschränkung, aufgrund der durch Algorithmen individuell zugeschnittenen Suchmaschinenergebnisse nur in der eigenen Filter-Bubble zu bleiben.

40.3 Musik braucht Vermittlung und Journalismus

„Musik erschöpft sich nicht, nie und nirgends, in jenem ‚rein musikalischen' Sinn" schrieb der Musikwissenschaftler Hans Heinrich Eggebrecht, „sondern sie hat Gehalte. Gehalt ist nicht nur alles was der Musik bei ihrer Entstehung an Intention, historischer Situation, gesellschaftlicher Wirklichkeit einwohnt, sondern auch, was sich in der Geschichte ihrer Rezeption entfaltet und auf ihr ablagert."[4]

Zum musikalischen Sein gehören die privaten und öffentlichen Resonanzen, sei es als bloße Meinungs- und Betroffenheitsäußerung, als wissenschaftliche Analyse und Deutung oder als Kritik. Und so braucht es neben der Vermittlung von Musik auch einen Diskurs über Musik, braucht es die kritische Auseinandersetzung mit Konzerten, Opernpremieren, Uraufführungen oder Veröffentlichungen. Gerade in Zeiten von Fake-News und Filter-Bubbles ist ein engagierter, in allen Medien präsenter Musikjournalismus gefragt. So nutzen etwa gut zwei Drittel aller Klassikfans laut einer gemeinsamen Umfrage der Hochschule Luzern und der Universität Sheffield im Jahr 2018 professionelle Musikkritiken. Dabei schätzen sie vor allem Kritiken, die konstruktiv, unparteiisch und nachvollziehbar sind. Ideale Musikkritiker sind Experten, Ratgeber und

---

[4] Hans Heinrich Eggebrecht, „Zur Methode der musikalischen Analyse", in: Ders., Sinn und Gehalt (Wilhelmshaven: Heinrichshofen 1979), S. 27.

Unterhalter, die sich ihren Themen differenziert und leidenschaftlich widmen (https://www.hslu.ch/de-ch/hochschule-luzern/ueber-uns/medien/medienmittei lungen/2019/01/28/rezensionen-spielen-grosse-rolle-fuer-liebhaber-klassischer-musik). Mehr dazu im Kap. 3.

Eine kompetente, unabhängige und kritische Darstellung sollte für Musikjournalismus in jedem Medium, sei es gedruckt oder audiovisuell, linear oder online die oberste Maxime sein. Angesichts der inhaltlich-praktischen Überschneidungen von Musikvermittlung und Musikjournalismus mit der zunehmenden multimedialen Selbstpräsentation und -vermarktung von Musikern, Opernhäusern oder Festivals braucht es zudem neue Formen einer auch kritisch reflektierten Ausbildung, die Fragestellungen einer Ethik des Digitalen einbezieht.

Zukunftsweisende Studiengänge wie die der Hochschulen für Musik in Karlsruhe und München können hier Maßstäbe setzen und auf der Basis medialer, journalistischer und wissenschaftlicher Kompetenz die Rolle von Musikvermittlung in den Bereichen Journalismus oder Marketing hinterfragen und voneinander unterscheiden. Multimediale Musikvermittlung sollte schließlich in noch größerem Maße Eingang in das gesamte Studienangebot der Musikhochschulen finden und mit Praxiserfahrung, wissenschaftlicher Expertise sowie kritisch-visionärer Zukunftsorientierung auch in den künstlerischen und pädagogischen Studiengängen vertreten sein (siehe dazu Kap. 44 und 45).

Social Media im Musikjournalismus

41

Benjamin Alber und Peter Fohrwikl

Zusammenfassung

Social Media ist mittlerweile fester Bestandteil des redaktionellen Alltags. Es wird geschildert, was bei der Planung und Entwicklung sowie beim Einsatz von Social Media in einem Kulturprogramm zu beachten ist, exemplarisch am Beispiel von BR-Klassik. Schließlich gibt es 10 Tipps für Social-Media-Redakteure.

Schlüsselwörter

Social-Media-Redaktion • Soziale Netzwerke • Social Media • Facebook • YouTube • Instagram • Twitter

Die Arbeit in und mit sozialen Medien ist mittlerweile fester Bestandteil des redaktionellen Alltags aller Kulturredaktionen. Die Gründe dafür sind unterschiedlich: Medienhäuser versprechen sich von ihrem Engagement Reichweite, versuchen Publikumsschichten zu erreichen, an die sie über Printveröffentlichungen, Radio oder Fernsehen nicht mehr herankommen oder sie bemühen sich schlicht, mit den Herausforderungen eines digitalen Medienmarkts Schritt zu halten. Öffentlich-rechtliche Anbieter und traditionelle Qualitätsmedien versuchen, in sozialen Medien auch deshalb Präsenz zu zeigen, um der Flut an Falschinformationen und Propaganda etwas entgegenzusetzen und zumindest punktuell sogenannte „Fake News" zu entlarven.

B. Alber (✉) · P. Fohrwikl
Planung und Entwicklung Klassik, Bayerischer Rundfunk, München, Deutschland
E-Mail: info@musik-journalismus.de

© Springer Fachmedien Wiesbaden GmbH, ein Teil von Springer Nature 2022   463
P. Overbeck (Hrsg.), *Musikjournalismus,* Journalistische Praxis,
https://doi.org/10.1007/978-3-658-32476-6_41

Tab. 41.1 BR-Klassik in den Sozialen Medien

Facebook	110.000 Abonnenten
Twitter	8700 Follower
Instagram (Kanal des jungen Klassik-Angebots „Sweet Spot")	3600 Abonnenten
YouTube	24.000 Abonnenten

(Quelle: BR-Klassik, Stand: Januar 2021)

In den Redaktionen ist der Wissenstand zu Nutzung und Funktionen sozialer Medien sehr unterschiedlich. Das betrifft das Verständnis für die Arbeitsweise der zugrunde liegenden Algorithmen, die Bereiche Publikationsstrategie, Contententwicklung und Analyse, außerdem Recherche und „Social Listening", das bewusste und gezielte Durchforsten der sozialen Medien nach News, Themenimpulsen und Informationen. Die Unterschiede sind insbesondere in der personellen Zusammensetzung der Redaktionen begründet, jüngere Teams mit einem höheren Anteil sogenannter *Digital Natives* sind klar im Vorteil, andere Redaktionen müssen ihren Wissensnachteil durch umfassende, häufig – mangels adäquater Fortbildungsangebote – individuelle und proaktive Weiterbildung ihrer Mitarbeiter ausgleichen.

Das erforderliche Wissen ist unterschiedlich je nach bespielten Kanälen und Plattformen. Vor besonderen Herausforderungen stehen die Redaktionen, die gerne die reichhaltigen Schatzkammern ihrer Archive für die Nutzung in sozialen Medien erschließen möchten – einige Fragen dazu bedürfen einer juristischen Facheinschätzung. Die Reichweiten von BR-Klassik in den sozialen Medien sind zusammengestellt in Tab. 41.1.

In kaum einem anderen Bereich des journalistischen Alltags zeigt sich so deutlich, wie unerlässlich es ist, innerhalb der Redaktionskultur den Mitarbeitern ständig Motivation und Gelegenheit zu bieten für permanenten Wissenserwerb.

Die Instrumente für Social-Media verändern sich kontinuierlich, anders als z. B. im Hörfunkalltag, wo sich seit dem Umstieg von analog (Bandmaschine) zu digital (Editing-Software am Desktop-PC) in den letzten 15 Jahren wenig verändert hat. So kann es passieren, dass ein Arbeitsschritt, der gestern noch am Desktop-PC funktionierte, heute nur noch in der App für ein Mobilgerät zur Verfügung steht, Funktionen von einem Tag auf den anderen komplett verschwinden, durch andere ersetzt werden, sich grundlegend verändern oder auch Bedienoberflächen plötzlich völlig anders gestaltet sind. Ein Beispiel dafür sind die „Creator Studios" von Facebook und YouTube und die dort angebotenen Funktionen. „Hier gilt's der Kunst" – auf dieses Wagnersche Motto der Bayreuther Festspiele (und

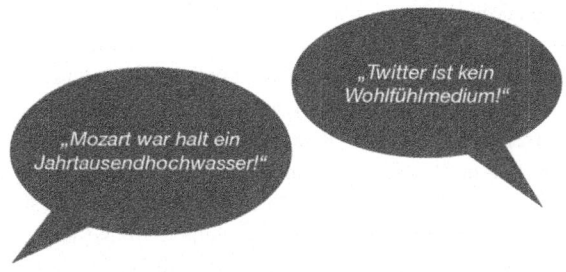

Stimmen aus der BR-KLASSIK Social-Media-Redaktion

Abb. 41.1 Stimmen aus der BR-Klassik-Social-Media-Redaktion. (Quelle: BR-Klassik-Social-Media-Redaktion)

einem Zitat aus den „Meistersingern") kann sich keine Kulturredaktion mehr zurückziehen.

Der Erwerb spezifischer technischer und publikationsstrategischer Kenntnisse muss fest in den redaktionellen Alltag integriert werden. Nicht den Versuch zu unternehmen, technische Entwicklungen wie die App-basierte Produktion (die Erstellung von Inhalten ausschließlich über Mobilgeräte), neue Erzählformate und sich verändernden Publikumserwartungen zu entsprechen und zu verstehen, kommt einer Gefährdung der Zukunftsfähigkeit der eigenen Redaktion gleich. Das gilt auch unabhängig von den vielen guten Gründen, die gegen ein Engagement auf den Plattformen der Tech-Giganten aus China oder dem Silicon Valley sprechen und die eine permanente Neubewertung des eigenen Angebots erfordern. In Abb. 41.1. sind Stimmen aus der BR-Klassik-Social-Media-Redaktion zu finden.

41.1 Beispiele für die Nutzung der sozialen Medien im redaktionellen Alltag

Wenn die Redaktionsstrategie die schnelle Verbreitung von Nachrichten erfordert, ist es notwendig, die sozialen Medien, insbesondere Twitter, immer im Blick zu behalten. Hier tauchen Meldungen mittlerweile oft schneller auf als in den Tickern der etablierten Nachrichtenagenturen – und Geschwindigkeit bedeutet im digitalen Markt Relevanz und Reichweite. Außer Frage steht, dass Informationen aus sozialen Medien sorgfältig geprüft werden müssen. Nirgendwo sonst verbreiten sich Falschmeldungen dynamischer.

Jede Redaktion sollte für sich ein Konzept erarbeiten, welchen Kanälen und Personen man folgen sollte, um an die relevanten Informationen für das eigene Arbeitsumfeld heranzukommen. Das können Künstleragenturen, andere Medienanbieter (zum Beispiel aus dem Ausland), Szene-Influencer (also gut vernetzte Einzelpersonen) oder Künstler selbst sein. Vorsicht ist schon bei der Auswahl geboten: Den Twitter-Kanal „@BayreuthFest" hielten auch viele Journalisten für ein offizielles Sprachrohr der Bayreuther Festspiele – tatsächlich handelte es sich um einen bewusst eingerichteten Fake-Kanal einer Bloggerin.

Social-Media-Profile von Künstlern sind für Redaktionen und freie Autoren eine Fundgrube für Themen und Geschichten. Stars geben hier Einblicke in ihr Privatleben und sprechen über neue Projekte, lange, bevor offizielle Pressemitteilungen herausgegeben werden. Bestenfalls erlauben die eigenen redaktionellen Systeme, Inhalte aus sozialen Medien on air und in den eigenen Online-Publikationen möglichst aktuell einzusetzen – natürlich unter Einhaltung der entsprechenden urheber- und medienrechtlichen Regelungen. Auch der Dialog mit dem Publikum ist eine Chance für Themenfindung und bei der Gestaltung neuer Angebote.

Die Platzierung von „Ködern" ist für Redaktionen, die um Reichweite für ihren Online-Content kämpfen, z. B. mit Link-Posts, eine Chance, Nutzer aus den sozialen Medien zu den eigenen Online-Seiten zu locken, insbesondere, wenn die für das eigene Geschäftsmodell relevant sind. Diese Strategie hat allerdings Grenzen: Nur eine kleine Anzahl von Nutzern ist bereit, den zusätzlichen Aufwand eines Klicks aus der eigenen Timeline heraus auf sich zu nehmen.

Notwendiges Know-how in einer Social-Media-Redaktion:
- Umfassende technische Produktionsfähigkeiten für Multimedia-Content.
- Sichere journalistische Arbeit (schnelles Erfassen und Beurteilung von Informationen, klare Ausdrucksfähigkeit und sichere Rechtschreibung).
- Gute Kenntnis der Szene: Wer ist wichtig, mit wem muss ich mich vernetzen?
- Grundkenntnisse zu den rechtlichen Fallstricken bei der Publikation auf Plattformen, an die eigener Content weitergegeben wird („Drittplattformen").
- Bereitschaft zum Umgang mit Daten zur Nutzung des eigenen Angebots („Insights").
- Kenntnis der unterschiedlichen Netzwerke und ihrer Spezifika.

• Selbstsicherheit, Selbstständigkeit und Schlagfertigkeit in der Kommunikation (Nutzerdialog – „Community Management").

41.2 Zehn Tipps für den Social-Media-Redakteur in der Kultur-Redaktion (und die Führungskräfte)

Tipp 1: Vergiss den Desktop-PC! Nutzer finden Content überwiegend in ihrem News Feed, den Sie auf dem Mobilgerät über ihre App aufsuchen. Alle anderen Nutzungsszenarien sind irrelevant. Facebook, Instagram oder Twitter werden nicht wie Websites aufgerufen. Auch fürs Publishing- und Community-Management empfiehlt sich die Nutzung von Mobilgeräten und entsprechender Apps. Sogar Prozesse wie die Erstellung von interaktiven Grafiken oder Videos funktionieren über Apps, die an die Verbreitungsplattformen angedockt sind, oft effizienter als über teure Editing- oder Grafiksoftware. Natürlich haben die technischen Möglichkeiten Grenzen. Und Achtung: Manche Publishing-Funktionen verstecken sich je nach Anbieter nur in der App, andere sind nur im Browser verfügbar.

Tipp 2: Katzen vs. Klassik: „Alles konkurriert mit allem". Klassikfans interessieren sich in erster Linie für Klassik? Fehlanzeige, wehe es erscheint ein süßes Katzenvideo im News-Feed. In der Social-Media-Welt konkurriert alles mit allem. Da hilft es auch nicht, dass jemand eigentlich überzeugt ist: „Es geht nichts über Mahlers 8. Sinfonie!" Sie/er schaut das Katzenvideo trotzdem an, versprochen! Das im Kopf zu haben, hilft bei der Zuspitzung eines Inhalts sehr. In Sekundenbruchteilen entscheiden Nutzer, ob ein Inhalt interessanter ist als ein anderer, und um diese Aufmerksamkeit müssen Social-Media-Redaktionen kämpfen, mit jedem Inhalt. Schwacher Content schwächt den ganzen Kanal, denn Inhalte werden den Nutzern vom Algorithmus immer weniger ausgespielt.

Tipp 3: Achtung, Rückkanal! Sei bereit für deine Community! Social-Media-Publishing lebt von der Interaktion und dem Dialog mit den Nutzern. Es ist ein Fehler, nach Fertigstellung eines Inhalts gleich den Blick auf die Produktion des nächsten Posts, Tweets oder Videos zu richten und nicht die Zeit für den Dialog mit einzuplanen. Natürlich kann eine Redaktion auch arbeitsteilig vorgehen. Es gibt Mitarbeiter, die kreativen Content entwickeln und produzieren können, aber sich im nicht immer einfachen Dialog mit den Usern schwertun. Klare, schriftlich festgehaltene Regeln, auf die sich jeder beim Community Management berufen kann, sind im Alltag von Nutzen.

Tipp 4: Habe deinen Content im Griff! Nehmen wir an: Jemand aus dem Social-Media-Team postet einen Link zu einem Artikel, den ein Kollege aus einer anderen Redaktion recherchiert und geschrieben hat, oder ein Video-Interview, das jemand anderer geführt hat. Leider war die zugrunde liegende Recherche lückenhaft, im Social-Media-Team wurde nicht genau gelesen bzw. hingehört. Was passiert? Der diensthabende Social-Media-Kollege sieht sich mit einem Ansturm an Fragen und Angriffen der User konfrontiert, die er nicht beantworten kann und denen er sich nicht gewachsen fühlt. Der Kanal hüllt sich also in peinliches Schweigen, oder fast noch schlimmer: versucht, sich zu rechtfertigen. In diesem Fall hilft es, nachzubessern und mit den eigenen Versäumnissen transparent umzugehen. Besser: VOR der Publikation Hand in Hand mit der erstellenden Redaktion arbeiten, genau nachfragen, und den Autor oder Redakteur ins Community Management einbinden.

Tipp 5: Gemeinsam sind wir stärker. Tipp 4 macht klar: Je enger die unterschiedlichen Redaktionen und die für die Ausspielwege verantwortlichen Teams eines Medienhauses miteinander vernetzt sind, desto besser wird am Ende das Ergebnis in Qualität und Reichweite sein. Bestenfalls können die Erfordernisse für eine erfolgversprechende Platzierung eines Themas in den Social-Media-Kanälen bereits bei der Themenplanung berücksichtigt werden. Dafür braucht es die gemeinsamen Planungsprozesse, gemeinsam nutzbare Werkzeuge für die Team-Kommunikation und gemeinsame, auch spontane kreative Runden. Das hat Einfluss auf die Sitzungsstruktur, die digitale und ggf. räumliche Arbeitsumgebung und die traditionelle Autonomie von Redakteuren bei der Planung ihrer Inhalte!

Tipp 6: Bestimme deine Nutzer und poste (nur) für sie. „Wir publizieren einfach ganz viel, dann wird für jeden Nutzer schon etwas dabei sein!" Diese Strategie ist zum Scheitern verurteilt. Beiträge mit schlechter *Performance* (wenig Reaktionen) werden schlecht verbreitet und beeinträchtigen die nachfolgenden Inhalte, denn der Algorithmus wird versuchen, dem User dazu passenderen Content anzubieten. Wenn ein neuer Kanal ins Leben gerufen wird, kann die Redaktion als Leitlinie ein „Kanalversprechen" erarbeiten, das genau ausdrückt, wofür der Kanal da ist, evtl. auch eine *Persona* entwickeln, um die wichtigsten Eigenschaften der Zielnutzer für das Team greifbar zu machen und vielleicht auch zu visualisieren. Bei vorhandenen Kanälen hilft es, erfolgreiche Inhalte genau zu analysieren: Was sagt mir ihr Erfolg über die User? Lassen sich daraus Nutzertypen ableiten und in begrenzter Anzahl benennen? Für Facebook z. B. ist es sinnvoller, nur noch (ausschließlich!) für ein bis drei klar identifizierte Nutzertypen spezifischen Content anzubieten, als im Blindflug auf größtmögliche Breite zu setzen.

Tipp 7: Bleib dran! Eine besondere Herausforderung im Social-Media-Alltag ist der Umgang mit technischen Neuerungen. Es ist sinnvoll, dem Austausch und Wissenserwerb Raum im Arbeitsalltag des Teams zu verschaffen, ggf. auch beides zu institutionalisieren, z. B. durch ein festes Zeitfenster in der Redaktionskonferenz, durch einen entsprechenden Chat-Kanal und natürlich auch durch Fortbildungsangebote, für die die Führungsetage verantwortlich ist. Wie wäre es außerdem, einen wöchentlichen Preis auszuschreiben für die Entdeckung des nützlichsten neuen Tools oder des effizientesten Workarounds?

Tipp 8: Bleib flexibel! Social-Media-Plattformen altern schnell und ihre Nutzer sind mobil. Das macht es notwendig, die Nutzerstruktur der Plattformen regelmäßig mit der eigenen Zielgruppe abzugleichen. Wer im Jahr 2021 eine junge Zielgruppe ansprechen möchte, wird sich kaum noch mit Facebook beschäftigen müssen. Das Erschließen neuer Plattformen ist auch allein deshalb schon für Redaktionen zwingend, weil sie sonst Gefahr laufen, von technischen Neuerungen und von dem Verständnis der sich kontinuierlich verändernden Formatakzeptanz der Nutzer abgeschnitten zu werden. Dieser explorative Ansatz sollte in der Aufwandsplanung einer Social-Media-Redaktion verankert sein und strategisch von der Redaktionsleitung begleitet werden.

Tipp 9: Content ist nicht alles: *Insights*. Ein fremdes Terrain für Journalisten, aber ein sehr wichtiges begleitendes Handlungsfeld: der alltägliche Umgang mit Nutzungsdaten, sogenannten *Insights*. Hier liegen wertvolle Informationen bereit, die die Publikationsstrategie und auch die inhaltliche Planung von Inhalten maßgeblich prägen sollten. Wann sind meine Beiträge erfolgreich? Lassen sich stärkere Tageszeiten und Wochentage identifizieren? Ein aufwendig erstellter Inhalt kann durch falsche zeitliche Platzierung eine erhoffte Reichweite einbüßen. Wie lange schauen User ein Video an, wann steigen sie aus? So lassen sich Fehler im inhaltlichen Aufbau leicht identifizieren und beim nächsten Mal vermeiden. Klar wird hier: Ohne sorgfältige Vorbereitung, beispielsweise durch ein Storyboard, wird es nichts mit einem erfolgreichen (Video-)Post/Beitrag.

Tipp 10: Social-Media-Arbeit ist kein Nebenbeigeschäft! Die hier genannten Punkte sollten klarmachen: Die Arbeit in einer Social-Media-Redaktion ist eine anspruchsvolle Tätigkeit, die sehr spezielle und umfassende Kenntnisse in verschiedenen Mediengattungen (Text, Bild, Video, Audio) erfordert. Die Mitarbeiter müssen im mitunter belastenden Dialog umfassende kommunikative Fähigkeiten, sprachliche Sicherheit und Schlagfertigkeit beweisen. Sie sind als kreative Köpfe bei der Content-Entwicklung gefragt. Technisches Know-how und fundierte journalistische Kenntnisse sind gleichermaßen essenziell. Social-Media-Arbeit muss gleichberechtigt neben den traditionellen medialen Spielfeldern wahrgenommen und mit der gleichen Ernsthaftigkeit strategisch begleitet und ausreichend ressourcentechnisch ausgestattet werden.

Musikjournalismus im Internet

42

Martin Hufner

Zusammenfassung

Es werden die technologischen Veränderungen der letzten 15 Jahre dargestellt, erläutert, welche Folgen das für die Verbreitung des Musikjournalismus im Internct hat, wie schwierig es ist, hier für ein Publikum zu gewinnen und diese Angebote zu monetarisieren. Welche Entwicklungen zeichnen sich ab?

Schlüsselwörter

Printjournalismus • Musikjournalismus • Musikstreaming • Kuratierung • Podcast • Facebook • Twitter • Online-Zeitschrift • Monetarisierung

Wer über Musikjournalismus im Internet sprechen will, kann nicht ausblenden, wie sich im globalen Maßstab der Komplex der Medien in ökonomischer und technologischer Hinsicht entwickelt hat. Die Ökonomie der Medienkonzentration und die technologische Entwicklung von Geräten und Transportwegen verändert auch die Wahrnehmungsformen der (Musik-)Journalismus-Nutzer, also der Leser, Seher und Zuhörer.

Elektronisches Zusatzmaterial Die Online-Version dieses Artikels (https://doi.org/10.1007/978-3-658-32476-6_42) enthält zusätzliches Material, das für autorisierte Benutzer zugänglich ist. Diese Videos können mit dem SN More angesehen werden. Medien-App. Öffnen Sie die App, scannen Sie das Foto mit Ihrem Mobiltelefon mit dem "Play"-Symbol, und das Video wird abgespielt.

M. Hufner (✉)
Kleinmachnow, Deutschland
E-Mail: info@musik-journalismus.de

42.1   Disruption, Innovation, Amnesie

Seit der ersten Ausgabe des „Musikjournalismus" (Konstanz: UVK 2005) sind gut 15 Jahre vergangen. 15 Jahre Entwicklung in Technologie, Politik und Wirtschaft sind wenig und viel. Während sich in dieser Zeit die Entwicklung des mobilen Zugangs zum Internet rasant beschleunigt hat (das erste iPhone erschien 2007, das erste Consumer-Smartphone mit dem Betriebssystem Android, das „HTC Dream", 2008 (in den USA), und die heute den Markt beherrschenden Internetplattformen gegründet wurden: YouTube (2005), Facebook (2004), Twitter (2006) Spotify (2006, in Deutschland verfügbar seit 2012), kamen und gingen andere Plattformen und Dienste: „Google+" (2013–2019), „SchülerVZ" (2007–2013) oder der Multimedia-Bloggingdienst „Posterous" (2008–2013). Von Dauer sind dagegen auch die Praxisfelder des Musikjournalismus wie Zeitung, Radio, Fernsehen und Internet. Allerdings verwachsen diese Medien zum Teil immer mehr über die Schnittstelle des Internets als des neuesten und heißesten Mediums und zugleich als einem nicht so präzise kartierten Gelände, gefühlt unendlichen Ausmaßes und Dauer.

Die ganze Entwicklung zeigt sich als Abfolge von disruptiven Ereignissen. Dinge entstehen wie aus dem Nichts und sie zerfallen wieder wie zu nichts – oder zu fast nichts (wie der Geschichte der Speichermedien von der Lochkarte über Magnetband, Diskette, CD und Stick zur Cloud). Man könnte das Phänomen Internet praktischerweise kulturell und ästhetisch als Gegenstand einer Soziologie der Mode abtun. Es sind aber zugleich volks- und weltwirtschaftliche Lokationen, die die strukturelle Zusammensetzung des Internets bestimmen und bei gleichzeitiger Erhöhung der Beteiligungsmöglichkeit eine immer geringer werdende Einflussnahme auf das Ganze gewähren. Der Vielfalt der Netzteilnehmer steht eine Monopolisierung der Güter gegenüber, die über, durch und mit dem Netz gehandelt werden. Dabei ändern sich fluktuierend die Bedarfe der Nutzer.

Das Vergessen als Folge der Technikentwicklung und die Vergänglichkeit der Technik: Von den 2005 genannten Websites der damals florierenden Bloggerszene sind viele unterdessen nicht mehr aktualisiert worden oder gar ganz verschwunden. Genauso ergeht es Technologien: „Flash" als Software für Animationen und Effekte wurde Ende 2020 eingestellt, nachdem schon viele Browser-Anwendungen und Betriebssysteme diese Technik nicht mehr unterstützen. Newsgroups existieren zwar noch, spielen aber mindestens im kulturellen Bereich so gut wie keine Rolle mehr. Insgesamt ist eine Umwälzung von dezentralen Strukturen hin zu monopolistischen zu bemerken. Wer über (Musik-)Journalismus im digitalen Raum sprechen will, muss unvermeidlich sowohl über Ökonomie wie auch über Sprache(n) der Medien sprechen.

Ein gewisses Absterben von Printprodukten: Es ist völlig normal, dass der Markt im Bereich der Printprodukte sich laufend neu strukturiert. Zeitschriften erscheinen mit Bedarfen (TV-Zeitschriften) und verschwinden, wenn diese Bedarfe anders erfüllbar sind (z. B. TV-Zeitschriften). Diese Prozesse verlaufen unterschiedlich schnell ab, je nach Publikum und deren technischer Ausstattung. Das betrifft ein Heimatblatt anders als eine Zeitschrift für Techno und elektronische Lebensaspekte. Es sind unterschiedliche Tempi, die die verschiedenen Publika in Sachen Technik und Zugang aufgenommen haben. Wenn man sich z. B. die Entwicklung des Tonträgermarktes ansieht, fällt einem ein Revival der Schallplatte aus Vinyl auf – sicher in kleinem Maße, aber merklich. Auch das Beispiel E-Book könnte einem dabei in den Sinn kommen, das, – nach wie vor – nur mit angezogener Handbremse den Büchermarkt zu verändern scheint.

Einige musikjournalistische Produkte sind in den letzten Jahren verschwunden (Auswahl):

- „De:Bug – Zeitschrift für elektronische Lebensaspekte" (eingestellt 2014 – reduzierte Onlineausgabe noch bis 2018)
- „Jazzzeitung" (eingestellt 2014 – jetzt noch online in reduzierter Form)
- „Musikmarkt" (eingestellt 2016/2017)
- „Intro" (eingestellt 2018), 2008 wurde die Online-Ausgabe noch mit einem „Grimme Online Award" bedacht.
- „Zitty – Berliner Stadtmagazin" (eingestellt 2020)

Bei vielen der verschwundenen Produkte handelt es sich interessanterweise um solche der populären Kultur, die gleichzeitig sich auch technikaffin verstanden haben und aktiv ins Internet gegangen sind. Dennoch hat es zur Durchsetzung von Geschäftsmodellen nicht gereicht. Auf dem Acker der Angebote im Netz tummelten sich genügend andere Mitbewerber. Der Chefredakteur von „Musikmarkt" analysierte das Scheitern seines Produktes 2016 mit den Worten:

> „Die lang andauernde Krise einer Branche, die, jedenfalls im Moment, Vergangenheit zu sein scheint, ist vielen, auch uns, an die Substanz gegangen. Das ist das eine. Das andere ist die Wucht, mit der die Digitalisierung jede Branche herausfordert. Und solange die meistens noch print-dominierten Verlage kein digitales Geschäftsmodell gefunden haben, mit dem sie tatsächlich und nicht nur scheinbar Geld verdienen, wird der digitale Durchbruch auf sich warten lassen."[1]

---

[1] (www.musikmarkt.de/Abruf 17.9.2020).

Digitale Geschäftsmodelle für Journalismus sind im Internet einstweilen immer noch schwer zu entwickeln. Im eigentlichen Sinn gibt es da nur ein einziges Produkt aus dem E-Musik-Bereich: das „Van-Magazin" (www.van-magazin.de). Dieses Magazin startete so innovativ als „App" für das iPad, dass es zunächst scheitern musste, weil es seine Benutzbarkeit nur auf einem einzigen Gerät, dem iPad, ermöglichte (negative Konvergenz von proprietärer Technik und Zugänglichkeit). Schließlich konsolidierte man sich als Magazin im Web – eigenen Angaben zufolge mit 3500 zahlenden Abonnenten. (zum Van-Magazin siehe auch Kap. 34). Große Sprünge kann man damit nicht machen, zumal man zugleich in Konkurrenz steht mit den Kostenlos-Angeboten anderer Musikfachzeitungen oder -zeitschriften (wie zum Beispiel niusic.de oder terzwerk.de) und den Internetangeboten der Rundfunkanstalten auf der einen Seite und den lebendigen Diskussions- und Streitfäden in Sozialen Medien wie Twitter und Facebook oder Blogs wie dem „Bad Blog Of Musick" (https://blogs.nmz.de/badblog) andererseits. Dieser eigentlich erstaunlichen Vielfalt der Technologien und Mittel steht ein Musikjournalismus gegenüber, der zugleich all diese Kanäle zugleich bespielen muss, damit er tatsächlich wahrgenommen werden kann.

Monetarisierung musikjournalistischer Arbeit bleibt auch im Internet schwierig. Im „Magazin unabhängiger Reporter – Riffreporter" schreiben die Musikjournalisten Stefan Hentz und Martin Laurentius unter dem Titel „RIFFS UND ZEICHEN" regelmäßig über Jazzkonzerte und -festivals in Deutschland und Europa. Sie beklagen in Sachen Jazzjournalismus auf der Startseite:

> „In der medialen Öffentlichkeit findet diese Musikgattung immer weniger statt. Vor allem Konzertrezensionen und Festivalberichte kommen auf den Feuilleton- und Kulturseiten von Tages- und Wochenzeitungen im deutschsprachigen Raum kaum noch vor, auch in den Fachmedien erhält diese wohl ursprünglichste Form des Musikjournalismus nicht mehr den Platz wie vielleicht noch vor 15 Jahren."[2]

Und sie erklären:

> „Professioneller Musikjournalismus erfordert Zeit, Erfahrung und Leidenschaft. Das gibt es nicht kostenfrei. Daher bieten Hentz und Laurentius ihre Texte nach einer Anlaufphase, während der die Artikel kostenfrei zu lesen sind, gegen Bezahlung an."[3]

Diese Anlaufphase der Projektidee des „Riffreporters" dauert weiterhin an; sie ließ sich bis jetzt nicht monetarisieren. Aktuell pausiert „RIFFS UND ZEICHEN".

---

[2] https://www.riffreporter.de/de/magazine/musik-jazz, Abruf am 8.09.2021.
[3] dito.

Die Problematik der digitalen Transformation von Printprodukten als komplizierten, aufwändigen und kostenintensiven Prozess beschreibt Helmut Hartung
auf https://www.medienpolitik.net. Man benötige dafür „konvergente Redakti-
onssysteme, Bezahlschranken, Monitoringsysteme, eine Nutzerverwaltung sowie
fachkundiges Personal" und weiter:

> „Die Sicherung der journalistischen Leistung, das permanente Ausprobieren von neuen
> Angeboten und Formen in allen Kanälen ist kosten- und personalintensiv. Zudem
> ist ein großer Kommunikationsaufwand erforderlich, um die Zahlbereitschaft in der
> Leserschaft aufzubauen und das Vertrauen in die Marke zu stärken und bei einer jungen
> Leserschaft zu erschließen."[4]

Man sieht sich einer bangen Frage gegenüber: Unterwerfen oder untergehen?
Obwohl die digitale Transformation unvermeidlich ist und gerade auch im Musikjournalismus theoretisch durch die Möglichkeit der Kombination verschiedener
Medienformen wie Text, Ton und Bild prädestiniert wäre, dies auch darstellen
zu können, scheinen Erlösmodelle, die auch Journalisten ein überlebensfähiges
Einkommen garantieren könnten, nur auf dem Weg sehr großer global agierender
Unternehmen möglich oder im Rahmen der durch Beitragszahler noch garantier-
ten öffentlich-rechtlichen Medien (Rundfunk und Fernsehen) oder im Sinne eines
quasi selbstausbeuterischen Ehrenamts-Journalismus.

Die Wiedergeburt der Podcasts: Während man bei Texten im Internet das
Medium Zeitung, Buch, Zeitschrift in Bildschirmformate übersetzt hat, wurden
für das Radio Podcasts, für Fernsehen und Film Videoportale zu Partnern. You-
Tube gibt es seit 2005, Podcasts im Prinzip seit 2002 – den medialen Durchbruch
erreichte man jedoch erst 2005. Voraussetzungen für eine große Verbreitung waren
auf der einen Seite die Möglichkeit, große Datenmengen im Netz zu speichern,
herunterzuladen und umsetzen zu können (Kompressionstechnologien wie mp3
und mp4 machten das möglich), auf der anderen Seite spezielle Geräte von
Apple (der iPod) und später Apple-fremde mp3-Player. Eine Verwaltungs- und
Abspielsoftware, ebenfalls von Apple mit Namen „iTunes", wirkte beim Erfolg
der Podcasts mit (ein Beispiel dafür, wie es ein Produktname zum Synonym für
eine Technologie schaffte!). Um 2005 herum waren es zunächst Blogger, die das
Medium für sich entdeckten. Gerrit van Aaken entwickelte damals mit „podpress"
ein Werkzeug, das im Zusammenspiel mit der damals bereits beliebten Blog-
gingsoftware „Wordpress" technisch harmonierte. Alternatives Radio jenseits der
offiziellen Radiostationen war auf einfache Weise möglich geworden. Über die

---

[4] Helmut Hartung „Pressemedien in der Subventionsfalle?" https://www.medienpolitik.net/
2020/10/pressemedien-in-der-subventionsfalle, 12.10.2020.

Jahre ebbte das Interesse an Podcast jedoch ab. Aktuell (2021) erleben wir geradezu eine Podcastflut, die wieder vor allem durch eine technische Umwälzung mitgeprägt worden ist. Das Musikstreaming über und durch Dienste wie Spotify, Deezer und andere. Gitarrist und Blogger Siggi Becker schätzt diese Entwicklung in einem Facebook-Kommentar folgendermaßen ein:

> „So wie beim Bloggen dunnemal: Mediensimulation. Jetzt also: Wir spielen Radio, nur diesmal mit 3 Zuhörern. Karl Valentin paraphrasiert: Jedes olle Medium ist im Netz schon simuliert worden, nur noch nicht von jedem."

Der Podcast-Markt wird mit jedem Teilnehmer wieder enger. Wer die Macht hat, sein eigenes Medium besser durchzudrücken, wird diesen Versuch unternehmen. Aktuell versucht beispielsweise der WDR, seinen Umbau der Programmstruktur im Bereich des Jazzjournalismus durch zusätzliche Angebote im Bereich Online und Podcasts zu kompensieren und möchte das als Innovation deklarieren. Kein Wunder also auch, dass die Musikstreaming-Dienste Podcasts wieder für sich entdecken, wo sie nicht vielleicht dieses Format sogar erst wieder reanimierten; für Musikjournalismus an sich ein weiteres Spielfeld auf dem es eng wird und der Ball und die Rubel weniger Platz zum Rollen haben; die Zuschauertribünen sind längst voll.

Kuratieren im Musikstreaming: Musikjournalismus im Bereich sogenannter „kuratierter" Musik-Playlists bei Musikstreaming-Dienste sind ebenfalls keine Selbstläufer. Der mit kuratierten Playlists gestartete Klassik-Streamingdienst „grammofy" (www.grammofy.com) steht dafür stellvertretend. Das Start-up aus Deutschland ging im Mai 2016 mit kuratierten Musikfolgen auf „Stream" und suchte auf diese Weise sein Publikum. Tausende Nutzer in 15 Ländern haben aber nicht ausgereicht, um den Dienst auf Dauer wirtschaftlich betreiben zu können. Der Versuch, einer Wiederbelebung als Add-on zu Spotify scheiterte endgültig im Oktober 2019. Beim Klassikstreaming-Dienst „Idagio" (www.idagio.de) sind alle Weichen auf Expansion gestellt. Der Dienst, 2016 gegründet, wird hauptsächlich über eine Smartphone- oder Web-App konnektiert, schrieb jedoch von 2016 bis 2018 jeweils Jahresfehlbeträge (2018: 7,8 Mio. Euro – Quelle: deutsche-startups.de – Idagio-Verluste steigen auf 7,8 Mio., https://www.deutsche-startups.de/2020/09/23/idagio-zahlencheck-2018/). Wie viele zahlende Abonnenten der Dienst hat, ist nicht bekannt (auch nicht auf Nachfrage). Mehr als die Anzahl der Downloads der App (1,9 Mio. Downloads, weltweit) werden es allerdings nicht sein (zum Vergleich: Spotify hatte im zweiten Quartal 2020 138 Mio. zahlende Abonnenten, weltweit; Quelle: https://de.statista.com/infografik/13769/monatlich-aktive-nutzer-und-zahlende-abonnenten-von-spotify-weltweit/).

42.2 Konzentration, Deformation, Hypersprache, Präsenz

Angesichts der Entwicklung verwundert es nicht, wenn sich die Kulturindustrie mehr und mehr zu einer reinen Informationsindustrie wandelt. Die Perfidie dabei: Die kostenlosen Mitmachangebote beispielsweise von Facebook oder Twitter haben die kostenlose Mitaktivität ihrer Nutzer – kurz: *User-generated content* – zum Geschäftsmodell. Kostengünstiger kann man ein Geschäftsmodell im Internet nicht aufziehen: Man verkauft dem Nutzer das Produkt, das er selbst herstellt und verdient so doppelt. Das einzige Risiko dieses Geschäftsmodells besteht offenbar allein im Entstehen von Konkurrenz oder im Auftreten eines „cooleren" Tools; oder in der Veränderung rechtlicher Rahmenbedingungen, z. B. durch veränderte Bedingungen bei Leistungsschutz- oder Urheberrechten. Beides sind übrigens aktuelle Entwicklungen, die mit der EU-Richtlinie zum Urheberrecht im digitalen Binnenmarkt aktuell ausgefochten werden. Ich komme am Ende noch einmal darauf zu sprechen.

Medienimperium in der Jackentasche? Wie bereits mehrfach erwähnt, spielen die Internetgiganten Google und Facebook ihre Macht als Medienunternehmen aus. Blickt man zurück auf das „Internet-Manifest. Wie Journalismus heute funktioniert. 17 Behauptungen" aus dem Jahr 2009 (https://saschalobo.com/2009/09/07/das-internet-manifest-wie-journalismus-heute-funktioniert-17-behauptungen/), kann man erahnen, welche Visionen der Partizipation im „Journalismus von allen" gesteckt haben mögen. In der zweiten These liest man: „Das Internet ist ein Medienimperium in der Jackentasche. Das Web ordnet das bestehende Mediensystem neu: Es überwindet dessen bisherige Begrenzungen und Oligopole. Veröffentlichung und Verbreitung medialer Inhalte sind nicht mehr mit hohen Investitionen verbunden. Das Selbstverständnis des Journalismus wird seiner Schlüssellochfunktion beraubt – zum Glück. Es bleibt nur die journalistische Qualität, die Journalismus von bloßer Veröffentlichung unterscheidet."

Der Gedanke aus der fünften These: „Nun richtet sich jeder Bürger seine individuellen Nachrichtenfilter ein, während Suchmaschinen Informationsmengen in nie gekanntem Umfang erschließen. Der einzelne Mensch kann sich so gut informieren wie nie zuvor", wirkt angesichts der Tatsache, dass aber eben diese Technologie nicht diesen Bürgern selbst gehört, sondern das höchste Betriebsgeheimnis von Technologie-Unternehmen ist, im Nachhinein naiv. Gezeichnet worden ist das Manifest von heute immer noch tätigen Internet-Aktivisten wie Markus Beckedahl, Sascha Lobo, Mario Sixtus, Stefan Niggemeier, Johnny Haeusler, Kathrin Passig, Thomas Knüwer und Mercedes Bunz. Und es gehört zu den nicht geringsten Absurditäten, dass die Internetadresse (www.internet-manifest.de) dieses Manifestes mit der Ortsangabe „Internet" und dem Datumstempel „07.09.2009" mittlerweile nicht mehr existiert.

Die Dinge sind anders gelaufen. „**Facebook, Google**" **und Apple** haben in den letzten Jahren ihre Ambitionen ausgebaut, Zeitungen dazu zu überreden, ihre Artikel direkt über deren Systeme zu vermarkten. Bei Facebook hieß die Idee „Instant Articles". Zeitungen und Zeitschriften wie die „New York Times", der „Guardian", „Der Spiegel" oder „BILD" haben daran partizipiert, sich teilweise aber auch wieder zurückgezogen. Es ist offensichtlich, dass man, wenn man sich in das Ökosystem von Facebook oder Google begibt, auch in neue Abhängigkeiten gerät. Erst im Juni 2020 hat der „Tagesspiegel" bekannt gegeben, seine Kooperation mit Google auszuweiten (https://www.tagesspiegel.de/themen/ presseportal/tagesspiegel-digital-tagesspiegel-und-google-weiten-subscribe-with-google-kooperation-aus-/25916582.html). Das Angebot von Apple unter dem Namen „Apple News+" umfasst mittlerweile hunderte Magazine und Zeitungen. Journalismus wird eingekreist von einer Community (Facebook), einer Such-maschine (Google) und einem Betriebssystem- und Endgeräteanbieter (Apple) – fehlt eigentlich nur noch der Warenhändler (Amazon), der aber Ähnliches planen dürfte und mit dem Kauf der „Washington Post" im Jahr 2013 vielleicht bereits vorbereitet hat.

Warum ist das alles erwähnenswert? Weil es über kurz oder lang zu wei-teren Marktkonzentrationen führen wird, die längst auch auf dem deutschen Zeitschriften- und Zeitungsmarkt durch Verlagskonzentration passiert ist (Mad-sack, Funke, Springer, Gruner & Jahr, Holtzbrinck, Bertelsmann, Bauer, SWMH). Einen Überblick über die vielfältige Verflechtung bietet die "Übersicht: Deut-sche Pressekonzerne und ihre größten Marken", z. B. abgedruckt bei: Katapult, Editoral Knicker No. 2: Sebastian Haupt: Ich weiß, wer deine Nachrichten macht", 5.1.2019, Link: [Quelle: https://mobile.katapult-magazin.de/index.php? mpage=a&l=0&artID=799].

Die Vielfalt ist immer mehr nur Schein und die „Unabhängigen" kämp-fen ihren Kampf um den verlorenen Rest, das Fachpublikum, die Liebhaber und Nurmalso-Interessierten. Einen analogen Prozess hat auch der „grammofy"-Gründer Lukas Krohn-Grimberghe im Bereich der Musikstreamings ausgemacht, der eine Verdichtung des „Tonträger-Marktes" hin „zu einer Hand voll Firmen" beobachtet.[5]

Angebote wie Facebook und Twitter ziehen eine Art Spontanjournalis-mus an. Während früher Kommunikation mit Feedback durch die Öffentlichkeit über die Techniken „Leserbrief" oder „Telefon" technisch bedingt eingeschränkt

---

[5] Lukas Krohn-Grimberghe: Vom Fan zum Konsumenten, in: Martin Tröndle (Hg.): Das Konzert[II] – Beiträge zum Forschungsfeld der Concert Studies (Bielefeld: transcript 2018), S. 399.

war und während sich fachliche Kommunikation seit den 1990er-Jahren in Mailinglisten, Newsgroups und Foren häufig sehr fokussiert abgespielt hat, sind öffentliche Reaktionen im Netz bei Twitter oder Facebook oder in Kommentarfunktionen schnell losgetreten. Diese spontane Ermächtigung durch Nutzer verändert wiederum die Art des Umgangs untereinander und die Art des Stils.

Die sprachliche Logik der Screens: Der ganze Medienkomplex aus Gedrucktem, Gesendetem und Digitalisiertem steht dabei im Wettbewerb um Aufmerksamkeit, die man benötigt um gelesen, gehört oder gesehen zu werden. Das gilt für Kultur- und Kunstprodukte ebenso wie für deren Darstellung in Bericht, Kritik, Gespräch oder Reportage. In seinem Buch „Die beste aller Welten" fasste der Bamberger Soziologe Gerhard Schulze diese Entwicklung unter dem Begriff der Inhaltssteigerung zusammen. Im Abschnitt über die Veränderungen der Medieninhalte benennt er folgende Entwicklungen:

- „Verkürzung der durchschnittlichen Dauer von Episoden, Bildeinstellungen und Gesprächsbeiträgen; Intensivierung visueller Reize (…); Intensivierung kulturell geprägter Reize (…); Vereinfachung (….); Vereinheitlichung der Inhalte (…); Abnahme des Anteils sprachlicher und Zunahme des Anteils rein visueller und akustischer Inhalte".[6]

Bestimmte Formate geben dabei die Art und Weise ihrer Artikulation vor, wie z. B. die 280 Zeichen bei Twitter-Meldungen (auch wenn man die mittlerweile zu längeren „Texten" verketten kann). Ebenso spielen dabei die Eingabegeräte eine bedeutende Rolle: Durch die immer häufigere Benutzung von Smartphones ändert sich die Form und Funktion der Texte – längere Texte dafür zu verfassen, fällt naturgemäß schwer. In Medien wie Facebook und Twitter bewirkt man weiterhin durch den Einsatz von Bild, Video oder *Meme* mehr Aufmerksamkeit; durch geschickte Verschlagwortung und Verlinkung mittels *Hashtags* kann man das Publikum auch in andere Zusammenhänge erweitern; durch schnelle kommunikative Reaktionen hält man sich im Spiel und unterstreicht die Ernsthaftigkeit des Tuns.

Was möglicherweise auf den ersten Blick wie eine durch das Medium erzeugte Reduktion der Information wirkt, zieht einen Rattenschwanz an Begleitmusik nach sich. Die hohe Geschwindigkeit von Reaktionen artet gelegentlich auch in *Shitstorms* jeder Größe und Dauer aus. Noch weiter geht der Musikwissenschaftler Holger Schulze in seinem Essay „Ubiquitäre Literatur – Eine

---

[6] Gerhard Schulze, Die beste aller Welten: wohin bewegt sich die Gesellschaft im 21. Jahrhundert? (München/Wien: Hanser, 2003), S. 67 f.

Partikelpoetik", indem er die Besonderheiten der Sprachsituationen insbesondere bei Twitter untersucht:

„Die Partikel, die auf unseren Leseapparaturen zirkulieren, den universal-mobilen Endgeräten, sie sind die Literatur der Gegenwart – gleich, ob wir sie gerne lesen oder verschmähen. Diese Texte konsumieren wir: massenhaft und unaufhörlich, mit größtem Genuss, zu allen Tageszeiten und an allen Orten, unge-achtet sozialer Klassen, dynastischer Herkunft und – *horribile dictu!* – ungeachtet der Monatsgehälter, Aktienportfolios oder parteipolitisch empfundener Nähe. (...) Die aufgelöste Literatur dieser Zeit *ist* die Literatur unserer Zeit. Das mag dem einen oder anderen passionierten Kulturpessimisten vielleicht so gar nicht ins Weltbild passen, doch die Wirklichkeit des Textkonsums ist schwer zu leugnen. Wir leben in der Epoche atomisierter Textpartikel: Diese Textpartikel sind unsere Literatur."[7]

Twitter als „Kurznachrichtendienst" zu definieren, wäre damit zumindest aus Sicht der neuen sprachlichen Wirklichkeit, die mit dieser Text-Technik auch geschaffen wird, unvollständig.

42.3   Internetsprachen Industrie-Norm

In analoger Weise gilt das auch für den gehörten Beitrag im traditionellen Radio, dem die Verbreitung als Podcast oder in einer Mediathek gegenübersteht; oder beim sichtbaren Beitrag des Fernsehens der Twitch-, Facebook-, Twitter- oder YouTube-Stream oder der einer anderen Mediathek. Die Redaktionen der ehemaligen traditionellen Medien wie Zeitung, Radio und Fernsehen reagieren darauf mit speziellen Redaktionen oder übertragen diese Aufgaben als zusätzli-che Tätigkeit ihren Mitarbeitern. Dabei müssen die Beiträge für die jeweiligen Medien angepasst werden, was verständlich ist, weil verschiedene mediale Wahr-nehmungsformen genutzt werden sollten. Oft wird diese Umformung von den Autoren jedoch nicht als Bereicherung empfunden, sondern als Verkürzung und Verkümmerung der formulierten Gedanken; insbesondere sprachlich-stilistischer Art zu einem Informationsesperanto und zu einer Ver- und Durchnormung nach Regelwerken sprachlicher Kommunikation (siehe Abb. 42.1).

Claas-Hendrik Relotius, dessen Reportagen für „Spiegel", „Stern" und „Focus" sich im Nachhinein als gefälschte „Machwerke" herausgestellt haben, steht bzw.

---

[7] Holger Schulze, Ubiquitäre Literatur – Eine Partikelpoetik (Berlin: Matthes & Seitz 2020), S. 27.

PIANIST IGOR LEVIT ÜBER DIGITALE KONZERTE

"DIE KLASSIKWELT HAT DAS INTERNET ZU LANGE IGNORIERT"

24.09.2020 von Kristin Amme, Online-Fassung: Antonia Morin

Den klassischen Musikbetrieb hat der Corona-Lockdown im März hart getroffen: Keine Konzerte, keine Opernvorstellungen, geschlossene Säle. Viele Kulturbetriebe waren zunächst technisch überfordert, ihre Angebote in den digitalen Raum zu verlegen. Dabei hätte man schon viel früher das Potenzial des Internets nutzen können, kritisiert der Pianist und Klavierprofessor Igor Levit. Er selbst gab im Frühjahr täglich ein digitales Corona-Hauskonzert.

Abb. 42.1 Screenshot www.br-klassik.de vom 24.09.2020: Pianist Igor Levit über digitale Konzerte: „Die Klassikwelt hat das Internet zu lange ignoriert". Eintrag von Kristin Amme, online-Fassung: Antonia Morin. (Quelle: BR Klassik)

stand für diesen Reportage-Stil, bei dem mehr unter das Sofa als in die Noten geschaut wird (siehe dazu Kap. 31).

Kontrolle und Wettbewerb: Zuletzt sollte man nicht außer Acht lassen, dass im digitalen Bereich natürlich Erfolg oder Misserfolg von Journalismus sich in Zahlen niederschlägt, den Zahlen nämlich, mit denen ermittelt werden kann, wie viele Menschen sich für einen Text, einen Podcast oder ein Video interessieren. Reichweite und Quote bestimmen auf einem Markt die Gängigkeit seiner Produkte. Es entsteht eine Art Kontrolle journalistischer Produktion durch Datenanalyse(n). Diese sind natürlich auch nutzbar dafür, journalistische Produkte hyperindividuell auf die Rezipienten zuzuschneiden oder im Sinne einer verbesserten Rezipientenkontrolle diese durch Ver-Führung zu bestimmten Reaktionen zu animieren – und nicht zuletzt auch Autoren anzuweisen, sich bestimmter Themen anzunehmen. Für den Soziologen Steffen Mau hat das Konsequenzen für die Gestaltung des Sozialen:

„Die Quantifizierung des Sozialen öffnet immer neue Türen, um den Wettbewerbsindividualismus noch weiter zu verbreiten, bis auch die letzten Bastionen fallen. Rangtabellen, Gesundheitsscores, Fitnesspunkte, Leistungsindikatoren, Bewertungsnoten oder Gefällt-mir-Klicks stärken das *komparative Dispositiv,* aus dem der Wettbewerb unmittelbar hervorgeht. Der konfliktive Modus wird auf diese Weise durch den kompetitiven Modus abgelöst. In der Konkurrenzgesellschaft kämpft man jeweils für sich um Plätze, Anerkennung oder Leistungsvorsprünge, nicht mehr kollektiv um Macht oder Verteilungsgerechtigkeit."[8]

Der Kampf um *Likes* lässt auch den Journalismus nicht kalt. Dabei, das ist das Absurde daran, beruht er auf einer Form der Messung, die nur dem Schein nach objektiv ist, in Wirklichkeit aber fast immer auf Manipulation beruht und der Messung einer Gesamtheit von Entscheidungen, deren Zusammensetzung und Motivation man nur in den aller seltensten Fällen kennt. Aber auch der Gedanke, dass im Bereich freier journalistischer Betätigung wie im Bereich der künstlerischen Kreativität dieser Wettbewerbsgedanke nicht ausgeblendet werden kann, ist nicht von der Hand zu weisen. Die allgemeine Öffnung der Öffentlichkeitswelten durch das Internet, hat zwar die journalistische Tätigkeit prinzipiell von der Abhängigkeit durch Öffentlichkeitsgroßhändler (wie z. B. Verlage, Medienhäuser und Anstalten öffentlichen Rechts) abgekoppelt, aber den Kampf um den besten Platz bei der Balance zwischen Qualität und Quantität eröffnet.

„In einem solchen Raum neigt jeder zur Selbstausbeutung, weil er selbst das Unternehmen ist, von dem sein Überleben abhängt,"[9]

schreiben Luc Boltanski und Arnaud Esquerre 2019 in „Bereicherung. Eine Kritik der Ware".

Die grundsätzliche Unkontrollierbarkeit der Verbreitung von Inhalten steht diesem Phänomen systembedingt gegenüber. Damit sind nicht in erster Linie Raubkopien oder Plagiate von Inhalten gemeint, sondern das unkontrollierbare „Teilen" in sozialen Netzen. Jeder journalistische Beitrag kann in kürzester Zeit durch entsprechende Beachtung von anerkannten Verteilern (wie Influencer oder andere reichweitenstarke Medien) in den Fokus einer größeren Öffentlichkeit gelangen, ohne dass sich diese Verbreitung von den Urhebern kontrollieren lassen kann – die negativen Folgen der sogenannten Aufmerksamkeitsökonomie. Dieser Tatsache muss auch im Online-Journalismus Rechnung getragen werden, ohne dass man exakt erklären könnte, wie dies geschehen kann. Denn so gut wie jedem Text kann ein beliebiger Subtext zugeordnet werden, mit dessen Hilfe er schließlich die Aufmerksamkeit breiterer Gruppen erreicht – häufig genug nicht zum Vorteil des ursprünglichen Urhebers, zudem zu jedem Zeitpunkt. „Online" kennt keine Morgen- und Nachtausgaben, sondern bestenfalls +++EIL+++Meldungen.

---

[8] Steffen Mau, Das metrische Wir. Die Quantifizierung des Sozialen (Berlin: Suhrkamp 2018), S. 274.

[9] Luc Boltanski / Arnaud Esquerre, Bereicherung. Eine Kritik der Ware (Berlin: Suhrkamp 2019), S. 605.

42.4 Vision, Illusion, Korruption

Die Situation ist prekär und eine Verbesserung der Rahmenbedingungen für Musikjournalismus durch die Etablierung jüngerer Medien wie dem Internet scheint offenbar nicht einzutreten. Der zunehmende Verlust einer öffentlichen Verankerung der musikalischen Kunst durch Journalismus wird immer deutlicher. Das hat auch der Philosoph Harry Lehmann in seiner Schrift „Die digitale Revolution der Musik. Eine Musikphilosophie" mit dem Fokus auf den Musikjournalismus im Bereich der „Neuen Musik" beklagt und die Medizin gleich mitgeliefert:

> „Erforderlich wäre eine möglichst unabhängige, autonome Reflexionskultur der zeitgenössischen Musik, die weder Rücksicht auf Anzeigenkunden noch auf wissenschaftliche Publikationsstandards zu nehmen braucht und sich auch nicht der paramilitaristischen Disziplin von Freundschaftsnetzwerken unterordnen muss, die kollektiv um Aufträge, Stellen, Projekt- und Subventionsgelder kämpfen. Am aussichtsreichsten erscheint hier die Unterstützung von Internetplattformen durch private und öffentliche Stiftungen, welche nicht nur das Schreiben von Texten zur Musik honorieren, sondern auch ihre Archivierung, Bereitstellung, Diskussion und Bewertung finanzieren"[10]

Mit anderen Worten: Es geht um eine Transformation der *Ware* Kritik zu einem Gut der Öffentlichkeit. Was Lehmann für den Bereich der Neuen Musik reklamiert, trifft auf die Musikkritik als Teil des gesamten Musikjournalismus insgesamt zu: Wenn nämlich Kritik nicht mehr im öffentlichen Raum geäußert und durch Gegensprache verlebendigt wird, gedeiht das, was Lehmann die disziplinierende Unterordnung unter Freundschaftsnetzwerke nennt, oder kürzer: Klüngelei und Seilschaft – eben dieser fruchtlose Wettbewerb zwischen Kreativen. Die Idee Lehmanns ist leider nicht weiterverfolgt worden.

Vielmehr darf man erwarten, was bisher immer passiert ist: Eine Disruption in technischer oder rechtlich-politischer Hinsicht. Die großen Player verlieren an Bedeutung, weil eine neue Technologie sie überrollt; oder weil beispielsweise neue rechtliche Konstruktionen die alten Geschäftsmodelle unattraktiv machen. Letzteres konnte man in den vergangenen Jahren in Ansätzen erkennen, seit über die EU-Richtlinie zum Urheberrecht im digitalen Binnenmarkt politisch gestritten wird.

Ein Punkt ist dabei sehr interessant: Ein „Leistungsschutzrecht für Presseverlage" sieht vor, dass Suchmaschinenbetreiber ab einer gewissen Länge

---

[10] Harry Lehmann, Die digitale Revolution der Musik. Eine Musikphilosophie (Mainz: Schott 2012), S. 135 f.

von Textausschnitten, die sie bei etwaigen Suchanfragen aus urheberrechtlich geschützten Texten ausgeben, Lizenzgebühren an den Presseverlag oder dessen Verwertungsgesellschaft leisten müssen. Der Suchmaschinenbetreiber Google wehrte sich lange Zeit dagegen. Die Alternative, entsprechende Suchergebnisse nicht mehr anzuzeigen, mochte wohl mindestens in Deutschland nicht verfangen (anders als in Spanien). Aktuell ist Google bestrebt, großen Presseverlagen über drei Jahre hinweg insgesamt eine Milliarde Dollar zur Kompensation anzubieten und dafür deren Inhalte in einem News-Showcase selbst zu verbreiten. Im Medienblog „Altpapier" des MDR schreibt Nora Frerichmann:

> „In Deutschland sind bisher 20 Verlagshäuser mit etwas mehr als 50 Titeln dabei, u. a. die Zeit, die Rheinische Post, Spiegel und Manager Magazin, die Ströer-Portale T-Online und Watson, regionale Angebote wie WAZ und Thüringer Allgemeine (Funke), Frankfurter Rundschau, HNA und Merkur (Ippen), die Berliner Zeitung, aber auch Tech-Portale wie Golem und Netzwelt."[11]

Der BDZV (Bundesverband Digitalpublisher und Zeitungsverleger) kommentierte das mit dem Hinweis:

> „Es drängt sich der Verdacht auf, dass Google offenbar lieber ein eigenes Angebot lanciert, bei dem es die Teilnahmebedingungen diktieren kann, anstatt Recht und Gesetz in der EU anzuerkennen."[12]

Man wird sehen, was passiert. Welche Mittel und Wege allerdings die viel kleineren musikjournalistischen Publikationsorgane für die Zukunft finden werden, lässt sich nicht abschätzen. Das Verschwinden zahlreicher Titel (wie oben erwähnt), stimmt allerdings nicht hoffnungsvoll. Denn viele originär neue Titel kommen ja leider nicht hinzu.

Unterwerfen oder untergehen? Vielleicht kommt es aber doch ganz anders. Aktuell (2020) wird von politischer Seite der Versuch unternommen, diese Globalunternehmen wie Facebook, Google oder Apple, einzuhegen, ihre Geschäfte in kleinere Einheiten aufzulösen. Allerdings, da muss man kein Prophet sein, blieben selbst auch diese kleinen Einheiten in einer Größenordnung, vor der selbst öffentlich-rechtlich finanzierte Öffentlichkeitsstrukturen sich wie ein unbedeutender Planet in einer Milchstraße ausnähme, von den vielen dann schon unbewohnbaren Monden kleiner selbstständiger Medienproduzenten ganz zu

---

[11] „Altpapier" vom 2.10.2020 – https://www.mdr.de/altpapier/das-altpapier-1688.html (Abruf 23.10.2020).
[12] Dito (Abruf 23.10.2020).

schweigen. Wenn sich das auf lange Sicht ändern sollte, dann nicht dadurch, dass die „Big Player" allein ihre Namen ändern, sondern weil sich die Mediensysteme zerstäuben.

Jean Baudrillard schrieb bereits 1978:

> „Man hat immer geglaubt – dies ist die Ideologie der Massenmedien selbst –, dass die Medien die Massen vereinnahmen. Man hat das Geheimnis der Manipulation in einer ausgeklügelten Semiologie der Massenmedien gesucht. Doch bei dieser naiven Kommunikationslogik hat man vergessen, dass *die Massen ein stärkeres Medium sind als alle Medien*, dass sie die Medien vereinnahmen und absorbieren – oder dass es zumindest keine Vorherrschaft der einen über die anderen gibt. Ob Massen oder Medien, der Vorgang ist der gleiche. *Mass(age) is message.*"[13]

Nur scheinen mittlerweile Masse und Öffentlichkeit eher nach einer Bewegung orientiert zu werden, bei der man niemanden mehr als handelndes Subjekt ausmachen kann, sondern die Systeme in ökonomischer Selbstregulation selbst und losgelassen die Richtung vorgeben. Gleichwohl kann das alles nur dann funktionieren, wenn in den Warenhäusern der Konsum- und Kulturindustrie die Regale auch gefüllt sind. In Richtung Unterhaltungs- und Kunstproduktion kann daher der Musikstreaming-Pionier Lukas Krohn-Grimberghe mutmaßen:

> „Es wird daher den Künstlern anheimgestellt sein, also denjenigen, die Musik schreiben, aufführen und aufnehmen, neue Wege zu erkunden und sich gemeinsam oder individuell dafür einzusetzen, dass die wirtschaftlichen Modelle zur Distribution und zum Konsum digitaler Musik die vielfältigen Bedürfnisse von Akteuren, Musikern und Hörern abbilden."[14]

Aufpassen muss der (Musik-)Journalismus, dass er sich nicht als bloßes Marketinginstrument beider Seiten verüberflüssigt zwischen Produktion und Distribution von Musik und den Kontakt zu seinen Nutzern endgültig verliert.

---

[13] Jean Baudrillard, Im Schatten der schweigenden Mehrheiten oder das Ende des Sozialen (Berlin: Matthes & Seitz 2010), S. 51 f.

[14] Lukas Krohn-Grimberghe: Vom Fan zum Konsumenten, in: Martin Tröndle (Hg.), Das Konzert II – Beiträge zum Forschungsfeld der Concert Studies (Bielefeld: transcript 2018), S. 399.

Ebenso mögen die vielen Mittel der Onlinekommunikation, die mit dem Begriff der Crossmedialität versehen werden, eine Faszination zu entwickeln, die selbstbelohnend wirken kann, aber die drohen, zum Glasperlenspiel im Zauberland des Digitalen und zur Bastelei zu verkommen. Es gibt so viel Platz im Internet-Journalismus, aber es gibt eben auch viele Plätze im Internet selbst. Kein Wunder, wenn die Produzenten und Distributoren dann am Journalismus auf dem Notsitz vorbei agieren, wenn sie seine Funktionalität nicht unmittelbar zu ihren Gunsten beeinflussen können.

Musikjournalismus wird daher um seine Öffentlichkeit als Institution unabhängiger Kritik kämpfen müssen. Diesen Kampf kann er nur gewinnen, wenn es weiter diejenigen gibt, die ihn brauchen, wollen und honorieren.

Joshua Bayless stellt in einem Beitrag im Rahmen des Online-Symposiums „Die Zukunft des Musikjournalismus. Über Qualität, Kunst und künstliche Intelligenz" des Instituts für Musikjournalismus der Hochschule für Musik Karlsruhe am 4. Februar 2021 Bezahlmodelle im Online-Bereich vor (Abb. 42.2).

Abb. 42.2 „Paid Content" (8:07) – Bezahlmodelle im Online-Bereich. Mit Roland Schmitt-Raiser, Leiter Digitales Management Main-Post, Ann-Kathrin Liedtke, Leitung „taz zahl ich" und Niklas Braun, Vorstand Jazzclub Karlsruhe. (https://doi.org/10.1007/000-2wk) (https://youtu.be/obzX1D4g1Es)

Weiterführende Literatur

Feyder, Manuela/Linda Rath-Wiggins, VR-Journalismus: Ein Handbuch für die journalistische Ausbildung und Praxis (Journalistische Praxis, Wiesbaden: Springer VS 2018).

Staschen, Björn, Mobiler Journalismus (Journalistische Praxis, Wiesbaden: Springer VS 2017).

Primbs, Stefan, Social Media für Journalisten: Redaktionell arbeiten mit Facebook, Twitter & Co (Journalistische Praxis, Wiesbaden: Springer VS 2016).

Hooffacker, Gabriele, Online-Journalismus: Texten und Konzipieren für das Internet. Ein Handbuch für Ausbildung und Praxis (Journalistische Praxis, Wiesbaden: Springer VS, 5. Aufl. 2020).

Nuernbergk, Christian / C. Neuberger (Hg.), Journalismus im Internet (Wiesbaden: Springer VS 2018).

Haarkötter, Hektor, Journalismus: Online (Köln: Halem 2019).

Teil VII
Beruf Musikjournalist

Selbstmanagement

43

Peter Overbeck

Zusammenfassung

Es wird erläutert, was über die rein fachliche Arbeit hinaus zum Handwerkszeug eines Musikjournalisten gehört: Recherchequellen, der Ablauf von der Idee bis zur Produktion eines Beitrags und allgemeine organisatorische und finanzielle Aspekte.

Schlüsselwörter

Recherche · Manuskript · Akkreditierung · Pressestelle · Vertrag · KSK

43.1   Recherche: Wie informiert sich ein Musikjournalist?

Für die Erstellung eines Beitrags, einer Sendung oder auch für einen Eintrag in den sozialen Medien ist eine gründliche Recherche erforderlich. Die verschiedenen Angebote eignen sich aber auch gut für die Themenfindung.

Das Deutsche Musikinformationszentrum (MIZ) ist seit 1998 das zentrale Online-Wissensportal des „Deutschen Musikrats" in Bonn. Es enthält Informationen zum Musikleben in Deutschland: Eine Strukturdatenbank mit Auskünften zu rund 11.000 Einrichtungen. Meldungen, Statistiken und Überblicksartikel zu zentralen Themen des Musiklebens. www.miz.org

P. Overbeck (✉)

Institut für Musikjournalismus, Hochschule für Musik Karlsruhe, Karlsruhe, Deutschland

E-Mail: info@musik-journalismus.de

© Springer Fachmedien Wiesbaden GmbH, ein Teil von Springer Nature 2022   491

P. Overbeck (Hrsg.), *Musikjournalismus,* Journalistische Praxis,

https://doi.org/10.1007/978-3-658-32476-6_43

Das Deutsche Musikarchiv (DMA) ist das zentrale musikbibliografische Informationszentrum Deutschlands als Abteilung der Deutschen Nationalbibliothek Berlin, jetzt beheimatet in Leipzig. Es besteht ein bibliografischer Auskunftsdienst (telefonisch oder schriftlich), die Bibliothek kann aber auch vor Ort genutzt werden. Gesammelt werden die seit 1943 in Deutschland (incl. ehemaliger DDR) erschienenen Musikalien und Musiktonträger (u. a. der Bestand des ehemaligen „Verbandes der Komponisten und Musikwissenschaftler der DDR" mit Literatur, Musikalien und Tonträgern zur Musik der DDR, die Pflichtexemplare von in Deutschland veröffentlichten Noten und Tonaufnahmen (Abgabepflicht seit 1973). Hinzu kommen historische Tonträger wie Schellackplatten, Klavierrollen für den selbstspielenden Reproduktionsflügel, eine Sammlung historischer Musikinstrumente, die Phonographen-Sammlung mit Aufnahmen ab 1877!, das GEMA-Notenarchiv (Pflichtexemplare der bei der GEMA angemeldeten Werke). Der Gesamtbestand umfasst aktuell mehr als zwei Millionen Werke (Stand 2020). Die Objekte der. Tonträger und Musikalien ab 1976 sind im Internet verzeichnet. Kontakt: DNB Leipzig, Deutscher Platz 1, 04103 Leipzig, www.dnb.de/dma, E-Mail: info-l@dnb.de.

Das Deutsche Rundfunkarchiv (DRA) archiviert und dokumentiert seit 1952 historisch bedeutende audiovisuelle Medien. Schwerpunkte der Bestände sind der Rundfunk vor 1945 sowie Fernsehen und Hörfunk der DDR (bis 1991). Wesentliche Teile des Bestands sind über die ARD-Archivdatenbanken recherchierbar und zum großen Teil digitalisiert in den Datenbanken FESAD (Fernsehen) und HFDB (Hörfunk). Vieles kann direkt in der Datenbank gesichtet bzw. vorgehört werden. Die „Zentrale Schallplattenkatalogisierung" (ZSK), Teil des DRA, stellt die Daten von seit 1978 in der Bundesrepublik erscheinenden Industrietonträgern der Unterhaltungsmusik bereit. Heute sind dies überwiegend Audiofiles mit Musikaufnahmen für die Rundfunkprogramme, die geprüft und auf einen definierten Stand gebracht werden. In der ARD-Hörspieldatenbank http://hoerspiele.dra.de, ebenfalls vom DRA betreut, sind mehr als 55.000 Nachweise zu Originalhörspielen, Hörspielbearbeitungen und „Ars Acustica" zusammengestellt aus der ARD, der DDR und ihrer Vorläufer vor 1945; sukzessive werden auch die Produktionen der Weimarer Republik erfasst. Seit 2019 machen ARD und das DRA historische Videobeiträge in der ARD-Mediathek dauerhaft zugänglich. Auch an der Öffnung der Audioarchive und der Lizenzierung ausgewählter Beiträge unter Creative-Commons wird gearbeitet. Man kann auch vor Ort recherchieren. Mitarbeiter des öffentlich-rechtlichen Rundfunks (ARD, ZDF, Deutschlandradio oder Deutsche Welle) können Materialien im Rahmen einer Programmaustausch-Anfrage bestellen.

Hilfreich für eine längerfristige Planung von Programmen oder Beiträgen und eine gute Inspirationsquelle sind die Angebote des DRA. Auf der Serviceseite https://www.dra.de/de/service/selbst-suchen-selbst-finden ist jeweils die „Jahresvorschau" mit Jahrestagen wichtiger Ereignisse, Geburts- und Todestage bedeutender Persönlichkeiten. Der frühere „DRA-Hinweisdienst Musik" mit musikspezifischen Terminen und verfügbaren Dokumenten ist allerdings aktuell nicht mehr verfügbar. Kontakt: Standort Frankfurt am Main: Bertramstraße 8, 60320 Frankfurt am Main, Standort Potsdam-Babelsberg: Marlene-Dietrich-Allee 20, 14482 Potsdam, E-Mail: infoservice@dra.de, www.dra.de.

Die historischen Archive der einzelnen ARD-Anstalten sowie die Homepages der verschiedenen Institutionen des Musiklebens bieten zusätzliche Musik- und O-Ton-Raritäten.

Wissenschaftliche Bibliotheken sind ebenfalls hilfreiche Informationsquellen. Die Bayerische Staatsbibliothek München hat das Schwerpunkt-Sammelgebiet Musik, www.bsb-muenchen.de.

Die Musik in Geschichte und Gegenwart (kurz MGG): Die Enzyklopädie, in der letzten Druckausgabe 2. Auflage, Kassel: Bärenreiter/Stuttgart: Metzler 1994 ff., Hg. von Ludwig Finscher (achtbändiger Sachteil plus Registerband und ein 17-bändiger Personenteil sowie ein Supplementband) ist mittlerweile online verfügbar. Unter www.mgg-online.com kann über alle Bände hinweg recherchiert werden.

The New Grove Dictionary of Music and Musicians (kurz New Grove): Seit 1878 gibt es „A Dictionary of Music and Musicians". 2001 wurde die zweite und letzte Druckfassung in 29 Bänden veröffentlicht. Diese Ausgabe ist im Internet verfügbar als „Grove Music Online" www.oxfordmusiconline.com.

Munzinger Online ist ein umfangreicher und zuverlässiger Archivdienst für Biografien, Ländern, Literatur/Musik/Film. Für Musikjournalisten von besonderem Interesse sind außerdem das integrierte Lexikon „Komponisten der Gegenwart" (kurz KdG genannt, Edition text + kritik, München), das Pop-Archiv und neu die Rubrik „Munzinger Gedenktage", mit einer Suchmaske, bei der man auch gezielt z. B. nach 100. Geburtstagen suchen kann. www.munzinger.de.

Alle drei Datenbanken werden ständig aktualisiert und erweitert. Die Benutzung ist zwar kostenpflichtig, jedoch haben größere Bibliotheken Zugangsrechte für ihre Nutzer erworben.

Musikzeitschriften, Musikportale und Blogs: Die Lektüre von Musikzeitschriften, der Blick auf Musikportale wie klassik.com, auf die Portale von Radio- und Fernsehsendern (z. B. auf die Seiten der Kulturmagazine) ist nützlich, um sich z. B. auf Interviews vorzubereiten und über aktuelle Themen zu informieren. Für die Recherche nach Musikzeitschriften im deutschsprachigen Bereich ist ebenfalls das Portal www.miz.org hilfreich. Im Bereich klassischer Musik sind im englischsprachigen Bereich die seit 1923 erscheinende Zeitschrift „Gramophone" (www.gramophone.co.uk), und das „BBC Music Magazine" (www.classical-music.com) auch deutschsprachigen Lesern zu empfehlen. Natürlich ist es auch interessant, die Homepages der Kulturmagazine des Rundfunks aus den Nachbarländern zu sichten (z. B. ORF, SRG, BBC, Radio France).

43.2 Redaktion und Manuskript

Elektronische Bemusterung: Musikdateien samt den dazugehörigen Metadaten (Interpret, Titel, Komponist, Label-Code, GEMA-Nummer, etc.), Covers, Booklets und ggf. Interviewschnipseln mit den Künstlern werden heute übers Internet direkt an die Redaktionen übermittelt. Aktuelle Titel der großen Plattenfirmen werden in Deutschland über die Plattform „Musik Promotion Network" (MPN) zur Verfügung gestellt (www.musik-promotion.net). O-Töne, Fotos und Soundclips, die für die Beitragsgestaltung erforderlich sind, können entweder auf den Presseseiten von Künstler- oder Label-Homepages heruntergeladen oder auf Anfrage per E-Mail versandt oder online bereitgestellt werden.

Manuskript: Wenn man grünes Licht für die Erstellung eines Beitrags oder einer Sendung erhalten hat, ist das übliche Prozedere Folgendes: Ein Manuskript wird mit der Redaktion besprochen; ggf. werden Änderungen am Text, an der Auswahl und Länge der Musikbeispiele gewünscht (bei Tondateien aus dem Netz sollten alle Angaben gründlich geprüft werden). Erst wenn das Manuskript abgenommen ist, geht der Beitrag in die Produktion. Bei Sendungen ist i. d. R. für die Programmvorschau ca. acht Wochen vor Sendetermin der definitive Titel und eine Kurzbeschreibung erforderlich. Angaben zur Musik z. B. bei Streamingdiensten, sollte man mit Lexika gegenprüfen, z. B. ob Komponisten und Interpreten vertauscht sind.

Sofern man im Studio mit Technik produziert, dient das Manuskript dem Tontechniker als Laufplan. Übergänge, also die Einstiegszeiten, Blenden etc. müssen deutlich bezeichnet sein. Außerdem wird das Manuskript benötigt für den oder die Sprecher, die Abrechnung mit Verwertungsgesellschaften (GEMA, GVL), ggf. für eine Veröffentlichung im Internet und für die Beantwortung von Hörerpost.

Folgende Informationen gehören in ein Manuskript (idealerweise erstellt im verbreiteten Word-Format): Autor, Beitragstitel, Redaktion, Sendeplatz, Sendetermin und Produktionsnummer (soweit bekannt), Dauer, ggf. Sprecher bzw. O-Ton-Geber, Gesamtzeit der Sendung oder des Beitrags. Der Anteil an Musik,

O-Tönen und Autorentext ist für die Abrechnung mit den Verwertungsgesellschaften notwendig. O-Töne und Interviews sollten ausgeschrieben sein. Hilfreich für Sprecher sind Aussprachehinweise oder Nationalität bei ungewöhnlichen oder schwierigen Namen (kann mit der ADB noch überprüft werden). Dass ein Manuskript übersichtlich sein sollte, Lesetext und Zuspielungen (Musik, O-Töne) deutlich voneinander abgesetzt sind, die Seiten durchnummeriert und in der Kopfzeile Thema und Autor genannt werden, versteht sich von selbst. Zwecks einfacherer Kommunikation bei der Produktion werden Musiknummern und Zuspielungen am besten nummeriert und physische Tonträger, so sie verwendet werden, mit Aufklebern beschriftet.

Musiklaufplan: Ein Musiklaufplan verzeichnet die verwendeten Musikstücke oder -ausschnitte mit Einzelzeiten, CD- und Tracknummern und kann heute oft schon aus dem Produktionssystem heraus generiert werden. Wenn nicht, sollten folgende Angaben (sofern zutreffend) erfasst werden: Komponist, Bearbeiter/Arrangeur, Textdichter, Titel, Einzeltitel, Dauer, Interpreten, bei Industrieproduktion Labelcode, Label, Bestellnummer, ggf. Quelle, z. B. Eigenaufnahme, Privatveröffentlichung (mit Bezugsquelle), Verlag (bei urheberrechtlich geschützter oder neu edierter Musik), ggf. Archivnummer.

Labelcode: Der vierstellige Labelcode (LC) auf dem Tonträger und auf dem Cover signalisiert, dass für den jeweiligen Tonträger das Recht zur Sendung erteilt wurde: das vereinfacht die präzise Abrechnung mit den Verwertungsgesellschaften. Wo kein Labelcode angegeben ist, genügt das Label mit Bestellnummer und ggf. Bezugsquelle (ebenfalls für Höreranfragen).

Das Ton- und Fernsehstudio im Homeoffice ist in Zeiten von Corona zumindest temporär Regelbetrieb geworden. Mit softwarebasierten Programmen und Apps kann jeder gut ausgestattete Rechner erschwinglich zum Homestudio werden. Es macht unabhängig von Produktionsterminen und -kapazitäten im Funkhaus. Man benötigt einen geeigneten, d. h. gedämmten Raum frei von Störgeräuschen (Straßenverkehr/Baustellen und Vogelgezwitscher (was sonst eventuell erst beim Abhören auffällt). Für den tagesaktuellen Journalismus ist außerdem folgende Ausstattung notwendig:

- Computer und Schnittprogramm mit dazu passender Prozessorleistung und Arbeitsspeicher
- Ggf. Plug-in zur Restauration und zur Entfernung von leisen Hintergrundgeräuschen
- Soundkarte
- Ein gutes Mikrofon und Interface oder USB-Mikrofon für die Sprachaufnahmen

- Hochwertiger Kopfhörer oder gute Lautsprecher, sog. „Nahfeldmonitore"
- Ggf. Schallisolation oder Ausstattung des Raums mit Schallabsorbern
- Für Fernsehbeiträge und Bildaufnahmen ggf. auch eine gute Kamera und Ausleuchtung des Interviewplatzes.

43.3 Presseausweis, Akkreditierung und Pressestellen

Ein Musikjournalist erfüllt bei überwiegend journalistischer Tätigkeit (ggf. nachzuweisen mit der Gehaltsabrechnung oder einer Bestätigung der Funktion durch den Arbeitgeber) die Voraussetzungen für den Erwerb des bundeseinheitlichen Presseausweises (PA). Dieser wird vom Deutschen Journalistenverband (DJV) und von Ver.di jeweils für ein Kalenderjahr ausgestellt (für Nicht-Mitglieder gebührenpflichtig). Auch Studierende in Journalismus-Studiengängen können ihn bekommen. Nähere Infos dazu bekommt man bei der Geschäftsstelle der jeweiligen Landesbezirke (Adressen über www.djv.de bzw. www.verdi.de). Auch wenn der Presseausweis die tägliche Arbeit erleichtern kann und auch als übliche Legitimierung für große Messen dient, ist er nicht zwingend notwendig. Der Hausausweis einer Rundfunkanstalt oder eine entsprechende Visitenkarte ersetzen ihn oft.

Akkreditierung: Für Veranstaltungen, Messen etc., die im Unterschied zu aktuellen Ereignissen oft längerfristig bekannt sind, benötigt man häufig eine Akkreditierung. Sie muss mit Angabe des Mediums und der geplanten Veröffentlichungsform beantragt werden. Interviewtermine werden oft im Vorfeld durch die Pressestellen oder die Agenturen der Künstler koordiniert. Die Vergabe der Akkreditierungen bei Großveranstaltungen mit begrenztem Kontingent erfolgt durch die beauftragte PR-Agentur meistens nach Reichweite eines Mediums. Auch für Pressekonferenzen ist aus organisatorischen Gründen manchmal eine Anmeldung vorab erwünscht.

Pressestellen: Wer als Musikjournalist tätig ist, sollte guten Kontakt zu den Pressebeauftragten von relevanten Plattenfirmen, anderen Medienunternehmen und Veranstaltern halten, sich in deren Mailverteiler eintragen lassen bzw. deren Social-Media-Informationen abonnieren. Wenn die Pressestellen die Vorlieben und Interessen der Journalisten kennen, werden sie diese von Zeit zu Zeit gezielt auf anstehende Projekte, Tourneen, Kampagnen ansprechen, die man dann rechtzeitig als Beitrag oder Sendung anbieten kann. Pressestellen unterstützen gerne bei eigenen Themen mit Tonträgern, Pressespiegeln etc. Pressestellen benötigen ihrerseits möglichst schnell nach Veröffentlichung Belege Ihrer journalistischen Arbeit (Manuskripte, Mitschnitte, Musiklaufpläne); sie geben diese an ihre Auftraggeber weiter, verwenden sie für Pressespiegel oder setzen sie als „testimonials" für die Bewerbung des Produktes ein. Dass Ihnen ein Pressevertreter einen Nachwuchskünstler stets als eine neue Callas oder einen Heifetz verkaufen wird, gehört zu seinem Job. Zu beurteilen, ob dem so ist, sollte wiederum Ihr Job sein; lassen Sie Ihre erfahrenen Ohren entscheiden. Mit Ihrer Neugierde, Ihrem Riecher für künftige Stars und mit Ihren Themen abseits vom Mainstream können Sie sich qualifizieren, wenn Sie jedoch oft auf PR reinfallen, sich genauso disqualifizieren.

43.4 Finanzen

Verträge und Honorare: Nach Absolvieren einer journalistischen Ausbildung oder eines entsprechenden Studiums ist heute ein direkter Berufseinstieg in ein festes Arbeitsverhältnis selten. Bei Praktika und Hospitanzen hat sich möglicherweise ein Kontakt zu einer Redaktion ergeben, der man von Zeit zu Zeit Beiträge anbieten kann. Man ist zunächst freier Mitarbeiter. Jeweils nach Ausstrahlung wird die erbrachte Einzelleistung honoriert. Mit Honorarverträgen räumt man einer Rundfunkanstalt das Recht auf Nutzung des Beitrags, der Sendung ein. Die Höhe des Honorars wird i. d. R. vorab mit dem Redakteur abgesprochen. Wenn man regelmäßig für einen Sender arbeitet, kann man als „fester Freier" mit einem Rahmenvertrag engagiert werden, bekommt damit ein gewisses Arbeitsvolumen oder ein Mindesthonorar für Beiträge, Sendungen oder redaktionelle Leistungen garantiert. Um (in der Vergangenheit mehrmals erfolgreiche) Klagen freier Mitarbeiter auf Festanstellung auszuschließen, gibt es bei den öffentlich-rechtlichen Rundfunkanstalten Beschäftigungshöchstgrenzen, die je nach Anstalt unterschiedlich gehandhabt werden. Im Unterschied zur freien Mitarbeit beteiligt sich der Arbeitgeber bei „festen Freien" an den Sozialkosten; gleichzeitig hat man aber gegenüber einer Festanstellung die Möglichkeit, auch für weitere Sender zu arbeiten. Die Tätigkeit als Freier erfordert Flexibilität, was die Themenvielfalt und das Arbeitspensum über das Jahr betrifft. Da man i. d. R. nicht nur von Beiträgen für einen Sender leben kann, empfiehlt es sich, Themen mehrfach anzubieten und zu verwerten, z. B. auch für Print und Internet. Den Besuch eines Festivals kann man – vorausgesetzt man findet Abnehmer – z. B. als Vorbericht, Moderatorengespräch und Nachbericht verarbeiten, außerdem als einstündige Werkstattreportage, vielleicht auch noch als Interview mit dem Organisator für ein Online-Magazin oder eine Fachzeitschrift und als Rezension einer dort vorgestellten DVD- oder CD-Neuveröffentlichung.

Über das Honorar hinaus kann man durch Zweitverwertungen und – bei Vorliegen der entsprechenden Voraussetzungen – durch die Meldung der Sendung oder Veröffentlichung bei Verwertungsgesellschaften zusätzlich noch Vergütungen bekommen, abhängig von der Verbreitung (Auflage/Reichweite). Siehe dazu in Kap. 10.

Künstlersozialkasse (KSK): Freie Mitarbeiter haben zwar meistens höhere Tageshonorare im Vergleich zu einer Festanstellung, müssen jedoch selbst für die gesetzlichen Sozialkosten aufkommen. Selbstständig hauptberuflich tätige Musikjournalisten in Deutschland können (als Publizisten im Bereich Wort) Mitglied in der KSK werden. Der Vorteil: Sie sind sozial abgesichert (Renten-, Kranken- und Pflegeversicherung). Gesetzliche Grundlage ist das „Künstlersozialversicherungsgesetz" (KSVG) vom 27. Juli 1981 (BGBl. I S. 705), zuletzt novelliert am 14. Oktober 2020 (BGBl. I S. 2112). Wie bei einem Angestellten, dessen Sozialabgaben hälftig vom Arbeitgeber getragen werden, übernehmen diese Kosten als „Künstlersozialabgabe" die Kunst- und Publizistikverwerter d. h. Tonträgerhersteller, Rundfunkanstalten, Verlage, Konzertveranstalter (30 %), und der Bund (20 %). Das Für und Wider einer KSK-Mitgliedschaft sollte unter Berücksichtigung der eigenen Lebenssituation und -planung abgewogen werden, da dies regelmäßige Beitragszahlungen nach sich zieht. Weitere Infos auf der Homepage der KSK unter „Service": Künstlersozialkasse bei der Unfallversicherung Bund und Bahn, Gökerstr. 14, 26384 Wilhelmshaven, Telefon 04421 9734051500, E-Mail: auskunft@kuenstlersozialkasse.de, www.kuenstlersozialkasse.de.

Altersvorsorge: Eine Möglichkeit der Absicherung ist die Mitgliedschaft in der KSK. Die Altersvorsorge bezuschussen die öffentlich-rechtlichen Rundfunkanstalten über die „Pensionskasse für freie Mitarbeiter", die Printmedien über das „Versorgungswerk der Presse".

Die Pensionskasse für freie Mitarbeiter wurde 1971 gegründet und ist beim hr in Frankfurt a. M. angesiedelt. Sie wird getragen von den öffentlich-rechtlichen Rundfunkanstalten und von einigen Produktionsunternehmen. Freie Mitarbeiter können eine Mitgliedschaft beantragen (auch online). Es werden 7 % des Honorars einbehalten; der Arbeitgeber gibt denselben Betrag noch dazu (4 % bei Mitgliedschaft in der KSK oder wenn Rentenversicherungsbeiträge abgeführt werden). Alle Anstalten und Produktionsunternehmen, von denen Honorare bezogen werden, sollten vorab über die Mitgliedschaft informiert werden. Wer als Arbeitnehmer bei Rundfunkanstalten tätig, aber wegen befristeter Verträge oder wegen Teilzeit von der betrieblichen Altersversorgung der Anstalt ausgeschlossen ist, kann die 4 % Arbeitgeberanteil ebenfalls auf Antrag erhalten. Zusätzliche freiwillige Zahlungen sind auch möglich. Adresse: Pensionskasse, Bertramstraße 8,

60320 Frankfurt a.M., Tel.: (069) 155-4100, E-Mail: mail@pkr.de, www.pensio
nskasse-rundfunk.de.

Das „Versorgungswerk der Presse" ist eine überbetriebliche Altersversorgung. Redakteure bei Tageszeitungen, Zeitschriften und im Online-Bereich sind
i. d. R. dort pflichtversichert. Die Beiträge werden zusätzlich zur gesetzlichen
Rentenversicherung einbehalten; ein Drittel wird vom Redakteur, zwei Drittel
werden vom Verlag aufgebracht. Freie Mitarbeiter, die im tagesaktuellen Bereich
selbstständig Beiträge erbringen, können ebenfalls beitreten und bekommen
ggf. ebenfalls einen Arbeitgeberzuschuss von 4 %. Adresse: Versorgungswerk
der Presse GmbH/Wilhelmsplatz 8, 70182 Stuttgart/Tel.: 0711/2056-0, E-Mail:
kontakt@presse-versorgung.de, www.presse-versorgung.de.

Eine Berufshaftpflichtversicherung ist für freiberufliche Musikjournalisten
sinnvoll; sie deckt neben Sach- und Personenschäden auch berufliche Risiken ab.
Wer über eigenes technisches Equipment in größerem Umfang verfügt, sollte
prüfen, ob er dieses mit einer Elektronikversicherung absichern möchte. Die
Berufsverbände vermitteln günstige Gruppentarife.

Weiterführende Literatur

Kaiser, Markus, Recherchieren: klassisch – online – crossmedial (Journalistische Praxis,
    Wiesbaden: Springer VS 2015).
Hooffacker, Gabriele/Klaus Meier, La Roches Einführung in den praktischen Journalismus:
    Mit genauer Beschreibung aller Ausbildungswege Deutschland · Österreich · Schweiz
    (Journalistische Praxis, Wiesbaden: Springer VS, 20. Aufl. 2017).
Scholz, Lothar, GEMA, GVL und KSK: Die Praxishilfe für Musiker und Musikverwerter
    (Bergkirchen: PPV-Medien 3. Aufl. 2007).
Olenhusen, Albrecht Götz von, Der Journalist im Arbeits- und Medienrecht (München:
    Medien und Recht Verlags GmbH, 2. Aufl., 2008).
Passman, Donald S., Alles, was Sie über das Musikbusiness wissen müssen: erfolgreich
    verhandeln, Verträge gestalten, Auftritte organisieren, Finanzen managen (Stuttgart:
    Schäffer-Poeschel 2. Aufl. 2011).

Jürgen Christ

Zusammenfassung

Die Veränderungen im technischen Bereich und im Mediennutzungsverhalten haben erhebliche Konsequenzen für die Arbeit des Musikjournalisten. Dargestellt wird der Wandel des Berufsbildes eines Musikredakteurs sowie heute mögliche Ausbildungswege.

Schlüsselwörter

Berufsbild · Journalist · Tätigkeiten · Musikjournalist · Studium · Praktikum · Volontariat

44.1   Der Beruf

Das Berufsbild des Musikredakteurs ist in Wandel. Kaum ein Bereich verändert sich so schnell wie der Medienbereich. Diese Aussage trifft vor allem auf die elektronischen Medien zu, die in den letzten 30 Jahren nicht nur die Dualität von öffentlich-rechtlichem und privatem Rundfunk, sondern auch die

Elektronisches Zusatzmaterial Die Online-Version dieses Artikels (https://doi.org/10.1007/978-3-658-32476-6_44) enthält zusätzliches Material, das für autorisierte Benutzer zugänglich ist. Diese Videos können mit dem SN More angesehen werden.Medien-App. Öffnen Sie die App, scannen Sie das Foto mit Ihrem Mobiltelefon mit dem "Play"-Symbol, und das Video wird abgespielt.

J. Christ (✉)
Hamburg Rahlstedt, Deutschland
E-Mail: info@musik-journalismus.de

© Springer Fachmedien Wiesbaden GmbH, ein Teil von Springer Nature 2022   501
P. Overbeck (Hrsg.), *Musikjournalismus*, Journalistische Praxis,
https://doi.org/10.1007/978-3-658-32476-6_44

rasche Entwicklung der Neuen Medien, hier insbesondere des Internets mit seinen hochspezifischen Anforderungen, zu bewältigen hatten. Die Geschwindigkeit von Veränderungen führt dazu, dass über Jahrzehnte gewachsene Strukturen innerhalb weniger Jahre nicht mehr richtig funktionieren. Was in den 70ern und 80ern als Basis für erfolgreiche Programmarbeit diente, genügt den heutigen Anforderungen an Schnelligkeit, Flexibilität und Vielseitigkeit schon seit langem nicht mehr. Zwei Beispiele seien hier angeführt.

Das Berufsbild bis in die 80er-Jahre: Bis in die 80er-Jahre hinein gab es in den öffentlich-rechtlichen Sendeanstalten Musikredaktionen mit bis zu 30 und mehr fest angestellten Mitarbeitern zuzüglich Dutzender freier Aushilfen. Im Pop- und Schlagerbereich hatten diese Musikredakteure im Wesentlichen nur eine Aufgabe: die fließbandartige Zusammenstellung von Musik für Musiksendungen bzw. Musikbegleitprogramme. Was heute flächendeckend von Musikcomputern erledigt wird, musste damals von Hand zusammengestellt und zum Teil persönlich ins Programm transportiert werden. Diese Art der Tätigkeit machte den Löwenanteil der Arbeitsplatzbeschreibung eines Musikredakteurs aus.

Vom Tankwart zum Redakteur: Nur ganz wenigen Musikredakteuren war es damals vergönnt, ans Mikrofon zu gehen oder ihr musikalisches Spezialwissen in sendespezifische Textinformationen für die Moderatoren und Sprecher aufzubereiten. Meist blieb es hier aber bei der Zulieferung von musikalischen Hintergrundinformationen für die Wortredaktion. Musikredakteure waren allesamt Quereinsteiger (wie übrigens die meisten Hörfunkjournalisten), eine spezifische Ausbildung gab es nicht. Studierte Musiker bildeten die Ausnahme, viel eher konnte es passieren, dass der Gitarre spielende Tankwart einen Vertrag als Musikredakteur bekam, wenn gerade eine Stelle frei war und schnell besetzt werden musste.

Musik und Wort – zwei Welten mit wenig Berührungspunkten: Entsprechend problematisch gestaltete sich das Verhältnis zwischen den Bereichen Musik und Wort: auf der einen Seite der Frust über vermeintlich verkannte Qualitäten, im Verbot gipfelnd, schneiden, produzieren oder gar moderieren zu dürfen. Auf der anderen Seite die oft herablassende Haltung von Wortleuten und Moderatoren, die den Musikredakteur lediglich als Zulieferer betrachteten. Die musikredaktionelle und redaktionsorganisatorische Struktur von Klassikprogrammen war in den meisten Sendern bis Ende der 90er-Jahre und ist teilweise bis heute noch auf inhaltliches Kästchendenken ausgerichtet. Hier überwogen Redakteure, die nur für Kammermusik oder Oper oder Sinfonik oder Chormusik zuständig waren. Jeder Musikredakteur verfügte über sein eigenes Büro – Redaktionsinterne, interredaktionelle Kommunikation oder gar Austausch zwischen verschiedenen Abteilungen fand kaum statt, eine Vorstellung vom Hörer und seinen Bedürfnissen existierte überwiegend nicht, man sendete sozusagen für sich selbst. Dass die Klassikwellen bis heute nicht wesentlich über 2 % Höreranteil kommen, liegt zum großen Teil an diesen Defiziten, die trotz aller Reformanstrengungen noch immer fatal nachwirken. Die genannten Beispiele verdeutlichen, in welchem Dilemma sich die öffentlich-rechtlichen Hörfunkprogramme befinden, und wie schwierig es ist, die anstehenden Probleme zu lösen.

Das Berufsbild des Musikredakteurs hat sich seit den 90ern gewandelt vom Spezialisten zum Allrounder. Die Zulassung privater Sender und die Entwicklung der Neuen Medien haben dazu geführt, dass Sender und Programme in starke Konkurrenz zueinander traten, Quasimonopole aufgeweicht wurden und der Kampf um jeden einzelnen Hörer begann. Dies hatte wiederum Auswirkungen auf die Sendungen, die schneller, aktueller und hörerfreundlicher werden mussten. Die Quote rückte in den Mittelpunkt, und ihr wurde nicht nur gehuldigt, sondern auch geopfert. Wortbeiträge wurden drastisch gekürzt, der Wortanteil generell signifikant reduziert. Überwiegend subjektiv selektierende Musikredakteure wurden vor allem in musikalischen Begleitprogrammen durch Musikcomputer ersetzt, die, wie in Kap. 14 geschildert, nach strikten Ausschlusskriterien, streng formatiert und emotionslos Musikprogramme erstellen und abspielen. Durch die verstärkten Anstrengungen der Sender hinsichtlich Hörernähe und Hörerbindung sowie dem einhergehenden drastischen Stellenabbau infolge von finanziellen Engpässen mussten immer weniger Redakteure immer mehr und immer unterschiedlichere Aufgaben wahrnehmen.

Der Schwerpunkt der heutigen Arbeit eines Musikredakteurs liegt im Organisieren und Koordinieren von Mitarbeitern und Programmelementen, im Produzieren, Moderieren und Präsentieren. – nicht mehr wie noch vor 25 Jahren in der reinen Musikzusammenstellung. Heute wird selbstverständlich erwartet, dass ein Musikredakteur nicht nur profunde Kenntnisse der Musik vorweisen kann, sondern auch mit den Prinzipien der Musikdramaturgie und Informationsvermittlung im Rundfunk vertraut ist, den Audio-Digitalschnitt beherrscht und sich mit der Sende- und Produktionstechnik auskennt. Darüber hinaus ist es durch das Zusammenwachsen von Hörfunk, Fernsehen und Internet durchaus das Gebot der Stunde, wenn der professionelle Umgang mit Videokamera und digitalem Videoschnitt zumindest in Ansätzen vorhanden ist. Dies gilt sowohl für Pop-Programme als zunehmend auch für Klassikwellen, die dieser Entwicklung allerdings noch einige Jahre hinterherhinken. Auch wenn sich spezielle Sendeformen wie Feature, Podcast, CD-Tipp, Konzertübertragung, monothematische Sendung etc. in Kulturprogrammen behauptet haben, so wurde doch die Art der Präsentation einem breiteren Hörergeschmack angepasst. Die Zeiten der elitären Selbstbeweihräucherung sind glücklicherweise vorbei, gefragt sind Präsentationen, die sympathisch und allgemein verständlich „rüberkommen", wobei allerdings die Grenzen zur Anbiederung nicht selten überschritten werden.

Jetzt gefragt: Grenzgänger zwischen E- und U-Musik. Ein weiteres Merkmal der gewandelten Zeiten und bis vor einigen Jahren noch undenkbar: Journalisten mit Pophintergrund in klassischen Musikredaktionen. Nach dem Ende der Scheuklappenmentalität in Klassikredaktionen ist es nun durchaus erwünscht, wenn Musikredakteure sowohl Kenntnisse auf dem Gebiet der Klassik als auch des Pop vorweisen können. Spätestens seit KlassikRadio zu Anfang der 1990er-Jahre erfolgreich Popelemente wie Jingles, Teaser oder Testimonials ins Klassikprogramm integrierte und die Moderatoren in lockerer, ungestelzter Sprache für eine unkonventionelle Höreransprache sorgten, hat sich eine Entwicklung vollzogen, die nicht rückgängig gemacht werden kann: Auch alle anderen Klassikprogramme müssen erfolgreich sein, wenn sie letztlich weiter bestehen wollen.

Erfolgreiche Kulturprogramme brauchen kompetente, hervorragend ausgebildete, flexibel einsetzbare Mitarbeiter, um die vielfältigen und sehr hohen Anforderungen zu bewältigen. Im Vordergrund stehen Teamfähigkeit, Belastbarkeit, Neugierde und ein untrügliches Gespür für interessante Themen; musikalische Fachkompetenz wird selbstverständlich vorausgesetzt und nicht zum Selbstzweck betrieben. Sie hat sich den aktuellen Gegebenheiten des Produzierens und Sendens unterzuordnen, und dies bedeutet, neben breitenwirksamen Inhalten auch komplizierte Sachverhalte allgemein verständlich und spannend an den Hörer zu bringen. Hierfür sind neue Redakteurs- und Journalistentypen gefragt, die all die oben genannten Anforderungen und Talente in einer Person vereinigen und bei Bedarf abrufen können. Sie müssen die unterschiedlichen Ausspielkanäle mediengerecht bedienen können, denn der Vormarsch der Neuen Medien schreitet unaufhaltsam voran. „Online first" ist die Devise, und das bedeutet zunehmend auch, aktueller und schneller zu produzieren.

Die Ergebnisse der JIM-Studie 2019 (Basisstudie zum Medienumgang der Zwölf- bis 19-Jährigen) zeigt, dass sich das Medienrepertoire von Jugendlichen stetig erweitert um Musik- und Video-Streamingdienste. Beim Musikhören stehen Musik-Streamingdienste wie z. B. Spotify an erster Stelle (bei Zwei Dritteln mehrmals pro Woche) und etwa jeder Zweite nutzt zum Musikhören YouTube oder das Liveprogramm im Radio; immerhin hören unabhängig von der Musiknutzung noch zwei von drei Jugendlichen regelmäßig Radio.[1] So schreitet die Individualisierung von Inhalten (vor allem musikalischen) unaufhaltsam und

---

[1] Pressemeldung vom 31.03.2020 zur JIM Studie 2019, https://www.mpfs.de/studien/jim-stu die/2019/ (Abruf 20.11.2020). Zu den JIM-Studien siehe ausführlicher Abschnitt 1.3.

schnell voran. Die Programme, denen es nicht gelingt, die Neuen Medien rechtzeitig und effektiv in Ihr Gesamtangebot zu integrieren, werden keine Zukunft haben. Dies bedeutet, dass die Programmmacher wissen müssen, wie man auf dieser Medienklaviatur effektiv spielt und wie man fein abgestimmt die unterschiedlichsten Inhalte über die unterschiedlichsten Medien und Ausspielkanäle vermittelt. Auch dies hat heute erhebliche Auswirkungen auf das Arbeitsfeld eines Musikredakteurs/-journalisten, der Interaktivität oder bi- und trimediales Produzieren in sein professionelles Wirken ebenso einbeziehen muss wie vernetztes Arbeiten unter Zeitdruck oder die Beschäftigung mit fachfremden Thematiken.

Tipp
Heutige Anforderungen an einen Musikredakteur.
- Hervorragende Ausbildung, idealerweise Musikjournalismus-Studium
- Musikalische Fachkompetenz
- Produktions- und Sendekompetenz
- Teamfähigkeit, Belastbarkeit, Neugierde
- Untrügliches Gespür für interessante Themen
- Flexibel einsetzbar
- Kann vielfältige und sehr hohe Anforderungen bewältigen.

44.2   Der Berufsweg

Hoch spezialisierte Anforderungen bedingen entsprechende Ausbildungen. Wichtig ist, zumindest im Bereich E-Musik und Kultur, wie bei allen spezialisierten Fachressorts, eine gründliche Fachausbildung, die i. d. R. durch ein Bachelor-Studium der Musik, Musikpädagogik oder Musikwissenschaft erworben wurde und durch ein fachspezifisches Master-Studium im Bereich Musik- oder Kulturjournalismus ergänzt wird.

Auch wenn viele Redakteure im Bereich Jazz und Pop ursprünglich andere Fächer studiert haben, bevor sie sich für den Weg des Musikjournalisten entschieden, auch wenn sie Musiker ohne journalistische Vorbildung oder gar komplette Quereinsteiger sind, so ist beim Musikjournalismus im Bereich klassischer Musik die musikpraktische und -theoretische Erfahrung unabdingbar.

Praktika und Hospitanzen

Eine gute Möglichkeit, einen Einblick in das Tätigkeitsfeld eines Journalisten und speziell eines Musikjournalisten zu erhalten, ist ein Praktikum, sei das bei der lokalen Zeitung, dem Lokalradio oder -TV oder in einer Online-Redaktion. Praktika bei öffentlich-rechtlichen Rundfunkanstalten sind aufgrund der großen Nachfrage v. a. Pflichtpraktikanten vorbehalten, man kann es dort aber auch im Rahmen der Pflicht für ein schulisches Orientierungspraktikum probieren. Praktika oder Hospitanzen speziell in den Musikredaktionen können bei allen ARD-Anstalten oder bei Redaktionen oder in Produktionsfirmen absolviert werden. Vorausgesetzt wird hierbei jedoch, wie auch bei den Volontariaten, i. d. R. praktische journalistische oder sogar musikjournalistische Erfahrung.

Studium

Seit 1995 bieten Musikuniversitäten spezielle Studiengänge an, die nicht nur musikalisches und journalistisches Fachwissen vermitteln, sondern bei denen auch Praxiserfahrung in den verschiedenen Medien gesammelt wird.

Karlsruhe: Bachelor/Master-Studiengangs „Musikjournalismus für Rundfunk und Multimedia". Das Institut für Musikjournalismus (ehemals LernRadio) an der Hochschule für Musik besteht seit 1995, bildet heute zu trimedial vermittelnden Musikjournalisten für die elektronischen Medien (Radio/TV/Online) aus und war Vorbild für andere Studiengänge ähnlicher Prägung in Deutschland.

Die Studiengänge zeichnen sich dadurch aus, dass sie die Studierenden so praxisnah wie möglich ausbilden. Von Beginn an verfügte das Institut als einzige Einrichtung an einer deutschen Musikhochschule über eine UKW-Sendefrequenz (104,8 MHz), auf der im Raum Karlsruhe die Ergebnisse der Vorlesungen, Seminare, Workshops und Projekte aus dem eigenen Radio-Sendestudio live und vorproduziert gesendet werden können. Darüber hinaus stellen die Studierenden in einem virtuellen 3D-Videoproduktionsstudio TV- und Videobeiträge, Sendungen und Präsentationselemente her, die dann wiederum in Kooperation mit regionalen TV-Programmen ausgestrahlt werden. Diese hohe Praxisnähe führt dazu, dass die Studierenden neben der anspruchsvollen wissenschaftlichen Basisausbildung in hohem Maße sende- und produktionstechnische Kompetenz erlangen. Die AbsolventInnen sind gesuchte ModeratorInnen, BeitragsmacherInnen, RedakteurInnen und ProduzentInnen in nationalen und internationalen Rundfunkanstalten, Onlineredaktionen, Medienhäusern und bei freien Produktionsfirmen für Video und TV.

Während der 6-semestrige Bachelor die Basiskenntnisse der Musik, des Journalismus und der Produktionstechnik vermittelt, widmet sich der 4-semestrige Master vor allem neuen, unkonventionellen Möglichkeiten von zeitgemäßer Informationsvermittlung in den Medien. Dies geschieht in Form von Projekten und Kooperationen, die auch experimentellen Charakter haben können, und in denen neue Ansätze crossmedialen Storytellings ausprobiert werden. Gemeinsam mit externen Partnern geht es darum, zu forschen, wie unter Einbeziehung modernster Techniken (VR, 360°-Kamera, 3D-Studio) musikkulturelle Inhalte zukunftsgerichtet vermittelt werden können. Durch die Exzellenzinitiative des Landes Baden-Württemberg konnte das „Institut für Musikjournalismus" seinen Status als „Landeszentrum für Musikjournalismus und Musikinformatik" ausbauen und festigen, indem zusätzliche Personalstellen im Video- und Audiobereich geschaffen wurden. Damit lassen sich die Curricula der Bachelor- und Masterstudiengänge auf heutige und künftige Anforderungen ausrichten. Die Nachfrage nach derart ausgebildeten Studierenden, besonders aus Rundfunkhäusern, Videoproduktionsfirmen und Onlineredaktionen, ist hoch: Praktisch alle Absolventen finden (teilweise auch schon während des Studiums) einen Job – das ist eine absolute Seltenheit in diesem Bereich.

Und in naher Zukunft dürfte die Nachfrage weiter steigen: In den öffentlich-rechtlichen Sendern vollzieht sich ein Generationenumbruch, der dazu führt, dass noch mehr Multimedia- und Onlinekompetenz in Verbindung mit musikkultureller Kompetenz gefragt ist – trotz der Tendenz zum Abbau fester Stellen in den Redaktionen. Darüber hinaus wächst der Markt der Online-Medien mit weiteren Möglichkeiten der Diversifizierung und Fokussierung auf enge Zielgruppen – und damit der Bedarf an Musikjournalisten, die entsprechende qualitätsvolle Inhalte liefern können.

Zulassungsvoraussetzungen: Bachelor-Studiengang: Allgemeine Hochschulreife (Abitur), Bestehen der Aufnahmeprüfung. Regelstudienzeit: 6 Semester (3 Jahre). Studienabschluss: Bachelor of Arts.

Master-Studiengang: Musikjournalismus für Rundfunk und Multimedia (B.A.) oder abgeschlossenes Hochschulstudium, vorzugsweise im Bereich Musik, Musikpädagogik oder Musikwissenschaft. Bei einem Abschluss in einem anderen Bereich: Praxiserfahrungen im Bereich Medien oder Journalismus, Bestehen der Aufnahmeprüfung. Regelstudienzeit: 4 Semester (2 Jahre). Studienabschluss: Master of Arts.

Studienbeginn: jeweils zum Wintersemester, Anmeldung bis zum 15. Juni des Jahres. Die Anzahl der Studienplätze ist begrenzt.

Einen Einblick in das Institut, seine Studiengänge und seine Geschichte kann man mit Hilfe von „Matterport" bekommen unter: http://virtual.mediamonkeys.de/show/?m=p9CPAbNKt8K&mpu=881 (siehe dazu Abb. 39.3 und Kap. 39).

Nähere Infos: Hochschule für Musik Karlsruhe, Institut für Musikjournalismus I Radio I TV I Internet, Am Schloss Gottesaue 7, 76131 Karlsruhe, T +49-(0)721-66 29-104, www.musikjournalismus-karlsruhe.de, E-Mail: annette.schwab@hfm-karlsruhe.de

München: Der viersemestrige Masterstudiengang „Musikjournalismus im öffentlich-rechtlichen und privaten Rundfunk" an der Hochschule für Musik und Theater München wird ab Wintersemester 2021/2022 zum Masterstudiengang „Digitale Kommunikation in der Musik- und Entertainment-Industrie". Im Mittelpunkt des Masterprogramms stehen die Schnittstellen, an denen Musikvermittlung, digitale Plattformen, Medienproduktion, Kulturmarketing und digitale PR-Kommunikation in den Märkten aufeinandertreffen. In einer multiperspektivischen Ausbildung stellen Praxisprojekte in Begleitung oder in Kooperation mit Vertretern universitätsexterner Medienunternehmen einen wesentlichen Bestandteil des Studiums dar.

Nähere Infos: Institut für Kulturmanagement und Medien der Hochschule für Musik und Theater München, Arcisstraße 12, D-80333 München, Tel. +49 (0) 89 289-03, https://www.kulturmanagement-muenchen.de.

Dortmund: Musikjournalismus: Bachelor of Arts (B.A.) 6 Semester in der "Fakultät für Kunst- und Sportwissenschaften" der TU Dortmund.

Seit dem Wintersemester 2010/2011 können Studierende an der Technischen Universität Dortmund in einer Kooperation des Instituts für Musik und Musikwissenschaft und des Instituts für Journalistik einen Bachelor-Musikjournalismus durchlaufen (seit 2012 auch einen vertiefenden Master). Der Studiengang, so die Selbstdarstellung, zielt auf die Anforderungen speziell in der Vermittlung von „anspruchsvoller Musik" in Klassik, Film, Jazz oder Pop. Auf dieser Grundlage lernen die Studierenden das technische und methodische Handwerk kennen, um Medien in Bezug auf Musikkultur anwenden, kritisch hinterfragen und erforschen zu können. Bestandteil des Studiums sind die Mitarbeit in der multimedialen Lehrredaktion von „terzwerk". Der Anteil des Selbststudiums ist hoch, um das eigenverantwortliche Engagement zu fördern.

Master of Arts (M.A.) 4 Semester Musikjournalismus: Die Praxisphase zielt sowohl auf die journalistische Seite (Print, Radio, TV, Internet) als auch auf die Anbieterseite (Opern- und Konzerthäuser, Veranstalter, Orchester, Agenturen, Festivals, Plattenfirmen, Musikverlagen usw.). Die theoretisch fundierte Ausbildung hält die konkrete musikjournalistische und im weiteren Sinn musikvermittelnde Berufspraxis im Blick. Im Praxisteil können die Studierenden ihre erworbenen Kompetenzen in konkreten Situationen erproben. Die Praxisphase soll schwerpunktmäßig in Institutionen und Unternehmen stattfinden, die schon jetzt eng mit den Fakultäten zusammenarbeiten. Mit dem Kulturradio WDR3 besteht eine Kooperation.

Integraler Bestandteil beider Studiengänge sind mehrmonatige Praktika in journalistischen Redaktionen oder musiknahen Institutionen wie Opern- und Konzerthäusern.

Zulassungsvoraussetzungen: Bachelor-Studiengang Musikjournalismus: Allgemeine Hochschulreife (Abitur) oder ein vergleichbarer internationaler Abschluss und Bestehen beider Teile einer Eignungsprüfung. Nachzuweisen sind musikalische Grundkenntnisse (Allgemeine Hörfähigkeit, Musiktheorie, Hörkanon (Repertoire) im schriftlichen Teil; Instrumentalspiel, Gesang, Vom-Blatt-Singen im mündlichen Teil), eine erkennbare sprachlich-journalistische Begabung und ein mindestens sechswöchiges Praktikums in der Redaktion eines aktuellen Medienbetriebs.

Master-Studiengang Musikjournalismus: Erfolgreicher Abschuss eines B. A.-Studiengangs Musikjournalismus (in Dortmund oder eines vom Prüfungsausschuss als gleichwertig anerkannten Musikjournalismus-Studiengangs), Auswahlgespräch.

Nähere Infos: Institut für Musik und Musikwissenschaft, Technische Universität Dortmund, Emil-Figge-Straße 50, 44227 Dortmund, Tel.: 0231/755-4112, https://www.musikjournalismus.tu-dortmund.de.

Studiengänge in den Bereichen Journalistik, Journalismus und Medienwissenschaften und Kulturjournalismus, bieten mehrere Hochschulen an, vielfach als Master- bzw. Aufbaustudiengänge. An der privaten Hochschule Macromedia ist an den Standorten München, Stuttgart, Freiburg, Köln, Hamburg, Leipzig und Berlin innerhalb des Bachelor-Studiengangs Journalistik B.A. eine Vertiefung „Musikjournalismus" möglich. Weitere Infos zum Studienverlauf und zu den monatlich anfallenden Studiengebühren sind zu finden unter: https://www.macromedia-fachho chschule.de/bachelor-studium/journalistik/musikjournalismus.html.

Journalistenschulen

Die Axel Springer Akademie, Berlin, bietet im Rahmen der zweijährigen cross-medialen Ausbildung zum Redakteur bzw. zur Redakteurin einen Schwerpunkt „Musikjournalismus" an. Eine Online-Bewerbung für die 40 jährlichen Plätze muss bis spätestens zum 1. Juni für das Folgejahr erfolgen.

Nähere Infos: Axel Springer Akademie, Axel-Springer-Straße 65, 10888 Berlin, Tel. 030/2591-78800, E-Mail: info@axel-springer-akademie.de, https://www.axel-springer-akademie.de/info/musikjournalismus.html.

Berufseinstieg

Der klassische Ausbildungsweg im Anschluss an ein Studium ist ein Programmvolontariat bei einem öffentlich-rechtlichen oder privaten Sender, wobei das Angebot bei den ARD-Anstalten oder beim DLR dank ihrer Größe und Struktur i. d. R. umfassender ist. Es gibt auch spezielle Musikvolontariate für die Bereiche E- und U-Musik (siehe dazu Link zu den Jobs der ARD). Volontariate sind heutzutage trimedial, d. h. nicht mehr auf Hörfunk, Fernsehen oder Online festgelegt. Bei bereits vorhandener Erfahrung und längerer freier Mitarbeit bieten einige Sender anstelle eines Programmvolontariats auch die Position eines/einer „Redakteur/in in Ausbildung (R. i. A.)" oder eine Einweisungshospitanz an.

Charlotte Reece moderierte im Rahmen des Online-Symposiums „Die Zukunft des Musikjournalismus. Über Qualität, Kunst und künstliche Intelligenz" des Instituts für Musikjournalismus der Hochschule für Musik Karlsruhe am 4. Februar 2021 eine Talkrunde zur Ausbildung (Abb. 44.1).

Abb. 44.1 „Ohne die Leidenschaft für Musik geht gar nichts" – „Eine Talkrunde über die Musikjournalismus-Ausbildung" (27:09) – Mit Hartmut Welscher, Herausgeber/Chefredakteur VAN, Matthias Kugler, Musikredakteur SWR3 und Isabel Steppeler, Badische Neueste Nachrichten. (https://doi.org/10.1007/000-2wm) https://youtu.be/79dxHj HShvQ

Weiterführende Literatur

Hooffacker, Gabriele/Klaus Meier, La Roches Einführung in den praktischen Journalismus: Mit genauer Beschreibung aller Ausbildungswege Deutschland · Österreich · Schweiz (Journalistische Praxis, Wiesbaden: Springer VS, 20. Aufl. 2017).

Goderbauer-Marchner, Gabriele, Journalist werden! (Konstanz: UVK 2009) (Wegweiser Journalismus 3).

Dreher, Syrthos, Musikjournalisten. (Diplomarbeit München 1983).

Weiterführende Links

https://www.daserste.de/specials/ueber-uns/ausbildungsmoeglichkeiten-stellen-ard-100. html Links zu den Aus- und Fortbildungsabteilungen der ARD-Anstalten mit Hinweisen zu Praktika und Volontariaten.

www.djv.de Infos zum Beruf des Journalisten und Links auf der Seite des „Deutschen Journalistenverbandes – Gewerkschaft der Journalistinnen und Journalisten" (DJV).

https://www.djv.de/startseite/profil/der-djv/pressebereich-download/downloads Checklisten und Broschüren zu den Bereichen Berufsbild, Medienpolitik, Honorare, Freie Journalisten sowie Aus- und Weiterbildung.

Weiterbildung, Wettbewerbe, Messen und Foren

45

Peter Overbeck

Zusammenfassung

Dargestellt werden Angebote zur Fortbildung, Wettbewerbe, an denen Musikjournalisten teilnehmen können und Messen und Formen, bei den man Kontakte knüpfen und sich austauschen kann.

Schlüsselwörter

Fortbildung • Wettbewerbe • Messen und Foren

45.1 Fortbildung

Fortbildungsangebote für Musikjournalisten, insbesondere im Bereich der Musikkritik, gibt es bei verschiedenen Institutionen. Da die Kurse zum Teil nur in unregelmäßigen Abständen angeboten werden, empfiehlt es sich, auf den Homepages der entsprechenden Institutionen nachzuschauen. I. d. R. werden für die Bewerbung journalistische Grunderfahrungen und Arbeitsproben benötigt.

Beim „Mozartfest Würzburg" (jeweils Ende Mai bis Ende Juni) gibt es seit 2014 ein „MozartLabor", in dem das Festivalthema aus unterschiedlichen Perspektiven im Austausch von Musikern, Wissenschaftlern, Kultur- und Medienschaffenden unter die Lupe genommen wird. Die Teilnahme an den Workshops, Lectures und offenen Proben steht Interessenten und Konzertbesuchern offen.

P. Overbeck (✉)
Institut für Musikjournalismus, Hochschule für Musik Karlsruhe, Karlsruhe, Deutschland
E-Mail: info@musik-journalismus.de

© Springer Fachmedien Wiesbaden GmbH, ein Teil von Springer Nature 2022   513
P. Overbeck (Hrsg.), *Musikjournalismus,* Journalistische Praxis,
https://doi.org/10.1007/978-3-658-32476-6_45

Regelmäßig gibt es dort eine Sektion „Musikjournalismus". Weitere Infos unter: www.mozartfest.de/mozartlabor.

Im Rahmen des „Internationales Musikfestivals Heidelberger Frühling" (jeweils März/April) werden seit einigen Jahren Meisterkurse für Musikjournalismus und Musikkritik angeboten. Weitere Infos unter: www.heidelberger-fruehl ing.de bzw. www.musik-journalismus.com.

Der „Mannheimer Sommer" (alle zwei Jahre in geraden Jahren veranstaltet, bis 2016 „Mozartsommer") schreibt im Rahmen des Festivals Stellen für „Festivalscouts" aus, die in die praktische, dramaturgische und journalistische Festivalarbeit integriert sind. Ergänzend werden Workshops mit den beteiligten Künstlern angeboten. Weitere Infos unter: https://www.nationaltheater-mannheim. de/de/mannheimer-sommer/index-mannheimer-sommer.php.

nmzAkademie für Musikjournalismus: Ab Oktober 2021 bietet die neue musikzeitung in Kooperation mit den „Jeunesses Musicales Deutschland" maximal 5 Plätze in einer exklusiven, intensiv betreuten einjährigen Akademie für Musikjournalismus. Sie richtet sich an junge Talente (Höchstalter 28). Mehr unter http://www.nmz.de/akademie.

Junge Reporter: Die Hörfunkautorin Julia Kaiser bietet bei verschiedenen Musikfestivals und Musikprojekten (u. a. „Culture Tech Lab", die „Karajan Music Tech", „Eclat Festival Neue Musik", Stuttgart, Hitzacker, Lockenhaus) Workshop-Programme für „Junge-Reporter" an, bei denen Jugendliche Reportagen, Kritiken oder Berichte erstellen können, jeweils abgestimmt auf das Festival. Termine und Modalitäten für eine Teilnahme können auf den jeweiligen Festival-Seiten abgerufen werden. Weitere Infos unter: https://jungereporter.eu bzw. https://jungerepo rter.eu/projekte.

Die „Hörfunkschule Frankfurt" bietet gelegentlich Workshops und Kurse zu „Musikformaten und Musikmoderation" und zu „Musikjournalismus" an. Weitere Infos unter: https://hoerfunkschule.ekhn.de, E-Mail: seminare@ev-medienhaus.de.

Die „Akademie der Bayerischen Presse" (ABP), München, bietet regelmäßig Kurse zu „Musikjournalismus und Musikkritik" für Print- und Online-Journalisten an. Weitere Infos unter: www.abp.de.

Das „Festival junger Künstler Bayreuth" (jeweils Juli und August) besteht seit 1950 und bot in den Jahren 2002 und 2003 eine „Robert-Schumann-Werkstatt für junge Musikkritiker" mit zwei Arbeitsphasen in Bayreuth und in Bonn an. Aktuell ist bei den Kursen allerdings kein Musikkritik-Kurs im Angebot. Weitere Infos unter: www.YoungArtistsBayreuth.com.

Die „ARD.ZDF medienakademie" (2007 hervorgegangen aus der Fusion der ZFP (Zentrale Fortbildung für Programmmitarbeiter(innen) von ARD und ZDF) und der SRT (Schule für Rundfunktechnik) bietet an ihren Standorten in Nürnberg und Hannover und Inhouse u. a. Seminare zu journalistischen Kernkompetenzen, Content- und Medienproduktion, auch im Bereich der Kultur, z. B. zu Moderation und Musikkritik an. Die Teilnahme steht inzwischen nicht nur festen und freien Mitarbeitern der deutschen öffentlich-rechtlichen Rundfunkanstalten offen, sondern auch Unternehmen und Privatpersonen. Weitere Infos unter: www.ard-zdf-medienakademie.de.

45.2 Wettbewerbe/Preise

Der „Reinhard Schulz-Preis für zeitgenössische Musikpublizistik" fördert junge Musikschriftsteller und Musikkritiker, die sich intensiv mit Neuer Musik beschäftigen und in den Medien darüber berichten. Er erinnert an den Musikkritiker Reinhard Schulz (1950–2009) und ist seit 2014 beim Internationalen Musikinstitut Darmstadt (IMD) und dessen Förderverein beheimatet. Eingereicht werden können publizierte Arbeitsproben aus den Bereichen Print- oder Online-Journalismus, Hörfunk, Film und Fernsehen. Die Bewerber dürfen das 35. Lebensjahr noch nicht vollendet haben. Der Preisträger erhält neben dem Preisgeld vielseitige Publikationsmöglichkeiten. Weitere Infos unter: https://www.reinhardschulz-kritikerpreis.de/ausschreibung.

Der „International Music Journalism Award" wird seit 2017 für Arbeiten, die sich mit populärer Musik und ihrem wirtschaftlichen Umfeld befassen, im Rahmen des „Reeperbahn Festivals", Hamburg, verliehen in den Kategorien (in verschiedenen Sprachen): Bester Musikjournalist des Jahres, Beste musikjournalistische Arbeit des Jahres (jeweils Text (Print & Web)/Audio/Multimedia), beste musikjournalistische Arbeit unter 30 Jahren und Bester Musikbusiness-Journalist International. Weitere Infos unter: https://imja.reeperbahnfestival.com/home.

Bei den „Listen to berlin Awards" in Berlin gibt es seit 2017 jährlich eine (undotierte) Kategorie „Musikjournalismus", bei der Personen nominiert und ausgezeichnet werden, die sich durch ihre journalistische oder publizistische Arbeit um die Berliner Musikszene oder die Entwicklung der Musikbranche insgesamt verdient gemacht haben (Nominierung auf Vorschlag). Weitere Infos unter: https://listen-to-berlin-awards.de.

Über die spezifischen Preise hinaus können Musikjournalisten auch Beiträge bei allgemeinen journalistischen oder medienspezifischen Wettbewerben einreichen, ebenso bei Wettbewerben der Landesmedienanstalten. Die prämierten Beiträge und Angebote werden häufig auf den jeweiligen Plattformen veröffentlicht. Es ist eine gute Möglichkeit, sich über aktuelle Tendenzen zu informieren und sich auch Ideen zu holen. Aktuelle Ausschreibungen für Journalismuspreise, auch in der Kategorie „Kultur", sind zu finden unter: https://journalistenpreise.de.

Der „Axel-Springer-Preis für jungen Journalismus" wird seit 1991 jeweils am 2. Mai verliehen und richtet sich an den journalistischen Nachwuchs. Ausgezeichnet werden die drei besten deutschsprachigen journalistischen Arbeiten eines Jahres – egal in welcher Mediengattung und auf welcher Plattform sie erschienen sind. Weitere Infos unter: https://www.axel-springer-preis.de.

Der „Deutsche Radiopreis" wird seit 2010 verliehen und zeichnet in verschiedenen Kategorien (darunter Moderation, aber auch Comedy) besondere Leistungen im Radio aus. Es ist eine gemeinsame Initiative der öffentlich-rechtlichen und privaten Radiosender in Deutschland in Kooperation mit dem Grimme-Institut, der Freien und Hansestadt Hamburg, der Radiozentrale und dem Radio-Vermarkter AS&S Radio und RMS. Weitere Infos unter: https://www.deu tscher-radiopreis.de.

Mit dem „Grimme Online Award" werden seit 2001 vom Grimme-Institut, Marl, qualitativ hochwertige Online-Angebote ausgezeichnet. In den vier Kategorien „Information", „Wissen und Bildung", „Kultur und Unterhaltung" und „Spezial" werden insgesamt maximal acht Preise vergeben, außerdem ein Publikumspreis, für den alle Nutzer mitstimmen können. Weitere Infos unter: www.gri mme-online-award.de.

Mit dem „Grimme-Preis" werden Fernsehsendungen und -leistungen ausgezeichnet, die für die Programmpraxis vorbildlich und modellhaft sind. Weitere Infos unter: https://www.grimme-preis.de.

Der Wettbewerb „Prix Italia" wurde 1948 gegründet und ist die älteste und bedeutendste internationale Auszeichnung für Radio, Fernsehen und Internet. Er wird in verschiedenen Kategorien (Hörspiel/Feature/Fernsehfilm) vergeben. Öffentlich-rechtliche und private Radio- und Fernsehstationen aus 45 Ländern sind Partner und ständige Mitglieder des „Prix Italia". Die Organisation und Geschäftsführung hat die italienische Rundfunkanstalt RAI. Die Einsendung erfolgt durch die beteiligten Rundfunkanstalten und wird in Vorauswahlen bei den jeweiligen Anstalten ermittelt. Weitere Infos unter: www.rai.it/prixitalia.

45.3 Messen und Foren

Für den persönlichen Austausch und um Kontakte zu knüpfen, neudeutsch *Networking,* hilfreich sind Messen, Branchentreffs, Festivals und Kongresse im deutschsprachigen Raum, aber natürlich auch internationale Festivals. Hier einige zur Auswahl:

Die Musikmesse Frankfurt ist Europas größte Messe für Musikwirtschaft, Musikinstrumente und musikalische Bildung; sie findet gewöhnlich im März statt. Weitere Infos unter: www.musikmesse.com.

Die Internationale Fachmesse „Midem" im südfranzösischen Cannes (jeweils im Juni) ist eine der größten Fachmessen für die Musikindustrie weltweit. Sie ist ein Treffpunkt für Fachleute aus den Bereichen Musik, Mobile, Werbung, Marken, digitale Inhalte und Multi-Plattform-Distribution. Sie eignet sich zum Networken, neue Musikstile und Musiker zu entdecken und über neueste Trends zu informieren. Weitere Infos unter: www.midem.com.

Eine weitere Messe, die an unterschiedlichen Standorten stattfindet, ist die Classical:NEXT. Weitere Infos unter: www.classicalnext.com.

Das „International Music + Media Centre" (IMZ) in Wien, 1961 gegründet unter dem Dach der UNESCO – ist ein Zusammenschluss von Musikfilm-Schaffenden zum Schutz der Darstellenden Künste als kulturelles Erbe. 150 Institutionen sind Mitglied, einerseits Vertreter der Medienunternehmen wie Film- und Fernsehgesellschaften, andererseits Kulturproduzenten wie Opern- und Konzerthäuser und Kompanien (https://www.imz.at/members). Die IMZ versteht sich als Interessenverband und veranstaltet auch Messen für den Austausch und den Handel mit Ausstrahlungs- und Verwertungsrechten im Bereich Musikfilm, beispielsweise die Avant Premiere (www.imz.at/avant-premiere). Weitere Infos unter: https://www.imz.at.

Das internationale Fernsehforum für Musik „The look of sound" (LOS) ist ein internationales Forum für Filme über Musik. Seit 2002 versammelt die Bremer Galeristin Katrin Rabus, lange Zeit Mitglied im Rundfunkrat von RB, im ARD-Programmbeirat und im internationalen Beirat von ARTE, ein Netzwerk von Musikern, Regisseuren, Produzenten, Sendern und Musikveranstaltern, um sich auszutauschen über Musikfilme vom Videoclip über Konzertaufzeichnungen, klassischen Dokumentationen bis zum Spielfilm. Die Veranstaltung in Zusammenarbeit mit den Sendern der ARD, DW und ARTE fand zunächst in Bremen statt und ist seit 2016 in der Popakademie Mannheim beheimatet. Es ist ein echtes Forum, mit international renommierten Regisseuren (wie Bruno Monsaingeon, Larry Weinstein, János Darvas, Enrique Sánchez-Lansch, Ellen Fellmann u. a.), Produzenten und Fachleuten, Redakteuren, Filmemachern und Musikinteressierten. Ein facettenreiches Filmprogramm präsentiert aktuelle filmische Darstellungen von Musik aus Klassik und Moderne ebenso wie neue Trends im Musikfilm und in Musiksendungen. Eine Veranstaltung alle ein bis zwei Jahre, welche sich dadurch auszeichnet, dass es keine Verkaufsmesse ist, sondern der sachliche Austausch. Im Mittelpunkt steht der „besondere Blick auf den Klang". Ein „Junges Forum" bietet zudem eine Plattform für den Nachwuchs. Veranstalter:

Music commission mannheim e. V. (MCM e. V.), Mannheim, Konzept und Leitung: Katrin Rabus, rabusbremen@plantage13.de Weitere Infos auf der Homepage (mit Archiv) unter: https://the-look-of-sound.de.

Auch Preisverleihungen im Bereich Musik und Kultur sind gute Möglichkeiten Kontakte zu knüpfen, so z. B. jeweils im Oktober das Galakonzert zur Verleihung des „Opus Klassik". Der „Opus Klassik" ist der Preis für klassische Musik, der an die Stelle des abgesetzten „Echo Klassik" ins Leben gerufen wurde. Vertreter der Musik- und Medien-Branche küren 47 Preisträger in 25 Kategorien (Stand: 2020). Die Nominierungen erfolgen durch die Plattenfirmen selbst. Weitere Infos unter: www.opusklassik.de.

> **„Ein Musikjournalist braucht vor allem Leidenschaft für die Musik und gute Ohren. (Abb. 45.1)"**
> **Statement zur Zukunft des Musikjournalismus: Kleopatra Sofroniou, General Manager Classics – Deutsche Grammophon GmbH, Berlin**
>
>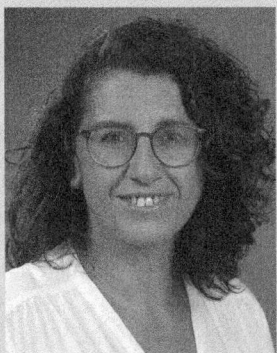
>
> **Abb. 45.1** Kleopatra Sofroniou. Nach Studium der Philosophie in Athen und Klavierdiplom in Stuttgart hat die geborene Griechin den Studiengang „Musikjournalismus" in Karlsruhe absolviert (Diplom 1999). Bei Amazon Music Deutschland war sie Gründungsmitglied der Musikredaktion. Als General Manager Classics steuert sie weltweit die Vermarktung aller Projekte des Labels Deutsche Grammophon. Sie lebt in Berlin mit ihrem Mann und ihren drei Kindern (Foto: Photohuber)

Wie könnte der Einsatz von Medien zukünftig aussehen? Welche neuen Medien werden für die Arbeit der Musikjournalisten unabdingbar sein? Wird es künftig noch Print, Radio und Fernsehen geben?

Das Klischee des gefürchteten Kritikers, der mit seiner wortgewaltig in Fachjargon formulierten Zeitungskritik eines Konzerts Karrieren stützen oder stürzen kann, gehört der Vergangenheit an. Der Musikjournalismus der Zukunft findet primär im Internet statt. Radio und Zeitung verlieren graduell an Reichweite und sind begleitende bzw. Inhalte vertiefende Medien. Im Fernsehen gibt es bereits heute nur noch wenige journalistische Inhalte aus dem Bereich Musik und Kunst, tendenziell findet im TV der Zukunft kaum Musikjournalismus statt. Die Musikjournalisten der Zukunft kommen ohne den Einsatz von audiovisuellen Elementen nicht weit. Diese setzen sie dann ein, um originelle Beiträge zu kreieren, die im Internet auffallen.

Wie wird sich die Qualität vom Journalismus verändern? Wie viel ist guter Journalismus wert? Was rechtfertigt einen Preis aus journalistischer Sicht? Welche Rolle spielt „Paid Content"? Wie misst man Qualität?

Wir leben in der Zeit von *Fake News* und ungehemmter Meinungsäußerung in den Sozialen Netzwerken. Im Bereich Information erwarte ich von einem Journalisten umso mehr professionell recherchierte Beiträge und reflektierte Meinungsäußerung. Diese Form von Journalismus ist ein Kulturgut und für unsere Gesellschaft unverzichtbar. Im Bereich der Musikkritik erwarte ich, dass der Trend zum Infotainment zunimmt. Journalisten präsentieren dann vor allem Produkte oder Projekte, die sie empfehlen und positiv bewerten mögen. Hier ist die Trennlinie zwischen Werbetext und Journalismus dünn, aber ich erlebe tagtäglich in den deutschen Medien, dass diese Trennlinie gut gewahrt werden kann.

Musikjournalisten als „Allrounder" hinsichtlich der Medien und Themenfelder – ein austauschbarer Job? Muss ich mich dann noch mit Musik auskennen, oder kann ich mir alles anlesen? Welches Rüstzeug muss ein angehender Musikjournalist mitbringen?

Ein Musikjournalist braucht vor allem Leidenschaft für die Musik und gute Ohren. Ich glaube, dass man Journalist werden kann, ohne ein Studium des Journalismus absolviert zu haben. Andererseits kann ein solches Studium Fähigkeiten schärfen, welche in anderen, verwandten Berufsfeldern, wie z. B. im Kultur- und Eventmanagement oder in weiteren kommunikativen Berufen sehr hilfreich sein können. Als General Manager Classics beim

marktführenden Klassiklabel Deutsche Grammophon beschäftige ich mich intensiv mit der Frage, wie man Künstler zum Erfolg bringen kann. Es hilft, hierfür u. a., zu verstehen, wie Medienberichte entstehen und welche Art von Geschichten relevant für die Sozialen Netzwerke sein können.
(Interview: Felix Zink, Student „Musikjournalismus für Rundfunk und Multimedia" (M.A.), HfM Karlsruhe)

Weiterführende Literatur

Hooffacker, Gabriele/Klaus Meier, La Roches Einführung in den praktischen Journalismus: Mit genauer Beschreibung aller Ausbildungswege Deutschland · Österreich · Schweiz (Journalistische Praxis, Wiesbaden: Springer VS, 20. Aufl. 2017).
Goderbauer-Marchner, Gabriele, Journalist werden! (Konstanz: UVK 2009) (Wegweiser Journalismus 3).
Dreher, Syrthos, Musikjournalisten. (Diplomarbeit München 1983).

Weiterführende Links

https://www.daserste.de/specials/ueber-uns/ausbildungsmoeglichkeiten-stellen-ard-100. html Links zu den Aus- und Fortbildungsabteilungen der ARD-Anstalten mit Hinweisen zu Praktika und Volontariaten.
www.djv.de Infos zum Beruf des Journalisten und Links auf der Seite des „Deutschen Journalistenverbandes – Gewerkschaft der Journalistinnen und Journalisten" (DJV).
https://www.djv.de/startseite/profil/der-djv/pressebereich-download/downloads Checklisten und Broschüren zu den Bereichen Berufsbild, Medienpolitik, Honorare, Freie Journalisten sowie Aus- und Weiterbildung.
https://journalistenpreise.de Übersicht über aktuelle Ausschreibungen von Journalismuspreisen u.a. mit einer Kategorie „Kultur".

Wie verkaufe ich Beiträge und Sendungen für Radio und TV?

46

Peter Overbeck

Zusammenfassung

Es wird dargestellt, was man beachten sollte, wenn man als Autor Beiträge und Sendungen für Radio oder TV anbietet, wie der Ablauf von einem Themenvorschlag bis zur fertigen Produktion verläuft und was dabei beachtet werden sollte.

Schlüsselwörter

Radiobeitrag • Fernsehbeitrag • Themenvorschlag • Exposé • Manuskript • Produktion • Treatment • Textbuch • Recherche • Storyboard

Je nach Aufgabenverteilung in einem Sender kann es Mischformen der Tätigkeiten geben, ein rotierendes System oder – bei kleinen Redaktionen oder Privatradios – auch Stellen, bei denen alle Aufgaben zu bestimmten Zeiten zu erledigen sind.

Themenvorschläge: Als Autor lebt man davon, dass die eigenen Themenvorschläge akzeptiert werden. Eine Idee für ein Thema, für einen Beitrag oder eine Sendung allein nutzt nichts, wenn es nicht gelingt, einen Redakteur dafür zu begeistern. Er muss überzeugt sein vom Konzept und davon, dass der Beitrag oder die Sendung fristgerecht sendetauglich und in der besprochenen Form abgeben wird.

Terminjournalismus: Hierbei handelt es sich um zentrale Ereignisse wie die Berichterstattung über Premieren und Festivals, Debüts etc., die immer im Programm abgebildet werden und daher häufig mit bewährten Autoren besetzt

P. Overbeck (✉)
Institut für Musikjournalismus, Hochschule für Musik Karlsruhe, Karlsruhe, Deutschland
E-Mail: info@musik-journalismus.de

© Springer Fachmedien Wiesbaden GmbH, ein Teil von Springer Nature 2022 521
P. Overbeck (Hrsg.), *Musikjournalismus,* Journalistische Praxis,
https://doi.org/10.1007/978-3-658-32476-6_46

werden. Dieses Vertrauen muss man sich zunächst aufbauen. Darüber hinaus planbare Anlässe wie Jubiläen können mit ausreichend zeitlichem Vorlauf durch eigene Recherche mit den in Kap. 43 genannten Hilfsmitteln aufgetan werden. Gerade für freien Musikjournalisten ist dies eine gute Möglichkeit, Redaktionen Vorschläge anzubieten.

Themenwahl und Umsetzung: Auch ohne Anlass gibt es zahlreiche Themen, Projekte, Initiativen, Künstler, die es wert sind, dass darüber berichtet wird. Zunächst sollten Sie den Sendeplatz kennen, für den Ihr Themenvorschlag vorgesehen ist. Wenn Sie bisherige Sendungen nachgehört haben, wissen Sie, welche Darstellungsformen vorkommen und wie Themen aufbereitet werden.

Seien Sie kreativ und flexibel! Wecken Sie die Neugierde durch die Themenwahl, die Art der Gestaltung oder durch interessante Gesprächspartner. Ein Thema muss nicht immer komplett neu sein, ein aktueller oder regionaler Bezug, ein Perspektivwechsel oder eine andere Art der Gestaltung können ausreichen Anlass für einen neuen Beitrag sein. Die zahlreichen Beiträge zum Beethoven-Jahr 2020/2021, die an verschiedenen Stellen dieses Buches vorgestellt werden, bieten Anregungen für andere Aspekte.

Nutzen Sie Synergieeffekte: Damit sich der Aufwand rechnet, überlegen Sie sich schon bei der Recherche, in welcher Form Sie das Thema auch anderweitig anbieten können, z. B. das gesamte Interview für eine (Online)-Zeitung oder Zeitschrift. Das Material für den Beitrag taugt vielleicht ebenso für ein längeres Format oder ein Künstlerporträt.

Themenvorschlag für einen Radiobeitrag/eine Radiosendung

Was gehört zu einem Themenvorschlag für Radio? Z. B.:
- Auf einen Blick alles Wesentliche erkennbar (gut lesbare Schriftgröße, übersichtliche Gliederung)
- Umfang eine DIN-A4-Seite, die aber keinesfalls komplett mit Text gefüllt ist.
- Griffige Überschrift mit Variante
- Knapper Haupttext, ca. acht bis zehn Zeilen. Schildern Sie knapp, welchen Aspekt/welche Umsetzung Sie für das Thema vorschlagen, am besten mit Varianten in unterschiedlichen Längen. Formulieren Sie so, dass Ihr Angebot neugierig macht. Beachten Sie die journalistischen Kriterien Relevanz und Interesse.

- Machen Sie deutlich, weshalb gerade *Sie* den Beitrag machen sollten, was Ihre besondere Kompetenz, Ihre Expertise in Ihrem Spezialgebiet ist, Ihre Vorrecherche ist, was der USP Ihres Beitrags ist.
- Vorschläge zur Umsetzung, z. B. als Reportage, Live-Gespräch oder gebauten Beitrag
- Mögliche Interviewpartner/O-Ton-Geber, Vorschläge für Musik
- Sonstige vorhandene oder geplante O-Töne (z. B. Probenmitschnitte / Statements / Umfragen)
- Gibt es einen Termin als Aufhänger? Ein Ereignis oder die Verfügbarkeit eines besonderen Gesprächspartners?
- Bis wann könnte der Beitrag fertig sein? Benötigen Sie Produktionskapazitäten oder produzieren Sie im Homeoffice? Gibt es einen besonders geeigneten Sendetermin, einen Anlass?
- Ihre vollständigen Kontaktdaten (incl. Mobilnummer und Mailadresse)

Sollten Sie keine Rückmeldung bekommen, fragen Sie nach einer gewissen Zeit telefonisch nach, ob der Vorschlag angekommen ist und ob er von Interesse ist, wann Sie darüber sprechen können bzw. bis wann Sie Nachricht bekommen.

Über das Honorar sollte *vorab* gesprochen werden. Exklusivität: Wenn Sie Ihr Themenangebot exklusiv anbieten möchten, dann das benennen Sie das, aber auch, wenn Sie anderweitig einen Zuschlag erhalten haben. Das muss je nach Sendegebieten kein K.-o.-Kriterium sein. Wenn Sie einen Zuschlag erhalten, versteht es sich von selbst, dass Sie fristgerecht und wie abgesprochen liefern. Was Sie bei der Umsetzung zu beachten haben, finden Sie je nach Darstellungsform in den Kapiteln 12 bzw. 18 bis 22 dieses Buches. Sollte der Beitrag abgelehnt werden, können Sie ihn eventuell noch woanders anbieten.

Themenvorschlag für einen Fernsehbeitrag/eine Fernsehsendung (Linear und nicht-linear)

Die beim „Themenvorschlag für einen Radiobeitrag" genannten Aspekte gelten hier ebenfalls, wobei noch die visuelle Komponente hinzukommt. Fernsehbeiträge sind aufwendiger und müssen längerfristiger geplant werden als Audiobeiträge. Das betrifft die arbeitsteilige Produktion, das benötigte Equipment, aber auch die Produktionsplanung. Welche der nachfolgend genannten Dokumente zu welchem Zeitpunkt für einen Themenvorschlag benötigt werden, hängt von der jeweiligen

Redaktion ab und davon, wie vertrauensvoll die Zusammenarbeit bereits ist. Die Dokumente werden im Laufe des Produktionsprozesses fortgeschrieben.[1]

Exposé: Es enthält ein Abstract am Anfang von wenigen Zeilen mit Inhalt, Idee, Ziel, max. 1/2 Seite. Später wird darin etwas ausführlicher erläutert, wie man sich das Werk vorstellt, nochmals 1 -bis 2 1/2 Seiten.

Produktions-/oder Projektplan: eine stichwortartige Übersicht des Zeitmanagements: Recherche, Drehbuch, Dreharbeiten, Schnitt, Text, Abnahme, evtl. Korrekturen, Sprachaufnahme, Endfertigung, Titel.

Sollte man einen Zuschlag bekommen: kommen weitere Dokumente hinzu:

Drehbuch: Es entsteht im Lauf der Zeit, wird immer mehr verfeinert, vor Drehbeginn. Drei Spalten mit Bildbeschreibung, Inhalt bzw. Text, Zeitdauer der Bilder bzw. Sequenzen, auch ein Storyboard skizzieren.

Drehplan: In ihm stellt man für den Ablauf der Produktion zusammen, damit am Ende alle erforderlichen Aufnahmen für das Drehbuch abgedreht sind. Bei Außenaufnahmen sollen Alternativ-Drehs vorgesehen sein für den Fall, dass das Wetter oder Licht dem geplanten Dreh einen Strich durch die Rechnung machen sollte.

Schnittlisten: Sie sind wichtig für einen ordnungsgemäßen Ablauf der Produktion; sie halten das verwendete Material (auch Fremdmaterial, falls verwendet) fest und werden benötigt als Musiklisten mit GEMA-Angaben, Text und Untertitel.

Finanzierungsplan: Bei Filmprojekten sollte man sich rechtzeitig um Partner kümmern, z. B. Förderprogramme der jeweiligen Bundesländer. Aber auch schon mögliche Formen der Veröffentlichung (z. B. Ausstrahlung in öffentlich-rechtliches oder privates Fernsehprogramm, ggf. Zweitverwertung auf DVD oder auf Onlineportal bzw. in einer Mediathek) sollten rechtzeitig bedacht werden. Daraus ergeben sich dann eventuell auch Partnerschaften für die Finanzierung.

---

[1] Grundlage für diese Zusammenstellung ist ein Handout von Syrthos Dreher für den Studiengang „Musikjournalismus für Rundfunk und Multimedia" an der Hochschule für Musik Karlsruhe.

Wie verkaufe ich Beiträge für Printmedien und Online?

47

Andreas Kolb

Zusammenfassung

Es wird dargestellt, was man beachten sollte, wenn man als Autor Texte für Printmedien und Onlinemedien anbietet.

Schlüsselwörter

Themenvorschlag • Exposé • Manuskript • Recherche • Honorar

Die Kenntnis der Publikationen, für die man schreibt, ist das A und O der musikjournalistischen Tätigkeit. Als Redakteur – beispielsweise der „neuen musikzeitung" wie der Autor – verbringt man viel Zeit mit Telefonaten oder bei der Sichtung von Textangeboten via E-Mail und Post mit der frustrierenden Erkenntnis: Die Zeit hätte man sich sparen können, hätte der Anbieter wenigstens einmal die nmz in der Hand gehabt. Ein qualitätsvoller Text oder das exklusive Interview mit einem Prominenten (das meistens gar nicht so exklusiv ist, sondern von der Plattenfirma weltweit eingefädelt) sind für einen Autor nur eine Seite der Medaille. Genauso wichtig ist die Kenntnis des Mediums, für das man schreibt;

Elektronisches Zusatzmaterial Die Online-Version dieses Artikels (https://doi.org/10.1007/978-3-658-32476-6_47) enthält zusätzliches Material, das für autorisierte Benutzer zugänglich ist. Diese Videos können mit dem SN More angesehen werden. Medien-App. Öffnen Sie die App, scannen Sie das Foto mit Ihrem Mobiltelefon mit dem "Play"-Symbol, und das Video wird abgespielt. wird das Video automatisch abgespielt.

A. Kolb (✉)
nmz Regensburg, Regensburg, Deutschland
E-Mail: info@musik-journalismus.de

erst dann hat man eine Vorstellung von dessen Zielgruppe. Manchmal werden Aufträge auch für Print und Online zugleich vergeben. **Auch wenn der Redakteur einmal genervt ist** – denn Sie sind mit Sicherheit nicht der Einzige, der anruft –: Avisieren Sie ein Textangebot telefonisch. Auch macht es Sinn, nachzufragen, was denn nun geschehen ist mit Ihrem Text: allerdings nicht fünfmal, einmal genügt, eventuell auch nochmals per E-Mail. **Zwischen Autor und Redaktion wird i. d. R. nur mit mündlichen Absprachen gearbeitet:** Es gibt keinen Vertrag oder Ähnliches. Erkundigen Sie sich vorher nach dem Zeilenhonorar, nicht hinterher beginnen zu verhandeln. Handelt es sich um umfangreichere Texte und Terminabsprachen, lassen Sie sich Ihren Auftrag per Mail bestätigen. Der Redakteur verfährt i. d. R. nach dem folgenden Schema:

Er bestellt den Text bei Ihnen während des Telefonats. Das wird er i. d. R. dann tun, wenn er Sie kennt und wenn er das Thema haben will. Ist er sich nicht sicher, ob Ihr Stil zum Blatt passt oder das Thema überhaupt relevant ist, wird er Sie entweder um ein kurzes Exposé oder um einen Text zur Ansicht bitten. Es ist an Ihnen, ob Sie darauf eingehen oder nicht.

In der Praxis werden Sie Ihre Artikel auch mehreren Redaktionen anbieten. Sollten Sie aber einen ersten Zuschlag erhalten, dann informieren Sie nachfolgende Redaktionen darüber. Schließlich will jede Zeitung ihre Themen exklusiv bringen.

Das Kürzen von Texten ist in Zeitungsredaktionen keine Unsitte, sondern ein durch das Verfahren des Umbruchs notwendiges Übel. Was nicht heißt, dass jeder Text gekürzt werden muss, aber es kann passieren. Die Qualität eines Redakteurs ist unter anderem daran zu erkennen, dass gute Kürzungen oft nicht einmal dem Autor auffallen. Auch hier ist es wichtig, das Medium zu kennen, für das Sie schreiben! Denn kennen Sie „Ihre" Zeitung, dann kennen Sie auch die dort üblichen Längen.

Eine pünktliche Abgabe zur Deadline gehört zu den Tugenden, die ein Redakteur an Ihnen schätzen wird. Es zählen nicht nur Ihr Stil, Ihre Themen. Wenn Sie digitale Fotos von der Aufführung oder den Künstlern machen – inzwischen auch mit Handys in Druckqualität möglich – (i. d. R. auch bei der Pressestelle problemlos zu haben), sollten Sie diese mitliefern. Für Online sind Fotos unabdingbar. Halten Sie sich an die erforderlichen Angaben (Auflösung, Größe, Hoch- oder Querformat). Sollte das Foto nicht von Ihnen sein, sollten Sie eine Kontaktadresse eines Fotografen gleich mitzuliefern; so erleichtern Sie dem Redakteur die Arbeit erheblich. Doch nicht nur deshalb sollten Sie auch als Texter einen Blick aufs Bild werfen: Fotos oder Online zusätzlich auch kurze Videoclips, sind nämlich nicht nur Schmuck, sie transportieren eine Menge Information. Ein Uraufführungsbericht über eine Oper ohne ein Bild ist keiner!

„Wege zu finden, um Relevantes über Musik und Kultur in die Gesellschaft zu tragen, heißt in der Praxis: Nicht für, sondern von der jeweiligen digitalen Plattform ausgehend und unter Einbeziehung der Möglichkeiten, welche eine Plattform bietet, zu publizieren. (Abb. 47.1)"
Statement zur Zukunft des Musikjournalismus: Prof. Dr. Frizz Lauterbach, Leiter des Masterstudiengangs „Digitale Kommunikation in der Musik- und Entertainment-Industrie" an der Hochschule für Musik und Theater München

Abb. 47.1 Prof. Dr. Frizz Lauterbach, Leiter des Masterstudiengangs „Digitale Kommunikation in der Musik- und Entertainment-Industrie", Institut für Kulturmanagement und Medien, Hochschule für Musik und Theater München, Vertreter der Hochschule im MedienCampus Bayern. Lehr- und Forschungsschwerpunkte: Digitale Transformation in der Medienpraxis, crossmediale Vermittlungsformen und interaktive Medienkonstruktion. Beim BR Digitalexperte für digitale Veränderungsprozesse, Innovation, crossmedial-interaktive Formate sowie Leiter Digitales für den Programmbereich Bayern 1 und Bayern 3Studium „Rundfunk-Musikjournalismus" an der Hochschule für Musik Karlsruhe (Diplom 1997). Berufliche Stationen: Euro-Radio Saar/Europe 1 (Saarbrücken/Paris), NRJ (Head of Music, Hamburg), VH-1 Germany (Head of Music Programming & Presentation; Hamburg/London), TV1/AENTV, (Director Content, München/Berlin/Los Angeles) (Foto: Bogdan Kramliczek).Verknüpfung zum Video des Interviews über: https://www.hfm-karlsruhe.de/hochschule/institute/institut-fuer-musikjournalismus-radio-tv-internet/projekte-des-imj/alumni

Welche neuen Medien werden für die Arbeit der Musikjournalisten unabdingbar sein? Wird es Musikjournalismus künftig noch in Print, Radio und Fernsehen geben?
Mit Blick in die Zukunft des Musikjournalismus stellt sich zuerst einmal die Frage einer Definition. Wenn man nicht vom „Geschäftsmodell Musikjournalismus" der vergangenen Jahrzehnte spricht, sondern von der wichtigen gesellschaftlichen Aufgabe, dass Journalisten über Relevantes und relevante Veränderungen Öffentlichkeit herstellen, bedeutet dies, die digitalen Medien und Plattformen für diese Zwecke zu nutzen. Wege zu finden, um Relevantes über Musik und Kultur in die Gesellschaft zu tragen, heißt in der Praxis: Nicht für, sondern von der jeweiligen digitalen Plattform ausgehend und unter Einbeziehung der jeweiligen Möglichkeiten, welche eine Plattform bietet, zu publizieren. Es geht um Darstellungs- und Vermittlungsformen, wie sie im Zuge der digitalen Disruption bereits entstanden sind oder noch entstehen werden.

Wie wird sich die Qualität von Journalismus verändern? Wie misst man Qualität?
Qualität zu messen setzt voraus, Bezugspunkte zu haben, an denen sich Qualität auch tatsächlich messen lässt. Eine der Herausforderungen ist deshalb die Diskussion um Bezugspunkte und sinnvolle Metriken, um dann gemessene Werte und Abweichungen kritisch betrachten zu können.

Welches Rüstzeug muss ein angehender Journalist in Zukunft mitbringen und wie bekommt er das?
Die Herausforderungen der Digitalisierung an der Schnittstelle Mensch-Maschine werden in der Hochschulausbildung schon lange ernst genommen und als Chance für neue Berufsbilder gesehen. Von einer Meta-Ebene aus betrachtet, müssen Journalisten in der digitalen Welt folgende Kategorien von Vermittlung beherrschen: 1) Vermittlung, die sich an Menschen richtet (also über visuell oder akustisch rezipierbare Botschaften); 2) Vermittlung, die sich an Maschinen richtet (z. B. Metadaten für Steuerung, Automatisierung und Targeting); 3) Vermittlung für die voneinander abhängige Mensch-Maschine-Interaktion (wie etwa für spezifische Algorithmen und Künstliche Intelligenz (KI)). In der öffentlichen Debatte werden Algorithmen und KI häufig als eigenständig handelnde Akteure dargestellt. Jedoch

sind es die Designer der Algorithmen, die dafür sorgen, dass Handlungs-
anweisungen, basierend auf den von ihnen als Menschen erdachten Ideen,
millionenfach ausgeführt werden.
(Interview: Felix Zink, Student „Musikjournalismus für Rundfunk und
Multimedia" (M.A.), HfM Karlsruhe)

Ein Videobeitrag von Noël Auch im Rahmen des Online-Symposiums „Die
Zukunft des Musikjournalismus. Über Qualität, Kunst und künstliche Intelligenz" des Instituts für Musikjournalismus der Hochschule für Musik Karlsruhe
am 4. Februar 2021 beschäftigt sich ebenfalls mit der Zukunft der Musikjournalist*innen (Abb. 47.2).

Abb. 47.2   „Die Zukunft der Musikjournalist*innen" (8:12) – Mit Prof. Dr. Armin Grunwald,
Leiter des Büros für Technikfolgen-Abschätzung beim Deutschen Bundestag Professor für
Technikphilosophie am Institut für Philosophie des KIT Karlsruhe, Anke Mai, Programmdi-
rektorin Kultur, Wissen, Junge Formate beim SWR, Florian Stolpe, Chefredakteur von Gitarre
& Bass und Stefan Braunschmidt, Stellv. Chefredakteur von Gitarre & Bass. (https://doi.org/
10.1007/000-5dy) (https://youtu.be/742fTcggZOg)

Weiterführende Literatur

Kaiser, Markus, Recherchieren: klassisch – online – crossmedial (Journalistische Praxis,
   Wiesbaden: Springer VS 2015).
Welchering, Peter, Digitale Recherche. Verifikation und Fact Checking (Journalistische
   Praxis, Wiesbaden: Springer VS 2020).

Lampert, Marie / Rolf Wespe, Storytelling für Journalisten. Wie baue ich eine gute Geschichte? (Köln: Halem, 5. Aufl. 2021).

Buschart, Tom (Hg.), Ratgeber Freie Journalisten. Ein Handbuch (Berlin: Vistas 4. Aufl. 2003).

DJV (Hg.), DJV-Handbuch für Freie – Alles Wichtige zu Marktchancen, Marketing, Urheberrecht, Verhandlungstechnik, Steuern, soziale Absicherung, Versicherungen, Auslandstätigkeit, Arbeitsmittel, Technik. (2. Aufl. 2013) (DJV-Wissen 8).

Lyng, Robert / Oliver Heinz, Michael v. Rothkirch: Die neue Praxis im Musikbusiness: Label und Musikverlag, Promotion, Booking, Management, Urheberrecht und Verträge, GEMA, GVL, Online-Business (Bergkirchen: PPV Medien 13. Aufl. 2018).

Scholz, Lothar, GEMA, GVL & KSK: alles über die Institutionen für Musiker und Musikverwerter; Know-how und Praxisbeispiele für Komponisten, Texter, Verleger und Labels (Bergkirchen: PPV-Medien 2. Aufl. 2006).

Hofert, Svenja, Erfolgreich als freier Journalist (Konstanz: UVK 3. Aufl. 2012) (Praktischer Journalismus 53).

Weiterführende Links

https://selbststaendigen.info/der-ratgeber Ratgeber von Selbstständigen für Selbstständige.

www.djv.de Infos zum Beruf des Journalisten und Links auf der Seite des „Deutschen Journalistenverbandes – Gewerkschaft der Journalistinnen und Journalisten" (DJV).

https://www.djv.de/startseite/profil/der-djv/pressebereich-download/downloads Checklisten und Broschüren zu den Bereichen Berufsbild, Medienpolitik, Honorare, Freie Journalisten sowie Aus- und Weiterbildung.

Fachbegriffe

(Mitarbeit: Noël Auch, Student „Musikjournalismus für Rundfunk und Multimedia" (M.A.), HfM Karlsruhe).

Es wurden Begriffe und Abkürzungen aufgenommen, die entweder im Haupttext erscheinen oder gebräuchliche Termini zu „Musik und Journalismus" sind. Für weitere Begriffe und vertiefende Information wird verwiesen auf:

Linke, Norbert, Radio-Lexikon. 1200 Stichwörter von A-cappella-Jingle bis Zwischenband (Journalistische Praxis, München: List 1997)

ARD (Hrg.): ABC der ARD (Baden-Baden: Nomos, 3. Aufl. 2002)
https://www.ard.de/home/ABC_der_ARD/175396/index.html

Und auf folgende Online-Angebote:

Lexikon Radio Marketing von RMS   https://rms.de/wissen-und-planung/medialexikon

Medienlexikon der Radiozentrale (mehrsprachig) www.radiozentrale.de

Lexikon der Filmbegriffe auf der Seite der Universität Kiel unter:
https://filmlexikon.uni-kiel.de/index.php (ca. 7000 Einträge)

ADB – Abk. für Aussprachedatenbank der ARD

Aircheck – 1. Ein Mitschnitt, der i. d. R. nur Moderationsanteile einer Sendung enthält. – 2. Die redaktionelle Sendungs-Nachbesprechung anhand des Mitschnitts mit dem entsprechenden Moderator.

API → IPA

ARD – Abk. für Arbeitsgemeinschaft der → öffentlich-rechtlichen Rundfunkanstalten der BRD, 1950 gegründet. Mitglieder sind alle Landesrundfunkanstalten sowie die aus Bundesmitteln finanzierte Deutsche Welle. Die Zwecke sind zunächst die Veranstaltung eines bundesweiten Gemeinschaftsprogramms im Fernsehbereich (ARD), dann der → Programmaustausch untereinander und mit ausländischen Anstalten sowie der Betrieb von Gemeinschaftseinrichtungen wie

© Springer Fachmedien Wiesbaden GmbH, ein Teil von Springer Nature 2022
P. Overbeck (Hrsg.), *Musikjournalismus,* Journalistische Praxis,
https://doi.org/10.1007/978-3-658-32476-6

z. B. die ARD.ZDF medienakademie und das → DRA, außerdem ein Finanz-
ausgleich untereinander. DLR (DLR und DLF), hervorgegangen aus DLF, RIAS
und DS Kultur, werden gemeinsam getragen von ARD und ZDF. Die Radioangebote der ARD-Anstalten werden auf einer gemeinsamen Plattform www.ardaud
iothek.de zusammenfassend präsentiert.

Atmo – Abk. für Atmosphäre. Geräusche und akustische Eigenschaften eines
Aufnahmeortes, die es dem Hörer ermöglichen, eine Umgebung akustisch zu identifizieren. Die Verwendung von entsprechendem Audiomaterial ist ein gezielt ein-
gesetztes dramaturgisches Mittel, das insbesondere bei → Features, → Hörspielen
und Hörbildern eine besondere Bedeutung hat.

Audio-on-Demand – Verbreitung von Audio-Inhalten über das Internet. Im
Unterschied zur herkömmlichen Ausstrahlung via Antenne und → Live-Stream
können hierbei bestimmte Inhalte zeitunabhängig (on demand) abgerufen und
ggf. auch gespeichert werden. Je nach Inhalt sind auch die Termini „Radio-on-
Demand" bzw. „Music-on-Demand" gebräuchlich.

Aufmacher – Im Rundfunk erste Meldung einer Nachrichtensendung bzw.
erster Beitrag einer Magazinsendung; in der Zeitung das Thema oder die Themen
auf Seite 1; in Zeitschriften das erste große Thema im Heft.

Beitrag, gebauter – Journalistische, i. d. R. vorproduzierte Darstellungsform,
in der ein Thema behandelt wird, indem der Autor seine Geschichte zusätzlich mit
Einblendungen (O-Tönen, → Atmo, Geräuschen und eventuell Musik) illustriert.
Zu einem Beitrag gehören i. d. R. eine → An- und eine → Abmoderation (vgl.
auch → BmE, → BmO).

Bett → Musikbett

Blog – Abk. für → Weblog.

BmE – Abk. für Beitrag mit Einblendungen, → Beitrag, gebauter

BmO – Abk. für Beitrag mit O-Tönen, → Beitrag, gebauter

BoE – Abk. für → Beitrag ohne Einblendungen.

Bumper – akustisches Programmelement, das einen Programmteil einleitet
und kennzeichnet. Gegenstück: → Stinger.

Charts – Nach Anzahl der Verkäufe im Einzelhandel oder Radioeinsätze sor-
tierte Listen der aktuellen Musiktitel. In Deutschland u. a. von media control
(Baden-Baden) erhoben.

Claim, auch Sendeclaim – Werbeslogan, der klar macht, warum man den
Sender hören soll. Dient der Positionierung eines Programms. Je nach Länge auch
als → Langclaim bezeichnet.

CMS – Abk. für Content Management System, z. B. ein elektronisches
Redaktionssystem.

Crossmedia / Crossmedial (engl. quer durch die Medien). Zusammenwirken verschiedener Medien, z. B. von Hörfunk, TV und Internet bei der Materialsammlung und Speicherung. Mittels → CMS können so Mitarbeiter unterschiedlicher Medien auf einen gemeinsamen Pool zurückgreifen. Ein crossmedial arbeitender Journalist erstellt Beiträge etc. für mehrere Medien.

Cross-Promotion – Bewerbung eines Medienangebots in einem anderen Medienangebot, z. B. das Bewerben eines Radioprogramms im Fernsehen oder in Zeitschriften und umgekehrt oder die eventbezogene Zusammenarbeit mehrerer Medien. Dadurch, dass jeder Medienpartner auch die jeweils anderen nennt, wird der Werbeeffekt erhöht und die Kosten werden für alle Beteiligten gesenkt.

Collage – Eine Sendeform, bei der ohne verbindende Moderationstexte mehrere Musik-, Text- oder Klangstücke aufeinanderfolgen, ineinander geblendet werden, mit → Atmo kombiniert werden. → Musikcollage

DAB – Abk. für Digital Audio Broadcasting. System des digitalen → terrestrischen Rundfunks.

Deutsches Rundfunkarchiv → Rundfunkarchiv, Deutsches

Deutsches Musikarchiv → Musikarchiv, Deutsches

DJV – Abk. für Deutscher Journalistenverband. Berufsverband und Gewerkschaft der Journalisten in Deutschland. www.djv.de.

Donut – (amerikan., rundes Hefegebäck mit Loch in der Mitte) – im Radiobereich vorproduziertes Verpackungselement mit einem Instrumentalteil, der in der Mitte Platz für eine Live-Moderation bietet.

Download – Engl. für Herunterladen. Herunterladen von Text-, Bild- oder Audiodateien aus dem Internet.

dpa – Abk. für Deutsche Presse-Agentur, gegründet 1949. Größte und wichtigste deutsche Nachrichtenagentur. Private GmbH; Gesellschafter sind die Zeitungen sowie die Rundfunk- und Fernsehanstalten.

DRA → Rundfunkarchiv, Deutsches

Drop, Dropper – (engl. to drop, fallen lassen). Kurzes vorproduziertes → Verpackungselement mit ähnlicher Funktion wie ein Jingle. Im Unterschied zum klanglich meist effektvollen → Jingle häufig → trocken ohne Musik produziert. Der Drop wird z. B. auf dem Ramp eines Musiktitels eingesetzt und transportiert Sendernamen oder → Senderclaim, aber auch z B. Testimonials von Hörern oder VIPs.

DSR – Abk. für Digital Satellite Radio. Verfahren zur digitalen Verbreitung von Hörfunkprogrammen

Duales Rundfunksystem → Rundfunksystem, Dual

Ear-Catcher – In Anlehnung an den engl. Begriff „Eye-Catcher" (Hingucker) ein Element, das die Aufmerksamkeit auf sich zieht, z. B. ein starker O-Ton zu Beginn eines Beitrags.

EB – Abk. für Elektronische Berichterstattung

EBU – Abk. für European Broadcasting Union (französisch: Union Européenne de Radiodiffusion, UER) – Union der Europäischen Rundfunkorganisationen mit Sitz in Genf. Erfüllt seit ihrer Gründung 1950 Aufgaben v. a. in den Bereichen Programmaustausch, Technik und Recht.

Einschaltprogramm – Programmtyp mit heterogenen Inhalten (Mischprogramm), die unterschiedlichen Zielgruppen ansprechen, die im Unterschied zum → Begleitprogramm, gezielt ein- und ausschalten. Die nach 1945 in D entstandenen → öffentlich-rechtlichen Programme waren zwangsläufig Einschaltprogramme, weil jede Anstalt zunächst nur eines besaß.

E.M.A. – Abk. für elektronische → MA.

E-Musik – Abk. für Ernste Musik. Beim Start des Hörfunks in den 20er-Jahren aus dem traditionellen Kulturleben übernommene, bis heute in der Programmplanung relevante Kategorie zur Grobeinteilung der Musik im Rundfunk. Gegensatz: → L- bzw. → U-Musik. Programmprägendes Element mit Anteilen von 50 % bis über 75 % vor allem in den seit Mitte der 50er-Jahre entwickelten Kulturkanälen. Bis 1998 Kategorie der ARD-Hörfunkstatistik, seit 1999 in die Rubrik Klassik einsortiert.

Feature – Aus dem Englischen stammende Bezeichnung für i. d. R. längere journalistisch-künstlerische Hörfunksendungen, die Möglichkeiten des Mediums Radio nutzen, häufig mit akustischer Illustration wie → O-Tönen, → Atmo, Geräuschen und Musik. Ende der 20er-Jahre entwickelt; nach 1945 auch in D gebräuchlich. Sonderform: → Musikfeature.

Format – Konzept oder Formel, dem ein Programm folgt. Im Hörfunk Gesamtprofil eines Programms, das in den meisten Fällen durch die Inhalte, Anteil und Art der Moderation und die Wahl der Musik definiert ist. Die Abfolge der spezifischen Musikmischung, der Moderation und der → Verpackungselemente ist in einer Sende-Uhr festgelegt. Eine zentrale Rolle spielt das → Musikformat.

Formatradio – Station mit formatiertem Programm → Format.

Funkoper – Eine speziell für die Rundfunkausstrahlung komponierte Oper. Ab 1929 in Deutschland populär, ab 1941 auch international. Parallel zum technischen Fortschritt nahm die Komplexität der angewandten Mittel zu. Seit 1948 werden mit dem „Prix Italia" radiophone Werke wie z. B. Funkopern ausgezeichnet.

GEMA – Abk. für Gesellschaft für musikalische Aufführungs- und mechanische Vervielfältigungsrechte. Verwertungsgesellschaft für Komponisten, Textdichter und Musikverleger.

Großes Recht → Kap. 10.

GVL – Abk. für Gesellschaft zur Verwertung von Leistungsschutzrechten. Verwertungsgesellschaft für ausübende Künstler, Hersteller von Bild- und/oder Tonträgern und Veranstalter.

Hook → Musik-Hook

ID – Abk. für (Sender-)Identifikation. Feststehendes Erkennungssignal zu Beginn einer Sendung. Meist Musik, über die der Titel der Sendung gesprochen wird.

Intro, auch **Ramp.** Meist instrumentale Einleitung eines Musiktitels. Wird als Hintergrund für Moderationen benutzt.

IPA – Abk. für International Phonetic Association (London); franz: Association Phonétique Internationale (API). Die IPA hat 1888 erstmalig ein international genormtes System für eine phonetische Umschrift veröffentlicht.

Jingle (engl. Klimpern, Bimmeln) – Ein aus Musik, Sprache und Effekten produziertes kurzes → Verpackungselement, das sowohl der Identifikation eines Programms dient (→ ID- → Jingle, → Station-ID), wie seiner Positionierung (Image ID). Häufig als Jingle-Paket, das einen einhcitlichen, stilistisch homogenen Auftritt erreicht, häufig von musikalischer Urzelle abgeleitet. Auch verwendet für Elemente, die eine bestimmte Rubrik ankündigen (vgl. → Bumper).

Klassikwelle – Radio- → Spartenprogramm mit ausschließlich oder überwiegend → E-Musik. In der ARD erstmals nach ausländischen Vorbildern wie „France Musique" 1980 vom BR mit dem Start von „Bayern4Klassik" realisiert.

Kleines Recht → Kap. 10

Kompaktsendung – Geschlossener Sendungstyp ohne Magazinstruktur. Gegensatz: → Magazinsendung.

Konserve – Fertig vorliegende, vorproduzierte Aufzeichnung. Gegensatz: → Live-Sendung.

Korri – Abk. für Korrespondent.

KSK – Abk. für Künstlersozialkasse, → Kap. 43.

Kulturprogramme – Im Hörfunk Programm mit kulturellen Sendungen, → E-Musik und Bildungsangeboten, auch mit Hintergrundberichten zu Politik und Wirtschaft sowie regelmäßigen Nachrichtensendungen. Vorbild für diesen Programmtyp, der sich im Hörfunk der Bundesrepublik Mitte bis Ende der 50er-Jahre auszubilden begann (mit Erweiterung der Anzahl an UKW-Ketten) war das Third Programme der → BBC. Im Fernsehen zeigten die Dritten Programme in der Anfangszeit Merkmale von Kulturprogrammen. Regelrechte Kulturkanäle entwickelten sich allerdings erst ab Mitte der 80er-Jahre dank zusätzlicher Sendeplätze für eigenständige Programme durch die Satellitentechnik (z. B. 3sat (1984), EINS PLUS (1986) und ARTE (1992).

Langclaim → Claim

Laufbandsendung – Eine unmoderierte, meist vorproduzierte Sendung, in der die Musiktitel Stück an Stück gefahren werden.

Lifestylegruppe → MNT bzw. → MedienNutzerTypologie.

Live-Sendung – Die zeitgleiche, nicht nachbearbeitete Ausstrahlung oder Übertragung eines Ereignisses. Im Unterschied zum Mitschnitt bzw. zu einer Vorproduktion sind keine Korrekturen möglich.

Live-Stream – Verbreitung eines Programmangebots via Internet, zeitgleich mit terrestrischer Verbreitung oder unabhängig davon.

L-Musik – Abk. für Leichte Musik. Kategorie zur Grobeinteilung der Musik im Rundfunk, auch als → U-Musik bezeichnet, Gegensatz von → E-Musik, bis 1998 Kategorie der ARD-Hörfunkstatistik, seither differenziert nach Rock-/Popmusik einerseits, Unterhaltungsmusik andererseits. Im Radio war die L-Musik von vornherein ein quantitativ hervorragender Programmbestandteil. Über alle Programme der Landesrundfunkanstalten hinweg liegt der Programmanteil der L-Musik bei etwa 40 %, in von dieser Musik geprägten Programmen häufig bei 70, 80 oder gar 90 %.

MA – Abk. für Media Analyse. Siehe Kap. 1 Einführung.

Magazinsendung – Sendungstyp, der in z. T. mehrstündigen Programmflächen bei einem hohen Musikanteil unterhaltende und informierende Elemente in sich vereint. Magazine leben vom Wechsel zwischen harten und weichen Themen und von der Vielfalt journalistischer Darstellungsformen wie gebauter → Beitrag, Kollegengespräch, Telefoninterview etc. Häufige Sendeform in → Begleitprogrammen.

Mantelprogramm – Ein zur Übernahme durch Radiostationen bestimmtes Programm, das i. d. R. gegen Bezahlung in Ausschnitten v. a. von Lokalstationen übernommen wird.

MedienNutzerTypologie (MNT, MNT 2, MNT 2015) – Seit 1999 Typisierung der Rundfunkforschung nach lebensweltlichen Milieus. Aktuell MNT 2015 mit zehn MedienNutzerTypen. Detaillierte Darstellung unter https://ard-zdf-mnt.de. Sie dazu Kap. 1 (Einführung).

Mischprogramm – Im Unterschied zu → Begleitprogramm und → Spartenprogramm ein Programmtyp mit Inhalten für unterschiedliche Zielgruppen wie → E- und → U-Musik, Kinderprogramm, Hörspiel, → Feature, Landfunk und deshalb ein → Einschaltprogramm.

MIZ – Abk. für Musikinformationszentrum des Deutschen Musikrats. Siehe Kap. 43.

MNT → MedienNutzerTypologie.

Mod. – Abk. für Moderation: An- und Abmods sind Moderationen als An- oder Absage eines Beitrags.

MPEG-4 – ein → MPEG-Standard, der unter anderem Verfahren zur Video- und Audiodatenkompression beschreibt. Das sog. „Containerformat" von MPEG-4 ist mp4. In mp4-Dateien können multimediale Inhalte in Form von mehreren Audio- und Videospuren sowie Untertitel, 2D- und 3D-Grafiken abgespeichert werden.

mp3 – Korrekt: MPEG-1 Audio Layer 3. Ein seit 1985 von Karlheinz Brandenburg entwickeltes Verfahren zur Kompression von Audiodaten, das unter Ausnutzung psychoakustischer Effekte je nach Umfang der Kompression und je nach Art des Ausgangsmaterials nur geringe Qualitätseinbußen bei erheblich reduziertem Speicherbedarf ermöglicht.

MPEG – Abk. für Motion Pictures Experts Group. Diese Gruppe beschreibt u. a. das Verfahren zur Audio- und Videokompression. Am bekanntesten ist das Format → mp3.

Multimedia – Ein Begriff mit unterschiedlichen Bedeutungen. Bezeichnet die Kombination und das Zusammenwirken unterschiedlicher Medientypen wie Bild, Ton und Text/Internet.

Munzinger – Umfangreicher Archivdienst, inzwischen Online verfügbar. Siehe Kap. 43.

Music-on-Demand → On-Demand

Musikbett, auch Bett, Unterleger – Instrumentales Musikstück ohne markante Elemente, das in Schleife als Hintergrund für Moderationstexte oder z. B. längere Textpassagen in Rubriken eingesetzt wird.

Musikcollage – Eine Sendung, bei der ohne verbindende Moderationstexte mehrere Musikstücke aufeinander folgen, ineinander geblendet werden, mit → Atmo kombiniert werden.

Musikfeature – Spezielle → Feature-Form, die musikbezogene Themen behandelt und entsprechend musikalisch illustriert.

Musikformat – Zentrale Größe des → Formats. Musikformate sind der Versuch, musikalische Geschmacksrichtungen im Publikum zu typisieren, z. B. in Form einer → Musik-Uhr. In einem formatierten Programm wird dann jeweils eine dieser Richtungen möglichst optimal bedient.

Musiklaufplan – Liste mit der Abfolge der in einer Sendung vorgesehenen Musiktitel. Bestandteil des → Sendelaufplans.

Musik-Hook – (engl. Hook, Haken). In Musiktiteln markante Stelle mit besonders hohem Wiedererkennungswert, z. B. der Refrain.

Musik-Rotation – Die von einer Musikredaktion definierte Systematik der Einsatzhäufigkeit von Musiktiteln.

Musikteppich – Bezeichnung für die charakteristische Anmutung vieler → Begleitprogramme.

Musik-Uhr – Die für eine Sendestunde eines → Formatradios auf einer Uhr dargestellte Abfolge der Musik-Kategorien, aus denen ein → Musikformat zusammengesetzt ist. Die → Musik-Uhr ist Bestandteil der → Sende-Uhr. Variiert je nach Tageszeit.

Off air – Synonym für „Nicht auf Sendung," z. B. → Off-Air-Promotion. Gegensatz: → On air.

öffentlich-rechtlicher Rundfunk → Rundfunk, öffentlich-rechtlicher

Offline – Nicht mit dem Internet verbunden. Gegensatz: → Online

On air – Synonym für Auf Sendung. Gegensatz: → Off air

On-Air-Promotion – Promotion-Aktivität im ausgestrahlten Programm, z. B. das Bewerben bevorstehender Programmhöhepunkte oder neue Sendungen.

On-Demand – Die Möglichkeit, bestimmte Inhalte zeitunabhängig und nicht über Antenne, sondern über das Internet abzurufen und ggf. auch zu speichern. Im Unterschied zum → Stream ist das zeitunabhängig möglich. Je nach Inhalt und Medium sind auch die Termini → Radio-on-Demand, → Music-on-Demand oder bei Filmdateien auch → Video-on-Demand gebräuchlich.

Online – Mit dem Internet direkt oder über Server verbunden. Gegensatz zu → Offline.

Opener – Erster Musiktitel einer Sendestunde. I.d.R. ist dies ein Titel mit hohem Wiedererkennungswert, positiver Anmutung und flottem Tempo.

O-Ton – Abk. für → Original-Ton. Sammelbezeichnung für alle original aufgenommenen (also authentischen) Tondokumente, also für Wort-Aufnahmen, Geräusche, → Atmo und Musik. Präziser nur Original-Aufnahmen von Wort (z. B. Statements und Redenausschnitte).

Outro – Im Unterschied zum → Intro die zumeist instrumentale Schlusspassage eines Musiktitels.

Playlist – Liste der Musiktitel, die in einem Programm eingesetzt werden.

Primetime – Im Rundfunk die Bezeichnung für die Hauptsendezeit (im Hörfunk 7 bis 9 Uhr, im Fernsehen 19 bis 22 Uhr).

Podcast – Eine Serie von Audiodateien, die mittels → Podcasting automatisch aus dem Internet heruntergeladen werden können.

Podcasting – Der Begriff, setzt sich aus iPod und Broadcasting zusammen. Prinzip einer Veröffentlichung von Audiodateien mittels Internet, die sog. RSS-Feed abonniert und mit zusätzlichen Informationen (Metadaten) auf den eigenen Rechner oder → mp3-Player automatisiert überspielt werden können.

Producer – Im Rundfunk Bezeichnung für einen Redakteur, der Sendungen inhaltlich und organisatorisch vorbereitet, den Moderator während der laufenden Sendung unterstützt und den Ablauf überwacht. In die Musik greift der Producer in der Regel nicht ein. Sollte aus gegebenem Anlass eine Änderung des Musikablaufs notwendig sein, hält er Rücksprache mit der Musikredaktion. Er kann auch Produzent aktueller Verpackungs- und Programmelemente sein.

Programmaustausch – Abk. PA. Austausch von Sendungen oder Beiträgen zwischen verschiedenen Rundfunkanstalten i. d. R. über Leitungs- oder Satellitenverbindungen. Spielt eine wichtige Rolle für die Programmgestaltung im Sinne einer Angebotsbereicherung und Kostensenkung. Der internationale Austausch läuft bei den öffentlich-rechtlichen Rundfunkanbietern überwiegend über die → EBU bzw. die Eurovision.

Radio-on-Demand → Audio-on-Demand / → On-Demand.

Ramp → Intro

RDS – Abk. für Radio-Data-System. Das 1987 vorgestellte Verfahren ermöglicht die Übertragung zusätzlicher Informationen im Radio-Sendesignal parallel zum laufenden Programm, insbesondere für den Radioempfang im Auto. Im RDS können u. a. die Programmkettenkennung, die Verkehrsdurchsage-Kennung und Radiotext (z. B. Titel der gespielten Musik) ausgestrahlt werden.

Recht, Großes/Recht, Kleines → Kap. 10.

Reichweite – 1. Bezeichnung des Gebiets, in dem technisch störungsfreier Empfang eines Rundfunkprogramms möglich ist.

2. In der → MA die Zahl der Bundesbürger über 14 Jahren, die von einem Medium tatsächlich erreicht werden, entweder in absoluten Zahlen oder als Prozentsatz ausgedrückt.

Rotation, Musik-Rotation – Die von einer Musikredaktion definierte Systematik der Einsatzhäufigkeit von Musiktiteln.

Rundfunk, terrestrischer – Drahtlose Übertragung von Hörfunk- oder Fernsehsignalen mittels erdgebundener Sender. Gegensatz: Verbreitung per Breitbandkabel oder per Satellit.

RvD – Abk. für Redakteur vom Dienst.

Rundfunk, öffentlich-rechtlicher – Sammelbegriff für den in der BRD der Nachkriegszeit in den damaligen Westzonen eingerichteten staatsfernen Rundfunk. Heute gehören dazu die Anstalten der → ARD, das → ZDF, außerdem DLR und die DW. Die gesellschaftliche Kontrolle findet über den Rundfunkrat statt. Die Finanzierung erfolgt als Mischfinanzierung von Rundfunkgebühren und Werbeeinnahmen. Der öffentlich-rechtliche Rundfunk ist nach dem Aufkommen privater und kommerzieller Rundfunkveranstalter in den 80er-Jahren eine Säule des dualen Rundfunksystems. Vergleichbare Systeme gibt es in Österreich und der Schweiz.

Rundfunk, privater – Sammelbegriff für die seit der ersten Hälfte der 80er-Jahre aufgebaute zweite Säule des dualen Rundfunksystems in der BRD neben dem → öffentlich-rechtlichen Rundfunk. Er ist werbefinanziert und definiert sich deshalb auch hauptsächlich durch den kommerziellen Erfolg seiner Wellen. Kontrollinstanzen sind die Landesmedienanstalten. An die Programme dieser Veranstalter werden verfassungsrechtlich wie landesgesetzlich geringere Anforderungen gestellt als an Programme öffentlich-rechtlicher Provenienz. Eine Sonderstellung haben nichtkommerzielle Spezialformen wie Offene Kanäle oder gemeinnützige Initiativen, Hochschul- und Lernradios.

Rundfunkarchiv, Deutsches (DRA) – Gemeinschaftseinrichtung der ARD mit der Aufgabe, ein zentrales Archiv für die Rundfunkanstalten zu schaffen, das Katalogisierungsverfahren zu vereinheitlichen (vgl. → ZSK), außerdem rundfunkspezifische Ton-, Bild- und Schriftdokumente zu sammeln und den ARD-Anstalten und der Forschung zur Verfügung zu stellen. Gegründet 1952, Standorte Frankfurt a. M. und Berlin. Veröffentlichung von Hinweisdiensten.

Rundfunksystem, duales – Oberbegriff für das Nebeneinander von → privatem und → öffentlich-rechtlichem Rundfunk. Seit Mitte der 80er-Jahre gibt es in der BRD ein geregeltes Nebeneinander von öffentlich-rechtlichem → Rundfunk und privatrechtlichem, überwiegend kommerziellem Rundfunk. Wesentliche Rechtsgrundlagen des dt. Systems sind zum einen der Staatsvertrag von 1987 als nationales Regelwerk, zum anderen auf Länderebene Rundfunkgesetze für die öffentlich-rechtlichen Landesrundfunkanstalten und Landesmediengesetze für die Zulassung und Beaufsichtigung privater Veranstalter.

Selbstfahrer – Moderator oder Discjockey, der neben seiner eigentlichen Tätigkeit seine Sendung aus einem → Selbstfahrer-Studio auch selbst fährt.

Selbstfahrer-Studio, auch **Einmann-Studio** – Studio, aus dem ein Moderator seine Sendung auch technisch selbst fahren kann. Im privaten Rundfunk die Regel, im öffentlich-rechtlichen Rundfunk setzt sich das Prinzip v. a. in den Service- und Popwellen immer mehr durch.

Sendeaufplan – Der schriftlich fixierte Sendeablauf. Früher maschinenschriftlich in mehrfacher Ausführung, heute eine durch das elektronische Redaktionssystem computergenerierte Datei, die für jeden Sendungsbeteiligten am Bildschirm einsehbar ist.

Senderclaim → Claim.

Sende-Uhr – In formatierten Programmen die grafische Darstellung des Ablaufs einer Sendung auf einer Uhr oder mit genauen Uhrzeiten. Bestandteil der Sende-Uhr ist die → Musik-Uhr. Sende-Uhren variieren je nach Welle und Tageszeit.

Show Prep – Abk. für Show Preparation. Bezeichnung für die Vorbereitung des Moderators auf seine Sendung.

Sounder → Bumper und Bett.

Spartenkanal → Spartenprogramm.

Spartenprogramm – Programm „mit im Wesentlichen gleichartigen Inhalten" (Rundfunkstaatsvertrag). Das sind z. B. Nachrichten, Kultur, → E-Musik oder religiöse Programme. Gegensatz: → Vollprogramm.

Station-ID – Abk. für Station Identification. Markantes → Verpackungselement zur Erkennbarkeit des eingeschalteten Programms für den Hörer. Kann produziert sein als → Jingle oder → Drop In, kann aber auch durch den Moderator erfolgen. Enthält den Namen, vielleicht auch den → Claim des Senders. Wird gelegentlich von Prominenten gesprochen.

Sternpunkt der ARD – Zentrale Einrichtung der → ARD zum Zweck des → Programmaustauschs mit Sitz in Frankfurt a. M. Über den S. werden alle Programm-Überspielungen innerhalb der ARD von einer Anstalt zur anderen sowie von und zum Ausland zentral abgewickelt.

Stinger – akustisches Element, das einen mit → Bumper-und-Bett gestalteten Programmteil wie z. B. Service-Informationen abschließt, mit einen → Claim, einem Musikakzent oder mit der → Station-ID. Gegenstück: → Bumper.

Stream, Streaming → Live-Stream.

Stunden-Uhr → Sende-Uhr.

Take – Bei Musik- od. Wortproduktionen ein einzelner ununterbrochener Abschnitt einer Aufnahme.

Teaser – Engl. to tease für reizen, necken. – Im Rundfunk Element der → On-Air-Promotion: Moderierter oder vorproduzierter Programmhinweis auf einen bevorstehenden Programmpunkt, die folgende Musik oder eine Sendung, der den Hörer zum Dranbleiben oder Wiedereinschalten animieren soll. In Zeitung und Zeitschrift ein Kasten, der auf eine bevorstehende Veröffentlichung hinweist.

Trailer, auch Promo genannt – Ein Werbespot in eigener Sache, mit dem z. B. Programmhöhepunkte oder vom Sender geschaffene Ereignisse (Aktionen, Konzertpräsentationen etc.) hörerwirksam beworben werden.

Transition, Transitionjinge, Brückenjingle → Jingle, der zwei Musiktempi miteinander verbindet. Enthält meist Sendermelodie, Sendernamen und Claim.

Trenner – Kurzes → Verpackungselement, das Programmelemente akustisch voneinander absetzt, z. B. Trailer vom redaktionellen Programm.

Trimedial – (ital. Tri für drei), drei Medien umfassend (z. B. Radio, TV, Online).

trocken – Moderation, Beitragstext oder Rubrik ohne Unterleger, d. h. ohne dass ein → Musikbett unterlegt ist.

UER → EBU

U-Musik – Abk. für Unterhaltungsmusik. Bei Start des Hörfunks in den 20er-Jahren Kategorie zur Grobeinteilung von Musik im Rundfunk aus dem Musikleben übernommen. Mit U-Musik wurde ursprünglich sämtliche nicht-klassische Musik bezeichnet, also jene, die nicht in die Kategorie → E-Musik eingeordnet werden konnte. Heute Kategorie der ARD-Hörfunkstatistik für Sendungen mit Leichter Musik (auch als → L-Musik bezeichnet), die nicht den Bereichen Rock oder Pop zuzurechnen ist.

Unterleger → Musikteppich → Musikbett.

Verpackung – Sammelbegriff für alle → Verpackungselemente eines Programms. In der Gesamtheit sind sie wesentlich daran beteiligt, einem Programm Identität zu geben.

Verpackungselemente – Kurze, individuell für das jeweilige Programm arrangierte musikalisch-akustische Elemente, die Programmbestandteile ankündigen, abschließen, hervorheben, wiedererkennbar machen; oft mit Wort kombiniert. Dazu gehören z. B. → Jingles, → Musikbetten, → Station-IDs.

Verweildauer – Fachausdruck der Medienforschung für die Zeitspanne, welche Zuhörer oder Zuschauer tatsächlich vor dem Empfangsgerät (Radio oder Fernsehen) verbringen.

VJ – Abkürzung für „Videojournalist"

Voice-over auch **Over voice** – Übersetzung eines fremdsprachigen → O-Tons, die idealerweise so gesprochen oder angelegt wird, dass an Anfang und Ende des → O-Tons jeweils ein Satz im Original zu hören bleibt.

Vollprogramm auch Full-Service-Programm – Programm mit „vielfältigen Inhalten, in welchem Information, Bildung, Beratung und Unterhaltung einen wesentlichen Teil des Gesamtprogramms bilden" (Definition Rundfunkstaatsvertrag § 2 Abs. 2 Satz 1). Gegensatz: → Spartenprogramm.

Weblog – Abgekürzt: Blog. Internettagebuch, das chronologisch geordnet ist und neben Text auch z. B. Links zu Videos oder Audios beinhalten kann und per sog. RSS-Feed abonnierbar ist. Allerdings sind im Unterschied zu Podcasts nur Textinhalte oder Internet-Adressen möglich.

Wort-Musik-Sendung – Kompaktsendung, häufig zu einem bestimmten inner- oder außermusikalischen Thema, bei der die gespielte Musik ausgiebig kommentiert wird und zur Illustration des Textes eingesetzt wird. Thematische Sendungen sind i. d. R. Wort-Musik-Sendungen.

ZDF – Abk. für Zweites Deutsches Fernsehen, öffentlich-rechtliches Fernsehprogramm mit bundesweiter Verbreitung. 1961 entstanden durch Staatsvertrag, Bundesweiter Sendestart 1963. Sitz in Mainz.

The manufacturer's authorised representative in the EU is Springer
Nature Customer Service Centre GmbH, Europaplatz 3, 69115 Heidelberg,
Germany. If you have any concerns regarding our products, please
contact ProductSafety@springernature.com

Printed and bound by CPI Group (UK) Ltd, Croydon, CR0 4YY

28/04/2026

02098495-0004